KB238365

수취인
불명

일러두기

· 이 책은 2024년 12월 3일 윤석열 정부의 비상계엄 선포 이후, 해당 사안과 관련한 의회와 정당의 공개 회의록 및 상정 안건, 공식 보도자료 등을 엮은 것입니다.
· 이 책의 자료는 〈국회회의록의 발간 및 보존 등에 관한 규정〉 제2조에 따른 임시회의록을 포함하며, 본문 내 자료에 해당 사실이 표시되어 있습니다.
· 각 자료는 최대한 시간 순서에 따라 배치했습니다. 의안은 검토나 의결 일자가 아닌 제안 일자에 맞춰 배치했고, 폐기된 의안도 중요도에 따라 수록했습니다.
· 모든 자료는 머리말과 꼬리말을 제외하고 원문 상태 그대로 보존하였습니다. 다만, 공식 문서 형태가 아닌 웹상에 게재된 자료는 책에 수록하기 위해 양식을 수정하였습니다. 이 과정에서 맞춤법을 포함하여 원문의 내용에는 어떠한 수정도 가하지 않았음을 밝힙니다.
· 목차의 각 항목에 표시한 부제는 원문 자료에 없는 것으로, 주요 논의 사항을 쉽게 파악할 수 있도록 추가한 정보입니다. 의안의 경우 최종 검색일을 기준으로 의결 상황과 일자를 표기했습니다.
· 모든 자료의 출처는 아래와 같습니다. (최종 검색일: 2025년 1월 7일)

  – 국가법령정보센터 https://www.law.go.kr/
  – 국무조정실 국무총리비서실 https://www.opm.go.kr/opm/index.do
  – 국회회의록 https://likms.assembly.go.kr/record/
  – 대한민국 정책브리핑 https://www.korea.kr/
  – 의안정보시스템 https://likms.assembly.go.kr/bill/main.do
  – 국민의힘 홈페이지 https://www.peoplepowerparty.kr/
  – 더불어민주당 홈페이지 https://theminjoo.kr/main/
  – 조국혁신당 홈페이지 https://rebuildingkoreaparty.kr/
  – 개혁신당 홈페이지 https://www.reformparty.kr/press
  – 진보당 홈페이지 https://jinboparty.com/
  – 기본소득당 홈페이지 https://www.basicincomeparty.kr/
  – 사회민주당 홈페이지 https://www.samindang.kr/

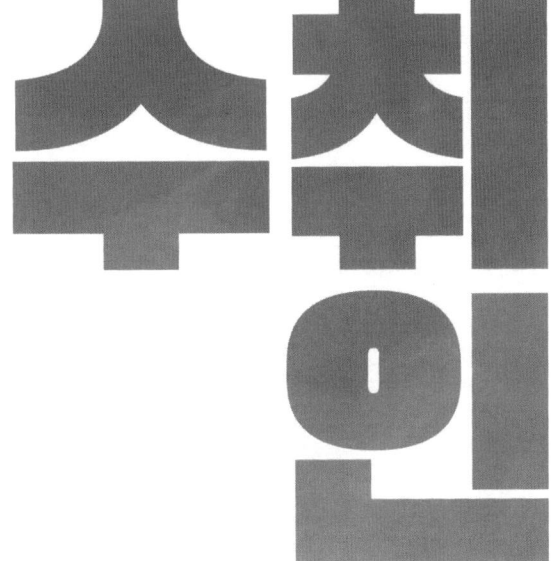

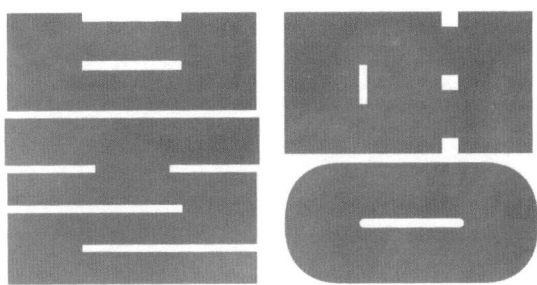

수취인 불명

권한대행 재의요구권 행사와
윤석열 출석요구서 거부
(12.18.-12.22.) ───────── 한국학술정보 엮음

머리말

2024년 12월 3일 20시 25분경, 윤석열 대통령은 긴급 대국민 담화를 통해 비상계엄을 선포했다. 1979년 이후 45년 만에, 1987년 민주화 항쟁 이후 처음 있는 일이었다. 그는 국회의 잇따른 탄핵 소추와 예산 삭감이 정부 운영을 마비시키려는 시도라며, 비상계엄은 "종북 반국가 세력들을 척결"하기 위한 조치라고 밝혔다.

계엄 선포 직후, 경찰과 계엄군은 국회의 출입문을 봉쇄하기 시작했다. 국회의 정치활동을 금지하는 내용을 첫 번째로 실은 계엄 포고문도 발표되었다. 그러나 국회의원들은 담을 넘어 국회로 진입했고, 시민들도 어느새 모여 국회 앞을 지켰다. 긴장이 고조되며 계엄군이 국회 본관 창문을 깨고 내부로 진입하기도 했지만, 시민과 보좌진은 몸을 던져 바리케이드를 쌓고 소화기 분말을 뿌리며 저항했다.

계엄군이 회의장 앞까지 도달한 12월 4일 오전 1시경, 국회는 재석 190명 전원의 찬성으로 비상계엄 해제를 의결했다. 비상계엄 선포로부터 불과 세 시간 만이었다. 윤석열 대통령은 그로부터 다시 세 시간이 지난 4시 30분경 계엄령 해제를 공식 발표했다. 국민과 국회의 신속한 대응으로 계엄령은 여섯 시간여 만에 해제되었으나, 이는 우리 사회 전반에 가늠할 수 없는 여파를 미치고 있다.

이 책은 12 · 3 비상계엄 선포부터 현안의 중심이 된 국회와 각 정당이 공개적으로 발표한 회의록과 성명문 등을 엮은 기록물이다. 긍정적이든 부정적이든 제삼자의 필터를 거친 보도를 배제하고 한국 의회의 실제 모습을 담아냄으로써, 우리 사회를 비롯해 전 세계가 주목하고 있는 이 사건의 실체를 기록하고 기억하고자 하는 의도에서 출간되었다.

물론, 국회와 정당만이 우리 사회와 현안의 전부는 아니다. 거리 곳곳을 밝힌 불빛과 목소리, 각계각층의 시국선언, 수사기관의 상황 보고, 언론과 매체의 분석, 그리고 조용히 일상을 지키며 살아가는 수많은 사람의 노력이 모여 우리의 현재를 이루고 있다. 그럼에도 이 책이 국회와 정당의 움직임을 기록하고자 한 이유는, 그들이 사회 전체의 의지를 반영하는 대표성을 지니고 있기 때문이다. 계엄령 해제를 포함해

향후 이뤄진 주요한 사회·정치적 결정은 모두 시민의 요구와 더불어 국회의 민주적 절차를 통해 이루어졌다. 이를 충실히 기록하는 일은 우리 사회가 민주주의의 과정을 이해하고 앞으로의 도전에 대비하는 데 중요한 자료가 될 것이다.

한편, 이 책 역시 분량과 구성의 한계상 국회와 정당이 내놓은 모든 의견과 자료를 담지는 못했다. 정당 관련 자료는 국민의힘, 더불어민주당, 조국혁신당, 개혁신당, 진보당 다섯 개 정당의 자료를 실었으며, 공식적으로 발표한 주요 입장과 보도자료를 중심으로 구성했다. 원내 정당 가운데 전문을 실지 못한 기본소득당, 사회민주당의 자료와 기타 관련 논평 등은 비어 있는 지면을 활용해 최대한 소개하고자 했다.

본 총서의 제5권은 12월 18일부터 12월 22일까지의 내용을 다룬다. 18일 첫 번째로 열린 헌법재판관 인사청문회 특별위원회, 19일 산업통상자원중소벤처기업위원회, 20일 문화체육관광위원회를 비롯하여, 기간 내 진행된 여러 상임위 회의록을 수록했다. 상대적으로 국회 회의가 적었기에 정당 자료가 이전보다 많은 분량을 차지한다. 대통령 권한대행을 둘러싼 갈등은 19일 권한대행이 헌법재판관 임명과 특검법은 보류한 채 양곡법 개정안을 포함한 6개 법안에 거부권을 행사하면서 거세지고, 21일까지 공조수사본부가 보낸 두 차례의 출석요구서를 윤석열 대통령이 수신 거부하면서 더욱 심화되었다. 한편 22일 경찰의 전국농민회총연맹 트랙터 행진 저지와 농성, 한남동 진입에 관한 보도자료도 포함되어 있다.

이 책이 한국 사회가 과거를 기억하고, 미래로 나아가는 데 중요한 자료로 활용될 수 있길 바란다.

한국학술정보(주)

목 차

2024년 12월 20일

문화체육관광위원회 외

2024년 12월 21일

수취인불명

2024년 12월 22일

남태령 고개 너머

부록

2024년 12월 18일(2)

헌법재판관 인사청문회 준비

저는 이런 작금의 사태, 우리 헌정사에 세 번에 걸친 이 탄핵 정국이 이번까지 세 번에 걸친 탄핵 정국이 있는데, 저는 우리 헌법이 채택하고 있는 이 통치 구조, 소위 말하면 대통령 중심제 이 국가가 과연 우리의 그런 현실하고 잘 맞는지 이 부분에 대해서 좀 더 우리가 이 시점에서는 검토할 필요가 있다 이렇게 생각을 하고 있다. 1987년 헌법 체제 이후에 일곱 번째 대통령을 맞이하고 있는데 제대로 잘했다는 평가를 받는 대통령이 거의 없는 것이 사실이다. 그래서 이제는 All or Nothing, 전부 아니면 전무 게임인 이 대통령제를 좀 더 많은 국민들의 의견이 반영될 수 있는, 또 상생과 협력을 할 수 있는 이런 제도로의 변경이 필요한 시점이다. 이렇게 저는 생각을 하고, 이 점에 관해서 우리 이재명 대표께서 좀 더 전향적인 자세를 좀 보여주셨으면 하는 그런 부탁의 말씀을 드리도록 하겠다.

– 국민의힘 당 대표 권한대행 겸 원내대표 권성동,
12월 18일 더불어민주당 당 대표 이재명 예방 주요내용

제420회국회
(임시회)

행정안전위원회회의록
(법안심사제1소위원회)
(임시회의록)

제 1 호

국 회 사 무 처

일   시   2024년12월18일(수)

장   소   행정안전위원회회의실

의사일정

1. 지방세기본법 일부개정법률안(모경종 의원 대표발의)(의안번호 2201974)
2. 지방세기본법 일부개정법률안(박성민 의원 대표발의)(의안번호 2204089)
3. 지방세기본법 일부개정법률안(김상욱 의원 대표발의)(의안번호 2205203)
4. 지방세기본법 일부개정법률안(정부 제출)(의안번호 2205364)
5. 지방세기본법 일부개정법률안(조은희 의원 대표발의)(의안번호 2205933)
6. 지방세기본법 일부개정법률안(정동만 의원 대표발의)(의안번호 2206068)
7. 지방세징수법 일부개정법률안(임오경 의원 대표발의)(의안번호 2201556)
8. 지방세징수법 일부개정법률안(정부 제출)(의안번호 2205363)
9. 지방행정제재·부과금의 징수 등에 관한 법률 일부개정법률안(신성범 의원 대표발의)(의안번호 2200263)
10. 지방행정제재·부과금의 징수 등에 관한 법률 일부개정법률안(정부 제출)(의안번호 2205046)
11. 지방세법 일부개정법률안(김영진 의원 대표발의)(의안번호 2200469)
12. 지방세법 일부개정법률안(홍기원 의원 대표발의)(의안번호 2200974)
13. 지방세법 일부개정법률안(황희 의원 대표발의)(의안번호 2201653)
14. 지방세법 일부개정법률안(모경종 의원 대표발의)(의안번호 2201975)
15. 지방세법 일부개정법률안(김태년 의원 대표발의)(의안번호 2202477)
16. 지방세법 일부개정법률안(박대출 의원 대표발의)(의안번호 2202685)
17. 지방세법 일부개정법률안(어기구 의원 대표발의)(의안번호 2203379)
18. 지방세법 일부개정법률안(신성범 의원 대표발의)(의안번호 2203929)
19. 지방세법 일부개정법률안(백승아 의원 대표발의)(의안번호 2204046)
20. 지방세법 일부개정법률안(박성민 의원 대표발의)(의안번호 2204088)
21. 지방세법 일부개정법률안(임광현 의원 대표발의)(의안번호 2204152)
22. 지방세법 일부개정법률안(이개호 의원 대표발의)(의안번호 2204383)
23. 지방세법 일부개정법률안(정춘생 의원 대표발의)(의안번호 2204550)
24. 지방세법 일부개정법률안(김성회 의원 대표발의)(의안번호 2204893)
25. 지방세법 일부개정법률안(차규근 의원 대표발의)(의안번호 2205025)
26. 지방세법 일부개정법률안(김상욱 의원 대표발의)(의안번호 2205202)

65. 지방세특례제한법 일부개정법률안(조인철 의원 대표발의)(의안번호 2201931)
66. 지방세특례제한법 일부개정법률안(김선교 의원 대표발의)(의안번호 2202027)
67. 지방세특례제한법 일부개정법률안(조승환 의원 대표발의)(의안번호 2202325)
68. 지방세특례제한법 일부개정법률안(복기왕 의원 대표발의)(의안번호 2202408)
69. 지방세특례제한법 일부개정법률안(서천호 의원 대표발의)(의안번호 2202472)
70. 지방세특례제한법 일부개정법률안(백혜련 의원 대표발의)(의안번호 2202541)
71. 지방세특례제한법 일부개정법률안(김은혜 의원 대표발의)(의안번호 2202712)
72. 지방세특례제한법 일부개정법률안(김민전 의원 대표발의)(의안번호 2202735)
73. 지방세특례제한법 일부개정법률안(위성곤 의원 대표발의)(의안번호 2202813)
74. 지방세특례제한법 일부개정법률안(정성국 의원 대표발의)(의안번호 2202863)
75. 지방세특례제한법 일부개정법률안(윤준병 의원 대표발의)(의안번호 2203081)
76. 지방세특례제한법 일부개정법률안(윤준병 의원 대표발의)(의안번호 2203146)
77. 지방세특례제한법 일부개정법률안(임미애 의원 대표발의)(의안번호 2203159)
78. 지방세특례제한법 일부개정법률안(윤준병 의원 대표발의)(의안번호 2203204)
79. 지방세특례제한법 일부개정법률안(박용갑 의원 대표발의)(의안번호 2203211)
80. 지방세특례제한법 일부개정법률안(윤준병 의원 대표발의)(의안번호 2203225)
81. 지방세특례제한법 일부개정법률안(고동진 의원 대표발의)(의안번호 2203283)
82. 지방세특례제한법 일부개정법률안(배준영 의원 대표발의)(의안번호 2203402)
83. 지방세특례제한법 일부개정법률안(이수진 의원 대표발의)(의안번호 2203466)
84. 지방세특례제한법 일부개정법률안(한병도 의원 대표발의)(의안번호 2203655)
85. 지방세특례제한법 일부개정법률안(한병도 의원 대표발의)(의안번호 2203674)
86. 지방세특례제한법 일부개정법률안(한병도 의원 대표발의)(의안번호 2203733)
87. 지방세특례제한법 일부개정법률안(한병도 의원 대표발의)(의안번호 2203784)
88. 지방세특례제한법 일부개정법률안(조경태 의원 대표발의)(의안번호 2203816)
89. 지방세특례제한법 일부개정법률안(신성범 의원 대표발의)(의안번호 2203937)
90. 지방세특례제한법 일부개정법률안(인요한 의원 대표발의)(의안번호 2204062)
91. 지방세특례제한법 일부개정법률안(임광현 의원 대표발의)(의안번호 2204110)
92. 지방세특례제한법 일부개정법률안(김용태 의원·천하람 의원·민병덕 의원 대표발의)(의안번호 2204111)
93. 지방세특례제한법 일부개정법률안(황정아 의원 대표발의)(의안번호 2204160)
94. 지방세특례제한법 일부개정법률안(모경종 의원 대표발의)(의안번호 2204266)
95. 지방세특례제한법 일부개정법률안(김형동 의원 대표발의)(의안번호 2204501)
96. 지방세특례제한법 일부개정법률안(김형동 의원 대표발의)(의안번호 2204556)
97. 지방세특례제한법 일부개정법률안(김교흥 의원 대표발의)(의안번호 2204571)
98. 지방세특례제한법 일부개정법률안(김형동 의원 대표발의)(의안번호 2204584)
99. 지방세특례제한법 일부개정법률안(한병도 의원 대표발의)(의안번호 2204735)
100. 지방세특례제한법 일부개정법률안(박성민 의원 대표발의)(의안번호 2204781)
101. 지방세특례제한법 일부개정법률안(김형동 의원 대표발의)(의안번호 2204837)

상정된 안건

(10시08분 개의)

○**소위원장 윤건영** 의석을 정돈해 주시기 바랍니다.

성원이 되었으므로 제420회 국회(임시회) 행정안전위원회 제1차 법안심사제1소위원회를 개회하겠습니다.

어제에 이어서 계속되는 법안심사소위원회에 참석해 주신 위원님 여러분께 감사의 말씀을 드립니다.

오늘 회의는 어제 심사를 하지 못한 지방세특례제한법 5-3권과 소방안전교부세와 관련한 지방교부세법 심사를 먼저 실시한 후에 보류 안건을 정리하여 위원님들 간의 논의를 거친 후 일괄해서 의결하는 순서로 진행하겠습니다.

그러면 안건을 상정하겠습니다.

1. **지방세기본법 일부개정법률안**(모경종 의원 대표발의)(의안번호 2201974)
2. **지방세기본법 일부개정법률안**(박성민 의원 대표발의)(의안번호 2204089)
3. **지방세기본법 일부개정법률안**(김상욱 의원 대표발의)(의안번호 2205203)
4. **지방세기본법 일부개정법률안**(정부 제출)(의안번호 2205364)
5. **지방세기본법 일부개정법률안**(조은희 의원 대표발의)(의안번호 2205933)
6. **지방세기본법 일부개정법률안**(정동만 의원 대표발의)(의안번호 2206068)
7. **지방세징수법 일부개정법률안**(임오경 의원 대표발의)(의안번호 2201556)
8. **지방세징수법 일부개정법률안**(정부 제출)(의안번호 2205363)
9. **지방행정제재·부과금의 징수 등에 관한 법률 일부개정법률안**(신성범 의원 대표발의)(의안번호 2200263)
10. **지방행정제재·부과금의 징수 등에 관한 법률 일부개정법률안**(정부 제출)(의안번호 2205046)

11. **지방세법 일부개정법률안**(김영진 의원 대표발의)(의안번호 2200469)
12. **지방세법 일부개정법률안**(홍기원 의원 대표발의)(의안번호 2200974)
13. **지방세법 일부개정법률안**(황희 의원 대표발의)(의안번호 2201653)
14. **지방세법 일부개정법률안**(모경종 의원 대표발의)(의안번호 2201975)
15. **지방세법 일부개정법률안**(김태년 의원 대표발의)(의안번호 2202477)
16. **지방세법 일부개정법률안**(박대출 의원 대표발의)(의안번호 2202685)
17. **지방세법 일부개정법률안**(어기구 의원 대표발의)(의안번호 2203379)
18. **지방세법 일부개정법률안**(신성범 의원 대표발의)(의안번호 2203929)
19. **지방세법 일부개정법률안**(백승아 의원 대표발의)(의안번호 2204046)
20. **지방세법 일부개정법률안**(박성민 의원 대표발의)(의안번호 2204088)
21. **지방세법 일부개정법률안**(임광현 의원 대표발의)(의안번호 2204152)
22. **지방세법 일부개정법률안**(이개호 의원 대표발의)(의안번호 2204383)
23. **지방세법 일부개정법률안**(정춘생 의원 대표발의)(의안번호 2204550)
24. **지방세법 일부개정법률안**(김성회 의원 대표발의)(의안번호 2204893)
25. **지방세법 일부개정법률안**(차규근 의원 대표발의)(의안번호 2205025)
26. **지방세법 일부개정법률안**(김상욱 의원 대표발의)(의안번호 2205202)
27. **지방세법 일부개정법률안**(김남희 의원 대표발의)(의안번호 2205226)
28. **지방세법 일부개정법률안**(정부 제출)(의안번호 2205362)
29. **지방세법 일부개정법률안**(윤건영 의원 대표발의)(의안번호 2205366)
30. **지방세법 일부개정법률안**(정동만 의원 대표발의)(의안번호 2206066)
31. **지방재정법 일부개정법률안**(모경종 의원 대표발의)(의안번호 2201973)
32. **지방재정법 일부개정법률안**(정동만 의원 대표발의)(의안번호 2206067)
33. **지방세특례제한법 일부개정법률안**(강민국 의원 대표발의)(의안번호 2200129)
34. **지방세특례제한법 일부개정법률안**(서범수 의원 대표발의)(의안번호 2200130)
35. **지방세특례제한법 일부개정법률안**(윤영석 의원 대표발의)(의안번호 2200151)
36. **지방세특례제한법 일부개정법률안**(박대출 의원 대표발의)(의안번호 2200282)
37. **지방세특례제한법 일부개정법률안**(송언석 의원 대표발의)(의안번호 2200392)
38. **지방세특례제한법 일부개정법률안**(신성범 의원 대표발의)(의안번호 2200542)
39. **지방세특례제한법 일부개정법률안**(신성범 의원 대표발의)(의안번호 2200580)
40. **지방세특례제한법 일부개정법률안**(윤상현 의원 대표발의)(의안번호 2200600)
41. **지방세특례제한법 일부개정법률안**(김종양 의원 대표발의)(의안번호 2200611)
42. **지방세특례제한법 일부개정법률안**(김영배 의원 대표발의)(의안번호 2200628)
43. **지방세특례제한법 일부개정법률안**(신성범 의원 대표발의)(의안번호 2200643)
44. **지방세특례제한법 일부개정법률안**(박정하 의원 대표발의)(의안번호 2200701)
45. **지방세특례제한법 일부개정법률안**(권영진 의원 대표발의)(의안번호 2200873)
46. **지방세특례제한법 일부개정법률안**(조경태 의원 대표발의)(의안번호 2200890)
47. **지방세특례제한법 일부개정법률안**(정희용 의원 대표발의)(의안번호 2200938)
48. **지방세특례제한법 일부개정법률안**(정희용 의원 대표발의)(의안번호 2200961)
49. **지방세특례제한법 일부개정법률안**(신동욱 의원 대표발의)(의안번호 2201077)

126. **지방교부세법 일부개정법률안**(용혜인 의원 대표발의)(의안번호 2205295)
127. **지방교부세법 일부개정법률안**(이달희 의원 대표발의)(의안번호 2205301)
128. **지방교부세법 일부개정법률안**(양부남 의원 대표발의)(의안번호 2205337)
129. **지방교부세법 일부개정법률안**(정춘생 의원 대표발의)(의안번호 2205370)
130. **지방교부세법 일부개정법률안**(신정훈 의원 대표발의)(의안번호 2205476)
131. **지방교부세법 일부개정법률안**(박용갑 의원 대표발의)(의안번호 2205774)

○**소위원장 윤건영** 의사일정 제1항 지방세기본법 일부개정법률안부터 의사일정 제131항 지방교부세법 일부개정법률안까지 총 131건의 법률안을 일괄하여 상정합니다.

오늘 심사를 위해 행정안전부 고기동 차관께서 계속해서 출석하고 계십니다. 바쁘신 일정에도 법안심사를 위해 함께해 주셔서 감사하다는 말씀 드립니다.

그러면 곧바로 심사에 들어가도록 하겠습니다. 수석전문위원께서 지방세특례제한법 소위자료 5-3권의 첫 번째 주제에 대해서 보고해 주시기 바랍니다.

○**수석전문위원 유상조** 소위자료 1페이지입니다.

지금부터는 '아'의 국토 및 지역개발에 대한 지원에 관해서 보고드리도록 하겠습니다.

그러면 5페이지입니다, 연번으로는 68번이 되겠고요.

개정안은 매수·수용·철거된 종전 부동산 등을 대체하여 취득하는 부동산 등의 소재지에 종전 부동산 등이 있는 특별자치도와 잇닿아 있는 지역과 다른 지역과 잇닿아 있는 지역에 특별자치도 내 지역을 추가하려는 내용이 되겠습니다.

검토의견입니다.

강원특별자치도 및 전북특별자치도 출범 이후 특별자치도와 잇닿아 있는 지역이 있다는 점을 고려해서 특별자치도를 추가할 필요가 있어 보입니다.

이상입니다.

○**소위원장 윤건영** 정부 측 의견 말씀해 주세요.

○**행정안전부차관 고기동** 해당 내용 의결을 희망합니다.

○**소위원장 윤건영** 위원님들 의견 주시기 바랍니다.

(「없습니다」 하는 위원 있음)

이견이 없으시면 다음 안건으로 넘어가겠습니다.

○**수석전문위원 유상조** 9페이지입니다.

개정안은 국가 등이 소유하고 있는 부동산 등을 반대급부로 양여받는 것 등을 조건으로 국가 등에 귀속될 부동산 또는 사회기반시설을 취득하는 경우 취득세 감면의 일몰기한을 연장하려는 내용이 되겠습니다.

사회기반시설에 대한 민간투자 사업 등이 위축되지 않도록 하고 지방세법 제9조제2항과의 체계 정합성을 높이는 데 도움이 될 것으로 보입니다.

이상입니다.

○**소위원장 윤건영** 정부 측 의견 부탁합니다.

○**행정안전부차관 고기동** 취득세 감면 연장을 희망합니다.

○**소위원장 윤건영** 위원님들 이견 없으면 다음 안건으로 넘어가겠습니다.

(「예」 하는 위원 있음)

다음 안건 부탁합니다.

○**수석전문위원 유상조** 12페이지입니다.

개정안은 공공시행자가 소규모주택정비 관리지역에서 추진하거나 소규모주택정비 관리지역에서 실시하는 자율주택정비사업, 가로주택정비사업, 소규모재개발사업의 사업시행자가 대지조성을 위해 취득하는 부동산 및 관리처분계획에 따라 취득하는 주택과 부동산 소유자가 주택을 취득하여 1가구 1주택이 되는 경우에 대한 취득세 감면규정을 신설하려는 것이 되겠습니다.

검토의견입니다.

사업시행자 및 부동산 소유자의 취득세 부담을 재개발 사업과 동일하게 완화하여 노후주택을 정비하는 소규모주택정비사업의 원활한 추진에 도움이 될 수 있을 것으로 보입니다.

다만 소규모주택정비사업은 조합원의 주거환경 개선을 목적으로 하고 개발이익이 조합원에게 귀속되는 점 등의 재개발사업과의 공통점 그리고 도시기반시설의 건설, 공공시설 기부채납 및 임대주택의 공급 등 공공성 측면에서 재개발사업과 차이점이 있다는 점을 종합적으로 고려할 필요가 있겠습니다.

이상입니다.

○**소위원장 윤건영** 정부 측 의견 부탁합니다.

○**행정안전부차관 고기동** 신중검토입니다. 공공성 측면에서 재개발사업과 차이 있음을 고려해야 할 것으로 판단됩니다.

○**소위원장 윤건영** 위원님들 의견 부탁드립니다.

○**김성회 위원** 이런 경우에 노후 주택들을, 저희가 어제도 말씀하시면서 소규모주택업자들 살려야 된다, 지방에 빌라 짓는 분들을 위해서 이런저런 감세정책을 펴야 된다고 말씀하셨던 것은 아파트 외의 다른 환경에서도 거주할 수 있도록 유도하고 또 그런 분들이 그런 집을 충분히 공급할 수 있도록 하자는 취지에서 감세를 말씀하셨는데 그런데 이런 경우에 마찬가지로 그런 소규모주택을 사는 사람들이 아파트에 비해서 불이익을 보고 있는 것에 대해서는 어쨌거나 이건 자기들끼리 짓는 거니까 도와줄 필요가 없다라고 하면 행정의 일관성적인 측면에서 좀 떨어진다고 봐서 이런 노후 주택들도 개선할 수 있도록 해 줘야 모든 사람들이 무조건 아파트에 사는 것만이 정답이다라는 의견에서 벗어날 수 있지 않냐는 말씀도 좀 드려보고 싶습니다.

○**조승환 위원** 저도 이 부분에 관해서는 지금 현 상황 속에서 대규모 재개발사업이 힘든 지역이나 인구감소지역, 소멸지역 이런 데서 우리가 조그마한 재개발사업이 이루어질 수 있도록 조금이라도 정책적으로 지원을 해 줄 필요가 있다는 생각을 가지고 있고요. 기본적으로 여기에 대해서는 조금 행안부에서 검토를 해 봐 줬으면 좋겠다는 생각이고.

단, 어떤 부분에서 어떤 문제점이 있을 수는 있겠다라는 생각은 좀 듭니다. 그런 부분들에 대해서는 국토부하고 협의해 가지고 행안부에서 좀 적극적으로 검토를 해 봐 주셨으면 좋겠습니다.

○**소위원장 윤건영** 하나 말씀하시고 보류하겠습니다.

○**위성곤 위원** 관련 감액 규모가 어느 정도 되는지 산정해서 보고해 주시기 바랍니다.

○**소위원장 윤건영** 일단 보류하고 다음 안건으로 넘어가겠습니다.

○**수석전문위원 유상조** 16페이지입니다.

3건의 개정안은 도심 공공주택 복합사업과 주거혁신지구재생사업의 대상이 되는 부동산의 소유자가 현물보상으로 취득하는 건축물의 취득세 및 도심 공공주택 복합사업과 주거혁신지구재생사업의 시행에 따라 취득하는 부동산의 취득세 특례의 일몰기한을 연장하려는 것이 되겠습니다.

   공공주택의 원활한 건설이 안정적으로 추진되도록 하고 도시재생을 촉진하기 위한 지역 거점을 조성하는 데에 도움이 될 수 있을 것으로 보입니다.

   일몰기한은 통상적으로 3년입니다.

   이상입니다.

○**소위원장 윤건영** 정부 측 의견 부탁합니다.

○**행정안전부차관 고기동** 해당 내용의 의결을 희망합니다.

   일몰을 연장하는 내용입니다.

○**소위원장 윤건영** 위원님들 의견 부탁드립니다.

   (「없습니다」 하는 위원 있음)

   이견 없으면 다음 안건으로 넘어가겠습니다.

○**수석전문위원 유상조** 21페이지입니다.

   개정안은 조정대상지역 외의 지역에서 재건축사업의 시행에 따라 취득하는 부동산에 대한 취득세를 경감하는 특례를 신설하고 일정한 경우 경감된 취득세를 추징하는 규정을 신설하는 내용입니다.

   표를 한번 보시겠습니다. 재건축사업에 대한 감면인데요.

   감면 대상자는 조정대상지역 외의 지역에서 재건축사업에 따라 부동산을 취득하는 사업시행자 및 부동산 소유자입니다. 사업시행자와 부동산 소유자 두 유형이 되겠고요. 감면 대상은 역시 보시는 바와 같은데 분양가격은 12억 원 이하의 1가구 1주택에 한정하고 있습니다. 감면 내용이 특이하게 취득세 40%의 범위에서 조례로 정하는 바에 따라 감면하도록 되어 있습니다.

   검토의견입니다.

   지방세 부담 완화해서 재건축사업을 원활하게 추진하고 또 조례로 정하도록 해서 지방자치단체의 재정 상황을 고려할 수 있도록 한 것으로 보입니다. 다만 재건축사업은 상당한 수익성이 발생할 수 있다는 점 그리고 지방세 감면에 대해서 전국적으로 통일성을 추구할 것이냐 아니면 개별 지자체의 차별성을 인정할 것인지와의 여부 그리고 취득세 감면 한도의 40%의 적정성 그리고 분양가격 12억 원의 적정성 등에 대한 종합적인 논의가 필요할 것으로 보입니다.

   이상입니다.

○**소위원장 윤건영** 정부 측 의견 부탁합니다.

○**행정안전부차관 고기동** 종합적으로는 해당 법안의 의결을 희망합니다.

   내용을 말씀드리면 이것은 재개발도 있습니다만 재건축에 대한 사항입니다. 재건축이 재개발과 유사하게도 공공 부분에 기여하는 부분이 있습니다. 도로 라든지 공원이라든지 녹지와 같은 기부채납하는 부분이 있고 임대주택 건설에도 기여하는 등 공적 기능을, 약간의 규제를 받고 있다는 공공성이 있다는 점을 고려해서 인센티브를 주게 된 것입니다.

   취득세율 관련해서는 재개발에 비해서는 감면율을, 재개발이 50%입니다만 조금 낮춘

40%에서 설정을 했다는 말씀을 드립니다.

　아울러 이게 좀 특이하게도 조례로 감면을 할 수 있도록 한 것은 지역별로 재건축하고자 하는 지역들이 상당히 큰 차이가 납니다. 서울에서도 차이가 있고 해서 그 자치 실정에 맞게 조례로 할 수 있도록 탄력성을 주고자 하기 위해 조례로 하고자 한 것입니다.

　위원장님, 참고로 오늘 이 건 관련해서 국토부에서 주택정책관이 배석을 했습니다. 기회를 주시면, 좀 말씀드릴 기회가 있었으면 합니다.

○소위원장 윤건영　예. 혹시 지금 뒤에 계시면, 말씀 주실 것 있으면 지금 하시지요. 그리고 위원님들 질의하시면 답변하셔도 좋고요.

○위성곤 위원　설명을 좀……

○소위원장 윤건영　설명하세요.

○국토교통부주택정책관 김헌정　국토교통부 주택정책관 김헌정입니다.

　재건축은 재개발과 마찬가지로 도심에서 양질의 주택을 공급하는 주요한 원천입니다. 서울의 경우에 연간 장기 평균 기준으로 한 7만 호 가량의 주택이공급이 됩니다. 그중에 정비사업, 그러니까 재개발과 재건축에서 각각 1만 호, 1만 호 정도가 공급이 되고 있습니다.

　그리고 재개발과 같이 재건축에서도 도로나 공원 또 그리고 어린이집과 같은 기반시설들을 공급하고 있고, 특히 공공기여분에 대한 공공임대에 관해서는 SH공사 등에서 전량 인수를 하고 있습니다. 인수 가격도 토지는, 토지 부분은 무상 기부채납이고 건축물에 대해서만 표준건축비로 지금 인수하고 있는 실정이기 때문에 상당 부분 공공기여하는 부분이 있습니다.

　그래서 재개발 수준은 아니지만 재개발 수준이 50%이면 한 40% 정도 하는 감면을 하게 되면 도심에서 공급할 수 있는, 공급 원천에서 보다 원활하게 주택이 공급되고 그것을 통해서 주택가격의 안정, 전반적으로는 부동산 시장의 안정 그런 것들을 기여할 수 있다는 측면에서 행안부와 협의해서 저희가 감면율과 감면 범위를 정했습니다.

　그리고 1세대 1주택자에 한해서 하는 것이고 지금 조정대상지역으로 되어 있는 강남 3구라든지 용산구에 대해서는 원천적으로 적용을 배제해서 부동산 투기라든지 그런 부분들을 원천 배제할 수 있도록 안을 마련한 것입니다.

　이상입니다.

○소위원장 윤건영　위원님들 의견 부탁드립니다.

○조승환 위원　아니, 그런 취지라면 자율주택정비사업이나 가로주택정비사업, 소규모 재개발사업 이런 부분들도 국토부에서 같이 검토하는 게 맞는 것 아닌가요, 꼭 이렇게 조정대상 외 지역의 재건축사업에 대해서만 새로 취득세 감면을 할 게 아니라?

○국토교통부주택정책관 김헌정　도심에서 주로 많이 공급되는 공급의 원천이라는 점과 그다음에 기반시설과 공공임대주택에 관해, 서울에서 최근 5년간 6000호 정도의 공공임대주택이 공급이 됐는데 그중의 4800호가, 그러니까 한 70% 이상에 대한 주택이 재건축에서 나왔습니다. 말씀해 주신 소규모 정비사업에서는 그런 제한들이 조금 완화돼 있는데요. 조금 전에 말씀해 주신 것처럼 행안부와 같이 검토해 보도록 하겠습니다, 또.

○조승환 위원　예.

○소위원장 윤건영　위원님들 다른 이견?

○양부남 위원 예.

○소위원장 윤건영 양부남 위원님.

○양부남 위원 지금 공공기여 때문에 이런 혜택을 주겠다는 것 아닙니까? 공공기여 부분이 있어서. 공공기여에 이러한 효과와 이 취득세 감면이라는 마이너스 효과를 분석은 해 보셨습니까?

○국토교통부주택정책관 김헌정 그러니까 최근에 건설 공사비가 3년간, 20년·21년·22년 3년 정도 간에 한 30% 이상 건설 공사비가 많이 올랐습니다. 그리고 언론에서 많이 보시는 것처럼 공사비로 인한 분쟁 그런 것들로 인해서 도심에서 원활하게 주택이 공급되지 못하는 측면들을 고려했습니다. 아울러서 감면되는 부분이 저희가 평균적으로 전용면적 85㎡의 경우에 한 400만 원 정도 수준이 된다고 생각을 합니다.

그리고 금방 말씀해 주시는 것처럼 공공기여 부분에 대해서는 한 호당, 저희가 보통 토지는 무상 기부채납을 하고 있고 표준건축비로 건축물 인수하는 경우에도 주택 인수 가격이 실원가 정도 수준이기 때문에 감면하는 부분 대비 또 주택 공급에 미치는 긍정적인 영향이라든지 그런 부분들을 충분히 할 수 있다 하는 검토를 했습니다.

○양부남 위원 검토를 하셨다는데 말씀뿐이고 거기에 대한 정확한 객관적인 자료가 있으면 저희들이 의사결정을 하는 데 도움이 될 것 같아요.

○국토교통부주택정책관 김헌정 참고자료 부분은 저희가 작성해서 제출하도록 하겠습니다.

○소위원장 윤건영 우선 조은희 위원님 말씀하시고 위성곤 위원님……

○위성곤 위원 이달희 위원님……

○소위원장 윤건영 아, 이달희 위원님……

죄송합니다. 죄송해요. 제가 조은희 위원님을 너무 좋아하나, 편애해서……

○이달희 위원 너무 좋아하는 것 같아서 전해드리겠습니다.

○양부남 위원 간사로 승격시켜 드리네.

(웃음소리)

○이달희 위원 여기 보면 지방세 경감 규모를 조례로 정하도록 되어 있으니까 이 부분은 우리가 통과시켜 줘도 지방자치단체에서 자율적으로, 지방마다 조금 다르기 때문에 조정할 수 있는 여지가 있는 것 같아서 이 부분 때문에 이대로 통과시켜 줘도 될 것 같습니다. 중앙에서 일괄하는 규정도 있는데 이 부분을 조례로 통제할 수 있는 그런 게 붙어 있기 때문에 이대로 가도 무방하다고 생각합니다.

○위성곤 위원 제가……

○소위원장 윤건영 위성곤……

○위성곤 위원 예.

전체적으로 이 예상하는 감세 규모가 어느 정도 되지요? 판단했을 것 아닙니까?

○행정안전부지방세제국장 김성기 위원님, 일단 국토부와 같이 추계한 것으로는 연간 906억 원 정도로 추계하고 있습니다. 그리고 재건축 주택을 취득하는 국민들이 받는 1인당 혜택은 아까 담당 국장이 얘기했듯이 한 300에서 400만 원 정도로 예상하고 있습니다.

○위성곤 위원 그다음에 두 번째로 국토부랑 행안부랑 같이 고민해야 되는 건데요. 다

른 재개발사업이나 여러 사업에서 실제 지금 정부가 다 규정을 하고 감면을 해 주는데 이게 지방자치단체가 판단해서 이 범위 안에서 할 수 있게끔 하는 제도개선이 필요하지 않을까요? 어떻게 생각하십니까?

○**행정안전부차관 고기동** 저희가 여러 가지 제도를 설계하면서 특정 혹은 일부 자치단체에 영향을 미치는 것에 대해서는 가급적 조례로 할 수 있도록 점차점차 노력을 하고 있다는 말씀을 드립니다.

○**위성곤 위원** 어떤 경우냐면 지금의 부동산 경기는 서울도 죽고 지방도 다 죽었는데요. 그런데 보통 부동산 경기인 경우는, 다른 경우는 보통 수도권이 살면 지방이 죽고 지방이 살면 수도권이 살고 어떤 특정 지역이 올라가기도 하고 내려가기도 하는데, 그래서 그것에 따라서 지방자치단체가 탄력적으로 대응을 해야 되는데 대응이 일률적이다 보니까 탄력적으로 대응을 하지 못합니다.

과거에, 제주의 경우 도시형 생활주택이 초기에 공급되어질 당시에 제주는 상당히 부동산 경기가 좋았는데 거기에 그것까지 포함시키니까 어마어마하게 가격만 폭등되어지고 이런 문제들이 발생을 해서 저는 국토부하고 행안부에서 이 문제를, 지방자치단체가 자율권을 확대하는 방안에 대한 고민을 적극적으로 했으면 좋겠습니다.

지금처럼 취득세 40% 범위 안에서 조례로 결정하게 하면 경기에 따라서 이것 판단할 수 있는 거거든요, 사실은. 그래서 정책적 고려를 좀 해 주시고 검토해서 의견을 나중에 주시기 바랍니다.

○**행정안전부차관 고기동** 예, 위원님, 일리 있는 말씀이라고 생각합니다.

○**소위원장 윤건영** 이 안건은 서울이나 지방의 양극화라든지 살펴볼 게 좀 있는 것 같습니다. 그래서 보류 안건으로 넘겨 놓고 다음 안건으로 넘어가겠습니다.

○**수석전문위원 유상조** 25페이지입니다.

5건의 개정안은 위기지역 내 광업·제조업·건설업 등의 업종을 경영하는 중소기업이 일정 기간 내에 사업전환계획을 승인받아 전환한 사업에 직접 사용하기 위해 취득하는 부동산에 대한 취득세 및 전환한 사업에 사용하는 부동산에 대한 재산세의 감면과 관련하여 감면 대상 사업전환계획 승인 일을 연장하는 내용이 되겠습니다.

검토의견입니다.

위기지역 내 중소기업의 적극적인 사업 전환 추진에 도움이 될 것으로 보입니다. 다만 사업 전환 승인을 받은 중소기업이 적은 점을 고려해서 중소기업의 지방세 감면 수요조사 및 승인 제도에 대한 재검토가 필요하다고 보입니다.

이상입니다.

○**소위원장 윤건영** 정부 측 의견 부탁드립니다.

○**행정안전부차관 고기동** 일단 일몰기한 연장을 희망합니다. 아울러 실적이 그렇게 많지 않은 것은 고용위기지역이나 고용재난지역, 산업위기대응특별지역은 현재 상태에서는 없는 상태이고 인구감소지역이 여기에 해당됩니다. 말씀하신 것은 충분히 고려할 필요는 있다고 생각합니다.

○**소위원장 윤건영** 위원님들 의견 부탁합니다.

○**조승환 위원** 정부안에 동의합니다.

○**소위원장 윤건영** 이견이 없으면 다음 안건으로 넘어가도 되겠습니까?

(「예」 하는 위원 있음)

넘어가겠습니다.

○수석전문위원 유상조 31페이지입니다.

개정안은 인구감소지역의 기업이 창업 등을 목적으로 취득하는 부동산에 대한 지방세 감면 특례의 일몰기한을 5년 연장하는 내용이 되겠습니다.

검토의견입니다.

인구감소지역의 지역소멸을 막기 위하여 인구 유입을 활성화시킬 필요성 그리고 인구감소지역 지정 해제 이후에도 적정한 인구 유입이 필요한 점, 창업하려는 자에게 예측가능성을 제공할 수 있다는 점 등을 고려할 때 개정안의 취지는 타당한 것으로 보입니다.

다만 동 조항의 일몰기한이 25년까지로 되어 있어서 아직 일몰이 미도래한 점을 고려할 필요가 있어 보입니다.

이상입니다.

○소위원장 윤건영 정부 측 의견 부탁합니다.

○행정안전부차관 고기동 의원님께서 굉장히 심사숙고하셔서 굉장히 깊이 있는 원안을 주신 것으로 알고 있습니다. 수석전문위원 의견처럼 아직 일몰기한이 내년이기 때문에 그때 종합적으로 보는 것이 어떨까 하는 생각입니다.

○조승환 위원 예, 알겠습니다.

○소위원장 윤건영 조승환 위원님, 그렇게 해도 되겠습니까?

○조승환 위원 예.

○소위원장 윤건영 그러면 정부 측 의견 수용해서……

○위성곤 위원 하나만 첨언하고 넘어가겠습니다.

○소위원장 윤건영 예.

○위성곤 위원 위기지역하고 그다음에 인구감소지역 이런 지역에 대한 판단도 사실은……

이것 재원은 원래 지방정부 재원이지요, 지방세니까?

○행정안전부차관 고기동 예, 그렇습니다.

○위성곤 위원 지방자치단체가 거둬야 할 건데 정부가 감면을 일괄적으로 해 줘요. 생색은 정부가 내고 자율권이 없어서……

저는 이런 문제를 앞서처럼 이 범위 안에서 지방자치단체가 결정하게끔 해 줘야, 지방자치단체가 탄력적으로 적용하고 세수가 더 필요하면 세수 걷어서 쓰고 그것에 대해서 더 대응을 해야 되겠다면 깎아 주고 이럴 수 있게끔 해야 된다고 생각합니다.

그런데 이것 보니까 전부 다, 우리가 논의하고 있는 모두가 다 지방정부 예산인데 이게 중앙정부가 생색내는 일에 중앙정부의 정책적 방향 코드에 맞춰서 통제하고 있는 거고 실질적으로 그만큼 지방세 세입을 주지 않는 거거든요, 이것 교부세로 나눠 주면 될 일인데 주지도 않으면서. 그래서 저는 행안부가 이런 문제에 대해서 좀 더 면밀하게 살펴서 정책 방향을 결정할 필요가 있다라고 생각합니다.

다시 한번 차관님께 촉구하면 지방세특례제한법 안에서의 지방자치단체에 자율권을 어떻게 줄 것인가에 대해서 연구용역 하셔서 보고를 해 주시기 바랍니다.

○소위원장 윤건영 큰 틀에서 말씀 주신 것 같습니다. 참고하시고요.

○**이달희 위원** 저도 위성곤 위원님 말씀에 공감합니다.

○**위성곤 위원** 감사합니다.

○**소위원장 윤건영** 다음 안건으로 넘어가겠습니다.

○**수석전문위원 유상조** 35페이지입니다.

개정안은 인구감소지역에서 무주택자 또는 대통령령으로 정하는 1가구 1주택자가 주택을 유상거래로 취득하는 경우 취득세를 경감하는 특례를 신설하는 내용이 되겠습니다.

검토의견입니다.

인구감소지역에서 무주택자 또는 1가구 1주택자의 주택 구입을 촉진하고 이를 통한 인구감소지역의 생활인구 증가에 다소 도움이 될 수 있을 것으로 보입니다.

다만 갭투자를 통한 주택 투기 등 의도하지 않은 효과의 발생 가능성, 생활인구 증가의 실효성을 달성하기 위해서는 전세 및 임대차 계약에 대한 제한이 필요할 수도 있다는 점 그리고 일몰기한을 2년으로 정하고 있는 점, 추징요건으로서 3년간 보유기간의 적정성 및 조례를 통한 취득세 추가 감면의 적정성 등에 대한 종합적인 검토가 필요해 보입니다.

이상입니다.

○**소위원장 윤건영** 정부 측 의견 부탁합니다.

○**행정안전부차관 고기동** 해당 법안의 의결을 희망합니다. 인구감소지역에 흔히 말씀드리는 세컨드 홈에 대한 인센티브를 드리려고 하는 것입니다.

그리고 관련 유사한 제도들이 좀 있습니다. 인구감소지역에 주택을 구입하는 경우에 재산세 특례가 있고 양도세 그다음에 종부세 특례도 지금 함께 있고 일몰기한이 26년까지로, 관련 제도들이 26년으로 되어 있습니다. 아울러 26년에 지방시대위원회에서 인구감소지역을 다시 지정하게 됩니다. 그러한 전체적인 상황을 고려해서 26년까지 일단 일몰기한을 설정했다는 말씀을 드립니다.

○**조승환 위원** 지금 제가 갑자기 질문사항이 있어서 그러는데, 지역구 이야기해서 죄송합니다마는 광역시·구 지역은 빠지는 것 그대로 가는 건가요?

○**행정안전부차관 고기동** 예, 그렇습니다. 시 지역은 빠져 있고 군 지역만 해당이 됩니다.

○**조승환 위원** 그러니까 시 지역의 그것은 빠지는 걸로 가는 거지요?

○**행정안전부차관 고기동** 예.

○**조승환 위원** 계속 그것 지적을 했었는데, 이 부분에 관해서는.

○**행정안전부차관 고기동** 이것은 전체적으로 논의를 해 보겠습니다. 이게 국세랑 굉장히 연계가 돼 있었던 부분입니다.

○**조승환 위원** 연계가 돼 있으니까 한번 챙겨봐 주시길 부탁드리겠습니다.

○**소위원장 윤건영** 다른 위원님……

제가 한번 여쭤볼게요.

이게 1가구 1주택자, 무주택자에 한한 건데, 인구감소지역에 주택을 구입할 수 있도록 하는 건데 이게 세컨드 홈이라든지 정책의 본연의 취지를 살릴 수 있을까요, 본질적으로?

○**행정안전부차관 고기동** 그렇다고 다주택자에 혜택을 드리는 것은 좀 어려울 것 같고

요. 말씀 주신 것처럼 일단은 여러 가지 조치들을, 인구감소지역에 대해서는 한번 유인책을 마련해 드리는 것이 맞다는 생각을 갖고 있습니다.

○소위원장 윤건영 그런데 상식적으로 보통 인구감소지역에 주택을 구입하려고 하실 여유가 되거나 의지를 가지신 분들은 해당 안 될 것 같거든요, 저는.

○행정안전부차관 고기동 저희가 사례로 생각해 볼 수 있는 것은 아마 서울에 계신 분들이 고향집을 다시 사시는 경우들이 발생을 할 것 같고요. 그러한 경우에는 주택이 2개가 필요하신데 이러한 혜택을 드리면 1주택 자격을 유지하기 때문에 각종 종부세 같은 데서 불이익을 받지 않게 됩니다. 그래서 그런 측면은 있다는 말씀 드립니다.

○수석전문위원 유상조 이것과 관련해서 입법 취지라고 할까 목적이 좀 분명한 게 좋을 것 같은데요.

만약 생활인구라고 한다고 하면 청양군 같은 경우에 청양군의 어떤 집을 구입한다고 하면 자기 집 산 사람이 주중에 내려가고 주말에 내려가고 이런 현상이 있어야 생활인구가 증가되는 것 아니겠습니까? 그런데 이것은 결국에는 갭투자를 할 가능성이 많기 때문에 전세를 주게 되면 그냥 주택만 하나 산 거지 생활인구 증가에는 도움이 안 되는 측면이 있을 것으로 보입니다.

그래서 이 정책 방향이, 명확하게 이게 목표가 잡혀 있어야지, 그렇게 되면 청양군 내에서도 서울 사람들이 선호하는 읍이라든지 이런 데에서는 주택 가격이 좀 받쳐 줄 수 있고 나머지 지역은 더…… 또 지방시장이 양극화가 더 될 수가 있거든요. 그래서 그런 점들을 위원님들이 고려하셨으면 좋겠습니다.

○이달희 위원 제가 기재부에 지금 세컨드 홈 관련해서 법안을 내놨는데요. 인구소멸지역 중심으로 해서 세컨드 홈은 1가구 2주택에 해당되지 않도록, 그러면 양도세나 종부세에도 카운트되지 않도록 그렇게 해서, 기재부의 지금 의견은 4억까지 캡을 씌워서 그 안에서는……

대체로 어떤 얘기들이 있느냐 하면 아까 수석전문위원님 말씀도 있는데 사실 읍과 동이나 이런 것하고 그 자체 안에서도 차이가 있을 거라는데, 차이가 물론 있는데요 지금 시급한 것은 읍도 시급합니다. 지금 지역에 가 보면 수도권에서 상상하는 것하고…… 또 인구소멸지역 가 보면 전반적으로 읍까지 소멸하기 때문에 극약처방 여러 가지를 다 줘서 생활인구라도 유입해야 된다는 게 있고.

또 어떤 경우가 있느냐 하면요 부모님이 돌아가셨는데 고향집을 서로 안 받으려고 합니다. 그 정도로…… 하나라도 고쳐서 가족들이 그것을 받아서 유산상속을 해서 돌아가면서 그냥 별장처럼 어머니 살던 집을 할 수도 있는데 1가구 2주택에 포함되고 또 그런 특별한 인센티브가 없어서 그런 게 빈집이 되는 경우도 많거든요.

그래서 이런 부분에서는 여러 가지를 다 뭉쳐서 종합선물세트로 줘도 지방소멸지역이 생활인구라도 그나마 왔다 갔다 할 수 있는 그런 온기를 찾지 않을까 이렇게 생각합니다.

○조승환 위원 저는……

○소위원장 윤건영 이야기하시고……

○조승환 위원 먼저 하십시오.

○양부남 위원 제가 할까요?

○**조승환 위원** 예, 먼저 하십시오.

○**양부남 위원** 입법 취지는 매우 좋다고 생각이 듭니다. 인구감소지역에 생활인구 유입 촉진을 하기 위한 아주 좋은 제도라고 생각이 드는데요. 과연 입법 취지대로 생활인구가 유입될 것인지 전문위원께서 지적하신 것처럼 투기 대상이 될 것인지에 대해서 근본적인 담보장치가 필요하다고 생각합니다. 이 제도를 시행하려면 생활인구를 유입할 수 있다는 어떤 담보·보완 장치가 전제되고 나서 이 제도가 시행되지 않냐 하는 생각이 듭니다. 상속에 의한 경우는 예외겠지요. 그러나 이것 유상 거래일 경우에.

○**이달희 위원** 그런데 지방에 내려가 보면 주택 경기라든가 이런 게 너무 다운돼 있기 때문에 그렇게 될…… 전세라도 놓으면 그것 얼마나 좋겠습니까? 그렇지 않은 정말 참담한 곳이 많거든요.

○**양부남 위원** 저는 근본적으로 반대는 안 하는데 이러한 유입 촉진할 수 있는 담보·보완 조치가 필요하다, 내버려두면 투기로 갈 수가 있다는 생각이 들어서 그렇습니다.

○**행정안전부차관 고기동** 제가 말씀드려도……

○**소위원장 윤건영** 조승환 위원님 이야기하시고 차관님 종합적으로……

○**조승환 위원** 저는 지금 인구감소지역이나 빈집 부분이나 이런 문제를 풀기 위해서는 우리가 할 수 있는 모든 수단과 정책을 다 동원해야 된다라고 생각합니다.

아까 이달희 위원님 말씀하셨듯이 예를 들어서 갭투자가 되려 그러면 수요 자체가 있어야 되는데 지금 수요 자체가 없는 상황에서 빈집이 발생하고 있는 상황이기 때문에, 농어촌뿐만 아니라 저희 지역구 같은 경우에도 보면 도시임에도 불구하고 그런 상황이기 때문에 저는 우리가 할 수 있는 정책 수단은 최대한 동원을 해야 된다고 생각을 하고 설령 갭투자나 이런 걸로 인한 양도차익이 다소 발생한다고 하더라도 저는 이 부분에 관해서는 적극적으로 추진해 나갈 필요가 있다라는 생각을 가지고 있다는 말씀 드리겠습니다.

○**소위원장 윤건영** 차관님 말씀……

○**행정안전부차관 고기동** 위원님 말씀 주신 것 중에 어쨌든 인구감소지역이 계속 인구가 줄고 있는 지역입니다. 그러다 보니까 말씀 주신 것처럼 갭투자의 우려는 크지 않을 거라고 보고요.

아울러 저희 이번 법 조항 중에 추징 규정을 뒀습니다. 그래서 3년 이내에 매각·증여하는 경우에는 감면된 취득세를 다시 추징하도록 되어 있습니다. 그래서 짧은 기간에 사고판다든지 하는 것들을 방지하는 조항을 뒀다는 말씀을 함께 드리겠습니다.

○**소위원장 윤건영** 이것도 일단 보류하고 넘어가겠습니다.

다음 안건.

○**수석전문위원 유상조** 38쪽이 되겠습니다.

개정안은 수도권 외의 지역의 상업 목적 건축물 및 점포에 대해 2년 이상 공실이 발생한 경우 등에 대한 지방세 감면의 특례를 신설하려는 것입니다.

납부 여력이 없는 상업용 건축물 및 점포 소유자의 지방세 부담을 완화함으로써 공실의 해소 및 지역 상권의 활성화에 도움이 될 수 있을 것으로 보입니다.

다만 장기 공실에 대한 재산세 감면이 지방재정에 영향을 미칠 수 있다는 점, 감면 기준 2년 이상의 공실 등 및 감면 배제 요건의 적정성 등을 고려해야 할 필요가 있겠습니다.

　이상입니다.

○**소위원장 윤건영**　정부 측 의견 부탁합니다.

○**행정안전부차관 고기동**　전체적으로는 신중 검토 의견입니다.

　재산세를 재산 보유 자체에 대한 담세력 인정을 고려해 주셨으면 좋겠고요. 의원님 안 중의 내용을 보게 되면 감면 배제에서 이분들이 감면받기 위한 조치를 하도록 하는 것들이 있습니다. 분기 1회의 광고를 하셔야 되고 또 중개 의뢰를 하셔야 되는 등 여러 가지 조치를 하셔야 되는데요. 현실적으로 이것들을 재정 입장에서는 확인할 수 있을지 또 공실 여부가 있었는지, 광고 여부라든지 중개 의뢰 이런 것들을 현실적으로 확인하기가 쉽지 않다는 말씀을 드립니다.

　아울러 장기 공실에 대한 재산세 감면으로 이게 임대료 감면으로 다시 이어질지에 대해서는 인과관계가 좀 불명확한 부분이 있습니다. 전체적으로는 장기 공실 나는 것에 대해서는 저희도 굉장히 안타깝게 생각합니다만 법안에 대해서는 신중 검토해야 한다는 생각입니다.

○**소위원장 윤건영**　위원님들 의견 부탁합니다.

○**조승환 위원**　정부 의견에 동의합니다.

○**소위원장 윤건영**　정부 의견에 이견이 없으면 다음 안건으로 넘어가겠습니다.

○**수석전문위원 유상조**　41페이지입니다.

　개정안은 안전조치 또는 개축·수리 등의 조치를 이행한 빈집에 대한 재산세를 감면하고 철거명령을 이행한 빈집의 부속토지에 대한 재산세를 면제하는 특례를 신설하려는 것입니다.

　검토의견입니다.

　빈집에 대한 자발적인 안전관리를 촉진함으로써 붕괴·화재사고 등의 예방에 기여할 수 있는 것으로 보입니다.

　다만 빈집 및 소규모주택 정비에 관한 특례법, 농어촌정비법은 철거명령에 따라 빈집을 철거하게 되는 경우 빈집의 소유자에게 정당한 보상비를 지급하도록 하고 있으며 빈집 철거 시 재산세 부담을 완화하는 방안이 시행되고 있다는 점을 고려할 필요가 있겠습니다.

　이상입니다.

○**소위원장 윤건영**　정부 측 의견 부탁합니다.

○**행정안전부차관 고기동**　개정안의 취지에는 공감을 합니다만 관련 조치들이 이미 시행되고 있습니다. 빈집을 철거하게 되면 건축물이 아니고 토지에 대해서 재산세가 부과되면서 세금이 좀 인상되는 경우가 있는데요. 그렇게 인상이 되지 않도록 이미 조치를 했다는 말씀을 드립니다.

○**소위원장 윤건영**　위원님들 의견 부탁합니다.

○**이달희 위원**　이게 지역에 가면, 지금 차관님은 인상이 됐을 때 토지가 있을 때 인상이 안 됐다 하는데 어떻게 말씀을……

○**행정안전부차관 고기동**　건축물에 대해서 재산세를 부과하는데요, 철거를 하게 되면 나대지, 그 토지에 대해서 재산세가 부과가 됩니다. 그러다 보면 경우에 따라서는, 나대

지의 여러 가지 조건에 따라서는 세금이 더 높아지게 됩니다. 그런데 이게 높아지지 않도록 종전에 받던 재산세 수준으로 유지되도록 캡을 씌워 놨습니다. 그래서 인상이 되지 않는 효과를 발생한다는 말씀 드립니다.

○**이달희 위원** 주민들한테 좀 알려야 될 것 같아요. 왜 집을 저렇게 두냐 하면 뜯어내고 나면 나대지가 세금이 더 많아서 철거하지 않는다고 알고 있는 국민들이 많거든요.

○**행정안전부차관 고기동** 그 부분 더 홍보하도록 하겠습니다.

○**조승환 위원** 아니, 그런데 이 부분에 관해서는 저는 조금은 고민을 해 보셔야 될 부분이 있다라는 생각이 드는 게 신성범 의원님 안에 대해서는…… 지금 현재는 나대지, 그러니까 현재는 건축분하고 토지분하고 합쳐져 있는 것을 캡으로 씌워 가지고 철거했을 때 비용 넘어가지 않도록만 하는 조치이지 않습니까?

○**행정안전부차관 고기동** 예.

○**조승환 위원** 그런데 지금 신성범 의원안은 나대지에 대한 보유세, 일종의 재산세에 대한 감면을 하자라는 것하고 그 취지가 다른 것 같고 이미 시행되고 있다라는 그것은 좀 잘못된 것 같다라는 생각이 들고요.

그다음에 두 번째로 드리고 싶은 말씀이 사실 빈집 하나 철거해 가지고 한 나대지를 가지고서는 아무런 것도 이루어지지 않습니다. 이루어지지 않는데 이 나대지가 주변이 계속, 결국은 빈집도 이게 스프롤처럼 퍼져 가기 때문에 빈집을 철거하다 보면 나대지가 몇 필지가 모이게 되면 이게 나름의 어떤 도시에서의 기능을 할 수 있는, 역할을 할 수 있는 부지 면적이 되는데 그러다 보니까 아예 이런, 그러니까 나대지화시킬 수 있는 어떤 정책적인 배려나 고려 이런 부분들이 지금 이 조항에는 포함되어 있는 것 아닌가라는 생각이 들거든요. 그래서 그런 부분들에 대해서 한번 고민을 좀 해 볼 필요가 있다라는 생각은 듭니다.

○**소위원장 윤건영** 보류할까요, 조 위원님?

○**조승환 위원** 당장은 힘들지 않겠습니까?

○**위성곤 위원** 예, 보류하고요.

○**조승환 위원** 보류할까요?

○**소위원장 윤건영** 일단 보류하고 다음 안건으로 넘어가겠습니다.

○**수석전문위원 유상조** 45페이지입니다.

개정안은 한국주택토지공사가 수행하는 사업에 직접 사용하는 공공시설물 등으로서 국가 등에 무상으로 귀속되는 공공시설물 등에 대한 지방세 특례의 일몰기한을 3년 연장하고 반대급부로 국가 등이 소유하는 부동산 등을 무상으로 양여받은 경우 재산세 감면율을 100%에서 50%로 하향 조정하려는 내용이 되겠습니다.

일몰기한 연장 관련해서는 해당 사업이 안정적으로 추진되는 데 도움이 될 것으로 보입니다. 통상 3년으로 정해 왔습니다.

다음은 47페이지입니다.

도시지역분 감면 배제의 경우에는 감면 대상에서 제외된 재산세 도시지역분은 도로 유지 등 도시계획 사업에 필요한 비용을 충당하기 위해 도시계획 구역 내의 토지 등에 부과되는 것으로서 동 감면을 축소함으로써 도시계획 재원 확충에 도움이 될 수 있을 것으로 보입니다.

반대급부 여부에 따른 감면율 차등의 경우에는 법체계의 정합성을 제고하는 데는 도움이 될 것으로 보입니다.

다만 한국토지주택공사가 받은 구체적인 반대급부의 내용을 고려하지 않고 재산세 감면율을 일률적으로 50%로 정하는 것이 합당한지에 대한 논의는 필요한 것으로 보입니다.

이상입니다.

○소위원장 윤건영 정부 측 의견 부탁합니다.

○행정안전부차관 고기동 정부가 제출한 의견입니다. 정부안은 의결을 희망합니다.

위원님들 논의하시면서 유사한 안건들을 보셨을 겁니다. 농어촌공사 게 있었고 토지공사 것 그리고 아마 수자원공사, 지방공기업 등이 같은 내용으로 지금 들어와 있는 상황이고요. 이 내용은 재산세에서 50% 반대급부가 있는 경우 감면을 줄이는 내용이고 취득세 관련해서는 이미 이런 조치가 이루어졌다는 말씀을 함께 드리고 싶습니다.

택지개발사업이라고 하는 전체적인 개발사업을 하면서 나오는 수익 과정에 있는 거기 때문에 이분들이 충분히 담세력도 있다고 판단이 됩니다.

아울러 이 기관들에 대해서 저희가 법안을 만들면서 충분히 의견을 수렴했습니다만 이런 부분에 대해서는 특별한 이견은 없었다는 말씀도 함께 드립니다.

○소위원장 윤건영 어제 우리가 이 반대급부 관련한 다른 기관들이 보류……

○수석전문위원 유상조 한국농어촌공사 있었습니다.

○소위원장 윤건영 그것은 보류됐습니까, 아니면……

○수석전문위원 유상조 보류됐습니다.

○소위원장 윤건영 그러면 이것도 보류해서 같이 이야기하도록 하겠습니다, 같은 성격이니까요.

다음 안건 부탁합니다.

○수석전문위원 유상조 50페이지입니다.

두 건의 개정안은 한국토지주택공사가 기업의 부채상환용 토지를 24년 6월 1일부터 26년 12월 31일까지 매입하는 경우 취득세를 경감하는 규정을 신설하는 내용입니다.

소위원회 논의 사항입니다. 지방세수 감소에 대한 우려를 고려할 때 개정안을 반영하지 않을 필요가 있다는 조승환 위원님의 의견이 있으셨습니다.

검토의견입니다. 주택공급 사업의 안정적 추진에 도움이 될 수 있을 것으로는 보입니다. 다만 기업 부채상환용 토지매입 정책의 효과성 그리고 지방세수 감소 정도 및 일몰기한의 적정성 등에 대한 검토가 필요해 보입니다.

이상입니다.

○소위원장 윤건영 정부 측 의견 부탁합니다.

○행정안전부차관 고기동 해당 법안의 의결을 저희는 희망합니다.

어쨌든 유동성 어려움을 겪고 있는 민간 사업장의 부동산을 토지공사가 매입해서 정상화를 지원하는 내용입니다. 관련 내용들이 이미 토지공사법에 관련 조항들을 가지고 있기 때문에 거기에 따른 취득세 감면을 하고자 하는 것입니다.

○소위원장 윤건영 정부 측 말씀 주셨고 위원님들 의견 계신가요?

○김성회 위원 부채가 생긴 것은 기업이 잘못해서 생긴 것이거나 아니면 기업이 사업

을 할 목적으로 만들어 놓은 것이고 이것 한국토지주택공사에서 사 준다고 하면 내년에 또 어디 가서 부채를 일으킬지 알 수도 없는 상황인데 지방세수를 깎아 가면서 해 줄 이유를 잘 모르겠고요.

해당 기업이 토지를 내놓으면 한국토지공사만 사 가는 것은 아니지 않습니까? 전국에 있는 다른 개인이나 기업들이 토지를 사 갈 건데 한국토지주택공사가 사는 부분에 대해서만 지방세를 깎아 준다는 이유도 잘 모르겠고요.

그리고 기업의 활동이 이윤이 생겼을 때 뭐 더 들어오는 게 없는데 어려울 때마다 국가가 이런 식으로 도와줘야, 특히나 세금을 줄여 가면서 도와줘야 된다는 정책에 대해서 잘 이해를 못 하겠습니다.

○**행정안전부차관 고기동** 이 부분에 대해서는 기재부장관이 국토부장관에게 요청한 경우에, 특수한 경우로 보고 있고요. 아울러 이것은 정상화가 가능한 부동산에 대해서 LH가 일시적으로 유동성을 도와주는 그런 케이스입니다. 그래서 국가 정책적으로, 정책적인 측면이 있다는 말씀을 드리고 또 지역의 입장에서 보면 그 지역의 토지개발이 멈추게 되면 여러 가지 파급효과가 지역에도 많이 발생을 합니다. 그래서 전체적으로는 그 사업을 진행하게 한 후에 거기에 따른 여러 가지 취득세를 받거나 재산세를 받는 것이 지역경제 입장에서는 이득이 된다라고 생각합니다.

○**김성회 위원** 임대주택 정책은 1년에 4, 5조씩 깎아서 LH 일을 못 하게 만드는 정부가 이것은 또 가능하게 한다는 것은 저는, 제 입장에서는 잘 이해가 되지 않습니다.

○**소위원장 윤건영** 우선 보류하겠습니다.

다음 안건으로 넘어가겠습니다.

○**수석전문위원 유상조** 53페이지입니다.

개정안은 한국수자원공사가 분양의 목적으로 공공시설물 등을 취득하는 경우 지방세 감면의 일몰기한을 3년 연장하고 공공시설물 등의 반대급부로 국가 등이 소유하는 부동산 등을 무상으로 양여받는 경우 재산세 감면율을 100에서 50%로 하향 조정하려는 내용입니다.

앞에서 설명드린 사업과 유사한데요. 일몰기한 연장, 도시지역분 감면 배제, 반대급부 여부에 따른 감면율 차등 이 부분 역시 구체적인 반대급부의 내용을 고려하지 않고 감면율을 일률적으로 50%로 정하는 것이 합당한지에 대한 논의가 필요해 보입니다.

이상입니다.

○**소위원장 윤건영** 차관님, 정부 측 의견 말씀 주시기 전에 이것도 반대급부가 확실히 있는 이슈라 보류해서 같이 처리하는 게 어떨까 싶습니다.

(「예」 하는 위원 있음)

다음 안건으로 넘어가겠습니다.

○**수석전문위원 유상조** 57페이지입니다. 연번 81번이 되겠습니다.

개정안은 산업입지 및 개발에 관한 법률 제20조의2에 따라 신탁법에 따른 신탁 방식으로 산업단지를 개발하는 경우에는 수탁자를 사업시행자로 보도록 함으로써 수탁자가 지방세법 제7조 4항에 따른 지목 변경에 따른 간주취득세를 감면받을 수 있도록 하는 내용이 되겠습니다.

검토의견입니다.

먼저 자금 조달 방식 차이에 따른 형평성 문제입니다. 저당권 설정을 통해 자금을 조달하여 산업단지를 개발하는 경우 지목 변경에 대한 간주취득세를 감면받는 것과 동일하게 담보신탁을 통해 자금을 조달한 경우에도 간주취득세에 대한 감면을 적용함으로써 형평성 제고 필요가 있겠습니다.

실질과세의 원칙입니다. 담보신탁의 방식으로 산업단지를 개발 시 신탁계약 등에 따라 위탁자인 사업시행자가 사실상 간주취득세를 납부하여야 하는 것으로 보입니다. 실질과세의 원칙에 부합할 수 있도록 수탁자에 대한 감면 적용이 필요해 보입니다.

58페이지입니다.

행정안전부의 의견을 말씀드리겠습니다.

현행법에는 산업단지 외에도 물류단지, 관광단지 등 사업시행자를 감면 대상자로 하는 규정이 있으므로 신탁 방식을 통한 사업 시행 현황 등 실태조사가 필요하다는 행안부의 의견이 있었습니다.

이상입니다.

○소위원장 윤건영 정부 측 의견 부탁합니다.

○행정안전부차관 고기동 전체적으로는 신중 검토 의견입니다.

여기 취득세 감면 검토의 필요성은 저희도 충분히 인지하고 있습니다. 그런데 이게 여기의 산업단지뿐만 아니고 관광단지, 물류단지, 도시개발, 재건축 다 매우 다양한 형태에서의 신탁이 적용되고 있어서 그 전체를 종합적으로 볼 필요가 있다는 생각입니다.

아울러 해당 의원님 실에는 이 해당 저희 상황을 드리고 양해를 받았다는 말씀을 함께 드리겠습니다.

○소위원장 윤건영 위원님들 의견 주십시오.

○조승환 위원 정부에서 충분히 준비할 수 있는 시간을 줘야 될 것 같습니다.

○소위원장 윤건영 해당 의원님도 양해를 받았다고 하니까 정부……

○수석전문위원 유상조 위원장님, 잠깐만 제가……

○소위원장 윤건영 수석전문위원 말씀……

○수석전문위원 유상조 이 부분에 대해서 간략하게만 설명을 드리겠습니다.

지금 이 산단에 관계된 분들이 있을 것으로 보이고요. 아마 그분들께서 의원실에 민원 제기해서 법률안이 들어온 것으로 추정이 됩니다. 그런데 이 부분 관련해서 과연 수탁자를 시행자로 보지 않는 이 조항이 공공의 책임이 없는가 한번 정말 진지하게 생각해 봐야 될 것으로 보입니다.

이게 만약에 신탁의 경우에 간주취득 시 문제가 발생한다는 것을 공공 부분이 인식했다고 하면 그 인식에도 불구하고 형평성 문제가 있고 실질과세 원칙에 반함에도 불구하고 이것을 개정하지 않았다는 문제가 있고요.

만약에 미인식했다면, 알지 못했다고 한다고 하면 지금이라도 빨리 알았을 때 이것을 개정해 주는 것이, 그러니까 이것 개정 필요성이 있다고 인식했을 때 서둘러서 법률 관계를 확정해 주지 않게 되면 이것을 시간을 두고 전체적으로 바라보면서 그 안을 짜겠다고 하게 돼서 만약에 이게 6월 달이 되든, 내년이 됐을 때 이게 또 소급하는 문제가 발생할 수가 있습니다. 그러면 또 소급 적용 가능성 때문에 또 누군가는 또 억울한 분이 생길 수가 있어서 이 문제에 대해서는 이번 정기회 때 매듭을 지어주는 게 오히려 바람직하지 않나 이런 생각을 해 봅니다.

이상입니다.

○**이달희 위원** 다시 생각해 봅시다, 그러면.

○**소위원장 윤건영** 보류를 하고요.

○**이달희 위원** 보류를 합시다.

○**소위원장 윤건영** 보류하겠습니다.

다음 안건.

○**수석전문위원 유상조** 60페이지입니다.

2건의 개정안은 사업시행자가 산업단지 등을 개발·조성한 후 직접 사용하기 위하여 취득하는 산업용 건축물 등에 대한 취득세 및 재산세의 감면율을 사업시행자가 아닌 자가 취득·보유하는 경우의 감면율 수준으로 상향하고 조례에 따라 취득세를 추가 감면할 수 있도록 하는 내용이 되겠습니다.

검토의견입니다.

입주를 목적으로 한 사업시행자와 일반 입주기관 간의 형평성을 제고하는 데 도움이 될 것으로 보입니다. 다만 사업시행자는 산업단지의 조성 및 분양에 따른 개발이익의 수혜대상자로서 입주기업에 대한 분양 등을 통해 수익을 창출할 수 있고 비교적 담세력이 있는 것으로 보이며 산업단지 개발사업의 시행자에 대해서는 단지 조성 및 분양·임대 등에서 지방세 감면을 통해 지원 중인 점을 고려할 필요가 있겠습니다.

이상입니다.

○**소위원장 윤건영** 정부 측 의견 부탁합니다.

○**행정안전부차관 고기동** 신중검토 의견입니다.

사업시행자는 사업 단계마다 사업의 초기 조성 단계·분양 단계 여러 최소한 네 단계 이상에서 지금 감면을 적용받고 있습니다. 아울러 입주하는 기업들은 대개 중소기업들이고요. 이분들에 비해서는 여러 가지 담세력이 있다는 것을 고려할 필요가 있다는 생각입니다. 그래서 신중검토 의견입니다.

○**소위원장 윤건영** 위원님들 의견 부탁합니다.

○**조승환 위원** 정부 의견에 동의합니다.

○**소위원장 윤건영** 정부 측 의견에 동의하시거나 이견이 없으시면 다음 안건으로 넘어가겠습니다.

(「예」 하는 위원 있음)

○**수석전문위원 유상조** 66페이지입니다.

개정안은 현행 제78조제8항 후단을 삭제하여 법률을 명확하게 하는 내용이 되겠습니다.

검토의견입니다.

지방세특례제한법의 위임에 따른 조례 감면은 조례 감면에 관한 총량 제한 등 일반적 조례 감면에 관한 제4조가 적용되지 않으나 제78조제8항 후단은 관련 내용을 중복하여 정하고 있는 측면이 있습니다. 그래서 이걸 관계 및 해석을 명확하게 할 수 있을 것으로 보입니다.

이상입니다.

○**소위원장 윤건영** 정부 측 의견 부탁합니다.

○**행정안전부차관 고기동** 의결을 희망합니다.

○**소위원장 윤건영** 위원님들 이견 없으시면 다음 안건으로 넘어가겠습니다.

(「이견 없습니다」 하는 위원 있음)

○**수석전문위원 유상조** 69페이지입니다.

2건의 개정안은 항공우주산업 지원을 위한 감면을 신설하는 내용이 되겠습니다.

먼저 강민국 의원님 안은 우주개발진흥법 제23조2에 따른 특화단지 내에서 우주항공청장이 투자진흥지구를 지정하는 경우 취득세·개인지방소득세를 감면하는 내용이 되겠습니다.

뒤 페이지에 보시면, 박대출 의원님 안은 우주항공복합도시 건설을 위한 특별법안의 의결을 전제로 동 법률안에 따른 우주항공복합도시건설사업의 시행자 및 입주기업에 대한 취득세·재산세·법인·개인지방소득세 감면에 관한 내용이 되겠습니다.

검토의견입니다.

강민국 의원님 안입니다. 항공우주산업 특화단지 기업을 유치하는 데 도움이 될 수 있을 것으로 보입니다. 다만 개인 지방소득세 감면과 관련해서는 조세특례제한법 일부개정법률안의 개정이 전제되어야 될 것으로 보이고요. 조세특례제한법 일부개정법률안이 의결되게 되면 현행법 제167조의2에 따라서 개인 지방소득세 공제·감면이 자동적으로 이루어지고 있다는 점을 참고할 필요가 있겠습니다.

박대출 의원님 안의 경우에는 우주항공복합도시 건설을 위한 특별법안의 제정이 선행될 필요가 있겠습니다.

이상입니다.

○**소위원장 윤건영** 정부 측 의견 부탁합니다.

○**행정안전부차관 고기동** 신중검토 의견입니다.

우주항공복합도시법과 또 조세특례제한법의 개정이 있어야 할 것으로 생각합니다.

○**소위원장 윤건영** 위원님들 의견 부탁합니다.

(「정부 입장에 동의합니다」 하는 위원 있음)

이견이 없으면 다음 안건 넘어가겠습니다.

○**수석전문위원 유상조** 77페이지입니다.

5건의 개정안은 산업단지를 제외한 과밀억제권역에 본점 또는 주사무소를 설치하여 사업을 하는 법인이 본점 또는 주사무소를 과밀억제권역 이외의 지역으로 이전하는 경우 사업을 직접 하기 위하여 취득하는 부동산에 대한 취득세·재산세·등록면허세에 대한 감면의 일몰기한을 연장하는 것이 되겠습니다.

검토의견입니다.

과밀억제권역의 과밀화 문제 완화, 과밀억제권역 외 지역의 일자리 창출, 인구 증가 및 국토 균형발전에 도움이 될 수 있을 것으로 보입니다. 일몰기한은 통상 3년이었습니다.

이상입니다.

○**소위원장 윤건영** 정부 측 의견 부탁합니다.

○**행정안전부차관 고기동** 일몰기한 연장을 희망합니다.

○**소위원장 윤건영** 위원님들 이견 없으면 다음 안건으로 넘어가겠습니다.

(「예」하는 위원 있음)

○**수석전문위원 유상조** 81페이지입니다.

5건의 개정안은 산업단지를 제외한 과밀억제권역에서 공장시설을 갖추고 사업을 직접 하는 자가 그 공장을 폐쇄하고 과밀억제권역 외의 지역으로 이전한 후 해당 사업을 계속 하기 위하여 취득하는 부동산에 대한 취득세 면제, 재산세 감면의 일몰 기한을 연장하는 내용이 되겠습니다.

검토의견입니다.

과밀억제권역의 공장 이전을 촉진해서 과밀화 문제를 완화하고 인구의 분산을 촉진하 는 데 도움이 될 것으로 보입니다. 통상 3년으로 정해져 왔습니다.

이상입니다.

○**소위원장 윤건영** 정부 측 의견.

○**행정안전부차관 고기동** 의결을 희망합니다.

(「동의합니다」하는 위원 있음)

○**소위원장 윤건영** 위원님들 이견 없으면 다음 안건으로 넘어갑니다.

(「예」하는 위원 있음)

○**수석전문위원 유상조** 85페이지입니다.

개정안은 지방세 감면 대상인 기회발전특구 내 창업 기업의 업종을 현행 법률로 정하 고 있던 것을 대통령령에 위임하는 내용이 되겠습니다.

검토의견입니다.

개정안을 통해 기회발전특구에서 창업 업종을 대통령령에서 규정하도록 함으로써 경제 및 산업 환경의 변화 등을 고려하여 창업 업종을 탄력적으로 규정할 수 있을 것으로 보 입니다. 다만 창업 업종은 기회발전특구에서 취득세 및 재산세 감면의 대상을 정하는 중 요한 내용이고 현행법에서는 법률에서 직접 업종을 규정하고 있다는 점을 고려해서 현행 법의 규정을 개정하여 법률에 업종을 추가하는 방안에 대해서도 검토가 필요할 것으로 보입니다.

이상입니다.

○**소위원장 윤건영** 정부 측 의견 부탁합니다.

○**행정안전부차관 고기동** 정부가 제출한 의안입니다. 의결을 희망드립니다.

설명을 좀 드리면 기회발전특구라는 게 지방자치단체가 사실 주도적으로 설계하고 운 영하는 특구입니다. 그러다 보니까 기존의 틀에, 규정하고는 조금 다른 자율적인 부분들 이 있습니다. 금융특구를 좀 하신다거나 하는 경우의 예들이 있습니다.

그렇기 때문에 그런 내용에 좀 탄력적으로 대응할 수 있도록 대통령령에 위임할 수 있 도록 근거를 두고자 하는 것입니다. 참고로 조세특례제한법에서도 시행령에 할 수 있도 록 기회발전특구에 대해서는 시행령에 할 수 있도록 규정하고 있다는 점을 고려하여 주 시기 바랍니다.

○**소위원장 윤건영** 위원님들 의견 부탁합니다.

○**이달희 위원** 정부안에 동의합니다.

○**소위원장 윤건영** 이견 없으시지요?

(「예」하는 위원 있음)

다음 안건 넘어가겠습니다.

○**수석전문위원 유상조** 90페이지입니다.

개정안은 도심융합특구 조성 및 육성에 관한 특별법에 따른 도심융합특구 내 창업·이전기업이 창업 또는 해당 사업을 직접 하기 위해 취득하는 부동산에 대한 취득세·재산세를 감면하고 창업·이전기업·사업시행자가 도심융합특구 사업장에서 하는 사업 또는 도심융합특구개발사업의 소득에 대한 개인지방소득세 감면을 신설하는 내용입니다.

지방 도시의 경쟁력 강화 및 지속 가능한 발전을 촉진하는 데 도움이 될 수 있을 것으로 보입니다.

취득세 및 재산세 감면 신설과 관련해서는 2026년 이후의 경제환경 및 지방재정 상황 등과 도심융합특구의 관계 부처가 기업·대학·산업 지원 프로그램을 종합적으로 제공할 예정이라는 점, 도심융합특구는 성장기반을 갖춘 주요 도시의 도심을 대상으로 하고 있다는 점 등을 고려할 필요가 있어 보입니다.

개인지방소득세 감면 관련해서는 조세특례제한법 일부개정법률안이 의결되는 경우에 자동적으로 감면될 수 있다는 점을 참고할 필요가 있겠습니다.

이상입니다.

○**소위원장 윤건영** 정부 측 의견 부탁합니다.

○**행정안전부차관 고기동** 이 법안에 대해서는 반대 의견은 아닙니다만 시간이 좀 필요하다는 말씀을 드리겠습니다.

도심융합특구를 좀 말씀드리면 부산·대구·광주·대전·울산에 판교와 같은 그런 지역을 만드는 특구라고 보시면 되겠습니다. 현재 월말에 최종적으로 특구 지정이 완료가 됩니다. 그렇게 되면 아마 지자체 단위에서 어떤 것들이 필요한 건지가 조금 더 구체화가 될 것 같습니다. 그러한 내용들을 반영을 해서 이 법안이 정리가 되는 것이 바람직하다는 생각입니다.

○**소위원장 윤건영** 위원님들 의견 부탁합니다.

정부 측 의견에 이견이 없으면 다음 안건으로 넘어가겠습니다.

(「예」 하는 위원 있음)

다음 안건 부탁합니다.

○**수석전문위원 유상조** 96페이지입니다.

개정안은 주한미군기지 이전에 따라 평택시로 이주하는 한국인 근로자가 거주 목적으로 해당 지역에서 최초로 주택을 취득하는 경우에 대한 취득세 감면의 일몰기한을 연장하는 내용이 되겠습니다. 정주할 수 있는 여건 조성을 통해 지역 경제 활성화에 도움이 될 수 있을 것으로 보입니다.

이상입니다.

○**소위원장 윤건영** 정부 측 의견 부탁합니다.

○**행정안전부차관 고기동** 의결을 희망합니다.

○**소위원장 윤건영** 위원님들 이견 없으면 다음 안건으로 넘어가겠습니다.

(「예」 하는 위원 있음)

○**수석전문위원 유상조** 99페이지입니다.

개정안은 개발제한구역에 거주하고 있는 사람 및 그 가족이 해당 지역에 상시 거주할 목적으로 취득하는 취락지구에 있는 주택으로서 취락정비계획에 따라 개량하는 주택에 대한 재산세 면제 일몰기한을 3년 연장하는 것이 되겠습니다. 주거 및 생활환경을 개선하는 데 도움이 될 수 있을 것으로 보입니다.

이상입니다.

○소위원장 윤건영 정부 측 의견 부탁합니다.

○행정안전부차관 고기동 수석전문위원 검토의견에 동의합니다.

○소위원장 윤건영 이견이 없으면 다음 안건으로 넘어가겠습니다.

(「예」 하는 위원 있음)

○수석전문위원 유상조 101페이지입니다.

2건의 개정안은 시장정비사업에 대한 지방세 감면의 일몰기한을 연장하고 사업시행자에 대한 취득세 감면율을 100%에서 50%로 하향 조정하며 감면대상을 명확히 하고 추징사유를 보완하려는 내용이 되겠습니다.

먼저 일몰기한 연장입니다.

시장정비사업이 원활하게 추진되고 입점상인이 안정적으로 해당 지역에서 영업을 지속하는 데 도움이 될 수 있을 것으로 보입니다.

다음 102페이지입니다.

취득세 감면율을 하향조정하는 부분입니다.

이 부분은 사업시행자의 담세력 정도, 시장정비사업과 유사한 재개발 사업의 경우 재산세를 제외한 취득세를 50% 감면한다는 점 등을 종합적으로 고려할 필요가 있겠습니다.

감면대상 명확화 부분입니다.

시장정비사업과 유사한 성격의 재개발사업에서의 취득세 감면 대상과 동일한 방식으로 개정한 것으로 보입니다.

추징규정 요건의 보완 부분은 입점상인의 경우에 1년 내 해당 용도로 직접 사용하지 않는 경우 추징하도록 해서 현행법상의 기간인 3년보다 단축하고 있습니다. 이는 입점상인이 시장정비사업 시행에 따른 부동산에 빠른 시점에 입점해서 영업하는 것을 촉진하기 위한 것으로 보입니다.

이상입니다.

○소위원장 윤건영 정부 측 의견 부탁합니다.

○행정안전부차관 고기동 정부가 제출한 의안입니다. 일몰기한 연장을 하고 감면대상을 명확화하고자 하는 등의 내용입니다.

의결을 희망합니다.

○소위원장 윤건영 위원님들 의견 부탁드립니다.

(「동의합니다」 하는 위원 있음)

이견이 없으면 다음 안건으로 넘어가겠습니다.

○수석전문위원 유상조 108페이지입니다.

개정안은 수도권 외 지역 또는 인구감소지역에 소재하는 주택에 대한 취득세·지방세 감면을 신설하는 내용입니다.

인구감소지역의 주택의 구입 및 생활인구의 증가를 촉진하는 데 도움이 될 수 있을 것으로 보입니다. 다만 인구감소지역 내 지방자치단체의 재정여건에 부정적 영향을 줄 수 있다는 점을 고려할 필요가 있겠습니다.

이상입니다.

○소위원장 윤건영 정부 측 의견 부탁합니다.

○행정안전부차관 고기동 개정안에 대해서는 신중검토 의견입니다.

이게 수도권 외의 지역 전체하고 인구감소지역 전체에 대해서 취득세·재산세를 감면하는 사항입니다. 굉장히 내용이 좀 포괄적이고 아마 자치단체에 상당히 큰 영향을 줄 것 같습니다.

신중검토 의견입니다.

○소위원장 윤건영 위원님들.

(「정부안에 동의합니다」 하는 위원 있음)

이견이 없으면 다음 안건으로 넘어가겠습니다.

○수석전문위원 유상조 110페이지입니다.

개정안은 도시계획 등으로 재산권 행사 등이 불가한 사권 제한토지 등에 대해서 지방세 감면의 일몰기한을 3년 연장하는 내용입니다.

도시계획, 법률 등에 의해서 재산권 행사에 제약이 되는 토지 등에 대해 재산세를 경감함으로써 토지 소유자의 경제적 부담을 완화하는 데 도움이 될 것으로 보입니다.

이상입니다.

○소위원장 윤건영 정부 측 의견 말씀해 주세요.

○행정안전부차관 고기동 의결을 희망합니다.

장기 미집행 토지 등에 대한 지방세 지원이라고 보시면 되겠습니다.

○소위원장 윤건영 위원님들.

(「이견 없습니다」 하는 위원 있음)

이견이 없으면 다음 안건으로 넘어가겠습니다.

○수석전문위원 유상조 113페이지입니다.

개정안은 리모델링 중인 공동주택을 주택으로 보지 아니하고 철거·멸실된 것으로 보아 토지에 대한 재산세가 과세되도록 하려는 내용입니다.

검토의견입니다.

리모델링 중인 주택의 경우 주택의 골조를 제외한 대부분의 시설이 철거되어 실제 거주할 수 없다는 점에서 철거·멸실된 주택과 그 실질이 동일하므로 적용받을 필요가 있는 측면이 있겠습니다.

다만 재산세는 재산 보유 그 자체를 담세력으로 보아 매년 과세되는 조세로 그 본질은 재산소유 자체를 과세요건으로 하는 것인데 철거·멸실되지 않은 리모델링 중인 주택을 주택으로 보지 않는 것이 재산세의 성격에 부합하는 측면이 있겠습니다.

이상입니다.

○소위원장 윤건영 정부 측 의견 부탁합니다.

○행정안전부차관 고기동 신중검토 의견입니다.

재산세의 성격에 부합하는지를 검토를 해야 되고요. 아울러 리모델링 중인 공동주택만을 대상으로 하다 보니까 빈집이나 개인주택 대수선하는 경우에 형평성의 문제가 있습니다.

　아울러 어제 말씀드렸다시피 실제 세율이 아마 다주택자나 굉장히 가격이 높은 주택에는 혜택이 가고 1주택자와 또 가격이 낮은 것에는 추가적인 세 부담이 발생한다는 말씀을 좀 드리고 싶습니다.

○소위원장 윤건영　위원님들 의견.

　(「정부안에 동의합니다」 하는 위원 있음)

　이견 없으면 다음 안건으로 넘어갑니다.

○수석전문위원 유상조　116페이지입니다.

　개정안은 재개발·재건축 사업에 따른 2주택의 주택 외에 다른 주택을 보유하지 아니하고 그 2개의 주택 중 1개에 상시거주하는 경우 다른 주택은 소유주택이 아닌 것으로 보아 상시거주 주택에 대해 1세대 1주택 재산세 세율 특례가 적용되도록 하려는 것입니다.

　검토의견입니다.

　재건축·재개발 사업 등 정비사업에서 종전 1개의 주택을 2개의 주택으로 공급받은 자를 2주택으로 취급하는 것이 과도한지 여부, 그리고 재개발·재건축 사업의 조합원은 법에 따라 2주택을 공급받을지 여부를 본인이 선택할 수 있다는 점, 2주택을 선택한 경우 지방세인 재산세뿐만 아니라 국세인 종합부동산세·양도소득세를 부과함에 있어서도 1세대 2주택으로 보고 있는 점 등을 종합적으로 고려할 필요가 있어 보입니다.

　이상입니다.

○소위원장 윤건영　정부 측 의견 부탁합니다.

○행정안전부차관 고기동　신중검토입니다.

　종전 1개 주택을 2개로 공급받는 경우는 결국 그분 개인의 선택에 따른 결정이라고 봐야 할 거고요.

　아울러 국세의 경우에도 이렇게 2주택을 선택한 경우에는 1세대 2주택으로 현재 보고 있습니다. 그래서 국세와의 정합성도 고려를 해야 될 것 같습니다.

○소위원장 윤건영　위원님들의 의견 있으신가요?

　(「정부 입장에 동의합니다」 하는 위원 있음)

　다음 안건으로 넘어가겠습니다.

○수석전문위원 유상조　119페이지에는 공공행정 등에 대한 지원 분야가 되겠습니다.

　120페이지입니다.

　2건의 개정안은 지방공사의 목적사업에 직접 사용하는 부동산과 국가 등에 무상으로 귀속될 공공시설물 등에 대한 지방세 감면의 일몰기한을 연장하고 지방공사가 국가 등에 무상으로 귀속될 공공시설물 등에 대한 반대급부를 받는 경우 재산세 감면율을 100에서 50%로 하향 조정하는 내용이 되겠습니다.

　앞에서 설명드린 내용과 유사해서요. 일몰기한 연장 부분 또 지방공사가 받은 구체적인 반대급부 내용을 고려하지 않고 일률적으로 50%라는 점 말씀드리겠습니다.

　이상입니다.

○소위원장 윤건영　정부 측 의견 부탁합니다.

○행정안전부차관 고기동　앞서 논의해 주셨던 반대급부가 있는 경우에 대한 감면입니다. 함께 논의해 주셨으면 좋겠고요.

○소위원장 윤건영 이것도 보류해서 같이 묶어서 하겠습니다.

○수석전문위원 유상조 다음은 125페이지를 보시겠습니다.

이제 지방소득세 특례에 관한 내용을 다루겠는데요. 여기서는 먼저 전체적인 설명을 간단하게 드리겠습니다.

지방소득세는 법인지방소득세와 개인지방소득세로 나뉩니다. 그런데 이 특례를 정함에 있어서 두 가지 소득세가 특징을 가지고 있는데요.

하나는 법인지방소득세의 경우에는 2014년에 지방소득세를 독립세로 전환하면서 지방재정의 보전 등을 위해서 법인지방소득세에는 세액공제·감면을 적용하지 않고 있다는 점이 되겠습니다.

개인지방소득세의 경우에는 지방세특례제한법 제167조의2에 따라서 소득세법과 조세특례제한법에 따라서 연동되도록 되어 있습니다. 그래서 이 지방소득세 관련된 부분은 지방세특례법에서 규정하는 것이 관례적으로, 그리고 법상 제한이 된다는 점을 말씀드리겠습니다.

127페이지입니다. 위원님께서 내용 한번 보시는 걸로 하겠습니다.

개정안은 소상공인에 한해서 재해 발생일이 속하는 과세기간의 소득의 개인지방소득세 등에 대해 재해손실세액공제를 적용하기 위한 자산 상실 비율을 20% 이상에서 10% 이상으로 완화하는 내용이 되겠습니다.

소상공인의 경제적 부담을 완화하고 피해 회복에 도움이 될 수 있을 것으로 보입니다. 다만 현행법상 재해손실세액공제의 비율에 대한 예외규정을 정하고 있는 사례가 없다는 점을 고려해서 소상공인에 대해서만 예외를 규정하는 것이 다른 취약계층과의 형평성 문제가 있을 수 있겠습니다.

이상입니다.

○소위원장 윤건영 정부 측 의견 부탁합니다.

○행정안전부차관 고기동 신중검토 의견입니다.

개인지방소득세는 국세인 소득세와 10% 연동이 되어 있는 부분입니다. 소득세법의 개정이 우선이 되어야 하는 상황입니다.

○소위원장 윤건영 위원님들 의견 부탁합니다.

(「정부 의견에 동의합니다」 하는 위원 있음)

정부 측 의견에 이견이 없으면 다음 안건으로 넘어가겠습니다.

○수석전문위원 유상조 129페이지, 개정안은 대안교육기관에 지급한 교육비에 대한 개인지방소득세 공제를 신설하는 내용인데요. 이것 역시 조세특례제한법이 우선 개정돼야 하는 측면이 있겠습니다.

이상입니다.

○소위원장 윤건영 정부 측 의견.

○행정안전부차관 고기동 국세가 선행적으로 개정이 되어야 되는 사항입니다.

신중검토 의견입니다.

○소위원장 윤건영 위원님들 의견 없으면 다음 안건으로 넘어가겠습니다.

(「예」 하는 위원 있음)

○수석전문위원 유상조 133페이지, 개정안은 수도권과밀억제권역에서 사업을 하는 법인

이 수도권 밖에 지점 또는 사무소를 신설해서 27년 12월 31일까지 사업을 개시하는 경우 신설된 지사에서 발생하는 소득에 대한 지방세 감면 근거를 신설하는 내용이 되겠습니다.

이거 역시 법인지방소득세이기 때문에 여기서 개정하는 것은 신중할 필요가 있겠습니다.

이상입니다.

○**소위원장 윤건영** 정부 측.

○**행정안전부차관 고기동** 신중검토하자는 수석전문위원 의견에 동의합니다.

○**소위원장 윤건영** 위원님들 이견 없으면 다음 안건으로 넘어갑니다.

(「예」 하는 위원 있음)

○**수석전문위원 유상조** 136페이지입니다.

개정안은 농업협동조합, 신용협동조합, 수산업협동조합 등 조합법인에 대해서 법인지방소득세 과세특례의 일몰기한을 연장하려는 내용이 되겠습니다.

조합법인에 대한 법인지방소득세 부담을 완화해서 안정적으로 사업을 운영하는 데 도움이 될 수 있을 것으로 보입니다. 다만 25년까지 지방세감면 특례를 운영한 뒤 지원 효과, 지방재정 영향, 정책 환경 변화 등을 반영하여 결정할 필요가 있겠습니다.

이상입니다.

○**소위원장 윤건영** 정부 측 의견 부탁합니다.

○**행정안전부차관 고기동** 25년에 일몰이 도래하는 사안입니다.

현재 개정안에 대해서는 신중검토 의견입니다.

○**소위원장 윤건영** 위원님들 이견이 없으면 다음 안건으로 넘어가겠습니다.

(「예」 하는 위원 있음)

○**수석전문위원 유상조** 138페이지입니다.

개정안은 서민의 금융생활 지원에 관한 법률에 따라 채무조정이 확정된 사람에 대해서 개인지방소득세 가산금과 납부지연가산세의 납부의무를 면제하고 개인지방소득세 분납을 허가하는 체납액 징수특례를 신설하며 개인지방소득세 외의 체납액에 대해서도 같은 내용의 체납액 징수특례를 신설하는 내용입니다.

이 부분은 납세자 간의 형평성 문제가 있고요. 또 역시 조세특례제한법 일부개정법률안의 의결이 선행될 필요가 있다고 보입니다.

이상입니다.

○**소위원장 윤건영** 정부 측 의견 부탁합니다.

○**행정안전부차관 고기동** 신중검토 의견입니다.

조세특례제한법의 개정이 선행이 되어야 할 사안입니다.

○**소위원장 윤건영** 위원님들 이견 없으면 다음 안건으로 넘어가겠습니다.

(「예」 하는 위원 있음)

○**수석전문위원 유상조** 144페이지입니다.

2건의 개정안은 지방세특례제한법 제68조제1항에 따른 매매용 중고자동차 등에 대한 취득세의 최소납부 배제 요건을 200만 원 이하에서 300만 원으로 상향하고 생애최초 주택 구입에 대한 취득세 감면과 개정안 학력인정평가교육 시설에 대한 지방세 감면을 최소납부세제 적용에서 배제하는 내용이 되겠습니다.

　먼저 매매용 중고자동차 등에 대한 최소납부 적용배제 기준 완화입니다. 일시 취득하는 중고자동차 매매업의 특성 그리고 그 사업의 어려움 등 업계의 어려움 등을 고려할 때 개정안 취지는 다소 타당한 측면은 있겠습니다.

　두 번째, 최소납부 적용을 배제하는 생초 주택구입 그리고 학력인정평생교육시설에 대한 부분입니다. 최소납부세제 적용 배제를 통해서 국민 주거 생활을 위한 주택공급 확대 및 국민 평생교육 활성화를 위한 지방세 감면을 온전하게 적용하려는 취지는 타당한 것으로 보입니다. 다만 최소납부세제는 취득세 200만 원, 재산세 50만 원의 일관적인 기준을 정립하고 그 기준을 초과하는 경우 담세력이 있는 것으로 간주해서 세금의 일부를 납부하도록 하여 국민개세주의, 조세형평성 가치를 실현하는 데 그 목적이 있는 제도로서 중고자동차 등에 대해서만 적용배제 기준을 300만 원으로 상향하는 것에 대해서는 신중한 검토가 필요해 보입니다.

　146페이지입니다.

　적용배제 부분은 현행법상 최소납부세제 적용 예외 현황을 살펴보면 농·어업, 사회복지, 교육·문화 등 공익성이 매우 큰 분야에서 적용이 배제되고 있음을 고려할 필요가 있겠습니다.

　이상입니다.

○소위원장 윤건영 정부 측 의견 부탁합니다.

○행정안전부차관 고기동 매매용 중고자동차에 대한 최소납부세제 기준을 현재 200만 원에서 300만 원으로 올리는 것에 대해서는 신중하자는 의견을 드리고 싶습니다.

○소위원장 윤건영 위원님들 의견 주십시오.

　(「정부 입장에 동의합니다」 하는 위원 있음)

　정부 측 의견에 이견이 없으면 다음 안건으로 넘어가겠습니다.

○수석전문위원 유상조 150페이지입니다.

　개정안은 부동산투자기관이 과밀억제권 내에서 부동산 취득 또는 회사설립 시 지방세 중과세율 적용을 배제하는 특례의 일몰기한을 3년 연장하고 기업구조조정투자회사를 등록면허세 중과세율 적용배제 대상에서 삭제하는 내용입니다.

　일몰기한 연장의 경우에는 사업을 추진하는 데 도움이 될 수 있을 것으로 보입니다.

　기업구조조정투자회사를 제외하는 것은 2000년 10월에 제정된 기업구조조정투자회사법은 부칙에 따라 효력이 종료된 상태이고 유효기간 내에 설립되었던 기업구조조정투자회사는 현재 모두 해산한 상태라서 법 적용 대상이 없다는 점을 고려한 것으로 보입니다.

　이상입니다.

○소위원장 윤건영 정부 측 의견 부탁합니다.

○행정안전부차관 고기동 정부안 의결을 희망합니다.

○소위원장 윤건영 위원님들 이견이 없으면 다음 안건으로 넘어가겠습니다.

　(「예」 하는 위원 있음)

○수석전문위원 유상조 다음은 부칙이 되겠습니다.

　152페이지의 표를 보시겠습니다.

위원님들께서 정부안의 부칙을 저희들이 개별 조문에서 다 다루었기 때문에 이건 총괄적으로 한번 보시겠는데요.

제1조(시행일)부터 11조까지는 정부안과 같습니다.

그런데 맨 마지막 157페이지에 한번 보시겠습니다. 이 부분은 수정의견으로 신설이 필요하다고 보이는데요. 제가 한번 읽어 보겠습니다.

해운항만 등 지원을 위한 과세특례에 대한 경과 조치입니다. '이 법 시행 전에 제64조 제3항에 따른 선박에 대해 매매 계약을 체결한 경우에는 그 계약을 체결할 당사자의 해당 선박의 취득에 대해 종전의 규정에 따른다. 다만, 해당 계약이 계약금을 지급한 사실 등이 증빙서류에 의하여 확인되는 경우에 한정한다' 이 문장인데요.

지금 천연가스 화물운송용 선박에 관한 경과조치입니다. 2025년 1월 1일에 시행이 되게 되면 계약은 2024년 올해 계약이 돼서 취득하는 것은 2025년에 될 수가 있습니다. 그렇게 되면 지금 계약한 사람들의 신뢰이익을 보호할 필요가 있어서 둔 경과조치가 되겠습니다.

다만 똑같이 이번에 일몰이 되는 것 중에 천연가스버스와 하이브리드 자동차가 있습니다. 그런데 이 두 가지, 천연가스버스와 하이브리드 자동차에 대해서는 경과조치를 두지 않고 천연가스 화물용 선박에 대해서만 경과조치를 둔 이유는 화물용 선박의 경우에는 그 계약금 지급을 했다든지 하는 어떤 계약서에 대한 신빙성이 좀 높아서 충분히 가능할 것으로 보이는데 천연가스버스와 하이브리드 자동차의 경우에는 계약서 등을 확인하는 것이 쉽지 않다는 점을 고려하였습니다.

이상입니다.

○**소위원장 윤건영** 이어서 소방안전교부세와 관련된 지방교부세법 일부개정법률안을 심사하겠습니다.

이 안건의 심사를 위해 행정안전부에서는 이한경 재난안전관리본부장이, 소방청에서는 배덕곤 기획조정관이 배석했습니다. 참조해서 진행해 주시면 되겠습니다.

수석전문위원님 보고해 주시기 바랍니다.

○**수석전문위원 유상조** 소위 자료 4페이지가 되겠습니다.

소방안전교부세 재원 확대 그리고 두 번째로 소방분야:안전분야 재원배분 규정의 일몰기한 폐지여부 결정 및 배분비율 조정, 세 번째 소방분야 내 배분비율 조정, 교부권한·절차변경 또는 명칭변경 등의 관련 사항을 전반적으로 개편하는 것이 되겠습니다.

먼저 현행을 보시면 총 재원은 개별소비세 담배분의 45%입니다. 이에 대해서 의원님께서는 현행 유지를 대체로 말씀하셨고 신정훈 위원장님께서는 77.99%로 확대, 상향하는 안을 내셨습니다.

배분비율 부분입니다.

현행은 담배분의 40% 이상 대 5% 이하로 이루어져 있습니다. 이 부분을 김상욱 의원님은 42% 대 3%로 조정을 하시고 대신 소방분야 중 소방관 수당에 2%를 두시는 게 되겠고요. 용혜인 의원안은 많은 45% 대 0으로 소방분야에 전부 사용할 수 있게 되어 있습니다. 이달희 위원님의 경우에는 현행을 유지하되 15% 범위 내에서 가감조정을 허용하고 계십니다. 신정훈 위원장님께서는 보시는 바와 같이 51.495% 대 26.495%로 되어 있습니다.

일몰기한이 현행은 24년 말, 올해까지입니다. 이것에 대해서 의원님들께서 폐지하는 내용으로 안을 내 주셨고요.

교부권한에 있어서는 현행은 행안부장관이 하게 되어 있습니다. 다만 소방분야에 있어서는 소방청장의 의견을 청취하도록 되어 있는데요.

김상욱 의원님 안은 현행을 유지하되 소방분야는 소방청장 의견을 수용하는 것으로 되어 있고요. 윤건영 간사님 안은 현행을 유지하되 소방분야는 특별한 사유가 없으면 소방청장 의견을 반영하도록 되어 있습니다. 용혜인 의원님 안은 소방청장으로 되어 있고요. 그다음에 이달희 의원님 안은 현행을 유지하되 소방분야는 소방청장의 의견을 수렴하는 것으로 되어 있고 박용갑 의원님 안은 소방청장과 행안부장관으로 이원화되어 있습니다.

명칭입니다.

현행은 소방안전교부세인데요. 용혜인 의원님 안은 소방교부세로, 그리고 박용갑 의원님 안은 소방교부세·안전교부세로 이원화되어 있습니다.

6페이지입니다.

먼저 소방안전교부세 재원 확대 관련된 신정훈 위원장님 안입니다.

입법취지는 소방안전교부세의 재원을 개별소비세 담배분의 45%에서 77.99%로 확대해서 분야 배분비율을 51.495 대 26.495로 변경하는 안이 되겠습니다.

표에 보시면 77.99%가 어떻게 해서 나왔는지를 알 수가 있는데요. 담배분의 77.99%라는 숫자는 담배분 중 보통교부세·특별교부세 및 지방교육재정교부금의 재원으로 활용되는 비율을 현행과 같이 유지하면서 국고로 귀속되는 잔여분을 모두 소방안전교부세의 재원으로 활용할 때 도출되는 숫자입니다.

그리고 51.495 대 26.495%라는 숫자는 확대된 재원에서 소방분야 중 인건비 재원을 빼고 난 금액을 소방분야·안전분야가 절반씩 나눠 가질 때 도출되는 숫자가 되겠습니다.

검토의견입니다.

소방·안전분야 배분비율 조정에 앞서 소방안전교부세 재원 자체를 확대하는 것이 근본적인 문제 해결방안이라고 보입니다. 다만 국고 수입의 감소를 전제로 한다는 점에서 기획재정부 등 관계기관 의견을 고려할 필요가 있어 보입니다.

7페이지입니다.

소방분야·안전분야 배분규정의 일몰기한 폐지 여부 및 배분비율 조정과 관련된 부분입니다.

일몰기한 같은 경우는 모든 의원님들께서 폐지를 안으로 내셨고요. 배분비율에 있어서는 앞의 표에서 설명드린 바와 같이 다양하십니다.

검토의견입니다.

일몰기한 폐지·연장 및 소방분야 배분비율 유지·확대에 찬성 입장은 소방분야의 재원이 부족하다는 것입니다. 17~22년간 인력이 약 40% 증가해서 재원 부족이 심화되어 있고요. 지출 소요를 봤을 때 3000억 원 이상 부족하다는 점입니다.

그리고 안전분야 대체재원이 충분하다는 의견인데요. 재난안전특별교부세, 재난관리기금 등 안전분야 일반재원이 존재하는 데에 반해서 안전분야 소방안전교부세 예산은 1061억 원 수준에 불과하다는 겁니다.

그런데 반대 입장이 있습니다.

소방안전교부세 도입 배경을 먼저 보면 14년 세월호 참사 등을 계기로 도입된 제도로서 도입 취지상 소방에 한정하지 않고 재난안전분야 전반에 사용하는 것이 타당하다는 것입니다. 15년 도입 당시부터 소방·안전분야 모두 포괄하도록 설계가 되어 있다는 점이고요.

재난안전 대응 재원의 효율성 확보를 위해서도 용도를 안전분야 전반에 걸쳐 포괄적으로 설정한 후에 유동적으로 대응하는 것이 효율적이라는 의견입니다.

8페이지입니다.

소방관 수당 지급을 위한 재원 신규 배분 문제인데요.

소방공무원의 화재진화수당과 위험근무수당이 각각 01년과 16년 이후 재원 부족으로 동결 중인 상황에서 해당 수당의 재원을 안정적으로 확보해 주려는 입법취지는 타당해 보입니다.

다만 수당의 지급주체인 지자체들은 소방안전교부세 전체 재원의 확대 없는 수당 인상은 다른 소방시설·장비 확충 재원 감소로 이어질 수 있고 지역별 여건에 따라 수당을 자율적으로 결정할 필요가 있다는 의견을 제시한 바 있습니다.

9페이지입니다.

소방안전교부세의 교부권한 및 명칭입니다. 표에서 설명드렸듯이 다양한 의견이 있으셨고요.

검토의견입니다.

먼저 찬성 입장은 지역별 소방시설 현황 및 투자 소요 등에 대한 전문성은 소방청이 보유하고 있다는 점입니다. 현재 소방청장 의견청취 절차가 있으나 직접 교부하는 것에 비해서 불필요한 정책 시차 및 행정 소요가 발생할 수 있다는 점이고요.

반대 입장은 재난안전관리, 지방자치 및 지방교부세 행정의 총괄 부처인 행정안전부가 지방재정 여건 및 재원 배분에 관한 전문성을 보유하고 있다는 점이고 소방안전교부세 도입 시에도 국민안전처 중앙소방본부가 아닌 안전정책실에서 교부권을 부여했다는 것이 되겠습니다.

명칭 변경에 관해서는 재원 소방분야 전액 교부 여부 및 소방분야에 대한 교부권한 이관 여부 등에 대해서 판단할 필요가 있겠습니다.

이상입니다.

○소위원장 윤건영 정부 측 의견을 말씀해 주십시오.

○행정안전부재난안전관리본부장 이한경 정부 측 의견 말씀드리겠습니다.

먼저 저는 행정안전부 재난안전관리본부장입니다.

먼저 6페이지의 소방안전교부세 재원 확대와 관련된 사안에 대해서 정부 측 의견은 신중 검토입니다. 재원 확대 필요성에 대해서는 공감을 하지만 국가 재정 여건 등에 대한 종합적인 고려가 필요하다는 의견입니다.

다음 7페이지의 소방분야·안전분야 배분규정의 일몰기한 폐지 여부 및 배분비율 조정에 대해서 정부의 입장은 수용 곤란입니다.

소방과 안전분야 배분비율을 법제화할 경우에는 급변하는 재난안전 환경에 효율적인 대처가 좀 어렵다는 문제가 있고요. 또 소방안전교부세는 해당 지자체에 전액 교부하는 일반재원이므로 지역별 재정 여건 또 소방·안전 투자 수요에 맞게 지자체가 자율적으로 결정하는 것이 타당하다는 의견입니다.

참고로 말씀드리면 저희가 광역사무인 소방사무 관련해서 시도에 의견조회를 해 본 결과 17개 시도 모두가 특례규정 일몰에 동의했다는 말씀을 드리겠습니다.

다음은 3번, 8페이지가 되겠습니다.

소방관 수당 지급을 위한 재원 신규 배분 관련해서 정부의 입장은 수용 곤란입니다. 수당 인상 등 소방직에 대한 추가 처우개선 필요성은 공감을 하지만 재정 여건 및 또 다른 공무원과의 형평성 등도 고려할 필요가 있다는 의견입니다.

다음은 9페이지, 4번 소방안전교부세 교부권한 및 명칭 관련입니다.

정부의 입장은 수용 곤란입니다.

소방안전교부세는 지방교부세의 한 유형으로 지방재정을 총괄하는 행정안전부에서 통합적으로 운영하는 것이 바람직하다는 의견입니다. 참고로 소방교부세는 지자체의 소방본부에서 사용하는 소방분야 예산임을 고려해서 소방청장의 의견을 들어서 운영하고 있다는 말씀을 드리겠습니다.

이상입니다.

○소위원장 윤건영 소방청에서도 나왔으니까 소방청 의견을 듣고 위원님들 질의하시면 어떨까 싶거든요.

(「예」 하는 위원 있음)

○소방청기획조정관 배덕곤 소방청 기획조정관 배덕곤입니다.

소방청에서는 분야별 배분비율에 대해서는 최소한 현재 시행령에서 규정하고 있는 75% 이상을 법률에 규정해서 재원이 안정적으로 확보되는 게 필요하다고 생각하고 있고요.

그다음에 교부권한에 대해서는 교부권한은 행정안전부장관님이 가지시되 현재 소방청장의 의견을 들어 교부하도록 이렇게 되어 있기 때문에 소방 현장의 의견이나 소방의 특수성을 반영한 애로사항이 있습니다. 그래서 이 부분에 대해서는 소방청장의 의견에 따라서 교부하는 쪽으로 교부권한도 조정을 해 주셨으면 고맙겠습니다.

이상입니다.

○소위원장 윤건영 위원님들 질의해 주시기 바랍니다.

양부남 위원님.

○양부남 위원 행안부에서 소방안전교부세 소방과 안전분야의 배분비율을 정할 것인지 여부에 대해서 의견조회를 했다고 했지요, 차관?

○행정안전부재난안전관리본부장 이한경 예, 그렇습니다.

○양부남 위원 제 의원실에서 파악한 자료에 의하면 의견조회가 매우 왜곡됐어요. 각 위원님들 책상에도 이 자료를 배포했는데 이게 안전분야 담당 부서에다만 의견을 조회했다는 걸 저희가 다 확인했어요. 왜 이렇게 왜곡된 의견조회를 했지요?

○행정안전부재난안전관리본부장 이한경 참고로 말씀드리면 저희가 특례규정 일몰에 관련해서 지난 9월 달에 17개 시도 안전 부서를 통해서 의견조회한 것은 맞고요.

○양부남 위원 아니, 소방분야에도 물어봤어야지.

○행정안전부재난안전관리본부장 이한경 그래서 저희가 이것을 어떻게 보완했냐면, 시도지사협의회가 있습니다. 그래서 시도지사협의회에 금년 10월 달에 저희가 다시 의견

을……

○**양부남 위원** 잠깐만요. 그 의견조차도 매우 왜곡됐고 일방적이었다는 게 본 의원실에서 받은 자료입니다. 행안부에서 의견수렴할 때 수신란에 보면 전부 안전분야 담당자만 상대로 의견조회했어요. 매우 왜곡된 결과가 나올 수밖에 없고 여기에 대해서 방금 말씀하신 대로 시도지사협의회에서도 이런 결과가 도출됐습니다.

그래서 있는 현상 그대로 필요성을 판단해야지, 결론을 내놓고 이렇게 왜곡된 의견을 취합하는 것은 적절치 않다고 봅니다.

○**행정안전부재난안전관리본부장 이한경** 위원님, 제가 답변을 드리면 시도지사협의회에 저희가 의견조회한 것은 시도지사협의회에서 시도를 통해서 의견을 취합한 다음에 저희한테 의견을 달라 이렇게 된 거고요. 시도지사협의회에서는 각 시도의 기획조정실을 통해서 의견을 수렴해서 저희한테 통보했다는 말씀을 참고로 드립니다.

○**양부남 위원** 행안부에서 기획조정실에 다 전화했지요, 반대해 달라고?

○**행정안전부재난안전관리본부장 이한경** 그런 게 어디 있습니까.

○**양부남 위원** 그것 내가 파악했는데.

○**행정안전부재난안전관리본부장 이한경** 이걸 찬성하라, 반대하라……

○**양부남 위원** 그렇게 하면 안 돼요.

○**행정안전부재난안전관리본부장 이한경** 아니, 저희 그렇게 안 하고요.

○**양부남 위원** 그런 식으로 왜곡되게 하면 안 됩니다.

○**행정안전부재난안전관리본부장 이한경** 위원님, 저희는 그렇게 안 했다는 말씀 드리겠습니다.

○**양부남 위원** 내가 수사할 수도 없고 말이야.

(웃음소리)

○**행정안전부재난안전관리본부장 이한경** 위원님, 저희가 그렇게까지 할 필요가 없잖아요.

○**양부남 위원** 기획조정실에 전화해서 반대하라고, 그러면 안 돼. 그렇게 하면 안 됩니다. 우리가 왜곡된 통계를 가지고 토론하면 결론이 틀리지 않습니까? 그걸 먼저 말씀드리고 싶습니다.

○**소위원장 윤건영** 이달희 위원님.

○**이달희 위원** 절차상에 양부남 위원님 의심하시듯이 막 시켜서 안 하더라도 결론은 이렇게 난다고 말씀드리고 싶습니다. 이게 시·도지사한테 지금 이 시점에서 물으면…… 제가 지난번 우리 전체회의에서도 말씀드렸는데요. 시·도지사들은 우리 당 소속이 많으니까 당당하게 말씀을 드리면 우선 내년에 지방선거도 있고 이러니까 눈에 가시적으로 표시 나는 일에 쓰고 싶지, 이 부분에 대해서는 답정너입니다. 양부남 위원님께서 막 '느그 왜곡해서 이렇게 잘라 왔지?' 안 해도 답은 이렇게 나오게 돼 있습니다.

○**양부남 위원** 그러면 되냐고요.

○**이달희 위원** 그래서 이 부분은 국회에서 조정을 해서 결정해야 될 부분이라고 생각합니다.

○**위성곤 위원** 저도 적극 동의하고요.

말씀하십시오.

○**배준영 위원** 안전본부장님.

○**행정안전부재난안전관리본부장 이한경** 예, 말씀하시지요.

○**배준영 위원** 소방이 국가직으로 바뀌었지 않습니까?

○**행정안전부재난안전관리본부장 이한경** 예, 그렇습니다.

○**배준영 위원** 그런데 국가직으로 전환된 이후에도 아직 지자체 재정에 의지하고 있고 국비 지원은 12%밖에 안 된다는 말이지요?

○**행정안전부재난안전관리본부장 이한경** 예, 그렇습니다.

○**배준영 위원** 그래서 국가에서 장기적으로 지원해 주는 그런 청사진 없이 그냥 소방에 관련된 이런 재원을 줄인다고 그러면 당연히 반발하지 않겠습니까? 그래서 과연 국가직에 상응하는 정부 예산 지원이 어떻게 될지 이것에 대한 것도 중장기계획이 있습니까?

○**행정안전부재난안전관리본부장 이한경** 참고로 말씀을 드리면 소방공무원들은 국가직으로 되어 있는데 소방사무는 지금 광역자치사무로 되어 있습니다, 국가사무가 아니고.

○**이달희 위원** 국가직으로 만들어 놓고……

○**배준영 위원** 참 묘하네. 그러면 국가 재정은 12% 정도로 묶어 놓고 더 이상 지원할 계획 같은 것은 없으시다 이렇게 받아들이면 되는 겁니까?

○**행정안전부재난안전관리본부장 이한경** 그 부분에 대해서는 제가 참고로 말씀드린 거고요. 사무하고 소방공무원의 지위가 지금 달리 되어 있다는 말씀 드렸고요. 재원 충당 관련해서는 저희가 재정당국과 협의해야 될 부분이 있다 이렇게 말씀드리겠습니다.

○**배준영 위원** 알겠습니다.

○**행정안전부차관 고기동** 제가 한 말씀 드려도 되겠습니까?

○**소위원장 윤건영** 예.

○**행정안전부차관 고기동** 행안부차관입니다.

전체적인 재정구조에 대해서 조금 말씀을 드려야 될 것 같습니다.

저희가 소방안전교부세라고 해서 담배소비세의 일정분을, 한 9000억 정도, 1조 정도를 지방에 교부세의 이름으로 드리게 됩니다. 교부세라고 하는 것은 말 그대로 일반재원입니다. 그러면 그걸 받은 시도는 소방특별회계법, 소방회계법이라고 하는 별도 법이 있습니다. 그 특별회계를 시·도지사가 하도록 되어 있습니다, 소방본부의 의견을 듣기는 합니다만. 그래서 특별회계의 법적인 편성권자가 시·도지사로 되어 있다 보니까 거기에 따른 논의들이 아마 있었던 것 같고요.

소방특별회계 전체 규모는 7.7조 정도가 됩니다. 그중에 소방안전교부세가 한 1조 정도 되고 지방자치단체에서 전입하는 금액이 5.5조 정도가 됩니다. 그래서 7.7조로 구성하게 됩니다. 그렇게 만약에 총액은 어느 정도 픽스가돼 있다면 이 안에서 조정을 하게 되면 사실은 전입금을 조정하게 될 가능성도 있습니다, 어떻게 하느냐에 따라서. 그래서 전체적인 규모를 어떻게 늘릴가에 대한 고민이 있어야 됩니다만 그런 전체적인 구조적인 제약도 있다는 것도 제가 한번 말씀을 좀 드리고 싶습니다.

○**위성곤 위원** 위성곤 위원입니다.

우리 소방장비 노후화율이 지금 몇 % 정도 되나요, %로?

○**소방청기획조정관 배덕곤** 지금 현재는 노후화율이 매년 연말이 되면 도래를 하기 때

문에 10% 이하로 관리를 하고 있다고 보시면 되겠습니다.

○**위성곤 위원** 10% 이하?

○**소방청기획조정관 배덕곤** 예.

○**위성곤 위원** 노후화율이 그렇게 좋아요? 노후화 정도가 그렇게 낮아요? 제가 알고 있는 것보다 훨씬 수치가 좋네. 장비에 따라서 다른 건가요?

○**소방청기획조정관 배덕곤** 예, 그렇습니다.

○**양부남 위원** 노후화율을 일률적으로 판단할 수는 없고 소모성 소방장비가, 부품이 있고 내구연한이 있는 게 있지 않습니까? 5년이면 5년 지난 후에 바꿔야 되고 10년이면 10년 지나면 바꿔야 되는데 노후화율을 어떻게 측정한다는 거지요, 10%라는 게?

○**소방청기획조정관 배덕곤** 그래서 제가 좀전에 말씀드렸듯이 노후화율이 계속 발생할 수밖에 없는 구조기 때문에 그것을 몇 %라고 딱 단정 짓기는 어렵고요. 예를 들어서 올해 연말에 내구연한이 도래하는 장비가 있으면 그게 노후장비로 됐다가 내년에 예산을 투입하면 해결이 되는 그런 구조기 때문에요.

저희가 노후장비 해소를 위해서 도입된 소방교부세가 결국은 일몰제로 가 있지 않습니까? 그런데 저는 이 일몰제 자체가 적정하지 않다고 보는 게 소방장비의 노후화 문제 해결은 좀전에 말씀드렸듯이 그런 어떤 교체 문제, 보강 문제 이런 게 있기 때문에 이 자체는 항구적으로 투입돼야 될 재원이지 일시적으로 투입돼야 될 재원이 아니기 때문에 일몰제로 가는 거 자체가 저는 적절하지 않다고 보고 있습니다.

○**양부남 위원** 그래서 제가 지적한 취지는 위성곤 위원께서 지적했듯이 노후화율이 10%밖에 안 된다고 하니까 그 %가 잘못…… 소방안전교부세, 소방비로 돈이 갈 필요가 없다는 그런 인식이 될 수 있을 것 같아서 제가 지적하는 말씀입니다.

○**소방청기획조정관 배덕곤** 예, 맞습니다.

○**행정안전부차관 고기동** 제가 한 말씀만, 저희가 대안 준비하고 있는 걸 좀 말씀드려야 될 것 같습니다.

여기 시행령에 있는 사항이고 이번에 일몰이 예정되어 있습니다. 그래서 여러 소방에 대한, 안전 투자에 대한 걱정이 있어서 저희가 필수소방장비에 우선적으로 투자하도록 지자체 예산 운영 기준에 그 내용을 반영할 계획입니다. 저희가 군이 이걸 말씀드리는 이유가 아까 말씀드린 소방특별회계법 시행령에 보면 시·도지사는 예산편성 기준을 준수하도록 이미 시행령에 규정이 되어 있습니다. 그래서 저희가 예산편성 기준에 이 관련 내용들을 넣게 되면 아마 예산을 편성하는 과정에서 그 비율을 맞춰서 하셔야 될 것 같다는 생각입니다.

○**행정안전부재난안전관리본부장 이한경** 참고로 말씀을 드리면 실제 저희가 2025년도 시도별 예산편성안을 살펴 보니까 거의 모든 시도가 75% 이상 그 비율을 충족하고 있다는 말씀을 드리겠습니다. 시도에서 편성할 때는 금년 말로 일몰될 것을 전제로 하면서도 예산 배정을 그렇게 하고 있다는 말씀을 참고로 드립니다.

○**이달희 위원** 그래서 제가 몇 가지 좀 말씀드리겠습니다.

담배세는 목적세인데 우리가 담배를 한 개비를 피우면 73%가 세금이잖아요. 그중에 지방세·국세로 나누어지고 거기에 국세 중에서 담배개별소비세 가지고 소방안전교부세·내국세 이렇게 나누고 그 안에서 소방안전교부세에서 소방인건비·소방안전사업비, 내국세에서 보통교부세·지방교육재정교부금 잔여분 이게 있거든요. 그래서 행안부에서 기재부하고 해서 소방인력도 늘었는데 담배개별소비세의 잔여분을 다 가지고 오는…… 그래도 담배 전체의 13.2%밖에 안 되는데, 또 지방교육세하고 보통교부세의 22% 빼면 이 중에서도 빼게 되는데 이 부분에 대해서 언제 한번 논의해 본 적 있습니까? 한 6000억 가까이 되는 것 같은데, 이 잔여분이?

○행정안전부차관 고기동 제가 좀 말씀드리겠습니다.

우리 위원님 정확하게 말씀 주신 것처럼 구조를 말씀드리면 담배 4500원, 4000원에 세금이 3000원입니다. 전체적으로 3000원이 되고요. 그중에 지방교육세, 지방세가 한 1400원 정도, 지방교육세 포함해서 그 정도가 있고요. 나머지 개별소비세라고 하는 국세 부분이 있고요. 그다음에 환경부담금, 건강증진부담금이라고 또 별도의 부담금들로 크게 구조화가 되어 있습니다.

신정훈 위원장님 주셨던 것이 개별소비세인 국세 중에 있는 담배세를 지방으로 돌리자는 말씀을 주셨고요. 어제 오늘 논의하셨던 것 중에 아마 담배 관련된 세금들이 몇 가지 있었습니다. 합성니코틴 관련 내용도 있었고 그게 들어오게 되면 또 몇천억 정도가 더 아마 증가가 될 가능성이 있고요. 그다음에 일몰되는 부분도 있습니다.

그래서 전체적으로 담배와 관련된 부분들에 이달희 위원님 말씀처럼 전체적으로 재원 배분을 어떻게 해야 될지 조만간 이른 시기 내에 다시 한번 재설정을 해야 되는 단계인 것은 맞습니다. 그래서 일부 비공식적으로 저희가 논의를 한 것은 있습니다만 정부 내에 재원 배분을 어떻게 할 건지 심도 있는 논의는 필요하다는 의견입니다.

○이달희 위원 조만간 심도 있는…… 이 부분에서 굉장히, 몇 년이 갈지 또 우리 차관님하고 국장님 바뀌면 또 제로 베이스로 고무줄 제자리 돌아가듯이 또 돌아가서 있을 것 같은데 오늘 법안이 이렇게 많이 나왔을 때 정리를 좀 해야 될 것 같은데요.

○행정안전부차관 고기동 제가 보기로는 예산이라고 하는 것이 어쨌든 굉장히 경직성이 있어서 매번 점증적으로 늘고 있는 그런 상황인데요. 올해도 이미 안전차관 얘기했듯이 75% 이상 반영이 돼 있고 아마 내년에도 그렇게 반영이 될 거라고 저는 생각을 합니다, 소방사무가 중요하기 때문에. 그래서 만약에 정말로 위원님들 걱정하시는 것들이 발생을 한다면 거기에 따라서 판단을 하면 될 사항이라고 저는 생각을 하고 있습니다.

그리고 전체적인 소방안전교부세를 2015년도에 도입했을 때 여러 가지 취지 등도 제가 보기에는 이미 달성이 됐다고 보기 때문에요. 그 취지도 좀 고려를 해 주시면 정말 감사하겠습니다.

○행정안전부재난안전관리본부장 이한경 잘들 아시겠지만 지자체의 재정상황이 요새 많이 좀 어렵잖아요? 잘 아시겠지만 이 재원 같은 경우는 지자체의 자율재원인 거고요. 지자체의 시도 자치단체장이 결정할 수 있는 권한을 갖는 게……

○이달희 위원 지자체의 이 예산은 그렇게 많지 않습니다, 영향력이.

○위성곤 위원 아니, 본부장님, 이게 자율계정이에요?

○행정안전부재난안전관리본부장 이한경 예, 그렇습니다.

○위성곤 위원 법을 처음 만들 때 자율계정이 아니라 칸막이를 막아서 소방에 쓰게 만든 계정이지요. 그렇지요?

○행정안전부재난안전관리본부장 이한경 예, 물론인데요. 그 범위 내에서 소방에 얼마

나 투입할지, 안전으로 투입할지 결정하니까요.

○**위성곤 위원** 그런데 그걸 자율계정이라고 얘기하면…… 포괄적으로 전부 다 처음부터 주셨어야 되는데 그렇게 준 게 아니라 소방이 국가직화 되면서 장비 부분과, 장비 부분의 격차 이런 것들 때문에 사실은 칸막이를 만든 거잖아요. 그 칸막이의 유용성이 지금도 있느냐의 문제인데 그것을 가지고 자율계정이라고 말씀하시면 잘못된 것 같고요.

그래서 제 생각에는 현재까지도 칸막이가 유지될 필요가 있다 저는 그렇게 생각을 합니다. 왜냐하면 이게 결국은 지자체에 가게 되면 이달희 위원님도 말씀하셨지만 선거를 앞두고 전반적으로 소방 분야에서 안전 분야로 꺼내서 여러 가지 쓰겠지요. 학교 앞 도로라든가 아니면 노인보호시설이라든가 이런 것들에 사용하게 될 겁니다. 그러면 소방 분야는 결국은 현실적으로 처우개선과 그다음에 장비의 현대화를 꾀왔던 정책 방향이 틀어질 가능성이 있습니다.

그래서 안전 분야를 늘릴 부분에 대해서는 행안부가 다른 안을 가지고 오십시오. 안전세를 신정훈 의원님이 제안한 것처럼 담배세를 늘린다든가 담배세 중에 일부를 좀 더 증액한다든가 그런 방안들을 가지고 오시고 논의를 해야지 있는 부분에서 자꾸 빼려고 하면 논의가 잘 안 될 것 같습니다.

○**행정안전부재난안전관리본부장 이한경** 위원님, 그 부분 관련해서 저는 이렇게 생각합니다. 25년도 예산편성안을, 제가 아까 말씀드린 것처럼 75% 이상 대부분의 시도가 예산편성을 했다 이렇게 말씀드렸잖아요? 그건 금년 말에 관련 규정이 일몰된다라는 것을 알고서 그렇게 한 거거든요. 자치단체장들께서도 대부분 소방의 중요성을 인식을 하고 계시고 그에 따라서 예산 배분을 하고 있다라는 말씀을 드리는 겁니다.

○**이달희 위원** 그럼 법제화 해 드려도 별 문제가 없겠네요?

○**위성곤 위원** 그런데 그거는……

○**행정안전부재난안전관리본부장 이한경** 자율적 판단을 존중해 주는 게 좋지 않을까요? 자치단체의 어떤 재원을 법으로 규정하는 것보다는……

○**위성곤 위원** 아니, 잠깐만……

○**박정현 위원** 행안부가 언제부터 자치단체의 자율적 판단을 요구했습니까?

○**양부남 위원** 제가……

○**소위원장 윤건영** 양부남 위원님 말씀하시고……

○**양부남 위원** 잠깐만, 잠깐.

○**소위원장 윤건영** 잠시만요.

○**위성곤 위원** 본부장님, 이게 전부 자치단체 자율을 역행하는 일이에요, 이 서류 자체가.

○**박정현 위원** 행안부가 그렇게 얘기하면 안 되지요.

○**양부남 위원** 소방안전교부세가 생기게 된 배경은 소방관들이 열악한 환경 속에서 엄청난 희생을 치른 겁니다. 그 배경에서 소방안전교부세라는 게 탄생을 했고 그리고 내버려뒀을 경우에 지자체장들이 이 돈을 가져다가 즉시 효과가 나타나고 선심성 행정이 될 수 있는 안전 분야에 이걸 쓸 것 같아서 칸막이를 해 놓은 겁니다.

그리고 방금 말씀하신 것처럼 저희들이 자료를 보니까 75% 이상을 배분한 시도도 많이 있습니다. 일몰규정이 이제 다 되니까 그랬겠지요. 그런데 일몰규정이 폐지되고 이걸 자율에 맡기면 이렇게 할 시·도지사가 없습니다. 이렇게 되면 계속해서 소방관들의 처우라든가 소방행정이 불안정해집니다. 그래서 법제화가 필요한 것이고, 그 비율을 저 같은 경우는 75%를 유지하자고 했던 것은 그러한 75%를 유지해야 될 필요성이 있었기 때문에 그런 소요가 나온 것이고 지금 10년이 지났기 때문에 이 필요성이 다 없어진 게 아닙니다. 소방장비를 한번 들여왔을 때 한번 들여와서 끝난 게 아니거든요. 내구연한이 끝나면 똑같은 소요가, 비용이 발생하는 것입니다. 그래서 이것을 지자체장의 선의에 맡긴다는 것은 너무 나이브하다는 생각이 들어요. 그리고 소방안전세가 생긴 목적과 배경을 우리는 고려해야 됩니다. 이걸 내버려두면 계속해서 소방의 불안정성이 지속되고 소방관들이 희생을 치를 수밖에 없습니다. 그걸 감안해 주시면 되겠습니다.

○소위원장 윤건영 혹시 박정현 위원님 하실 말씀……

○박정현 위원 아까 했습니다.

○소위원장 윤건영 예, 그러면……

○박정현 위원 행안부가 마치 지방정부를 배려하는 것처럼 이야기하는 것에 대한 규탄 발언이었습니다.

○소위원장 윤건영 오후 회의에는 안전본부장이나 소방청 기획조정관이 참석 안 하게 될 확률이 높으니까 혹시 두 분 추가로 하실 말씀 있으면 하십시오.

○이달희 위원 저는요……

○소위원장 윤건영 이달희 위원님 먼저 말씀하시고.

○이달희 위원 신정훈 위원장님 안 안에서 담배개별소비세에 내국세 잔여분이 33% 정도 되는데 이거 반드시, 소방 인력 늘리고 국가직으로 해서 이 돈은 기재부를 어떻게 설득해서라도 지방에 내려보내야 된다고 생각합니다. 그러면 이게 다 해결될 일들인데, 지금 잔여분이 해마다 어디에 쓰였는지 알고 계십니까, 차관님 혹시? 한 6600억, 6000억 가까이 되던데?

○행정안전부차관 고기동 제가 알기로는 제 기억이 맞다면 주로, 건강증진 분야에 특별회계가 따로 있기 때문에 그쪽으로 재원으로 쓰이는 것으로 알고 있습니다.

○이달희 위원 건강증진부담금이 9.1% 따로 있는데요?

○행정안전부차관 고기동 예, 그 부분도 쓰고요. 어쨌든 건강 관련된 특별회계가 따로 국가 쪽에 있기 때문에 그 부분에 재원으로 쓰일 것으로 생각합니다.

○이달희 위원 그래서 이게 전체도 보고, 담배개별소비세 전체도 한번 정리를 좀 해야 될 것 같고, 나라 전체에서, 국가 전체에서. 소방 분야에 소방안전교부세를, 소방안전사업비에서 소방 분야에 비율을 어떻게 하더라도 정리해서 내려보내야 된다는 생각입니다.

○소위원장 윤건영 혹시 본부장님과 조정관님, 본부장님 먼저 말씀하시고 조정관님 말씀하세요.

○행정안전부재난안전관리본부장 이한경 제가 먼저 할까요?

○소위원장 윤건영 예.

○행정안전부재난안전관리본부장 이한경 저희 행정안전부는 지방자치단체의 자율성을 존중하고요. 저희는 재난을 관리함에 있어서 소방을 하나의 식구, 가족으로 생각을 합니다. 적대적인 세력으로 생각하는 게 아니고 같은 팀이라고 생각을 하고요. 이걸 유지해야 되는 이유 관련해서도 저는 지방교부세의 본질, 특성을 고려할 때 지자체의 자율에 맡기

는 게 맞겠다는 내용이 하나가 있고요.

또 하나는 아까 양부남 위원님께서 말씀 주신 것처럼 당초의 발생 취지를 고려할 때, 이게 세월호 사고 후에 만들어진 사안인데 잘 아시겠지만 세월호는 바다 위에서 난 겁니다. 이건 수상 안전을 포함한, 물론 화재 다 포함되겠지요. 다 포함한 전체적인 재난안전사고의 대비를 위한 그런 목적, 그런 취지로 만들어진 겁니다. 이런 점을 고려한다면 당초의 취지를 좀 존중하는 게 좋겠다는 말씀 드리겠습니다.

이상입니다.

○소방청기획조정관 배덕곤　저도 지방자치단체에 재정 자율권을 주는 것에 대해서는 기본적으로 동의를 합니다.

그렇지만 소방안전교부세가 도입되고 저희가 75% 또 그다음에 소방특별회계를 만든 이유가 그겁니다. 시도별로 지방자치단체장의 관심 또는 재정 여건에 따라서 소방인력이나 장비의 편차가 너무 심했기 때문에 그 부분을 보완하기 위해서 이런 제도적 장치가 마련이 된 겁니다.

그리고 내년 일몰이, 폐지됨에 따라서, 물론 정확한 팩트 확인은 필요하겠지만 저희가 파악한 바에 의하면 지금 이미 일부 시도에서 75% 이하로 편성돼 있는 걸로 알고 있습니다. 그래서 다시 아마 비율이 폐지가 된다면 저희가 과거에 소방안전교부세, 특별회계가 만들어지기 이전으로 회귀할 가능성이 있다고 저는 보고 있습니다.

여하튼 소방안전교부세 도입 취지 그리고 지방 소방 재정의 열악성 또 그리고 국가직화의 큰 취지가 있습니다. 이런 부분들을 고려할 때 최소한 현행 수준 이상으로 소방안전교부세가 시도에 안정적으로 지원이 되는 게 바람직하다고 생각을 하고 있습니다.

이상입니다.

○소위원장 윤건영　두 분 다 수고하셨고요.

이 정도로 마무리하고 오후에 추가적으로 하겠습니다.

법률안 심사가 계속 중이나 점심 식사를 위해서 잠시 정회하였다가 오후 2시에 회의를 속개하여 보류 안건을 심사하도록 하겠습니다.

정회를 선포합니다.

(11시57분 회의중지)

(계속개의되지 않았음)

○출석 위원(10인)

김성회　박정현　배준영　양부남　위성곤　윤건영　이달희　이성권　조승환　한병도

○청가 위원(1인)

정춘생

○출석 전문위원

수석전문위원　유상조

○정부측 및 기타 참석자

행정안전부

차관　고기동

지방세제국장　김성기

재난안전관리본부장　이한경
국토교통부
　　주택정책관　김헌정
소방청
　　기획조정관　배덕곤

국토교통부
　　주택정책관　김헌정
소방청
　　기획조정관　배덕곤

제420회국회
(임시회)

헌법재판소재판관(마은혁 · 정계선 · 조한창) 선출에관한인사청문특별위원회회의록

제 1 호

국 회 사 무 처

일 시 2024년12월18일(수)

장 소 제5회의장(220호)

의사일정

1. 위원장 선임의 건(추가)
2. 간사 선임의 건(추가)
3. 헌법재판소 재판관(마은혁) 선출안(의장 제의)(2206312)(추가)
4. 헌법재판소 재판관(정계선) 선출안(의장 제의)(2206313)(추가)
5. 헌법재판소 재판관(조한창) 선출안(의장 제의)(2206314)(추가)
6. 헌법재판소 재판관(마은혁·정계선·조한창) 선출안 심사를 위한 인사청문회 실시계획서 채택의 건(추가)
7. 자료제출 요구의 건(추가)

상정된 안건

(10시01분 개의)

○**위원장직무대행 박지원** 자리를 정돈해 주시기 바랍니다.

위원장직무대행 박지원 위원입니다.

국회법 제47조제2항에 따라서 우리 특별위원회 위원 중 연장자로서 위원장 선임을 위해 회의를 주재하게 되었습니다.

오늘 회의는 국회법 제52조제3호에 따라 재적위원 4분의 1 이상의 요구로써 개회하게 되었다는 말씀을 드립니다.

성원이 되었으므로 제420회 국회(임시회) 제1차 헌법재판소 재판관 선출에 관한 인사청문특별위원회를 개회하겠습니다.

　위원 선임 등에 대한 사항은 유인물을 참고해 주시기 바랍니다.

(보고사항은 끝에 실음)

---

　o **의사일정 변경동의의 건**(김한규 위원 외 1인 서면동의)

(10시02분)

○**위원장직무대행 박지원**　오늘 예정된 의사일정은 없습니다만 김한규 위원님으로부터 배부해 드린 유인물과 같이 해당 안건을 오늘 의사일정에 추가하여 심사할 것을 요구하는 동의가 제출되었습니다.

　서면동의서에 김한규 위원님 외 1인의 찬성이 있으므로 국회법 제71조에 따라 의사일정 변경동의가 의제로 성립되었습니다.

　또한 국회법 제77조에 따르면 의사일정 변경동의에 대해서는 토론 없이 의결하도록 되어 있습니다.

　그러면 배부하여 드린 유인물과 같이 오늘 의사일정을 추가하고자 하는데 이의 있으십니까?

　(「없습니다」 하는 위원 있음)

　이의가 없으므로 의결되었음을 선포합니다.

---

　1. 위원장 선임의 건

(10시03분)

○**위원장직무대행 박지원**　그러면 의사일정 제1항 위원장 선임의 건을 상정합니다.

　인사청문특별위원회 위원장은 인사청문회법 제3조제5항에 따라 위원회에서 호선하고 본회의에 보고하도록 되어 있습니다.

　그러면 여러 위원님들께서는 위원장으로 추천하실 위원이 있으시면 추천해 주시기 바랍니다.

　말씀하세요.

○**김남희 위원**　헌정질서 회복을 위해서 중대한 시기입니다. 정치 경험이 풍부하신 존경하는 박지원 위원님께서 위원장을 맡아 주시는 것을 추천합니다.

　(「재청합니다」 하는 위원 있음)

○**위원장직무대행 박지원**　추천하실 분 없습니까?

　(「없습니다」 하는 위원 있음)

　감사합니다.

　더 추천하실 분이 안 계시다고 그랬지요?

　(「예」 하는 위원 있음)

　더 추천하실 분이 안 계시므로 추천해 주신 박지원 위원을 우리 위원회의 위원장으로 임명하고자 하는데 이의 있으십니까?

　(「없습니다」 하는 위원 있음)

　그러면 가결되었음을 선포합니다.

　(박지원 위원장직무대행, 위원장으로서 사회 계속)

ㅇ 위원장(박지원) 인사

○**위원장 박지원** 제가 지금부터 회의를 주재하겠습니다.

김남희 위원님이 추천해 주시면서 훌륭하다고 했는데 훌륭하지는 않지만 열심히 하겠습니다.

저를 위원장으로 선출해 주신 위원님들께 진심으로 다시 한번 감사의 말씀을 드립니다.

헌법재판관 선출에 대한 심사가 보다 원활하고 내실 있게 진행될 수 있도록 위원장으로서 최선의 노력을 다하겠다는 말씀을 여러 위원님들과 국민 앞에 드립니다.

2. 간사 선임의 건

(10시06분)

○**위원장 박지원** 이어 의사일정 제2항 간사 선임의 건을 상정합니다.

인사청문회법 제3조제5항은 각 교섭단체별로 간사 1인을 위원회에서 호선하고 이를 본회의에 보고하도록 규정하고 있습니다. 우리 국회에서는 각 교섭단체에서 추천하신 위원님을 간사 위원으로 선임하는 것을 오랜 관례로 하고 있습니다.

국민의힘 위원들께서 위원회에 참석하지 않으신바 먼저 더불어민주당 김한규 위원님을 간사로 민주당에서는 추천했는데, 우리 위원회의 간사로 선임하고자 하는데 이의 있으십니까?

(「없습니다」 하는 위원 있음)

없으면 김한규 위원이 간사로 선출되었음을 가결되었음을 선포합니다.

그러면 간사 위원으로 선임되신 위원으로부터 간단하게 인사말씀을 듣겠습니다.

ㅇ 간사(김한규) 인사

(10시07분)

○**김한규 위원** 감사합니다. 간사로 선출된 김한규입니다.

짧은 특위 기간이지만 우리 위원님들께서 헌법재판관 국민이 원하는 훌륭한 분이 선임될 수 있도록 여러분들의 검증 작업 제가 실무를 돕도록 하겠습니다.

그동안 여당 간사 내정자인 곽규택 위원과 인사청문회 관련해서 여러 가지 협의를 했는데 오늘 이 자리에 한 분도 오시지 않아서 매우 안타까운 상황입니다. 하지만 실제 인사청문회를 하기까지 시간이 있고 또 최종적으로 국회에서 후보자를 선출할 때까지 국민의힘이 내부적으로 논의할 시간이 있기 때문에 저희는 지속적으로 국민의힘이 함께 인사청문 절차, 국회의 헌법재판관 추천 절차에 참여할 수 있도록 최선을 다해서 노력하겠습니다. 열심히 하겠습니다.

감사합니다.

○**위원장 박지원** 감사합니다.

국민의힘 간사 위원의 선출은 이미 김한규 간사께서 보고한 대로 사실상 선출이 돼서 사전 협의를 해 왔습니다. 그렇지만 오늘 이 회의에 참석하지 않고 있기 때문에 나중에 국민의힘 위원들이 참석하면 국민의힘 간사를 선임하도록 하겠습니다.

　다음은 의사일정 제3항 헌법재판소……

○**민병덕 위원**　의사진행발언……

○**위원장 박지원**　말씀하세요.

○**민병덕 위원**　구체적인 안건으로 들어가기 전에 지금 앞자리에 국민의힘 위원들이 참석하지 않으셨는데 이번 내란 사태 때문에 국정 공백이 심하고 우리 국민들의 가슴이 뻥 뚫려 있는데 저 앞에 뻥 뚫려 있는 저 모습 보면서 저도 정말 안타깝다는 말씀을 드리면서 국힘 위원님들께서 참석하셔야 된다라는 말씀을 이 시점에서 한번 짚고 넘어가야 한다고 생각이 들어서 말씀을 드렸습니다.

　모든 국민들이 국정 공백을 조속히 마무리해야 된다라는 공감대가 있는데 그것의 첫 절차가 헌재재판관 인사청문회입니다. 그러니까 여기에 관련해서 국힘당 위원들께서 지금 참석하지 않는데 그 이유가, 쟁점이 대통령권한대행의 헌법재판관 임명과 관련된 직무 범위와 관련된 내용인데요. 헌재재판관은 아시다시피 대법원장이 지명하는 3인 그리고 국회가 선출하는 3인, 대통령이 임명하는 3인, 9명을 합해서 대통령이 전체적으로 임명을 합니다.

　그렇기 때문에 대통령이 직접 임명하는 부분과 관련해서 권한대행이 할 수 있느냐 없느냐에 대해서는 논란의 여지가 있을 수 있습니다마는 국회가 선출하는 3인과 대법원장이 지명하는 3인과 관련해서 대통령이 하는 것은 형식적인 절차이기 때문에 이것과 관련해서 권한대행이 할 수 있다라는 것에 대해서는 너무나 당연합니다. 그거에 대해서 헌법재판소조차도 할 수 있다고 하고 있고 뿐만 아니라 헌법학자들도 모두 할 수 있다고 하고 있는 상황입니다.

　그리고 지금 국힘당 당대표 권한대행을 하고 계시는 권성동 의원도 2017년 2월 1일 날 본인 입으로 똑같은 논리를 대면서 할 수 있다고 했습니다. 그리고 현실적으로 그 당시에 대법원장이 지명했던 이선애 후보가 임명된 바가 있습니다. 그리고 대통령이 임명했던 박한철 같은 경우는 임명되지 않은 적이 있습니다. 본인이 이미 이렇게 말을 했고 헌법학자들도, 헌법재판소조차도 이렇게 하고 있는데 여기에 대해서 이를 거부하면서 이 자리에 나오고 있지 않은 것은 본인들이 오히려 내란 동조 세력이라는 것을 만천하에 다시 한번 드러내는 꼴이다. 그러지 마시라. 다음 회의에는 반드시 오셔서 국민들의 뻥 뚫린 가슴 더 크게 하지 마시고 치유하셔라라고 말씀드리고 싶습니다.

○**위원장 박지원**　감사합니다.

○**박주민 위원**　위원장님, 저도 짧게 발언……

○**위원장 박지원**　의사진행발언은 할 수 있지만 의결을 한 다음 여러 위원님들에게 발언할 수 있는 기회를 드리겠습니다. 김종민 위원님한테도 특별히 드리겠습니다.

　위원장으로서 한 말씀 드리자면 민병덕 위원님이 말씀하신 것이 바로 국민의 생각입니다. 우리는 국민을 보고 정치를 하고 있는데…… 제가 법사위 소속입니다. 어제 법사위에 나온 헌법재판소사무처장도 임명하는 것이 옳고 그리고 권한대행이 임명할 수 있다. 빨리 임명해 달라 이런 얘기를 했습니다. 또 헌법학자 등 법조계에서도 임명해야 된다는 것이 아주 대다수의 의견입니다. 아울러서 과거 황교안 권한대행도 임명한 관례가 있습니다. 그렇기 때문에 이번에 국회 인사청문위원회에서는 국민의 요구대로 빨리 절차에 따라서 후보 인사청문회를 강하게 하고 거기에서 만약 우리가 합의된다면 청문보고서를 채택해서 의장한테 제출하고 그리고 한덕수 권한대행은 임명해야 됩니다.

거듭 말씀드리지만 권한대행은 대통령이 아닙니다. 그렇기 때문에 과거 관례도 대통령 권한대행이 그러한 인사권을 행사하는 것은 아니지만 대법원장이나 국회에서 추천한 그리고 청문회를 합당하게 합법적으로 통과한 그러한 인원에 대해서는 임명했기 때문에 우리는 그러한 절차를 가지고 있다 하는 말씀을 드리면서, 우선 이 안건을 심의한 후에 여러 위원님들에게 발언 기회를 드리겠다 하는 말씀을 드립니다. 그렇게 해도 되겠지요?

　　(「예」 하는 위원 있음)

---

3. 헌법재판소 재판관(마은혁) 선출안(의장 제의)(2206312)
4. 헌법재판소 재판관(정계선) 선출안(의장 제의)(2206313)
5. 헌법재판소 재판관(조한창) 선출안(의장 제의)(2206314)
6. 헌법재판소 재판관(마은혁·정계선·조한창) 선출안 심사를 위한 인사청문회 실시계획서 채택의 건

(10시15분)

○**위원장 박지원** 　다음은 의사일정 제3항 헌법재판소 재판관(마은혁) 선출안, 의사일정 제4항 헌법재판소 재판관(정계선) 선출안, 의사일정 제5항 헌법재판소 재판관(조한창) 선출안과 의사일정 제6항 동 선출안에 대한 인사청문회 실시계획서 채택의 건을 일괄 상정합니다.

○**박희승 위원** 　의사진행발언 있습니다.

정계선 후보자 인사청문회 실시 일이 표기가 좀 잘못된 것 같습니다. 이게 시간이 16시로 해야 맞을 것 같습니다.

○**위원장 박지원** 　정계선, 그 내용이지요?

○**박희승 위원** 　예.

○**위원장 박지원** 　행정 전문위원, 아시겠지요? 지금 이것 순서는 아마 제가 볼 때 가나다순으로 결정됐는데 그 시간을 약 4시간 정도 하는 것으로……

○**김한규 위원** 　위원장님!

○**위원장 박지원** 　말씀하세요.

○**김한규 위원** 　말씀하신 대로 지금 후보자별로 충분한 인사청문 시간을 배정하기 위해서는 정계선 후보자의 경우에 23일 날 오후 한 4시경에 시작하면 좋겠습니다만 제 생각에는 지금 준비된 대로 마은혁 후보자를 오전 10시에 시작해서 점심시간 고려하지 않고 한 4시간 그리고 정계선 후보자는 오후 2시에 시작하는 걸로 해 놓고, 그날 마은혁 후보자에 대한 청문 상황을 보고 정계선 후보자의 시작 시간은 좀 늦추면 되기 때문에 위원님들께서 양해해 주시면 원래 여야가 임시로 잠정적으로 합의했던 이 시간으로 일단 계획서를 준비했기 때문에 그대로 진행하고 위원장님께서 나중에 운용의 묘로 정계선 후보자 청문 개시 시간은 그날 정하면 되지 않을까 이렇게 생각합니다.

이상입니다.

○**위원장 박지원** 　김한규 간사의 말씀에 의하면, 여야 간사가 이미 이러한 일정을 합의했다고 하면 국민의힘 간사의 의견을 존중해 주는 것이 좋다고 생각합니다. 그렇지만 박희승

위원이 말씀한 대로 그래도 헌법재판관후보인데 몇 시간 기다리게 하는 것은 예의가 아니기 때문에 위원장이 적절하게 조치를 하도록 하겠습니다.

그래서 이 원안대로 간사 합의를 존중한다는 의미에서 또 집권 여당 간사를, 합의를 존중한다는 의미에서 통과됐으면 좋겠습니다.

이의 있으십니까?

(「없습니다」 하는 위원 있음)

다시 말씀드립니다.

인사청문 실시계획서의 주요 내용을 간략히 말씀드리면 헌법재판소 재판관(마은혁·정계선·조한창) 선출안 심사를 위한 인사청문회를 각각 12월 23일 오전 10시, 같은 날 오후 2시 및 24일 오전 10시에 실시하도록 하겠습니다.

인사청문회의 진행 순서는 후보자의 선서와 모두발언을 들은 후 위원님들의 질의응답 등으로 진행하고 후보자의 최종 발언을 듣는 것으로 하겠습니다. 보다 자세한 내용은 배부해 드린 유인물을 참고해 주시기 바랍니다.

이상 인사청문회 실시계획에 대하여 간단히 말씀드렸습니다만 동 계획에 대해서 다른 의견이 있으시면 말씀해 주시기 바랍니다.

아까 말씀하셨지요? 더 이상 말씀하실 거 없지요?

(「예」 하는 위원 있음)

그러면 배부해 드린 유인물과 같이 의결하고자 하는데 이의 없으십니까?

(「예」 하는 위원 있음)

없으시면 가결되었음을 선포합니다.

---

7. 자료제출 요구의 건

(10시19분)

○**위원장 박지원** 의사일정 제7항 자료제출 요구의 건을 상정합니다.

여러 위원님들께서 필요하신 자료를 요청해 주셨습니다. 위원님들께서 요구하신 자료 목록은 배부해 드린 유인물을 참고해 주시기 바랍니다.

그러면 의사일정 제7항 자료제출 요구의 건은 배부해 드린 유인물과 같이 의결하고자 하는데 이의 없으십니까?

(「예」 하는 위원 있음)

가결되었음을 선포합니다.

이상으로 오늘 예정 안건에 대한 심사를 모두 마쳤습니다.

다음 회의는 여야 간사가 합의한 대로 12월 23일 월요일 오전 10시에 개의하여 인사청문회를 실시하도록 하겠습니다.

여러 위원님들 수고 많으셨습니다마는 오늘 첫 회의이기 때문에 여러 위원님들이 하실 말씀이 있으면 자유롭게 토론해 주시고 신청해 주시면 발언을 허용하겠습니다.

김종민 위원.

○**김종민 위원** 많은 국민들이 최근 일련의 사태 때문에 정말 걱정들이 많고 국가, 대한민국의 미래에 대해서 다들 불안한 상황입니다. 이런 시기에 대통령의 공백을 메꿀 수 있는 유일한 헌법적 정통성이 국회에 있습니다. 국회가 중심을 잡고 국민들에게 또는 세

계에 대한민국이 평온하다, 대한민국이 안정적이다 이런 메시지를 줘야 되는데 오늘 인사청문회에 국민의힘이 불참한 것에 대해서 정말 유감이고 빨리 국민의힘 위원들이 참여를 해서 국회가 정상적으로 가동되고 있다는 것을 국민과 세계에 빨리 전해야 된다 그런 말씀을 드리고요.

그 이유를 두 가지 정도 말씀을 드리면 저는 지금 이 상황이 우리 국내적으로, 정치적으로는 여러 가지 혼란스러운 쟁점이 있지만 제일 중요한 쟁점은 이 정치적 불안이 국제신용도의 하락으로 이어질 것이냐 하는 점이 저는 제일 중요한 문제라고 봅니다. 그럴 가능성이, 아직은 안심할 단계가 저는 아니라고 봅니다.

얼마 전에 무디스에서 프랑스의 국제신용 등급을 하락하면서 이렇게 성명을 발표했습니다. '하향 조정하기로 한 결정은 공공재정이 국가의 정치적 분열로 인해 상당히 약화될 것이라는 우리의 우려를 반영한 것이다' 이게 무디스의 결정문 요지입니다. 국제신용 등급 결정의 핵심은 국가적 분열에 의해서, 정치적 분열에 의해서 나올 수 있다는 점, 이게 대한민국에 큰 경고가 되고 있다고 생각을 하고요.

국민의힘이 아직도 여당이라고 주장을 하고 있습니다. 맞습니다. 아직 대통령 파면 결정이 나지 않았기 때문에 여당이라고 볼 수 있는데 여당이라면 이런 정치적 분열을 앞장서서 막아야 될 책임이 있다. 그래야 국민들도 여당으로서 인정을 할 거다 저는 그런 생각이 들고.

또 한 가지 이유는 쟁점이 된 문제가 헌법 규정과 관련된 건데요. 저는 헌법은 상식의 총합이다 이렇게 생각을 합니다. 우리가 대통령 궐위 혹은 대통령 사고 때 권한대행이 역할을 하게 돼요. 궐위와 사고를 구분해서, 궐위라고 한다면 대통령이 없어진 상태입니다. 사고 상태는 직무가 정지된 상태예요. 없어졌을 때는 권한대행이 대통령이 하는 모든 일을 다 해야 됩니다. 대통령이 없는 나라가 한시라도 지속될 수 없기 때문입니다. 그러나 대통령이 사고일 때, 직무정지일 때는 제한적인 역할을 해야 된다.

지금 대통령이 임명한 헌법재판관이라면 적극적으로 권한 행사를 해야 되니까 어려운 점이 있겠으나 국회가 추천한, 그래서 대통령은 소극적 권한을 행사하는 그런 권한 행사에 대해서, 소극적인 권한 행사에 대해서는 저는 권한대행이 당연히 해야 된다, 할 수 있다 그렇게 생각을 하고요.

그런 점에서 국민의힘이 지금 이 복잡한 논쟁을 국민들한테 자꾸 이렇게 이어 가지 말고 빨리 국회에 참석해서 대한민국 국회가 국정의 중심을 바로잡고 있다 이런 점을 국민들과 세계에 꼭 보여 줬으면 좋겠다, 그런 메시지를 꼭 내야 된다 이런 말씀을 드립니다.

이상입니다.

○**위원장 박지원** 감사합니다.

김종민 위원님께서 집권 여당, 국민의힘 위원들이 꼭 참석해야 된다 하는 시대적 요구를 요청했습니다.

또 다음 발언하실 분.

박희승 위원님.

○**박희승 위원** 아니아니, 박주민 위원님이 먼저…… 저는 조금 이따 하겠습니다.

○**위원장 박지원** 그래요? 손 안 들었어요?

○**박희승 위원** 먼저 손 들었습니다.

○**위원장 박지원** 박주민 위원님.

　3선 의원은 나중에 해야지.

○**박주민 위원** 하고 가려고요.

　민병덕 위원님 그리고 박지원 위원장님 그리고 김종민 위원님 다 좋은 말씀 해 주셨습니다. 저도 비슷한 취지의 말씀을 좀 짧게 드리고 싶은데요.

　이번에 지명된 헌법재판관후보자 3명에게 전부 다 서면질의를 넣어 봤습니다. 대통령 권한대행이 임명하는 것이 헌법에 부합하느냐 어떠냐? 3명 다 동일한 답변을 보내 왔습니다.

　이번에 저희가 추천하는 이 헌법재판관 3명은 모두 다 국회 추천 몫이고 대통령은 형식적으로 임명하는 것이기 때문에 대통령권한대행이 이를 임명하는 것은 헌법에 부합한다는 취지의 답변을 보내 왔습니다.

　이 3명 중 조한창 후보자는 다 아시는 것처럼 국민의힘이 추천한 후보입니다. 자당이 추천한 후보조차도 지금 이 국회에서 추천하는 절차가 적법하고 합헌적이며 따라서 권한대행이 임명하는 것에 아무런 문제가 없다고 하는데 국민의힘 원내대표인 권성동 의원은 안 된다고 얘기하고 있습니다. 굉장히 아이러니한 상황이고 말이 안 되는 상황이 벌어진 것이지요.

　만약에 권성동 의원의 말이 맞으면 국민의힘은 헌법적 소양이 전혀 없는 조한창 후보자를 추천한 게 되는 겁니다. 너무나 모순적인 상황이고. 해서 앞뒤가 안 맞는 말은 이제 그만두시고 이 인사청문회 및 추천 절차에 적극적으로 협조해 주시기를 바란다는 말씀을 드리겠고.

　이 서면답변서 저희들이 기자분들께 다 공개하도록 하겠습니다. 기사 작성을 하실 거면 참고해 주시기 바랍니다.

　이상입니다.

○**위원장 박지원** 감사합니다.

　박희승 위원님.

○**박희승 위원** 남원·장수·임실·순창 국회의원 박희승입니다.

　저는 이번 윤석열의 그 내란 행위에 대해서는 국민의힘 측에서 철저한 반성이 있어야 된다고 봅니다. 그런데 아직까지 제대로 된 반성을 하지 않고 있다는 점을 지적하고 싶고 그다음에 윤석열에 대한 직무정지를 비롯한 헌법재판소의 탄핵심판은 헌법적 절차 내에서 이루어지는 겁니다. 이런 내란 행위에 대한 증거는 지금 차고도 넘칩니다. 이것을 자꾸 지연하려는 것은……

　지금 우리나라의 민생도 굉장히 힘들고 트럼프 대통령이 곧 취임하면서 각국 정상들이 트럼프 대통령을 만나려고 줄을 서고 있고 또 날짜를 잡고 있는데 대한민국은 빠져 있습니다. 그래서 이런 반헌법적 상황을 빨리 해소해야 되는데 지금 헌법재판관후보자 추천 관련해서 국민의힘에서 자꾸 문제 제기를 하는 것은, 또한 헌법 수호의 의지가 과연 있느냐, 그런 의지가 아직 보이지 않는다고 보입니다.

　이 청문 절차도 지금 빨리 참여를 해서 헌법재판관후보자를 추천하고 헌법재판이 제대로 이루어질 수 있도록 적극적으로 협조를 해야 된다.

　더구나 지금 이런 내란 행위에 대한 반성도 없이 계속 이러한 상태를 유지한다면 어떻게 보면 이 내란 행위에 대한 방조범이 될 수도 있다, 국민의힘 위원들도. 이러한 점을 명심하고 이런 헌법적 절차 내에서 청문회에도 빨리 참여하고 헌법재판관후보자 추천도 이루어져야 된다 저는 이렇게 봅니다.

다음 주에 이루어지는 청문회에 국민의힘 위원들이 꼭 참여하기를 기대합니다.

○위원장 박지원 박희승 위원님 수고하셨습니다.

김남희 위원님이 저를 추천해 가지고 위원장이 됐는데 특별히 한번 발언 기회를 드리겠습니다.

○김남희 위원 지금 많은 위원님들이 얘기하신 것처럼 국가적인 위기 상황입니다. 경제도 너무 안 좋고요. 그리고 외교·안보적으로도 세계 정세가 한 치 앞을 알 수 없게 위급하게 흘러가고 있는 상황에서 헌정질서마저 무너진다면 국민들은 정말 희망이 없습니다.

그런데 국민의힘은 지금 핑계를 계속 대면서 헌법재판관 임명을 지연시키고 있는데 이것은 어떤 국민이 봐도 아무런 합리성이 없다 그렇게 얘기할 수밖에 없을 것 같습니다.

그동안에 탄핵 절차 진행 중에 헌법재판관이 임명된 사례도 있고요. 그때는 오히려 권성동 국민의힘 대표가 강하게, 그 당시에는 오히려 권한대행이 임명할 수 있다라고 주장을 했던 적도 있습니다. 그런데 이제 와서 헌재 절차를 지연시키기 위한 목적으로 자신의 말을 손바닥 뒤집듯 뒤집어서 반대 논리를 펴는 것은 어떤 국민도 납득할 수 없는 그런 처사라고 생각합니다. 국민의힘은 제발 국민의 눈에 맞는 그런 정치를 하시기 바랍니다.

그리고 다음 주에 잡힌 일정도 이미 국민의힘 간사와 충분한 협의가 된 것이고 오히려 민주당에서는 더 빨리 진행하고 싶었는데 국민의힘의 의사를 반영해서 다음 주 월·화 진행으로 이야기가 됐던 것으로 알고 있습니다. 이러한 상황들을 고려해서 다음 주 월·화에는 국민의힘 위원들도 국민들 앞에 떳떳하게 절차에 참여해 주실 것을 희망합니다.

이상입니다.

○위원장 박지원 수고하셨습니다, 김남희 위원님.

김기표 위원님.

○김기표 위원 같은 이야기가 반복되는 면이 있습니다마는 대통령이 궐위됐을 때 내지 사고일 때 권한대행을 지정하는 것은 어떻게 보면 대통령의 권한이 중단 없이 국가의 활동이 이루어져야 된다 이런 전제하에 있는 것이지요.

그런데 다만 헌법학자들이 얘기하는 것은 과연 그럴 때 그 권한대행이 행사하는 범위가 어디까지냐에 대해서는 논란이 있는 것으로 그렇게 알고 있습니다. 그럼에도 불구하고 궐위냐 사고냐를 구분해서 권한대행의 역할을 구분하는 것은 저는 없는 것으로 알고 있습니다.

권성동 국민의힘 원내대표께서도 검찰 출신의 변호사인 것으로 알고 있습니다. 아마 법조인의 기본 양심이 있다면 궐위와 사고를 구별해서 권한대행의 권한을 구분하는 것은 맞지 않는다는 것을 스스로도 너무나 잘 알고 있을 것이라고 생각합니다.

아까 존경하는 김남희 위원께서도 말씀하셨지만 원래 국민의힘 쪽에서도 헌법재판관 인사청문회에 참여할 것을 전제로 간사로 내정된 분들끼리 서로 의논도 하고 했던 것으로 다 알고 있습니다. 그런데 어느 날 갑자기 입장을 이렇게 바꿔서 마치 권한대행이 헌법재판관을 임명할 수 없는 듯이 얘기하고 또 그것을 핑계로 전 국민이 보고 있는 이 청문회 자리에 저렇게 불출석하겠다고 하는 의사를 표시하는 것은 대단히 부적절한 것이다. 그리고 내란 동조 세력이라는 의심을 지우기 어려운 행위다 이렇게 강력히 경고합니다. 국민의힘 위원들께서는 인사청문 절차에 꼭 참여하시기 바랍니다.

　마치겠습니다.

○**위원장 박지원** 김기표 위원님 수고하셨습니다.

○**김종민 위원** 위원장님, 죄송한데 제가 한 말씀만 간단하게 좀……

○**위원장 박지원** 말씀하십시오.

○**김종민 위원** 덧붙여서 좀 말씀을 드리는데 지금 우리가 국민의힘 위원들의 참여를 계속 촉구하고 있는데요. 박지원 위원장님과 김한규 간사님이 다 훌륭한 분들이시니까, 시간이 며칠 남아 있습니다. 남은 기간 동안에 국민의힘 위원들과 또 권성동 대표도 좀 만나셔서 적극적으로 설득을 하셔서 가능한 한 다음 주 일정이 좀 조정돼서 또는 그 가운데서 혹시 민주당이 양보하는 그런 기술적인 선택이 있더라도 가능한 한 완전체로 인사청문회를 할 수 있도록 리더십을 좀 발휘해 주시기 바라고요.

　저는 평소에도 박지원 위원님을 존경해 왔지만 이번에 여야가 같이 인사청문회를 하도록 또 정치력을 발휘해 주시면 앞으로 더 존경할 생각입니다.

　감사합니다.

○**위원장 박지원** 감사합니다.

　김한규 간사님, 아까 말씀하셨지만 마지막으로 정리 한번 하시지요.

○**김한규 위원** 김종민 위원님께서 말씀하신 대로 여당 국민의힘 위원들과 조금 더 소통을 해서 모든 청문위원들이 참여하는 결과가 나올 수 있도록 노력을 하겠습니다.

　각 당의 원내대표끼리도 어제 만남이 있었고 또 오늘도 지도부 간에 논의사항이 있을 걸로 알고 있기 때문에 끝까지 그런 노력을 경주하겠다라고 말씀드리겠고요.

　오늘도 여당 간사하고 의사소통을 했고 잠깐 보기도 했는데 국민의힘 원내지도부의 입장을 바꿔야 되는 상황인 것 같습니다. 그래서 여기 개별 위원 다섯 분이 한 분 한 분 본인의 선택으로 오기는 좀 어려운 국면인 것 같아서 저희 당 원내지도부하고도 상의해서 좋은 결과 만들어 내도록 노력하겠습니다.

　이상입니다.

○**위원장 박지원** 감사합니다.

　여러 위원님들이 활발하게 소신껏 말씀을 해 주셨습니다.

　위원장으로서 마지막 말씀 드리지만 헌법재판관의 조속한 인사청문회와 구성은 시대적 요구이고 국민적 요구입니다. 여기에 역행하는 것은 우리 역사를 위해서나 국민을 위해서, 국가를 위해서 바람직하지 않다 이런 생각을 갖습니다.

　따라서 오늘 참석하지 않았지만 지금까지 김한규 간사와 함께 협의를 해 온 국민의힘 청문위원들이 참석할 수 있도록 김한규 간사께서도 노력해 주시고 저도 물론 노력하겠습니다마는 위원님들도 노력해 주시기 바랍니다.

　어떻게 됐든 거듭 강조하지만 인사청문회는 국민적·시대적 요구가 빨리 해라, 그래서 헌재를 9인 체제로 만들어서 탄핵 문제를 해결하라고 하는 것이 요구이기 때문에 여기에 부합되도록 하겠습니다.

　저도 정치적으로 소신 있는 얘기를 많이 해 왔습니다마는 위원장으로서는 가급적 중립을 지키면서 인사청문회가 성실히 될 수 있도록 하겠습니다.

그래서 우리 위원님들이 세 분의 헌법재판관을 민주당이 추천했으니까, 국민의힘이 추천했으니까, 이걸 가리지 마시고 국민이 요구하는 대로 철저한 인사청문을 하자는 말씀을 드립니다.

이제 말씀 다 하셨지요?

(「예」 하는 위원 있음)

그러면 위원님들 수고 많이 하셨습니다.

의원실 보좌관과 전문위원을 비롯한 위원회 직원 및 사무처 직원 여러분들 모두 수고하셨습니다.

오늘 회의는 이상으로 마치겠습니다. 그렇지요?

(「예」 하는 위원 있음)

오늘 회의는 이상으로 마치겠습니다.

산회를 선포합니다.

(10시38분 산회)

○**출석 위원(8인)**

김기표 김남희 김종민 김한규 민병덕 박주민 박지원 박희승

○**출석 전문위원**

전문위원 이화실

【보고사항】

○**위원 선임**

위원명	교섭단체	연월일
김기표 김남희 김한규 민병덕 박주민 박희승 이용우	더불어민주당	2024. 12. 11.
곽규택 김기웅 김대식 박성훈 정점식	국민의힘	
김종민	어느 교섭단체에도 속하지 아니하는 의원	

○**위원 개선**

사임위원	보임위원	교섭단체	연월일
이용우	박지원	더불어민주당	2024. 12. 18.

○**의안 회부**

헌법재판소 재판관(마은혁) 선출안

(2024. 12. 9. 의장 제의)(의안번호 2206312)

헌법재판소 재판관(정계선) 선출안

(2024. 12. 9. 의장 제의)(의안번호 2206313)

헌법재판소 재판관(조한창) 선출안

(2024. 12. 9. 의장 제의)(의안번호 2206314)

이상 3건 12월 10일 회부됨

제가 가끔 정치하는 분들한테 농담 삼아 이렇게 물어보기도 하고 물어보고 싶기도 합니다. '지금 행복하십니까? 이렇게 만들고 밤에 잠 잘 오십니까?' 이런 질문을 하고 싶고요. 정치가 복원되면 좋겠다는 생각을 하고 있습니다. 또 한 가지는 헌정질서에 회복에 관한 문제인데, 국정이 매우 불안합니다. 국정안정이라고 보통 우리가 말하지만, 그 중에서도 가장 중요한 것이 역시 헌정질서의 신속한 복귀라고 생각합니다. (…) 지금 현재 대통령께서 직무가 정지된 상태여서 국정이 매우 불안정합니다. 대행체제가 완벽할 수가 없기 때문에 이럴 때일수록 국회 1당, 2당 모든 정치 세력들이 힘을 합쳐서 국정이 안정이 될 수 있도록 위기를 겪지 않도록 실제 협의를 하는 게 필요하다고 생각하고, 권성동 대표께서 제가 제안 드렸던 국정안정협의체에 대해서 약간 비관적인 생각을 가지고 있는 것 같아서 필요한 부분까지는 저희는 다 양보할 수 있다. 민주당과 국민의힘 원내교섭단체로서는 실질적인 협의를 해야된다고 생각을 합니다. 그 방안을 강구해주시기 바라고요.

― 더불어민주당 당 대표 이재명, 12월 18일 국민의힘 당 대표 권한대행 권성동 접견 인사말

헌법재판관 임명 논란 관련
우원식 국회의장 입장문

국회가 선출한 3인의 헌법재판소 재판관이 10월 17일에 퇴임하면서 벌써 공백이 두 달을 넘겼습니다. 그 사이에 비상 계엄과 대통령 탄핵소추 가결이라는 비상 상황이 발생했습니다. 이에 9인 체제의 온전한 헌법재판소 구성이 더욱 중요해졌습니다.

대한민국 헌법은, 9인의 헌법재판소 재판관 구성에 있어 국회, 대통령, 대법원장이 각 3인씩을 선출 또는 지명하도록 하고 있습니다.

그 중 국회에서 선출한 3인은 대통령의 형식적 임명을 받을 뿐 실질적 권한은 국회에 있는 것입니다.

국회 입법조사처는 국회의 선출 및 대법원장의 지명 헌법재판관의 경우에는 대통령의 임명권은 형식적인 권한에 불과하므로 대통령 권한대행이 임명하는 것이 가능하다고 해석하였습니다.

헌법재판소 역시 어제 국회 법사위 전체회의에서 대통령 권한대행이 헌법재판관에 대한 임명권을 행사할 수 있다는 입장을 밝혔습니다.

국정안정이 시급한 상황인 점을 감안하면, 헌재 재판관 임명에 대해 더 이상 불필요한 논란을 벌이는 것은 결코 바람직하지 않습니다.

국회의장은 헌법과 국회법이 정한 절차에 따라 진행해가겠습니다.

한덕수 대통령 권한대행께 이미 말씀드렸지만, 국회의 인사청문 절차가 마무리되는 즉시 국회 선출 헌법재판관 3인을 임명하는 것이 합당합니다.

국정 안정 국민 안심이 시급합니다.

국회는 헌법과 법률이 정하는 절차와 취지에 맞춰 국정의 혼란을 수습해나가겠습니다.

〈끝〉

비상의원총회 주요내용

12월 18일 비상의원총회 주요내용은 다음과 같다.

– 권성동 원내대표

조금 전에 당 대표 권한대행의 자격으로 민주당 이재명 대표를 만나고 왔다. 공개 발언 및 비공개 때 논의한 사항은 바로 뉴스에 뜨고 있으니까 참조해 주시면 고맙겠다.

저는 한덕수 대통령 권한대행, 최상목 · 이주호 부총리, 국무위원들을 만나 중요한 국정 현안들을 차질 없이 추진하도록, 행정부가 중심을 잡아줄 것을 요청하고 있다. 대통령 탄핵이 가결되어도 입법부, 행정부, 사법부는 제 기능을 다해야 한다. 마지막 순간까지 여당으로서의 책임감을 잃어서는 안 된다. 당정 간 여야 간에 긴밀한 소통을 통해서 단 한 치의 국정 공백도 발생하지 않도록 최선의 노력을 다하겠다.

헌법 제66조에 따르면 대통령은 헌정수호의 책무가 있다. 대통령 권한대행의 권한 행사 범위는 바로 헌정수호의 책무를 그 본질로 한다. 따라서 위헌적 법률에 대한 한덕수 권한대행의 재의요구권 행사는 당연하다. 특히 민주당이 일방 처리한 국회증언감정법은 제도의 남용으로 인해 신체의 자유를 제한할 수 있고, 민감한 개인정보와 영업기밀 유출 가능성이 있어 사생활과 기업 활동의 자유를 제한할 소지가 다분하다. 권한대행이 재의요구권을 사용할 수밖에 없는 위헌적인 악법이다.

아울러 권한대행의 헌정수호 책무를 다하기 위해서는 국정 마비 상태를 실질적으로 회복해야 한다. 공직자에 대한 민주당의 무한 탄핵으로 인해 국정이 마비되었다. 이를 시정할 수 있는 조치가 절실하다. 헌법재판소는 이진숙 방통위원장, 최재해 감사원장, 이창수 서울중앙지검장 탄핵을 비롯한 주요 사건을 대통령 탄핵 사건보다 우선적으로 심리하거나 결정해서 국정 공백을 최소화해야 한다.

또한 이진숙 방통위원장 등에 대한 탄핵소추안은 기본적으로 탄핵 사유가 부존재하며, 정치 보복의 산풀이다. 부득이하게 헌재가 이 사건에 대한 심리를 미루어야 한다면 헌재가 운용의 묘를 살려 효력 정지 가처분을 해 주시기를 바란다. 이를 통해 직무정지 상태를 풀어주고 국정 마비를 최소화해야 한다. 한덕수 권한대행도, 헌법재판소도 모두 헌정을 수호하고 국정을 수습할 책임이 있다는 것을 명심해 주길 바란다.

저는 대통령 권한대행의 헌법재판관 임명과 관련하여 대통령의 궐위 시에는 가능하지만, 사고 시에는 불가능하다는 법리적인 의견을 말씀드린 바가 있다. 아울러 헌법재판관의 임명은 대통령 탄핵소추안의 심리·결정과 관련된 법적 공정성도 신중하게 고려해야 한다.

현재 대통령 탄핵소추안이 국회 본회의를 통과하여 헌법재판소에 계류 중이다. 즉 국회는 소추인이 된 것이다. 그런데 국회가 소추인이 된 이후에 소추안에 대한 재판의 주체인 헌법재판관을 정하는 것은 법적 공정성의 훼손이다. 왜냐하면 우리 법은 소추와 재판을 엄격하게 분리하고 있기 때문이다.

현재 탄핵소추인인 국회가 헌법재판관을 추천하는 행위는 마치 검사가 자신이 기소한 사건에 대하여 판사를 임명하는 것과 같다. 즉 소추와 재판의 분리라는 원칙에 위배되는 것이다.

또한, 이와 관련해서는 선례가 있다. 윤석열 대통령이 검찰총장 시절에 있었던 징계 취소 소송을 보면 윤 총장에 대한 징계 청구 이후에, 징계 청구권자인 법무부 장관이 징계위원을 위촉하여 결원을 충원한 것이 헌법상 적정절차 위반이고, 이에 따라 징계위원회 구성이 불법이므로 징계 처분도 무효라고 판결한 바가 있다. 서울고등법원 2021루65721호 사건이다.

이러한 판례에 비추어 볼 때 탄핵소추를 의결한 국회가 헌법재판관을 추천한다면 이는 헌법상 원리인 공정한 재판 및 적법 절차를 어기는 것이다. 대통령의 탄핵 여부는 국가의 중대사이다. 당파적인 이해보다 헌법 정신과 절차적 완결성을 우선해야 한다.

마지막으로 당내 상황에 대해 말씀드리겠다. 당내 혼란 수습과 국정 혼란을 최소화하기 위해 당도 정부도 정상적으로 작동되어야 한다. 오늘 의총에서 비대위원장 문제 논의에 가닥을 잡아야 한다. 지금은 비상 상황이다. 당이 하나 된 목소리로 잡음을 최소화하면서 비상 상황을 수습해야 한다. 위기 수습에 적합한 비대위 구성을 위해 의원님들께서 많은 의견을 모아 주시기를 바란다.

2024. 12. 18.
국민의힘 공보실

더불어민주당

제53차 최고위원회의 모두발언

일시 : 2024년 12월 18일(수) 오전 9시 30분
장소 : 국회 본청 당대표회의실

– 박찬대 원내대표

전 '박근혜 탄핵소추위원 권성동'과 '국민의힘 원내대표 권성동'은 다른 사람입니까? 국민의힘이 헌법재판관 인사청문회에 불참하겠다고 선언했습니다. 스스로 내란 공범임을 계속해서 확인시켜주고 있습니다. 2017년 박근혜 탄핵소추위원이었던 권성동은 말했습니다. "권한대행이 임명할 수 있다. 대법원장이 지명하는 헌법재판관을 대통령이 임명하는 것은 형식적인 임명권이다." 2024년 국민의힘 원내대표 권성동은 말합니다. "권한대행은 궐위 시 임명할 수 있지만, 직무정지 시에는 할 수 없다."이게 무슨 황당무계한 말장난 입니까? 대법원장이 지명하는 헌법재판관을 임명하는 것은 가능한데, 국회가 추천하는 헌법재판관 임명은 안 된다는 말은 명백한 모순입니다. 형식적인 임명권 행사는 안 된다면서, 적극적인 권한인 거부권 행사를 주문하는 것도 마찬가지로 모순입니다.

권성동 원내대표는 이런 말도 남겼습니다. "탄핵심판은 빠르면 빠를수록 좋다. 인용이든 기각이든 빨리 결정해야 국정이 안정되고, 시간을 끌면 그만큼 나라가 불안정해진다." 권성동 원내대표 말대로 탄핵심판은 빠르면 빠를수록 좋고, 시간을 끌면 그만큼 나라가 불안정해집니다. 민주당은 국민의힘의 침대축구에 끌려갈 생각이 전혀 없습니다. 국민의힘이 빠지더라도 개의치 않고 헌법재판관 인사청문 절차를 신속하게 추진하겠다는 점, 다시 한 번 밝힙니다.

한덕수 권한대행에도 경고합니다. 거부권 행사를 포기하십시오. 내일쯤 국무회의를 열어서 농업 4법 등 민생법안에 대한 거부권 행사를 할 거라는 전망이 이어지고 있는데, 권한대행 자리를 대통령이 된 걸로 착각해선 곤란합니다. 권한을 남용해 거부권을 행사한다면, 묵과하지 않겠습니다. 한덕수 권한대행은 대통령 행세하려 하지 말고, 상황관리에 주력하며 국정안정에 집중하길 바랍니다.

내란 수괴 윤석열의 버티기를 더 이상 묵과해선 안 됩니다. 이번 계엄 선포와 관련하여 법적 정치적 책임 문제를 회피하지 않겠다고 밝힌 지 며칠 지나지도 않았는데, 내란 수괴 윤석열은 계속해서 수사기관의 출석요구에 불응하고 있습니다. 정말 후안무치합니다. 법적 정치적 책임을 회피하지 않겠다던 윤석열의 말은, 경고성으로 비상계엄을 선포했다는 말처럼 새빨간 거짓말입니다. 12.3내란 사태가 일어난 지 보름이 지나도록 내란 수괴가 체포도 되지 않고, 수사에도 협조하지 않고 있는 건 누가 봐도 비정상 아닙니까? 그 사이 증거인멸이 행해졌을 가능성이 매우 높습니다. 계속 버틴다면, 강제로라도 체포해야 합니다. 대통령실과 경호처도 내란 공범이 아니라면, 내란 수사와 내란 수괴 체포에 적극 협조하길 촉구합니다.

– 김민석 최고위원

국민의힘이 걱정됩니다. 국가 정상화를 막는 암적 존재이자 비이성과 비정상의 수용소가 되었습니다. 과거 보수 정당들도 이 정도는 아니었습니다. 진심 어린 사과와 고개 숙이는 반성 한 번 없이 내란을 옹호하고, 탄핵 찬성 의원들을 집단 공격하고, 내란이 아니라는 주술을 외우며 아예 헌재 심판을 방해하려 하니, 이쯤 되면 정당이 아니라 극우 컬트 사교 집단입니다. 김건희한테 전염됐습니까? 아니면 내란 수사와 함께 김건희, 명태균 관련자가 하나씩 드러날 게 두려워서 그렇습니까? 윤석열 탄핵 후에도 내란당, 윤석열당으로 남으려고 작심한 게 아니라면 부디 정상적 보수의 재건과 국가 정상화를 위해 이성을 찾으시길 당부 드립니다.

통일부가 대북전단 민간단체들에 대해 신중한 판단을 요청했다고 밝혔습니다. 남북 긴장 요인을 없애야 할 시점에 필요한 조치라고 봅니다. 윤석열, 김용현 등 내란 세력의 프로젝트에는 대북 전단 살포에 따른 북측의 대응을 계엄 명분으로 삼는 북풍 공작도 포함된 것으로 보입니다. 한덕수 권한대행이 대북 전단 억지와 관련해 모든 행정력을 동원해 줄 것을 요청합니다. 북한 당국도 강화도 등 접경 지역 주민들에게 극심한 고통을 안기는 대남 방송을 중단해 줄 것을 요청합니다. 주민들의 고통을 완화하기 위한 남북 양측의 이성적 노력을 당부 드립니다.

– 전현희 최고위원

내란수괴 윤석열은 비상계엄 선포가 "통치행위이다"라고 주장을 하면서 최후의 발악을 하고 있습니다. 어불성설입니다. 국헌을 문란하게 할 목적, 폭동을 내란이라고 정의하고 있습니다. 12.12 군사반란 관련해서 법원은 "국회의사당을 병력으로 봉쇄하고, 국회의원들의 출입을 금지한 것은 국헌문란이다"라고 판시했습니다. 또 대법원은 "폭동의 내용으로서의 폭행 또는 협박은 일체의 유형력의 행사나 외포심을 생기게 하는 해악의 고지를 의미한다"라고 판시합니다. 계엄군이 총기를 휴대한 채 국회 기물을 부수고 본회의장 진입을 시도한 것은 이 판례의 유형력 행사나 국헌문란에 해당하는 해악의 고지에 해당합니다. 또 대법원은 국헌문란에 해당하는 비상계엄 선포는 사법심사 대상이라고 판시했습니다. 지금 윤석열이 자신의 행위는 이 통치행위다라면서 사법심사를 거부하고 있습니다. 명백히 대법원 판례를 위반하는 행위입니다.

또, 헌법재판소 결정문에도 "대통령의 통치행위라 하더라도 국민의 기본권을 침탈하는 행위의 경우에는 헌법 위반 여부를 심사할 수 있다"라고 판시하고 있습니다. 명백히 대법원 판례와 헌법재판소 판례에 의해서도 통치행위는 부인됩니다. 국민의 기본권을 침해했고, 국회를 병력으로 침탈한 윤석열의 비상계엄 선포는 국헌문란 행위로 명백한 위헌 · 위법입니다. 아무리 비상계엄 선포를 통치행위라고 우겨도, 윤석열이 내란수괴라는 것은 불변의 사실입니다. 죄를 지었으면 달게 벌을 받으십시오. 그것이 법기술로 평생 다른 사람의 인생을 절단해 온 자가 받아들여야 할 순리입니다.

국민의힘 권성동 대표가 "권한대행은 헌법재판관 임명을 할 수 없다"라고 내란수괴 윤석열 방탄 본색을 드러냈습니다. 아직도 현재 대한민국은 내란사태가 종결되지 않았고, 지속중입니다. 지금 국민의힘이 해야 할 일은 내란수괴 윤석열 방탄이 아니라 국민께 석고대죄가 먼저입니다. "내란을 저질러도 탄핵은 안 된다"라는 것이 "술은 먹어도 음주운전은 아니다"라는 말과 무엇이 다릅니까? 계엄해제를 방해하고 탄핵방탄을 일삼는 국민의힘은 내란동조당, 내란의힘임을 입증할 뿐입니다.

한덕수 권한대행에게도 경고합니다. 청소대행은 청소가 본분입니다. 주인의 물건을 자신의 것처럼 사용한다면 절도범이 됩니다. 권한대행의 권한은 국민이 선출한 국회의 동의범위 내에서 행사되어야 합니다. 그것이 헌법의 원리이자 국민의 뜻입니다. 양곡관리법 등 6개 법안과 내란특검법, 김건희특검법은 국민의 명령에 따르는 것이 순리입니다. 거부권 행사는 월권입니다. 한덕수 권한대행은 국민의힘의 부당한 명령을 따르지 말고 국민의 명령에 복종하기 바랍니다.

검찰이 아직도 내란수괴 윤석열 행동대장 노릇을 하고 있습니다. 선관위 서버확보 작전에 동원되어서 불법계엄에 개입된 의혹이 제기되는 검찰이 이번에는 보란 듯이 내란의 기획자인 문상호 정보사령관 긴급체포를 불승인했습니다. 사실상 수사방해입니다. 내란죄 수사권도 없는 검찰이 무리한 수사를 획책하는 것이 혹여 내란수괴 윤석열의 공소기각을 획책하고 있는 것 아닌가 하는 의구심이 듭니다. 검찰독재 공화국 부활을 모의하는 검찰발 친위쿠데타를 꿈꾸는 것이 아니라면, 검찰은 즉각 내란죄 불법수사를 중단하고 공수처·경찰 합수본에 사건을 이관하기 바랍니다.

– 한준호 최고위원

윤석열의 국어사전은 따로 있는 것 같습니다. 지난번에는 "대통령 부인의 조언이 국정농단이라면 국어사전을 다시 정의해야한다"라는 궤변을 늘어놓더니, 이번에는 '법치'의 의미를 재정립하려는 모양입니다. 내란 혐의와 관련해 윤석열의 조사 출석 여부를 두고, 석동현 변호사가 어제 이렇게 말했다고 합니다. "부른다고 가는 게 법치가 아니다."

두 귀를 의심했습니다. 형사소송법 제200조 '피의자의 출석요구' 조항에 따르면, 수사에 필요한 때에는 피의자의 출석을 요구하여 진술을 듣도록 하고 있습니다. 어제 법사위에서도, 김석우 법무부장관 직무대행이 "수사기관 소환 통보가 있으면 응하는 것이 원칙적으로 맞다"라고 설명하며 "문제의 소지가 있어 보인다"라고까지 말했습니다.

법과 원칙에서 굳이 예외를 찾아가며 본인에게 유리한 것만 취하려는 것은 법치가 아닌 전형적인 법기술자의 수법입니다. 지금 이 상황에 대해서 전 세계가 목격한 '내란' 범죄, 이것은 '내란'이 아니라 '소란'이라고 둘러대는, 윤석열 식 개념정의는 우리의 통념과는 많이 다릅니다. 온갖 수사기관에서 윤석열의 출석을 통보하고 있습니다. 내란수괴 윤석열은 하루빨리 수사기관에 출석해서 조사를 받으십시오. 혹시라도 자신의 부인 김건희가 받았던 '출장조사'는 꿈도 꾸지 마십시오.

한 말씀 더 드리겠습니다. 지난 12.3 비상계엄 이후, 우리 언론인들께서 많은 수고를 해주고 계셔서 감사한 마음입니다. 그런데 일부에서 그런 노고를 퇴색시키는 행동을 하고 있어서 우려스럽습니다. YTN의 김백 사장 이야기인데요. 이번 내란과 관련해서 내부 구성원들에게 '부정선거 의혹 팩트체크 프로그램'을 제작해보라고 지시했다는 보도를 접하고 참으로 어처구니가 없었습니다. 이러려고 윤석열이 언론장악을 기도했나 싶습니다. 극우 유튜버들이나 말하는 부정선거 음모론을 띄우려고 김홍일 방통위 2인체제가 YTN을 사영화시켰나 싶습니다. 계엄 선포 2시간 전 KBS가 이미 이 사실을 알고 계엄 방송을 준비했다는 의혹이 제기되고, 계엄 선포 직후 계엄군이 세 차례에 걸쳐 방통위에 연락을 해서 연락관 파견을 요청했다는 사실도 밝혀졌습니다.

'윤석열 유니버스' 속에서는 부정선거가 기정사실처럼 여겨지는 모양입니다. 그러니까 노상원 전 정보사령관과 문상호 정보사령관이 롯데리아에서 햄버거를 먹으며 선관위를 장악하고 전산서버를 탈취할 계획을 모의한 것이 아니겠습니까. 하지만 윤석열이 그토록 노래를 부르던 가짜뉴스에 실제로 경도돼 있던 것은, 다름 아닌 윤석열과 그 잔당들인 것 같습니다. 오죽하면 노태악 중앙선거관리위원장이 지난 13일 국회 본회의에서 "상당히 충격적이었다"라고까지 말을 했겠습니까.

이왕 부정선거 가짜뉴스가 언급되어서 자료 하나를 소개해 드리겠습니다. 이 자료는 지난 20대 대통령선거 당시 국민의힘에서 배포한 '팩트체크'입니다. 본인들이 한 것입니다. 중앙선관위 선거정보센터는 해킹이 불가능하다, 투표함이나 계수기 조작도 불가능하다, 사전투표함 바꿔치기도 불가능하다라면서 '걱정하지 말고 사전투표 해달라'라고 호소를 했던 것은 윤석열과 국민의힘이었습니다. 선거를 주관하는 선관위는 똑같은데, 윤석열 본인이 승리한 선거는 공정선거이고, 국민의힘이 대패한 총선은 부정선거라고 우기면 누가 믿어 주겠습니까. 이런 집단적인 망상이 가짜뉴스로 확산되는 것은 신속하게 막아야 하겠습니다. 공영방송 정상화를 비롯한 언론개혁 과제 추진에 속도를 더 붙여보겠다는 말씀을 덧붙입니다.

– 김병주 최고위원

국방일보는 군 장병들이 매일매일 보는 신문이고, 또 수요일은 정신교육교재로 쓰는 아주 중요한 신문입니다. 그런데 12월 13일자 비상계엄이 있고 나서 10일 후입니다, 국방일보 1면입니다. 국회에 군 병력을 투입한 건 질서 유지를 위한 것이라고 강조합니다. '내란'이란 두 글자는 보이지도 않습니다. 2면은 더 심각합니다. 비상계엄은 '고도의 정치적인 판단'이자 '통치행위'라는 내용 일색입니다. 이것만 보면 내란 수괴 윤석열의 계엄 선포는 매우 정당한 결정으로 보입니다. 한마디로 범죄를 미화한 것입니다. 내란을 미화한 것입니다. 다시 이런 상황이 일어나면 내란에 동조하라는 것과 똑같습니다. 이 정도면 국방일보가 아니라 '내란동조일보' 아닙니까?

이것을 체크해보니 그 뒤에는 윤석열 캠프 출신의 채모 국방홍보원장이 있었습니다. 그는 12월 12일 윤석열의 담화를 비중 있게 다루라는 지시를 강하게 했다고 합니다. 일부 직원들이 반발했지만, 받아들여지지 않은 것으로 전해졌습니다. 직원들이 대단히 반발해서 이것도 수위를 낮춰서 적었다고 합니다. 앞서 채 원장은 한강 작가의 노벨상 수상 보도에 대해서도 관련자들을 질타했다고 합니다.

이런 가운데 외교부 부대변인의 내란 동조 행위도 뒤늦게 알려졌습니다. 12.3 계엄 사태와 관련해 정부 입장을 물어온 외신기자들에게 "헌법주의자이자 자유민주주의 헌정 질서를 누구보다 숭배하는 대통령의 결단이다. 합헌적 틀 안에서 행동했다"라는 내용의 답신을 뿌렸다고 합니다. 해외 언론에 가짜뉴스를 퍼트리며 내란을 옹호한 것이나 다름없습니다. 알고 보니 이 부대변인은 올해 초까지 대통령실에서 근무했다고 합니다.

그렇습니다. 윤석열 정부 곳곳에는 여전히, 내란을 동조하는 세력들이 암약하고 있습니다. 내란 수괴 윤석열 뿐만 아니라 이에 동조한 세력들도 발본색원해야 합니다. 다시는 이 땅에 뿌리내릴 수 없도록 해야 합니다. 철저히 수사할 것을 거듭 강조합니다. 그리고 이 신문은 전부 국방부에서 회수하고 이것에 대해서 진상규명을 하고 바로 국방홍보원장은 파면시키고 감옥으로 보내야 된다고 합니다. 내란에 동조하고 내란을 부추긴 것과 마찬가지이기 때문입니다.

또 하나 있습니다. "윤석열은 애초 11월에 중요 국외 일정에 불참하고라도 계엄 의지를 표명했었다", 여인형이 최근 16일에 검찰 조사에서 이같이 진술했다고 KBS가 보도했습니다. 윤석열은 지난달 14일부터 21일까지 APEC과 G20 정상회의 참석차 남미 순방을 다녀온 바 있습니다. 순방이 시작되는 14일이나 그 이전에 계엄을 선포하려고 했다는 이야기입니다.

제가 제보를 받은 것을 계속 이야기했는데, 이제 퍼즐이 맞춰집니다. HID 요원들이 실제 5명 정도 속초에 있는 인원들이 소집 리스트가 만들어졌고, 이 인원들에게 11월 7일부터 14일까지는 휴가를 보내지 말라는 지시가 있었습니다. APEC 가기 직전이었습니다. 결국 그 기간에 '1차 계엄'을 시도하려다가 포기한 것이 아닌가 보입니다.

이처럼 윤석열이 오래 전부터 계엄을 준비했다는 정황들이 속속들이 나오고 있습니다. 이제 더 이상 지체할 시간이 없습니다. 더 이상 지체할 이유도 없습니다. 내란 수괴 윤석열이 수사당국의 소환에 응하지 않는다면, 당장 잡아들이십시오. 윤석열은 지금 이 시간에도 내란의 증거를 없애고 있을지 모릅니다. 윤석열은 이 시간에도 내란 잔존 세력들에게 어떤 지시를 해서 내란을 부추길지 모릅니다. 제2의 비상계엄이든, 제2의 내란이든 획책하고 있을지도 모릅니다. 빨리 수사하고 잡아들여야 합니다.

— 주철현 최고위원

국힘당 의원총회가 16일 "이재명 대표의 공직선거법 2심 선고가 내년 2월 15일 이전에 나와야 한다"

는 결의문을 채택했습니다. 권성동 당대표 권한대행은, 자신의 과거 발언을 뒤집으며, "대통령 권한대행이 헌법재판관을 임명할 수 없다"는 궤변까지 내놨습니다. 누가 내란 동조 정당, 내란 수괴 비호 정당 아니랄까 봐서 헌법기관으로 독립성이 생명인, 법원과 헌법재판소에 대해 이래라저래라 대놓고 간섭하고 있습니다. 특히 민주당과의 합의마저 무시하며 국힘당 권한대행이, 대통령 권한대행의 권한에 대해 왈가왈부하는 것은 소가 웃을 일입니다. 본인의 권한 범위나 제대로 파악하고, 막무가내 언행을 일삼는 건지 되묻고 싶습니다.

자당의 이익을 위해서는 헌법도, 국민도, 약속도 깡그리 무시하는 행태를 보면 국힘당에는 내란의 DNA 본능이 있는 건 아닌지 되묻고 싶습니다. 국민의힘은 위헌 비상계엄을 옹호하고 내란 수괴를 비호하는 반민주적, 반국민적 행태를 즉각 중단해야 합니다. 헌법을 무시하고, 민의를 외면하는 행태가 이어진다면 내란 수괴 윤석열을 향했던 국민의 분노가 국힘당으로 향하게 될 것입니다.

내란 수괴 윤석열이 헌재의 탄핵 심판 서류 송달 거부에 이어서 검찰의 1차 소환 통보에 불응하고, 공조본의 출석요구서 수령까지 거부했다고 합니다. 헌법 질서를 파괴한 내란 수괴임에도 현직 대통령임을 배려한 출석 요구를 스스로 거부한 것입니다. 윤석열은 법정형이 사형, 무기밖에 없는 내란죄 우두머리로 명백한 증거에도 불구하고, 범행을 부인하면서 증거인멸과 사법부 압박을 사주, 선동하는 등, 죄질이 매우 불량합니다. 게다가 수하들이 내란 주요 임무 수행 혐의로 이미 구속되었으므로 윤석열의 구속은 선택의 여지가 없습니다.

민주주의 국가는 관용으로 건설되지 않습니다. 2차 소환에도 불응한다면, 수사팀은 즉각 체포영장을 발부받아서 내란 수괴 윤석열의 신병 확보에 나서야 합니다. 대통령경호처도 윤석열 체포에 적극 협조해야 합니다. 경호는 '대상자의 신체에 가하여지는 위해를 방지하거나 제거'하는 것을 의미하는데 법원이 발부한 체포영장 집행이 위해에 해당할 수 없음은 너무나 자명하다고 할 것입니다.

검사로 전직 대통령과 재벌을 구속 수사했던 윤석열은 자신이 저지른 내란 범죄의 말로가 어떨지 너무나 잘 알 것입니다. 구차한 모습 보이면서 끝까지 나라와 국민에게 폐를 끼칠 것이 아니라 자신이 모든 책임을 질 테니 수하들을 선처해 달라고 무릎 꿇는 것만이 일말의 동정이라도 받을 마지막 기회라는 점을 진심으로 충고합니다.

- 송순호 최고위원

 동맥경화가 사람의 생명에 위험하듯 돈맥경화는 나라 경제에 위험합니다. 대한민국은 지금 돈이 돌지 않는 심각한 돈맥경화 상태입니다. 정부가 어떤 조치를 해서라도 시장에 돈이 돌도록 해야 합니다. 그래야 돈맥경화를 해결할 수 있고 경제와 민생의 숨통이 트입니다. 12.3 비상계엄에 이은 탄핵 정국으로 국정은 혼란하고 경제와 민생은 막다른 벼랑에 몰렸습니다. 시장 경기는 꽁꽁 얼어붙었습니다. 특히 송년 모임 등 단체 예약이 줄줄이 취소되면서 연말 특수를 기대했던 음식점과 자영업자들이 직격탄을 맞고 있습니다. IMF 사태와 코로나 때보다 더 장사가 안 된다고 합니다. 소상공인과 자영업자들은 고사 직전입니다. 무너진 민생 경제, 국가가 나서 살려야겠지만, 이 정부는 그럴 생각도 의지도 없습니다. 우리 더불어민주당이 국민 지원금 25만 원 그렇게 하자고 요구하고 입법까지 했지만, 거부권을 행사한 무정한 정부입니다.

 그럼에도 불구하고 민주당은 민생과 경제가 회복될 수 있는 최소한의 마중물 역할을 해줄 '25만 원 국민 지원금', '지역 화폐 발행' 등을 위한 '추가 경정 예산 편성'을 정부에 끊임없이 요구해야 합니다. 지금은 위기 상황입니다. 정부, 여당, 야당 따질 때가 아닙니다. 모든 정치권이 힘을 합쳐 무너진 민생 경제를 살릴 때입니다. 때를 놓치면 아무리 많은 예산을 쏟아 부어도 민생 경제는 되살아나지 않습니다. 국회 탄핵소추 가결로 극도의 정치적 위험은 일시 해소된 만큼 민생과 경제 회복에 우리 국민들도 힘을 모을 때입니다. 비상계엄과 탄핵소추 이후 우리 국민의 행동도 심리도, 소비도 위축되었습니다. 사업자의 매출은 급감했고 시장은 돈맥경화에 빠졌습니다.

 이럴 땐 정부가 나서 경기 회복과 소비 진작을 위해 재정 확대 정책을 시행해야 합니다. 그런데 정부는 재정 확대를 할 의지도 능력도 없습니다. 국민의 삶에는 무심한 정부이니 우리 삶은 우리 스스로 지키기 위해 서로 연대해야 합니다. "장사가 안 돼 죽겠다"는 자영업자의 아우성에 응답하고 행동해야 합니다. 저마다 소비력의 차이가 있겠지만 돈맥경화 해소를 위해 우리가 할 수 있는 최소한의 행동은 그동안 미루었던 각종 모임과 송년회, 예정했던 여행을 재개하는 것입니다. 골목 상권 활성화 및 재래시장 소비 촉진을 통해 지역 경제가 숨을 쉴 수 있도록 연대 의식을 발휘해 주시기를 간곡히 당부 드립니다.

 우리 민주당 경남도당은 일상적 모임을 통한 주민 연대 의식을 회복하고 소상공인과 지역 경제를 살리기 위한 지역 골목 상권 활성화 및 재래시장 소비 촉진 캠페인을 어제부터 시작하면서 네 가지 당원 행동 지침을 공유했습니다.

그 하나가 "12.3 비상계엄으로 연기하고 취소했던 지역위원회 읍면동별 정기 모임과 송년 모임을 재개한다. 모임 후 단체 회식을 적극 장려한다. 단 엄중한 시국이니만큼 지나친 음주는 자제한다." 둘째, "생필품 및 송신년 선물 구매 시 온라인 대신 지역의 오프라인 상점을 이용한다." 셋째, "온라인 상점 물건 구매 시 대형마트 대신 재래시장 이용을 권장한다." 넷째, "이상의 지역 골목 상권 활성화 및 재래시장 소비 촉진 캠페인 활동 인증샷을 SNS를 통해 공유 확산한다"입니다. 우리 소박한 캠페인이 나비효과가 되어 대한민국의 골목 상권과 재래시장에 활기를 띠기를 소망합니다.

2024년 12월 18일
더불어민주당 공보국

무척 반가운 분들이지만, 또 오롯이 반가운 마음으로만 맞을 수 없는 무거움이 있습니다. 요즘 시국이 정말 혼동 그 자체이지요. 혼란스러운 정치를 국민의 현명함으로 지켜내고 있는 시기입니다. 조국혁신당에도 무거운 소식이 있었지만, 역시 현명함으로 잘 이겨내고 계시는 부분, 격려의 말씀드립니다. 모든 일이 국민을 믿고, 그리고 지지자들과 당원을 믿고 나아가면 순리대로 풀리리라 믿습니다. 제가 최근에 4+4정치협의체를 제안한 바 있고, 조국혁신당에서도 이재명 대표의 협의체 제안에 화답한 바 있는데, 격식과 내용을 따지지 않고 모두 한자리에 모여 앉는 기회가 빨리 만들어졌으면 합니다. 그것이 국민께서 바라시는 바 아닐까 싶습니다.

– 개혁신당 당 대표 허은아, 12월 18일 조국혁신당 당 대표 권한대행 김선민 접견 인사말

3년은너무길다특별위원회 현장 회의(용산) 모두발언

2024.12.18(수) 09:30 용산 대통령 관저 인근

– 김선민 위원장

조국혁신당 3년은너무길다특별위원회 위원장, 대표 권한대행 김선민입니다.

이곳 용산 대통령 관저 앞에 오니 자부심과 분노가 함께 치밉니다. 저희는 자부합니다. 윤석열 탄핵 소추의 물꼬를 튼 정당, 실제 물 길을 닦은 정당, 저희 조국혁신당입니다.

관저에 웅크리고 있는 윤석열 씨, 잘 들으십시오. 귀하는 조국 가족을 멸문하려고 했습니다. 그 조국은 다시 살아나 "3년은 너무 길다"라고 외쳤습니다. 7월 무더위 때 혁신당은 3년은너무길다특별위원회, 즉 탄추위를 구성했습니다. 15가지 사유를 담은 소추안 초안을 11월 공개했습니다. 귀하가 내란을 시도한 바로 다음날 아침 날이 밝는대로 소추 1차 안을 만들었습니다.

지금 헌재로 간 탄핵소추 의결서 초안은 이제 도착하실 이광철 총괄간사가 새벽에 눈을 비비며 쓴 것입니다. 야당들과 공유하며 의견을 보태 제출했습니다. 자랑이냐고요? 네 맞습니다, 자랑입니다.

안에서 듣고 있을 윤석열 씨, 네 번이나 대국민 담화하며 몽니 부릴 땐 언제고, 법의 심판대에 오를 것 같으니 머리를 박은 꿩처럼 숨어있습니까? 당당하게 공조수사본부에 나가서 "국민과 대한민국 미래를 위해 했다"라고 다시 말하십시오. 뭐가 무서워서 출석 요구서도 반송합니까? 담화에서는 법적, 도덕적 책임 다하겠다고 했지 않습니까? 창피한 줄 아십시오.

국민 여러분, 이제 시작입니다. 지금까지 국회의 시간이었다면, 이제는 헌법재판소의 시간입니다. "대통령 윤석열을 파면한다"는 주문을 곧 듣게 되실 것입니다. 그 때까지 조국혁신당은 국민과 함께 감시와

지지의 눈길을 멈추지 않겠습니다. 윤석열은 대통령 자리에서 파면될 것입니다.

혹시 변수라면 헌법재판관의 구성입니다. 탄핵 결정은 6인 이상 재판관 찬성으로 가능합니다. 지금 6 명중 한 명만 반대해도 기각됩니다. 국회는 신임 재판관 후보자 3명을 추천할 것입니다. 한덕수 대통령 권한대행이 임명만 하면 됩니다. 대통령 지명이 아닌 국회 지명입니다. 절차일 뿐입니다.

그런데도 국민의힘은 마지막 저항을 합니다. 대통령 권한대행은 인사권을 휘두르면 안 된답니다. 이미 국민의짐, 내란동조당이라는 비판을 듣는 여당입니다. 그러다가 '답이없당, 내일은없당, 해체가답이당'이 라고 불리게 될 것입니다.

한덕수 권한대행에 촉구합니다. 국회가 후보자를 추천하면 즉각 임명하십시오. 한 대행에게는 헌법 재 판관 임명 거부권은 없습니다.

국민여러분, '탄핵'은 시작에 불과합니다. 이 정권 만악의 근원, 정치 검찰을 해체해야 합니다. 8월 28 일 조국혁신당이 당론으로 발의한 '검찰개혁 4법'을 반드시 처리해야 합니다. 저들은 지금 고개를 숙이 지만, 힘을 회복하면 다시 독이든 이를 들이댈 것입니다. 다시 윤석열 같은 괴물을 낳을 수 있습니다.

저희가 집회신청을 한 것이 아니라 구호를 외칠 수는 없다고 합니다. 하지만 국민의 심정은 똑같을 것 입니다. "저 안에 숨은 윤석열을 체포하라"입니다. 모두 각자의 자리에서 외칩시다.

감사합니다.

– 황운하 부위원장

원내대표 황운하입니다.

내란 수괴 윤석열이 공수본의 출석요구서 수령을 거부하고 버티고 있습니다. 경찰 특수단의 압수수색 시도도 경호처의 저항으로 불발되었습니다. 심지어 헌재가 보낸 국회의 탄핵소추안 의결서조차 지금까 지 수령하지 않고 있습니다.

그러면서 변호사까지 대동해 내란죄가 성립하지 않는다는 등 국민들의 분통을 터트리는 망발을 이어가고 있습니다.

정말로 내란죄가 성립하지 않습니까? 모든 국민이 TV를 통해서 생생하게 지켜보지 않았습니까? 한밤 국회의사당에 헬기가 난입하고, 무장한 계엄군이 난입했고, 국회의장을 체포하려 했고, 조국 대표·이재명 대표 등 야당 대표들을 구금하려 했다는 자백이 나왔습니다. 국회 문을 부수고 들어가서, 의원들을 끌어내라고 직접 지시한 자가 바로 윤석열이라는 자백이 나왔습니다. 이것이 내란이 아니면 무엇이겠습니까?

내란수괴를 대한민국 대통령 자리에 앉혀둔 것이 대한민국 국민 모두의 수치입니다. 공수본은 한시바삐 윤석열을 긴급체포해야 합니다. 경호처의 수사 방해는 공무집행방해뿐 아니라 내란에 동조하는 무거운 죄책이 될 수 있음을 분명히 밝힙니다.

탄핵은 그저 대통령 자리에서 끌어내린 것 뿐입니다. 수사를 받고 죄값을 치르는 것과는 전혀 별개의 일입니다. 저 겁많은 윤석열은 처벌받는게 두려워서 관저에 꽁꽁 숨어 버티는 것일 뿐입니다.

내란 수괴 윤석열은 당장 공조수사본부에 출석해야합니다.
내란 수괴 윤석열은 즉각 공수본에 출석하라!

감사합니다.

지금 조국혁신당과 기본소득당에게 중요한 과제는 내란수괴 윤석열과 동조자들을 끝까지 단죄하고, 대한민국 헌정질서를 올바로 세우는 것. 그리고 하루 빨리 국정을 안정시키는 것이라 생각합니다. 국회에서 정신 없이 일이 돌아가다보니 소위 '비교섭단체'의 국회 운영 참여라는 것이 더욱 축소되고 있는 듯합니다. 국정운영에 모든 정당이 힘을 보태야 하는 시기인 만큼, 두 정당도 충분히 목소리낼 수 있도록 협력을 강화해나갔으면 하고요. 아울러서, 정치적 격변기에 우리가 미래를 논의하지 않을 수 없습니다. (…) 개혁적인 정당들, 진보적인 정당들이 미래에 대한 앞선 구상들, 특히 정책적 기획과 실천에 있어서 더 적극적인 역할을 해야 한다고 봅니다. 그런 면에서도 협력을 넓혀가면 좋겠단 생각합니다.

— 기본소득당 대표 용혜인, 12월 18일 조국혁신당 당 대표 권한대행 김선민 예방 일정 모두발언

먼저 사회민주당 대표 한창민 의원은 조국 전 대표의 대법원 선고 결과에 안타까운 마음과 비정상적 상황을 극복하고 다시 국민 앞에 건강하게 나서주시리라 믿음을 전했습니다. 지금 대한민국의 어려운 경제 상황과 정치적 우려들을 김선민 권한대행께서 훌륭히 극복해 나가며 이끌어 가실거라는 응원도 덧붙였습니다. 탄핵 정국에 조국혁신당과 사회민주당이 함께 힘을 모아 윤석열 정권 종식을 넘어 국민과 약속한 개혁을 이뤄내고, 새로운 미래 비전을 구현해 나아가기를 제안했습니다. 마지막으로 한창민 의원은 사회개혁을 이끌어 갈 적기라는 점에서 두 당이 이 시기의 무게감을 엄중하게 받아들여야 함을 강조했습니다.

— 사회민주당 12월 18일 조국혁신당 당 대표 김선민 내방 관련 보도자료

홍성규 수석대변인 브리핑

일시 : 2024년 12월 18일(수) 오전 10시 40분
장소 : 국회 소통관 기자회견장

수사거부 · 증거인멸! 뻔뻔한 내란수괴 윤석열 즉각 체포하라!

내란수괴 윤석열! 지금 어디에 있습니까?

내란을 수사하는 공조수사본부가 출석요구서를 보냈으나 수취를 거부해 반송되었습니다. 용산 대통령실과 한남동 관저에 수사관이 직접 가서 출석요구서를 전달하려 했으나 이마저 거부했습니다. 심지어 헌법재판소의 탄핵소추안 의결서마저 수령하지 않고 있습니다.

단 한 마디 사과는커녕, 그간 내놓았던 말들도 다 거짓말이었습니다.

탄핵하든 수사하든 당당히 맞서겠다고 하지 않았습니까? 계엄 선포와 관련해 법적, 정치적 책임 문제를 회피하지 않겠다고 하지 않았습니까? 열흘 전 그 윤석열은 또 다른 사람이었습니까?

계엄사령관을 맡았던 박안수 육군참모총장도 어제 구속되었습니다. 이제 내란수괴만 남았습니다. 더 이상 증거인멸의 시간을 용납해서는 안 됩니다. 수사를 거부하고 있는 파렴치한 범죄자 내란수괴 윤석열을 즉각 체포 · 구속해야 합니다.

—

권성동의 새빨간 거짓말! 7년 전에는 권한대행더러 헌법재판관 임명하라더니!

권성동 국민의힘 대표 권한대행이 연일 "대통령 권한대행은 탄핵심판 결정 전까지 헌법재판관을 임명

할 수 없다"고 궤변을 늘어놓고 있습니다.

그러나 7년 전의 권성동은 '임명해야 한다'고 주장한 바 있습니다. 2017년 2월 박근혜 탄핵 당시 권성동 의원은 "대법원장이 지명하는 헌법재판관을 대통령이 임명하는 것은 형식적인 임명권"이라며 "권한대행이 임명할 수 있다"고 분명히 밝혔습니다. "헌재의 안정적 운영을 위한 국회 법사위원장으로서의 의견"이라고도 덧붙였습니다.

그때는 맞고 지금은 틀립니까? 어떻게든 내란수괴를 비호해보려는, 자신들의 알량한 금배지를 놓치지 않겠다는 노력이 참으로 가증스럽습니다.

심지어 7년 전의 상황을 두고 "탄핵결정 있은 후에 임명했기 때문에 지금과 상황이 다르다. 탄핵 결정 전에는 임명하지 못한다"는 발언은 정확히 새빨간 거짓말입니다. 당시 권성동 의원의 주장은 박근혜 탄핵판결 전이기 때문입니다.

이번 헌법재판관 3인 역시 국회의 추천 몫입니다. 권한대행의 인사권 행사가 아니라는 것이 대다수 전문가들의 중론입니다. 헌재 사무처장 또한 권한대행의 임명이 가능하다고 분명히 밝혔습니다.

비겁하고 비루하고 졸렬하기 짝이 없습니다. 국민의힘은 헌법재판소의 정상적 구성을 방해하는 행위를 즉각 중단해야 합니다.

2024년 12월 18일
진보당 수석대변인 홍성규*

---

* 동일 일시로 발행된 2개 보도자료 내용을 한 번에 실었음을 밝힙니다.

대통령 경호처가 아직도 내란범의 호위무사를 자처하고 있습니다. 헌법재판소가 전달하는 탄핵심판절차 안내 서류, 경찰의 출석 요구서 수령을 거부하여, 탄핵심판 절차의 첫 단추 폐기를 조직적으로 방해하는 겁니다. 내란 지속 상황을 유지하고 제2계엄의 예비 주체로 의심되는 상황에서 이러한 불법적, 반헌법적 행위는 의혹을 확신으로 강화하기 충분합니다. 내란 수사를 위한 대통령실 압수수색을 거부하는 행위는 결코 '경호' 행위가 될 수 없으며, 대통령경호법은 소속 공무원의 직권남용을 명시적으로 금지하고 있습니다. 경호처 직원들의 이러한 행태는 명백한 직권남용 범죄입니다. 인사청문회를 앞둔 헌법재판관 후보자 3인과 공수처장도 한목소리로 "대통령경호처의 압수수색 방해 행위는 명백한 공무집행 방해"라고 지적하고 있습니다. 게다가 수사와 헌재 심리를 지연시키고 있는 박종준 경호처장은 이번 내란 주요 동조자이자 실행자라는 의혹을 받고 있는 인물입니다. 단순한 윤석열에 대한 충정이 아니라, 자기 증거 인멸할 시간을 벌기 위해 안간힘으로 거부하는 겁니다.

— 더불어민주당 원내대변인 강유정, 12월 18일 서면브리핑

2024년 12월 19일

권한대행, 6개 법안 재의요구권(거부권) 행사

대통령도 법률가입니다. 체포를 해라, 끌어내라 하는 그러한 용어를 쓰신 적은 없다고 들었습니다. 다시 말하면 실무장하지 않은 그러한 상태의 300명 미만이 군인이 국회로 간 상황이었고요, 그 넓디넓은 국회의사당 주변에 그 정도밖에 인원이 되지 않고, 또 대통령께서는 절대 시민들과 충돌하지 마라, 또 군을 제외한 나머지, 거기에는 국회 관계자도 포함될 것으로 생각합니다만, 그런 지시와 당부를 했다고 알고 있습니다.

(…) 대통령께서는 기본적으로 전국민들에게 언론에 그리고 각 해외로까지 전파되는 이러한 대통령의 그 선포 기자 회견을 통해서 비상계엄을 선포했는데, 정말 이걸 내란으로 본다면, 내란을 예고하고 하는 내란이 어디 있나, 그리고 또 헌법 절차에 따라서 국회가 두세 시간 만에 개엄 해제를 요구한 상항 역시 헌법 절차에 대통령으로서 따랐습니다, 그러니까 그만두라고 그만두는 내란이 어디 있나? 이런 생각을 하시고 있습니다. 다시 말해서 정말 비상계엄이라고 하는 좀 충격적인 상황입니다만, 그러한 헌법적 행사가 필요할 만큼 적어도 대통령의 입장에서는 망국적 비상상황으로 보았고, 그래서 국정의 정상화를 위해서 필요하다고 생각하고 대통령으로서의 권한을 행사했다는 생각을 기본적으로 하고 있습니다.

— 윤석열 대통령 변호사 석동현, 12월 19일 기자회견 (영상에서 발췌)

국회운영위원회회의록
(임 시 회 의 록)

국 회 사 무 처

일   시   2024년 12월 19일(목)

장   소   국회운영위원회회의실

의사일정
1. 간사 선임의 건
2. 소위원장 선출의 건
3. 현안질의
4. 현안질의 관련 증인 출석요구의 건(추가)
5. 현안질의 관련 서류등 제출요구의 건(추가)

상정된 안건

(10시04분 개의)

○**위원장 박찬대**   의석을 정돈해 주시기 바랍니다.

성원이 되었으므로 제420회 국회(임시회) 제1차 국회운영위원회를 개회하겠습니다.

보고사항은 유인물로 대체하겠습니다.

(보고사항은 끝에 실음)

참고로 오늘 회의는 국회방송을 통해 생중계됨을 말씀드립니다.

당초 의사일정 제1항과 제2항으로 간사 선임의 건과 소위원장 선출의 건이 예정되어 있습니다만 지금 해당 교섭단체인 국민의힘 위원들께서 회의에 참석하지 않은 상황이므로 의사일정 제1항과 제2항은 오늘 상정하지 않도록 하겠습니다.

다음 의사일정에 들어가기에 앞서 위원장으로서 한 말씀 드리겠습니다.

오늘 현안질의는 12월 3일 윤석열 대통령의 위헌·위법적인 비상계엄 선포 및 내란 행위와 관련하여 우리 위원회 소관기관인 대통령비서실, 국가안보실, 대통령경호처를 대상으로 현안질의를 하기 위한 것입니다.

12월 3일 무도하고 참담한 헌법 유린 내란 사태가 있었습니다. 우리 국민들과 국회가 지난한 투쟁을 통하여 쌓아 올리고 지켜 온 민주주의와 헌정 질서가 대통령과 그 집단에 의하여 흔들렸습니다.

헌법과 법률이 정한 어떠한 요건도 절차도 어느 하나 충족하지 못한 비상계엄 선포와 그에 따른 국회 봉쇄, 군 병력의 투입, 국회의원 등을 대상으로 한 체포 시도는 명백한 내란 행위입니다.

이러한 불법 무도한 내란 행위에 대하여 우리 국민들과 국회는 신속히 대응하여 자유 민주주의 체제를 지켜 낼 수 있었습니다. 국민 여러분께 감사하고 송구스러운 말씀을 드립니다.

그러나 민의의 전당이자 민주주의의 보루인 국회가 헌정 질서가 유린당했다는 사실에 대한 깊은 분노가 시간이 갈수록 깊어져 갑니다. 국민들께서 묻고 있습니다. 대통령을 가장 가까운 자리에서 보좌하고 있는 대통령실과 대통령경호처는 과연 이번 내란 행위에 대해서 어떻게 판단했는지, 그 과정에서 어떠한 역할을 수행하였는지 확인해야 합니다.

이에 국정 전반을 관장하는 우리 위원회는 대통령비서실장, 국가안보실장, 정책실장, 대통령경호처장 등을 출석시켜 엄중한 현 상황에 대한 현안질의를 통하여 진실을 확인하고자 하였습니다. 그런데 우리 위원회가 출석 요구한 주요 공직자 누구도 출석하지 않고 있습니다. 참으로 대통령실의 행태에 개탄하지 않을 수 없습니다.

그러면 오늘 회의의 진행 방향에 대하여 위원님들 의견 있으시면 말씀해 주시기 바랍니다.

양문석 위원님 의견 주십시오.

○**양문석 위원** 아무도 참석하지 않은 대통령실에 대한 분노들을 먼저 표현을 합니다.

그리고 이번 과정에 있어서 수사되지 않고 있는 영역들이 있어서 그 부분에 대해서도 국회운영위가 좀 알아봐야 되겠다고 생각을 합니다.

계엄령 사전 모의에 대한 철저하고 대대적인 조사가 필요하다는 부분에 있어서 지난 12월 18일 경향신문 보도에 따르면 윤석열이 지난해 12월 군 지휘부와의 회동에서 비상계엄을 언급한 이후 지난 4월 10일 총선 참패를 기점으로 계엄 선포를 입에 올리는 일이 많았다고 합니다.

이러한 사실은 여인형 전 방첩사령관이 검찰 비상계엄 특별수사본부 조사 과정에서 진술한 것으로 이 자리에는 여인형 전 방첩사령관을 비롯한 김용현 전 국방부장관 등도 동석했다고 알려졌습니다.

저는 지난 8월에 나무위키 사이트에서 국군 장성 130명이 조직적으로 정보를 삭제했거나 삭제를 위한 임시 조치 중인 것을 발견하고 이를 계엄 모의 의혹의 근거로 제기한 바 있습니다.

특히 이 정보 삭제는 윤석열이 계엄 선포를 거론하기 시작한 시기인 지난 4월, 즉 여당의 총선 참패 이후 집중적으로 이루어졌습니다. 이 작업의 최초 시행자는 충암고 출신의 여인형 전 방첩사령관으로 이는 그가 계엄 상황을 대비해 오랜 기간 사전 준비했을 가능성이 농후합니다.

또 언론 보도에 따르면 여인형은 올해 초여름 윤석열 그리고 김용현과의 식사 자리에서도 계엄 언급이 있었다고 진술한 것으로 알려졌습니다. 실제 올해 6월에 군 장성 104명이 조직적으로 나무위키 정보를 삭제한 것으로 드러났습니다.

전두환이 12·12 쿠데타 당시 군 내부 정치 조직인 하나회를 등에 업고 권력을 찬탈했던 역사를 돌이켜볼 때 이번 국군 장성들의 조직적인 정보 삭제 움직임은 결코 가볍게 넘길 사안이 아닙니다. 40여 년간 군사독재를 극복하며 싸운 군의 명예가 윤석열 정권의 친위 쿠데타 시도로 인해서 한순간에 무너졌습니다. 이는 국민의 신뢰를 저버리고 민주주의의 근간을 흔드는 중대한 범죄 행위입니다. 따라서 군의 명예를 회복하고 비상계엄에 관한 의혹을 완벽하게 해소하기 위해 국군 장성들이 비상계엄 사태와 관련해서 사전 모의한 여부를 철저하게 조사해야 됩니다.

저는 나무위키에서 130명의 장군들이 자신들의 정보를 삭제했던 것 이것은 바로 숨어 있는 내란 동조자일 가능성이 높다, 그렇기 때문에 끝까지 밝혀내고 이 관련자들에게 엄정하게 처벌이 이루어지는 그러한 수사 촉구를 운영위원회 위원장께서 강력하게 요구해 주셨으면 좋겠습니다.

이상입니다.

○**위원장 박찬대** 양문석 위원님 수고하셨습니다.

다음은 존경하는 강유정 위원님 의견 주시겠습니다.

다음에는 이소영 위원님 말씀하시겠습니다.

○**강유정 위원** 오늘 출석 여부에 대한 회신도 없는 대통령비서실장인데요. 대통령 직무가 정지된 윤석열이 헌법재판소가 보낸 탄핵심판 절차 안내 서류 그리고 경찰의 출석요구서조차 수령을 거부하고 있습니다. 경찰 출석요구서는 수취 거부로 반송됐습니다. 윤석열이 이런 식으로 나올 수 있는 가장 큰 이유는 한덕수 국무총리 겸 대통령권한대행이 비호하고 있고요, 대통령비서실 그리고 대통령경호처가 적극적으로 수령 거부에 조력하고 있기 때문입니다.

정진석 대통령비서실장은 윤석열이 반헌법적 비상계엄 해제를 결의한 이후에도 합참 결심지휘실에서 윤석열, 김용현 등의 내란수괴 그리고 내란공모범들과 제2차 계엄령을 준비한 것으로 의심받고 있는 상황입니다. 그리고 윤석열 내란에 따른 책임을 지고 사의를 표명했음에도 불구하고 여전히 그 자리에서 권리를 행사하고 있고 윤석열 대통령과 대통령실에 대한 탄핵심판 그리고 수사를 방해하고 있습니다. 내란 주요 종사자 중 1명이라 할 만합니다.

한편 박종준 대통령경호처장 역시 이번 내란 사건의 주요 종사자인 경찰청장, 서울청장을 계엄 전 안가로 불러서 대통령의 내란 행위 수명을 받게 한 내란 주요 종사자 중 1명이고 실행자입니다. 경호처장은 윤석열의 계엄사 방문, 합참 결심지휘실 방문 때 정진석 대통령비서실장, 신원식 국가안보실장 등과 함께 대통령을 수행했을 것으로 확실히 추정이 되며 결심지휘실에서 2차 계엄령을 준비한 것이 아니냐는 강한 의혹도 받고 있습니다.

인사청문회를 앞둔 헌법재판관후보자 3인과 공수처장도 모두 대통령경호처의 압수수색 방해 행위는 명백한 공무집행 방해라고 지적했습니다. 오늘 불출석한 대통령실 실장들 그리고 경호처장은 지금 내란수괴와 자신을 보호하기 위해서 법질서를 이미 한 번 유린했고 계속적으로 유린하고 있음을 강조합니다.

대통령경호법은 경호처가 경호대상의 신체상 위해를 방지하고 특정 지역을 경계하도록 할 뿐이지 행정기관 공무집행 방해할 아무런 권리가 없다는 것을 다시 한번 강조하고요. 이 권한을 남용했을 때 경호처 직원들 역시 5년 이하의 징역형이 선고될 수 있는 규정이 있음을 한 번 더 강조합니다.

한덕수 국무총리 겸 대통령권한대행은 수수방관하지 말기를 바라고요. 대통령비서실과 대통령경호처가 대통령실과 관저에 대한 압수수색에 적극 응하고 윤석열에 대한 체포영장이 발부될 경우에도 집행에 협조하도록 명령해야 됩니다.

이에 위원장님께서 오늘 불출석한 대통령실 관계자들에 대한 고발도 염두에 두어 주시고요. 그리고 한덕수 국무총리의 지휘를 받는 대통령실, 경호처가 헌법재판소와 수사기관들의 공무집행에 적극 협조하도록 조치해 주시기 바랍니다.

○**위원장 박찬대** 강유정 위원님 수고하셨습니다.

다음은 존경하는 이소영 위원님 의견 주시겠습니다.

○**이소영 위원** 저기 대통령실 고위 관료들의 빈자리를 보면서 무슨 저런 사람들에게 나라를 맡겼었나 하는 애통한 마음이 듭니다. 가장 책임 있게 나와서 소상히 설명하고 사죄해야 하는 사람들이 국회의 출석요청을 무시하고 불출석을 한 상태입니다. 무거운 공직을 지고 있는 사람들로서 정말 일말의 책임감도 없는 모습입니다.

국민들은 대통령실에 묻고 싶은 게 많습니다. 이 황당한 불법계엄의 사전 모의 정황, 계엄을 통해 무엇을 하려 한 것인지 그리고 대통령실 참모들이 이 불법계엄에 공모했는지 여부, 윤석열의 정신 상태, 증인 의결을 통해서 반드시 불러서 물어야 합니다.

아울러 이 자리에 나와 있지는 않지만 박종준 대통령경호처장에게 분명히 경고합니다. 적법한 압수수색영장 집행 저지, 윤석열 출석통지서 수령 거부, 탄핵심판 관련 서류 수령 거부, 경호처가 윤석열의 방패막이가 되어 법 집행을 모두 저지하고 있습니다. 모두 불법입니다. 사법 시스템과 우리 헌법 시스템의 작동을 고의적으로 방해하는 것이기 때문입니다.

지금 윤석열 한 사람의 미친 광기로 인해서 많은 공무원과 군인들이 구속되고 수사를 받고 있는 불행한 상황입니다. 경호처장은 윤석열 보호를 위해 더 이상 불법을 자행하지 말고 대통령실을 당장 열고 수사와 헌법재판에 협조해야 합니다. 그렇지 않을 경우 윤석열과 함께 중한 처벌을 피할 수 없을 거라는 점을 말씀드립니다.

이상입니다.

○**위원장 박찬대** 이소영 위원님 수고하셨습니다.

다음은 존경하는 전용기 위원님 의견 주시고 다음은 존경하는 김병주 위원님 하시고 그다음에 드리겠습니다.

○**전용기 위원** 더불어민주당 전용기 위원입니다.

국회에 무장한 계엄군은 보내면서 본인들은, 그 관계자들은 불참한 것에 대해서 강력한 유감을 표현합니다. 그래서 우리 운영위 차원에서 증인 신청을 의결해서 반드시 국민 앞에서 신문할 수 있게끔 만들어야 된다라는 말씀을 드리겠습니다.

지금 출석하지 않은 관계자들은 내란 동조 및 방조 혐의가 굉장히 짙습니다. 심지어 정진석 비서실장 같은 경우에는 내란을 일으키기 전 그 불법적인 계엄령을 선포할 때 같이 있었다는 이야기가 있고 심지어 박종준 경호처장은 고위 경찰 출신으로서 경찰공무원들과 고위공무원들과 이야기를 할 때 함께 배석해서 이 내란 주요임무 종사 혐의를 받고 있기 때문에 이분들은 반드시 운영위원회에서 국민 앞에서 신문해야 된다는 말씀을 다시 한번 드리고요.

운영위 차원에서 수사 촉구를 해야 된다. 그래서 공수처에서 반드시 정진석 비서실장과 박종준 경호처장의 신병을 확보하든지 어떠한 방법, 다양한 방법을 통해서라도 이분들을 수사할 수 있게끔 그리고 수사에 참여할 수 있게끔, 대통령과 관련된 이런 수사에도 도움이 될 수 있게끔 만들어야 된다는 말씀을 드리겠습니다.

심지어 정진석 비서실장 같은 경우에는 텔레그램을 탈퇴했다는 보도도 나오고 있습니다. 이런 경위로 봤을 때 증거인멸 혐의가 굉장히 짙기 때문에 공수처에서 하루빨리 수사가 되어야 되는 것이고 증인 의결을 통해서 국민 앞에 신문해야 된다라는 의견을 드리겠습니다.

이상입니다.

○**위원장 박찬대** 전용기 위원님 수고하셨습니다.

다음은 존경하는 김병주 위원님 의견 주시고요. 그다음에 신장식 위원님, 추미애 위원님 의견 주시겠습니다.

○**김병주 위원** 충격적인 내란, 12월 3일 비상계엄이 있은 지 2주가 지났는데도 제대로 된 운영위가 열리지 않고 있습니다. 대통령실이 나오지 않았고 국민의힘이 나오지 않았습니다. 이 현장에 나오지 않은 것은 국민의힘 스스로 내란에 대한 동조당이라는 것을 자인한 거라고 봅니다. 또 대통령실 마찬가지입니다. 이 내란에 아주 깊숙이 관여되어 있다라는 것을 스스로 방증한다고 봅니다. 뭐가 꿀려서 못 나오는 겁니까? 지금 다른 것도 아니라 내란입니다. 그렇기 때문에 여기에 대해서는 다시 한번 운영위를 증인 채택부터 해서 다시 소집 요구를 강하게 합니다.

오늘 아침에도 제가, 며칠 전에 충격적인 제보가 있어서 여러 군데 확인을 하고 언론에도 공유를 한 사항을 공유하겠습니다.

정보사 예하의 HID를 포함해서 공작요원들 삼십여 명을 실제 선관위에 투입할 계획이 있었다까지가 국방위에서의 정보사령관의 증언이었습니다. 그런데 이것이 구체화된 제보가 있었습니다. 30명이 아니라 38명이었고요. 38명은 12월 4일 날, 비상계엄이 성공했으면 4일 날 5시에 출동을 해서 아침 5시 40분까지 선관위에 도착을 해서 선관위 직원 30명을 납치해서 감금하려고 했습니다. 선관위 직원, 과장을 포함해서 실무자 30명 명단을 받았고요. 가서 이제 무력으로 제압하고 케이블타이로 손목을 묶고 발목을 묶고 두건을 씌워서 B1 문서고로 이동을 시켜서 감금하려고 했다라는 제보자들, 핵심 제보자들의 증언이 있었습니다. 그리고 일부 요원들은 B1 문서고로 가서 50개 실, 격실을 확인해서 그런 사전 준비를 하라고 했습니다.

조금 더 구체적으로 말씀드리면 12월 3일 날 비상계엄 당일 날 저녁 9시에 정보사 예하의 판교에 있는 모처 부대에서 모여서 실질적으로 정보사령관이 조금 있으면 중요한 임무를 주겠다라고 얘기했고, 22시 30분 윤석열이 비상계엄을 선포하자 이어서 내일 아침 선관위에 가서 선관위 직원 30명을 납치·구금하라는 임무를 줬습니다. 무력은 어느 정도 사용을 해야 되느냐는 질문이 요원들 간에도 있었고 그랬을 때 제압하고 케이블타이로 손목과 발목을 묶고 두건을 씌울 정도로 하면 된다라고 얘기를 했습니다.

왜 그랬겠습니까? 선관위 서버를 확보하는 임무는 다른 팀에서 한 것으로 보이고 선관위 서버의 로트번호 사진을 찍은 게 보였는데 로트번호 사진만 있으면 정보사에 해킹팀이 있다고 하는데 그 해킹팀이 그 내용을 볼 수 있을 정도의 능력이 있을 거라는 제보도 같이, 또 다른 제보들이 있었습니다.

그래서 선관위 서버로 22대 선거라든가 그동안 선거가 부정선거다 하는 거고, 30명의 선관위 직원을 납치해서 실제 여러 가지 증언을 조작 획책하고 해서 22대 선거가 부정선거니까 민주당 전부 다 해체하고, 이렇게 나오지 않았을까 하는 유추가 됩니다.

이것은 민주주의의 근간을 흔드는 겁니다. 국가의 근간을 흔드는 이런 일이 자행이 되고 계획이 되고 있었던 것입니다. 그런데도 불구하고 앞에 있는 국민의힘 또 대통령실은 나와서 이러한 증거를, 이러한 것들을 밝히지 못하고 있습니다. 너무나 안타깝고 창피스럽습니다.

실제 이러한 것들은 명명백백히 밝혀내야 합니다. 우리 민주당이 여기에 앞장서서 밝히고 내란, 계속 이어지는 내란, 종식시키도록 하겠습니다.

○**위원장 박찬대** 김병주 위원님 수고하셨습니다.

다음은 존경하는 신장식 위원님 의견 주십시오.

○**신장식 위원** 12월 3일 계엄군이, 반란군이 국회에 총을 들고 장갑차를 앞세우고 들어온 이후 대한민국국회에는 민주당도 국민의힘도 조국혁신당도 이런 구분이 무의미해졌습니다. 대한민국국회, 대한민국 전체에는 대한민국과 내란 잔당만이 존재할 뿐입니다. 오늘 이 자리에 참석하지 않은 대통령실과 국민의힘은 대한민국이 아니라 내란 잔당을 선택한 자들, 내란 잔당의 구성원들이라는 점을 다시 한번 명백히 말씀드립니다.

대통령실과 관저에 대한 압수수색 그리고 헌법재판소와 수사기관의 출석요구서와 각종 서류 송달이 이루어지고 있지 않습니다. 형사소송법 제110조는 군사상 비밀과 압수에 있어서 '군사상 비밀을 요하는 장소는 그 책임자의 승낙 없이는 압수 또는 수색할 수 없다'라는 조항이 1항에 있습니다. 그리고 대통령실은 이를 근거로 해서 책임자가 승낙하지 않았다라고 하는 이유로 압수수색을 거부하고 있습니다. 그래서 오늘 우리는 이 자리에서 꼭 물었어야 합니다. 그 책임자는 누구입니까? 대통령입니까? 국무총리입니까? 대통령실장입니까, 정진석 실장입니까? 경호처장입니까? 이 답변을 회피하고 있는 것은 스스로 내란 잔당이라고 하는 것을 인정하고 있는 것뿐입니다.

또 한 가지, 하지만 형사소송법 제110조제2항은 '전항의 책임자는 국가의 중대한 이익을 해하는 경우를 제외하고는 승낙을 거부하지 못한다'라고 하는 조항이 분명히 존재합니다. 즉 그 책임자가 누구라 할지라도 내란수괴 혐의자 윤석열을 보호하는 것이 국가의 중대한 이익을 보호하는 일이라고 판단하지 않는 한 이 조항에 따라서 압수수색을 거부할 수 없습니다. 내란수괴 혐의자 윤석열을 압수수색하는 것이 어떻게 국가의 중대한 이익을 해하는 경우가 될 수 있겠습니까?

형사소송법 제111조(공무상 비밀과 압수)도 마찬가지입니다. 그 소속공무소 또는 당해 감독관공서의 승낙이 있어야 된다라는 조항이 있지만 그러한 국가의 중대한 이익을 해하는 경우를 제외하고는 승낙을 거부하지 못한다라는 2항이 분명히 존재합니다.

도대체 윤석열을 압수수색 하는 데 해해지는 국가의 중대한 이익이라는 것이 대한민국에 지금 존재하는지 저희들은 납득할 수가 없습니다. 따라서 압수수색을 거부하는 모든 행위는 내란 잔당의 행위일 수밖에 없다라는 점을 대통령실과 경호처는 인지해야 됩니다.

경호처장에 대해서도 다시 한번 말씀드립니다.

대통령 등의 경호에 관한 법률 제18조(직권 남용 금지 등) '직권을 남용하여서는 안 된다'. 지금 경호처가 하는 모든 행위가, 윤석열을 보호하는 모든 행위가 직권 남용, 공무집행방해에 해당한다라는 점을 다시 한번 확인드립니다.

반드시 증인 채택을 해서 이 자리에서 누가 책임자인지 그리고 그들이 저지르고 있는 내란 행위, 내란 잔당의 행위가 어떠한 것인지를 국민 앞에 밝힐 수 있도록 위원장님께서 조치를 취해 주시기 바랍니다.

○위원장 박찬대 신장식 위원님 수고하셨습니다.

다음은 존경하는 추미애 위원님 의견 주시겠습니다.

○추미애 위원 지금 대통령경호처, 대통령비서실장 이하 비서실들이 몽땅 불출석하고 있는 것은 지금 이 순간에도 범죄자들이 증거 인멸을 하고 있다를 직접 증명하는 것이다와 마찬가지입니다.

방금 신장식 위원께서 대통령실과 여러 범죄 장소인 안가, 경호처가 관리하고 있는 안가 등에 대한 압수수색 거부에 대한 법적 조치를 촉구해 주셨는데요. 제가 거기에 대해서 대안을 제시하도록 하겠습니다.

형사소송법에 공무소의 책임자가 국가의 이익을 해하는 경우를 제외하고는 승낙을 거부하지 못한다, 공무소에 대한 압수수색 승낙을 거부하지 못한다라고 돼 있음에도 불구하고 실제상 거부하고 있기 때문에 이 형사소송법에 대해서는……

내란 상태가 지금도 지속되고 있는 상황이고, 헌법에서 금지하고 있는 소급입법 금지는 진정소급효에 대해서만 적용이 되는 것이고 부진정소급효에 대해서는 적용되지 않고 소급입법이 가능하기 때문에 이와 같이 내란 상태가 지속되고 있는 상황에서의 법 절차의 거부는 또 다른 헌법 침해라는 것이지요.

그래서 그것이 박근혜 탄핵심판에서도 적시된 바 있기 때문에 저는 형사소송법에 공무소의 책임자의 승낙 거부하지 못한다 하는 이 관련 조항에 대해서는, 공무소에 대한 국가안보나 국가이익을 이유로 승낙을 거부할 수 있다라고 돼 있는 것을 '내란·외환의 죄의 경우에는 제외한다' 이렇게 시급히 부진정소급효에 대한 소급입법을 개정할 필요가 있다 이렇게 생각하고 오늘 발의하도록 하겠습니다.

그리고 또 한편 지금 제가 대통령 안가에 대해서 새로운 사실을 제보받았는데요. 대통령 안가에서 내란수괴 윤석열과 또 전 국방부장관 김용현 등이 경찰청장 조지호를 불러서 구체적 지시를 한 이후에 내보내고 난 다음 박안수 계엄사령관을 불렀습니다. 그는 국회에 나와서 '비상계엄을 텔레비전을 보고 알았다' 이렇게 얘기했는데요.

12·3 계엄이 있던 다음 날 박성재 법무부장관과 법제처장 이완규 등이 다시 모였는데요. 그때 저는 만약 이 계엄해제 이후의 상황에 대해서 모두 공범들끼리 입을 맞추고 법률적으로 입틀막을 지시하지 않았나 이렇게 의혹을 가지고 있습니다. 그래서 이 부분에 대해서도 함께 우리가 수사 촉구를 해야 될 것 같고요.

3월에 김용현 당시 경호처장, 당시는 대통령실 경호처장이었지요. 또 지금 구속된 여인형 방첩사령관, 곽종근 특수전사령관, 이진우 수방사령관이 경호처 공관에서 비밀회동을 했는데요. 이때도 경호처가 역시 내란 계획과 실행의 핵심 증거를 보유하고 있고 또 김용현이 사용한 비화폰과 그 서버, 조지호 경찰청장의 비화폰 서버를 경호처가 관리하고 있습니다.

그래서 지금 증거 인멸을 위해서 시간 벌기를 하고 있는데 조속히 형사소송법을 개정을 바로 하도록 해서 내란 음모에 관련된 증거를 확보를 하는 데 속도를 좀 내야 될 것 같다, 우리 운영위원회가 또 계속 열려서 이와 같은 것을 촉구하는 것이 바람직하겠다라고 생각하고요.

이 자리를 빌려서 경호처에 경고합니다. 경호처가 지켜야 할 것은 윤석열 내란수괴가 아니라 헌법과 법치 그리고 국민이라는 것을 명심하기 바랍니다.

마치겠습니다.

○위원장 박찬대　추미애 위원님 수고하셨습니다.

지금 의사진행발언이 계속 나오고 있는데요. 먼저 우리 의결해야 될 부분이 있습니다. 지금까지의 의사진행발언을 보게 되면 대통령비서실과 그다음에 경호처 등에 대한 증인 채택 의견이 있게 되는데요. 먼저 의결을 하고 나서—현안질의를 하기 전에—의사진행발언을 이어 가면 어떨까 생각합니다.

(「예」 하는 위원 있음)

그러면 간사와 협의하여 12월 30일에 현안질의를 실시하는 것으로 하겠습니다.

---

o 의사일정 변경동의의 건(박성준 위원 외 3인 서면동의)

(10시31분)

○위원장 박찬대　그리고 박성준 위원 등으로부터 현안질의 관련 증인 출석요구의 건과 현안질의 관련 서류등 제출요구의 건을 의사일정 제4항 및 5항으로 추가하고 의사일정 제3항보다 우선하여 심사하자는 의사일정 변경동의서가 제출되었습니다.

국회법 제71조에 따르면 동의가 의제로 성립하기 위해서는 동의자 외 1인의 찬성이 필요합니다.

서면동의서에 동의자 외 찬성자가 있으므로 의제가 성립되었음을 선포합니다.

국회법 제77조에 따르면 의사일정의 안건 추가 및 순서 변경의 동의의 경우 그 동의에 대해서는 토론을 하지 아니하고 표결하도록 규정되어 있습니다.

이에 의사일정 제4항으로 현안질의 관련 증인 출석요구의 건을, 의사일정 제5항으로 현안질의 관련 서류등 제출요구의 건을 추가하고 의사일정 제3항보다 우선하여 심사하고자 하는데 이의 없으십니까?

(「예」 하는 위원 있음)

이의가 없으므로 가결되었음을 선포합니다.

---

4. 현안질의 관련 증인 출석요구의 건

○위원장 박찬대　그러면 의사일정 제4항 현안질의 관련 증인 출석요구의 건을 상정합니다.

이 안건은 2024년 12월 30일 월요일 오전 10시에 실시 예정인 현안질의와 관련하여 국회법 제129조제1항과 국회에서의 증언·감정 등에 관한 법률에 따라 증인 출석을 요구하려는 것입니다.

출석을 요구하는 증인은 정진석 대통령비서실장, 신원식 국가안보실장, 성태윤 정책실장, 박종준 대통령경호처장 등 총 22명으로 자세한 내용은 배부해 드린 자료를 참고하여 주시기 바랍니다.

혹시 이 안건에 대해서 토론하실 위원님 계십니까?

(「없습니다」 하는 위원 있음)

토론하실 위원님 안 계시면 토론을 종결하도록 하겠습니다.

그러면 의결하도록 하겠습니다.

의사일정 제4항 현안질의 관련 증인 출석요구의 건은 배부해 드린 자료와 같이 12월 30일로 예정된 현안질의에 정진석 대통령비서실장 등 총 22명의 증인의 출석을 요구하고자 하는데 이의 없으십니까?

(「예」 하는 위원 있음)

이의가 없으므로 가결되었음을 선포합니다.

(증인 명단은 끝에 실음)

5. 현안질의 관련 서류등 제출요구의 건

(10시33분)

○**위원장 박찬대** 다음으로 의사일정 제5항 현안질의 관련 서류등 제출요구의 건을 상정합니다.

이 안건은 국회법 제128조 및 국회에서의 증언·감정 등에 관한 법률에 따라 현안질의와 관련한 서류등 제출요구를 위원회의 의결로 대통령비서실, 국가안보실, 대통령경호처에 하려는 것으로 오늘 오후 3시까지 위원님들께서 위원장에게 제출하여 주시는 서류등 제출요구를 취합하여 해당 기관으로 하여금 12월 26일 18시까지 제출하도록 하려는 것입니다.

그러면 이 안건에 대하여 토론하실 위원님 계십니까?

(「없습니다」 하는 위원 있음)

토론하실 위원님 안 계시면 토론을 종결하도록 하겠습니다.

그러면 의결하도록 하겠습니다.

의사일정 제5항 현안질의 관련 서류등 제출요구의 건은 배부해 드린 자료와 같이 의결하고자 하는데 이의 없으십니까?

(「예」 하는 위원 있음)

이의가 없으므로 가결되었음을 선포합니다.

그리고 의사일정 제3항 현안질의는 상정하지 않도록 하겠습니다.

아까 의사진행발언을 신청하셨던 서미화 위원님 그리고 정진욱 위원님 있으신데요.

추가로 서미화 위원님 의사진행발언해 주시기 바랍니다.

○**서미화 위원** 소리로 보는 시각장애인 더불어민주당 서미화 위원입니다.

이런 엄중한 시국에 정진석 대통령비서실장과 신원식 국가안보실장을 비롯해 불출석한 관계자들에게 강력한 유감을 표합니다.

계엄 사태 다음 날 도망치듯 사의를 표명하고 사라진 이 상황을 국민들이 납득하시겠습니까? 국민들이 오늘 열린 운영위원회를 보시면서 뭐라고 하시겠습니까? 대통령실 다 어디 가서 텅텅 비었냐고, 중동 갔냐고 하시겠습니다.

민심을 듣고 국정쇄신을 해야 된다는 의지의 표명으로서 사퇴 카드를 꺼냈다면 오늘 상임위에 출석해서 윤석열 대통령이 언제부터 누구와 함께 어떻게 내란을 공모했는지 밝혔어야 한다고 생각합니다. 이런 행태는 증거를 인멸하고 은폐하려는 시도와 다름없습니다.

그동안 보도된 대통령실의 인사조치를 살펴보니까요 이번 내란 사태가 조직적으로 준비됐고 앞으로 있을 탄핵 정국까지 대비하고 있었던 것으로 보입니다.

제가 생각하기에 계엄 인사는 작년 10월 신원식 안보실장을 국방부장관으로 임명하고 박안수 육군참모총장을 임명하는 것을 시작으로 봐야 한다고 생각합니다. 임명을 시작으로 같은 해 11월 여인형 방첩사령관, 이진우 수방사령관, 곽종근 특전사령관을 모두 임명합니다.

이렇게 계엄 인사를 마친 후 올해 봄부터 본격적으로 내란 혐의자들의 식사 회동이 시작됩니다. 이런 정황들을 보면 윤석열 대통령이 임기 초기에는 정치 탄압, 보복 수사를 위해서 검찰 권력으로 사정 정국 조성했다가 김건희 특검법, 채 해병 특검법 등 거부권 판국으로 정치적 부담이 높아지고 국회를 무력화할 필요성이 커지니까 결국 정국 돌파 해법으로 인사조치를 통해서 친위 쿠데타를 준비했던 것 아닙니까?

그리고 내란 혐의자들의 식사 회동이 한창일 무렵 박근혜 정부 당시에 국정농단에 깊숙이 관여된 사람들을 대통령실 요직으로 임명하기 시작했습니다. 4월부터 5월까지 대통령비서실장·민정수석·시민사회수석을 임명했고요. 탄핵안 가결 직전 시민사회2비서관·법률비서관을 임명했습니다. 이 직급들은 박근혜·최순실 체제의 부역자들로 주목받던 요직들입니다. 대통령실의 인사이동 기록은 사정 정국에서 계엄 정국으로, 계엄 정국에서 탄핵 정국으로까지 대비하고 있는 모양새입니다.

(박찬대 위원장, 박성준 간사와 사회교대)

대통령실의 24년도 인사기록 일체를 확인해야 된다고 봅니다. 그런데 인사자료 일체를 본 의원실에서 요구했지만 제출하지 않고 있습니다. 반드시 내란 동조 세력들을 밝혀낼 수 있도록 대통령실의 인사기록 자료 시급히 요구드리겠습니다.

이상입니다.

○**위원장대리 박성준** 서미화 위원님 수고 많으셨습니다.

다음 의사진행발언 있으신가요?

의사진행발언이 없으면 오늘 회의는 이것으로 마치겠습니다.

산회를 선포합니다.

(10시 39분 산회)

....

증인 명단
증인(22인)

성명	직업(소속 및 직위)	신문요지	출석요구일시
정진석	대통령비서실장		
성태윤	대통령비서실 정책실장		
홍철호	대통령비서실 정무수석비서관		
이도운	대통령비서실 홍보수석비서관		
김주현	대통령비서실 민정수석비서관	12·3 비상계엄 선포 및	2024. 12. 30.(월)
전광삼	대통령비서실 시민사회수석비서관	내란사태 관련	10:00
박춘섭	대통령비서실 경제수석비서관		
장상윤	대통령비서실 사회수석비서관		
박상욱	대통령비서실 과학기술수석비서관		

성명	직업(소속 및 직위)	신문요지	출석요구일시
유혜미	대통령비서실 저출생대응수석비서관		
정혜전	대통령비서실 대변인		
강의구	대통령비서실 제1부속실장		
장순칠	대통령비서실 제2부속실장		
윤재순	대통령비서실 총무비서관		
신원식	국가안보실장		
김태효	국가안보실 제1차장		
인성환	국가안보실 제2차장		
왕윤종	국가안보실 제3차장		
최병옥	국가안보실 국방비서관		
박종준	대통령경호처장		
김성훈	대통령경호처 차장		
김태훈	대통령경호처 수행부장		

○출석 위원(18인)

강유정 고민정 김병주 김성회 노종면 모경종 박성준 박찬대 서미화 신장식
양문석 윤건영 윤종군 이소영 전용기 정진욱 천하람 추미애

○청가 위원(2인)

강승규 주진우

○출석 전문위원 및 입법심의관

수석전문위원 김상수

입법심의관 주성훈

【보고사항】

○위원 개선

사임위원	보임위원	교섭단체	연월일
추경호	권성동	국민의힘	2024. 12. 14.
배준영	박형수		

○의안 회부

국회법 일부개정법률안

(2024. 12. 9. 진선미 의원 대표발의)(의안번호 2206290)

국회법 일부개정법률안

(2024. 12. 9. 염태영 의원 대표발의)(의안번호 2206307)

국회법 일부개정법률안

(2024. 12. 9. 이수진 의원 대표발의)(의안번호 2206308)

국회의원(추경호) 제명 촉구 결의안

(2024. 12. 9. 박성준 의원 발의)(의안번호 2206311)

　이상 4건 12월 10일 회부됨

국회법 일부개정법률안

(2024. 12. 10. 이광희 의원 대표발의)(의안번호 2206335)

국회법 일부개정법률안

(2024. 12. 10. 이용우 의원 대표발의)(의안번호 2206344)

국회법 일부개정법률안

(2024. 12. 10. 박정 의원 대표발의)(의안번호 2206347)

국회법 일부개정법률안

(2024. 12. 10. 조인철 의원 대표발의)(의안번호 2206357)

인사청문회법 일부개정법률안

(2024. 12. 10. 한병도 의원 대표발의)(의안번호 2206359)

국회법 일부개정법률안

(2024. 12. 10. 한병도 의원 대표발의)(의안번호 2206360)

국회법 일부개정법률안

(2024. 12. 10. 이해식 의원 대표발의)(의안번호 2206372)

 이상 7건 12월 11일 회부됨

국회사무처법 일부개정법률안

(2024. 12. 11. 정춘생 의원 대표발의)(의안번호 2206380)

국가인권위원회법 일부개정법률안

(2024. 12. 11. 서미화 의원 대표발의)(의안번호 2206381)

국회법 일부개정법률안

(2024. 12. 11. 이용우 의원 대표발의)(의안번호 2206383)

국회에서의 증언·감정 등에 관한 법률 일부개정법률안

(2024. 12. 11. 허영 의원 대표발의)(의안번호 2206406)

 이상 4건 12월 12일 회부됨

국회법 일부개정법률안

(2024. 12. 12. 민병덕 의원 대표발의)(의안번호 2206417)

국회법 일부개정법률안

(2024. 12. 12. 박균택 의원 대표발의)(의안번호 2206429)

국회법 일부개정법률안

(2024. 12. 12. 박홍배 의원 대표발의)(의안번호 2206446)

 이상 3건 12월 13일 회부됨

국회법 일부개정법률안

(2024. 12. 13. 박정현 의원 대표발의)(의안번호 2206458)

국회법 일부개정법률안

(2024. 12. 13. 박해철 의원 대표발의)(의안번호 2206460)

국회법 일부개정법률안

(2024. 12. 13. 전진숙 의원 대표발의)(의안번호 2206469)

 이상 3건 12월 16일 회부됨

국회법 일부개정법률안

(2024. 12. 13. 정청래 의원 대표발의)(의안번호 2206470)

국회법 일부개정법률안

(2024. 12. 16. 황희 의원 대표발의)(의안번호 2206520)

　이상 2건 12월 17일 회부됨

국회법 일부개정법률안

(2024. 12. 17. 용혜인 의원 대표발의)(의안번호 2206561)

국회법 일부개정법률안

(2024. 12. 17. 서영교 의원 대표발의)(의안번호 2206585)

국회법 일부개정법률안

(2024. 12. 17. 강유정 의원 대표발의)(의안번호 2206588)

　이상 3건 12월 18일 회부됨

○**관련의안 회부**

진실·화해를 위한 과거사정리 기본법 일부개정법률안

(2024. 12. 10. 한병도 의원 대표발의)(의안번호 2206350)

　12월 11일 의견제시기간을 소관위원회의 심사의결일 전일까지로 정하여 회부됨

국민소환에 관한 법률안

(2024. 12. 16. 박주민 의원 대표발의)(의안번호 2206513)

　12월 17일 의견제시기간을 소관위원회의 심사의결일 전일까지로 정하여 회부됨

○**요청서 회부**

제419회국회(임시회) 회기 전체 의사일정 협의요청

(2024. 12. 13. 의장 제의)

　12월 13일 회부됨

석동현은 중요한 질문에는 죄다 즉답을 피했습니다. (…) 윤석열이 경호처 뒤에 숨고, 친구를 시켜 궤변을 늘어놓게 하는 목적도 빤히 보입니다. 수사와 구속을 피하고, 시간을 벌어 증거인 멸을 하기 위한 것입니다. 헌법재판소의 탄핵 심판과 공조수사본부의 수사 거부에 대한 비난이 거세지자, 이 흐름을 흩트리려는 이들의 작태가 가소롭습니다. 실패한 친위쿠데타에 무슨 시간타령을 합니까? 실패했으니 내란이 아니다는 주장이 가당키나 합니까? 살인강도도 실패했거나 미리 말하기만 하면 무죄입니까?

— 조국혁신당 대변인 윤재관, 12월 19일 논평

법제사법위원회회의록
(법안심사제1소위원회)
(임시회의록)

국 회 사 무 처

일   시   2024년12월19일(목)

장   소   법제사법위원회회의실

의사일정

1. 상법 개정 관련 공청회 계획서 채택의 건
2. 반인권적 국가범죄의 시효 등에 관한 특례법안(박홍근 의원 대표발의)(의안번호 2201283)
3. 반인권적 국가범죄의 시효 등에 관한 특례법안(김용민 의원 대표발의)(의안번호 2202867)
4. 반인권적 국가범죄의 시효 등에 관한 특례법안(장경태 의원 발의)(의안번호 2205689)
5. 반인권적 국가범죄의 시효 등에 관한 특례법안(서영교 의원 대표발의)(의안번호 2205758)
6. 형사소송법 일부개정법률안(박주민 의원 대표발의)(의안번호 2201336)
7. 형사소송법 일부개정법률안(김승원 의원 대표발의)(의안번호 2202657)
8. 전자정보의 압수·수색에 관한 특례법안(조국 의원 대표발의)(의안번호 2201098)
9. 민사집행법 일부개정법률안(오기형 의원 대표발의)(의안번호 2204166)
10. 형사사법절차 전자화 촉진법 일부개정법률안(정성호 의원 대표발의)(의안번호 2200820)
11. 고위공직자범죄수사처 설치 및 운영에 관한 법률 일부개정법률안(장경태 의원 대표발의)
    (의안번호 2203837)
12. 군사법원법 일부개정법률안(정성호 의원 대표발의)(의안번호 2200819)
13. 헌법재판소법 일부개정법률안(윤후덕 의원 대표발의)(의안번호 2201253)
14. 형사소송법 일부개정법률안(김도읍 의원 대표발의)(의안번호 2201409)
15. 형사소송법 일부개정법률안(김남희 의원 대표발의)(의안번호 2201548)
16. 형사소송법 일부개정법률안(최기상 의원 대표발의)(의안번호 2201919)

상정된 안건

(10시11분 개의)

○**소위원장 김승원** 의석을 정돈해 주시기 바랍니다.

성원이 되었으므로 제420회 국회(임시회) 제1차 법제사법위원회 법안심사제1소위원회를 개회하겠습니다.

오늘은 저희가 11시 반에 정회를 하고요 그다음에 점심 드신 후에 1시 반에 다시 속개를 하는 것으로 그렇게 진행을 좀 하겠습니다. 양해를……

○**유상범 위원** 우리가 1시 반에 회의가 있어요.

○**소위원장 김승원** 몇 시요?

○**유상범 위원** 1시 반. 하시게 되면……

○**소위원장 김승원** 참, 저희가 11시가 정회인데…… 저는 11시 정회, 1시 반 속개하려 그랬는데 1시 반에 의총이 있으신가요?

○**유상범 위원** 우리가 1시 반에 법사위원들 간에 중요한 현안 회의가 있어 가지고 수석실에서 소집이 돼서 원내수석이랑……

○**소위원장 김승원** 몇 시에 시작하시나요?

○**유상범 위원** 1시 반.

○**소위원장 김승원** 1시 반? 그러면 2시에 하면 될까요?

○**유상범 위원** 2시에는 끝날 텐데 괜찮으면 한 2시 10분이나 이렇게 좀 잡아 주면 좋겠네요, 30분에 다 끝난다는 게 쉽지가 않으니까.

○**소위원장 김승원** 2시 10분? 아무튼 월요일도 효율적으로 진행을 하려고 하는데요. 알겠습니다. 그러면 2시 10분으로. 11시에 정회하고 2시 10분에 속개하는 것으로……

○**유상범 위원** 11시는 뭡니까? 의총?

○**소위원장 김승원** 저희 민주당의 일정이 또 있어서……

○**유상범 위원** 그래요.

○**소위원장 김승원** 오늘은 먼저 상법 개정과 관련된 공청회 계획서를 채택하고 반인권적 국가범죄의 시효 등에 관한 특례법안 등 15건의 법률안을 심사하겠습니다.

구체적인 안건명과 참석자는 배부해 드린 유인물을 참조하시기 바랍니다.

1. 상법 개정 관련 공청회 계획서 채택의 건

(10시13분)

○**소위원장 김승원** 바로 의사일정에 들어가겠습니다.

의사일정 제1항 상법 개정 관련 공청회 계획서 채택의 건을 상정합니다.

이 안건은 이사의 충실의무 대상에 주주 등을 포함하도록 하는 등의 내용을 담은 상법 개정안들에 대하여 전문가들의 의견을 듣고 추후 위원회 법안 심사에 활용하기 위하여 공청회를 열고자 하는 것입니다. 공청회 개최 일시는 12월 30일 10시이고 진술인은 추후 교섭단체 간 협의하도록 정하겠습니다.

기타 자세한 내용은 배부해 드린 유인물을 참고해 주시기 바랍니다.

○**유상범 위원** 원래 다음 주인 줄 알았더니 한 주 늦췄구나.

○**소위원장 김승원** 아마 우리 법사위 행정실에서 헌법재판소 재판관 인사청문회에 수고를 해 주시는 것 같습니다.

이 안건에 대해서 의견 있는 위원님 계십니까?

(「없습니다」 하는 위원 있음)

없습니까?

(「예」 하는 위원 있음)

그러면 의사일정 제1항 상법 개정 관련 공청회 계획서 채택의 건을 의결하고자 하는데 이의 없으십니까?

(「예」 하는 위원 있음)

가결되었음을 선포합니다.

○**유상범 위원** 우리 상법 개정 공청회 관련돼서 제가 좀 궁금해서 민주당 측에 하나 질문을 드리는데, 오늘 이재명 대표가 10시 반에 아마 경제단체장들과 같이 해서 상법 개정 관련돼서 공청회 형식의 간담회를……

○**소위원장 김승원** 마이크를 좀 가까이 하시고, 잘 안 들려서……

○**유상범 위원** 공청회 형식의 간담회를 개최하는 걸로 알고 있습니다. 그래서 그 내용이 어떤 내용인지 아시는 분 있으면 좀 설명을 해 주시면 좋겠네요, 민주당에서.

아니, 우리도 공청회를 개최하고, 원래 법을 소위에서 진행을 해야 되는 건데 당 대표께서 나서서 이렇게 하신다는 취지가, 지금 어떤 내용으로 생각하고 계시는지……

○**소위원장 김승원** 사실은 이 상법 개정 관련된…… 사실은 우리 대한민국 주식시장 부스트업 등을 위해서 정무위와 법사위에서 함께 노력하고 있는데요. 정무위에서는 계속 재계라든가 또 회사 운영하는 분들 그다음에 주주분들의 의견을 듣고 있는데 아마 오늘, 19일 날 이재명 당 대표께서 좌장이 돼서 하는 토론회인가요, 토론회·간담회는 양쪽의 의견을 들어 보는 시간으로 알고 있습니다.

사실은 저희 법사위 법안1소위도 이런 공청회를 원래 16일에 예정되어 있다가 12월 3일 국가적인 비상계엄 사태로 인해서 연기를 하게 된 것이고요. 그래서 저희는 30일 날로 잡았습니다. 그런데 다른 점은 19일 날, 이재명 대표님이 오늘 하시는 것은 대한민국 주식시장의 어떤 부스트업 그걸 위해서 하는 거고 30일 날은 저희가 상법 개정안을 어떻게 조항으로서 반영할 건지 그런 약간 실용적인 위주의 공청회가 될 것 같습니다.

○**유상범 위원** 그러면 정무위에서도 별도로 공청회를 개최하는가요?

○**소위원장 김승원** 정부요?

○**유상범 위원** 정무위에서.

○**소위원장 김승원** 지금 공청회는 TF에서……

○**전현희 위원** 정무위는 아마 안 하는 걸로……

○**소위원장 김승원** 정무위가 중심이 된 TF에서 하는 거지요?

○**전현희 위원** 예, 위원회 차원이 아니고요.

○**소위원장 김승원** 그렇게 알고 있습니다.

○**전현희 위원** 그리고 이재명 대표께서 하는 것은 현장의 목소리를 좀 직접 듣고 당의 입장을 정리하는 데 참고하려는 그런 용도로 알고 있습니다.

○**유상범 위원** 알겠습니다.

○**소위원장 김승원** 그러면 법안 심사에 들어가도록 하겠습니다.

법안 심사는 배부된 소위 심사자료를 중심으로 전문위원의 설명과 기관의 의견을 들은 후 위원님들께서 논의하는 순서로 진행하겠습니다.

그리고 법률안 심사를 위해 배형원 법원행정처 차장님과 변필건 법무부 기획조정실장께서 참석하셨다는 점 알려 드립니다.

김석우 법무부차관은 국무회의 참석으로 기조실장의 대리 출석을 양해하였다는 점 말씀드립니다.

---

2. 반인권적 국가범죄의 시효 등에 관한 특례법안(박홍근 의원 대표발의)(의안번호 2201283)

3. 반인권적 국가범죄의 시효 등에 관한 특례법안(김용민 의원 대표발의)(의안번호 2202867)

4. 반인권적 국가범죄의 시효 등에 관한 특례법안(장경태 의원 발의)(의안번호 2205689)

5. 반인권적 국가범죄의 시효 등에 관한 특례법안(서영교 의원 대표발의)(의안번호 2205758)

(10시17분)

○**소위원장 김승원** 그러면 의사일정 제2항부터 제5항까지 이상 4건의 법률안을 일괄하여 상정합니다.

정환철 수석전문위원님 보고해 주시기 바랍니다.

○**수석전문위원 정환철** 자료 통해서 보고드리겠습니다.

반인권적 국가범죄의 시효 등에 관한 특례법안을 제정하자는 네 분 의원님의 각각 발의 제안입니다.

박홍근 의원, 김용민 의원, 장경태 의원, 서영교 의원이 각각 대표발의한 제정안이고요. 본칙은 5개 조항, 부칙은 3개 조항으로 이루어진 법안입니다.

2쪽부터 설명을 드리겠습니다.

2쪽의 총괄, 제정안의 배경을 간략하게 보고드리면 국가권력에 의해 저질러진 반인권범죄 공소시효를 배제하고 손해배상청구권의 소멸시효 적용을 배제하고 소멸시효 특례를 정하는 그런 법안이고요. 현행법상 진실규명이나 명예회복 등을 위한 법률은 제정돼 있습니다만 공소시효를 배제한다든지 손해배상청구권을 배제하는 법률은 존재하지 않는 그런 부분이 제안 배경이 됐고요.

제정안의 주요 쟁점은 한 네 가지로 추려지는데요. 반인권적 국가범죄를 무엇으로 정의할 것인지 그리고 공소시효 배제가 적절한 것인지 그리고 손해배상청구권의 소멸시효 적용을 배제해서 인정하는 것이 적정한지 그리고 손해배상청구권을 행사할 수 있는 기간 특례 도입의 적정성, 손해배상청구권 소멸시효 배제하여 소급 적용하는 것이 타당한지 등이 주요 쟁점이 되겠습니다.

3쪽으로 넘어가겠습니다.

제정안의 전체 조문 개요는 저희들이 요약해서 이렇게 정리해 놨는데요 참고하시고요.

그다음 4쪽으로 넘어가면 4번에 제정안 전체 조문 대비표가 있습니다. 전체 조문을 다

제시해 놨습니다. 이것도 참고자료로 갈음하고······

8쪽으로 넘어가서 조문별 검토 전체 보고드리겠습니다.

제1조는 4개 안의 목적을 규정하고 있습니다. 김용민 의원안과 장경태 의원안은 그 목적이 같고요. 박홍근 의원안과 서영교 의원안은 조금씩 다릅니다. 전체적인 내용은, 공소시효 배제하고 소멸시효 특례를 인정한다는 기본 내용은 4개 안이 거의 같고요. 이것은 2조의 논의 결과에 따라서 정리될 필요가 있다고 봅니다.

그다음 9쪽에 반인권적 국가범죄의 정의를 4개 안이 내리고 있습니다.

10쪽에 가서 설명드리겠습니다.

각 제정안은 반인권적 국가범죄의 범위를 정의하고 있는데요. 공통적인 대상범죄로서 공무원이 직무수행과정에서 저지른 살인의 죄라든지 인신구속에 관한 직무를 수행하는 공무원, 수사기관 등 이런 데서 폭행·가혹행위죄를 통해서 중상해나 사망에 이르게 한 죄 그리고 군의 지휘관·지휘자가 가혹행위를 저질러서 중상해 또는 사망에 이르게 한 죄를 반인권적 국가범죄로 정의하고 있고요.

또 11쪽의 중단에 박홍근 의원안의 경우에는 수사 또는 기소에 관한 직무를 수행하는 공무원이 직무수행과정에서 사건의 실체를 조작하기 위해서 형법상 직무유기죄 등을 저지르거나 국가보안법상 무고죄를 범한 경우에도 반인권적 국가범죄로 추가하고 있습니다.

12쪽으로 넘어가서 보시면요, 밑의 하단에 장경태 의원님 안도 이렇게 별도로 또 추가를 하고 있는데요. 공무원이나 군인이 저지른 '의사의 최초진단결과 8주 이상의 치료가 필요한 상해' 이런 부분을 특이하게 추가하고 있고요. 또 장경태 의원안 2조 4호에도 수사에 관한 직무수행 공무원이 사건 조작의 목적으로 증거 위조 등을 하거나 위조·변조된 증거를 행사하거나 위계 또는 위력으로 진술 강요 등을 하거나 위증·모해위증죄를 범한 경우를 특별히 반인권적 국가범죄로 추가하고 있습니다.

13쪽의 검토의견을 간략하게 보고드리면 각 제정안이 나열한 범죄와 관련해서 가중처벌하는 규정들이 존재하는데요. 이런 가중처벌되는 범죄까지를 이렇게 반인권적 국가범죄로 추가할 것인지에 대한 논의가 필요하고요. 장경태 의원안 경우에 보고드린 대로 의사의 최초진단결과 8주 이상의 치료가 필요한 상해에 이른 경우 등이 포함될 경우에 반인권적 국가범죄의 정의의 경계가 조금 모호해질 우려가 있다는 그런 의견이 있습니다.

15쪽으로 넘어가서 보고드리겠습니다.

3조는 반인권적 국가범죄에 대해서 공소시효 적용을 배제하고 있습니다. 그런데 공소시효 제도의 취지는 사실상의 상태를 존중해서 법적 안정성을 도모하려는 기본 취지가 있기 때문에 공소시효를 배제하기 위해서는 침해되는 어떤 보호법익이 아주 중대하다든지 그리고 범죄의 가벌성이 매우 높다든지 또 타 범죄와의 형평성 등을 고려해서 공소시효 적용을 배제할 것인지에 대한 판단이 필요하고요.

그다음 16쪽으로 넘어가서, 현행 공소시효 배제 범죄의 경우는 내란죄라든지 집단살해죄 등이라든지 이런 것 해서 법정형이 상당히 무거운 유기징역 이상의 죄를 공소시효 배제 범죄로 하고 있는데 박홍근 의원안의 경우에는 직무유기죄 등 이렇게 법정형이 좀 낮은 범죄도 반인권적 국가범죄로 들어가 있어서 이것을 과연 그런 범죄로 볼 수 있는 것인지에 대해서 논의가 조금 필요하다고 보고요.

21쪽으로 가겠습니다.

4조인데요 반인권적 국가범죄로 인한 손해배상청구권 소멸시효 적용을 배제하고 특례를 도입하는 안입니다.

자세한 내용은 22쪽에서 보고드리겠습니다.

주요 내용을 보시면 각 법안의 1항이 소멸시효 적용을 배제하고 있습니다. 특히 서영교 의원안의 경우에는 피해자나 피해자의 유족까지 포함해서 손해배상청구권 소멸시효를 없애서 손해배상청구를 할 수 있도록 하고 있고요. 그리고 소멸시효 기간의 특례로는 10년 동안 권리를 행사할 수 있는 특례를 도입하고 있습니다.

물론 현행법상 손해배상청구권의 소멸시효는 민법이나 국가재정법에 따라서 민법의 경우에는 '안 날로부터 3년, 불법행위를 한 날로부터 10년' 그리고 국가재정법의 경우에는 '안 날로부터 3년, 불법행위를 한 날로부터 5년 내' 이렇게 돼 있습니다만 이런 것을 배제하는 조항이 되겠습니다.

23쪽으로 넘어가서 보고드리겠습니다.

이런 소멸시효 적용을 배제하고 손해배상청구권을 행사할 수 있는 특례기간 도입 시에 권리구제 확대에 기여할 수 있고 또 피해자의 법적 지위가 불안정해지는 것을 방지하려는 그런 취지는 인정됩니다마는 또 한편으로 소멸시효라는 제도 자체가 일정한 사실상태를 존중하고 사회질서 유지를 위해서 또 필수적인 제도이기 때문에 이런 부분을 고려해서 소멸시효 적용을 배제하려는 논의가 있어야 되겠고요. 또 각 안이 '유족'이라는 표현을 쓰고 있는데 유족의 범위가 정확하게 정의가 안 되어 있어서 과연 유족의 범위를 어디까지 볼 것인가에 대한 논의가 조금 필요하다고 보았습니다.

24쪽으로 넘어가서 중간 부분 보고드리겠습니다.

소멸시효 기간의 특례와 관련해서 박홍근 의원, 김용민 의원, 장경태 의원안이 '그 권리를 행사할 수 있을 때부터 10년'이라는 이런 표현을 쓰고 있는데 소멸시효는 대개 '안 때' 아니면 '불법행위를 한 날로부터' 이렇게 돼 있기 때문에 행사할 수 있을 때가 안 때를 의미하는 건지 아니면 불법행위를 한 날을 의미하는 건지 법문상 약간 불명확한 부분이 있어서 문구 정비가 필요하다고 보았고요.

25쪽으로 넘어가서, 당연하게도 손해배상청구권의 소멸시효를 배제할 경우에 국가배상금이나 이런 것이 예산이 필요한데 이런 부분에 대한 고려도 좀 있어야 될 것이고요. 서영교 의원안 4조의 경우에 유족의 손해배상청구권 소멸시효가 되지 않도록 되어 있기 때문에, 유족의 경우에도 법적 안정성에 미치는 영향이 크기 때문에 유족 범위 제한 등에 대해서 논의가 조금 필요하다고 보았습니다.

27쪽으로 넘어가서, 제5조(다른 법률과의 관계) 이것은 일반적인 입법례에 따라서 규정한 조항으로 보입니다.

28쪽으로 넘어가겠습니다.

부칙 2조·3조가 소멸시효 배제조항의 소급적용을 규정해서, 과연 이 법의 적용 시점을 어떻게 할 거냐에 대한 규정이 3개 안이 있습니다.

먼저 보시면 각 제정안 2조하고 박홍근 의원, 김용민 의원, 장경태 의원안은 이 법 시행 당시 아직 공소시효가 완성되지 않은 범죄에 대해서 처벌하도록 하고 소멸시효가 완성되지 않았다면 또 유족의 손해배상청구권까지 행사할 수 있도록 해서 완성되지 않은 그런 법에 대해서 권리를 인정하는 부진정소급입법을 규정하고 있고요. 이런 부분은 처벌의 어떤 공익성이라든지 또 피해자 구제의 필요성 이런 것을 비교형량해서 결정할 부분이라고 보여지고요.

또 각 3개 제정안과 서영교 의원안의 경우에 손해배상청구권에 대해서는 이 법 시행 전에 소멸시효가 실제 완성되었더라도 피해자의 청구권을 인정하는, 특히 서영교 의원안 경우에는 완성되었더라도 유족까지도 손해배상청구권을 인정하는 그런 진정소급입법을 이렇게 부칙에 규정하고 있습니다.

아시는 바대로 헌법재판소에서는 진정소급입법은 원칙적으로 금지하고 있습니다마는 보호할 신뢰이익이 매우 적거나 반대로 또 심히 중대한 공익상의 필요가 있는 경우에는 예외적으로 허용된다는 그런 기본 입장이 있습니다. 그래서 이런 부분은 헌법재판소의 입장 등을 고려해서 허용 여부를 결정해야 될 것으로 봅니다.

이상 보고 마치겠습니다.

○소위원장 김승원 수고하셨습니다.

이 법에 대해서 과연 이런 적용 범위가 적용이 자주 될까 이런 생각이 있었는데 12월 3일 위헌·위법적인 비상계엄이 만약 성공했거나 혹은 유혈사태로 번졌다면 이 법의 의미가 있겠다라는 생각이 며칠 동안 좀 들었습니다.

알겠습니다.

기관 의견을 말씀해 주시기 바랍니다.

○법무부기획조정실장 변필건 법무부 말씀드리겠습니다.

법무부는 국가 공권력에 의한 폭력범죄에 대해서 엄정하고 단호하게 대응하고 엄벌해야 된다는 제정안의 취지에는 충분히 공감하고 있습니다.

다만 반인권적 국가범죄의 정의와 관련해서 폭행·가혹행위로 중상해 또는 사망에 이르게 한 경우라든지 수사 또는 기소에 관한 직무를 수행하는 공무원의 일부 직무상 범죄의 경우 공소시효를 배제하고 처벌하는 이 부분은 그보다 법정형이 더 중한 다른 범죄와의 형평성 측면에서 논란을 좀 야기할 가능성이 있고 '직무수행과정에서 사건의 실체를 조작·은폐하기 위하여'라는 요건도 명확성의 원칙과 상충되는 측면이 좀 있다고 봅니다.

그리고 공소시효를 전면적으로 배제하는 것은, 공소시효는 법적 안정성을 위해서 있는 건데 공소시효를 배제하는 특례법 등이 지금도 마련이 되어 있습니다. 그 법안들과의 형평성이나 법적 안정성 측면에서 같이 한번 고려해 볼 필요가 있다고 생각합니다.

그리고 소멸시효 배제 같은 경우에도 전면적으로 배제하는 것은 또 마찬가지, 공소시효 배제와 같은 문제가 있다라고 그런 의견들을 좀 드리겠습니다.

○소위원장 김승원 차장님.

○법원행정처차장 배형원 법원행정처 의견 말씀드리도록 하겠습니다.

우선 목적에 관해서는 입법정책적 결정 사항이라고 판단이 되고요. 반인권적 국가범죄의 정의 규정과 관련해서는 결국 이 정의 규정에 해당하는 범죄들에 대해서는 공소시효를 배제한다는 취지와 연결이 되기 때문에 그 범위를 정확히 정할 필요성이 있을 것 같은데 공무원의 살인이랄지 중상해·사망, 이 경우에 있어서는 좀 명확할 것 같기는 합니다만 박홍근 의원안이랄지 장경태 의원이 제시한 안에 대해서는 개념이 좀 불분명한 측면이 있고요. 그다음에 인용하는 것도 기존 법률의 처벌 규정을 인용하는 형식으로 돼야 되지 않을까라는 생각이 좀 들어서 그 부분에 대해서는 추가 검토가 필요하다는 입장입니다.

아울러서 지금 '살인' 이렇게만 돼 있는데요, 전문위원이 말씀하신 것처럼 살인 중에서도 가중처벌을 해야 되는 살인 등이 있는데 그런 가중처벌해야 되는 범죄를 제외하고 했었을 때에는 그것이 형평에도 반하는 측면이 있다는 점도 지적하도록 하겠습니다.

다음, 소멸시효 적용 배제와 관련해서는 소멸시효가 단기 소멸시효하고 장기 소멸시효로 나눠지는데 불법 행위가 발생한 날로부터 10년이라는 장기 소멸시효의 경우에 있어서는 사실관계 확인이라는 측면에서 굉장히 오랜 시간이 걸리는 부분들이 있기 때문에 이 장기 소멸시효를 일괄적으로 적용하는 데에는 문제가 있다라는 헌재의 판단도 많이 있었습니다. 범죄도 같은 속성을 가지고 있다라고 봤었을 때 장기 소멸시효를 배제하는 것은 입법정책적 결정 사항이라고 판단이 됩니다만 아울러서 단기 소멸시효까지도 일괄적으로 배제하는 것은 형평에 문제가 있다는 점을 지적할 필요성이 있다고 보고요.

전문위원도 말씀하셨던 것처럼 단기 소멸시효를 규정하는 그 문구에 있어서 '권리를 행사할 수 있을 때로부터'라는 표현을 쓰고 있는데요, 보통 단기 소멸시효에 있어서는 '불법 행위 또는 피해를 안 날'이라는 표현을 쓰고 있기 때문에 이게 손해배상청구권이라는 측면을 고려하다 보면 그 문구도 좀 바뀌어야 되지 않을까 싶은 생각이 듭니다.

마지막으로 부칙과 관련해서 공소시효의 부진정소급효 관련해서는 입법정책적 결정 사항이라고 판단이 됩니다만 손해배상청구권의 소멸시효에 대해서는 진정소급효를 인정하고 있기 때문에 이 부분에 대해서는 좀 검토가 필요하지 않나라는 입장입니다.

이상입니다.

○소위원장 김승원 수고하셨습니다.

효율적인 토론을 위해서 위원님들 일단은 토론 시간은 한 5분 정도로 제한을 하고요.

○서영교 위원 3분씩 여러 번 하시는 게 낫지 않아요?

○소위원장 김승원 3분씩 여러 번 하실까요?

○서영교 위원 5분이 보니까 길더라고요.

○소위원장 김승원 그러시지요. 알겠습니다.

○서영교 위원 해 보고 필요할 때는 또 조금 보태고 이렇게 해서……

○소위원장 김승원 3분씩 해서 여러 번 드리는 걸로 하겠습니다.

장동혁 위원님.

○장동혁 위원 우선 어느 범죄를 대상으로 할 것인지에 관해서는 기관에서도 잘 말씀주셨는데 우선 반인권적 국가범죄라고 하는 그 정의 규정에 포섭될 만한 것인지 여부하고 공소시효를 배제할 만큼 중대한 범죄인지, 즉 비례의 원칙이 적용될 수 있을 정도의 범죄인지가 고려돼야 될 것 같습니다.

저는 그래서 기관 의견하고 비슷한데 박홍근·김용민·서영교 의원님 안대로라면 사실 1·2·3호의 경우에는 약간 이견은 있다 하더라도 이 범죄에 포섭할 수 있을 만한 내용이라고 보여집니다.

그러나 네 번째 부분에 있어서는 그 부분은 조금 더, 이렇게 명확하지 않게 포괄적으로 다 할 것인지 아니면 그중에서 특정 범죄만 다시 추릴 것인지 아니면 이 부분은 제외할 것인지…… 사실 4호가 가장 큰 쟁점이 될 거라고 보여지고요. 그래서 공소시효를 배제할 만큼, 공소시효 제도의 특례를 인정할 만큼의 중대 범죄인지 그리고 그것이 반인권적 국가범죄인지 여부에 대해서 명확하게 포섭될 수 있도록 할 필요가 있다는 생각입니다.

공소시효를 어떻게 할 건지에 대해서는 기관 의견과 크게 다르지 않고요, 소멸시효에 대해서는 보통은 이런 반인권적 범죄나 국가의 어떤 불법 행위에 의해서 손해가 발생했을 때 문제가 되는 것은 진상 규명이나 진실 규명이 되었을 때 이미 발생한 날로부터 10년이 도과해 버려서, 결국은 장기 소멸시효가 도과돼 버렸기 때문에 문제가 되는 경우들이 대부분입니다. 따라서 장기 소멸시효의 적용만 배제하고 그걸 '안 날'이라고 표현하든 '권리를 행사할 수 있을 때'라고 표현을 하든 그 표현은 어떻게 하든지 간에 소멸시효 제도의 기본원칙에 비추어 보면 그날로부터 3년…… 장기 소멸시효 배제를 하고 기본원칙으로 돌아가는 것이 맞지 않나라는 생각이어서 기본적으로는 지금 각 항목에 대해서 법원행정처에서 제시한 의견하고 제 의견은 크게 다르지 않습니다.

○**소위원장 김승원** 다른 위원님들……

박균택 위원님.

○**박균택 위원** 2호·4호와의 관계에서 좀 드릴 말씀이 있습니다. 이것 독직폭행·독직가혹행위에 대해서는 중상해가 발생해야 한다거나 8주 이상의 상해가 발생한 경우에만 시효를 배제하도록 특례를 두고 있고 4호에서는 그보다, 동등하거나 오히려 더 경한 범죄라고 볼 수 있는데 여기에 대해서는 폭넓게 공소시효 배제 조항을 두고 있는 상황이다 보니까 2호와 4호를 함께 통합하는 방법이 어떨까, 2호를 4호 규정 속에 포함을 시켜서 굳이 직권남용 범죄에 대해서만 더 옹호하는 듯한 이런 균형성 문제 한번 좀 생각해 주시면 좋겠습니다.

그리고 저는 애초에 이 부분을 이 규정을 만들더라도 공직 퇴임 시까지 공소시효를 정지시키는 정도, 이것도 한번 생각을 해 봤고 또 행정처 차장님 말씀하신 것처럼 '안 날'이 맞는 것 아닌가 이런 생각도 해 본 적이 있는데 그럼에도 불구하고 이걸 요새 생각을 달리하는 이유가 군 문제도 여기에 포함되어 있지 않습니까. 지금과 같은 이 시기에 80년대 전두환 씨가 저질렀던 그런 내란 범죄를 저지르는 공직자들이 있다는 것을 우리가 또 어떻게 생각을 했겠습니까? 그리고 내란 범죄의 주범으로 처벌받았던 전두환 씨의 사진을 등 뒤에다 걸어놓고 근무하는 그런 공직자·군인들이 있다는 이런 사실을 생각하면 이걸 영구 배제의 문제라든가 그다음에 '안 날로부터'가 아니라, 겁을 먹고 행사를 못 하는 상황이 요새도 있을 수 있기 때문에 '권리를 행사할 수 있는 날'로 조금 확대해 주는 이런 것들도 좀 진지하게 저는 고민을 할 필요가 있다는 생각이 좀 듭니다.

이상입니다.

○**소위원장 김승원** 수고하셨습니다.

유상범 간사님.

○**유상범 위원** 먼저 우리가 이 규정의 특례로서 공소시효를 배제한 법안들을 보면 기본적으로 사람의 생명·신체에 대해서 중대한 해를 끼치거나 또는 아주 어린 소녀들에 대한 성폭력 범죄 이런 등으로 인해서 인권적인 비난이 큰 부분을 공소시효 배제하는 규정을 저희가 다 적용을 해서 하고 있습니다. 18~20쪽까지 죽 입법례가 있는데요.

결국은 반인권적 범죄가 되려면 그 반인권적 범죄의 기본은 그 범죄 행위가 결국 사람의 생명·신체에 대한 중대한 해를 가한 경우라는 것을 생각해야 되지 않겠나 싶습니다. 그렇지 않고 단순하게 직무유기 이런 법정형이 극히 경미한 범죄를 반인권적 범죄로 규정한다는 것 자체는 굉장히 살인이나 고문으로 인한 치사나, 1호와 같은 행위와는 너무나 현격한 차이가 있어서 이걸 동등한 위치에 놓고 볼 수 없다는 것을 법무부도 그렇고 법원행정처도 지적을 한 것으로 생각을 합니다.

그래서 이 부분에 대해서는 우리가 대상 범죄를 어떻게 할까를 결정하는 데 있어서는 반인권적 국가범죄라는 측면에서 판단을 했을 때 결국은 그 결과가 실질적으로 사망 또는 중상해 이와 같이 중대한 행위, 사람의 생명에 대해 영향을 미치는 범위로 제한하는 것이 맞다고 생각이 들고요. 그래서 이 부분에 대해서는 우리가 다시 한번 좀 더 논의가 필요하다고 생각합니다. 특히 그렇다면 장동혁 위원이 지적한 대로 4호에서 규정한 이런 내용이 그 결과로서 1호나 2호와 같은 이런 결과가 나타났을 때 그것을 우리가 반인권 범죄로 정리하는 형태로 조문을 정리하는 것이 타당하다고 생각을 합니다.

일단 공소시효 문제, 소멸시효 문제는 추후에 논의하더라도 제2조에서 정의를 어떻게 하느냐가 결국 가장 중요한 부분이라고 생각이 돼서 이 부분에 대해서 우리가 추가 논의가 필요하다고 생각이 들고 이와 관련돼서 차장님께 한번 물어보겠습니다.

지금 여기 1호·2호·3호에 규정돼 있는 것은 살인죄가 되는 경우에는 공소시효가 이미 배제가 되고 있지요? 살인죄는 공소시효가 이미 배제됐지 않습니까.

○**법원행정처차장 배형원** 예.

○**유상범 위원** 그다음 상해치사나 또는 폭행치사 이것은 아직까지 공소시효 배제는 안 되고 있지요?

○**법원행정처차장 배형원** 예.

○**유상범 위원** 그런데 실질적인 결과는 같다고 보고, 결국은 국가기관의 어떤 우월적 지위에서 고문이나 이런 강압적 행태로 이런 결과가 발생하는 부분에 있어서 가벌성은 분명히 높다고는 할 수가 있을 걸로 생각이 됩니다. 그런데 나머지 법률은 지금 법정형들이 굉장히 낮잖아요. 낮고, 이 범죄를 여기에 포함시키는 것은 각 범죄 간의 균형이 맞지 않다는 측면을 지적하셨고 또한 단순하게 어떤 공무원의 직무유기 행위, 직권남용 행위 하나만 가지고 공소시효를 배제한다는 것은 비례성의 원칙도 전혀 맞지 않다 이렇게 저는 보인다고 생각을 합니다. 한번 그 부분에 대해서는, 아까 설명을 하셨는데 전체적으로 일괄해서 설명하다 보니까 충실하지 않은 측면이 있는데 다시 한번 그 부분에 대한 의견을 양 기관에서 정리해 주시는 게 좋을 것 같아요.

○**법무부기획조정실장 변필건** 잘 아시겠지만 특정 범죄에 대해서 공소시효를 배제하는 법률은 헌정질서 파괴범죄의 공소시효 등에 관한 특례법이 있습니다. 아까 위원님들께서도 말씀하셨듯이 내란죄라든지 반란죄라든지 군용시설 파괴라든지 간첩죄 같은 경우에는 이미 공소시효가 배제돼 있습니다. 그리고 집단살해죄의 방지와 처벌에 관한 협약에 따라서 집단살해 등 같은 경우에도 배제가 돼 있고요, 인도에 관한. 국제형사재판소 관할 범죄의 처벌 등에 관한 법률에 따라 또 배제가 되어 있고 아동·청소년의 성보호에 관한 법률, 13세 미만 장애인이나 이런 경우에 성폭력 범죄에 대해서 그 특정 범죄에서 공소시효가 배제되어 있습니다.

이것을 보면 대부분이 사형·무기 이상의 어떤 범죄인데 그런 범죄와 같은 선상에서 직권남용·직무유기를, 물론 엄히 그 부분이 다뤄져야 하겠지만 같은 선상에서 볼 수 있느냐는, 법체계 정합성에 조금 문제가 있는 것, 그런 우려들을 표할 수밖에 없는 거고요.

○소위원장 김승원 짧게…… 정리하셨습니까?

○법무부기획조정실장 변필건 예.

○유상범 위원 차장님도.

○법원행정처차장 배형원 이 정의 규정을 두는 취지는 결국 공소시효를 배제하고 소멸시효에서 특례 규정을 둔다라는 취지이기 때문에 범죄의 중대성, 즉 형량을 좀 고려해야 될 것 같고요.

그다음에 침해의 속성 등을 고려한다고 봤을 때 전반적인 것을, 이 제도의 취지 자체가 공소시효를 배제하고 소멸시효의 규정을 달리한다는 측면으로 봤을 때는 일부 좀 명확하고 그다음에 제한적으로 규정할 필요가 있다라는 보충말씀 드리겠습니다.

○소위원장 김승원 알겠습니다.

조금 말씀드리면 이 법안은 사실은 21대 때부터 발의가 되어서 저도 처음에는 좀 낯설더라고요. 낯설었는데, 그런데 벌써 12·3 불법 비상계엄 내란 사태에서 갑자기 1호·3호가 이제 눈에 띄기 시작했고요.

그다음에 사실은 인권 의식이 예전과는 다르게 굉장히 높아지지 않았습니까? 제가 옛날 우리 대학 때라든가 아니면 현직에 있을 때 머릿속에 들어간 그런 것만으로 적용을 하면 과연 이게 달라진, 국민의 높아진 인권 의식을 보호할 수 있겠는가 그런 것에 대한 고민이 되면서부터 이 법안에 대해서 좀 내용이 눈에 들어오기 시작했는데 요새는 잘 아시겠지만 반복된 압수수색만으로도 굉장히 고통에 시달리는 대상자가 있고 또 수사 과정에서 극단적인 선택을 하는 분들도 1년에, 아직 통계가 얼마나 나왔는지 모르겠지만 굉장히 점점 늘어나고 또 수사받다가 뛰어내리는 분도 계시고 등등 그래서 그런 분들까지 보호할 수 있는 어떤 법적인 제도적인 장치가 필요하지 않은가. 그런 시선에서 바라보니까 이 법의 취지가 또 눈에 들어오기 시작했습니다. 아무튼 그런 점도 좀 살펴봐 주시기를 바라고요.

서영교 위원님 토론해 주시기 바랍니다.

○서영교 위원 어떤 기사가 하나 나왔는데 과거 고문을 받고 가혹행위를 받았는데 나중에 무죄를 받았습니다. 저도 상상하기 어렵겠지만 치안본부에서 물고문도 당하고 엄청난 가혹행위를 당했습니다. 그런데 나중에 명예 회복이 됐지요. 저는 이 부분에 대해서도 공소가 중단돼야 된다고 생각해요. 그런데 으레 우리 많이 당했는데, 죽은 사람도 있는데 나는 살았잖아. 그리고 내가 죽을 뻔했는데 살았으니까 그걸로 감수하고 지나갔어요. 그런데 저는 그렇게 감수하고 지나갈 수 있는데, 고문을 받고 가혹행위를 받은 사람이 나중에 무죄를 받았는데, 예를 들면 무죄를 받고 난 바로 다음에 암에 걸려 사망합니다. 그러면 저는 이렇게 왔으니까 넘어가지만 수없이 많은 사람이, 사실은 저보다 훨씬 뛰어난 친구들이 약간 장애가 있게 삽니다. 왜 그러냐? 그때만 해도 나는 단단해 이렇게 생각했어요, 제가. 나는 참 단단해 이렇게 생각했는데 돌아보면 볼수록 그 사람들은 그 고통에서 헤어나지 못하는 거지요.

그리고 저는 반성문을 쓰지 않았어요. 그래서 마음이 되게 편했어요. 그런데 다른 사람들은 반성문을 쓰면서 마음이 너무 고통스러워요. 그런데 반성문을 쓰지 않는 사람은 반성문을 안 써도 될 만큼 정도만 당했기 때문에 안 쓴 거고 반성문을 쓰는 사람들은 죽기 직전이었기 때문에 반성문을 쓴 거예요. 제가 나중에 알게 된 겁니다, 정말 죽기 직전까지 갔구나. 그런데 어떻게 쓰라는 대로 안 쓸 수가 없는 겁니다.

그런데 이 사람들이 그다음에 무죄도 됐고 명예도 회복이 됐는데 암에 걸려 죽어 가거나, 사실은 서울대 나오고 아주 훌륭한 학교를 나왔음에도 불구하고 지금도 직업도 못 찾고 헤매는 사람들이 많은 거지요. 그런데 이 모든 사람이 다 하지는 않으나 아버지가 죽었어요. 무죄를 받고 다음에 죽었어요. 그런데 딸이 이와 관련해서 그때 가혹행위를 한 사람들을 처벌하고 싶어 했어요. 그런데 공소시효가 지나가 버렸어요. 그래서 가혹행위한 사람은 정작 처벌을 못 하고 그때 아버지가 무죄받는 그 사건에 나와서 증언한 사람이 거짓말을 한 거지요, 그때 가혹행위 없었다고. 그래서 오히려 이 증언한 사람만 처벌받는 사례가 생긴 거예요. 이게 얼마 전 보도에 나온 내용인데요.

저는 솔직히 말해서 저를 물고문시키고 이런 사람들을 정작 하나도 기억을 못 합니다. 왜냐하면 검은 형태로 데리고 갔고 치안본부는 내가 그다음에 가서 보니까 달팽이관처럼 올라가더라고요. 어디가 어딘지도 몰랐고. 제가 기억하는 사람은 신상모 그다음에 무슨 부장 정도였는데 정말 나쁜 사람들이었고, 저희 어머니는 오히려 이름을 기억했어요. 왜냐하면 어머니 가게에 와서 항상 이 집 딸이 빨갱이라고 했으니까. 그런데 어머님도 떠났고 세월이 지났어요. 그런데 저 말고 이렇게 많은 사람들이 이제 아버지는 떠났는데 정작 그 사람은 처벌 못 하고 증언했던 사람을 처벌하고.

이런 시기가 있어서 저는 이 법을 뭐라고 발의했냐면 공무원의 살인 그리고 인신구속을 하는 공무원들의 폭행·가혹행위, 이게 전두환 때나 그때 있었던 사례를 얘기한 겁니다. 그다음에 군에서 여러 가지 사례가 있었기 때문에 그것까지 넣었는데, 저도 고민을 좀 했습니다.

그런데 이것 말고 지금은 그 가혹행위가 이루어지지는 않지만 나라의 녹을 먹는 수사기관이라고 하는 검찰이나 이런 수사기관들이 갖는 가혹행위가, 저는 이렇게 해야 된다고 생각합니다. 그때 치안본부 사람도 하지 말았어야 되고 지금 있는 검사분들도 아니면 경찰분들도 아니면 사법경찰관리도 이런 것 하지 않아야 된다고 생각합니다. 증거를 이렇게 해서 범죄를 증명해 나가야 되기 때문에. 그래서 이게 미리 예방하는 효과가 있다.

제가요 살인범 공소시효를 없애는 태완이법을 만든 사람인데요. 그때 살인범 공소시효를 없애자고 했더니 모든 사람이 '아이고, 법적 안정성을 어쩌려고 살인범 공소시효를 없애냐'. 그런데 그때 일본, 미국, 영국, 프랑스 전부 다 살인범 공소시효가 없었어요. 그리고 그때 법무부는 저랑 의견이 같았습니다. 그런데 오히려 법원도 살인범 공소시효를 없애면 안 된다고 이야기를 할 정도였어요. 그런데 지금 살인범 공소시효를 없애서 법적 안정성에 아무 문제가 없습니다.

저는 이것은 누구를 처벌하자 말자에 관한 이야기를 넘어서 국가 그리고 국가의 녹을 먹는, 그것도 수사기관까지의 사람들은 그 권력을 가지고 가혹행위를 할 경우에는 공소시효를 없애는 것이 맞다 이렇게 생각해서 이 법도 만들어 냈고. 실제로는 홀로코스트나 아니면 여순사건 그리고 제주 4·3사건 등 같은 경우를 보면서 제가 만들기는 했으나 지금은 좀 더 범위를 넓혀서 하는 게 맞겠다 이런 부분에 동의를 하면서 그렇게 해 주시고.

제가 법원행정처 차장님께 질문을 하나 하고 싶은데요.

이게 보상에 관한 것이 좀 애매합니다. 사실은 그렇잖아요. 그런데 제주는 실제로 안날로 3년, 행위가 있은 날로부터 10년 이렇게 되는데 제주는 특례를 받는 거잖아요. 제주 4·3은 그렇지 않습니까?

○**법원행정처차장 배형원** 예.

○**서영교 위원** 그래서 저희가 몇 년 전에 제가 행안위원장일 때 그 법을 문재인 정부에서 통과시켜서 일괄 보상하기로 했습니다. 그리고 그때 이 보상 제도에 대해서 유족이 보상을 받았어요. 본인은 벌써 다 죽었어요, 4·3 때. 그런데 누가 보상을 받냐 그래서 유족이 보상을 받는데, 중요한 것은 나라 거덜 날 일 있냐, 미래세대로부터 세금 걷어서 그 사람들에게 돈 주면 나라 거덜 난다, 그래서 제주 4·3 보상 안 된다 이랬었습니다. 그리고 저도 그렇게 생각했고. 그런데 체크하다 보니까 대부분이 다 돌아가셔 가지고 유족이 받는 보상은 1인당 700만 원인가밖에 안 되라고요. 그래서 사실은 보상금이 확 줄어 버린 거예요. 그런데 이 보상을 또 어떻게 주냐면 일괄로 주는 게 아니라 매달 얼마씩 아니면 매년 얼마씩 이렇게 주기 때문에, 우리가 기초생활수급인 분들에게도 드리는데 그것 말고 이렇게 보상받아야 되는 돈을 매달 아니면 매년 이렇게 주니까 국가에 부담도 없이 이게 잘 진행되더라고요.

그래서 저는 그런 질문을 한번 드리면서 과연 그런 문제가 있었는지 묻고 싶기도 합니다.

죄송합니다. 얘기가 길어졌네요.

○**소위원장 김승원** 수고하셨습니다.

차장님, 답변 주시지요.

○**법원행정처차장 배형원** 국가보상 관련해서는 행정부처에서 적정한 안을 마련해서 지급을 한 것으로 보여지고요. 그리고 그 부분을 넘어서서 국가배상 또는 손해배상청구를 하는 사건의 경우에 있어서는 거기에 맞는 적정한 손해배상을 법원에서 하고 있다고 말씀드리겠습니다.

○**소위원장 김승원** 일단은 수석전문위원께서 1·2·3·4·5의 해당 범죄뿐 아니라 가중처벌 주장이 있는 경우에도 적용을 해야 체계상 맞다라는 지적에는 저도 동의를 합니다.

그리고 2호의 경우에는 인신구속에 관한 직무를 수행하는 공무원이 체포 과정에서 폭행 등의 행위로 고소 고발이 많다고 하는데 그 2호를 4호의 사건의 실체를 조작·은폐하는 경우에만 한정해서 4호와 합치는 박균택 위원님 안도 충분히 경청할 만하다라고 생각이 됩니다.

○**서영교 위원** 의미가 있는 것 같습니다.

○**소위원장 김승원** 그런 방향으로 한번 논의해 주셨으면 감사하고요.

이성윤 위원님 논의해 주시기 바랍니다.

○**이성윤 위원** 저는 참 지금까지 1995년에 헌정질서 파괴범죄에 대해서 공소시효를 중단시켰고 또 살인죄에 대해서도 공소시효를 폐지했고 이런 일련의 과정이 민주화를 향한 중대 변화라고 생각합니다.

최근에 검사가 직권을 남용해서 기소한 결과 공소권 없음 결정이 났고 공소권 없음 난 검사에 대해서 처벌하려고 보니까 징계시효도 지났고 또 공소시효도 지난 결과 탄핵을 했습니다. 그리고 탄핵에서도 결국 탄핵이 기각됐습니다. 이런 사건을 보고 국민들이 어떻게 생각할까? 검찰에서는 일상적으로 그런 일이 있는 것 아닌가 이런 우려를 많이 표시하고, 공소시효가 너무 짧기 때문에 검찰에 대해서 공소시효를 배제해 놔야 나중에 이런 문제가 적발되면 처벌할 수 있을 거라고 생각하는 국민들이 많이 있습니다.

또 수사기관의 공소시효, 수사기관이 아까 전에 위원장님 말씀하신 것처럼 인신구속에 관한 직무를 수행하는 공무원이 125조의 범죄를 통하여 중상해, 사망에 이르게 한 경우에 체포 과정에서 이런 일이 가끔 있을 수 있어서 불만이 있고요. 그렇다면 박균택 위원님 말씀처럼 2호하고 4호를 통합하는 것도 정말 괜찮은 의견이라고 생각합니다.

다만 저는 수사기관의 역사를 보면 과거 일제강점기식 사법이라든가 또 권위주의 정부 시대까지는 가혹행위, 고문이 많이 있었다면 민주화 이후에는 고문을 거의 하지 않고 심리적인 압박 또는 회유가 많이 이루어집니다. 예를 들어서 구치소에 구속돼 있는 사람을 수백 번 불러 가지고 사건을 조작한다든가 이런 일이 많이 생기고 있기 때문에 수사에 관한 직무를 수행하는 공무원이 직무수행과정에서 사건 실체를 조작·은폐하기 위해서 형법상 122조, 123조, 124조, 151조, 152조 등을 적시했는데요. 저는 형법 324조 강요죄를 넣으면 어떨까 합니다. 구치소나 교도소에 구속돼 있는 사람을 수백 번 불러서 진술을 요구하고 그러한 사례는 폭행·협박에, 폭행은 아니지만 어느 정도 324조 강요죄 사건에 어느 정도 수백 번 부르면 협박 정도에 해당한다고 보고요. 사람의 권리행사를 방해하는 강요죄에 해당한다고 봐서 해당 조항도, 324조도 넣어서 포함시키면 어떨까 하는 의견입니다.

이상입니다.

○**장동혁 위원** 제가 조금 더 말씀드리면 처벌의 필요성만 고려한다면 사실 공소시효라는 건 없어야 될 것입니다. 모든 범죄에 대해서 처벌의 필요성만 고려한다면 죄를 저지른 사람은 그것이 밝혀지면 언제라도 처벌받는 것이 맞다고 생각합니다.

그러나 공소시효를 둔 제도적 취지가 있습니다. 그렇다면 우리가 이 공소시효를 배제할 때는 그것을 배제할 만한 정도의 특별한 사정이 있어야 된다고 생각합니다. 그래서 아까 박균택 위원님 주신 것처럼 사후의 범죄 중에서 직무유기나 직권남용 이런 것들을 만약에 포함시키게 되면 사실 검사가 기소하는 데 있어서 상당히 미치게 될 것입니다. 나중에 그것이 달리 판단이 되면 어떻게 될지 알 수 없기 때문에.

그리고 여러 균형성으로 볼 때 저는 4호의 경우에 형법 124조, 125조 등이 들어가는 것에 대해서는 특별히 이론의 여지가 없이 포함시켜도 된다고 생각하지만 다른 범죄들을 어떻게 포함시킬지 여부 등에 대해서는 조금 더 저희들이 논의를 할 필요가 있다고 생각이 되어집니다.

아까 가중처벌되는 범죄에 대해서 포함시켜야 된다라고 하는 것에 대해서도 저는 그 부분도 역시 동의를 합니다.

○**소위원장 김승원** 저도 장동혁 위원님께서 말씀하신 부분에 대한 고민이 있는데요. 사실은 사후에 형법 122조(직무유기)는 구체적인 작위라든가 적극적인 행동이 아니라 본인의 어떤 소극적인 건데 이것까지 포함시키기에는 좀 저도 무리가 있지 않은가 그런 생각은 갖고 있습니다. 법조항도 1년 이하인데요 1년 이하를 공소시효 배제하는 것도……

○**박균택 위원** 그런데 아마 이걸 집어넣었던 취지가 A에 대해서 협조하는 진술을 해

주면 너는 더 중요한 범죄를 봐주겠다라고 악용된 사례가 발생하다 보니까 아마 발의자가 이 내용을 넣었던 것이 아닐까 하고 짐작을 해 보는데 그 부분은 어떨까요?

○장동혁 위원 저는 그래서 아까 말씀드렸지만 어떤 범죄가 있을 때 끝까지 언제라도 처벌해야 된다라고 하는 것만 강조한다면 사실 공소시효는 필요 없습니다. 그런데 공소시효를 둔 제도적 취지, 공소시효를 배제했을 때 그로 인해서 오는 부작용도 고려를 해야 된다고 생각합니다. 모든 범죄에 대해서 공소시효를 없애면 얻는 사회적 이익은 반드시 있습니다, 범죄를 엄단한다는 것. 끝까지, 천년 만년까지라도 쫓아가서 처벌한다라고 하는 범죄예방적 효과는 반드시 있습니다. 그럼에도 불구하고 우리가 공소시효를 두고 있는 제도적 취지는 고려해야 되고, 이렇게 하다 보면 결국은 공소시효제도는 나중에는 다 무너지게 될 것입니다. 그래서 그 부분은 저는 신중하게 갈 필요가 있다는 생각입니다.

○소위원장 김승원 저는 사후에 대해서는 그런 것도 같이 병행해야 된다라고 생각을 하는데요. 그런데 수사기관이 수사의 시작부터 끝까지 어떻게 수사를 해 왔는지를 의무적으로 기록을 남기도록 해서 나중에 이런 것들이 문제가 되었을 때 처음에 수사의 전문가들이라든가 그런 분들이 어떤 직권남용이 있었는지라든가 이런 것들을 판단할 수 있도록, 그러면 수사하는 분들도 떳떳하고 그다음에 그런 것에 휘말렸을 때 예컨대 자기의 정당성을 입증할 수도 있고.

그런데 지금 문제점은 수사를 하는데 예컨대 수십 번을 부르는데 불러서 뭘 하는지를 모른다는 거잖아요. 그러면 그때 뭐를 했는지를 진술서라든가 뭐를 남기도록 해 갖고 투명하게 하면 사실은 사후에 대해서도 정당하게 수사하신 분들은 다 그 적법성을 인정받을 수 있지 않을까 해서 사실은 수사절차에 있어서 그런 수사의 모든 과정을 남기는 것도 같이 병행이 되어야 된다라고 저는 생각을 하고 있습니다.

아무튼 지금 11시가 됐는데요. 잠시 정회하였다가 아까 말씀드린 대로 2시 10분에 속개하겠습니다.

정회를 선포합니다.

(11시01분 회의중지)
(14시14분 계속개의)

○소위원장 김승원 의석을 정돈해 주시기 바랍니다.

회의를 속개하겠습니다.

의사일정 제2항부터 제5항까지의 법안을 계속해서 심사하겠습니다.

위원님들 토론해 주시기 바랍니다.

○유상범 위원 위원장님, 지금 이 법안에 대해서는 체계의 정합성 또 각 구성 요소의 균형성 이런 여러 문제가 제기되고 타 법률 간의 중요도에 대한 공소시효의 배제 이런 문제가 다 굉장히 심각하게 논의가 되고 있고 반대 이론이 많은 사항입니다. 그래서 이 부분은 추가로 충분한 시간을 갖고 논의를 해야 될 사안이라고 생각을 합니다.

그래서 이 부분에 대해서는 일단 다른 법률로 넘어가고 오늘은 이 정도에서 이 부분 논의를, 오전 중에 충분하다고는 할 수 없지만 그래도 일단 위원들의 의견이 일부 개진이 됐으니 다른 법률을 논의하는 걸로 하고 이것은 속행해서 계속 심사하는 걸로 정하면 어떨까 합니다.

○**소위원장 김승원** 오늘 그래도 논의가 좀 충실히 됐는데요.

지금 주진우 위원님께서 새로 오셨으니까 주진우 위원님이 한번……

혹시 의견 말씀하시겠습니까? 토론하시겠습니까?

○**주진우 위원** 방금 들어와 가지고……

○**소위원장 김승원** 그러면은 이것은 잠시 보류하였다가 계속 논의하도록 하고요.

○**장동혁 위원** 위원장님, 저도 의견을 제시하면 나중에 공소시효나 소멸시효 이런 부분들은 사실은 크게 쟁점이 크지 않아서 그것은 정리가 될 것 같고.

지금 사실은 이 정의하는 부분이 가장 큰 문제인데, 박균택 위원님도 좋은 의견을 주셨고 또 저희들도 2호와 4호를 어느 정도 범죄의 중대성이나 양형을 가지고 두 개를 하나로 잘 묶어 내면 좋겠다는 의견을 여야 위원님들께서 공히 주셨고, 아마 지금 법원행정처나 법무부도 비슷한 문제의식을 가지고 있는 것 같으니까요.

그래도 법원행정처에서도 같은 문제의식을 가지고 있기 때문에 법무부와 법원행정처가 다음 기일까지 정의 부분을 수정안을 잘 정리해서 가져오고 나면 나머지 공소시효나 소멸시효의 문제는 크게 문제가 되지는 않을 것 같습니다.

○**소위원장 김승원** 맞습니다. 저도 장동혁 위원님 의견에 상당히 공감하고요.

이것은 사실 21대 때부터 올라온 법안이라 계속 고민하고 했던 법안인데 가중처벌 문제라든가 또 2호를 4호에 포함시키는 문제라든가 그다음에 4호에서 제외할 범죄라든가 이것에 대해서는 민주당 위원님들끼리는 좀 더 논의를 해서 정리가 됐기 때문에 이것은 좀 뒤로 돌리더라도 오늘 계속 심사를 하고 싶습니다. 말씀 주셨으니까 이것은 좀 보류를 하고요.

11항, 12항, 13항이 각 기관에서 오셔서 지금 대기하고 계실 텐데 11항부터 해서 이견 없는 것은 바로바로 통과시키는 걸로 그렇게 한번 진행을 해 보겠습니다.

그러면 의사일정 2항과 5항은 잠시 후에 다시 의논, 토론하기로 하고요.

---

11. 고위공직자범죄수사처 설치 및 운영에 관한 법률 일부개정법률안(장경태 의원 대표발의)
  (의안번호 2203837)

(14시18분)

○**소위원장 김승원** 의사일정 11항 고위공직자범죄수사처 설치 및 운영에 관한 법률 일부개정법률안을 상정합니다.

정환철 수석전문위원님 보고해 주시기 바랍니다.

공수처에서 들어오고 계신가요?

그러면 보고 먼저 하시지요.

○**수석전문위원 정환철** 의사일정 11항, 소위자료 2쪽부터 참고해 주시기 바랍니다.

이것은 공수처 처장·차장 및 수사처검사의 경력 요건을 완화하는 내용인데요.

2쪽의 내용 보시면 처장은 현재 15년 이상인데요. 10년 이상으로 낮추고요. 차장은 10년 이상인데 7년 이상으로, 수사처검사는 7년 이상인데 3년 이상으로 경력 요건을 완화하는 그런 내용입니다.

3쪽의 검토의견을 간략하게 보고드리면 공수처 처장·차장의 경력 요건 완화의 경우에는 아무래도 검찰 등 다른 수사기관과의 어떤 견제 역할 이런 것을 감안해야 될 거고요.

또 독립수사기관으로서의 위상 등이 있기 때문에 그런 위상에 맞추어서 경력을 이렇게 구성해 놓은 측면이 있기 때문에 이런 점을 고려해서 논의할 필요가 있고요.

두 번째, 수사처검사 경력 요건 완화는 7년에서 3년으로 완화하는 건데요. 우수인력 유치가 현재 어렵고 또 업무 연속성이 저해되고 전문성 약화 등으로 이어질 우려가 있어서 경력을 낮춰서 인력을 채용하자는 것인데요.

다음 4쪽에 보시면 이렇게 낮추면 인력 유치는 아마 크게 도움이 될 것으로 보이고요. 그래서 장기적으로는 조직 안정성이나 전문성을 향상할 수 있다고도 보지만 공수처 수사 대상의 특수성이 고위공직자의 부패 범죄를 수사하는 기관이기 때문에 그 내용이 복잡하고 또 고도의 수사 전문성 및 경험이 요구되는 그런 업무입니다.

그래서 자격요건 완화가 단기적으로는 공수처의 수사 역량에 오히려 부정적인 영향을 미칠 가능성도 있다 이런 부분을 고려해서 논의할 필요가 있다고 봅니다.

이상입니다.

○**소위원장 김승원** 수고하셨습니다.

법률안 심사를 위해서 공수처 이재승 차장께서 출석하셨습니다.

기관의 의견을 말씀해 주시기 바랍니다.

○**고위공직자범죄수사처차장 이재승** 공수처검사의 경우에는 개정안에 동의합니다.

공수처검사에 요구되는 변호사 자격 보유 요건을 합리적으로 조정하여 다양한 분야의 경험과 전문성을 갖춘 우수인력을 유인할 필요가 있습니다.

법조경력 7년의 가중된 요건은 기존 직역에서 획득한 지위를 포기하기 어렵게 하고 검사 임기제로 인한 신분 불안정과 연계되어 우수인력 유치·유지에 현실적인 장애 요인이 되고 있습니다.

최소 요건을 완화하더라도 임용 예정 직위 예컨대 부장검사의 업무 난이도·책임도 등에 따라 가중된 경력 요건을 요구할 수 있으므로 필요 역량에 따른 보다 유연한 인사 운영이 가능합니다.

참고로 저희 공수처는 공수처 부장검사의 임용 등에 관한 규정에서 부장검사는 변호사 자격 12년 이상 경력을 보유하도록 요구하고 있습니다. 처장 및 차장의 경우에 대해서는 현행 유지 의견입니다.

처장 및 차장의 법조경력 요건의 경우 공수처 역할 및 위상, 다른 기관 등의 관계 등을 고려하여 신중한 검토가 필요하다고 생각합니다.

공수처의 기능은 고위공직자를 수사 대상으로 하며 기존 권력기관의 견제가 주된 기능 중에 하나라는 점, 정치적 중립성과 직무의 독립성 보장을 위해 대통령과 기존 행정조직으로부터 구체적인 지휘·감독을 받지 않는 독립수사기관의 형태로 설립되었다는 점 등을 고려할 때 다른 차관급 기관과의 단순 비교는 어려움이 있다고 생각합니다.

또한 처·차장 직무의 난이도와 책임도를 고려할 때 법조경력 요건 완화가 공수처 수사 역량에 미치는 부정적 영향에 대한 우려의 시각이 클 수도 있고 개정 필요성으로 언급되는 차장 등의 공석 기간이 길어졌던 이유를 높은 법조경력 요건에서만 찾기 어렵다는 점에서 개정 실익이 크지 않다는 점을 고려할 때 신중히 검토해 주실 것을 요청드립니다.

○**소위원장 김승원** 법무부차관님.

○**법무부차관 김석우** 법무부 의견 말씀드리겠습니다.

기본적으로 공수처가 설립하게 된 취지 그리고 공수처에서 다루는 사건의 특수성, 다른 수사기관과의 관계, 견제 균형의 필요성 그리고 고위공직자 범죄 등 수사에 있어서 공정성과 중립성 확보 등을 고려해 보면 여러 가지 요소들을 고려할 필요가 있어 보입니다.

기본적으로 입법 정책적인 문제이기는 하지만 다른 수사기관과의 형평성이라든지 다른 수사기관과의 위상 등을 고려해 봤을 때 처장과 차장의 경력 요건을 완화할 것인지에 대해서는 좀 신중한 검토가 필요하다고 보이고, 수사처검사에 대해서는 애초에 공수처가 출범할 때는 경력 요건이 10년이었다가 7년으로 완화된 적이 있었습니다. 한 번 완화된 적이 있었다는 점도 아울러 고려하실 수 있다고 판단되고요. 기본적으로 이 부분은 공수처의 설립 취지 등을 고려해서 입법 정책적으로 결정할 문제라고 생각합니다.

이상입니다.

○소위원장 김승원 차장님.

○법원행정처차장 배형원 법원행정처에서는 이 사안은 입법 정책적 결정 사항으로 판단합니다.

이상입니다.

○소위원장 김승원 지금 수사처검사는 법원과 마찬가지로 임용 연한을 좀 낮춰서 효율적인 수급이라고 할까요, 아무튼 공수처검사의 임용이 좀 더 원활하게 되도록 하는 그런 목적이 있는 것 같고요.

공수처 처장의 경우에는 급수로는 차관급인데 지금 검찰청에 비추어 보면 차관급인 고등검찰청 검사장의 경우에는 법조경력 10년을 자격 요건으로 하고 있어서 그래서 사실은 그것과 맞추려면 공수처 처장도 10년 이상으로 완화시켜야 되지 않은가 그런 개정안의 취지가 있는 것 같습니다.

꼭 10년 이상이면 다 될 수 있다는 것은 아닌 것 같고요. 그 이상 중에서 국민적인 신뢰라든가 선망이 있으신 분을 임용하실 텐데 자격 요건만은 좀 낮춰 보자는 의미로 이번 개정안이 발의된 것 같습니다.

위원님들께서 토론해 주시기 바랍니다.

장동혁 위원.

○장동혁 위원 저는 이게 결국은 공수처에게 더 안 좋은 결과가 될 거라고 생각합니다. 지금 공수처가 제 기능을 하지 못하는 것은 인력의 문제라든지 권한의 문제라든지 여러 가지 문제가 있기 때문에 지금 공수처에 지원하는 검사님들이 많지 않고 그래서 인력 충원이 어려운데 공수처가 제 기능을 하지 못해서 공수처에 지원할 그런 동인이 부족하기 때문에 공수처가 잘 운영되지 않으니까 이 경력을 낮춰 놓게 되면 저는 공수처의 수사 역량이나 여러 가지 부분에 있어서 다시 또 기능이 더 약화될 것이기 때문에 공수처는 계속해서 더 안 좋은 쪽으로 가게 될 거라고 생각합니다.

그래서 저는 이 법안은 공수처에게 유리한 게 아니라 결국은 불리하게 되는 결과가 될 거라고 생각하고요. 이것만 이렇게 낮춰 놓고 지금 어떻게든 충원을 해서 공수처가 일단 굴러갈 수 있도록 하자라고 하는 방안보다는 지금 왜 공수처가 인기가 없는지 그리고 왜 공수처가 여지껏 제대로 된 사건을 수사해서 결국은 성과를 내지 못했는지 그 문제점들을 살피면서 그것을 해소하는 것이 맞다.

그런데 지금 저는 잘 모르겠습니다. 여기 검사를 하셨던 위원님들이 많이 계시니까 과연 이렇게 경력을 낮추었을 때, 10년, 7년, 3년으로 했을 때 고위공직자범죄수사처에서 하는 수사는 다른 사건에 비해서 사건이 복잡하거나 아니면 무거운 사건들이 갈 것인데 과연 이렇게 낮춰 놓더라도 수사 역량이 충분히 확보될 것인지.

그래서 차관님도 말씀하셨지만 처음에 공수처검사들의 경력을 높게 했다가 그나마도 좀 낮췄는데 다시 낮추자라고 하면 저는 공수처의 수사 역량은 떨어지고 다른 구조적 문제를 해결하지 않으면 공수처는 여전히 제 기능을 하지 못할 것인데 이것은 결국은 공수처의 발목을 잡는 것이 될 것이다.

그래서 오히려 이것이 공수처가 앞으로 나아갈 방향성에 있어서 역행하기 때문에 저는 반대 입장입니다.

○**소위원장 김승원** 아무튼 공수처 인력 보강이라든가 그 문제도 저희가 이 법안 심사하고 다음에 그것도 한번 저희들이 논의를 해야 될 때라고 생각합니다. 나중에 법원에 대해서도 판사 임용 연한 먼저 낮추고 그다음에 인력 증원 검토했듯이 공수처도 그런 방식으로 할 텐데요.

문제는 국민들께서 얼마나 공수처를 신뢰할 수 있느냐, 지지를 보내느냐 그 문제인데 요즘 공수처가 큰 또 무거운 짐이랄까요, 업무를 맡게 됐는데 국민들께서 많이 지켜보고 계실 것 같다는 말씀을 드리겠습니다.

그리고 토론을 효율적으로 진행하기 위해서 3분씩 먼저 말씀하시는 걸로 그렇게 부탁 요청을 드립니다.

이성윤 위원님.

○**이성윤 위원** 이성윤입니다.

저도 공수처법 개정안을 냈던 사람의 한 사람으로서 이 법안을 보고 물론 공수처가 원활하게 잘 기능할 수 있도록 도와 드리는 것은 지극히 맞다고 생각합니다.

그런데 현재 공수처가 제대로 기능하지 못하는 그 본질적인 원인은 저는 두 가지라고 보는데요. 공수처검사의 임기가 3년으로 정해져 있고 심지어 수사관도 임기가 정해져 있지요. 맞지요, 차장님?

○**고위공직자범죄수사처차장 이재승** 예, 그렇습니다.

○**이성윤 위원** 더군다나 검찰청수사관은 정년 때까지 근무할 수 있는데, 공수처수사관은 7급에서 4급까지밖에 못 올라갑니다. 그렇기 때문에 수사관들이 많이 오지 않고 또 검사도 임기가 3년이기 때문에 그때마다 심사를 다시 받아야 되는데 일반검사는 7년에 한 번씩 적격심사를 받게 돼 있거든요.

그래서 본질적인 문제는 이 법조 연한을 낮추는 것도 중요하지만 기본적으로 공수처검사 수를 원래 설계했던 것은 50명 정도로 생각을 했는데 25명 정도로 반토막 났고 수사관도 반토막이 나는 바람에 지금 공수처 인력이 인력난에 시달리고 있는 것 같습니다.

그래서 저도 공수처법 개정안을 냈기 때문에 공수처의 본질적인 문제를 신속히 해결했으면 좋겠다, 그래서 제가 같이 제출했던 공수처법 개정안과 함께 해서 공수처검사와 수사관의 인력을 늘려 주고 또 신분이 좀 안정될 수 있도록 해 주는 게 맞겠다 이렇게 생각을 합니다.

이상입니다.

○소위원장 김승원 서영교 위원님.

○서영교 위원 저도 이성윤 위원 의견에 동의하고요.

이재승 차장님, 처장과 차장의 임기는 현재대로 했으면 좋겠다 이런 말씀이신 거지요?

○고위공직자범죄수사처차장 이재승 예, 그렇습니다.

○서영교 위원 그리고 수사처검사의 임기는요?

○고위공직자범죄수사처차장 이재승 검사의 임기는 7년에서 3년으로 낮춰 주시는 것에 동의합니다. 임기가 아니라 자격 요건입니다. 변호사 경력.

○서영교 위원 예, 자격 요건.

제가 생각하기에도, 지금 공수처에서 한다는 공수처 처장님의 의견에 제가 동의하면서. 그런데 검사의 자격 요건 3년 부분은 판사 구할 때도 마찬가지였던 것 같습니다. 그때 5년으로 저희가 낮췄잖아요. 5년 정도가 나으신가요, 아니면 3년이 괜찮으신가요?

○고위공직자범죄수사처차장 이재승 그 부분은 위원님들께서 입법 정책적으로 판단해 주시면 좋을 것 같습니다.

○서영교 위원 저는 검사의 역할들도 하고 또 변호사 역량도 좀 갖고 이러면서 온다면 한 5년 정도가 어떻겠는가 싶은데 어쨌든 많은 사람이 지원할 수 있게 하는 게 필요할 것 같습니다. 7년은 지원하기도 애매하고, 3년도 괜찮을 것 같습니다. 그래서 그 부분만 바꾸고 가면 좋지 않을까 그렇게 생각합니다.

대신 인력을 보강하는 문제 좀 필요하고, 인력을 보강하는 문제가 꼭 필요하면서도 공수처는 정신 차려야 돼요. 정말 김영철 검사 관련해서도 마찬가지고, 저희가 '오빠'라든지 뭐 여러 가지를 냈는데 제가 알아보니까 그것에 대해서 조사를 제대로 한 게 하나도 없더라고요, 역량도 약하고 그러기는 하지만.

그리고 또 김건희, 윤석열 대통령이 채 해병 사건 관련해서 전화를 했고 격노했고, 다 나왔음에도 불구하고 핸드폰 하나 압수수색 제대로 하지 못했고 이렇다고 하는 것에 대해서 저는 반성해야 된다고 생각해요. 무슨 기개가 있어야지요, 기개가. 결기도 있어야 되고요. 그런데 약해 가지고 어떻게 하겠습니까, 이렇게 해 가지고? 그런데 많아지면 뭐 하겠습니까?

그렇지만 되게 중요한 역할을 지금 이번 내란죄 과정에서도 하시잖아요. 아주 중요한 역할을 하는데 여도 야도, 야당은 너무 의미 있게 추진했는데 그러지 못한 것 같아서 실망스러워요.

그런데 어쨌든 제가 보기에는 검사 수급의 자격 연한을 줄여 주고 그리고 이성윤 위원님 말처럼 보강을 하는 부분에 대해서 좀 더 다른 법률을 통해서 다시 검토해야 된다고 생각하고 오늘은 이렇게 3년 정도로 낮춰서 통과시키면 좋겠다 이렇게 생각합니다.

○소위원장 김승원 박균택 위원님.

○박균택 위원 저도 검사들 정원 증대 문제라든가 임기 연장 문제 같은 수사력 강화 대책하고 함께 이 주제를 묶어서 종합적으로 검토하는 것이 맞겠다는 생각을 하고 있습니다.

관련해서 제가 현안질의를 하나 하려고 합니다.

차장님, 공수처가 왜 윤석열 비자 사건을 검찰한테 굳이 달라고 했던 겁니까?

○고위공직자범죄수사처차장 이재승 그것은 저희가 지난주에 사건 이첩 요청권을 행사

했기 때문에……

○**박균택 위원** 아니, 그러니까 행사한 이유가 뭐냐 이 말이지요, 진정한 의도가.

○**고위공직자범죄수사처차장 이재승** 진정한 의도는……

○**박균택 위원** 검찰을 못 믿기 때문입니까, 경찰을 못 믿기 때문입니까, 아니면 다른 의도가 있는 겁니까?

○**고위공직자범죄수사처차장 이재승** 저희가 다른 의도는 없고 수사 초기에 논란이 되고 있는 수사기관의 조정되지 않은 수사에 따른 향후 수사 과정과 재판에서의 증거능력 및 적법절차 준수 문제가 저희의……

○**박균택 위원** 그러면 공수처 역시도 내란죄에 대한 수사권이 있는 것이냐, 검찰도 문제가 있지만 공수처도 문제가 있는 것이냐 하는 의혹을 제기하는 그 견해 들어 보셨지요?

○**고위공직자범죄수사처차장 이재승** 예, 알고 있습니다.

○**박균택 위원** 민변에서도 마찬가지 입장을 하던데.

그러면 그게 진정 걱정이 됐으면 경찰로 보내라고 했으면 훨씬 관할권 문제도 없고 좋았을 텐데 굳이 공수처로 보내라고 했습니까? 국민 입장에서 봤을 때는 경찰보다 수사력이 공수처가 우수한 것 같지도 않고 1년 동안, 1년 반 가까이 해병대 사건에 대해서 대통령실 압수수색도 한 번도 못 했는데 이제 와서 저것을 가져가려고 할까, 공수처가 가져가면 제대로 할까, 검찰이 가지고 있었던 관할권 시비 역시 마찬가지 아닐까 이런 의혹이 있단 말이지요.

그리고 공수처 역시 수사하고 나면 검찰로 사건을 송치해야 하는 것 맞지요?

○**고위공직자범죄수사처차장 이재승** 예, 그렇습니다.

○**박균택 위원** 독자적인 기소권을 행사하는 것도 아닌데 왜 경찰이 해도 되는 송치 사건의 영역을 굳이 공수처가 하려고 했을까 그런 의문을 갖습니다.

이왕 가져갔으면 제대로 해야 하지 않겠습니까? 경찰보다 못하다, 검찰보다 나은 게 뭐냐 이런 비난 안 받으려면 제대로 해야 할 텐데 지금 속도감을 내고 있습니까?

○**고위공직자범죄수사처차장 이재승** 예, 저희 최선을 다하고 있습니다.

○**박균택 위원** 검찰하고 경쟁할 때는 열심히 하다가 이제 독점적으로 수사권을 가져왔기 때문에 느긋하게 하는 것 아닙니까?

○**고위공직자범죄수사처차장 이재승** 절대 그렇지 않습니다.

○**박균택 위원** 알겠습니다.

○**소위원장 김승원** 수고하셨습니다.

저는 그냥 제 의견을 드리면 공수처의 입장대로 처장이나 차장의 자격 연한은 현안을 유지하되 수사처검사의 수급에 있어서는, 지금 검찰청 검사분들 어떻게 되나요? 로스쿨 졸업하고 변호사 합격한 다음에 바로……

○**법무부차관 김석우** 예, 검사는 바로 임용됩니다.

○**소위원장 김승원** 검사 임용이 되고 그다음에 법무연수원에서 1년……

○**법무부차관 김석우** 1년은 아니고요 한 10개월 정도 교육 받습니다.

○**소위원장 김승원** 10개월 연수 받은 후에 바로 현직에……

○**법무부차관 김석우** 예, 그렇습니다.

○**소위원장 김승원** 배치되는 것 봐서는 3년으로 해도 큰 무리는 없다라고 저는 생각이 드는데요. 그런 의견을 드리고.

유상범 간사님.

○**유상범 위원** 지금 공수처에서 담당하는 업무는 일종의 기구특검이지요, 차장님?

○**고위공직자범죄수사처차장 이재승** 예.

○**유상범 위원** 기구특검이고 그 담당하는 사건은 고위공직자의 부패 사건을 중심으로 담당하게 됩니다. 그렇지요? 그런데 사안 자체가 관련자도 많고 법리도 굉장히 어렵고 요새처럼 압수수색이 굉장히 엄격해지면서 증거관계 확보하고 분석하고 이것도 흠결성 없이 보존하는 이런 여러 가지 업무들이 굉장히 많아집니다. 그래서 과거에 경험이 없는 공수처검사가 우리 21대 때 국민의힘 김웅 의원실 압수수색을 하면서 제대로 당사자 통지가 이루어지지 않아서 그게 결국 거기에서 했던 행위가 위법한 압수수색이다 이렇게 평가까지 받았어요. 이 정도로 하나하나가 일반 형사사건, 향토예비군법 병역법 도로교통법 이것 처리하는 것과는 비교할 수 없을 정도로 어렵습니다.

지금 이 안을 낸 것을 보니까 아마 유능한 재원을 확보하는 데 7년 이상으로 하다 보니까 좀 어려움이 있다는 판단하에서 경력을 3년으로 낮추신 것 같은데 그렇게 어려운 사건을 담당하기 위해서는 어느 정도 경험을 구비해야만 그 업무를 해낼 수 있습니다.

지금 하시는 그 사건, 아마 고발 사주 사건이지요. 그 사건 하나를 하면서도 그렇게 절차상에 큰 흠결이 발생해 가지고 수사에 어려움을 겪었는데 앞으로 그것보다 더 중한 사건을 다루게 된다면 검사의 경험이 굉장히 중요한 부분입니다. 인력 수급이 당장 어렵다 그래서 이걸 낮추는 순간 쉽게 말해서 역량을 갖추지 못하고 제대로 수사를 하지 못하는 그런 검사들이 오게 되면 의욕은 있는데 사실 성과는 없는 공수처가 지난 3년간 비판받았던 그 부분이 계속 반복될 수밖에 없다고 생각합니다.

차장님께서는 3년으로 낮추는 것에 대해서 굉장히 적극적으로 말씀을 하시지만 저처럼 오랜 시간 검사 생활을 해 본 사람의 입장에서 본다면 최소한 충분하게 한 5년 정도 여러 가지 다양한 경험을 가진 사람이 왔을 때 그것이 역할을 할 수 있는 거지 3년 정도 경험을 한 사람이 와서는 그 수사라는 정말 어렵고 복잡한 업무를 하기 참 어렵다고 보입니다.

만일 여러분이 인력 수급에 좀 어려움이 있다면 제가 봐서는 미니멈 5년 정도로는 하셔야지 제대로 된 사람을 뽑을 수 있지 3년으로 하게 되면 쉽게 말해서 도로교통법, 일반 폭행 이런 사건은 할 수 있지요. 그런데 뇌물사건 그것은 검사 역량에 따라서 굉장히 차이가 큽니다. 잘 아시잖아요, 차장님도 오래 경험이 있고. 역량에 따라서 크고 경험이 또 그만큼 중요해요.

이런 부분이 있기 때문에 단순하게 이렇게 자격요건을 낮춰서 인력을 원활히 수급하겠다 이것만 가지고 뽑으면 지망한 사람이 3년 갓 채운 사람이 와서 지망했을 때 결국은 그 어렵고 복잡한 수사를 다시 트레이닝 시키는 데 또 많은 시간이 필요하고 인원이 충분치 않다 보니까 현장에 투입하면 바로 큰 실수가 나옵니다. 수사라는 것은 내용이 몇 억 뇌물수수다, 그런데 수사하는 과정에서 사소한 절차 위반, 절차상의 잘못으로 그 수사다 무너지는 경우가 비일비재하거든요.

그러니까 인력 수급의 어려움 때문에 하는 측면이 있다고 하지만 이렇게 너무 낮춰 놓으면 결국 공수처의 역량 하락으로 이어질 수밖에 없다 저는 이렇게 생각을 하기 때문에 만일 정 그렇다면 한 5년 정도로 바텀(bottom)을 딱 정하는 것이 맞지 않겠나, 그 정도 되면 우리가 공수처검사의 역량을 어느 정도는 그래도 조금은 우려를 불식시킬 수는 있지 않겠나 이렇게 생각이 듭니다. 그래서 만일 우리가 해 준다면 5년 정도로 해 주는 게 맞다고 생각을 합니다.

여기 제8조에 보시면 특별검사 임명에서도 7년 이상을 요구하거든요. 이게 그냥 이 7년을 정한 것이 아니라 일반 검찰에서 특수수사 분야에 검사들이 처음 오게 되면 보통 7년 차 검사들 정도, 검증 다 받아서 인정돼서 뽑히는 검사들이 한 7년 차 검사들이 많이 들어갑니다, 말석으로. 7년 차부터 한 15년 차 검사들로 주로 이루어지는데 그래서 만일 공수처가 하신다면 5년으로 하는 게 좋을 것 같습니다.

○소위원장 김승원 차장님, 일단은 5년 3년 의견을 주셨는데 문제는 밖에서 변호사 경력 5년 하더라도 예컨대 로펌에서 자문만 하다가 온 사람도 있을 거고 그래서 사실 연한도 중요하지만 공수처 자체 내에서 어떤 훈련 그게 되게 중요하다고 보는데 지금 자체 훈련 시스템은 없는 거지요? 아까 법무부에서는 변호사시험 합격하고 온 검사후보자, 임용자들을 10개월 동안 연수원에서 가르친다는 것 아닙니까. 공수처는 그런 게 있습니까?

○고위공직자범죄수사처차장 이재승 현재까지는 그런 시스템이 없었기 때문에 1기에서는 법무연수원에서 위탁교육을 하는 방식으로 초기에 교육을 받았습니다. 하지만 지금 2기에 들어와서는 저희가 자체적인 교육 프로그램을 마련하기 위해서 올해 교육 과정에 대한 용역을 주어서 자체 교재 개발, 교육 과정 수립 등의 업무를 진행 중이고 내년 초에 아웃트라인(outline)이 나올 것으로 생각합니다.

○소위원장 김승원 그런데 그걸 현직을 하면서 하는 거지요?

○고위공직자범죄수사처차장 이재승 예, 그렇습니다.

○소위원장 김승원 그렇지요, 교육에만 전념하는 게 아니라?

○고위공직자범죄수사처차장 이재승 예, 그렇습니다.

○소위원장 김승원 그런 문제가 좀 있겠네요.

어쨌건 처장, 차장은 현재 그대로 유지를 하고 15년이면 대개 45살 정도 이상일 텐데 아마 그 이상의 분이 오셔야 공수처의 위상도 좀 있을 것 같다는 생각이 듭니다. 수사처검사 7년이면, 사실 법조 7년이면 법원에서도 판사 임용을 신청하는 사람이 7년 이상은 현격하게 줄어들 정도로 법관 지원도 안 하는데 3년 임기의 공수처검사 하겠다고 지원하시는 분들이 많지는 않을 것 같습니다. 그래서 이것은 5년이나 3년으로 낮췄으면 좋겠는데 위원님들 이 부분만 결정하시고……

○서영교 위원 3년으로 하시지요.

○소위원장 김승원 어떠신가요?

○유상범 위원 3년은 위험합니다.

○서영교 위원 검사는 그냥 가서 변호사 그것 없이 지원하지 않습니까?

○유상범 위원 맡는 사건이 달라요.

○주진우 위원 잠깐만요.

○소위원장 김승원 주진우 위원님 토론하시지요.

○주진우 위원 이게 3년으로 잘못하면요 공수처검사가 스펙 쌓기용 자리로 전락할 위

험이 있습니다. 이게 처음에 10년으로 했던 이유가 있고 그것을 현실적인 어려움이 있다라고 해서 7년으로 낮춘 지 얼마 안 됐거든요. 그런데 3년이면 검사로 따지면 지청 가서 소위 말하는 작은 규모의 사건부터 배워 나가는 시기 정도인데 그 3년 차 검사가, 아까 그 취지를 보면 다양한 경력을 가진 사람을 데려오겠다 이런 건데 공수처의 기능은 다양한 기능이 중요한 게 아니라 어떻게 보면 아주 중요한 사건을 정확하게 처리하고 다른 수사기관을 선도할 수 있을 정도의 수준을 보여 줘야 되는 것이기 때문에 검사 경력을 낮춰 놓으면 사실상 당장은 쉽게 뽑힐지 몰라도 쉽게 뽑힌 만큼 더더군다나 역량을 발휘 못 하게 돼서 이게 사건 하나만 삐끗해도 기관의 공신력이 떨어지면서 지원을 확 안 하는 거거든요. 공수처를 위해서도 3년이라는 경력 이것은 있으나 마나 한 경력이랑 마찬가지여서 저는 3년은 매우 문제가 클 것이라고 생각합니다.

○소위원장 김승원 다른 위원님……

○서영교 위원 저는 3년을 주장하나 공수처가 막 바란 것도 아니고 우리 의원님들이 냈던 거니까 5년으로 하고 합의 보고 더 필요하다고 하면 다시 강화시키고 하면 되지 않을까 싶어요.

○장동혁 위원 저는 아까도 말씀드렸지만 이게 결국은 몸통은 손 못 대고 꼬리를 손대는 건데요, 저는 몸통하고 같이 논의하지 않으면 이 논의는 의미 없다고 생각하고. 이렇게 해서 꼬리만 해결하고 나면 결국 몸통에 관한 논의는 점차 늦어질 것이고요 그게 속도로 안 붙을 거거든요. 저는 이것만 5년으로 해서 아니면 3년으로 해서 통과하는 것은 공수처를 위해서 절대 유리하지 않다고 생각합니다.

저는 계속 말씀드리지만 이왕 생긴 기관이라면 제 기능을 하도록 하는 것도 국회의 역할이라는 말씀을 계속 드려 왔고 그래서 아까 이성윤 의원님이나 다른 의원님들께서 발의하신 법안이 있기 때문에 필요하다면 왜 같이 논의 안 하는지 모르겠습니다. 저는 같이 올려놓고 같이 해결하고.

검사 수를 얼마큼 확대하고 어떻게 할지를 봐야 3년이 맞는지 5년이 맞는지 7년이 맞는지도 결정이 되는 것이고 그다음에 검사의 숫자뿐만 아니라 임기를 어떻게 늘리느냐에 따라서 처음에 한 번 뽑을 때 잘 뽑아 두면 처음에 뽑기 힘들다 하더라도 7년 차가 한 번 되고 나면 또 오래 근무할 수 있고 그런 것들이기 때문에 연수와 관계없이 다른 처장, 차장 그대로 두고 수사처검사만 5년 3년으로 바꿔서 하는 것은 이것만 오늘 처리하는 것에 대해서는 저는 절대 반대입니다.

○소위원장 김승원 아무튼 지금 공수처검사의 임기라든가 증원 문제라든가 다 개정안이 발의되어 있는데요, 오늘은 임용 연한부터 하나하나 풀어 갔으면 합니다. 그리고 다음 번에 바로 인원 증원 문제라든가 공수처검사의 임기, 10년 임기까지도 검토를 바로 할 수 있도록 그렇게 하겠습니다.

사실은 공수처 KICS 연결시키는 것 그것도 굉장히 꽤 많은 시간이 걸렸었지요. 그런데 어쨌건 KICS 연결이 되니까 하나하나 모습을 갖춰 가는 것 아니겠습니까. 그러니까 장동혁 위원님께서, 물론 종합적으로 하면 좋을 텐데 하나하나 풀어 나가는 그런 입장도 이해해 주시면 감사하겠습니다.

○유상범 위원 사실은 검사들의 임기, 특히 공수처 사건은 지금 담당하는 게 결국 굉장히 중요한 사건을 하게 되잖아요. 그리고 그 부분에 대해서는 정말 복잡하고 어렵기 때

문에 이런, 저호봉이라고 그러지요. 소위 말해서 경력이 짧은 검사들이 들어가 가지고 감당하기가 굉장히 어려운 부분이 많습니다. 이렇게 낮춰 놓으면 분명히 거기에 맞는 검사들을 임용을 하게 되는데 그러면 오히려 한정된 인원으로 공수처가 제 역량을 더 발휘 못 할 가능성이 높아요. 그래서 장동혁 위원님 지적은 굉장히 일리 있는 지적이고 그렇기 때문에 장동혁 위원이 반대하고, 그래도 공수처가 꼭 낮춰 달라고 강하게 요구한다면 저는 5년으로 주장하지만 굳이 이것을 낮출 필요가 있을까라는 부분은 있다는 것을 다시 한번 말씀드립니다.

○**장동혁 위원** 법관을 5년으로 하는 것과는 전혀 다른 것이에요. 법관은 가서 배석부터 단독부터 다양한 업무가 있기 때문에 충분히 그 연차에 맞도록 훈련하고 업무를 습득할 수 있는 기회가 주어지지만 공수처 검사는 한 명 한 명이 가서 이 어렵고 복잡하고 중대한 사건들을 바로 수사해야 되고 그 한 사람이 N분의 1의 역량을 담당해야 되는 구조지 않습니까? 이걸 몇천 명이 있는 법원 그리고 배석판사부터 단독판사 그다음에 부장판사 또 고등판사가 있는, 여러 단계가 있는 법원하고 같이 보아서 이것을 이렇게 법원 기준처럼 5년으로 해도 된다, 저는 그것에 대해서는 너무 섣부른 판단이라고 생각합니다.

○**서영교 위원** 제가 이야기하겠습니다.

그동안 그렇게 공수처에 대해서 딴지를 걸더니 뭘 또 그렇게 깊이 고민을 하시는 것처럼 얘기를 하십니까?

○**유상범 위원** 말을 또 어떻게 그렇게 하세요? 아니, 사람이 이런 데서는 법안을 논의하는 자리에서는 상대방……

○**소위원장 김승원** 끼어들지 않기로 하셨지 않습니까?

○**유상범 위원** 그게 아니잖아요.

○**서영교 위원** 끼어들지 마시고요.

○**유상범 위원** 지금 상대방을 그런 식으로 비아냥거리는 게 어디 있어요?

○**서영교 위원** 아니, 제가 5년을 이야기한 것은 아무 생각 없이 5년을 이야기했겠습니까? 그렇게 이야기하는 것부터 문제잖아요. 아무 생각 없이겠습니까?

우리가 공수처 검사 구하기도 어려워요. 그리고 다시 재연임시켜 달라 그러면 대통령이 연임을 시키지를 않아요. 수사도 할 수 없게 힘들게 되어 있잖아요. 그러면 법원 판사에 지원하는 것도 왜 어렵냐? 다른 데 나가서 다른 것 다 보고 나니까 여기 오는 것보다도 편안하거든요. 로펌에 가서 있으니까 훨씬 편안해요. 경력 쌓기용으로 가는 것보다 로펌에 가서 훨씬 잘 있는 사람들이 잘 안 온단 말이에요.

그러면 제가 보기에는 우리가 법원에서 변호사 자격 10년이었던 것을 7년으로 하고 이제 5년으로 할 때 너무나 중요한 일을 했다라고 할 만큼 여기도 똑같다고요. 그런데 이것은 '다른 거 안 되니까 이거라도 하나' 이렇게 한 게 아닙니다. 그렇게 얘기하시면 안 되는 거지요. 그렇잖아요. 그렇게 얘기하니까 제가 문제 제기를 하는 것 아닙니까?

지금 공수처는 이것보다는 더 인원이 많아지고 그리고 또 연임할 수 있는 시간 3년이면 연임 평가를 받아야 되는 것 아닙니까? 그게 뭡니까? 여러 가지 딴지 걸어서 실제로 그렇게……

○**유상범 위원** 그건 민주당이 다 만든 법이지, 우리가 만들었나?

○**서영교 위원** 만들 때 원래 그렇게 안 만들었는데 타협안처럼 그렇게 되었던 것 아닙

니까?

○**유상범 위원** 민주당이 그거 일방 통과시켰잖아요.

○**서영교 위원** 숫자도 마찬가지로. 그렇게 되었던 거기 때문에 저는 이것 아주 중요한 내용이라고 생각합니다.

말씀처럼 할 때 다른 내용까지 같이 한다면 좋겠지만 이거 하나만이더라도 공수처 검사들을 뽑는 데 아주 중요한 역할이기 때문에 저는 이렇게 통과시키고 갔으면 좋겠습니다.

○**소위원장 김승원** 차장님, 예컨대 저희가 3년 이상으로 개정을 하더라도 공수처 자체 내에 아까 부장검사 규정이 있듯이……

○**고위공직자범죄수사처차장 이재승** 예, 그렇습니다.

○**소위원장 김승원** 3년차가 50% 넘지 못하게 그런 규정을 두어서 5년 이상 분들도 오시고 그렇게 할 수도 있는 것 아니겠습니까?

○**고위공직자범죄수사처차장 이재승** 예, 가능하다고 생각합니다.

○**소위원장 김승원** 저희가 3년으로 낮춰 드린 것은 워낙 수급이 어렵다 그래서 하는 건데 그래도 공수처에서는 3년차가 50%를 넘지 못한다라든가 그런 것을 좀 해서 그렇게 하시면 절충안 비슷하게 될 것 같습니다.

○**유상범 위원** 아니, 3년은 안 돼요.

○**주진우 위원** 3년은 너무 낮아요.

○**장동혁 위원** 하시려면 정책적 판단이 다르니까 표결하시지요.

○**소위원장 김승원** 아니, 법무부는……

○**장동혁 위원** 저는 합의할 생각이…… 표결하시면 됩니다.

○**소위원장 김승원** 아니아니, 법무부는 변호사시험 합격하고 10개월이면 바로 현직으로 보낸다는데……

○**장동혁 위원** 그러니까 생각이 다르니까 표결하시면 되지 왜 자꾸 합의를 해 달라고 하는지 모르겠습니다.

○**소위원장 김승원** 예, 알겠습니다.

○**주진우 위원** 저도 반대입니다.

○**소위원장 김승원** 표결하시지요, 그러면.

○**서영교 위원** 5년으로 하는 것이 아니라 3년으로 하겠다는 말씀이신가요?

○**소위원장 김승원** 예, 3년 이상.

○**주진우 위원** 3년은 너무 급박합니다. 7년에서 3년으로 해도……

○**유상범 위원** 그것은 급박해요.

○**박균택 위원** 저는 오늘 꼭 바꿔야 하는지는 모르겠지만 바꾸려고 한다면 3년안에 개인적으로는 찬성하고 있습니다.

○**주진우 위원** 그 자체가 공수처예요.

○**서영교 위원** 5년이 좋습니까, 3년이 좋습니까?

○**주진우 위원** 공수처 차장님, 그 자체가 기본적으로 공수처의 위상을 떨어뜨리는 거예요. 지금 검찰에서 3년차 검사들이 하는 업무가 뭔데 공수처에서 하는 업무를 뭘 시키시려고 3년차 검사를 뽑겠다는 겁니까?

○**유상범 위원** 나 참, 이해를 못 하겠네. 왜 동의를 하지요?

○**고위공직자범죄수사처차장 이재승** 3년차 검사 이상으로 뽑게 장벽이 낮아진다고 해서 저희가 신규 검사를 임용할 때 3년이 지난 검사들로만 채우겠다는 생각은 결코 아닙니다. 위원님들께서 지적해 주신 바와 같이 말씀하신 내용이 맞습니다. 저경력 검사가 들어왔을 때의 위험성에 대해서 저희도 충분히 인지하고 있기 때문에 위원장님께서 말씀하신 그런 내부 규정 같은 것을 두어서 경력이 없는 검사가 다수를 차지해서 공수처 수사에 있어서 오히려 국민의 신뢰를 떨어뜨리는 이런 방향으로 업무가 수행되지 않도록 저희가 최선을 다하도록 할 생각입니다.

○**서영교 위원** 그러면 5년으로 하시지요, 5년.

○**소위원장 김승원** 5년이요?

○**서영교 위원** 예, 판사처럼.

○**유상범 위원** 그런데 그런 식으로 내부 규정에 다른 제한을 두면 그 자체가 법 위반이라는 논란의 소지가 발생할 수밖에 없어요.

○**주진우 위원** 3년으로 제한하는 경우는 잘 없습니다. 다른 법체계로 보더라도 3년차면 너무 낮아요.

○**소위원장 김승원** 알겠습니다. 그러면 5년……

○**장동혁 위원** 이렇게 바꿨을 때 나중에 어떤 결과가 오는지 저희들은 입법자로서 책임을 져야 되니까요 기록을 남기기 위해서 표결하시지요. 저는 반대합니다.

○**소위원장 김승원** 그러면 앞으로도 계속 표결하겠습니다. 알겠습니다.

　5년 괜찮으신가요, 민주당 위원님들은?

○**서영교 위원** 예, 좋습니다.

○**소위원장 김승원** 5년은 어떠세요?

○**유상범 위원** 저는 5년은 찬성합니다.

○**소위원장 김승원** 예, 알겠습니다.

　그러면 의결하도록 하겠습니다.

　지금 수사처검사만 5년으로 바꾸는 겁니다. 처장과 차장은 현안 유지하고요.

○**이성윤 위원** 처장은 10년이고요?

○**서영교 위원** 예, 그대로 두고.

○**소위원장 김승원** 의사일정 제11항은 지금까지 논의한 바와 같이 수정한 부분은 수정한 대로, 그 외 부분은 원안대로 의결하고자 하는데 이의 없으십니까?

　(「예」 하는 위원 있음)

　(「이의 있습니다」 하는 위원 있음)

　이의 있으시고요.

　그러면 이의가 있으므로 국회법에 따라 표결하겠습니다.

○**주진우 위원** 5년안이지요?

○**소위원장 김승원** 5년입니다, 5년.

　먼저 찬성하는 위원님은 손을 들어 주시기 바랍니다.

　(거수 표결)

　내려 주십시오.

다음, 반대하는 위원님은 손을 들어 주시기 바랍니다.

(거수 표결)

내려 주십시오.

표결 결과를 말씀드리겠습니다.

재석위원 7인 중 찬성 6인, 반대 1인으로 가결되었음을 선포합니다.

이재승 차장님 수고하셨습니다. 이석하셔도 되겠습니다.

공수처에 거는 기대가 큰데요, 저희 국회에서도 공수처가 본연의 역할을 할 수 있도록 여러 가지 인력면이라든가 구조면에서 지원을 할 생각이 있습니다. 국민들의 신뢰를 받을 수 있도록 최선을 다해 주시기 바랍니다.

○**서영교 위원** 위원장님, 잠깐.

○**소위원장 김승원** 예.

○**서영교 위원** 아까 인력 수급이나 지금 사실 중요한 시기가 왔잖아요. 왔고 그런데 빨리 그 부분에 관한 논의를 해야 될 것 같습니다. 그래서 사실 오늘 같이 했으면 참 좋았을 것 같은데 지금 당장도 사람이 부족하고 그런 상황이기 때문에 보강할 수 있게 빨리 법안 논의를 했으면 좋겠습니다.

○**소위원장 김승원** 예, 그러겠습니다.

○**이성윤 위원** 얘기를 해 보십시오. 경력도 중요하지만 숫자 늘리는 게 중요하잖아요. 차장님께서 그것을 얘기해 보세요.

○**고위공직자범죄수사처차장 이재승** 예, 알겠습니다.

○**유상범 위원** 20명의 검사 숫자가 부족한 건 아니에요, 운영을 어떻게 하느냐의 문제지.

○**서영교 위원** 검사가 몇 명?

○**유상범 위원** 25명 아닙니까?

○**소위원장 김승원** 저희 법안1소위에 지금 한 400여 건의 법안이 있는데요. 저희도 빨리 검토를 해서 통과시키려고 사실은 이견이 없겠다 싶어서 이 부분을 원포인트로 올렸는데 1시간가량 논의하신 것 같습니다. 아무튼 저희도 공수처의 본연의 역할을 위해서 적극 지원할 수 있도록 노력하겠습니다.

수고하셨습니다.

---

12. 군사법원법 일부개정법률안(정성호 의원 대표발의)(의안번호 2200819)

(14시58분)

○**소위원장 김승원** 다음으로 의사일정 제12항 군사법원법 일부개정법률안을 상정합니다.

박동찬 전문위원님 보고해 주시기 바랍니다.

○**전문위원 박동찬** 보고드리겠습니다.

자료 2쪽입니다.

첫 번째, 재판권이 군사법원에 있지 아니한 사건의 이첩 절차 명시입니다.

개정안의 내용을 말씀드리면 개정안은 군검사의 직무에 재판권이 군사법원에 있지 아니한 범죄를 인지하여 이첩하는 과정이 포함된다는 것을 명시하고, 군검사와 군사법경찰관이 재판권이 군사법원에 있지 아니한 범죄를 인지한 경우 사건을 지체 없이 이첩할 것을 명확히 하며, 대검찰청·고위공직자범죄수사처·경찰청·해양경찰청이 재판권이 군사법원에 있지 아니한 범죄를 인지한 경우 군검사 또는 군사법경찰관에게 사건의 이첩을 요구할 수 있도록 하려는 내용입니다.

5쪽입니다.

검토의견을 말씀드리면 개정안은 이첩 절차를 명확히 함으로써 이첩 기관 간 협조가 원활히 이루어질 수 있는 기반을 마련하는 내용입니다.

다만 개정안 및 현행법은 재판권이 군사법원에 있지 아니한 범죄의 이첩 의무를 군사법경찰관에게도 부여하고 있으므로 이와 관련된 제44조도 함께 개정하는 방안을 고려할 필요가 있다고 보았습니다.

6쪽은 관계기관 의견입니다.

법원행정처는 입법정책적 결정사항이라는 의견과 법무부는 저희가 말씀드린 수정 내용과 동일한 군사법경찰관의 직무범위에 대한 규정도 함께 개정할 필요가 있다는 의견을 제시하였고, 국방부는 종합적으로 검토할 필요가 있다는 의견을 제시하였습니다.

두 번째, 7페이지입니다.

군검찰사무 지휘·감독 시 서면 지휘 원칙을 명시하는 내용입니다.

개정안은 국방부장관 및 각군 참모총장이 군검사에 구체적인 사건에 대한 지휘·감독 권한을 행사할 때 원칙적으로 그 목적과 내용, 이유가 기재되고 서명날인한 서면으로 하도록 하고, 긴급한 사정이 있는 경우 구두나 기타 전자적 방법에 의하되 이 경우에도 24시간 이내에 서명날인한 서면으로 작성하여 지휘·감독을 받는 자에게 교부하도록 하며, 국방부장관과 각군 참모총장이 수사와 공판 진행의 공정성을 위하여 소속 군검사가 직무를 수행할 때 독립성을 우선적으로 보장하여야 함을 명시하는 내용입니다.

페이지 9쪽입니다.

검토의견을 말씀드리면 개정안은 구체적 사건에 대한 국방부장관 및 각군 참모총장의 지휘·감독 권한이 일정한 절차에 따라 이루어지도록 하여 군검사의 독립성을 보장하고 수사 절차의 투명성을 제고하는 데 기여할 것으로 보았습니다.

관계기관 의견은 법원행정처는 입법정책적 결정사항이라는 의견이었고, 국방부는 종합적 검토가 필요하다는 의견이었습니다.

이상으로 보고를 마치겠습니다.

○소위원장 김승원 수고하셨습니다.

법률안 심사를 위해 국방부 김선호 차관께서 출석하셨습니다.

우선 국방부 김선호 차관님 기관 의견 말씀해 주시기 바랍니다.

○국방부차관 김선호 국방부차관입니다.

전체적으로 법 개정 취지에 동의하고, 두 가지 의견만 제시하겠습니다.

먼저 개정안에 제시되어 있는 민간 이관 범죄의 이첩 절차가 군검사의 직무에 포함되어 있는 내용으로 들어 있는데 법사위 전문위원께서 제기하신 대로 같은 내용의 군사법경찰관도 동일한 직무수행이기 때문에 군사법경찰관의 직무 범위를 규정하고 있는 군사법원법 제44조에도 동일한 내용을 포함시키는 것이 바람직하다고 의견을 제기하고.

두 번째는 수사의 독립성 보장을 위해서 지금 현재 개정안 제39조의2에 표시돼 있는

'독립성을 우선적으로 보장하여야 된다'라는 표현에 있어서 우선적이라는 표현의 명확성이 필요한 것 같아서 그것을 삭제하고 '독립성을 보장해야 된다'라는 내용으로 수정해서 의결해 주실 것을 건의드리겠습니다.

이상입니다.

○소위원장 김승원 차관님.

○법무부차관 김석우 법무부 의견 말씀드리겠습니다.

기본적으로 군사법원의 사건 처리에 관한 원칙과 절차를 보다 명확히 규정하고자 하는 개정안의 취지에 공감합니다. 그리고 전문위원 수정의견과 같이 44조의 군사법경찰관에 대한 직무범위에 이 부분을 포함하는 것에 대해서도 같은 의견입니다.

다만 약간 기술적인 부분이기는 한데 이 개정안에 대해서 제가 첨언하고자 하는 부분은, 그렇지 않아도 최근에 수사기관 간의 경합에 따라 이첩 의무가 많이 쟁점화되고 있는데 이 개정안은 이첩에 관한 중요한 내용을 다루고 있습니다.

현재 군사법원법 228조 3항에 보게 되면 군검찰이 사건을 진행하고 있는데 군사법원에 속하지 않는 사건일 경우에는 대검 등에 이첩하여야 한다라는 이 규정만 있습니다. 위원님도 아시다시피 성폭력 범죄라든지 사망에 이르게 한 범죄에 대해서는 일반 법원에 관할권이 있지 않습니까? 그래서 군사법원에 관할권이 없는 범죄에 대해서는 대검 등에 이첩하도록 한다는 규정이 현재까지 있는데 개정안 228조의3이 신설돼 가지고 기존에 있었던 군검찰의 이첩 의무는 1항으로 존치되면서 '지체없이'라는 말이 들어온 부분에 대해서는 저는 찬성하고요.

여기에서 주목할 점이 2항이 새롭게 신설됐는데 2항의 의미는 그 반대입니다. 대검 등 일반 수사기관이 군검찰이 수사권이 없는 부분의 수사를 하고 있는데 똑같은 사건을 군검찰이 하고 있을 때 이첩을 요구할 수 있는 규정이 들어 왔습니다. 그런데 228조의3 2항을 보시게 되면 규정이 이렇게 돼 있습니다. '대검, 공수처, 경찰청 또는 해양경찰청은 각 수사기관이 관할하는 사건으로서 재판권이 군사법원에 있지 아니한 범죄를 인지한 경우' 그러니까 군검찰이 관할권이 없는 사건을 대검 등이 인지한 경우입니다. '그 사건의 이첩을 군검찰 등에 요구할 수 있고' 이렇게 돼 있는데 여기서 빠진 부분이 '지체 없이 응하여야 한다'는 부분이 빠져 있고요. 그리고 제가 봤을 때는 기본적으로 이 표현 자체를, 문장을 맥락상으로 이해하기 쉽게 하자면 '대검, 공수처 등이 관할하는 사건으로서 재판권이 군사법원에 있지 아니한 범죄를 인지한 경우 동일한 사건으로 수사 중인 군검찰 등에게 그 사건의 이첩을 요구할 수 있고 군검찰 등은 지체 없이 따라야 한다'는 식으로 표현을 이해하기 쉽게 하는 쪽으로 하는 게 타당하다고 보여지고.

마지막으로 이 228조의3에서 의미가 있는 게 3항인데요. 3항은 종전에도 있는 규정입니다. 이첩받았을 경우에 기존 대검 등의 수사기관이 군검찰에 각종 수사영장 집행을 촉탁할 수 있다라는 규정이 있는데 228조의3이 신설되면서 3항은 그대로 들어왔는데, 보시면 아시겠지만 228조의3 3항을 보시게 되면 '제1항에 따라 이첩하는 사건에 관하여'라고 1항만 규정이 돼 있는데 사실 2항도 새롭게 신설된 부분이라 '제1항 및 제2항'이라고 2항이 추가될 필요가 있다고 판단됩니다. 그외의 부분은 특별한 의견은 없습니다.

이상입니다.

○소위원장 김승원 감사합니다.

차장님.

○**법원행정처차장 배형원** 법원행정처에서는 전문위원 보고처럼 입법정책적 결정사항이라고 판단됩니다.

○**소위원장 김승원** 위원님들 토론해 주시기 바랍니다.

우선 첫 번째, 재판권이 군사법원에 있지 아니한 사건 이첩 절차 명시에 대해서 우선적으로 토론해 주십시오.

○**유상범 위원** 이게 지금 개정안과 현행안 간에 차이가 뭐가 있는 건가요, 전체적으로 내용은 거의 대동소이한 것 같은데?

○**법무부차관 김석우** 크게 보면 두 가지, 첫 번째는 일단 지체 없이 응하여야 한다라고 하는 부분이 있고요, 지체 없이란 말이 들어왔고. 또 한 가지는 현행 규정에 의하면 군검찰이 사건을 수사하고 있는데 자체 관할이 없을 때 즉시 이첩한다라고만 돼 있고 반대의 경우 일반 검찰이 수사하고 있는데 그 사건을 군검찰이 하고 있는데 군검찰이 수사권이 없는 경우에는 이첩을 요구할 수 있어야 되는데 그 규정이 현재는 없는데 228조의3 2항으로 해서 그 규정이 들어온 겁니다.

그러니까 '지체 없이'가 들어왔고 일반 검찰이 이첩을 요구할 수 있고 응하여야 한다라고 하는 규정이 명문의 규정으로 들어온 게 두 번째 중요한 대목입니다.

○**유상범 위원** 그러면 지금 228조(군검사, 군사법경찰관의 수사) 이 규정은 다 삭제가 되는 건가요?

○**법무부차관 김석우** 228조 3항에 있는 현행 규정은……

○**유상범 위원** 1·2항 놔두고 3항, 4항, 5항을 다 삭제하고 별도의 조문으로 옮겨 놓는 거지요?

○**법무부차관 김석우** 예, 옮긴 겁니다.

그러니까 기존에 228조 3항에 있는 규정이 신설된 228조의3 1항으로 갔고요. 228조의3 2항이 신설된 규정인데 제가 말씀드린 것은 2항이 표현 자체가 좀 어색해서 개정할 필요가 있고 지체 없이라는 표현이 2항에 빠져 있어서 보완할 필요가 있다는 그런 취지였습니다.

○**유상범 위원** 그러니까 이게 제일 문제가 된 게 지난번에도 채 상병 사건에서 논의가 됐던 게 뭐냐 하면 군사법경찰관이 사망사건 또는 성폭행사건에 대해서는 수사권이 없다라고 이미 2조에서 규정을 하고 그러한 정황이 발견되면 지체 없이 이첩을 해야 된다 이렇게 규정이 돼 있잖아요. 그런데 그 관계를 확인하는 과정을 수사를 하는 경우는 이것은 불법적이라는 것이 저의 주장이었고 이런 부분에 대해서 정리가 돼야 될 것 같은데 군 내에서 그 부분 정리가 됐는지 모르겠어요, 차관님.

제일 중요한 게 사실은 우리가 이 법안을 만들 때 정신이 뭐였느냐 하면 그와 같은 사건에 있어서는 군에서 아예 그와 같은 정황이 발견되면 수사를 아예 하지 말고 사건기록을 바로 이첩하라고 이렇게 정리를 해 놨는데 내부규칙에서 보니까 군사법경찰관, 군검사가 그 부분을 사실관계 확인을 위한 피의자 신문조서, 참고인조서와 같은 실질적 수사행위를 하도록 군 내부에서 그렇게 만들어 놨어요. 이게 무슨 얘기냐 하면 군사법경찰이나 군검사가 자기들이 가지고 있던 실질적 권한을 내려놓기 싫어서 법의 취지와는 다른 형태로 규정을 만들어 놨습니다. 사실은 그렇게 봐야 되거든요.

그래서 그 부분이 정리가 돼야 되는데 그게 정리 안 된 상태로 이 규정만 그대로 유지하는 것은 아무 의미 없다고 보이거든요.

○**국방부차관 김선호** 지금 그 규정이 개정안 37조(군검사의 직무)에 그동안은 범죄 수사라는 용어로만 돼 있던 건데 거기에 '재판관이 군사법원에 있지 아니한 범죄를 인지하여 이첩하는 과정을 포함한다'라는 말을 포함해서 직무에 넣은 것이 아마 사건이 발생하고 군 내에서 그것을 이게 조사인지 수사인지 확인하는 과정에서 있었던 이것들에 대한 논란이 있었기 때문에 이 개정안은 그 과정에 있었던 이러한 일련의 절차들을 전체 수사의 과정으로 보고 그것을 이첩하여야 된다라는 것이기 때문에 향후 이것이 만약에 통과가 되게 되면 즉시 지체 없이 하지만 그 지체 없이라는 과정 속에서 이루어진 군사검찰의 확인 과정도 수사 과정의 일부가 될 수 있다라는 것으로 이 법률안은 명기가 됐고 저희들은 거기에 동의를 한 것입니다.

○**유상범 위원** 그렇게 되면 우리가 개정했던 재판권의 문제 이 조항은 충돌되는 문제입니다. 그때도 이게 분명히 논의가 됐거든요.

그리고 인지라는 개념은 우리가 수사기관에서 내부적으로 사건을 확인해 가지고 행정적 절차로서 인지하는 절차가 아니다, 그냥 정황이 있다는 사실을 확인했을 때 그 상황을 인지라고 표현한 건데 지금 군에서는 그게 군 내부에서 수사를 통해서 인지라는 내부의 수사 과정 절차를 거친 경우로 받아들여 가지고 수사가 이루어졌단 말입니다.

지금 원래 법 개정 취지는 경찰에서는 아예 그 부분에 관해서는 사망사건이 발생하였으면 기초 사실관계에 대한 리포트 형태로 정리하고 나서 사건을 이첩하라는 거지 내부에서 사실관계를 따지는 과정을 거치지 말라는 거거든요. 이 규정대로 하면 실제로 군사법경찰에서는 그대로 소위 변사사건 조사를 한다는 차원으로 하면서 사실관계 다 수사하고 그것이 보니까 사망사건이 되고 업무상 과실치사나 이런 게 되면 비로소 이첩하는 이런 과정을 진행하게 돼서 이미 기존의 문제점이 전혀 해결이 안 된다고 보입니다, 이렇게 하면.

○**국방부차관 김선호** 위원님, 저희가 사망사건도 일차적으로 관련된 기관들이 가서 관련된 사실을 인지했을 때 이것을 무조건 다 넘기는 게 아니고 그것이 범죄와 연관된 사연이 확인됐을 때 사건을 넘기고요. 현장에서 이것이 범죄하고 관련된 사망사건이 아닐 경우에는 관계관들의 의견에서 바로 그냥 그 자리에서 군수사경찰들이 수사를 이어 가거든요.

○**유상범 위원** 차관님, 보세요. 자살사건이 발생했다고 칩시다. 자살사건은 변사사건으로 치면 사인이 자살이기 때문에 부검하거나 해서 그냥 사인을 정리해서 내려보내는데 그다음부터 자살에 이르게 된 과정을 조사하는 것 그다음에 이 사람이 어떤 경위로 자살했고 누가 거기에 가혹행위에 있었냐 안 있었냐 이건 다 수사란 말이에요. 그런데 이 부분에 대해서 군경찰이 다 확인하고 하는 과정 속에서 2차 가해가 발생했던 거예요. 그렇지요? 이게 이예람 중사 사건에서 가장 큰 문제였거든요.

그러니까 이런 사건이 발생할 때도 그런 정황이 있다고 한다면 그 정황에 대해서 리포트를 해서 그냥 일반 경찰에서 수사하도록 해라 그게 그 법의 취지입니다. 그런데 이렇게 규정을 해 놓으면 인지한다라는 규정 자체에는 그 과정에 수사를 다 하라는 얘기로 지금 규정이 돼 있어 가지고 기존 군형법 2조와는 완전히 모순이 되거든요. 그래서 이 부분은 굉장히 복잡한 문제가 생깁니다, 이렇게 되면.

○**서영교 위원** 제가 의견을 조금 얘기할게요. 저는 의견이 전혀 다른데요.

이예람 중사 사건은 성폭행이 있었어요. 이것을 군에서 숨길까 봐, 그렇지 않습니까? 군에서 상관들이 성폭행을 했고 숨길까 봐 지체 없이 넘기자라고 하는 말이에요, 숨길까 봐. 그런데 이예람 중사가 왜 세상을 떠났는지를 조사하다 보니까 그냥 사망사건일 경우에는 군사법원에서 관할이 되지만 이 과정에서 이게……

금방 차관님이 말씀하신 것의 한 단어가 유상범 위원님과 다르게 들어가야 되는 게 뭐냐 하면 이 사망사건이 범죄행위일 경우가 인지되면 넘기라는 거예요, 범죄행위라고 하는 게 인지되면. 그러면 이게 범죄인지 아닌지를 인지하는 과정이 필요하다는 거예요. 범죄행위인지 아닌지 인지하는 과정을 군사법경찰이 수사를 했고 그 수사는……

군사법원법에 그렇게 나옵니다, 수사를 하다가 이게 범죄로 인한 사망인 게 확인되면 이첩해라. 그러면 손을 딱 떼면 이첩이 되는 게 아니잖아요. 그래서 당시에 만든 것이, 이예람 중사 사건 같은 경우에 왜 자살을 했나 따져 보니까 누군가 이 사람을 성폭행한 확인이 나왔고 그러면 이것을 바로 군사법원에 고위직들이 압력을 넣을 것을 대비해서 바로 경찰로 이첩을 하면서 대신 이첩하는 과정에 그전까지 이첩하는 서류에 정리를 하게 돼 있는 겁니다. 피해자는 누구였고 사건은 어떻게 된 경위이고 이 내용을 정리해서 이첩해야 되는 거예요. 그래서 정리해서 이첩할 수 있게 정리 이첩서류 양식까지 있었던 거고요.

그런데 이번에 채 해병 같은 경우에는 수사를 하는 과정 속에서 범죄행위가 확인이 되었어요. 확인이 되었고 이 확인된 걸 넘기는 과정에 바로 이첩서류에다 쓴 거예요. 이것은 또 다시 임성근 등이 자기가 아니라고 하는 경우가 생길까 봐 오히려 빨리 넘긴 경우가 돼서 아주 잘한 케이스라고 우리는 주장을 하고 있는 거지요.

그래서 여기서 이야기하듯이 이 내용을 보면서 범죄행위라고 하는 것이 '재판권이 군사법원에 있지 아니한 범죄를 인지하여 이첩하는 과정을 포함한다', 사실은 이게 군사법원법에 돼 있어요. 있음에도 불구하고 논란이 되기 때문에 이것을 한 번 더 정리해 가지고 온 것이기 때문에, 이게 범죄라고 하는 게 확실하게 인지되면 경찰이 수사해라라고 하는 내용이기 때문에 저는 이렇게 해서 가야 된다고 생각하고 이게 기존에 있던 것과 틀리지 않고 오히려 논란을 만들어 온 사람들이 있어서 이 부분을 확실히 하는 거다 이렇게 말씀드리고 싶습니다.

○**소위원장 김승원** 차관님, 저도 좀 질문드리겠습니다.

국방부차관님, 아무튼 군사법원 관할에 속하지 않은 죄 중에 여러 가지 유형이 있을 텐데요. 예컨대 성폭행을 당했다라고 신고한 경우에는 신고가 있으니까 바로 민간 검찰로 이송을 해야 될 것 같은데 그런 매뉴얼이 있습니까?

○**국방부차관 김선호** 지금 성 관련되는 것은 바로 사건의 개연성 이런 것 없이 바로 이첩하게 돼 있고요.

○**소위원장 김승원** 돼 있고요. 그다음에 아까 고 이예람 중사 같은 건은 예컨대 돌아가셨는데 이게 성폭행에 의한 건지를 우선은 봐야 될 것 아닙니까, 왜 돌아가셨는지를. 그러면 보고 유서에 성폭행 사실이 있으면 그것을 확인하고 나서 이첩을 한다든가, 그렇지요?

○**국방부차관 김선호** 예, 그런 확인 과정에서 범죄 사실이 인지가 돼서 이첩을 했던 것으로 제가 확인을 하고 있고요.

○**소위원장 김승원** 그렇습니다.

그다음에 사고 같은 경우에는, 사망사고가 저 때는 한 1년에 100여 건이 넘게 발생했는데 요새는 어떻습니까, 군인 사망사고가?

○**국방부차관 김선호** 사망사고가 있고 사망사고 관련돼서 발생을 하게 되면 관련된 기관들이 현장에 다 가서 이것들을 범죄 사실이 인지되는 사망사고로 될 경우에는 그 자리에서 바로 이첩을 하고요. 그런 것들이 인지되지 않은 사건이면 군이 그 사건에 대한 변사사건 처리로 하기 때문에 그 외에는 군에서 그 사건을 처리해서 종결하고 있습니다.

○**소위원장 김승원** 그러니까 이게 범죄인지를 알려면 일단 수사 내지는 조사를 하셔야 될 것 아닙니까, 사망사건 같은 경우에, 그렇지요?

○**국방부차관 김선호** 예, 맞습니다.

○**소위원장 김승원** 그리고 국방부나 군대 입장에서는 예컨대 보안시설이 있고 그런데 그것을 사망사고가 발생했다 그래서 무조건 출입을 허용하는 게 군대로서는 굉장히 큰 부담이 된다라고 해서 일단 1차 수사권, 1차 조사권을 군사법경찰한테 주는 것으로 알고 있는데 그것은 지금도 유지되는 것 아닙니까?

○**국방부차관 김선호** 맞습니다. 유지돼 있고 전체적으로 지금 기존에 있는 관련된 법규에 사법 절차를 적용하는 것도 사실은 크게 문제가 없는데 이번에 채 상병 관련하면서 그 과정에서 이첩에 대한 문제들이 나오면서 과정 속에 있는 것들이 국민적인 신뢰 이런 것들이 다시 제고가 필요하다는 것이 있었고 그런 것을 명확히 하는 차원에서 그 직무의 범위가 범죄를 인지하여 이첩하는 과정을 전체적인 내용에 포함되는 것이 부수적으로 들어갔기 때문에 저희는 그런 차원에서 포함이 되는 것에 대해 동의를 했습니다. 의견을 모아서 정의를 해 주시면 저희가 거기에 맞춰서 따르도록 하겠습니다.

○**소위원장 김승원** 37조와 228조의3이 개정안으로 된 거고 법무부차관께서 세밀한 부분까지 다 보완을 해 주셨는데 저는 조항 자체에 큰 문제는 없어 보이는데……

○**유상범 위원** 자, 보세요.

○**소위원장 김승원** 잠깐만요. 아까 다른 분이 손을 드셔서, 혹시 토론하실 위원님 계신가요? 저는 이 개정안대로 무리는 없을 것 같이 보이는데.

○**유상범 위원** 제가 말씀을 좀 드리겠습니다.

○**소위원장 김승원** 유 간사님.

○**유상범 위원** 군형법 2조 2항이 우리가 개정할 때 어떻게 됐냐면 군형법 제1조 1항부터 제3항까지 규정된 사람이 사망하거나 사망에 이른 경우 그 원인이 되는 범죄, 이 범죄에 대해서는 원천적으로 군사법경찰관의 수사권을 배제하고 있습니다. 즉 범죄로 사망했다는 게 아니라 사망하거나 사망에 이른 경우 그 원인을 찾기 위한 범죄 수사는 군사경찰에서 하지 마라는 겁니다. 지금 이렇게 규정이 되어 있거든요.

그런데 이 규정대로 의하면 '군사법원에 있지 아니한 범죄를 인지하여', 인지라는 개념 자체는 수사를 전제로 하는 개념입니다. 그래서 이 규정을 할 때 인지라는 것이 내부적인 수사절차 과정 속의 인지라는 것이 아니라 범죄로 인한 사망 정황을 발견하는 경우로 이렇게 인정해야 된다고 한 것이 그 당시 박주민 의원의 지적이었고 인지를 그렇게 받아들였습니다. 그렇게 해석해야만 군형법 2조 규정의 해석이 맞거든요.

　그런데 이 규정대로 하면 지금 차관님의 말씀도 그렇고 즉 사망이 발생하면 원인을 위한 수사는 해야 되는 것 아니냐, 범죄가 있는지 여부에 대해서. 그래서 범죄가 있으면 이첩한다 이런 얘기거든요. 그러면 여기 규정에서는 사망의 원인이 되는 범죄에 대한 수사를 아예 하지 마라고 규정을 하고 있는데 차관께서는 이 규정과 반대되는 얘기를 하시는 거예요. 그래서 이 규정이 문제가 있다는 겁니다.

○소위원장 김승원　아니, 그런데 37조 1항 1호의 괄호 안에 '범죄를 인지하여 이첩하는 과정을 포함한다'라고 해서 그런 우려가 있는 경우 이런 규정으로 보완을 이번에 개정안이 해 준 것 같은데요. 기존 것보다는 한 걸음 더 현실을 반영했다고 보여집니다만……

○유상범 위원　아니, 그러니까 제가 말씀드리는 게……

○서영교 위원　제가 한 말씀 더 드릴게요. 매번 서로 다른 것을 읽고 있는데 제가 딱 읽어 드릴게요.

　군사법원법 228조, 이것 한번 보셨어요?

○유상범 위원　그것은 좀 다른 거라고요. 그것 내가 옛날에도 말씀……

○서영교 위원　아니, 보세요. 군사법원법이…… 무엇이 다른 겁니까?

　군사법원법 228조를 딱 읽어 드릴게요. 그대로 읽어 드릴게요.

　'군검사와 군사법경찰관은 제286조에도 불구하고 범죄를 수사하는 과정에서 재판권이 군사법원에 있지 아니한 범죄를 인지한 경우', 딱 뭐라고 되어 있냐면 '범죄를 수사하는 과정에서'라고 되어 있는 거예요. '범죄를 수사하는 과정에서 재판권이 군사법원에 있지 아니한 범죄를 인지한 경우 그 사건을 대검찰청, 고위공직자수사처, 경찰청 또는 해양경찰청에 이첩하여야 한다'.

　제가 말씀드리잖아요. '범죄를 수사하는 과정에서' 그렇게 되어 있어요. 그래서 범죄를 수사한다고요.

○유상범 위원　아니, 그것은 무슨 말씀인가 하면 군사……

○서영교 위원　계속 대통령을 너무 보호하려고 그렇게 할 필요가 없어요.

○유상범 위원　아니, 도대체 무슨 말을, 여기에 대통령이 왜 나오냐고!

○서영교 위원　대통령이 격노해서 채 해병 건 관련해 가지고 그렇게 수사 외압한 것을 얘기하는 것 아니에요.

○유상범 위원　아니, 지금 이게 법률 문구를 해석하는 거지 여기에서 대통령 얘기가 왜 나와요?

○서영교 위원　여지껏 우리가 부딪힌 게 그것인데 뭘 그것을 계속……

○주진우 위원　서 위원님, 한번 들어 보세요. 그게 해석이 수사하는 과정이 그 해당 사건을 얘기하는 게 아니에요.

○유상범 위원　그 법률은 무슨 얘기인가 하면 군사경찰이나 군검사가 적법한 수사 권한이 있는 사건을 수사하는 중에 2조에 해당되는 재판권이 없는 사건을 발견한 경우에는 이첩하라는 얘기예요.

○주진우 위원　다른 사건을 수사하다가 발견된 경우예요.

○서영교 위원　이것은 범죄, 채 해병 사건이 재난을 하러 나갔어. 나갔다가 사망했어요. 그래서 이것을 수사하게 된 거예요. 이것을 수사하다가 범죄가 인지된 경우에는 이첩한

다 이렇게 된 거예요. 그래서 수사하는 경우가 들어 있는 거예요. 그럼에도 불구하고 수사하면 안 된다고 자꾸 이야기를 하니까 이 법안의 개정안이 나온 것 아닙니까?

○소위원장 김승원 알겠습니다. 그러면……

○유상범 위원 아니, 그 말 뜻을 그렇게 받아들이는 게……

○주진우 위원 그런데 그 조문 해석은 조금……

○서영교 위원 제가 한 가지만 질문할게요. 죄송합니다.

국방부차관님, 사망 사건이 발견됐어요. 채 해병 같은 경우가 발견됐어요. 사망 사건이 났고 모든 국민이 이야기합니다, '구명조끼만 입었어도 저 일은 없었을 텐데'. 이게 너무 자연스러운 얘기였어요. 그런데 구명조끼도 안 입혔단 말이에요. 그리고 저렇게 물살이 센 곳에 누가 넣었을까 이런 의문이 있어요.

그런데 어쨌든 사망 사건이 생겼어요. 그래서 이것을 군검찰이, 채 해병이 사망했으니까 바로 경찰이 들어와서 수사해야 합니까, 아니면 채 해병이 죽었는데 이게 도대체 어떻게 된 것인지 이것을 인지해야지 되는 겁니까?

자, 인지를 했어요. 그러면 이게 바로 넘겨야 되는 사건이라고 판단이 됐어요. 그러면 그냥 경찰이 들어옵니까, 아니면 넘겨주는 양식이 있습니까?

○국방부차관 김선호 이첩하는 양식이 있습니다.

○서영교 위원 이첩하는 양식이 있잖아요. 이첩하는 양식이 있다는 것은 수사하다가 이 사건이 그냥 사망 사건이 아니었네…… 모든 사망 사건을 다 이첩하는 게 아니에요. 아닙니까? 이게 범죄에 의한 사망 사건인 경우에 이첩하는 경우예요.

그래서 그것을 보다 보니까 '이게 그냥 사망이 아니었어. 이것 어떤 문제가 있어. 누군가의 책임이 있어'라고 했기 때문에 '그러면 이것을 이첩해야 돼', 그래서 이첩하는 양식이 있는 것 아닙니까? 그 양식에 맞춰서 이첩하라고 했는데 그러면 그것을 손도 안 대고 양식을 쓰지도 않고 어떻게 이첩을 하라는 거예요?

○유상범 위원 아니, 지금 양식이랑 무슨 관계가 있어요, 그 말은? 그 말이 아니라는 거예요.

○서영교 위원 이첩……

○유상범 위원 이첩을 위한……

○서영교 위원 인수인계서 있는 것 아세요, 모르세요?

○유상범 위원 아니, 당연히 이첩 서류는 있어야지요. 그런데……

○서영교 위원 인계서 있는 것 알아요, 몰라요?

○유상범 위원 들어 보세요.

○서영교 위원 아시지요?

○유상범 위원 이첩 서류는 당연히 있어야지요. 서류로 해야지요. 지금 그것 가지고 말하는 게 아니잖아요.

○소위원장 김승원 유상범 위원님 입장을 좀 정리해 주십시오.

○유상범 위원 지금 이 부분에 있어서 우리가 굉장히 어려운 부분이 있어요. 그러니까 우리가 이 법을 개정하면서……

지금 차장님이랑 차관님, 법안 보고 계시지요? 지금 이 논란이 된 부분이 경찰에서 사망의 원인이 된 범죄에 대한 수사 권한이 있느냐 없느냐가 논란이 됐지 않습니까? 그러면서 여러 가지로 인지해서 이첩하는 경우가 있으니까 그 당시에 수사단장은 '나 수사권이 있다'고 이렇게 주장을 했어요. 그런데 이 2조 규정에 의하면 사망 사건에서 원인이 되는 범죄에 대해서는 분명히 수사권이 없다는 것이 명확해졌습니다. 그런데 이 규정을 다시 이렇게 만들어 놓으면 이 규정 자체로 범죄를 확인할 때까지는 군사경찰에서 사망의 원인이 되는 범죄를 수사할 수 있게 만들어 놓은 규정이 되니까 제가 이게 모순이 발생한다는 것을 지적하는 겁니다.

○**서영교 위원** 제가 그러면 한 말씀만 더 드릴게요, 2조 얘기를 자꾸 하시니까요.

2조에 이렇게 써 있어요. '군인 등의 사망 관련'이 아니라 '군인 등의 사망 관련 범죄'라고 되어 있단 말이에요. 그러면 이게 범죄인 것을 확인해야 될 것 아니에요? 여기에 써 있기를 계속 그냥 사망 관련이면 넘기는 게 아니라 군인 등의 사망 관련 범죄 이렇게 되어 있단 말이에요.

○**유상범 위원** 그것 수사 못 한다니까.

○**서영교 위원** 그것을 범죄 인지를 확인해야 될 것 아니에요?

○**유상범 위원** 그러니까 범죄 인지를 확인하는데, 확인을 할 수가……

○**소위원장 김승원** 알겠습니다.

○**서영교 위원** 확인하는 과정까지는 군경찰이 해야 될 것 아니에요, 군검찰이?

○**유상범 위원** 확인을 하는데 제가 말하는 것은 범죄를 인지한다고 하는 것은 수사를 전제로 하는 개념인데 확인을 할 수 있지요. 여러 형태로 탐문이나 보고서로 확인을 할 수는 있지만 피의자 조사를 하거나 참고인 조사와 같은 수사의 과정을 거쳐서 인지하는 것은 있을 수가, 안 되는데 지금 현재는 이것을 전제로 하기 때문에 문제가 된다는 거예요.

○**서영교 위원** 아니, 군인의……

○**소위원장 김승원** 잠시만요. 알겠습니다. 그래서……

○**서영교 위원** 군사법원법 2조……

○**소위원장 김승원** 잠시만요.

○**서영교 위원** 제가 지금 이 자료에 있으니까 딱 읽는데 2항의 1. 성폭력 관련 범죄, 2. 군인 등의 사망 관련 범죄, 범죄라는 것을 확인하려면 군경찰·군검찰이 이것을 수사하는 과정 속에서, 그래서 이게 228조로 연결되는 거예요. 이것을 수사하는 과정 중에 범죄가 확인된 경우에는 이첩한다 이렇게 되어 있는데……

○**소위원장 김승원** 알겠습니다. 아무튼 서로 의견이 다른 것은 확실하게 제가 알겠고요.

○**서영교 위원** 아니, 이것은 의견이 다른 게 아니라요.

○**소위원장 김승원** 아니, 서로가 다른 것은 제가 확실하게 알게 된 것 같습니다.

○**유상범 위원** 의견이 다르다는 얘기예요.

○**서영교 위원** 2조가 여기 나와 있으니까 다시 한번 정확히 읽어 보세요. 거기에 쓰여 있는 것 말고 2조 여기에……

○**유상범 위원** 여기 있어, 보고.

○**소위원장 김승원** 그러면 전현희 위원님께 토론 기회 드리겠습니다.

○**전현희 위원** 사실 이 사안이 채 해병 사건에서 박정훈 대령이 수사를 할 수 있는 권

한이 있느냐 이런 부분과 관련되어 있는 사안이라고 생각합니다.

그런데 저도 만약에 군대 내에서 사망 사건이 발생을 했을 때 이것이 자연사인지 변사인지, 아니면 범죄로 인한 사안인지 아니면 성폭력, 기타 여러 가지 그런 재판권이 없는 사안인지는 처음에는 알 수 없다고 생각을 해요, 일단 사망이 발생하면. 그렇기 때문에 거기에 대해서 군경찰이 당연히 수사를 해야 되는 거고 그러한 수사에 있어서 권한은 있다. 그런데 그렇게 수사를 하는 도중에서 이게 군사법원 재판권이 없는 경우에는 지체 없이 이첩을 하라 그런 규정으로 이해가 되고요.

그렇기 때문에 기본적으로 그러한 재판권이 없는 범죄인지를 인지하는 것까지는 군경찰이 수사를 해야 할 필요성이 있고 권한이 있다 이렇게 생각합니다.

○소위원장 김승원　예, 맞습니다.

○전현희 위원　그래서 그런 것을 확인하는 의미가 있다고 생각하고.

아까 법무부차관께서 몇 가지 지적을 하셨는데 2항에 '지체 없이' 넣는 것 이게 필요하다 생각이 들고요.

○소위원장 김승원　예, 그렇습니다.

○전현희 위원　그다음에 3항에는 '1항 및 2항'이라고 이렇게 지적을 하셨는데 제가 보기에는 오랜만에 아주 법률적으로, 법리적으로 잘 지적을 하셨다……

○소위원장 김승원　잘 보완해 주셨습니다.

○전현희 위원　예. 보완해 주셨다 생각합니다.

○소위원장 김승원　알겠습니다.

그래서 여기 개정안 37조 1항 1호에 '범죄 수사' 하고 괄호 열고 '재판권이 군사법원에 있지 아니한 범죄를 인지하여 이첩하는 과정을 포함한다'라고 넣은 것 아니겠습니까?

○유상범 위원　아니, 그러니까 문제는 그래 놓으면……

○소위원장 김승원　지금 채 해병 사건 같은 경우에……

○유상범 위원　지금 그렇지가 않지요. 범죄 수사라고 인정을 해 버리잖아요. 그런데 2조에서 보면……

○소위원장 김승원　그것을 포함한다라고 되어 있어서……

○전현희 위원　인정을 해야지요, 당연히.

○이성윤 위원　인정을 해 줘야지요. 조사나 수사권이 있냐고 싸웠잖아요.

○소위원장 김승원　그런데 이것보다 더 나은 대안이 있습니까? 저는 대안을 주시지 않으면 이것대로 표결하도록 하겠습니다.

이성윤 위원님 말씀해 주세요.

○이성윤 위원　저도 이게 '재판권이 군사법원에 있지 아니한 범죄를 인지하여 이첩하는 과정을 포함한다'…… 지난 채 해병 사건, 우리 공청회에서도 많이 봤지 않습니까? 이게 수사권이 있니 없니 해 가지고 거의 매 청문회마다 다퉜는데, 저는 서영교 위원님 말씀이 백번 옳다고 생각하고요. 이렇게 가야 된다고 봅니다.

다만 법무부차관이 말씀한 것처럼 228조의3 2항 문구는 좀 다듬을 필요가 있고요. 그다음에 39조의2(지휘·감독의 원칙)은 서면 지휘·감독에 대해서 국방부는 뭐라고 했냐면 구체적인 지휘·감독 방식 관련해서는 법률에서 정하고 있지 아니하는 점, 수사 업무의 신속성·다양성, 국가 안전 보장과 국토방위라는 목적에 비추어 다른 조직과 달리 엄격한 상명하복, 신속한 명령 하달 체계를 요하는 군 조직의 특수성, 그래서 이런 서면 지휘·감독 원칙은 부정적으로 말씀하셨거든요.

차관님, 이 원칙, 이 이유 때문에 오히려 더 서면으로 해야 되지 않을까요? 검찰도 검사동일체 원칙 때문에 이런 문제가 많이 발생했고 2004년에 검사동일체 원칙을 폐지했고 거기에다가 뭐가 들어갔냐면 이의신청권이 들어갔어요. 이의 제기할 수 있다고 넣었거든요. 군사법원법은 이의 제기할 수 있다가 없지요?

그런데 이렇게 엄격한 상명하복 관계에서 지휘를 하면, 이번 채 해병 사건에서도 문제가 되는 것이 서면에 의해서 지휘를 했으면 아무런 문제가 안 생겨요. 대통령부터 시작해서 국방부장관, 사령관들이 제대로 서면 지휘했으면 이런 논란이 생기지 않았을 겁니다.

그래서 저는 이렇게 군 조직의 특수성상 엄격한 상명하복 관계가 있고 이런 명령 하달 관계에서 보면 서면 지휘·감독 원칙이 맞다 이렇게 생각합니다.

○**장동혁 위원** 저도 마지막으로 의견 제시하겠습니다.

오늘 채 해병 사건을 가지고 지금 이 조문에 대해서 논의하는 것은 저는 크게 의미가 없다고 생각합니다. 채 해병 사건으로 돌아가 보면 작업을 하다가 군인이 사망했습니다. 그러면 자연사도 아닐 것이고요. 자살도 아닐 것입니다.

그러면 몇 가지 간단한 조사만 하면 그것이 업무상 과실에 의한 것인지 고의에 의한 것이든 범죄에 의한 것이라고 하는 것은 명백하게 밝혀질 것입니다. 자연사도 아니고 자살도 아니라면 저는 범죄에 의한 것이기 때문에 간단한 조사를 마치고 그 단계에서 바로 사건을 이첩하는 것이 맞다고 봅니다.

그런데 더 많은 수사를 진행하고 피의자까지 거의 인지해서 적시하는 과정이 있었기 때문에 사실 이 사건이 논란이 되는 것입니다. 그게 범죄에 의한 것인지 자연사인지 아니면 자살인지를 판결하는 것이 그렇게 어려운 사건이었습니까?
충분히 간단한 조사로 판단이 가능하고 그 단계에서 이첩했더라면 지금 이런 논란도 없었을 것입니다.

그런데 어떤 사건을 발견했을 때 그것이 범죄에 의한 것인지를 확인하기 위해서는 좀 더 많은 시간과 조사가 필요한 경우도 있을 것이고요. 그 조사 과정을 조사로 표현할지 수사로 표현할지에 대해서는 조금씩 견해가 다를 수 있다고 생각합니다.

그러나 어느 정도 이게 범죄에 의한 것인지 충분히 확인이 됐음에도 불구하고 그 이후로 계속 수사를 아니면 조사를 진행한 것이 그게 조사든 수사든 문제되는 것이고.

저는 그것은 상대적인 것이기 때문에 이 법문에 관해서는 특별한 의견이 없지만 채 해병 사건의 경우에는 어찌 되었건 범죄라고 하는 것이 충분히 판단될 만큼 조사가 이루어졌음에도 그 이후에 너무 많이 조사 내지는 수사가 진행되었고 너무 많은 것들을 적시해서 이첩하려고 했기 때문에 사실은 본질적으로 이 문제가 발생했다는 것입니다.

그래서 저는 이 법문 자체에 대해서는 이견이 없고 채 해병 사건을 바라보는 관점에 있어서는 그런 관점의 차이가 있기 때문에 그 관점의 차이는 그대로 남겨 두고 이 법안은 법안대로 심사를 했으면 좋겠습니다.

○**유상범 위원** 그러면 제가 차관이나 차장한테 한번……

○**소위원장 김승원** 정리 좀, 대안이 없으시면 못 줘요.

○**유상범 위원** 아니, 대안을 내가 낼게요.

차관이랑 차장께 한번 물어볼게요.

지금 군사법원법 2조에 규정된 내용에 의하면 사망에 이른 경우 그 원인이 되는 범죄에 대해서는 군사법경찰관의 수사권이 없다는 것은 명확하게 드러나 있지 않습니까?

행정처 차장님, 보고 계세요? 한번 좀 봐 보세요.

○**법원행정처차장 배형원** 예, 보고 있습니다.

○**유상범 위원** 차관님이 답변하실래요?

○**법무부차관 김석우** 예, 법문상으로는 그렇습니다.

○**유상범 위원** 법문상으로는 그렇지 않습니까.

그런데 만일 '범죄 수사'라고 하고 여기서 '재판권이 군사법원에 있지 아니한 범죄를 인지하여 이첩하는 과정을 포함한다' 그러면 지금 이 규정 자체로 군검사나 군사법경찰관의 그 사건, 사망의 원인이 되는 범죄 사건 수사를 정당화시켜 주는 규정이 돼 버려요. 그러면 모순이 발생하지 않겠습니까?

어떻게 생각하세요?

○**국방부차관 김선호** 지금 위원님 말씀하신 것에 뭐…… 제가 생각하기에는 그런 것들의 문제점 때문에 228조의3에 '지체 없이 그것을 이첩한다'는 것을 법안에 이미 넣었기 때문에……

○**유상범 위원** 아니, 이것은 굉장히 중요한 부분입니다. 왜냐하면 대상 범죄 재판권을 아예 없애 가지고 군검사나 군사법경찰에게 수사권 자체를 배제시켰는데 이 37조 조항을 보면 범죄 수사로서 인지할 때까지는 범죄 수사를 할 수 있다고 인정해 버리는 격이거든요.

그래서 저는 228조의3으로 가는 건 전혀 문제가 없고 동의합니다. 다른 규정도 동의하는데, 만일 여기에 굳이 '이첩하는 과정을 포함한다'고 규정하게 되면 이 과정 속에서 범죄 수사를 하도록 인정하는 규정이 돼서 이것은 군사법원법 2조와 모순되기 때문에 이 규정을 삭제해야 된다고 저는 생각을 하거든요. 그래서 삭제하는 게 맞다.

그래서 두 분에게 한번 물어볼게요.

○**법무부차관 김석우** 저는 개인적으로 이 부분을, 사망하거나 사망에 이른 경우 그 원인이 되는 범죄 자체는 기본적으로 군검찰의 수사권은 없습니다.

그런데 여기서 말하는 37조 1항 1호의 괄호 안에 있는 것은 '재판권이 군사법원에 있지 아니한 범죄를 인지하여'라고 돼 있으니까 어떻게 보면 군검찰이 범죄의 단서를 확인하면 그때부터 수사를 중단하고 이첩을 해야 되는데, 그 과정을 설시한 것이라고 저는 그렇게 이해를 했습니다. 그러니까 수사는 할 수 없다 하더라도 단서를 확인했으면 바로 이첩하는 걸로 그렇게 이해했습니다.

○**소위원장 김승원** 예, 저도 그렇게 이해를 했습니다.

○**유상범 위원** 그러니까 이 인지가 우리가 일반적으로 절차에서 문제가 발생한 범죄 인지 절차를 지금 상정하고 있기 때문에, 그렇다면 차라리 '범죄의 단서를 발견한 경우' 이렇게 바꾸면 모르겠지만 이렇게는 위험하다는 거지요.

○**법무부차관 김석우** 예, 단서를 확인하는 그 정도로 이해를 했습니다.

○**이성윤 위원** 아무런 문제가 없을 것 같은데요?

○**서영교 위원** 제가 한 말씀만 더 드릴게요.

○**소위원장 김승원** 잠시만요, 지금 전문위원께서 여러분들이 주신 의견을 반영한 수정안을 마련했는데요.

○**전문위원 박동찬** 저희가 지금까지 논의한 것을 다 반영한 건 아니고요, 사전에 저희가 국방부랑 부처랑 협의해서 아까 말씀하신 2항 추가하고 일부 자구 수정한 정도의 의견이고요. 지금 말씀하신 내용들은 결정이 되면 저희가 여기서 또다시 보완을 해야 됩니다.

○**소위원장 김승원** 배포를 해 드리시고요.

지금 두 번째까지 다 토론이 됐는데, 달라진 것을 한번 좀 말씀해 주시겠습니까?

○**유상범 위원** 차라리 이렇게 하면 어떻겠습니까? '재판권이 군사법원에 있지 아니한 범죄의 단서를 발견하여 이첩하는 과정', 이 정도라면 좀 더 명확하지 않겠어요?

○**법무부차관 김석우** 저도 그런 취지로 이해를 했습니다, 이 취지는.

○**법원행정처차장 배형원** 저도 보충적으로 말씀을 드리면 유상범 위원님이 걱정하시는 것은 인지라는 용어 자체가 입건의 일환으로서 인지를 생각하다 보니까 수사권이 있다라는 걸 전제로 해서 말씀하신 것 같고요.

여기서 말한 인지가 그런 인지 처분과 관련된 것이냐라고 봤을 때 이를 발견하고, 그러니까 순수한 국문의 의미로서의 인지라고 한다면 용어를 좀 바꿔서 '단서를 발견하고' 또는 그냥 '발견하고' 이렇게 표현하게 된다면 오해의 여지는 좀 없을 것같이 보입니다.

○**소위원장 김승원** 배포하신 것 한번 보시겠습니까?

잠깐만 설명을……

○**전문위원 박동찬** 예, 배포한 자료 설명드리겠습니다.

이것은 아까 말씀드린 대로 저희가 지금 논의 과정에 있는 것을 다 반영한 것은 아니고요, 사전에 저희가 부처랑 협의해서 논의된 내용을 집어넣은 내용입니다.

먼저 첫 페이지 보시면, 군검사의 직무에 대해서는 지금 말씀하신 내용이 아니고 원래 개정안의 내용이 반영돼 있고요.

두 번째, 39조의2(지휘·감독의 원칙)에 대해서는 저희가 그 조문의 인용 조문을 좀 명확히 하고 일부 자구를 수정하였습니다.

그래서 말씀드리면 39조의2 1항, '38조 단서와 39조 단서에 따라 국방부장관, 각 군 참모총장이 구체적 사건에 관하여 각 군 참모총장과 국방부 검찰단장 또는 소속 검찰단장을 각각 지휘·감독하는 때에는 목적, 내용, 이유를 기재하고 서명날인한 서면으로 한다. 다만 긴급한 때에는 구두나 전자적 방법으로 할 수 있고 이 경우 지휘·감독한 때부터 24시간 이내에 서면을 교부하여야 된다'라고 정리를 했고.

2항에서는 아까 부처에서 말씀하신 대로 '국방부장관과 각 군 참모총장은 수사와 공판 진행의 공정성을 위하여 소속 군검사가 제37조제1항의 직무를 수행할 때'에서 '우선적으로'라는 말을 삭제하고 '독립성을 보장하여야 한다' 이렇게 정리했습니다.

그리고 44조(군사법경찰관의 직무범위)도 앞에서 개정안과 같이 '수사'의 괄호에다가 내용을 추가하였습니다.

그리고 3페이지입니다.

228조의3의 경우에는 '지체 없이'라는 문구를 개정안과 같이 추가하였고, 이 안에 대해서는 개정안과 동일한 내용인데 아까 논의 과정에서 '지체 없이'라는 문구를 추가하자는 법무부차관님의 말씀이 있으셨고.

그다음에 4쪽입니다.

3항에는 1항뿐만 아니라 2항의 경우에도 이첩이 되기 때문에 그것에 대한 내용을 추가하였습니다.

그리고 부칙 같은 경우에는 개정안에 '공포 후 6개월이 경과'로 되어 있기 때문에 동일하게 정리하였습니다.

○**소위원장 김승원** 일단 기관 간의 협의에 의해서 개정안보다는 좀 더 보완된 수정안입니다. 그것을 중심으로 해서 봐 주시고.

그다음에 아까 37조 1항 1호, 인지냐 범죄 단서 발견이냐에 대한 논의가 있었는데요 이것은 제가 볼 때는 위원님들 간의 차이가 커서 표결을 해야 될 것 같습니다. 왜냐하면 범죄를 인지…… 이게 지금 채 해병 사건 관련된 박정훈 대령이 인지까지는 확인하고 이첩했다고 저는 보거든요. 저희가 그것을 이해하고 그것이 맞다라고 하는 입장이라 저희는 인지하고 꼭 해야 될 것 같다는 생각이 듭니다.

○**소위원장 김승원** 이성윤 위원님 토론하시지요.

○**이성윤 위원** 차관님, 이게 수사 현실을 반영한 부분인데요. 재판권이 군사법원에 있지 않는 범죄를 인지하여 이첩할 때 그 양식이 따로 있잖아요?

○**국방부차관 김선호** 예, 현재는……

○**이성윤 위원** 그 양식의 제목이 뭐라고 돼 있습니까?

○**국방부차관 김선호** 인지사실통보서로 제가 알고 있습니다.

○**이성윤 위원** 그렇습니다. 현실을 반영한 겁니다. 그렇기 때문에 이게 전혀 모순되지도 않고요 현재 수사 방식에도 딱 맞는 거라서 저는 이 문구대로 가도 아무런 문제가 없다고 생각합니다.

○**소위원장 김승원** 그래서 그 부분은 간사님께서 현실이 좀 그렇다는 걸 반영해 주셔서……

○**장동혁 위원** 그런데 실무가 그렇다 하더라도 그것은 법문에 따라서 국방부에서 실무를 처리하면서 내부적으로 실무 규정을 그렇게 만들어 놓은 것이고요. 그렇기 때문에 법문이 역으로 돌아가서 인지를 포함한다거나 수사를 할 수 있도록 한다고 하는 것은 저는 본말이 전도된 거라고 생각을 합니다.

따라서 이 논란을 없애려면 적어도, 예를 들면 '재판권이 군사법원에 있지 아니한 범죄임이 확인되어 이첩하는 과정을 포함한다'라든지 그러면 저는 충분하다고 생각합니다. 굳이 왜 여기에 논란이 되는 '인지'를 넣어야 되는지…… 군사법원에 있지 아니한 범죄임이 확인되면 이첩하라는 것 아닙니까? '범죄임이 확인되어 이첩하는 과정을 포함한다' 그러면 저는 충분히 이 문제는 해결된다고 생각합니다.

○**주진우 위원** 법률의 체계정합성에서 보더라도 용어 통일이 필요하거든요. 그런데 지금 인지라고 하는 것은 그 의미에 저희가 크게 이견이 있는 게 아니라 인지라는 용어는 수사를 통해서 입건한다는 의미가 포함돼 있고 계속 그렇게 써 와서 이게 그렇게 해석될 수가 있는 겁니다. 그러니까 범죄 수사 대상이 아예 되지 않는 것인데 마치 수사를 통해서 범죄가 인지됐다는 걸로 오독될 수가 있기 때문에…… 같은 표현이더라도 범죄를 확

인했다든지 범죄 단서를 발견했다든지 사실상 국어적으로는 같은 의미거든요. 그 점을 좀 명확히 할 필요가 있다는 거지요. 형사소송법이나 다른 데서의 인지는 다 수사권이 있는 것을 수사해서 입건한다 이런 의미로 계속 쓰이고 있어요. 이러니까 용어에 있어서 인지가 문구상으로도 좀 모순이 생긴다 이런 점을 얘기하는 거거든요.

○이성윤 위원 전혀 없는데……

○서영교 위원 제가 의견 제시하겠습니다.

여러분, 이예람 중사 같은 경우에 군검찰이나 이런 사람들이 자기네 군인들을 보호하고 숨기려고 한 경우에요. 이게 '숨기지 말고 빨리 넘겨라'라고 하면서 만들어진 거라고요. 그러면 숨기지 말고 빨리 넘기라는 것은 그 범죄를 제대로 인지하라는 뜻이에요. 그게 누군가에게 성폭행이 있었다는 것까지는 확인을 해라. 그런데 이 사람이 죽었다면, 너희들에게 맡겨 놓으면 아무래도 그 위에 있는 장군이든 누구든 처벌 안 하겠구나 해서 넘기라는 거였어요.

그리고 채 해병 같은 경우에는 대장이 '구명조끼만 입히면 됐는데 왜 안 입혔어?', 중대장이 구명조끼 안 입힌 것만 문제인 줄 알았던 거예요. 그러면 그렇게 하고 넘기면 되는 거예요. 그런데 이 중대장은 왜 구명조끼를 안 입혔어요? 거기 물에 들어가면 안 되는데 자꾸 물에 들어가게 하라는 지시가 있었으니까. 중대장을 보다 보니까, 대장을 보다 보니까 그다음 사람이 나오게 된 거예요. 그다음 사람은 '제가 그런 게 아니라 위에서 자꾸 물에 넣으라고 한 거예요'라고 하는 게 나오게 된 거예요.

그다음에 제가 저기다 띄우고 싶은데, 이예람 중사 때도 만들어진 게 이게 누군가 범죄자가 있구나라고 하면 더 이상 이 범죄자를 군인들이 숨기지 못하게 하려고 넘겨라라고 하면서 만들어진, 이 넘기는 양식에 대해 제가 질문해 볼게요.

차관님, 그게 뭐라고 써 있다고요? 인지통보서라고 돼 있지요?

○국방부차관 김선호 예, 그렇게 알고 있습니다.

○서영교 위원 인지통보서라고 돼 있어요. 여러분 안 보고 싶었는지 몰라도 인지통보서라고 돼 있고요. 그 인지통보서에는……

장동혁 위원님이 꼬리가 몸통을 흔든다 그러는데 원래 몸통이 이렇게 하게 만들어 놨던 거예요. 몸통에 의해서 인지통보서가 만들어졌고.

인지통보서 또는 사건인계서라고 두 가지 양식이 있습니다. 인지통보서, 사건인계서 이렇게 두 가지 양식이 있어요, 원래 만들어진 법에 의해서.

사건인계서, 인지통보서에는 뭐뭐 쓰게 되어 있습니까? 차관님, 혹시 아십니까?

○국방부차관 김선호 제가 세부적인 구성 항목은 모르는데요, 그 사건의 전체적인 개요하고 인지된 범죄 사실 내용들을 기록하는 걸로 알고 있습니다.

○서영교 위원 우선 그렇게 말씀 듣고요.

법무부차관님, 혹시 인지통보서나 사건인계서에 뭐뭐 쓰라고 되어 있는지 아십니까?

○법무부차관 김석우 그 부분을 제가 본 적이 없어서 잘 모릅니다.

○서영교 위원 법원행정처 차장님, 뭐뭐 쓰라고 되어 있는지 아십니까?

○법원행정처차장 배형원 저희도 알 수는 없습니다.

○서영교 위원 '이게 범죄인 걸 인식하게 되면 이첩하세요' 그러면서 거기다가 죄명, 피의자, 사건 개요, 증거품, 서류 목록, 인계 이유, 기타 참고사항, 사건 담당자 이렇게 쓰게

돼 있어요. 제가 띄워 볼까요? 이 내용은 저희가 같이 공유를 해도 좋은데, 원래 이렇게 되어 있는 거예요, 이것은.

○**소위원장 김승원** 정리해 주시지요.

○**장동혁 위원** 저는 지금 서영교 위원님 말씀하신 것 자체에 문제가 있다고 보는 거예요.

채 해병 사건의 경우에 구명조끼를 입히지 않은 게 문제다, 이것은 누군가의 과실에 의해서 사고가 발생한 거다라고 하면 그 자체로 넘기면 됩니다. 그런데 조사하니까 누가 나오고 또 누가 나오고, 그러면 이것을 다 조사하지 않으면 이만큼 관련자가 있을 수 있는데 혹시 누가 빠져나갈까 봐 내가 다 조사해서 수사해서 넘겨야 되겠다라고 하는 것 자체가 저는 잘못됐다는 것이고요.

저는 인지든 상관없습니다. 그러나 아까 유상범 위원님께서 그런 문제 제기를 하셨고 그 부분에 대해서 나름 경청할 만한 합리적인 부분이 있기 때문에 '범죄임이 확인되어 이첩하는 과정을 포함한다'라고 하면 저는 뭐가 문제가 되는지를 잘 모르겠어요.

○**서영교 위원** 제가 말씀드린 건……

○**소위원장 김승원** 아니, 위원님들 의사는 좀 확인이 됐으니까……

○**서영교 위원** 아니, 한 말씀만 드릴게요.

숨기지 말게 하기 위해서 이첩하라는 거예요. 군검찰이 수사하면 안 된다는 게 아니라 높은 자들이 거기에 관여해서……

○**장동혁 위원** 그것에 대해서 다 동의합니다. 그것에 대해서 이견도 없고요.

○**주진우 위원** 그런데 무한정 수사할 수 있다는 거지요, 그러면.

○**장동혁 위원** 그러니까 무한정 수사하지 말라는 뜻입니다.

○**서영교 위원** 관여해서 억압하기 때문에 그것을 막기 위한 이첩인 거예요.

○**이성윤 위원** 이렇게 해도 아무 문제 없습니다. 그것은 말장난이지, 그런 것 가지고……

○**서영교 위원** 그러면 여기에서는 누가 끼어 있느냐라고 하는 것까지 보고 이것은 이첩해야 되겠구나 해서 거기까지 해서 이첩을 하게 되는 겁니다.

○**소위원장 김승원** 알겠습니다.

○**서영교 위원** 수사하는 과정에 범죄가 확인되어서.

○**장동혁 위원** 거기는 의견이 다르니까요.

○**소위원장 김승원** 알겠습니다.

사실 오늘 심사하는 법안들은 크게 이견이 없을 거라고 생각하고 심사를 시작했는데 이 건도 굉장히……

○**유상범 위원** 위원장님, 이것은 우리가 무슨 표결로 해서…… 찬반을 얘기하는 게 아니라 문구 정리를 하는 건데 이것을 가지고 표결을 한다든가 이런 식으로 가 버리면 굉장히 곤란하다고 생각하고.

○**서영교 위원** 아니, 문구에는 장동혁 위원도 아무 문제 제기 없다는 것 아닙니까?

○**소위원장 김승원** 아니, 그런데 이것은 저도 채 해병 사건이 관련되어 있기 때문에 양보라든가 이게 좀 안 될 것 같습니다.

○**유상범 위원** 아니, 지금 채 해병 사건과 무슨 관계가 있어요?

○**주진우 위원** 법률은 범용적으로 되어야 되는 거예요.

○**소위원장 김승원** 그래서 표결하도록 하겠습니다.

○**유상범 위원** 아니, 문구 하나 가지고 지금 표결하자는 거예요? 나머지 부분에 대해서는 다 찬성을 하잖아요.

○**소위원장 김승원** 아니, 민주당 위원님들은 '인지'를 지금 강력히 주장하시고 국민의힘 위원님들은 '인지'가 아니다, '단서'라든가 '확인'으로 바꾸시자는 건데 서로 양해가 안 되지 않습니까?

○**유상범 위원** 아니, 지금 정부 기관에서도……

○**소위원장 김승원** 그리고 다음 법안도 또 심사를 해야 됩니다.

○**유상범 위원** 알았으니까, 법원행정처 차장도 지금 이 부분에 대한 오해의 소지가 있다면 단서를 발견하여 이첩하는 것으로 이렇게 대안을 제시해 줬잖아요.

○**이성윤 위원** 아니, 이렇게 가도 아무 문제가 없다고 말씀하시잖아요. 그런데 무슨 이렇게……

○**유상범 위원** 아니, 그것은 차관은 자기는 이렇게 이해했다는 거고.

○**소위원장 김승원** 죄송합니다. 이것 표결하겠습니다.

　　의결하도록 하겠습니다.

　　의사일정……

○**유상범 위원** 이것 언제부터 이런 식으로, 계속 그럴 거예요? 갑자기 이래.

○**소위원장 김승원** 아니, 안 되지 않습니까? 지금 다음 법안도 심사를 해야 되는데요.

○**장동혁 위원** 하고 싶은 것 그동안 계속 표결해 가지고 다 통과시켰는데요 뭐.

○**소위원장 김승원** 의사일정 12항은 지금까지 논의한 바와 같이 수정한 부분은 수정한 대로, 그 외 부분은 원안대로 의결하고자 하는데 이의 없으십니까?

　　(「이의 없습니다」 하는 위원 있음)

○**유상범 위원** 그러면, 잠깐만요. 그러면 이렇게 합시다.

　아니, 이 인지에 대해서 수사 과정의 입건 절차로서의 인지가 아니다라는 것을 명확하게 국방부차관이 인정을 하셔야 돼요. 그리고 그렇지 않다는 것은 여기 이 자리에 있는 법무부차관이나 행정처 차장도 그 인지를 수사 과정에서 입건 절차로서의 인지로 보면 안 되고 수사의 단서를 발견한 사실상의 개념으로 봐야 된다는 것은 동의가 되어야 됩니다. 그렇지 않으면 이 법체계가 지금 안 맞거든요, 2조랑.

○**소위원장 김승원** 맞다니까요. 제가 볼 때 아무 상관 없습니다.

○**이성윤 위원** 아무 문제가 없어요.

○**소위원장 김승원** 2조는 총칙이고 이것은 각칙인데, 별문제가 없습니다.

○**이성윤 위원** 아무 문제가 없다고 그러는데 왜 자꾸 어깃장을 놓고 그러세요?

○**주진우 위원** 아니, 수사권이 없는 것을 수사한다는 의미가 들어가는데.

○**유상범 위원** 수사권이 없는 것을 수사한다는 게 말이 안 되잖아요, 지금.

○**전현희 위원** 수사권이 있는지 없는지를 모르는 상황에서는 수사를 해야지요.

○**이성윤 위원** 수사권이 없으니까 넘기라는 거잖아요, 이 말이.

○**소위원장 김승원** 그러니까요. 사망사건 같은 경우에는 사실은 범죄인지 아닌지를 조사 내지는 수사를 해야 됩니다. 그래서 개정안에 그런 문구가 들어간 거고요.

○**유상범 위원** 그러면 수사권이 없다는 2조는 어떻게 되는 거예요? 무의미한 건가요, 재판권이 아예 없는데?

○**소위원장 김승원** 그건 원칙을 천명한 것이지요.

○**유상범 위원** 그게 어떻게 원칙이에요, 수사 대상의 범위인데?

○**소위원장 김승원** 원칙이지요. 원칙이고……

○**주진우 위원** 말 자체도 모순이잖아요, 수사권 없는 것을 수사한다는 말 자체가.

○**소위원장 김승원** 그런 업무상 과실 사망사고가 범죄가 되는지는 수사를 해 봐야 된다니까, 조사를 해 봐야 된다는 거지요.

○**유상범 위원** 그러니까 그걸 하지 말라고 한 게 이건데.

○**전현희 위원** 있는지 없는지를 모르는 사건이 있을 수 있잖아요.

○**주진우 위원** 그러니까 그럴 때는 인지가 아닌 다른 용어를 써야 되는 것이지요.

○**박균택 위원** 이 수사권이……

○**전현희 위원** 그런 경우에 수사를 해서 있는지 없는지 확인해야지요.

○**박균택 위원** 저도 잠시……

○**소위원장 김승원** 예.

○**박균택 위원** 이 수사권이 단순히 어떤 진행권과 완결권을 부정하는 개념일 뿐 기초자료를 수집하고 그 자료를 정리해서 넘기기까지의 기초조사권을 의미하는 개념이라고 한다면 수사권이 없다고 볼 수는 없는 것이겠지요.

○**전현희 위원** 표결해 주십시오.

○**박균택 위원** 오해의 소지가 있으니까 진행권, 결정권을 민간에 넘기라는 의미인 것이지……

○**유상범 위원** 아니, 수사권이 있고 없고는 무슨 문제가 있느냐 하면요…… 다릅니다. 피의자 조사권, 참고인 조사권이 있다는 얘기거든요, 그것은.

○**전현희 위원** 당연히 해야지요, 그것도.

○**박균택 위원** 그래도 진행권을 부정했기 때문에 문제는 없는 것 아닙니까?

○**소위원장 김승원** 아무튼 이의가 있으므로……

○**유상범 위원** 그쪽에서 이 법 만든 거예요, 민주당에서.

○**소위원장 김승원** 이의가 있으므로 국회법에 따라 표결하겠습니다.

○**국방부차관 김선호** 위원장님, 차관 말할 기회를 주시면……

○**소위원장 김승원** 시작했습니다.

먼저 찬성하는 위원님은 손을 들어 주시기 바랍니다.

(거수 표결)

내려 주십시오.

반대하는 위원님은 손을 들어 주시기 바랍니다.

(거수 표결)

두 분이요.

내려 주십시오.

그러면 표결 결과를 말씀드리겠습니다.

재석위원 8인 중 찬성 5인, 반대 2인, 기권 1인으로 가결되었음을 선포합니다.

김선호 차관님 수고하셨습니다.

혹시 아까 말씀하실 게 무엇이었습니까?

○**국방부차관 김선호** 아닙니다. 의결하셨기 때문에 의견 제기 안 하겠습니다.

○**소위원장 김승원** 그러면 이석하셔도 되겠습니다.

---

13. 헌법재판소법 일부개정법률안(윤후덕 의원 대표발의)(의안번호 2201253)

(15시54분)

○**소위원장 김승원** 다음으로 의사일정 13항 헌법재판소법 일부개정법률안을 상정합니다.

이화실 전문위원님 보고해 주시기 바랍니다.

○**전문위원 이화실** 보고드리겠습니다.

소위 자료 2페이지입니다.

개정안은 헌법재판소규칙에 규정된 헌법재판소장 권한대행에 관한 사항을 법률에 직접 규정하려는 것으로 헌법재판소장이 일시적인 사고로 직무를 수행할 수 없을 때에는 선임재판관이 그 권한을 대행하도록 하고, 궐위 또는 1개월 이상의 사고로 직무를 수행할 수 없을 때에는 재판관회의에서 선출된 재판관이 그 권한을 대행하도록 하면서 권한대행자의 선출 절차 등에 관하여 규정하고 있습니다.

국회나 대법원 등 헌법기관의 사례 및 법체계의 균형 등을 고려할 때 헌법재판소장 권한대행에 관한 사항을 법률에 직접 규정하는 것은 타당한 것으로 보입니다.

개정안은 헌법재판소규칙에 규정된 헌법재판소장 권한대행 선출방식을 그대로 법률로 상향하여 규정한 것으로 합의체인 헌법재판소의 구성방식 등을 고려할 때 타당한 면이 있는 것으로 보입니다.

다만 헌법재판소장과 같이 헌법에 따라 임명 절차에 국회의 동의를 필요로 하는 대법원장, 감사원장 등은 선임자가 그 권한을 대행하는 것으로 법률에 규정하고 있다는 점을 고려하여 논의할 필요가 있는 것으로 보입니다.

다음, 6페이지입니다.

개정안은 재판관회의를 통해 헌법재판소장 권한대행을 선출할 경우 의결정족수를 재판관 일곱 명 이상의 출석과 과반수의 찬성으로 규정하고 있는데 이는 2022년 헌법재판소법이 개정되기 전의 법률과 같은 것입니다. 임기 만료 등으로 재판관 공석이 발생하여 재판관이 일곱 명 미만이 되는 경우 권한대행자 선출이 어려워질 수 있으므로 현행법과 헌법재판소규칙상 의결정족수와 동일하게 재판관 전원의 3분의 2를 초과하는 인원의 출석과 출석 인원 과반수의 찬성으로 규정하는 방안을 검토할 필요가 있을 것으로 보입니다.

이상으로 보고를 마치겠습니다.

○**소위원장 김승원** 수고하셨습니다.

법률안 심사를 위해 헌법재판소 김용호 사무차장께서 출석하셨습니다.

어제부로 새로 임명되신 김용호 사무차장님 간단히 인사말씀해 주시기 바랍니다.

○**헌법재판소사무차장 김용호** 어제부로 임명되어서 미리 위원님들께 인사드리지 못한 점 양해 부탁드리고 오늘 이 자리를 빌려서 인사드리게 되었습니다. 앞으로 많은 지도

편달 부탁드리겠습니다.

○소위원장 김승원 향후 법안심사 등 국회 관련 업무에 적극적으로 임해 주실 것을 당부드립니다.

그러면 기관의 의견을 말씀해 주시기 바랍니다.

김용호 사무차장님.

○헌법재판소사무차장 김용호 첫 번째 부분에 대해서 저희도 법안의 취지에 동의합니다. 동의하고, 그동안 저희가 쭉 헌법재판소의 헌법의 위임에 비추어서 재판관 중에 소장이 임명되는 선례에 따라서 권한대행자를 선출해 왔기 때문에 이것에 대해서 이견이 없습니다.

다만 의결정족수와 관련해서는 전문위원님께서 검토하신 대로 저희가 법안이 개정되어서 지금 재판관 7명 이상의 출석과 과반수의 찬성으로 규정되어 있는 내용을 재판관 전원의 3분의 2를 초과하는 인원의 출석과 출석 인원 과반수의 찬성으로 미리 개정됐고 저희 재판소 규정도 이 법안이 발의된 이후에 개정이 되었기 때문에 그에 따라 수정해 주셨으면 하는 의견입니다.

○소위원장 김승원 차관님.

○법무부차관 김석우 법무부 의견 말씀드리겠습니다.

헌법재판소장 권한대행 순서를 법률에 명시하는 방안에 대해서는 입법 정책적인 문제라고 생각을 하고 특별한 이견은 없습니다.

다만 선출을 위한 재판관회의 정족수와 관련되어서는 이 법안이 올해 7월 1일 자 발의가 되었는데 당시에 유효했던 규칙 내용을 그대로 법률로 올리는 내용이었는데 7월 1일 이후에 해당 규칙이 개정이 됐습니다. 그래서—물론 법률상으로 2022년도에 개정이 되기는 했습니다만—일곱 명 이상의 출석 부분이 3분의 2 초과하는 것으로 변경됐기 때문에 변경사항을 반영하는 것이 타당하다고 생각합니다.

이상입니다.

○소위원장 김승원 차장님.

○법원행정처차장 배형원 입법 정책적 결정사항이라고 판단됩니다.

○소위원장 김승원 위원님들 토론하시기 전에 아마 수정의견이 마련되어 있는 것 같은데 지금…… 아닌가요? 수정의견 아닌가요?

위원님들 토론해 주시기 바랍니다.

○주진우 위원 저는 일곱 명 이상 출석을 했던 이유가 이게 지금 헌법재판소 같은 경우에는 입법·사법·행정이 다 재판소 구성에 관여하도록 되어 있거든요. 그래서 아시다시피 국회 선출이 세 명, 대법원장 지명 세 명, 대통령 임명 세 명으로 되어 있어서 군이 대부분의 법이 3분의 2로 했는데 이것을 일곱 명으로 한 것은 헌법재판소에 고도의 어떤 정치적인 그런 정당성을 부여하기 위해서, 민주적인 정당성을 부여하기 위해서 그것을 각 3개 기관이 포함되도록 하라는 의미가 포함되어 있는 것입니다.

그래서 아마 헌법재판소 규칙으로 되어 있다 보니까 헌법재판소 운영의 편의를 고려한 것 같은데 기본적으로 권한대행을 뽑는 과정에 있어서도 예외적인 사유로 볼 게 아니라 대체적으로 일곱 명이 되면 어떤 형태로든 행정·입법·사법 관련된 분들이 다 관여하게 되는 것이거든요. 그 점을 좀 고려할 필요가 있다는 생각이 듭니다.

○**소위원장 김승원** 그러면 개정안은 대체적으로 수용을 하되 아까 일곱 명 이상만 어떻게 바꾸자는 말씀이신가요, 사무차장님?

○**주진우 위원** 일곱 명 이상을…… 잠깐, 헌법재판소 차장님, 헌법재판소 규칙은 그렇게 바꿨나요, 3분의 2 이상으로?

○**헌법재판소사무차장 김용호** 예, 그렇게 바꿨습니다.

○**주진우 위원** 그때도 일곱 명 이상 하는 게 사실 그런 의미가 포함되어 있는 것인데 실제 그렇게 했을 경우 문제는 없습니까?

○**헌법재판소사무차장 김용호** 이게 저희가 아까 법안을, 미리 재판관회의의 의결정족수를 개정할 때 지금 위원님이 말씀하신 그런 사항들도 다 논의가 됐었습니다. 그런데 다만 이게 판결에 관련된 사항이 아니고 재판관회의에서 결정하는 행정적인 사항에 대한 것이라는 부분이 첫 번째 감안이 됐었고요.

두 번째로는 저희가 실제로 7인이 안 되는 경우가 그동안 계속 많이 발생, 지금도 7인이 안 되고 있지 않습니까? 그렇게 안 되면 재판관회의 자체의 의사정족수가 안 되어서 헌법재판소에서 아예 행정적인 업무도 처리하지 못하는 그런 여러 가지 부분의 문제점이 있다고 해서 판결과 다르게 행정적인 부분에 대한 의사정족수는 이렇게 낮추는 것에 대해서 여러 위원님들이 그때 다 동의를 해 주셨습니다. 그래서 일단 헌법재판소법이 개정이 됐고, 권한대행을 선출하는 부분의 문제도 그런 행정적인 부분의 역할이라고 생각을 해서 저희가 똑같이 개정을 하게 된 사항입니다.

○**주진우 위원** 지금 설명 들어 보니까 만약에 헌법재판소에서 논의할 때 제가 얘기했던 쟁점을 같이 논의를 했고 판결이 아닌 행정 부분에 한해서 3분의 2로 하는 거라면 저도 동의하겠습니다.

○**유상범 위원** 잠깐만 하나 물어볼까요.

지금 이 개정안이 1항과 2항이 조금 차이가 있네요? 1항에서는 '일시적 사고로 직무 수행할 수 없을 때는 임명일자순으로 권한을 대행한다', 그런데 '궐위가 되거나 1개월 이상 사고의 경우에는 재판관회의에서 선출한다' 이렇게 규정이 되어 있습니다.

그런데 지금까지 권한대행을 할 때는 보통은 그다음 순위에 있는 사람들, 감사원 같으면 최장기간 재직한 사람 이런 식으로 궐위나 사고가 나면 그 대행을 정하는데 '궐위나 1개월 이상의 사고일 때는 재판관회의에서 선출한다' 이런 식의 규정은…… 글쎄요, 저도 처음 보는 것 같은데, 법원에서는 여기에 보면 선임대법관이 권한을 정하기로 되어 있지 않습니까? 여기서 선임대법관은 결국은 임명일자가 가장 빠른 사람을 말하거든요.

그런데 어떻게 1항과 2항에서 이렇게 권한대행자를 선정하는 절차가 두 가지로 나눠질 수 있는 것인지 이것은 납득하기가 굉장히 어려운데요. 이것은 무슨 이유가 있습니까?

○**헌법재판소사무차장 김용호** 저희가 규정에서 이렇게 정하게 된 것이 헌법에서 재판소장 자체가 헌법재판관 중에서 지명하도록 되어 있는 그런 정신이 있습니다, 기본적으로. 규정이 되어 있기 때문에 다른 헌법기관의 경우에는 그런 사고나 궐위의 경우에 딱 명시가 되어 있지만 저희는 재판소장 중에서 지명하는 것으로 되어 있다는 그런 정신에 따라서 재판관회의에서 결정하도록 하는 그게 오히려 더 헌법의 정신에 맞다라고 판단을 해서 그렇게 운영을 해 오고 있고 지금도……

○**유상범 위원** 아니, 제가 걱정하는 건 그렇습니다. 말씀은 이해가 가는데 우리가 권한

대행이라는 것은 비상사태가 발생했을 때 그 업무를 수행할 사람을 선정하는 거잖아요. 그것은 명확하게 규정이 되어 있어야만 되는 것이지 만일 2항처럼 한다면 그 안에서, 헌법재판관끼리 결국은 선출을 통하는 과정이 있다면 그 안에서 새로운 정치 행위가 발생하는 그런 문제가 발생하는데 이것은 1항·2항을 통일시키는 게 맞지 않겠습니까?

그리고 다른 대법관회의도 그렇고 감사원도 그렇고 모두 선임자들에게 그리고 선임자가 같으면 연장자에게 권한을 주는 것이 권한대행을 지정하는 하나의 방식이거든요. 그런데 지금 이런 식으로 규정하는 것은 굉장히 이해가 가지 않고 선거를 위해서 선출을 통해서 한다는 것은 외려 헌법재판소의 지속적인 업무 수행에도 문제가 있을 것같이 보이는데, 저는 그렇게 생각합니다. 이것은 좀 통일시키는……

○**장동혁 위원** 저도 유상범 위원님하고 같은 생각인데 아까 헌법재판소장은 재판관 중에서 임명하도록 되어 있기 때문에 그렇게 한다고 하셨는데 권한대행은 그나저나 재판관 중에서 권한대행하도록 되어 있습니다. 그런데 이렇게 재판관회의에서 선출하게 된다면 지금 헌법재판소가 여러 가지로 정치적 중립이나 이런 것들이 문제가 되는데 이게 결국은 또 다른 정치행위로 비쳐질 우려가 있습니다.

그래서 어떤 경우에, 누가 어떤 식의 사고가 나더라도 그런 시비 전혀 없이 객관적으로 딱 정해진 대로 가려면 당연히 선임자가 하고 같으면 연장자가 하고, 다른 법에서 그렇게 한 이유는 결국은 그런 정치적 중립이나 객관성을 담보하기 위해서 정해 놓은 것인데 이게 기관에 따라서 달라진다고 하는 것은 그 명분을 찾기가, 그 이유를 찾기가 저는 어렵다고 생각하거든요. 그래서 저는 이 2개를 달리하는 것에 대해서는 동의하기 어렵습니다.

○**소위원장 김승원** 참고자료3, 11페이지를 보면 헌법재판소장이 궐위가 됐을 때 권한대행을 기존의 규칙대로 선출했다는 말씀이시지요?

○**헌법재판소사무차장 김용호** 예, 그렇습니다.

○**소위원장 김승원** 그래서 2006년부터 재판관회의를 개최해서 선출했고 2013년도에도 다 재판관회의를 통해서 선출했다는 그런 기록을 심사자료 11페이지에다가 기재를 한 것 같습니다. 이렇게 해 가지고 항의가 들어오거나 문제가 있었던 적이 있었나요?

○**헌법재판소사무차장 김용호** 그런 적은 없었습니다.

○**소위원장 김승원** 그런 적은 없었고.

주로 대행으로 선출하신 분들은 어떤 분들이 선출이 됐습니까?

○**헌법재판소사무차장 김용호** 대부분 선임 재판관이셨고 선임 재판관이 아니신 경우도 있었습니다.

○**소위원장 김승원** 선임 재판관인 경우도 있었고 아닌 경우도 있었는데, 아닌 경우는 예컨대 사법기수가 높거나 연장자거나 그런 기준이었나요?

○**헌법재판소사무차장 김용호** 예, 그런 것을 충분히 감안해서 재판관님들이 결정하셨다고 생각합니다.

○**소위원장 김승원** 그래서 규칙에 있었고 2006년부터 죽 해 오던 것을 법률화시킨 건데 글쎄요, 그게 정치적으로 논란에 휘말릴 것 같지는 않습니다만…… 질문은 여기까지 하겠습니다.

토론하시지요.

서영교 위원님.

○**서영교 위원** 위원장님께서 질문을 잘해 주셔서, 저는 사실 이게 왜 와 있는지 잘 모르겠다 이렇게 생각했는데……

항상 그렇게 하고, 그러면 그다음에 헌법재판소장은 어떻게 되는 거예요? 권한대행을 선출하게 되잖아요, 헌법재판소장의 임기가 만료되면 권한대행을 그 안에서 선출했잖아요. 그다음에 헌법재판소장은요?

○**헌법재판소사무차장 김용호** 헌법재판소장은 예를 들어서 청문회를 마치거나 임명이 되면 재판소장에 정식으로 취임하게 되시는 거지요.

○**서영교 위원** 거기서 권한대행으로 뽑히신 분이 헌법재판소장으로 청문회를 마쳐서 헌법재판소장이 되는 건가요?

○**헌법재판소사무차장 김용호** 아니, 그것과는 좀 다른 차원입니다. 소장님이 사고나 궐위가 됐을 때 그 업무를 대행하기 위한 것이고요. 소장은 따로 대통령께서 다른 분을 하시게 되는 것이지요, 보통의 경우에는.

○**서영교 위원** 그러니까 이건 권한대행일 뿐이고 헌법재판소장은 헌법재판관 중에 대통령이 이분을 헌법재판관으로 추천합니다 그러면 그때 추천받은 사람이 인사청문회를 통해서 헌법재판관이 되고, 이것은 궐위되었을 때 헌법재판소장을 아직 임명하기 전에 하는 임무를 말하는 것이고. 그것은 항상 이렇게 헌법재판관들끼리 모여서 추천해서 헌법재판관을 뽑아 왔다 그런 말씀이신 거지요?

○**헌법재판소사무차장 김용호** 예, 맞습니다.

○**서영교 위원** 그리고 이것은 규칙으로 있던 것을 법으로 끌어올린 것일 뿐이다. 그래서 큰 차이나 변화가 있는 것은 아니다 이런 말씀이시네요?

○**헌법재판소사무차장 김용호** 예, 그렇습니다.

○**서영교 위원** 알겠습니다. 그러면 저는 이렇게 해서 동의하겠습니다.

그리고 궐위가 끝나고 나면 대통령이 이분을 헌법재판소장으로 하겠소라고 헌법재판관 중에 뽑아서 추천하면 그렇게 하면 되는 것이고요.

○**헌법재판소사무차장 김용호** 예, 그렇습니다.

○**주진우 위원** 잘못하면 저는 나중에 큰 분란이 있을 수도 있다는 생각이 듭니다. 왜냐하면 헌법재판소장은 기본적으로 국회 동의를 요구하는 거거든요. 그런데 국민들께서도 우려하시는 게 여야 대치가 점점 첨예화되는 경향이 있고 또 어느 당이 다수당이 되든지 간에 권한대행 체제가 오래돼 버리면 상당히 정당성 문제가 생길 수 있거든요.

헌법재판소, 특히 소장의 민주적 정당성은 국회 동의에서 나오는 것인데 당시 재판관 구성이나 이런 것에 따라서 또 여야 중에 어느 당이 다수당이냐에 따라 가지고 어떤 특정 시점에 특정 상황이 되면, 권한대행은 임시로 하는 거라서 법에 딱딱 정해 놓으면 법에 정한 대로 그냥 흘러가면 되는데 표결을 하게 해 놓으면 이게 정치적인 계산이 들어갈 수가 있습니다.

그래서 지금까지는 문제가 없었지만, 그렇기 때문에 규칙으로 해서 헌법재판관분들끼리 대부분 선임한테 양보하거나 적정하게 해 왔지만 그 상황이 돼서 만약에 분쟁이 된다고 하면 표싸움까지 가게 되고 권한대행 체제가 오래된다고 하면 궁극적으로는 헌법재판소 전체의 권위가 엄청 떨어질 수가 있거든요.

그래서 이 부분에 대해서는 원래 대법원의 구성이나 이런 데서도 같은 고민이 있었기 때문에 이것을 어떤 경우에도 표결로 가는 것은 바람직하지 못하다는 생각이 듭니다.

○소위원장 김승원 아무튼 국회 입장에서는 이 법률개정안이 헌법재판소의 자율성을, 독립성을 보장해 드리려고 규칙에 있는 것 그대로 법률안에 올려 드린 건데 또 걱정하시는 분들도 많으시네요.

○유상범 위원 법안에 올라오고 사실 우리가 이 내용을 알았으면 모르는데 우리도 처음 본 것 아니에요. 규칙에 있던 것을 법을 보면서 대충 검토했는데 결국은 항상 직무대행자를 선임하는 것이 법정화가 안 돼 있고 대법관들의 회의를 통해서 선출하는 이 과정을 겪는다는 것은 굉장히 이례적인 부분이 분명히 있지 않습니까? 그래서 저희들도 이것에 대해서 우려를 표명하는 바이고……

○주진우 위원 사무차장님, 이것은 제가 봤을 때 헌법재판소에서 규칙할 때 여태까지 문제된 적이 없기 때문에 깊이 논의가 됐는지 사실 저는 좀 의문이거든요.

그래서 제가 말씀드린 부분처럼 저희 위원들이 생각하는 것은 여야의 유불리를 떠나 가지고 어느 순간에 어느 상황이 돼 버리면 진짜로 국회 동의는 당연히 되어야 될 상황에서 되지 않고 권한대행 체제로 오래 가는 상황이 발생할 수가 있어요. 그래서 헌법재판소가 국회의 정치 상황과 맞물리지 않게 권위를 확보하려고 하면 저는 이 부분은 한 번 더 논의를 해 보시는 게 좋을 것 같거든요.

헌법재판소에 의견을 한번 논의해 보시는 건 어떻습니까, 지금 당장 결정할 것이 아니라 다음번에 하더라도?

○헌법재판소사무차장 김용호 예.

○주진우 위원 그것 의견을 한번 주시지요.

○장동혁 위원 헌법재판소의 자율성을 존중하기 위해서 그동안 규칙으로 해 왔고 지금 다른 어떤 상황이 발생해서 이걸 바꾸려고 하면서 법으로 올리는 건 모르겠지만 똑같은 내용을 법으로 올리려고 하면 규칙대로 그냥 하세요, 계속.

그런데 이걸 법으로 올리려면 나중에 다른 정치적 오해나 해석이 문제가 되지 않도록 그리고 그것이 중립성이 의심받지 않도록 법에 올려 놓고 이것을 바꾸지 말자고 하면 모르겠지만 규칙에 있는 내용을 그대로 올리는데 이게 사실은 나중에 논란이 될 수 있고 중립성에 문제가 될 수 있는 게 있다면 지금 왜 굳이 법을 고치려고 합니까, 이 시점에? 그냥 규칙대로 하시지요.

○소위원장 김승원 그러면 이것은 법률로 하는 것에 대한 의견을 재판관님들과 상의하셔서 다음번에 심사할 때 의견을 주시기 바랍니다.

○헌법재판소사무차장 김용호 예, 그렇게 하겠습니다.

○소위원장 김승원 사무차장님 이석하셔도 좋습니다.

---

14. **형사소송법 일부개정법률안**(김도읍 의원 대표발의)(의안번호 2201409)
15. **형사소송법 일부개정법률안**(김남희 의원 대표발의)(의안번호 2201548)
16. **형사소송법 일부개정법률안**(최기상 의원 대표발의)(의안번호 2201919)

(16시14분)

○소위원장 김승원 의사일정 14항부터 16항까지, 3건의 법률안을 일괄하여 상정합니다.

정환철 수석전문위원님 보고해 주시기 바랍니다.

○수석전문위원 정환철 2쪽입니다.

의사일정 14~16항은 피해자의 공판기록 열람·등사 신청에 대한 불허 또는 조건부 허가 시 이유통지나 즉시항고 제도를 신설하는 안입니다.

현행법상 피해자 등의 공판기록 열람·등사 신청 불허 시에는 불복할 수 없고 불허이유 또한 통지되지 않습니다. 그래서 불허 시에 결정이유 통지 의무화나 즉시항고 제도 도입을 통해서 피해자의 재판절차참여권을 보장하려는 취지입니다.

다만 이 제도가 도입될 시 법원 업무과다 등 재판지연이 당연히 발생할 수 있다는 점에 대한 고려가 필요하고요. 조건부 허용 시에도 피해자의 알권리가 제한되므로 결정이유를 통지하는 것이 필요하겠다는 의견을 드리고요.

즉시항고 도입 시 항고는 법원의 결정에 한정되므로 열람·등사 결정 주체를 재판장이 아닌 법원으로 변경하는 방안이 적절해 보이고요. 즉시항고 도입 시 형사소송절차 전자화 등 재판지연 방지시스템 구축까지 마련하기 위해서는 적정 시행일에 대한 논의가 필요하다고 보입니다.

이상 보고 마치겠습니다.

○소위원장 김승원 수고하셨습니다.

기관 의견 말씀해 주시기 바랍니다.

○법무부차관 김석우 법무부 의견 말씀드리겠습니다.

우선 김도읍 의원님과 같이 이유통지 부분을 신설하는 방안에 대해서는 특별한 이견은 없습니다.

그다음부터 문제가 될 수 있는 부분이 이의신청, 그러니까 불복할 수 있는 부분과 관련된 부분인데요. 이것과 관련돼서 잠시 설명드리면 기 형사소송법294조의4항을 보시게 되면 세 가지 점이 약간 특이사항이 있습니다.

일단은 열람·등사의 판단 주체가 법원, 재판부로 되어 있는 것이 아니고 재판장으로 되어 있습니다. 그러니까 합의부일 경우에는 재판장이 혼자 결정하도록 되어 있다라는 점이 특수성이고 또 3항을 보시게 되면 이러이러한 점을 고려해서 인정하는 때에는 열람 또는 등사를 허가할 수 있다라고 재량사항으로 되어 있다는 점이 두 번째 특이사항이고 세 번째가 6항에 있는 불복할 수 없다.

그러니까 합의부일 경우라도 재판장 혼자 결정하고 원칙적으로 재량사항으로 규정하고 있고 세 번째로 불복할 수 없다는 부분인데 이 규정이 일본 같은 경우에 범죄피해자 등 권리·이익 보호를 도모하기 위한 형사절차에 부수되는 조치에 관한 법률에 유사한 규정이 있는데 일본에는 앞에서 말씀드렸던 세 가지 부분과 관련돼서 보면 일단은 재판장이 결정하는 것으로 되어 있지 않고 재판소, 즉 법원이 결정하도록 되어 있어서 합의부일 경우는 재판부가 직접 결정하도록 돼 있고 또 한 가지 차이점이 우리나라는 허가할 수 있다라고 재량으로 규정되어 있지만 일본 같은 경우에는 이러이러한 경우를 제외하고는 열람·등사를 허가하여야 한다라고 되어 있어서 원칙적으로 의무사항으로 되어 있다는 점이 중요한 차이점입니다.

그래서 범죄피해자의 열람·등사권을 보호하는 측면에 대해서는 적극 찬성을 하고, 다만 그 방안에 대해서 현재 개정안과 같이 불복절차를 신설하는 것도 고려할 수 있다고 보이고 또 한편으로는 우리나라와 같이 재량사항으로 하지 않고 일본과 같이 원칙사항으로 규정을 하고 재판장이 아니고 재판부, 즉 법원이 직접 하는 것도 고려가 가능하다고 봅니다.

다만 첫 번째, 불복할 수 있다라고 할 경우에는 재판기록 자체가 항고심으로 올라가기 때문에 발생할 수 있는 법원의 재판지연 부분도 아울러 고려할 필요는 있다고 판단됩니다.

이상입니다.

○**소위원장 김승원** 차장님.

○**법원행정처차장 배형원** 우선 열람·등사 결정 주체가 재판장을 전제로 한 김도읍 의원안에 대해서는 별다른 이견은 없습니다. 다만 다른 분들이 제기하셨던 안과 관련해서는 가장 근본적인 것이 열람·등사의 결정 주체를 재판장으로 할 것이 아니라 법원으로 할 것이라는 의견이 있는데 현행 형사재판에 있어서 공판기일 지정이랄지 증인신문 등의 심리 진행, 아울러서 증거 채부 결정, 소송지휘권의 행사는 모두 재판장이 하고 있다는 점을 고려했을 때 이 부분만 떼어서 이것을 재판부에서 결정하는 것으로 하는 것이 정합성이 있는지에 대해서는 의문이 들어서 결정 주체는 재판장으로 유지하는 것이 타당하다는 의견입니다.

두 번째, 결정이유 통지와 관련해서는 김도읍 의원님께서 밝힌 개정안에 의하면 대법원규칙으로 정하는 바에 따라서 이유를 통지하도록 돼 있기 때문에 저희가 이것은 수용을 해서 통지 방법을 적정히 마련할 수 있도록 보여집니다.

마지막으로 즉시항고와 관련해서는 조금 전 차관께서 말씀하셨던 일본의 사례를 보더라도 즉시항고는 인정하지 않는 것으로 저희가 파악하고 있고요. 재판장의 허가사항이라고 한다고 했을 경우에는 즉시항고는 논리적으로 불가능하고 재판부의 결정에 대해서만 그런 측면이 있다라는 점과 사실 즉시항고를 허용하게 되면 저희가 등본을 만들어서 항고법원에 송부해야 되는 측면도 있고요. 그리고 피해자의 경우에 따라서는, 재산범죄 피해자였을 경우에는 계속해서 이와 같은 신청을 할 우려도 있고 피해자가 수백 명인 사건도 있습니다. 이런 여러 가지 측면을 고려해서, 재판장이 사건의 특수성이나 이런 현상을 고려해서 그것에 대한 결정을 할 수 있도록 하는 방향으로 진행되었으면 하는 바람입니다.

이상입니다.

○**소위원장 김승원** 그러면 대략 즉시항고는 요새는 다 전산화가 돼 있지 않습니까?

○**법원행정처차장 배형원** 예.

○**소위원장 김승원** 내년에는 다 형사 법정도 전산화하는가요?

○**법원행정처차장 배형원** 형사전자소송은 내년 9월 이후에 구현이 될 예정입니다.

○**소위원장 김승원** 전자소송으로 될 텐데, 기록 자체가 전산으로 보내는 게 어려우신가요?

○**법원행정처차장 배형원** 그런 측면은 아닙니다.

○**소위원장 김승원** 그런 것은 아니고요?

○**법원행정처차장 배형원** 예.

○**소위원장 김승원** 알겠습니다.

그다음에 법원 재판부는, 법원과 재판장은 즉시항고 여부 때문에 그게 주체가 달라지는 겁니까? 제가 이 부분을 잘 몰라서……

○**법원행정처차장 배형원** 죄송합니다. 제가 질문을 놓쳤는데요. 다시 한번……

○**소위원장 김승원** 김도읍 의원이 발의한 안은 재판장으로 하면서 즉시항고를 허용하지 않았고 그다음에 김남희·최기상 의원안은 법원으로 하면서 즉시항고로 허용을 했는데 그게 재판장과 법원이라는 주체 차이 때문에 그런 건지를 여쭤봅니다.

○**법원행정처차장 배형원** 기본적으로 재판장의 결정에 대해서는 즉시항고가 불가능하고요. 법원의 결정에 대해서만 즉시항고가 가능합니다.

○**소위원장 김승원** 그래서 그 앞의 주체가 달라졌다라고 말씀하시는……

○**법원행정처차장 배형원** 그리고 아까 형사전자소송 관련해서는 적용시기가 그 이후에 접수된 사건에 한해서만 형사전자소송을 운영할 수 있기 때문에요. 종전에 있었던 모든 소송사건이 형사 전자화가 되는 것은 아니라는 측면이 있고요. 그다음에 또한 아울러서 항고심의 부담이 커진다라는 측면도 말씀드리도록 하겠습니다.

○**소위원장 김승원** 그러면 법원은 불허, 조건부 허용 시에는 이유 통지에 대해서 찬성하시는 거고요?

○**법원행정처차장 배형원** 예, 대법원규칙으로 정해서 그 방법을 정하도록 하겠습니다.

○**소위원장 김승원** 불복절차는 안 된다라고 하는 게 법원의 입장인 거고……

○**법원행정처차장 배형원** 예, 그게 저희 입장입니다.

○**소위원장 김승원** 그래서 열람·등사 결정 주체는 재판장이 해야 된다는 거고요?

○**법원행정처차장 배형원** 예.

○**소위원장 김승원** 알겠습니다.

위원님들 토론해 주십시오.

○**장동혁 위원** 저는 이 열람·등사 결정 주체를 법원으로 하는 것은 현실과 전혀, 실무와 맞지 않는 매우 이상적인 거라고 생각합니다. 실제로 모든 재판부에서 모든 사건을 2명의 배석과 재판장이 똑같이 기록을 계속해서 검토하는 경우는 많지 않습니다. 사실은 결심이 될 때까지, 그러니까 신건에 대한 합의를 하고 중간 합의를 하고 마지막 합의를 하면서 재판을 진행하지…… 사실은 재판장이 꼼꼼하게 기록을 보면서 소송 지휘를 하게 되는데 만약에 법원이 이렇게 하게 되면 모든 사람들이 사건기록을 꼼꼼하게 봐야 된다라고 하는 업무 부담이 발생하게 됩니다. 그리고 실제로는 그렇게 된다면 결국은 재판장의 결정에 따라서 가게 될 뿐인데 굳이 그런 절차를 둘 필요가 있는지.

그리고 특히나 대등재판부의 경우에 있어서는 재판장이 되는 주심판사가 사건을 주도적으로 검토하고 소송 지휘를 하게 되는데 결정 주체를 일단 법원으로 두게 되면 법원의 업무 부담이 엄청나게 커지고 실무와 크게 동떨어져 있고 현실적으로는 크게 차이가 나지 않는데도 불구하고 부담을 주는 것이고.

그리고 저는 지금 차장님께서 말씀하신 대로 이 문제에 대해서, 이 건에 대해서 물론 재판장이 하게 되면 즉시항고도 불가능해지지만 그렇지 않다 하더라도 즉시항고를 인정해야 될 필요성은 저는 크지 않다고 생각합니다. 재판부의 그리고 법원의 사건 업무 부담만 가중시키게 되는 결과가 된다는 게 제 의견입니다.

○**소위원장 김승원** 박균택 위원님.

○**박균택 위원** 차장님!

○**법원행정처차장 배형원** 예.

○**박균택 위원** 여기 소송법에서 말하는 법원은 재판부를 뜻하는 개념 아닙니까, 어떤 기구로서의 법원이 아니고?

○**법원행정처차장 배형원** 예, 맞습니다. 재판부를 말하는 겁니다.

○**박균택 위원** 재판부를 뜻하는 것 아니겠습니까?

○**법원행정처차장 배형원** 예.

○**박균택 위원** 그런데 군이 재판부는 안 되고 재판장이어야 할 이유가 뭐가 있을까요? 실질적으로 모든 소송 지휘를 재판장 중심으로 하지 않습니까?

○**법원행정처차장 배형원** 예.

○**박균택 위원** 그런데 군이 재판부라고 표현하면 안 되는 이유가 결국은 즉시항고 문제 때문에 그러시는 겁니까?

○**법원행정처차장 배형원** 아니, 그렇지는 않습니다. 모든 형사재판 진행에 있어서 공판기일의 지정을 재판부 명의로 하지는 않고요. 아울러서 증인의 채택 여부랄지 이것은 재판장이 결정을 하도록 돼 있는데, 피해자 열람·등사에 한해서만 재판장의 소송지휘권의 일환으로 볼 수 있을 텐데 이것을 합의재판부 3인의 결정으로써 하는 것이 형사소송법 체계의 정합성에 맞지 않는다는 취지입니다.

○**박균택 위원** 그러면 이 기록 열람·등사 문제에 대해서 검찰이나 법원이 별로 적극성을 안 갖다 보니까 이런 입법적인 발의가 이루어진 것 같은데……

○**법원행정처차장 배형원** 예.

○**박균택 위원** 그러면 이것을 재판장으로 두고 즉시항고를 부정한다고 할지라도 뭔가 적극성을 갖기 위한 표현이나 방법을 강구해 주면서 반대하시는 것이 어떨까. 오죽하면 이분들이 즉시항고까지 생각하려고 이 앞의 용어까지 바꿨겠습니까? 그런 것도 한번 대안을 제시해 주시면 좋을 것 같습니다.

○**법원행정처차장 배형원** 위원님 말씀에 전적으로 공감을 하고요. 사실은 예를 들어서 성폭력 사건이나 이런 부분에 있어서는 피해자들의 열람·복사에 대해서 많은 문제가 제기되고 있기 때문에 이런 부분에 한해서는 저희가 예외적으로 검토할 수 있겠습니다만 일반 재산범죄 사건이랄지 모든 사건에 확대를 해서 이게 악용되는 측면도 있기 때문에 그런 점을 고려해서 확대의 필요성에 대해서는 좀 더 공감을 해야 된다라는 말씀은 저희들이 충분히 이해하고 있습니다.

○**소위원장 김승원** 다른 위원님……

이성윤 위원님.

○**이성윤 위원** 법무부차관님!

○**법무부차관 김석우** 예.

○**이성윤 위원** 아까 일본에서는 피해자 열람·등사권을 원칙적으로 허용하고 예외적으로 허용하지 않는 것을 법에 규정했다고 돼 있지요?

○**법무부차관 김석우** 일단 주체는 재판소, 그러니까 법원으로 돼 있고요. 규정은 이렇게 돼 있습니다, 이러이러한 경우를 제외하고 신청을 한 자에게 열람 또는 등사를 하게 하는 것으로 한다. 그러니까 우리나라는 할 수 있다고 돼 있는데 일본은 원칙적으로는

이러이러한 경우를 제외하고는 하는 것으로 한다 이렇게 돼 있습니다. 그러니까 표현의 차이고, 주체가 법원으로 돼 있습니다. 두 가지가 차이점인데 다만 일본도 항고는 허용되지 않습니다.

○**이성윤 위원** 일본 체계는 저희가 원칙적으로 등사를 해 주도록 하고 예외적으로만 안 되게 돼 있기 때문에 즉시항고를 허용하지 않아도 불만이 없을 것 같은데, 지금 재판부 재판에 관련해서 피해자들이 깜깜이 재판을 한다고 불만이 참 많이 있습니다. 그런데 여기에 대해서 오죽하면 이렇게 의원들을 통해서 열람·등사권을 요구하는 법안이 나왔겠습니까?

저는 이렇게 생각합니다. 이 3항에서 '할 수 있다'가 아니고 아까 차관이 말한 것처럼, 일본에서처럼 원칙적으로 하되 예외적인 것을 두고 그럴 경우에는 즉시항고를 적용하지 않거나 반대로 지금처럼 열람·등사를 허가할 수 있다라고 이렇게 임의적으로 규정해 놓으면 즉시항고를 줘야 한다고 생각합니다.

이상입니다.

○**소위원장 김승원** 이 부분은 저도 변호사 생활을 할 때 검찰이든 법원이든 피해자 측 입장에서 열람·등사를 신청하면 증거목록 한 100개 중에 딱 2개 허용해 주더라고요. 2개, 있으나 마나 한 것…… 그래서 답답한 경우가 있었는데 좀 개선될 필요성도 있어 보입니다. 그래서 이것은 좀 더 논의를 계속해서 할 수 있도록 그렇게 한번 해 보겠습니다.

그래서 사실은 세밀한 것은 몰라서 대법원규칙으로 정했으면 좋겠는데 대법원규칙에는 이 내용이, 이것 전담하는 규칙은 없는 거지요?

○**법원행정처차장 배형원** 예, 이것과 관련해서 대법원규칙은 따로 마련돼 있지는 않고요. 김도읍 의원님 안대로 만약에 이게 정해진다고 하면 저희가 이유 통지 방법이나 이런 부분을 대법원규칙으로 정해야 될 필요성은 생기게 됩니다.

○**소위원장 김승원** 그러니까 김도읍 의원님도 좋은 법안을 내셨는데, 이유 통지 외에는 다른 역할은 없는 것 같습니다.

○**법원행정처차장 배형원** 저희가 재판기록 열람·복사에 대해서는 예규로 정해 놓은 것은 있고요. 규칙 단계의 규범은 없습니다.

○**소위원장 김승원** 그래서 아까 법무부차관님께서도 말씀하셨듯이 일본처럼 원칙적으로 허가하고 예컨대 그것이 영업비밀이라든가 개인적인 프라이버시라든가 그런 경우에만 불허하는 것도 사실은 생각해 봐야 되지 않는가 그런 생각이 들어서 이것은 계속 심사를 하도록 하겠습니다.

○**법원행정처차장 배형원** 저희도 한번 방안을 검토해 보도록 하겠습니다.

○**서영교 위원** 저도 한 가지 질문 좀 해도 될까요?

○**소위원장 김승원** 예, 말씀해 주십시오.

○**서영교 위원** 왜 공판기록 열람·등사 신청에 대해서 불허를 하는 거지요? 아까 말하신 것처럼 개인정보, 아니면 사업과 관련한 것?

○**법원행정처차장 배형원** 사유는……

○**서영교 위원** 근본적인 질문을 해서 죄송합니다.

○**법원행정처차장 배형원** 사유는 여러 가지가 있을 수 있을 텐데요. 증인의 신빙성을 확인하는 과정에서 미리 증인신문조서를 다 보고 온 다음에, 수사기록을 다 보고 온 다

음에 증인이 증인으로 나와서 그 부분에 대해서 좀 더 기초를 해서 증인신문에 응할 수 있는 여지도 있을 것 같고요. 저희가 불허하는 요소들은 여러 가지 다양해서 일률적으로 말씀드리기는 좀 어려울 것 같습니다.

○서영교 위원　제가 잘은 모르겠는데 여성 성폭행, 가정폭력 등 관련한 분들이 저에게 그런 얘기를 하더라고요. 성폭행을 당했는데 상대하고의 관계 속에서 우리가 주장하고 풀어 나가야 되는데 열람·복사가 안 된다고 저한테 얘기하더라고요. 제가 무슨 말인지 이해를 못 했거든요.

그리고 가정폭력 등 이런 과정 속에서 아주 일방적인 피해자인데, 그래서 이와 관련한 대응도 해야 되고 보호도 하고 이래야 되는데 그러지 못하니 그것을 꼭 좀 저희들이 열람도 하고 저희의 얘기가 어떻게 되어 있는지 알게 해 주십시오라고 하던데……

조금 전에 차장님 말씀으로는 '그런 부분은 저희가 열람·복사해야 하는데' 이런 식으로 말씀을 하셨어요. 그래서 제가 그런 얘기를 들었었고 말씀 과정에 그런 얘기를 들으면서 금방 이성윤 위원님 말씀처럼 다른 나라는 다 해 주는데, 그러면 안 하는 이유도 또 있으실 거고. 그래서 제가 오늘 이 기회에 성폭력, 가정폭력 등 관련한 피해자들이 열람·복사를 요구하거나 상황을 요구할 때는 그게 열려 있어야 된다라고 하는 말을 기록으로 남기고 나중에 좀 더 그들이 요청하는 것에 맞춰서 저희가 법안이나 아니면 여러 가지가 필요할 때는 또 요청하도록 하겠습니다.

○법원행정처차장 배형원　예, 알겠습니다.

○서영교 위원　전향적인 자세를 취해 주시면 좋겠습니다.

○장동혁 위원　그런데 제가 우려하는 것은 불허 또는 조건, 그러니까 이게 결정 이후에 통지를 하도록 하면 판사들이 너그럽게 편의에 따라서 또는 자의적으로 불허하는 경우는…… 저는 지금도 그렇게 하고 있지 않다고 생각합니다. 판사들이 열람 허용하는 것 자체가 크게 문제가 되는 건 아닌데 소송의 여러 과정이나 여러 이유 때문에 불허를 하는데 결정 이후에 통지를 하도록 하면 좀 더 신중하게 허부에 대한 결정을 할 거라고 보여집니다.

그런데 결정 이후에 통지를 할 때 너무 간단하게 전형적인 문구를 가지고 이래서 그냥 불허한다라고 그게 반복이 되다 보면 그 또한 법원의 결정에 대한 불신의 요인이 되거나 하기 때문에 저는 결정 주체나 즉시항고 여부에 대해서는 달리 판단해서, 예를 들면 김도읍 의원안으로 간다 하더라도 법원 내부 규정에 의해서 불허하는 여러 가지 내용이나 조건이나 이런 것들을 상세히 규정하고 결정 이유도 어떤 방식으로 하는지에 대해서 법원 자체적으로 고민을 많이 하셔야 된다는 말씀을 드리겠습니다.

○법원행정처차장 배형원　예, 알겠습니다.

---

2. 반인권적 국가범죄의 시효 등에 관한 특례법안(박홍근 의원 대표발의)(의안번호 2201283)
3. 반인권적 국가범죄의 시효 등에 관한 특례법안(김용민 의원 대표발의)(의안번호 2202867)
4. 반인권적 국가범죄의 시효 등에 관한 특례법안(장경태 의원 발의)(의안번호 2205689)
5. 반인권적 국가범죄의 시효 등에 관한 특례법안(서영교 의원 대표발의)(의안번호 2205758)
(16시33분)

○소위원장 김승원　그러면 보류한 의사일정 제2항부터 제5항까지 4건의 법률안에 대해

서 다시 계속 심사하도록 하겠습니다.

아까 제가 생각한 것은 제2조제1호는 유지를 하고 다만 가중처벌과 같은 규정이 있는 경우에는 가중처벌 요건도 포함하는 것으로, 부기를 하는 것으로 정리를 했고요. 2호는 삭제를 하고 2호에 해당되는 범죄를 4호에 기입하는 것으로 그렇게 정리를 했습니다.

○**유상범 위원** 그게 무슨 얘기인지 정확하게 이해가 안 되니까, 정리를 한 안을 나눠 주셔야지. 이게 제정법이잖아요. 제정법에다가 그리고 공청회도 열지 않고 지금 하는 건데……

○**소위원장 김승원** 일단 설명드리겠습니다.

3호는 유지를 하고요. 다만 3호는 의사의 최초 진단을 생략한 '8주 이상의 치료가 필요한 상해, 중상해·사망에 해당하는 경우', 그렇게 3호를 정리하도록 하겠습니다.

4호는 법조항 중에 제122조 직무유기는 생략하고 대신 제125조를 넣도록 해서 유지하는 것으로, 그리고 이성윤 위원님께서 제324조 강요죄 말씀해 주셨는데 그것은 좀 더 토론하도록 하겠습니다.

그다음에 제3조 공소시효 배제, 손해배상청구권 소멸시효 부분은 박홍근 의원안을 중심으로 해서 살리는 것으로, 유지하는 것으로 그렇게 한번 해 보도록 하겠습니다.

토론 있으신 분 말씀해 주실까요?

여기 보면 유족의 범위에 대해서도 지금 수석전문위원께서 유족의 범위도 명확하게 해야 된다라는 점을 지적을 해 주셨고요.

○**유상범 위원** 반인권 범죄라고 한다면 우리가 이제 18조에 의해서……

○**소위원장 김승원** 잠시만요.

그 점은, 유족의 법률은 23페이지와 24페이지에 있습니다.

그다음에 소멸시효 기간의 특례, 권리를 행사할 때부터 10년인가 아니면 다른 법률과 같이 손해 및 가해자를 안 날로부터 5년으로 해야 될지에 대한 그 부분을 정하셔야 될 것 같습니다.

유상범 간사님 토론해 주시지요.

○**유상범 위원** 지금 설명하신 내용을 내가 충분히 이해를 못 해서 어떤 취지로 설명했는지 감이 잡히지가 않는데 일단 먼저……

○**소위원장 김승원** 5페이지를 보시겠습니다. 5페이지 박홍근 의원안을 중심으로 하되 2호는 삭제하고 대신 125조를 4호에 넣고요. 그다음에 3호는 유지하면서 박홍근 의원안에다가 옆의 '8주 이상의 치료가 필요한 상해'를 추가하는 것으로……

○**유상범 위원** 지금 2호를 삭제를 하셨는데 2호는 형법상 125조 가혹행위입니다. 가혹행위로 사람을 중상해, 사망에 이르게 한 경우가 지금 4호에 규정된 것보다 인권, 사람의 생명을 손상시켜서 훨씬 더 중요하고 처벌 규정, 처벌 가치가 훨씬 높은 사안인데 그거를 삭제하고 단순한 125조……

여기 보니까 그 법안 내용에 불법체포, 감금, 범죄 은닉, 위증, 증거인멸 이런 내용으로 규정이 돼 있는데 이 내용에 대해서는 공소시효를 배제한다 그런다면 이것보다 훨씬 중요한 수많은 범죄들에 대한 공소시효는 유지시키고 이거는 공소시효를 배제한다는 이게, 이 체계와 전혀 맞지 않은 이런 구조를 어떻게 가지고 가시겠다는 건지 첫째 이해가 안 갑니다.

아니, 사망 사건이 발생했을 때는 공소시효 배제하는 게 이해가 가요. 그런 주장이 나오는 게 맞는데 문제는 살인 사건의 경우에는 이미 공소시효가 배제돼 있지 않습니까? 그러면 공무원이 직무 수행 과정에서 살인죄를 범한 경우라는 거는 이미 공소시효가 배제된 걸 또 규정하는 것에 불과하거든요, 공무원 신분이라는 이유로. 그러면 그건 무슨 의미가 있는지 모르겠습니다.

사람이 사망한 경우 공소시효 배제하자는 규정은 빼고, 그것의 결과가 없는 규정을 가지고 공소시효를 배제하자고 이렇게 규정한다는 거는 이것은 이런 논리적 모순이 어디 있습니까? 이건 말이 안 되잖아요.

그리고 지금 법정형에 비추어 볼 때, 18페이지에서 21페이지에 공소시효 배제하는 법률이 있지만 강도가 상해하거나 강도가 강간한 경우에 그것이 이것보다 경하다고 말할 수 있습니까? 훨씬 법정형이 중하잖아요. 그건 공소시효가 다 있는데 수사에 관련돼 가지고 직권남용, 불법체포, 감금, 범죄 은닉, 위증, 증거인멸을 공소시효를 배제하자? 이거야말로 지금 특정한 목적을 위해서 수사기관을 옥죄겠다는 얘기밖에 안 되지 않습니까? 이런 식의 법을 어떻게 만든다고 생각할 수 있는지 모르겠어요. 저는 도저히 납득할 수가 없습니다. 그래서……

○**소위원장 김승원** 국가기관의 반인권적인 범죄에 대해서 규율하는 것입니다.

○**유상범 위원** 아니, 반인권적인 행위라는 것은 기본적으로……

○**소위원장 김승원** 강도·상해하고는 관계가 없고요.

○**유상범 위원** 들어보세요.

○**소위원장 김승원** 국가기관의 반인권적인 범죄에 대해서 규정하는 것입니다.

○**유상범 위원** 강도·상해 관계없이 반인도적인 범죄의 기본은 집단 살해, 전쟁 범죄로 사람을 사망한 것을 반인도적 범죄라고 하는 거지.

○**소위원장 김승원** 그건 당연한 거고요. 그건 홀로코스트 아닙니까? 당연한 거고요.

○**유상범 위원** 아니, 마찬가지예요. 반인권 범죄 있고 헌정 질서 파괴 범죄에 대한 공소시효도 다 배제했지 않습니까? 이런 규정이 있는데 여기 이 규정의 범인 은닉, 위증, 증거인멸이 이것만큼 중하다는 얘기인가요? 이거는 지금 누가 봐도 특정한 목적을 가지고 법을 만드는 걸로 밖에 보이지 않지 않습니까?

사람을 살해한 것과 이것이 비교가, 형 경중이 비교됩니까? 이게 비교가 되지 않잖아요. 그래도 1·2·3호는 이해가 갑니다, 사람의 생명을 빼앗기 때문에. 그런데 수사 과정에서 벌어진 이런 거를 가지고 지금 갑자기 공소시효를 배제한다? 이거 국민들이 납득하겠습니까?

○**소위원장 김승원** 위원님 토론해 주시지요.

서영교 위원님.

○**서영교 위원** 너무나 필요한 법인데 생각이 좀 다르신 것 같아요.

살인범에 대해서는 살인범에 대한 공소시효를 우리가 폐지했어요. 살인범의 사건 그런 건 눈에 보여요. 살인자구나, 살인자에 의해서 당했구나, 강도·강간 당했구나, 눈에 보여요.

그런데 우리는 너무나 오랫동안 국가권력에 의해서 이루어진 반인권적인 범죄를 과거, 옛날 일 이러고 넘어갔다는 거지요. 그런데 이제는 예방적 차원에서 꼭 필요합니다. 국가가 국가권력을 가지고 이렇게 사람을 사망에 이르게 하거나 상해에 이르게 하거나 중상에 이르게 하거나, 그런데 이런 거는 했는지 안 했는지 잘 모른다는 거예요. 한참 뒤나 정해지는 것이지요.

아까 제가 말한 것처럼, 아까 제가 말한 예는 그겁니다. 어떤 사람이 국가보안법으로 누군가, 김영환이 국가보안법이었는데 그 사람하고 같이 좀 지냈다는 이유로 이 사람이 가서 엄청 얻어맞고 죽을 만큼 얻어맞았어요. 그리고 국가보안법이 되고 엄청난 처벌을 받았어요.

그런데 한참이 지나서 그게 그런 행위가 아니었구나라고 해서 무죄를 받았습니다. 그런데 다음 해에 죽었어요. 그러면 이 사람에 대해서 무죄는 받았는데 그 딸이 그 사람을 그렇게 국가보안법이든 아니면 간첩죄든 엮어서 만든 그 사람들을—국가 지시에 의해서 했겠지요—처벌하고 싶은데—처벌하는 게 맞잖아요—특별법이 생기는 경우만 처벌하고, 그래서 처벌하려고 했더니 공소시효가 지나서 처벌할 수 없고 오히려 그 아버지의 무죄 사건이 있을 때 나와서 증언한 수사관은 그만큼도 아니었는데 증언이 잘못됐다고 처벌을 받았다는 것이지요.

그런데 이제는 제가 보기에는 국가가 잘못된 명령을 내렸거나 국가라고 하는 기구를 이용해서 그렇게 고문하거나 아니면 수사를 조작하거나 아니면……

누가 이게 살해라고 생각하고 했겠습니까? 간첩죄였어, 빨갱이였어, 온갖 것을 해서 했을 텐데 이제는 이런 일 공소시효 없어, 그러니까 더 이상 저질러서는 안 돼, 이렇게 만들자는 겁니다.

독일도 홀로코스트에 관한 경우에 있고 그래서 우리나라도 그런 반인권적 범죄에 대해서는 향후 일어나는 일들에 대해서 처벌할 거야, 그리고 그 부분은 나중에 알게 돼서 할 때까지 공소시효가 없어, 이런 의미를 갖자는 겁니다.

그래서 저는 꼭 필요하고 그동안 미뤄졌던 법안이니까 갔으면 좋겠습니다.

○**장동혁 위원** 저는 사후 범죄로 인해서 시간이 지나면서 예상치 못했던 더 중한 결과는 발생할 수도 있다고 생각합니다. 예를 들면 성폭행범 이후에 2년, 3년 후에 피해자가 자살하는 경우 우리는 그것의 상당인과관계를 인정하지 않지만 결과적으로는 그것이 조건적 인과관계가 돼서 사망의 결과에 이르렀다고 할 수도 있을 것입니다. 그러나 그거에 대해서 우리가 사망의 결과까지 책임지라고 하지는 않습니다.

여기에 대해서도 마찬가지입니다. 범죄는 직권남용이나 위증이나 무고나 그런 내용들입니다. 그거에 의해서 상당인과관계가 인정되지 않는 어떤 결과가 발생했다고 한다면, 물론 아까도 말씀드렸지만 모든 범죄행위는 있으면 안 됩니다. 그리고 가능하다면 모든 범죄행위는 공소시효 내에 처벌을 해야 됩니다. 그리고 이런 공무원의 범죄, 수사기관의 범죄에 대해서는 가중 처벌하는 요건들이 있고 가중 처벌되기 때문에 공소시효도 더 길게 인정이 됩니다.

이런 것들이 문제가 된다면 이런 범죄에 대해서 형을 높이고 아니면 공소시효를 연장하거나, 이런 범죄에 대해서 형을 높여서 공소시효를 연장하는 건 모르겠지만 다른 범죄와의 균형상…… 그냥 직권남용입니다. 그리고 위증입니다. 그런데 그 범죄에 대해서 영원히 공소시효를 없애겠다.

그런데 지금 서영교 위원님께서 예를 든 것은 직권남용 그 결과로 몇 년이 흐른 후에 다른 결과가 발생했다라면 그러면 조건적 인과관계에 대해서 모든 책임을 지라고 하는 것입니다. 물론 그것이 국가기관의 행위에 의한 것이라면 다른 측면에서는 더 무겁게 평가될 수 있을 것입니다. 그런데 지금 결과는 직권남용입니다. 그거에 대해서 공소시효를 영원히 배제한다라고 하면 이게 다른 범죄와의 관계에 있어서 어떤 균형성을 가질 수 있다는 겁니까?

저희가 반인권적 국가범죄 그리고 공소시효를 배제할 만한 그런 중대 범죄에 대해서 공소시효를 배제하고 소멸시효도 달리 보자고 하는 것 자체에 대해서 반대하는 것이 아니지 않습니까? 그런 어떤 큰 법의 대원칙의 예외를 둘 때는 그렇게 예외를 둘 만한 균형성·비례성의 원칙에 맞아야 되고 그 균형성을 갖춰야 된다고 하는 것입니다.

저희들이 1·2·3호 범죄에 대해서는 아무런 이의를 제기하지 않지 않습니까? 그런데 사후 범죄가 가진 법정형이나 그 범죄의 중대성에 비추어 봤을 때 과연 공소시효를 영원히 배제할 정도의 무거운 범죄이냐라고 하는 것입니다. 저는 그 부분에 대해서는 동의할 수 없습니다.

○소위원장 김승원 이성윤 위원님.

○이성윤 위원 반인권적 국가범죄로 규정한 1·2·3·4호를 보면 물론 경중이 있습니다. 서영교 위원님께서 말씀하신 것처럼 예방적인 차원도 물론 있습니다. 수사기관에 근무하는 공무원들이 이런 범죄를 저지르면 안 되겠다. 왜냐하면 언젠가는 적발되면 처벌될 수 있다는 두려움이 있기 때문에 예방적 효과가 분명히 있습니다.

서울시 간첩 사건, 유우성 씨 사건을 보면 이 사건에 관련된 수사기관 관계자들이 처벌받은 사람이 없습니다. 겨우 징계 받았을 뿐입니다. 정말 정상적인 절차라면 이거 처벌되고 그래야 국민 감정에도 맞을 것인데 왜 처벌되지 않았을까요?

이런 반인권적 국가범죄라는 게 규명될 정도에 이른 것은 검찰이, 수사기관이 자기들 잘못에 대해서 처벌도 안 하고 징계도 안 하고 그런 결과가 계속……

결국 국회에서 탄핵밖에 할 수 없는 상황에 이른 겁니다. 그러면 계속 탄핵도 할 수 없습니다. 그렇기 때문에 우리 국회에서 법을 개정해서 언젠가는 검사들도, 또 수사기관들도, 수사를 담당하는 담당자들도 이런 범죄를 저지르면 발견될 수 있고 처벌될 수 있다. 이런 자기 자신의 범죄가 발견될 수 있고 처벌될 수 있다는 생각을 했을 때는 이런 범죄를 생각하고 다시는 이런 짓을 저지르지 않는 예방 효과가 분명히 있는 겁니다.

그래서 지금까지 검찰이 제대로 처벌되지 않은 사례, 오전에도 말씀드렸지만 공소기각, 공소권 남용이라고 기각이 난 이런 판결이 확정됐음에도 불구하고 처벌되지도 않고 헌재까지 갔어도 탄핵이 기각됐습니다.

또 서울시 간첩 사건에서 보면 그런 증거 위조 사건이 있어도 처벌되지 않았습니다. 이런 것을 피해자들은 엄청난 고통을 당하고 있는데 저희 입법기관에서 가만히 있는다? 이건 말이 안 된다고 생각합니다. 그래서 저는 이게 반인권적 국가범죄의 하나로 예시해서 처벌하는 것이 맞다고 생각하고요.

오전에도 말씀드렸지만 가혹 행위만 통해서 사람들을, 피의자를 겁박하거나 그러지는 않습니다. 요즘에는 정말 수백 번 구치소에 있는 피의자를 불러서 겁박하고 진술 조작하고 그런 사례가, 피해자들이 지금 많이 나오고 있는데 이런 경우에도, 형법 324조 강요죄의 경우에도 공소시효를 중단시켜서 정말 구속 피의자를 수없이 불러서 또는 구속되지 않는다 하더라도 참고인이나 피고인을, 피의자를 수도 없이 불러서 이런 겁박하는 사례를 막아야 된다고 생각합니다.

이상입니다.

○**주진우 위원** 저도 한 말씀……

○**소위원장 김승원** 주진우 위원님.

○**주진우 위원** 지금 이 법안은 기본적으로 체계랑 균형 자체가 완전히 안 맞습니다, 특정 범죄에 대해서 이렇게 한다는 게. 지금 현재 검찰 수사 상황과 관련해서 민주당에서 이거를 계속 이런 식으로 밀어붙인다라고 하면 국민들께서 보시기에도 좋지 않을 것이라고 저는 생각이 들고요.

두 번째는 공소시효를 없애 버리면 굉장히, 공무원들로 하여금 소위 말하는 복지부동인 자세를 취하도록 할 겁니다. 왜냐하면 이렇게 되면 여야 상관없이 어떤 업무를 처리하고 나면 평생 불안정한 지위에 두는 것이거든요. 정말로 인권이 문제될 정도, 반인권적인 사고가 검찰에서 났다라고 하면 그게 공소시효가 지나갈 때까지 묻혀질 리가 있겠습니까, 이런 시대에? 그것은 이제 정권 바뀔 때마다 혹은 그 이후마다 과거에 했던 사건들 다 들여다보면서 문제점을 다 지적하고 하게 되면 이것은 대한민국 형사 체계도 엉망으로 만들뿐더러 기본적으로는 아마 세계적인 입법례도 없을 만한 그런 사안이기 때문에 굉장히 신중해야 되고요. 이것 만약에 이렇게 통과된다라고 하면 아마 이것에 대해서 수긍할 수 있는 국민이나 공무원들이 없을 것이라고 저는 생각합니다. 명확히 반대 입장을 말씀드립니다.

○**장동혁 위원** 저도 주진우 위원 의견에 보태면요 중상해 이후에 멀지 않은 시간에 사망하거나 아니면 사망의 결과가 발생하면 그 사건이 발표되지 않고 묻힐 가능성도 있습니다. 그런데 그렇지 않고 직권 남용이나 증거 인멸 이런 경우에 공소시효 내에 그 사건을 처리하지 못할 경우, 그래서 30년, 40년, 50년 지난 이후에 처리해야 될 사건을 우리가 몇 건을 상정할 수 있다고 법체계를 완전히 흔들어서 이것을 공소시효를 없애서 지금 주진우 위원이 말한 것처럼 수사기관에서 어떤 수사를 하는 데 있어서…… 이렇게 되면 여러 문제점들이 발생하게 될 것입니다.

지금 법체계 내에서 충분히 할 수 있는 그리고 이것이 공소권을 행사하는 데 있어서 우리가 별로 장애를 상상하기 힘든, 상정하기 힘든 경우까지 이렇게 일반적으로 다 법체계를 깨뜨린다고 하는 것은 저는 동의하기 어렵거든요. 그리고 예전에 그런 사건들이 있었는데 지금 문제가 발생하고 그런 사건들이 있다면 그것은, 과거의 사건들은 예를 들면 특별법이나 다른 것들에 의해서 지금까지 처리해 온 것처럼 처리해야 될 것입니다. 지금 현 시대에 있어서 여기에서 공소시효를 없앨 만큼의 인권침해가 문제되고 그런 사건이, 주진우 위원처럼 묻히고 공소시효 내에 그것이 문제 제기가……

아까 박균택 위원이 말씀하신 것, 좋습니다. 검사가 아니면 경찰관이 그런 걸 했는데 그분이 현직에 있다고 해서 그 문제가 안 된다? 그러면 적어도 대통령 정도라고 한다면 그 임기가 결국은 몇 년인데, 대통령 있는 동안에는 문제 제기를 못 한다 치지요. 그러면 그 임기가 몇 년인데 그것 때문에 공소시효를 영원히 없앤다? 저는 어떤 경우를 상정하고 지금 이런 법체계를 깨뜨리는 4호까지 포함시키라고 하는지에 대해서는…… 예방적 효과? 아까도 말씀드렸지만 모든 사건에서 공소시효를 없애면 절도든 단순 폭행이든 예방적 효과는 있습니다.

○**소위원장 김승원** 박균택 위원님.

○**서영교 위원** 제가 질문 한 가지만 할게요.

○**소위원장 김승원** 먼저 손을 드셔서.

○**박균택 위원** 지금도 과거와 같은 권위주의적인, 국민 봉사자가 아니고 국민을 지배하고 묶어 두는, 봉사자 정신이라고는 하나도 없이, 국민 주권주의에 대한 인식 하나 없이 국민을 상대로 못된 행동을 저지르는 군인이나 수사기관이 있음을 우리가 수없이 봐 오고 있습니다.

그리고 이것은 양형의 문제이기도 하지만, 범죄의 중대성 문제이기도 하지만 어떤 국민의 공복인 공직자들이 국민을 상대로 이런 짓을 해서는 안 된다는 것을 명백하게 중대범죄로 선언을 해서 우리 대한민국의 품격을 높이고 그다음에 공직자로서의 어떤 경각심을 갖게 하는 선언적 효과 이것들도 저는 고려를 해 줘야 하는 것이 아닌가…… 저는 실용성 못지않게 또 양형의 정도에 못지않게 국가의 품격, 공직자의 자세 이걸 가다듬게 만드는 효과도 분명히 있다고 보기 때문에 이 법에 찬성을 한다는 점을 좀 말씀드리고 싶습니다.

○**서영교 위원** 제가 질문 좀 드리면……

○**소위원장 김승원** 서영교 위원님.

○**서영교 위원** 공소시효는 왜 있는 거예요?

○**법무부차관 김석우** 공소시효는 기본적으로 두 가지 측면에서 설명되고 있는데, 시간이 지날수록 처벌의 가치 이런 것들이 약간 점점 더 낮아진다는 측면이 있고 또 한 가지는……

○**서영교 위원** 시간이 지날수록 처벌의 가치가 낮아진다?

○**법무부차관 김석우** 예, 처벌의 가치. 왜냐하면 그 과정에서 피해가 회복될 수도 있고 피해자의 감정도 사라질 수 있으니까.

또 한 가지는 형사소송적인 측면인데 증거가 없어지는 측면이 있기 때문에 적정한 양형을 산출할 수 있는 재판이 힘들다라고 하는, 크게 보면 두 가지 측면에서 설명되고 있습니다.

○**서영교 위원** 지금 말씀처럼 처벌의 가치가 많이 떨어진다 그다음에 증거의 효력이 떨어진다잖아요.

제가 살인범 공소시효를 없앨 때…… 살인범 공소시효는 왜 없앤 거지요? 시간이 지나면 증거가 없어지거든요. 그런데 DNA를 영구 보존하는 법을 만들어 통과시켰어요. 그러니까 과학적 기술에 의해서 DNA를 영구 보존하게 됐습니다. 그리고 DNA를 파악하는 게 아주 용이해진 거지요. 그래서 어느 시간이 지나면, 15년이 지나면 살인범 공소시효가 없어졌는데 그게 아니라 DNA를 영구 보존할 수 있어서…… 화성 연쇄 살인범의 증거자료를 살인범 공소시효가 없어지고 쭉 다시 봤더니 신문지에 쌓여 있어서 DNA를 채취하고 보니까 범인들의 DNA, 구치소에 있는 범인들의 DNA도 보관하는 법이 생겼고 DNA는 영구 보존이 되고 그래서 이 DNA를 살폈더니 이춘재가 잡힌 겁니다.

그러니까 살인범 공소시효를 없앴을 때는 1. 과학적인 수사 기법이 발달했다, 2. DNA를 영구 보존하게 됐다, 그렇기 때문에 살인범 공소시효를 없애서 끝까지 쫓는다는 의미를 두자. 그러다 보니까 미제 살인사건도 해결된 거거든요.

지금 말씀하신 것처럼 공소시효는 왜 없애는가? 그 가치가 떨어지기 때문에, 처벌의 가치. 그다음에 증거의 능력이 없기 때문에. 그런데 우리가 공소시효를 가지고 있다는 것이 누구의 범죄를 더 강화하겠다…… 공소시효를 둔다는 게 누구를 더 끝까지 뭐 이런 게 아니잖아요. 다시 한번 말씀드리지만 공소시효를 뒀다는 이유는 처벌 가치가 떨어지고 그다음에 과학적인 증거 능력이 보존되지 않았기 때문인데 지금은 과학적인 증거 능력이 보존되고……

그다음에 이것은 국가가, 다른 일이 아니라 국가의 수사기관이든 뭐든, 지금은 우리 수사기관이 하는 게 형평에 안 맞는다고 하지만…… 아니, 나라의 녹을 먹는 검사, 수사기관이 의도를 가지고 누군가를 그렇게 수사한다면, 위법한 수사를 하고 조작을 한다면 이것처럼 무서운 게 어디 있습니까? 옛날에는 조작해서 죽였지만 지금은 조작해서 형을 살려서 온갖 문제들을 일으키게 하고…… 이래서 공소시효가 없는 이유가 뭐냐, 있는 이유가 뭐냐 그거랑 아무 상관이 없어요. 이런 국가적 범죄는 끝까지 처벌할 거야라고 하는 의미로 두기 때문에 전혀 문제가 없는 것 아닌가 이렇게 생각을 하게 됩니다.

○소위원장 김승원 감사합니다.
저도 의견을 좀 말씀드리면 아무튼 저희가 대학 다닐 때 그럴 때는 특수부라든가 중수부에 끌려가면 그때는 일단 맞고 시작을 했다 그러더라고요, 검찰에서도. 제가 들은 얘기인데요, 맞으신 분들 각목은 아니고 죽도 같은 걸로 맞고 시작을 했고 그랬다가 돌아가신 분도 있었고 그다음에 얼마나 수사가 센지 고위층일수록 자해행위를, 안기부장도 자해행위를 한 적도 있었고 수사를 갔다가 목숨을 끊으신 분도 계셨고 그런 시절이 있었습니다. 그러다가 점점 인권이 개선되고 그러면서 나아지기 시작했는데, 시대의 정신이라는 게 있는 것 같습니다. 지금은 요구하는 게 적법한 압수수색에도 모멸감을 느끼는 분들도 많이 계시고 그걸 못 견뎌 하는 분도 계시고…… 그래서 어떤 인권 수준에 따라서 우리의 법안도 달리, 좀 더 강화된 주의 의무랄까요, 그런 규범을 요구해야 될 때가 오지 않았는가 생각이 됩니다.

아무튼 저도 이 법안을 처음 봤을 때는 '이야, 이렇게…… 정말 세다. 특히 4호 같은 경우 세다. 종사자들이 이것을 어떻게 견뎌 낼 수 있을까'라고 고민을 하다가 그래서 수사하는 분들이 어떤 수사 준칙에 따라서 모든 수사 과정을 다 데이터에 그 절차를 기록한다면 수사하는 분들도 나중에 이런 시비에서 다 면책받을 수 있는 근거를 만들 수 있게 되고 또 그렇기 때문에 수사 절차도 좀 더 적법하게 되지 않을까 그런 생각을 하게 돼서 저도 그런 수사 과정의 모든 것을 검찰청이든 대검에 다 보관할 수 있는, 보존할 수 있는 시스템도 만들어야 된다라고 생각을 합니다. 그래서 필요성에 대해서는 저도 이해를 하게 됐고요. 그러면 사실은 공소시효 배제, 현직에 있는 동안은 공소시효를 정지시키고 현직을 떠나면 그때부터 공소시효를 다시 진행할 수 있도록 하는 것은 어떨까 그런 생각도 좀 해 보았습니다. 그것은 저희가 전체회의든 아니면 더 논의를 해 보기로 하고요.

그다음에 지금 수석전문위원께서 요구하신 것 중에 13페이지, 가중처벌하는 다른 법률이 존재하는 경우에는 13페이지 괄호 안에 있는 다른 법률에 따라 가중처벌되는 죄 이것을 넣으면 해결이 된다는 말씀이시지요?

○**수석전문위원 정환철** 예.

○**소위원장 김승원** 그것 의견을 드리고요.

그다음에……

○**유상범 위원** 이건 뭐에, 어느 조항에 넣는다는 얘기예요?

○**소위원장 김승원** 가중처벌이 있는 조항에 대해서 그렇게 하게 된다는……

○**유상범 위원** 그러니까 이 규정을 어떤 식으로 규율을……

○**수석전문위원 정환철** 각주 3번 밑에 한번 보시면……

○**소위원장 김승원** 그것은 조문 위임을 해 주신면 잘 정리하도록 하겠습니다.

그다음에 유족의 범위에 대해서 24페이지 보시면 제가 유족까지 포함시켰는데 특별법마다 유족의 범위가 좀 달라지는 것 같습니다. 이것은 배우자와 직계 존비속 그리고 다만 배우자와 직계 존비속이 없는 경우 사망자의 형제·자매 이것이 가장 좁은 유족의 개념이고요. 그 위에 있는 가습기살균제 피해구제법 유족은 이것보다는 좀 넓은 의미의 유족의 범위가 아닌가 싶은데요. 이것에 대해서 의견은 어떠신가요?

사실 유족의 위와 아래가 크게, 완전히 다르거나 큰 차이가 있는 것은 아닙니다만 '배우자와 직계 존비속 그리고 배우자와 직계 존비속이 없는 경우 사망자의 형제·자매' 이렇게 정리하는 것이 어떤가 한번 의견을 드리겠습니다.

그리고 소멸시효 기간의 특례에 있어서 권리를 행사할 수 있을 때부터 10년인데, 그것과 그 손해 및 가해자를 안 날부터 5년 그것을 병기하거나, 그러니까 같이 적용하거나 혹은 어느 걸 적용해야 될지 그것에 대한 의견을 좀 말씀해 주시면 어떠실까 싶습니다.

○**유상범 위원** 아예 법안을 혼자 만드시네, 위원장이.

○**소위원장 김승원** 의견을 드린 겁니다.

○**유상범 위원** 그러지 말고 관계 기관에게 물어 보세요. 그게 더 낫지 않겠어요?

○**소위원장 김승원** 그러면 유족의 범위에 대해서 의견 주실 게 있으신가요?

○**법무부차관 김석우** 일단 유족의 범위 말씀드리기에 앞서 가지고 제가 간단하게만 말씀드리면, 앞에서 여러 위원님들께서 말씀하셨던 이른바 반인권적 범죄에 대한 엄정한 처벌·대응은 분명히 필요하다고 판단됩니다. 다만 그 방법에 대해서는 다시 한 번 더 생각해 주시기를 간곡히 요청드립니다.

기본적으로 말씀하셨던 그런 범죄들에 대해서는 앞에서 말씀드렸던 DNA 분석, 과학수사 기법이 점점 발전이 돼서 결정적인 증거가 뒤늦게 발견됐는데 그때 그 범죄 자체는 시효가 지났다 이런 경우 우리가 공소시효 폐지 같은 걸 통해서 처벌하는 건 분명히 타당한데, 지금 말씀하셨던 그런 사례들은 어떻게 보면 증거 확보의 문제라기보다는 수사의 의지 문제가 아닌가라고 하면 그런 경우를 대비해서 사실 공수처라고 하는 독립된 기구가 생겼고 여러 가지 특별법을 통해 가지고 엄정한 처벌이 가능합니다. 그래서 어떻게 보면 그런 부분에 대한 대응을 하기 위해서 형사사법 체계 전반을 훼손할 수 있는 그런 접근 방법에 대해서는 저는 좀 이견이 있다고 생각되고요.

그다음에 지금 유족에 대해서 말씀하셔서, 소멸시효 부분인데 기본적으로 소멸시효에 대해서는 장기 시효에 대해서는 기본적으로 입법정책적인 문제라고 생각을 하고. 다만 단기 시효는……

기본적으로 단기 시효는 이렇습니다. 손해가 발생하고 손해와 인과관계가 있는 가해행위를 알고 가해행위가 위법한 행위인지를 알았을 때, 그때부터 기산점이 시작됩니다. 그러면 그때부터 시작했을 때 웬만한 사람들은 다 그 시간을 적정하게 규정을 하게 되면 상당 부분 보호가 되는데 현재 권리를 행사할 수 있을 때라고 하는 거는 현재 다른 특별법에도 이렇게 규정된 바는 없습니다.

그래서 도대체 자기에 대한 손해를 가한 행위가 불법행위라는 걸 알게 되는 거하고 권리 행사할 수 있을 때하고 어떤 관계에 있는지 모호한 측면이어서 소멸시효 부분에 있어서는, 최소한 단기시효에 대해서는 여러 가지 기산점을 합리적으로 산정을 하면 상당 부분 이제 권리 구제가 될 것으로 보이기 때문에 '권리 행사할 수 있을 때부터'라고 하는 것에 대해서는 상당히 모호한 측면이 있어서 재고가 필요하다는 의견입니다.

그래서 유족의 범위 문제도 결과적으로 권리를 행사할 때부터 10년 동안에 대해서는 유족에 대해서 허용한다는 법안이기 때문에 근본적인 문제점에 대해서 제가 간단히 말씀드렸습니다.

이상입니다.

○소위원장 김승원 차장님.

○법원행정처차장 배형원 저는 반인권적 국가범죄의 정의 관련해서 4호에 관해서는 위원님들끼리 여러 의견이 있으시니까요. 그 점보다는 3호를 정리해 주시는 과정에서 '의사의 최초 진단결과 8주 이상의 치료가 필요한 상해'라는 경우를 유지를 하신다면, 즉 박홍근 의원안처럼 중상해라는 것 앞에 그와 같이 의사의 최초 진단을 통해서 8주 이상으로 되게 되면 바로 이런 반인권적 범죄가 된다라는 것은 공소시효를 없애는 것에 대해서 의사의 개인 소견에 맡기는 것이 과연 맞는 것인지라는 것을 고려를 해서 그것이 중대하다는 결과를 이르게 한다라고 한다면, 여기서 쓰고 있는 중상해라는 개념이 형법상의 중상해죄, 그 중상해를 의미한다면 충분히 소화할 수 있기 때문에 '의사의 최초 진단결과 8주' 이것은 좀 안 맞다라는 생각이 들고요.

유족의 범위에 관해서는 정리해 주시면 특별한 이견은 없습니다만 제가 드리고 싶은 말씀은 소멸시효의 배제에 있어서 장기소멸시효를 배제하는 것에 대해서는 헌재에서도 많은 문제점을 제기를 하셨기 때문에 여기에 대해서는 배제를 할 수 있다고 생각합니다.

즉 사망 결과가 발생한 날로부터 한참 있다가 이것이 문제가 발견이 되는 경우가 있기 때문에 그런 부분은 10년이 지났다고 하더라도 당연히 소멸시효는 배제해야 될 것 같은데 단기소멸시효에 관해서는 유족이건 피해자 본인이건 이미 단기소멸시효를 다 없애 버리는 것까지 허용해 줄 것인지에 대해서는 면밀한 검토가 필요하다는 말씀이고요.

용어 사용에 있어서 '권리를 행사할 수 있는 날로부터'라는 것은 일반적으로 채권이나 이런 권리의 행사에 있어서의 소멸시효에 관한 규정이고요. 불법행위로 인한 손해배상채권의 경우에 있어서는 소멸시효의 규정 자체가 '안 날' 이렇게 규정을 하고 있다는 점을 감안하셔서 참고해 주셨으면 좋겠습니다.

이상입니다.

○장동혁 위원 저도 말씀하신 김에 하나만 하면 차관님, 검찰에서 주로 중상해는 전치 몇 주 정도를 중상해로 보고 있습니까?

○법무부차관 김석우 딱히 정해진 건 없습니다마는 일반적으로 이렇게 중상해라고 하게 되면 기준이 사실 5주에서 10주 사이인데요.

○**장동혁 위원** 그러니까요.

○**법무부차관 김석우** 딱히 명확한 기준은 없고 그리고 또 한 가지 드리고 싶은 말씀이 진단 주수 같은 경우에는 골절은 좀 길게 나오지만 칼에 찔린 자상 같은 경우는 상대적으로 좀 적게 나올 수가 있기 때문에 주수만 가지고 논하기에는 한계가 있는 면이 있습니다.

○**장동혁 위원** 저도 그래서 아까 그 말씀을 드리려고 하다가 말씀을 안 드렸는데, 8주 이상 상해로 하고 또 중상해를 규정하는 것은 굳이 불필요한 논란만 생길 것 같고요. 차장님 말씀하신 대로 의사의 진단에 따라서 중상해 여부를, 그러니까 몇 주로 진단했느냐에 따라서 중상해 여부를 판단하는 것은 저는 적절치 않다고 생각하고. 지금 어느 정도가 중상해인지는 사실 지금 여러 판례나 우리 실무회의에서 충분히 중상해 여부를 가려낼 수 있거든요. 그래서 저는 '8주 이상의 상해' 그 부분에 대해서는 적절치 않다는 생각입니다.

그리고 소멸시효에 대해서 말씀드리자면 사실은 어떤 것이든 이게 장기소멸시효 때문에 장기소멸시효가 지나고 나서 손해나 가해자를 한 경우가 사실은 문제되는 게 대부분이기 때문에 장기소멸시효의 문제만 해결되고 나면 다른 법체계의 기본을 깨뜨리지 않더라도 저는 문제를 해결할 수 있다고 생각합니다.

○**소위원장 김승원** 정리하겠습니다.

8조는 군의 지휘관·지휘자가 군형법 62조를 통해서 사람을 상해나 사망에 이르게 한 경우인데요. 이런 경우가 과연 얼마나 있을까라고 했는데 얼마 전에 저희가 불법 비상계엄을 통해서 명령을 수행하지 않은 사람을 폭행하고 때렸다는 얘기가 있습니다. 그게 어떻게 수사가 돼서 밝혀질지는 모르겠지만 그런 경우가 발생하는 것도 같습니다. 그래서 이번에……

○**장동혁 위원** 그런데 그렇게 되면 예를 들면 병원에 가서 6주밖에 안 나오면 8주 나오는 병원 찾아다니는 일이 발생하게 될 것입니다. 결국은 주수를 가지고, 저희들이 무슨 소멸시효를 배제할 거냐, 말 거냐라고 하는 것보다는 우리가 중상해라는 이미 명확하게 법에서 사용하고 있는 개념이 있는데 굳이 다시 8주라고 하는 기계적인 용어를 가지고 구성 요건을 만드는 것은 저는 적절치 않다는 생각입니다.

○**소위원장 김승원** 잠시만요.

중상해가 명확합니까? 그러지는 않지요. 재판 과정에서 중상해가 되는지 안 되는지는 진단도 받아 봐야 되고 신체 감정도 해야 되고 정말 신체 영구적인 기능 훼손이 있었는지는 그걸 통해서 결과가 나오는 거 아니겠습니까. 그렇지요? 중상해로 기소하면 중상해인지 여부를 변호인을 통해서 다투지 않습니까. 그래서 저는 차장님 의견을 받아들여서 그냥 '최초 진단결과' 그거는 삭제하도록 하겠습니다.

그래서 8주 이상 치료가 필요한지 아닌지는 재판 과정을 통해서 아니면 수사기관이 이 법에 특별법 적용을 고민할 때 그때 대한의사협회라든가 그런 감정 결과를 통해서 확정을 하도록 그렇게 한번 만들어서 그렇게 적용을 예상해 봅니다.

○**장동혁 위원** 그게 결국 몇 주가 나오든 그 진단을 가지고 중상해에 해당하는지 여부를 다른 전문 기관이나 그런 의견을 종합해서 법원이 판단하면 되는 거 아닌가요?

○**소위원장 김승원** 알겠습니다.

○**법원행정처차장 배형원** 참고로 중상해죄라고 별도의 형법 규정이 있는데요. 거기 보면 이렇게 추상적으로 규정이 되어 있습니다. '신체를 상해해서 생명에 대한 위험을 발생하게 한 자' 또는 '신체의 상해로 인하여 불구 또는 불치 또는 그런 질병에 이르게 한 자'를 저희가 일반적으로 중상해라고 보고 있습니다, 추상적인 규정을 통해서.

○**소위원장 김승원** 그렇습니다. 거기에 해당되는지 안 되는지는 예컨대 구체적인 사건에서 어떤 의사의 감정이라든가 그런 거를 통해서 결정이 되겠지요?

○**법원행정처차장 배형원** 예, 맞습니다.

○**소위원장 김승원** 아마 8주 이상의 상해도 의사의 감정이라든가 그걸 통해서 수사기관이든 법정에서든 결과가 판정이 되지 않을까 싶습니다.
　저희가 이제 표결을 하고자 합니다.

○**장동혁 위원** 그래서 8주 이상은 뺀다는 건가요?

○**소위원장 김승원** 아니, 넣는다고요.

○**장동혁 위원** 8주 이상이어도 그걸 전문기관이 보고 중상해에 이른 정도인지를 판단하게 해야지 8주 이상 되면 무조건 해당되고 8주가 안 돼도 중상해 여부인지를 또 판단하게 하고 그러면 그거는 체계에 맞지 않는 것 같아요.

○**소위원장 김승원** '의사의 최초 진단결과'를 삭제하고요. '8주 이상의 치료가 필요한 상해, 중상해, 사망에 이르게 한 경우' 그렇게 정리하면 안 되겠습니까?

○**장동혁 위원** 저는, 그거는 안 맞지요.

○**유상범 위원** 그거는 안 맞지요.

○**서영교 위원** '8주'라고 하는 것은 빼고, 제가 보기에는 중상해가 어디까지냐라고 하는 게 애매하기는 하나 국가기관에 의해서 그렇게 당했다고 할 때는 자기가 억울하고 힘들다고 하면 웬만하면 중상해라고 봐줄 수 있지 않을까 싶습니다. 그래서 그거를 몇 주, 몇 주보다는 사실은……

○**법무부차관 김석우** 위원장님, 저……

○**소위원장 김승원** 잠시만요, 지금 저희가 정리할 시간이라서.
　그러면 8주는 다른 위원님들도 의견 맞습니까?

○**장동혁 위원** 저는 그거는 정말 빼져야 될 것 같아요. 그거는 정말 법체계상……

○**소위원장 김승원** 예, 알겠습니다.

○**이성윤 위원** 4호 관련해서요 박홍근 의원안은 '수사 및 기소에 관한 업무를 수행하는 공무원'으로 돼 있고 장경태 의원안은 '수사에 관한 직무를 수행하는 공무원'으로 돼 있거든요. '수사 및 공소 유지' 이렇게 바꾸면 어떨까 합니다. '수사 및 공소의 제기 또는 그 유지'.

○**박균택 위원** 공소 유지까지 필요할까요? 법정에서 때리는 법은 없을 텐데……

○**이성윤 위원** 공소 유지에 검사가, 서울시 공무원 사건에서 보면 자료를 허위 자료를 냈지 않습니까? 아예 그걸 빼 버리면, 범죄 수사 과정에서만 일어나는 것으로 한정한다면……

○**장동혁 위원** 어떻게 보면 기소에 공소 유지 포함되는 거 아닌가요?

○**소위원장 김승원** 그러게요. 기소에는 공소 유지까지 다 포함되는 거 아닐까요?

○**장동혁 위원** 당연히 우리가 교과서에서 그렇게 포함되는 걸로……

○**박균택 위원** 그러면 차라리 '기소'라는 말을 '공소'라고 표현을 하시지요.

○**이성윤 위원** 그렇게 하신 걸 보면, 검사의 직무에 보면 '범죄수사, 공소의 제기 및 그 유지'.

○**장동혁 위원** 그러니까 그걸 기소라고 표현하잖아요. 그냥 '공소 제기 및 유지'.

○**유상범 위원** 그걸 기소라고 하잖아요.

○**소위원장 김승원** 예, '수사 또는 공소'라고 하겠습니다. 어떻게 해요? '수사 또는 공소의 제기 및 유지'? 더 정확하게 하겠습니다.

또 의견 주십시오.

○**유상범 위원** 차장님, 여기에 지금 보면 직권 남용……

○**소위원장 김승원** 잠깐만요. 저희 이제 좀 정리를 하고……

○**유상범 위원** 이거 좀 물어볼게요. 기회를 줘야지요.

○**소위원장 김승원** 정리하고 표결을 좀 하고자 합니다.

○**유상범 위원** 알았습니다. 궁금한……

○**소위원장 김승원** 1분만 드리겠습니다.

○**유상범 위원** 무슨 소위를 이런 식으로, 정청래 위원장 따라가면 어떻게 해요?

○**소위원장 김승원** 아니, 지금 평행선이 계속 그어지고 있는데 1분 안에 빨리 정리해 주십시오.

○**유상범 위원** 그러니까 내가 위원들이 참고를 할 만한 내용을 물어보려고 하는 거예요.

우리가 여기 보면 직권 남용, 범인 은닉, 위증, 증거 인멸, 무고 이런 게 있습니다. 그런데 이 범죄들이 개인적 범죄가 아니잖아요. 그렇지요? 직무 범죄이고 사회적 범죄인데 여기 피해자라는 개념이 들어갈 수 있습니까? 이게 지금 법적으로는 피해자가 인정이 될 수가 없는데 이렇게 되면 피해자에게 손해배상 청구권을 어떻게 인정한다는 거지요?

○**박균택 위원** 그 사건의 피의자나 피고인이 피해자 아니겠습니까? 사건 조작의 피해자, 사건 조작의 피고인, 피의자.

○**유상범 위원** 아니, 우리가 법적 개념을 나가야지. 법적 개념이라고 판단을 한다면 살인 사건의 유족이나 또는 상해 사건의 당사자를 말하는 것이지 이런 사건, 사회적 범죄하고 직무 범죄를 가지고 피해자라고 인정할 수 있겠습니까?

○**소위원장 김승원** 정리하겠습니다.

수석전문위원님, 정리된 것 간략하게만 말씀해 주시고요.

○**수석전문위원 정환철** 그러면 조문별로, 아까 2호에서 사망은 두고 '중상해나 상해는 8주 이상의 치료가 필요한 상해' 그대로 두는 걸로, '최초 진단결과'는 뺐고요.

○**유상범 위원** 그거 삭제하기로 했잖아요. '8주 이상 상해' 삭제하기로 했잖아요.

○**소위원장 김승원** 삭제하는 걸로.

○**수석전문위원 정환철** 예, 알겠습니다.

그리고 4호는 '수사 또는 공소' 그렇게 자구를 수정하고요. '수사 또는 공소 제기 및 유지'로 하고요. 122조는 빼고요 324조는 추가하지 않기로 했습니다.

○**장동혁 위원** 2호를 빼는 대신 125조 추가해야……

○**유상범 위원** 122조 빼고 125조 추가하자면서요, 2호는 또 삭제하고.

○**수석전문위원 정환철** 예, 125조는 추가하고요 324조는 포함하지 않기로.

그리고 유족의 범위는 거창사건 명예회복에 관한 특별조치법에 의해서 '유족이란 반인권적 국가 범죄로 인하여 사망한 사람의 배우자, 사실상의 혼인 관계에 있는 사람을 포함한다'와 '직계 존·비속을 말한다. 다만 배우자와 직계 존·비속이 없는 경우에는 사망자의 형제자매를 말한다' 이걸로 정리하는 걸로 위원장님이 말씀을 주셨습니다.

그리고 소멸시효 기간의 특례는 권리를 그 밑의 4·16세월호참사 및 피해구제 및 지원 특별법에 따라서 '손해 및 가해자를 안 날로부터 5년간' 이렇게 정리하기로 의견을 들었습니다.

○**소위원장 김승원** 맞습니다.

그러면 의결하도록 하겠습니다.

의사일정 제2항부터 5항까지 법률안은 각각 본회의에 부의하지 아니하고 이를 통합 조정한 위원회 대안을 제안하고자 하는데 이의 없으십니까?

○**유상범 위원** 이의 있지요. 이걸 어떻게 받아들입니까? 이거는 법도 아니에요.

○**소위원장 김승원** 이의가 있으므로 국회법에 따라 표결하겠습니다.

먼저 찬성하는 위원님은 손을 들어 주시기 바랍니다.

(거수표결)

내려 주십시오.

다음 반대하는 위원님은 손을 들어 주시기 바랍니다.

(거수표결)

내려 주십시오.

표결 결과를 말씀드리겠습니다.

재석 위원 총 8인 중 찬성 5인, 반대 2인, 기권 1인으로 가결되었음을 선포합니다.

○**유상범 위원** 밖에 있는 카메라가 아마 '이 법안 통과시켰다'라고 말하려고 있지요?

○**소위원장 김승원** 이상으로 오늘 회의를 마치도록 하겠습니다.

오늘 의결한 법률안의 자구 정리 등에 관한 사항은 소위원장에게 위임하여 주시기 바랍니다.

위원님들 수고 많으셨습니다.

김석우 차관님, 배형원 차장님과 관계기관 공무원 여러분도 수고하셨습니다.

수석전문위원을 비롯한 위원회 직원, 속기사 여러분도 수고 많으셨습니다.

산회를 선포합니다.

(17시19분 산회)

○**출석 위원(8인)**

김승원 박균택 서영교 유상범 이성윤 장동혁 전현희 주진우

○**출석 전문위원**

수석전문위원 정환철

전문위원 박동찬

전문위원 이화실

○**정부측 및 기타 참석자**

법무부
　　차관　김석우
　　기획조정실장　변필건
　국방부
　　차관　김선호
　고위공직자범죄수사처
　　차장　이재승
○**법원측 참석자**
　법원행정처
　　차장　배형원
○**헌법재판소측 참석자**
　헌법재판소사무처
　　사무차장　김용호

일　시　2024년12월19일(목)

장　소　농림축산식품해양수산위원회회의실

의사일정

1. 산림재난방지법안(정희용 의원 대표발의)(의안번호 2200211)
2. 산림재난방지에 관한 법률안(이병진 의원 대표발의)(의안번호 2203505)
3. 산림보호법 일부개정법률안(조경태 의원 대표발의)(의안번호 2202343)
4. 산림보호법 일부개정법률안(정희용 의원 대표발의)(의안번호 2203946)
5. 산림보호법 일부개정법률안(이만희 의원 대표발의)(의안번호 2204840)
6. 산림보호법 일부개정법률안(조경태 의원 대표발의)(의안번호 2205845)
7. 초지법 일부개정법률안(유상범 의원 대표발의)(의안번호 2200213)
8. 차산업 발전 및 차문화 진흥에 관한 법률 일부개정법률안(이병진 의원 대표발의)(의안번호 2200238)
9. 화훼산업 발전 및 화훼문화 진흥에 관한 법률 일부개정법률안(이병진 의원 대표발의)(의안번호 2200248)
10. 농업경영체 경영위기 극복을 위한 필수농자재 등의 지원에 관한 법률안(문대림 의원 대표발의)(의안번호 2200531)
11. 필수농자재 국가 지원에 관한 법률안(윤준병 의원 대표발의)(의안번호 2200914)
12. 필수농자재 및 농업기계 지원에 관한 법률안(김한규 의원 대표발의)(의안번호 2201290)
13. 필수농자재 국가지원법안(어기구 의원 대표발의)(의안번호 2201576)
14. 필수농자재 지원법안(이개호 의원 대표발의)(의안번호 2201922)
15. 필수농자재 지원에 관한 법률안(전종덕 의원 대표발의)(의안번호 2202924)
16. 한우산업의 발전 및 지원에 관한 법률안(어기구 의원 대표발의)(의안번호 2200779)
17. 한우산업지원법안(송옥주 의원 대표발의)(의안번호 2202346)
18. 탄소중립에 따른 한우산업 전환 및 지원에 관한 법률안(이원택 의원 대표발의)(의안번호 2202003)
19. 탄소중립에 따른 한우산업 전환 및 지원에 관한 법률안(문금주 의원 대표발의)(의안번호 2202164)
20. 탄소중립에 따른 한우산업 전환 및 지속가능한 발전에 관한 특별법안(윤준병 의원 대표발의)(의안번호 2202545)
21. 축산법 일부개정법률안(이원택 의원 대표발의)(의안번호 2202002)
22. 축산법 일부개정법률안(조경태 의원 대표발의)(의안번호 2201921)

상정된 안건

(10시10분 개의)

○**소위원장 이원택** 좌석을 정돈해 주시기 바랍니다.

성원이 되었으므로 제420회 국회(임시회) 제1차 농림축산식품법안심사소위원회를 개회하겠습니다.

오늘 일정은 소위원회에 계류 중인 안건 중 산림청 소관과 농림축산식품부 소관 법률을 중심으로 심사하되 오전에는 산림청, 오후에는 농식품부 안건을 중심으로 심사를 진행하도록 하겠습니다.

안건 심사 방법은 지난 회의와 마찬가지로 수석전문위원실에서 작성한 심사자료를 바탕으로 전문위원의 보고와 정부 측 의견을 들은 후 위원님들 간의 논의를 거쳐 쟁점을 정리하도록 하겠습니다.

오늘 심사 대상 안건의 명칭 및 순서는 배부해 드린 의사일정을 참고하시기 바랍니다.

오늘 안건 심사를 위하여 정부 측에서 임상섭 산림청장이 출석하였습니다.

청장님 간단히 인사해 주시기 바랍니다.

○**산림청장 임상섭** 오늘 정희용 의원님이 대표발의해 주신 산림재난방지법과 이병진 의원님이 대표발의해 주신 산림재난방지에 관한 법률 등 총 6개 법률을 통합해서 심사하는 걸로 돼 있습니다. 저번 국회 회기 때부터 준비해 왔던 안인데 이번 국회 때 다시 처음으로 소위 심사를 하도록 돼 있습니다.

위원님들 잘 검토해 주시면 저희들이 제정해서 국민의 재산하고 생명에 피해가 한 명이라도 줄도록 노력하도록 하겠습니다.

---

1. **산림재난방지법안**(정희용 의원 대표발의)(의안번호 2200211)
2. **산림재난방지에 관한 법률안**(이병진 의원 대표발의)(의안번호 2203505)
3. **산림보호법 일부개정법률안**(조경태 의원 대표발의)(의안번호 2202343)
4. **산림보호법 일부개정법률안**(정희용 의원 대표발의)(의안번호 2203946)
5. **산림보호법 일부개정법률안**(이만희 의원 대표발의)(의안번호 2204840)
6. **산림보호법 일부개정법률안**(조경태 의원 대표발의)(의안번호 2205845)

(10시12분)

○**소위원장 이원택** 그러면 안건 심사를 시작하겠습니다.

의사일정 제1항부터 6항까지 산림재난방지 법안 등을 일괄하여 상정합니다.

먼저 전문위원께서 주요 사항을 중심으로 간단히 설명해 주시기 바랍니다.

○**전문위원 임재금** 보고드리겠습니다.

저희 양이 많아 가지고 심사자료하고 조문자료 2권으로 준비했다는 말씀 드리겠습니다.

심사자료 1번 목차를 보시면 1번부터 4번까지 총괄적인 검토를 했고, 5번 이하에서 주요 조문별로 검토를 했습니다.

먼저 1번부터 4번까지 총괄 검토 말씀드리겠습니다.

1페이지입니다.

제정안의 입법 배경 및 취지입니다.

최근 산림재난이 확대되고 있는데 현재 재난안전법과 산림보호법으로는 대응하는 데 구조적인 한계가 있다는 의견이 있습니다.

2페이지입니다.

이에 따라서 제정안들은 산림보호법에서 산림재난에 관한 내용을 분리·이관하고, 공단 설립 등 산림재난 방지를 강화하는 내용을 통합 규정함으로써 산림재난관리 정책의 종합화를 도모하려는 취지입니다.

제정안에 대한 관계 부처 의견을 말씀드리면 산림청은 수용 의견이고요. 기획재정부 등에서 수정의견을 제시하고 있습니다.

3페이지입니다.

특히 소방청에서는 산불 관련 규정에서 산림인접지역도 적용되도록 규정하는 경우에 산림청의 산불조사와 소방청의 화재조사 간 업무충돌 우려가 있다는 우려 의견을 제시하고 있습니다.

4페이지 이병진 의원안에 대해서 보고드리겠습니다.

산림청은 수용 의견이고요. 기획재정부는 산림재난자율감시단 등이 타법상의 조직, 제도 등과 중복된다는 의견입니다.

행정안전부는 중앙행정기관에 두는 하부조직에 대해서는 하위법령에서 규정하고 법률에서는 설치 근거를 삭제하자는 의견입니다.

5페이지입니다.

소방청 수정의견은 세 번째 대시입니다.

안 제22조(대피명령 및 강제대피조치)를 삭제하자는 의견인데 재난안전법에 따라 가능하다는 이유입니다.

세 번째 동그라미에 전라남도에서 수정의견을 제시하고 있는데, 안 제4조제2호에서 이 법의 산사태 규정이 적용되는 범위 중에 산림에 잇닿은 토지를 포함하도록 하는 것은 산림청 소관 밖이므로 삭제해야 된다는 의견을 제시하고 있고요. 산림과 잇닿은 지역에서 건축허가를 하는 경우에 산림재난방지기관의 장과 사전 협의하도록 하는 규정에 대해서는 입법의 필요성이 미흡하다는 의견입니다.

6페이지에 입법 공청회 논의 내용을 정리하였는데, 이 사항은 10페이지까지 정리했는데 지난 소위 때 실시한 것이기 때문에 자료로 보고를 갈음하도록 하겠습니다.

11페이지 봐 주시기 바랍니다.

제정안의 구성체계와 주요 내용이 되겠습니다.

정희용 의원안과 이병진 의원안의 주요 차이점을 말씀드리면 가장 큰 차이점이 구성에 있습니다.

정희용 의원안은 재난관리 단계별로 조문을 배열하고 있고, 이병진 의원안은 산림재난별로 구성을 하고 있습니다. 정의에서 중요한 개념이 산림재난방지기관인데 정희용 의원안은 산림재난방지기관을 산림청 외에 산림청 소속 기관인 산림항공본부 그다음에 산림항공 관리소를 포함하고 있고 산림재난별로 지역산불관리기관, 지역산사태관리기관, 지역산림병해충 예찰·방제기관 등 다소 나열을 많이 하고 있습니다.

그다음에 이병진 의원안은 산림재난방지기관을 간단하게 지자체, 지방산림청, 국유림관리소 이렇게 포함되는 것으로 정의하고 있습니다.

12페이지 보고드리겠습니다.

산림재난대책본부와 관련해서 정희용 의원안은 각 재난별로 대책본부를 각각 운영하도록 하고 있는데 이병진 의원안은 대책본부를 통합·운영하도록 하고 있습니다. 기타 내용은 14쪽까지의 자료를 참조해 주시기 바랍니다.

15페이지입니다.

15쪽부터 17페이지까지는 정희용 의원안과 이병진 의원안의 주요 사항을 표로서 비교를 했습니다. 이 사항도 자료를 참조해 주시기 바랍니다.

18페이지 정희용 의원안과 이병진 의원안의 장·절·조의 구성에 대해서도 비교를 했습니다. 이 사항도 자료를 참조해 주시기 바랍니다.

24페이지 보고드리겠습니다.

총괄 검토입니다.

법 제명과 관련해서 정희용 의원안은 산림재난방지법으로 규정을 하고 있고, 이병진 의원안은 산림재난방지에 관한 법률로 규정하고 있는데 간결성을 위해서 정희용 의원안을 따를 필요가 있다고 보았습니다.

조문 구성 체계와 관련해서는 정희용 의원안이 산림재난관리 단계에 따라서 규정을 하고 있고, 이병진 의원안은 산림재난별로 구성하고 있는데 제정안들의 입법 목적이 산림재난을 통합·관리하기 위한 것이기 때문에 정희용 의원안이 적절하다고 보았습니다.

25페이지입니다.

제정안들의 주요 내용과 관련해서 재난안전법과 연계한 검토가 필요하다고 보았습니다.

첫째로 제정안에 산림복원에 관한 사항이 있는데 이 사항은 산림 재난에 대한 대비는 또 포함되지 않고 있습니다. 그런데 재난안전법을 보시면 재난의 관리 단계가 재난의 예방·대비·대응·복구 이런 체계로 돼 있습니다. 따라서 재난에 '대비'는 포함하고 '복원'은 삭제할 필요가 있다고 보았습니다.

26페이지입니다.

둘째로 정희용 의원안은 산림재난방지와 관련하여 행정기관을 산림재난별로 표현을 하고 있는데 그리고 또 산림청 또는 지방자치단체를 혼용하고 있는데 이병진 의원안은 지자체, 지방산림청, 국유림관리소를 산림재난방지기관으로 약칭해서 사용하고 있습니다. 법문의 이해 가능성 등 측면에서 이병진 의원안이 적절하다고 보았습니다.

세 번째 부분은 자료를 참조해 주시고요.

27페이지입니다.

네 번째, 제정안은 부칙에서 공단의 설립 준비에 관한 사항만 규정하고 있는데 공단 설립을 기존의 공공기관 등을 통합해서 추진하는 경우에는 공단 설립에 관한 경과조치가 필요합니다. 그래서 경과조치를 마련하기 위해서 부칙에 제3조를 추가해서 신설할 필요가 있다고 보았고요.

그다음에 마지막으로 동 제정안을 심사할 때 산림재난 관련 법률이 지금 산림보호법으로 들어와 있습니다. 그래서 이러한 산림보호법 일부개정안과 병합해서 심사할 필요가 있다고 보았고 해당 내용들을 조문별 내용에 함께 정리했습니다. 그래서 28페이지부터 32페이지까지는 자료를 참조해 주시기 바랍니다.

그리고 조문별 검토에 들어가야 되는데요. 그 전에 먼저 총괄적인 내용 검토가 완료됐습니다.

○소위원장 이원택 정부 측 의견을 듣는 순서인데요. 오늘 법안심사의 전체적인 원활한 심사를 위해서 지금 양당 간사 간에 좀 협의를 했고요. 또 아까 양당 간사 통해서 위원님들 의견을 좀 들었는데요. 오늘 법안심사 일정은 오전 중에, 점심시간이든 아무튼 1시 이전에 법안심사를 끝내기로 협의했다는 말씀을 드리고요. 그래서 오늘 심사 안건 중에 9번 항까지 최대한 심사를 진행하겠다는 말씀을 드립니다.

9번 화훼산업발전 및 화훼문화 진흥에 관한 법률 일부개정안까지 최대한 심사를 하겠다는 걸 말씀드리겠고, 필수농자재법하고 한우법은 이게 제정법이기 때문에 공청회 날짜를 잡아야 됩니다. 그래서 공청회 날짜를 잡는 선으로 해서 마감을 지을까 합니다.

위원님들, 다른 의견 없으시면 이렇게 동의해 주셨으면 좋겠습니다. 괜찮으시겠지요?

(「예」 하는 위원 있음)

그렇게 심사를 해 보겠습니다.

그리고 9번까지 심사를 하는데 도저히 쟁점이 많아서 9번까지 심사를 못 하게 될 경우에는 아무튼 1시 이전에 끝내는 걸 기준으로 해서 거의 심사할 수 있는 데까지 심사하고 마무리를 짓겠습니다. 괜찮으시겠지요?

그러면 다음은 정부 측 의견을 듣는 순서입니다. 정부 측 의견을 말씀해 주시겠습니까?

○산림청장 임상섭 전문위원께서 설명하신 법 제명이라든지 조문 구성, 산림복원 삭제 관련된 내용 또 대비와 관련된 내용을 추가하는 내용 다 동의를 합니다.

다만 산림재난 대응단과 관련해서 뒤에 조문별로 검토할 때 제가 자세히 말씀드릴 수 있었으면 좋겠습니다.

○소위원장 이원택 위원님들, 혹시 총괄적인 부분에서 질의가 있으시면 해 주시겠습니까?

○임호선 위원 조문별로 하시지요.

○소위원장 이원택 그러면 조문으로 넘어가겠습니다. 괜찮으시겠지요?

조문 설명해 주시겠습니까?

○전문위원 임재금 조문별 검토 일괄해서 죽 보고드리겠습니다.

총칙 부분입니다. 33페이지입니다.

목적 규정입니다. 조문자료로는 2페이지가 되겠습니다.

제정안들은 모두 제정 목적에 복원을 포함하고 있으나 이는 재난안전관리법상 그 체계와 맞추기 위해서 삭제가 필요하다고 보았습니다.

34페이지입니다. 정의 규정입니다.

이병진 의원안은 산사태에다가 토석류를 포함하는 것으로 정의하고 있는데 기존의 사방사업법 등과 다르게 정의할 경우에 혼란이 우려되므로 토석류를 제외할 필요가 있습니다.

두 번째로 이병진 의원안 중 산림재난피해지에 대한 정의가 지금 포괄적으로 규정돼 있는데 이 사항은 국고지원 활동 등이 이루어지는 사항이므로 대상 범위를 구체적으로 규정할 필요가 있다고 보았습니다.

다음 35페이지입니다.

정희용 의원안 중 산림재난방지를 정의하면서 산불방지, 산사태방지, 산림병해충 예찰 등을 약칭하고 있는데 입법경제 측면에서 자구를 수정할 필요가 있다고 보았습니다.

그리고 제정안에서는 산림재난방지의 개념적인 요소로 예방하고 대응만을 포함하고 있는데 재난안전법상 재난관리의 전주기적인 요소를 반영하기 위해서 예방·대비·대응·복구로 수정을 할 필요가 있다고 보았습니다.

네 번째, 산림재난방지기관의 정의와 관련해서 정희용 의원안은 산림재난별로 산림청 소속기관을 반복해서 열거하고 있는데 법 문언의 경제성 측면에서 이병진 의원안으로 정리할 필요가 있다고 보았습니다.

다만 이병진 의원안 중에서 국유림관리소는 지방산림청의 소속기관입니다. 따라서 이것에 대해서는 권한 위임 규정을 통해서도 위임할 수 있는 점 등이 있으므로 삭제할 필요가 있다고 보았습니다.

다섯째입니다.

제정안들은 복구라는 용어를 '재난피해지를 시급히 안정화시키는 활동'으로 정의하고 있는데 복구는 5년 계획 등에 포함되는 사항이므로 '시급히'를 삭제할 필요가 있다고 보았습니다.

다음 37쪽 보고드리겠습니다.

적용범위는 조문자료 11페이지 참조해 주시면 되겠습니다.

산불, 산사태의 적용범위와 관련해서 이병진 의원안은 산림 외에 산림인접지역을 포함하고 있고 산사태에 대해서는 산림에 잇닿은 토지를 추가하고 있습니다. 그런데 이 산림에 잇닿은 토지라는 경우가 그 범위가 불분명합니다. 따라서 현장에서 사유재산권 제한에 대한 우려가 있을 수 있으므로 사방사업법상의 산지로 수정할 필요가 있다고 보았습니다.

그다음에 38페이지입니다.

산림재난방지 기본계획·지역계획·시행계획 수립 관련 사항입니다.

제정안들은 산림청장으로 하여금 이 계획들을 수립하도록 하고, 특히 이병진 의원안은 시·도지사와 지방산림청장으로 하여금 지역계획을 수립하도록 하고 있는데 재난안전법상 체계와 부합하는 것으로 보입니다.

40쪽입니다.

이병진 의원안은 산림재난방지 기본계획에 산림재난방지산업 육성에 관한 사항을 포함하고 있는데 제정안의 취지가 산림재난의 통합·관리에 있다는 점을 볼 때 이는 삭제할 필요가 있다고 보았습니다.

그리고 마지막 동그라미를 보시면 이병진 의원안은 추가사항을 규정하고 있는데 적절하다고 보았습니다.

42페이지 보고드리겠습니다.

이병진 의원안은 산림 및 산림과 잇닿은 지역의 건축물에 대하여 건축허가 등의 권한이 있는 행정기관에 대해서 건축허가 등을 할 때 관할 산림재난방지기관의 장과 사전 협의를 하도록 규정하고 있는데, 오른쪽에 보시면 산지전용허가 신청을 할 때 절차와 중복된다는 의견이 있어서 신중한 검토가 필요하다고 보았습니다.

다음 43페이지입니다.

대책본부 운영과 관련해서 이병진 의원안은 산림재난을 총괄하는 중앙산림재난방지대책본부의 설치를 규정하고 정희용 의원안은 산림재난별로 대책본부를 각각 설치·운영하도록 하고 있는데 산림청은 정희용 의원안이 보다 적절하다고 의견을 제시하고 있습니다.

44페이지입니다.

재난정보시스템인데 이 사항을 정희용 의원안에서는 강행사항으로 규정하고 있는데, 다만 이 사항은 예산 협의가 필요하다는 점에서 재량사항으로 규정할 필요가 있다고 보았습니다.

다음, 45페이지입니다.

조경태 의원안으로서 산림보호법 일부개정안이 있는데 여기서는 산림청장이 산림재난방지기관에 산사태예측정보를 제공하도록 의무화하는 규정을 두고 있습니다. 이를 반영해서 수정할 필요가 있다고 보았습니다.

46쪽입니다.

왼쪽 박스 부분입니다. 정희용 의원안은 지역산림재난방지기관의 장으로 하여금 산림재난상황실을 설치·운영할 수 있도록 규정하고 있는데, 오른쪽 보시면 지역산불방지대책본부 등 설치·운영에 관한 사항을 수용할 경우에 유사 조직의 중복 설치 문제가 있으므로 삭제할 필요가 있다고 보았습니다.

다음, 47쪽입니다.

산림재난대응단 및 산림재난자율감시단의 설치·운영 사항입니다.

정희용 의원안은 산림재난별로 지원인력을 통합해서 산림재난대응단으로 구성·운영하려는 것이고 이병진 의원안은 지역주민 등으로 자율감시단을 구성·운영하려는 것인데, 정희용 의원안의 경우 재난별 특성에 따라서 한시적으로 운영되는 인력의 통합·운영 필요성이 있는지에 대해서는 논의가 필요해 보이고 이병진 의원안에 대해서는 자연재해대책법상 자율방재단과 중복성이 있다는 의견이 있으므로 논의를 해 주실 필요가 있다고 보았습니다.

다음 보고드리겠습니다.

51쪽입니다.

산불 예방을 위한 행위제한 사항입니다.

조문자료로는 47페이지가 되겠습니다.

제정안들은 산불 예방을 위한 행위제한이 적용되는 산림인접지역을 현행 산림보호법 시행규칙에서 법률로 상향 입법하는 것으로서 국민의 기본권 제한에 관한 사항인 점에서 법률에서 직접 규정할 필요가 있으므로 적절한 입법조치로 보았습니다.

다음, 54페이지 보고드리겠습니다.

제정안들은 산불 발생 위험지역 및 산림병해충 발생 위험지역에 대한 실태조사 실시에 관한 규정을 두고 있는데 이병진 의원안은 산불 및 산림병해충 발생 위험지역 실태조사를 산사태와 마찬가지로 실태조사에 관한 별도의 조문에서 규정하고 있으므로 법체계상 더 적절하다고 보았습니다.

그다음 56페이지 산사태취약지역 지정 및 해제와 관련해서는 57쪽의 법제상 보완사항을 정리했습니다. 참조해 주시기 바랍니다.

58페이지 산사태취약지역 지정위원회에 대해서도 자치입법권 강화 측면에서 최근에 통과된 산림보호법 일부개정법률안이 있습니다. 이것을 반영해서 수정할 필요가 있다고 보았습니다.

60쪽입니다.

○소위원장 이원택 64페이지까지 보고하고 심사하고 그다음 또 넘어가겠습니다. 64페이지까지입니다.

○전문위원 임재금 예, 알겠습니다.

60쪽의 산사태취약지역 관리와 61쪽의 산사태취약지역의 토지 등 매수·교환에 대하여서도 법제상 보완사항을 정리하였습니다. 자료를 참고하여 주시기 바랍니다.

이상으로 보고를 마치겠습니다.

○소위원장 이원택 정부 측 의견을 말씀해 주시겠습니까?

○산림청장 임상섭 전문위원 의견에 대부분 동의합니다. 조금 검토가 필요하거나 저희 의견이 필요한 부분을 말씀드리겠습니다.

37페이지, 안 제4조입니다. 안 4조로 되어 있고 제2호 산사태 조문의 적용범위는 산림과 잇닿은 토지까지 확대하는 것이 사실은 필요합니다. 그런데 전문위원의 검토의견은 산사태의 경우에서는 산림만 적용범위로 하고 잇닿은 토지 확대하는 거는 제외하는 안으로 전문위원의 검토가 돼 있습니다.

그런데 23년 작년도 경북지역 산사태 지역만 보더라도 그 지역에서만 11건이 났는데 5건 정도가 산림과 연접한 농지라든지 과수원이라든지 택지와 관련된, 발생도 됐고 피해도 거의 같이 입었습니다. 그래서 산사태 적용범위를 산림과 잇닿은 토지까지 확대하는 안으로 검토해 주실 것에 대해서 말씀드립니다.

두 번째로는, 47페이지입니다. 47페이지의 산림재난대응단과 산림재난자율감시단 두 가지를 전문위원이 검토를 하셨습니다. 여기에서 정희용 의원님의 안 제13조에서는 산림재난대응단을 필요할 경우에 설치하도록 되어 있는 안이 돼 있습니다. 그런데 전문위원 검토안에서는 이것이 산림재난대응단을 삭제하는 안으로 돼 있습니다.

이게 어떤 필요성에 대해서 왜 말씀드리냐면 뒷 페이지 48페이지를 잠깐 봐 주시면요 박스가 여러 개가 있는데 왼쪽의 구분을 보시면 산불전문예방진화대, 산불재난특수진화대, 산불진화단 여기가 산불입니다. 대부분 다 연중 6개월 정도 고용하는 형태로 돼 있고요. 산사태현장예방단은 5개월 정도 고용되도록 돼 있습니다. 산림병해충예찰방제단은 한 10개월 정도 돼 있습니다. 이렇게 분절적으로 한 개 각 분야만 업무를 하는 것보다는 이거를 통합해서 산림재난대응단으로 산불재난기관이 판단해서 할 수 있도록 요건을 만들어 주시면 현장에서 훨씬 더 효율적으로 인력들을 운용할 수 있지 않을까 해서 삭제하지 않고 정희용 의원님안처럼 재난대응단에 대해서 검토해 주셨으면 감사합니다.

그리고 자료집 56페이지입니다. 56페이지의 산사태취약지역의 지정과 해제에서 말씀했는데, 산사태의 적용범위와 연계되는 내용입니다. 산사태 적용범위에 산림 및 연접된 잇닿은 토지까지 해 주시면 산사태취약지역 지정·해제도 거기에 맞춰서, 지금 현재는 전문위원 검토안은 산지에만 하도록 돼 있는데 산지 및 연접된 토지에 있는 지역도 산사태취약지역으로 지정해 줬으면 좋겠다는 말씀 드립니다.

그리고 자료집 60페이지입니다. 60페이지의 이것도 같은 내용인데요, 산사태취약지역의 관리에서도 산사태취약지역의 산지만 지정해서 관리하도록 돼 있는데 이것도 응급조치, 보수·보강 등 명령할 수 있는 이런 내용들이어서 이것도 잇닿은 산지와 잇닿은 지역에 연결돼서 할 수 있도록 검토해 주셨으면 좋겠습니다.

이상입니다.

○**소위원장 이원택** 위원님들, 64페이지까지인데요, 의견을 주셨으면 좋겠습니다.

○**김선교 위원** 위원장님.

○**소위원장 이원택** 김선교 위원님.

○**김선교 위원** 청장님, 산림재난방지법안이 시행되면 재선충병 예찰체계가 어떻게 변화가 될 수 있는가요?

○**산림청장 임상섭** 지금 현재 예찰체계는 아까 말씀드린 산림병해충 예찰방제단 10개월 고용하는 이런 분들의 인원이 한 375개단에 1500명 정도가 있는데 통합돼서 운영되면 연중 인원이 한 6800명으로 늘어나서 운영이 가능합니다, 동일한 예산 범위 내에서.

○**김선교 위원** 그래서 이제 통합해서 하자는 거지요?

○**산림청장 임상섭** 예.

○**김선교 위원** 그런데 수도권 같은 데는, 우리 지역구가 상당히 위험지역 아닙니까? 그런 데는 어떻게 할 거예요?

○**산림청장 임상섭** 지역구이신 양평군을 예를 들어서 말씀드리면 산불전문예방진화대도 봄철에 따로 운영하고 또 산사태 기간 되면 산사태예방단도 또 따로 운영하고 있고 또 재선충 병해충 시즌에 또 따로 운영하고 있는데 그걸 묶어서 하면 훨씬, 동일한……

○**김선교 위원** 그러니까 맨 처음에 인력을 이렇게 채용하잖아요. 채용을 하면 그 사람들이 예를 들어서 산불진화대, 병해충 방제 이런 것 다 통합해서 그분들이 하는 겁니까?

○**산림청장 임상섭** 산림 재난과 관련된 거는 묶어 가지고 다 현장에서 할 수 있도록 그렇게, 그게 의무조항이 아니고요 재난방지기간에 따라 할 수 있다라고만 해 주시면 시장·군수의 재량껏 판단해서 할 수 있을 것 같습니다.

○**김선교 위원** 예, 알겠습니다.

○**정희용 위원** 위원장님, 제가 간단하게 말씀드리겠습니다.

정희용 위원입니다.

아시는 위원님도 계시겠지만 이 법안이 21대 국회 마지막까지 해서 여야 간에 합의가 거의 이루어졌었는데 당시 산림재난안전기술공단 설치와 관련해서 기재부에서 반대 입장을 밝혔습니다. 그러니까 그 당시 기재부는 공공기관 수를 좀 줄이고 효율화를 꾀해야 된다는 생각에서 공공기관의 수가 늘어나는 거에 대해서 기재부에서 반대의견을 밝혔었고 그러다가 2월 달 쯤에는 기재부에서 수용을 했지요. 그 협회가 2개니까 줄어들고 공단이 되니까 실질적으로 정부에서 관리하는 공공기관 협회의 수를 따지면 줄어드는 셈이 되는 것이다.

○**산림청장 임상섭** 예, 맞습니다.

○**정희용 위원** 그래서 동의가 됐는데 그때 저희가 국회 선거가 오고 하면서 회의를 못 열어서 논의를 더 못하고 마무리가 됐었거든요. 그래서 그 부분도 경과 과정을 청장님께서 위원님들께서 질문하실 때 녹여서 간단하게 설명해 주시면 좀 더 도움이 되실 것 같습니다.

○**산림청장 임상섭** 예, 알겠습니다.

뒤에 조문별로 기술공단 관련된 내용이 나올 때 말씀드리려고 했었는데, 그때는 말씀하신 것처럼 공공기관을 새로 늘리는 거에 대해서 기재부의 반대가 있었는데 저희가 지금 현재는 다 협의가 된 상태입니다. 어떤 내용이냐 하면 두 개의 공공기관과 하나의 특수법인, 민간단체지요. 3개를 합쳐서 하나의 공공기관으로 만드는 것으로 돼 있습니다. 그래서 공공기관도 늘리지 않는 것으로 돼 있고 또 저희들이 기존에 있는 예산이나 인력을 별도로 늘리지 않고 3개의 단체나 협회를 합침으로써 아까 금방 말씀드린 것처럼 그런 종류의 시너지 효과를 훨씬 더 낼 수 있고 전문성이 있다는 취지를 설명해서 이 부분에 대해서 이제 기재부하고 협의가 다 완료된 사항입니다.

○**소위원장 이원택** 문금주 위원님.

○**문금주 위원** 문금주입니다.

정희용 위원님이 말씀하신 것처럼 그런 진행 과정이 있었다고 하니 일단 알겠고. 그런데 제가 예전에 재난안전기본법을 만들면서 기초작업을 했던 사람인데, 당시에는 각 개개의 법률에 다 퍼져 있는 재난이나 재해, 안전 관련된 그런 규정들을 전부 다 통합해서 재난안전기본법을 만들어 낸 거거든요. 당시에 성수대교 붕괴되고 삼풍백화점 붕괴된 이후에 재난안전기본법이 만들어졌어요. 그런 측면에서 보면 이게 각각의 개개의 재난·재해별로 법률을 만들어야 되느냐 하는 기본적인 의구심이 들고, 관련해서 행안부에서는 어떤 입장이던가요?

○**산림청장 임상섭** 행안부하고도 저희들이 했는데 이견을 다 해소했습니다. 여러 가지 의견을 주셨는데 전문위원께서 검토하실 때도 재난안전기본법하고 정합성을 맞추는 데 대개 많이 수정의견을 주셨고요. 저희들도 다 동의를 했고 행안부하고도 지금 여기 나온 수정의견안에 이견이 없는 상태입니다.

○**문금주 위원** 근본적인 게, 중요한 게 이 법의 제정 취지가 아마 그럴 것 아닙니까. 산불이나 산사태나 병충해나 이게 줄어들어야 되는데 이 법 만들어 가지고도 과연 줄어들 수 있는지 담보할 수 있느냐는 거지요. 지금까지 이 법이 없어서 산불이나 산사태나 병충해가 발생된 건 아닐 텐데 그 부분에 대해서는 어떻게 생각하세요?

이 법이 잘못하면 그냥 규제만 더 만들고 또 공공기관 하나 더 설립하고 산림직 관련한 정원만 더 늘어나는, 그리고 지자체에다 부담을 주고 하는 것들이 있는 것 보니까 또 지자체에 지방비 부담을 시키고, 지금 세수도 줄어드는 마당에 제일 중요한 게 산불 예방하고 산사태 예방하고 병충해도 줄어들어야 되고, 과연 그 목적 달성을 청장님이 담보할 수 있는 건지 난 그게 의문입니다.

○**산림청장 임상섭** 제가 사례로 한번 말씀드리겠습니다.

2022년도 울진·삼척 산불이 우리나라 건국 이래 제일 크게 났었고요, 최근에. 23년도에, 작년에 산사태 때문에 열 분 이상이 돌아가셨습니다. 돌아가셨는데 저희가 그때 굉장히 많이 후회했던 것들이 뭐냐면 강제로 대피시킬 수 있는 체계가 있으면 피해가 발생이 되더라도 인명은 어느 정도 구했을 수 있었다. 그래서 여기에 강제대피명령을 하도록 지자체장한테 요청하는 그런 제도도 들어가 있고요.

저희 산림청에서 산림만 계속 신경을 썼는데 기후변화라든지 이게 대형화되면서 발생지로부터 피해지까지 산사태가 토석류라 그래서 2㎞까지 납니다. 그래서 지금은 산림청에서 산림 하나 가지고만은 복구명령이라든지 조치라든지 행정명령 가지고는 될 수 없다는 거를 2개의 큰 재난으로부터 알았기 때문에 거기에 의해서 최적화된 안이기 때문에 저는 앞으로 발생될 일에 대해서 말씀드리기는 어렵지만 저희가 아는 범위 내에서 최대한 발생되는 거를 낮추는 거는 어떻게 말씀드리겠지만 인명피해는 최대한 줄일 수 있는 시스템으로 만들어야 되겠다고 해서 이 법안을 이렇게 검토하게 된 것입니다.

○**문금주 위원** 그런데 대피명령 같은 경우도 지금 근거규정은 없어도 지자체의 노력에 따라서 얼마든지 대피 다 시키고 하는데……

○**산림청장 임상섭** 그것도 제가 상황실장을 할 때 지자체에다가 대피명령을 내려 달라고…… 이때까지는 산림청장이 대피명령과 관련된 권한이 없습니다. 그냥 재난안전 기본법상의 요청만 했는데 지자체에서 부단체장들이라든지 계속 얘기하는 게 산사태가 나면, 그게 이해가 되지만 기껏 대피시켜 놓고 산사태가 안 났을 경우에는 민원인이 너무 많기 때문에 산림청장이 명령이라는 그런 어떤 형식적인 걸 해 주면 자기네들이 그거를 근거로 해서 할 수 있겠다라는 의견을 많이 들었습니다.

그래서 물론 재난방지법에도 있지만 재난방지법에 산불이나 산사태의 책임기관은 산림청이기 때문에 산림청장이 지자체장에게 '산불이 어느 지역에 났으니까 강제대피명령을 시키세요'라는 그런 권한, '시키세요'라는 명령이 아니고 요청을 할 수 있는 권한만 있어도 지자체에서는 굉장히 편하게 움직일 수 있다는 그런 의견을 많이 들었습니다.

○**문금주 위원** 상당히 그렇게 공감이 안 가는 그런 내용이네요. 단체장들이 책임지고 지금 인명사고가 나면 단체장들이 요즘 엄청 책임을…… 주민들의 어떤 책임 소재 그런 부분이랄지 대피를 시킬 수 있었는데도 불구하고 대피를 안 시켜서 사고가 난 부분에서는 엄청 책임을 따져 묻는 건데 그거를 산림청장의 요청이 있으면 민원 발생이 줄어들 거다 이런 것 때문에 법을 만들어서까지 해야 될 필요성이 있느냐라는 그런 생각이 좀 듭니다.

○**산림청장 임상섭** 끝으로 한 가지 더 말씀드리면 위원님들 국정감사 때 산사태상황실에서 다 보셨다시피 산사태가 어디가 제일 많이 발생될 거와 관련된 정보는 사실 산림청 상황실이 제일 빠릅니다, 기상정보라든지 산림정보라든지 다 가지고 있기 때문에. 그래서 저희들이 대피명령과 관련된 거를 빨리 의사판단해서 빨리 요청할 수 있는 시간도 굉장히 단축될 수 있는 그런 시스템입니다, 지금 이 법안에 들어 있는 내용들이.

그래서 경북 지역에서도 산사태 때문에 대피명령이라기보다는 대피하라고 말씀을 드렸는데 대피 안 해서 피해 입으신 분도 몇 분 계시고요. 그래서 제가 산사태 중앙재해실장을, 담당 실장을, 상황실장을 하면서 느꼈던 내용들이 여기 법안에 많이 들어가 있습니다.

○**소위원장 이원택** 박덕흠 위원님.

○**박덕흠 위원** 문금주 위원님 말씀하신 것도 일리가 있는데 제가 저희 지역에 홍수가 나서 주민들을 대피시키는 과정이 있었습니다. 있었는데 대피 방송을 하고 몇 차례 해도 어르신들이 '지금껏 여기 물이 넘친 적은 없다' 하시면서 그냥 머무시는 거예요. 그래서 상당히 애를 먹은 경우가 있거든요, 지자체에서. 그래서 경찰, 소방, 공무원 총동원을 해서 가서 설득하고 설득하고 해 가지고 피난은 시켰는데 인명피해는 없었습니다. 그런데 강제에 대한 그런 규정이 없다 보니까 또 명령이 없다 보니까 상당히 애를 먹는 걸 봤거든요.

아마 산사태의 경우도 주민들이 쉽게 이렇게 '왜 여기가 산사태가 나? 산사태 안 나. 이제까지 그런 일이 없어' 이렇게 하실 거라고 보고 그래서 이 부분은 좀 필요한 부분이 아닌가 이런 생각을 합니다.

그러면 이제 이거는 '중앙정부에서 이게 명령이다. 빨리 가셔야 됩니다' 하면 아마 그게 신속하게 대피할 수 있는 그런 계기가 될 수 있다 저는 이렇게 생각을 합니다. 왜냐하면 직접적으로 저희 지역에서 그런 경우를 봤기 때문에 좀 그런…… 그분들을 피해를 보려고 하는 건 아니기 때문에 좀 그런 부분이 필요하지 않나 저런 이견이 있어서 말씀드립니다.

○**소위원장 이원택** 윤준병 위원님.

○**윤준병 위원** 저는 지금 산림재난방지와 관련된 법 체계를 보강하고자 하는 취지 여기에 대한 큰 틀에서는 동의를 해요. 그러면 입법 체계상으로 보면 산불, 산사태, 산림병해충 세 가지를 일단 산림재난으로 보고 있잖아요.

○**산림청장 임상섭** 맞습니다.

○**윤준병 위원** 그러면 각기 세 가지 재난 유형에 따른 산림재난을 방지하고 강화하기 위한 툴(tool)들을 어떻게 보강하겠다 이 내용이 먼저 제시가 돼서 그 내용에 대한 의견들이 제시된 다음에 그다음에 이 세 가지 재난을 통합해서 운영하는 것이 입법적으로 좋으냐, 현재 주어져 있는 입법례에서 이 부분을 그대로 보강된 내용을 담는 게 좋으냐 이 부분에 대한 검토가 좀 선행됐으면 좋겠어요. 묶어 놓고 각기 막 얘기해 놓고 '이게 좋습니다', '저게 좋습니다' 하니까……

사실은 지금 산불이나 산사태나 산림병해충과 관련된 재난 유형이 달라서 거기에 대응하는 방식도 다르고 과연 이거를 하나로 묶어서 대응하는 것이 옳은지에 대한 의구심이 있어요. 그러면 일차적으로 산림재난을 세 가지 유형으로 산림청에서 관리하려고 하고 있고 그러면 각 재난별 현재 취약점이 뭐여서 이 내용은 어떻게 보강을 해서 재난에 제대로 대응하겠다 이런 점이 일차적으로 나오고 그다음에 그 유형들이 그렇게 정리가 되고 나면 그다음에 입법적으로 세 가지를 묶어서 통합해서 대응 체계를 만드는 것이 개별적으로 넣는 것보다는 더 유리한지 여부에 대한 판단을 할 수 있도록 만들어 주어야 입법 내용을 좀 섬세하게 더 검토할 수 있을 것 같은데 이걸 묶어 놓고 얘기를 하니까 부분 부분에 관련된 얘기들을 계속하게 되거든요. 그래서 그 내용이 좀 선행될 필요가 있지 않나 이런 생각을 개인적으로 하고요.

그다음에 부처 지금 의견들을 다 수용했다고 그러는데 가장 중요한 내용이 산사태나 산림병해충은 산림청의 독자적인 영역이어서 그 부분은 별도로 하고—그거는 어차피 주체가 산림청이니까—산불과 관련된 내용은 좀 다르거든요. 지금 소방 부서하고 업무 체계를 어떻게 조율할 거냐의 여부가 또 다른 영역인데 이 부분과 관련해서는 일견 산림청에서 소방서의 입장이나 이거를 수용했다고 그러는데 저는 이거 주체를 어떻게 하는 것이 옳은지, 어느 순간에 주체가 바뀌어야 되는 것인지 이 부분에 대한 내용이 좀 의구심이 있어요, 실제.

그래서 이런 부분들에 대한 내용들이 과연 어느 정도 이게 협의해야 하는 내용 속에 담겼는지, 특히 주관을, 누가 주체가 되고 누가 협조기관이 되는 건지, 어느 순간에서 주체가 되고 전환이 되는 것인지 이 부분 관련된 입장들이 조금 다를 것 같은데……

정확하게는 모르겠어요. 산림청 입장에서는 소방 관서를 산림, 산불 그러면 협조기관으로 하고 통제하겠다 이렇게 되는데 모르겠어요. 또 다른 목소리가 나올 수 있을 것 같기도 해서 이 부분에 대한 점검도 좀 제대로 해야 되는 게 아닌가 이런 생각을 개인적으로는 합니다.

이상입니다.

○소위원장 이원택 답변 좀 해 주세요.

○산림청장 임상섭 이 법의 제정 취지라든지 이런 거에 대해서는 제가 설명을 드려도 될지 모르겠는데 제가 생각하는 거는 이 법이 통합적으로 제정돼야 되는 이유는 크게 세 가지입니다.

하나는 현재의 인력이나 자원을 효율적으로 통합해서 운영할 수 있는 효율성. 인력과 조직, 장비와 관련된 효율성. 아까 말씀드린 것처럼 산불, 산사태 재난 따로 하는 거고.

그리고 두 번째는 확장성이거든요. 산림재난이라는 게 산림만 관리해서 되는 게 아니고 거기에 인접된 지역도 같이 해야 되는 그 확장성 때문에 이번 제정안에서 그런 내용들이 많이 보강되어 있고. 세 번째는 약간 규제와도 관련이 있는데 강제성입니다. 강제명령이라든지, 과거에는 동의를 받아야 된다든지 그래서 좀 절차가 늦어진다든지 이렇게 되어 있었지만 그거 플러스 꼭 필수적으로 해야 된다고 할 때에는 좀 강제명령이라든지 피해복구명령이라든지 이런 절차들이 좀 강제돼서…… 하여튼 그런 취지에서 제정법이 꼭 필요하다고 말씀드리고 현행 보호법에 있는 내용을 보강해서 하기에는 너무 좀 이렇게 맞지…… 어려운 작업이기 때문에 이렇게 했다는 말씀드리고요.

산불의 주관, 재난 주관 책임 부서는 재난안전 기본법에 산림청장으로 명확하게 되어 있습니다. 명확하게 산림청이 산불재난기관으로 되어 있고요. 산불이 실제로 났을 때 끝 때의 현장 지휘 책임은 사실은 시장·군수입니다. 시장·군수, 커지면 시도지사, 또 커지면 시도지사가 1개 시도가 아니고 커졌을 때는 산림청장이 직접 현장에서 지휘하도록 그렇게 되어 있습니다.

그런데 여기에서 소방청의 역할은 현장통제단이라는 거를 지휘본부에서 하도록 되어 있습니다. 거기에서 산림청에서는 산에서 난 산불 진화에 대해서 하고 인명피해나 주민 대피와 관련된 것은 소방청에서 나온 지역통제단이 하기 때문에 현 시스템에서는 소방하고 산림청하고의 산불과 관련된 롤(role)이 정확하게 나누어져 있습니다.

그런데 여기 이 법안에서 소방청하고 이견이 있었던 거는 산불이 났을 때 조사와 관련된 거에 대해서 어떻게 할 것이냐 이게 이견이 있었는데 소방청에서 수용곤란이라는 의견을 냈는데 저희들이 전문위원하고 같이 설명을 해서 다 협의가 된 내용입니다.

그래서 서로 협조하는 체계로, 왜 그러냐면 산불이 산에서만 나는 경우도 있지만 산에서 인접된 가옥에서 굴뚝에서 날아가 가지고 나기도 하고 공장에서 나기도 하고 이런 경우에는 산림 분야에서 조사라든지 이런 걸 할 수가 없습니다. 그거는 당연히 소방청에서 조사를 하고 저희들이 협조를 해서 자료를 얻어야 되는 거고요. 또 저희들이 산불로 인해서 피해가 났을 때 건물, 가옥으로, 가옥이나 건물로 이전되는 경우가 있습니다. 그런 경우에는 산에서 발화된 것들은 저희들이 조사해서 관련된 자료들을 협조를 해야 되는 체계고 지금 이 법안 체계는 지금 그렇게 되어 있습니다.

○**윤준병 위원** 제가 하나만 더 얘기하면 좋은데 그 내용은 현행 법 체계 내에서 해도 아무 관계가 없다는 이 얘기하고 똑같은 얘기예요, 지금 내용은. 그러니까 그 내용으로 했을 때 지금 이 별도 입법 체계를 만들어야 될 당위성이나 이거를 설명하기에는 좀 그렇고.

48쪽 보면 실제 각기 이렇게 묶으면 지원 인력을 통합해서 훨씬 더 많은 인력을 가지고 효과적으로 대응할 수 있습니다 이렇게 설명을 했잖아요. 그래서 산림재난대응단 신설이 필요하고 이렇게 하면 인력이 훨씬 더 지금보다 한 6~7배 더 추가적인 인력을 운용할 수 있습니다 이렇게 설명을 했잖아요.

저는 그 설명이 와닿지가 않아요, 왜냐하면 재난의 유형이 각기 성격이 다르기 때문에. 산불, 산사태 그다음에 산림병해충 이 내용이 다른데 거기에 대응하는 인력은 나름대로는 전문성이 있거나 또는 대응하는 교육이 있거나 여러 가지가 필요한데 이거를 갖다가 사람만 동원하면 그 내용을 다 할 수 있는 것처럼 이렇게 설명해도 되나요? 저는 그건 맞지 않다고 봐요.

그러니까 지금 그냥 입법적으로 이 내용을 제정하기 위한 논리로만 할 게 아니고 예를 들면 산불, 산사태, 산림병해충과 관련된 각기 재난을 효율적으로 대응할 수 있는 체계를 제대로 만들고 그다음에 가서 이후에 이 세 가지를 조직적으로 통합해서 운영할 때 시너지 효과가 어째서 발생한다는 내용을 좀 제대로 내야지, 그냥 막연히 숫자가 많으면 다 할 수 있는 것처럼 이렇게 설명하는 것은 나는 옳지 않은 접근이라고 봐요. 그래서 그런 내용들에 대해서는 제대로 검토를 해 줬으면 좋겠다 이런 주문을 드립니다.

○**산림청장 임상섭** 그것도 제가 한마디만 더 말씀을 드리면 산불전문예방진화대 6개월, 산사태현장예방단 5개월, 병해충예찰방제단 10개월인데 지금 현장에서는 어떤 얘기……다 재정일자리사업으로 하고 있습니다. 이렇게 단기적으로 짧게 짧게 하다 보면 윤준병 위원님이 걱정하시는, 진짜로 산림재난 분야에 조금 더 심화된 업무라든지 역량을 할 수 있는 분들이 여기 일을 하시기가 좀 어렵습니다.

그래서 제가 드리는 말씀은 재난대응단이라고 상시적으로 산불·산사태·병해충을 연중할 수 있도록 여건만 만들어 주면 어느 정도 역량이 있고 현장에서 더…… 제가 이런 말씀 드리기 좀 그렇지만 연세가 너무 많으신 분들이라든지 이런 분들 모시는 것보다는 그래도 조금 더 젊고 또 여기에 더 자부심을 가지고 일할 수 있는 그런 여건이 만들어지기 때문에, 그리고 제가 아까 그건 설명을 못 드렸는데 그것은 현장에서도 많이 얘기하시는, 시군 시장·군수도 많이 하시는 말씀입니다.

○**윤준병 위원** 지금 그러면 여기 각기 돼 있는 내용은 다 엉터리라는 얘기네.

○**산림청장 임상섭** 장단점이 있습니다.

○**윤준병 위원** 아니, 장단이 아니고 실제 실효적이지 않은 내용 가지고 열거하고 있다는 얘기잖아요, 지금.

○**임미애 위원** 위원장님, 잠깐만……

○**소위원장 이원택** 같은 쟁점인데 임미애 위원님 추가로 해 주시겠습니까? 그다음에 임호선 위원님이요.

○**임미애 위원** 아니요, 그것 아니고 다른 건데요.

34쪽에 보면요, 산사태의 범위에서 토석류를 제외하잖아요. 그런데 실제로 지난번에 발생한 산사태 발생 건수를 보면, 산림청에서 제출한 자료에 보면 토석류에 의한 피해가 많지 산사태는 그렇게 많지 않았던 걸로 제가 기억을 하거든요. 그러면 산불에 대해서 이야기하실 때는 산지와 연접한 민가에서 발생한 그 원인 때문에 산에 피해가, 불이 발생하기도 하고 이렇다고 얘기를 하셨는데…… 그러니까 좀 광범위하게 피해를 복구하고 재난에 대응하기 위한 취지라고 말씀을 하셨는데 이런 경우에 토석류를 군이 제외하는 이유가 있을까요? 사방사업법에 보면 어차피 토석류도 사방사업법에 같이 집어넣잖아요?

○**산림청장 임상섭** 예, 맞습니다.

○**임미애 위원** 그 이유는 산사태로 인해서 토석류가 발생하는 경우가 많기 때문에 토석류를 포함시키는 건데 군이 이 법에서 토석류를 제외하는 이유가 있나요?

○**산림청장 임상섭** 그것을 말씀드리면, 이병진 의원님이 발의하신 안에는 토석류가 있었는데 전문위원님이 검토하실 때 내용을 뺐는데 저희도 빼는 거에 대해서 동의를 했습니다.

○**임미애 위원** 그러니까 왜 동의를 했느냐는 거예요.

○**산림청장 임상섭** 현재 사방사업법에 토석류라는 정의가 있으니까 그것을 이용해서 실제로 법 운영하는 데는 큰 문제가 없고, 결정적으로 토석류라는 정의를 여기에 넣어도 하단부에, 이 이후에 토석류와 관련된 법 조항이 없고 그래서 이 정의를 여기에 해도 실효적으로 큰 실익이 없고, 그리고 또 실질적으로 토석류라는 게 발생 원인이 산사태로부터 유발하는 것이기 때문에 산사태로 해도 상관이 없고, 대신 제가 말씀드린 것처럼 산지뿐만 아니고 산지에 잇닿은 토지만 포함을 시켜 주면 토석류와 관련된 문제는 정의하지 않더라도……

○**임미애 위원** 그러니까 지금 법을 제정할 당시에는 이런 해석으로 해서 토석류를 제외해도 민가에 발생하는 피해까지 대응이나 복구가 가능하다라고 얘기를 하지만 제정하고 나서 시간이 흐른 뒤에 민가에 끼친 영향이 산사태가 원인이라기보다는 토석류가 원인입니다라고 규정을 하게 되면 실제로 산림청의 책임이나 이런 것들이 빠져나갈 여지가 있다는 거예요.

그런데 토석류가 발생한 건 엄밀하게 말하면 원인이 산사태로 직접 발생하는 경우도 있지만 산사태가 직접 원인이 되지 않는 경우도 토석류가 발생하는 경우가 있잖아요. 그런데 그런 경우에 산사태가 원인이 되어서 토석류가 발생했냐, 아니면 산사태의 원인 없이도 토석류가 발생했느냐라는 것을 또 따져야 되는 경우가 발생할 수 있거든요.

그래서 어차피 산지와 인접한 민가에까지 재난에 대응하고 피해를 복구하는 것이 산림재난방지법안의 목적이라면 저는 토석류를 넣는 것이 마땅하다라고 봅니다. 그래야 민가에 훨씬 더 많은 피해를 끼치는 토석류에 대한 복구와 대응이 가능하지 않겠는가라고 보는데 청장님은 어떻게 보세요?

○**산림청장 임상섭** 저도 임미애 위원님 지적하신 것에 100% 동의를 합니다. 그런데 실제 운영을 할 때 삭제가 되더라도 사방사업법에 토석류라는 정의 조항이 살아 있기 때문에 문제가 없어서 전문위원님 의견에 동의한 거고요. 제 의견은 이 법안 안에 토석류 정의가 들어가도, 오히려 더 좋다고 생각합니다.

○**임미애 위원** 저는 넣어야 된다고 생각을 합니다. 안 그러면 나중에 책임 문제가 또 생길 여지가 있어서요.

○**소위원장 이원택** 임호선 위원님.

○**임호선 위원** 산림과 잇닿은 지역에 대한 정의가 불분명하다는 검토의견이 있었는데 청장님, 산림과 잇닿은 지역을 청장님은 어떻게 보세요?

○**산림청장 임상섭** 일단 사례가, 산불에 그 내용이 있고요. 산불의 경우에는 산림과 산림에 잇닿은 지역의 토지 해서 100m로 한정이 되어 있습니다.

○**임호선 위원** 산림인접지역을 산림에 잇닿은……

○**산림청장 임상섭** 예, 맞습니다.

○**임호선 위원** 지금 산림인접지역이라고 하는 4조 적용범위에 '산림으로부터 100m 이내 위치한 토지를 말한다. 다만 건물의 부속토지는 제외한다. 이하 같다' 이렇게 지금 정의를 내리고 있거든요. 산림인접지역을 산림과 잇닿은 지역이라고 보고 계시는 거예요?

○**산림청장 임상섭** 그런데 지금 읽어 주신 그 내용은 산불의 적용범위에 해당되는 내용이고요, 산사태의 적용범위는 100m라는 내용이 없습니다. 그런데 같은 말씀입니다. 산지와 산지에 잇닿은 토지……

○**임호선 위원** 아니, 그러니까 제가 말씀드리는 것은 법 체계상 산림과 잇닿은 지역에 대해서는…… 제10조를 보시면 '건축허가 등의 협의 등' 이런 내용이 있거든요. 이게 지난번에 제가 공청회 때도 지적을 했는데, 이것 과도한 기본권 제한이다라고 하는 지적을 그때 했습니다.

아시다시피 지금 우리 자연부락 같은 경우에는 사실 산 밑에 있잖아요. 100m 이내면 다 들어가요. 거의 다 들어간다고 보셔야 되지 않습니까?

○**산림청장 임상섭** 예.

○**임호선 위원** 그렇지 않습니까, 다 산림과 잇닿은 지역이어서. 그러면 도심을 제외한 거의 모든 시골에…… 시골뿐만 아니지요. 도시도 마찬가지지요. 100m 이내의 건축허가 등에 협의를 거치게 되면 이건 정말 국민들의 과도한 기본권 제한일 뿐만 아니라 행정기관 업무가 엄청나게 제약을 받는 우려가 있거든요.

그래서 저는 전문위원님이 수정의견에 제시한 것 중에 10조 1항을 아예 빼고 2항·4항을 오히려 살려 놔서, 이 건축허가 등의 제한을 직접 산림재난방지기관의 장과 행정기관이 함께 협의를 거쳐서 이런 행정행위를 하도록 할 게 아니라 2항·4항을 그냥 살려서 행정기관 간에 서로 자료의 공유라든가 협조체계라든가 이런 정도로 담아야 옳지 않을까 하는 생각이 듭니다.

여기 한번 읽어 보세요. 산림 및 산림과 잇닿은 지역의 건축물 등에 대한 신축·증축·개축·재축·이전·용도변경·대수선 이것 할 때는 행정기관이 산림재난방지기관의 장과 미리 협의하여야 한다고 돼 있거든요. 이것은 정말 제가 볼 때는 과도한 제한이고요. 이렇게 되면 시골에서 시장·군수들이 산림재난방지기관의 장과 미리 협의를 하지 않으면 이런 행위들을 하나도 못 해요. 행정이 마비되는 정도가 됩니다.

이게 소방법하고 비교하셨는데 소방 같은 경우에는 직접 그 건물 내의 화재 위험을 제거하는 것이기 때문에, 그런데 이것은 저는 과도한 제한이라고 생각을 합니다.

이상입니다.

○**산림청장 임상섭** 설명을 드리겠습니다.

산림과 산림 잇닿은 지역의 건축허가를 받을 때는 산림재난방지기관과 협의를 하도록 돼 있는데 전문위원님이 얘기하셨듯이 전남도에서 그게 과도하다 그래서 산림재난방지기관이 아니고 지방산림청, 산림청 특별행정기관에서 하도록 이렇게 전문위원님하고 상의를…… 의견을 그렇게 주셨고요.

두 번째는, 현장에서 보시면 울진·삼척 때도 산림에 연달아 잇닿아 있는 가옥이 400채 이상이 탔습니다. 강릉 산불도 300∼400채 정도가 탔습니다. 그런데 그게 저희들이 어떻게 판단했느냐 하면 소나무라든지 침엽수가 가까이에 있는 지역에 대해서 건물의 배치를 잘 조정만 하거나 아니면 산림에 있는 침엽수 같은 것을 잘 제거만 했었어도 가옥 피해가 크지 않았을 것이다라는 게 첫 번째 판단이었고요.

두 번째, 귀농·귀촌하시는 분들 주택의 입지 패턴을 보시면 대부분 계곡가 입구나 주위에다가 많이 하십니다. 그것은 저희 산림부서에서 봤을 때 산사태에 굉장히 치명적인 입지거든요. 그런데 지금 현재는 그것과 관련된 것들을 건축허가를 할 때 검토하거나 이렇게 하는 시스템이 안 돼 있다고 저희들이 판단을 해서 처음에는 시장·군수들이 직접 하도록 법안 초안을 그렇게 의원님들이 내주셨는데 그게 시도에서 너무 업무가 과다하다고 판단해서 그러면 지방산림청에서 협의를 해서 하도록 그렇게 바뀐 내용입니다.

그리고 지금 장성 같은 경우에 저희가 샘플로 조사를 해 보니까 1년에 인접지역의 건축허가 건수가 한 40건 정도 됩니다. 그 정도는 우리 특별행정기관에서 충분히 할 수 있을 것 같고, 산지전용하는 단계는 제외를 시켰습니다, 이 프로세스를. 왜 그러냐 하면 산지전용은 산지관리법에 별도로 산지전용을 허가할 때 이 재해와 관련된 검토하는 프로세스가 있기 때문에.

그래서 저희들이 나름대로는 최대한 국민 불편도 덜어 드리고 인접지역에서 발생되는 산불이나 산사태 피해도 최대한 줄일 수 있도록 하는 시스템으로 이 법안을 검토했습니다.

○**임호선 위원** 그런데 법에는 여기 신축·증축·개축·재축·이전·용도변경·대수선 여기까지 다 들어간다는…… 지금 말씀하신 것은 극히 예외적이고 제한적인 내용을 담으려고 의도를 하셨다고 하지만 법에는 그렇지 않다는 얘기지요.

그리고 만약에 그렇다고 하면 행정기관 간에 이렇게…… 예를 들어서 지금 전문위원님이 수정의견 내신 삭제로 돼 있는 2항·4항을 살려 놓으면 1항처럼 이렇게 과도한 규제를 하지 않더라도 충분히 그런 입법취지를 달성할 수 있지 않을까 하는 의견을 드립니다.

○**소위원장 이원택** 그 부분은 제가 볼 때 지방산림청에서 미리 협의할 때 그 권한을 정확하게 해야 될 것 같아요. 신축·재축·대수선 다 포함돼 있는 거잖아요. 다 포함돼 있

는 형국으로 가는 것은 제가 볼 때는 과도한 제한이다라고 하는 그 지적을 피해 갈 수 없을 것 같아요.

　그러니까 거기에 건축물이 들어서는 것에 대해서 일단 도저히 여기는 안 돼서 막아야 된다 이런 게 있을 수 있고, 또 하나는 그 주변을 좀 변경해서, 짓더라도 주변 상황을 정리하는 것이 효율적이다 이 두 가지가 있을 수 있는 거잖아요?

○산림청장 임상섭　예.

○소위원장 이원택　이런 건데, 그런데 거기에 기존 건물에서 또 살아 가야 할 사람들이 있다고요. 그러면 그걸 개축을 한다든가 대수선을 한다든가 이럴 텐데 그것을 추가로 주변 상황 뭐를 정리하라 내지 이제 더 이상 안 된다 이런 결론을 지방산림청에서 내릴 수가 있잖아요. 그렇게 되면 이건 상당히 국민의 기본권 침해 요소가 있기 때문에 제가 볼 때 뭐가 옳은지를 떠나서 이 부분은 약간 고민이 필요한 대목으로 보입니다.

○산림청장 임상섭　위원장님, 신축·증축·개축 이렇게 쭉 써 있는 내용들이 저희가 건축허가나 협의를 할 때 규정되는 내용이지 저희들이 임의대로 만든 내용은 아닌 것으로 알고 있습니다. 그러니까 이러한 내용들과 관련돼서는 시장·군수·구청장한테 아마 건축허가를 내야 되는 것으로 알고 있고 그때 산림에 연접된 지역에 한해서 검토를 할 때는 '이것은 계곡 위에다가 이렇게 건물을 신축한다든지 증축하는데 그쪽으로 나온다든지 하시면 안 될 것 같다'라는 의견을 저희들이 드려야 될 것 같아요. 드리지 않으면 나중에 기후변화나 이런 문제 때문에 인명 피해가, 저희들이 경험적으로 알고 있기 때문에 그런 프로세스가 필요하다는 말씀을 드립니다.

　그래서 과도하다고 말씀하시면 모든 프로세스가 아니고 신축이 됐든 증축이 됐든 개축이 됐든 아니면 '대통령령으로 정하는 범위 내에서'라고 좀 한정을 해서 줄여 주시든 이렇게 해 주시는 게 좋을 것 같습니다.

○소위원장 이원택　김선교 위원님.

○김선교 위원　저는 존경하는 윤준병 위원님 말씀하신 게, 통합 관리하는 것은 이렇게 전체적으로 봐서 잘하신다는 것으로 이해를 하는데……

　그 지자체의 조직 관리는 어떻게 됩니까, 이것이 통합되면? 그런 것을 고려해 보셨습니까?

○산림청장 임상섭　여기 뒤의 조문 검토할 때 또 나올 텐데요. 관련된 팀이라는 게 있습니다, 산사태대응팀.

○김선교 위원　그러니까 지금 지자체에서는 이렇게 산불, 산사태, 병충해만 하는 게 아니고 정원 관계도 뒤따르고 또 여러 가지 인허가 문제도 있고, 이게 아주 공직자들이 상당히…… 산불 하나 관리하기도 쉽지 않고 또 여름철 같은 때는 산사태 나면 다른 업무를 아주 전폐하다시피 하거든요. 이런 부분은 여기에 담겨져 있습니까? 그래서 예를 들어서 행안부하고 해서 과를 신설한다든가 이런 것을 이렇게 해서, 그런 게 안 담겨져 있는 것 같아 가지고……

○산림청장 임상섭　그런데 여기 행안부 의견도 있지만 신규로 조직이나 이런 걸 설치하는 것에 대해서는 다 반대를 해서 설치라는 용어를 바꿔서 '구성', '운영' 이런 식으로 용어가 다 바뀌었습니다.

　바뀌긴 했지만 저희들이 항상 재난이나 산불이나 산사태, 재선충이 심해서 지자체 시

군구 공무원들의 인력이 부족할 때는 산림청이 대표로 행안부하고 협의를 해서 어디어디 지자체에 산림, 재선충 관련된 인력을 증원해 달라는 그런 통상적인 프로세스는 있습니다만 이 법안에는 지금 그런 내용들이 명확하게 들어가 있지 않고요.

그래서 아까 효율적으로 전문화된 인력들이 구성될 수 있도록, 통합될 수 있도록 산림재난대응단도 만들고 또 산림재난안전기술공단을 만들어서 산림청과 산불방지기관이 해야 될 업무를 위탁·대행할 수 있도록 이렇게 공공기관으로 해 줌으로써 업무 부담을 경감해 주는 방향으로 저희 법안이 돼 있습니다.

○소위원장 이원택 문대림 위원님.

○문대림 위원 아까 말씀 주신 그 기술공단이 훈련기관 역할을 하는 건가요, 그러면?

○산림청장 임상섭 예, 산림재난기술 관련된 타당성평가라든지 평가시설……

○문대림 위원 아니, 산림재난인력 관련해서 산불전문예방진화대, 산불재난특수진화대, 산사태현장예방단, 산림병해충예찰방제단 통합운영을 한다고 하면 오히려 이것들이 협력 및 지휘체계에 문제가 발생할 수 있지 않을까, 복잡한 지휘체계 이것이 결국 신속한 대응을 저해시키는 이런 요인으로 작용할 수 있다, 그래서 통합운영을 한다면 통합운영을 위한 별도의 전문훈련기관이라든가 이런 것들을 둔다는 것인지, 그런 내용은 어디에 있는 것인지를 제가 좀 확인하고 싶네요.

○산림청장 임상섭 제가 약칭 '공단'이라고 줄여서 말씀드릴게요.

공단의 여러 가지 업무……

○문대림 위원 그러면 아까 청장님께서 얘기한 기술공단에서 이들에 대한 훈련 역할, 통합지휘체계에 관한 이런 것들을 정리해 내는 겁니까?

○산림청장 임상섭 예, 공단의 업무 중에 산림재난 방지에 대한 교육·훈련 업무를 할 수 있도록 돼 있습니다. 할 수 있도록 돼 있고, 지금 현재 국립 산림재난안전 교육훈련센터를 짓고 있습니다, 산림청에서. 짓고 있어서 이 훈련과 관련된 것은 공단으로 위탁을 해서 지금 전문성이라든지 그런 것들을 교육·훈련시킬 수 있습니다.

○문대림 위원 지금 4개의 단체에서 나름대로 개별 단체마다의 전문성들이 지금 구축되고 있는 상황에서 통합체계, 어쨌든 복잡한 지휘체계 이런 것들이 더 혼란을 가져올 수 있지는 않는지 이런 것들에 대한 검토, 염려는 없습니까?

○산림청장 임상섭 예, 그것은 공단의 조직을 설계할 때 그와 관련돼서 충분히 저희들이 논의를 했습니다. 그래서 말씀드린 것처럼 산불, 산사태, 병해충처럼 재난별로 나누는 게 아니고 업무별로 나눠서 좀 더 전문성 있게 효율적으로 움직일 수 있도록 그렇게 조직 설계를 했습니다. 안은 그렇게 돼 있습니다.

○문대림 위원 안은 그렇게 돼 있고…… 어쨌든 지금까지 대응체계에 빈틈들이 많았다라는 지적들이 있었는데 그런 지적들을 없앨 수 있는, 통합해서 진행한다고 해서 그런 지적들이 사라질 것이다? 글쎄……

○김선교 위원 위원장님, 수정 동의해 주시지요.

○소위원장 이원택 예.

지금 우리가 또 심사해야 할 법안이 뒤쪽에 좀 남아 있으니까 박덕흠 위원님, 임미애 위원님 질의하고요. 그다음에 추가 설명을, 문금주 위원님도 현재까지 해서 한 말씀 더…… 그러면 세 분 하고 쟁점을 남겨 놓고 또 그 후로 넘어가겠습니다. 그래서 적어도 두 법안은 오늘 결론을 최대한 낼 수 있도록 해 보겠습니다.

박덕흠 위원님.

○**박덕흠 위원** 아까 존경하는 임호선 위원님이 얘기하신 부분에 동의를 하는데요. 산림과 잇닿은 지역의 건축물…… 산림과 잇닿은, 이게 어느 정도를 얘기하시는 거예요?

○**산림청장 임상섭** 지목이 예를 들어서 임야로 되어 있고 임야에 붙어 있는 대지, 농경지, 구거, 하천 그런 걸 말씀……

○**박덕흠 위원** 예, 그렇지요.

그런데 지역에 보면 농촌지역은 거의 산림 잇닿은 지역이 대부분이에요. 옛날에 전부 다 했던 집들도, 그렇지 않나요? 그렇지요, 청장님?

○**산림청장 임상섭** 예, 맞습니다.

○**박덕흠 위원** 그런데 여기에서 신축·증축·개축·재축·이전 이것을 제한을 이렇게 한다 하면 허가 할 때 이게 상당히, 도시에서는 잘 모르겠지만 농촌지역은 거의 다 해당이 된다고 볼 수밖에 없거든요. 그러니까 신중하게 검토를 해야 될 것 같아요. 왜냐하면 뭐 하려고 그러면 산림청이나 다 협조를 해야 되고 이런 허가 사용해야 되고 이렇게 되면 특히 농민들의 엄청난 반발이 예상됩니다.

그래서 임호선 위원님이 잘 지적을 해 주셨는데 이 부분은 권고를 한다든가 이런 쪽으로 지자체한테 해 주는 방향으로 해야 되지 않나 이런 생각을 갖거든요. 특히 또 아까 얘기했던 귀농·귀촌들이 오면 물가에 또 산세가 좋은 데 이런 데로 가게 돼 있잖아요. 그렇지요? 그런 부분도 그러면 농촌으로 이주하려는 사람들의 제안도 또 막게 되는 거고 그러다 보면…… 그래서 그런 부분들을 좀 신중하게 생각을 해야 될 필요성이 있다 해서 잘 생각을 해서 검토를 해서 보고를 해 주세요.

○**산림청장 임상섭** 예, 알겠습니다.

이 건에 대해서는 아까 말씀드린 것처럼 과도한 규제라고 위원님들 생각하시면 세부적인 기준과 관련된 것은 대통령령이나 부령으로 위임을 해 주시면 거기에 한정돼서 저희들이 협의할 수 있도록……

○**박덕흠 위원** 그건 안 되지.

○**소위원장 이원택** 아니, 대통령령이나 부령은 또 우리 손을 벗어나는 거기 때문에 그건 저희가 신뢰하기가, 왜냐하면 여기서 결정 나서 대통령령이나 부령에서 또 강화되거나 그러면 사실 산촌에 계신 농민들, 임업인들한테 직접적인 타격이 될 수 있을 것 같아서 이 부분은 아주 핵심 쟁점으로 남겨 놓겠습니다.

○**산림청장 임상섭** 예, 알겠습니다.

○**소위원장 이원택** 임미애 위원님, 문금주 위원님.

○**임미애 위원** 아니요, 다음번에 질문하면 돼요.

○**소위원장 이원택** 그러면 문금주 위원님.

○**문금주 위원** 청장님, 여기 전반적인 내용 보면 제가 조문을 쭉 보니까 지방자치단체한테 상당히 많은 의무를 부여해요. 그중의 하나가 여러 가지 재난별로 필요한 인력·장비·예산을 확보하도록 지방자치단체한테는 부담을 다 주면서 그 비용의 일부를 어찌 됐든 산림청장이 지원할 수 있도록 임의규정으로 해 놨단 말이지요.

지방한테는 의무를 다 부여해 놓고 예산의 일부를…… 산림청장이 기재부하고 협의를 하든지 해서 비용의 일부를, 절반을 분담한달지 그래서 지방의 재정부담을 좀 줄어 주는 노력을 해야지 '할 수 있다'라고…… 지방은 의무를 다 해 놓고 여러분들은 기재부에서 예산 해 주면 도와주고 안 그러면 못 도와주고, 이게 너무 불합리한 것 아닙니까?

지금 산림청이 이런 재난 관련해서 지자체한테 부담, 매칭을 얼마나 해 주고 있나요? 예를 들면 헬기 같은 것 지원 얼마나 해 줘요?

○**산림청장 임상섭**　헬기는 정부에서 없습니다. 지자체 임차헬기에 대해서는 정부 지원이 없습니다. 현재 없고……

○**김선교 위원**　아니에요. 50% 법 개정돼서 됐잖아요.

○**산림청장 임상섭**　타당성평가라든지 이런 건 다 돼 있는데요. 산재 예산 확보가 지금 안 돼 있는 상태입니다.

○**김선교 위원**　아니에요. 헬기임대사업을 국비 하나도 안 준다고요?

○**산림청장 임상섭**　예.

○**김선교 위원**　잘못 알고 계신 것 같은데……

○**산림청장 임상섭**　아니, 맞습니다.

○**문금주 위원**　어찌 됐든 그런 지역에서는 작년입니까, 전국에 산불이 많이 나 가지고 헬기가 없어 가지고 오히려 진화를 못 하는, 넋 놓고 볼 수밖에 없는 그런 상황이 벌어졌단 말이지요. 그래서 지역에서는 헬기를 구입하고 싶어도 재정 여건상 어렵단 말이지요. 그러니까 이런 부분들은 산림청이 기재부와 협의를 해서 일정 부분 부담한다라는 행태로 가 줘야지 왜 다 지방한테만 부담을 지우고 여러분들은 거기에서 좀……

○**산림청장 임상섭**　위원님, 지자체 임차헬기에 대해서는 저희들도 몇 년 동안 지속적으로 기재부에 요청을 했는데 타당성이 없거나 그런 게 아니고 재원상의 문제로 지금 어렵다고……

○**문금주 위원**　지방이 재정이 더 어려워요.

○**산림청장 임상섭**　그렇다는 말씀을 드리고요.

지금 산불은 국고보조율이 60%, 사방사업은 국고보조율이 70%, 재선충 같은 경우에 국고보조율이 70%라서 다른 중앙부처의 국고보조율보다 산림재난 분야의 보조율이 굉장히 높은 편입니다, 사실은. 높은 편이고요. 이 조항도……

○**문금주 위원**　이 진화장비 같은 것도 좀 더 협의를 해서 최소 50% 이상은 반드시 매칭이 될 수 있도록 그렇게 노력을 하세요.

○**산림청장 임상섭**　예, 알겠습니다. 그렇게 노력하겠습니다.

○**소위원장 이원택**　또 추가로 심의하겠습니다.

사실 오늘 김선교 위원님 계신데 좀 양해 말씀 드리면서……

농업민생 4법이 국무회의에 지금 상정돼 있는데 사실 이게 재의요구권을 행사하면 법안 심사를 거부하고 정부의 법안 심사라든가 여러 가지에 대해서 보이콧을 하자 이런 의견이 있었습니다, 사실. 그러나 아무래도 올해, 작년, 재작년 산불 재난 사태가 워낙 커서 이 법안은 그래도 심사해야 하는 게 아닌가 이런 의견을 가지고 사실 오늘 이 법안 심사에 임하고 있다는 말씀을 드립니다.

아무튼 농업민생 4법 거부권 행사에 대해서는 한덕수 권한대행께 유감을 이 자리를 빌려서 표현하고.

전문위원님 계속 진행해 주셨으면 좋겠습니다.

○**전문위원 임재금** 계속 보고드리겠습니다.

65페이지입니다.

산림재난 대응입니다.

재난안전법에 따른 대피명령과 강제대피 조치에 대한 협조요청 사항은 재난안전법과의 연계성을 확보하고 있다는 점에서 적절한 입법 조치로 보았습니다.

66쪽입니다.

산불 조심기간과 산사태 조심기간을 설정하는 내용인데요.

이 중에서 산사태의 경우 여름철 재해대책기간 동안 산림청장 소속으로 본부를 설치해서 운영하도록 규정이 마련되어 있으므로 산사태 조심기간을 별도로 마련할 필요성에 대해서는 크지 않다라고 보았습니다.

다음, 68쪽 보고드리겠습니다.

산사태 신고 및 보고에 관련된 사항입니다.

제정안들은 산사태 신고가 접수된 경우에 관할 산림재난방지기관의 장으로 하여금 응급복구 등 안전조치를 취하도록 하고 있습니다.

이것은 신속한 안전조치를 위해서 공공의 안전을 확보할 수 있다는 점에서 안전조치에 대해서 방해금지의무를 부과할 필요가 있다고 보았고요. 그것에 대해서 위반한 자에 대해서는 벌칙을 또 추가적으로 규정할 필요가 있다고 보았습니다.

아래 참고 표시 보시면 벌칙 수준은 유사 입법례인 사방사업법에 맞추어 1000만 원 이하의 벌금형으로 규정할 필요가 있다고 보았습니다.

다음, 69페이지 산사태 긴급점검과 70페이지 산사태대응팀 구성에 관한 사항에 대해서 경미한 수정 사항을 제시하였습니다.

71페이지 산림병해충 방제명령은 법제적인 수정 사항을 정리하였고요.

72페이지 산림병해충 특별방제구역 지정·해제와 관련해서 제정안들은 산림청장이 특별방제구역 지정 시 고시하도록 하고 있고 정희용 의원안은 해당 산림의 소유자 등에게 통지도 추가적으로 하도록 규정을 하고 있습니다.

이에 대해서 산림청은 신속한 방제를 추진하기 위해서 고시만으로 충분하다는 그런 의견을 제시하고 있습니다. 다만 특별방제구역 지정이 국민한테 침해적인 성격을 줄 수 있다는 점에서 통지 규정은 꼭 필요한 것이 아닌가 이렇게 생각됩니다.

그다음 74페이지입니다.

산불조사의 정의에 관한 사항입니다.

제정안들은 산불조사의 정의에 감식·감정·실험 등을 포함하고 있는데 재난안전법과의 정합성 측면에서 적절하지 않다고 봐서 삭제할 필요가 있다고 보았습니다.

다음, 75페이지입니다.

소방청은 화재조사법에 따른 화재조사가 원활히 수행될 수 있도록 산불 조사 기관이 협조하는 내용을 추가할 필요가 있다는 의견을 제시하고 있습니다.

그런데 산불조사와 화재조사는 각각 산림보호법과 화재조사법에 근거한 법률상의 용어로서 상하위의 위계가 개념은 아니라는 점 등을 고려할 때 이 법에서 규정할 사항은 아닌 것으로 보입니다. 다만 소방청의 의견이 받아들여진다면 하위 법령에서 정할 수 있도록 위임하는 방안도 검토할 수 있겠습니다.

76페이지입니다.

산불 대응분석·평가에 관한 사항은 산불조사의 범주에 들어가므로 산불조사에 관한 사항으로 규정할 필요가 있다고 보았습니다.

77페이지 산사태 발생지 복구에 관한 사항입니다.

이병진 의원안은 산사태 발생 원인 등 조사 결과 추가적인 붕괴의 위험이 있을 때는 토지의 소유자 등에 대해서 긴급복구조치 명령을 할 수 있도록 규정하고 있습니다.

그런데 긴급조치 명령에 관한 사항은 사방사업법에서 규정할 필요가 있으므로 삭제하되 사유림의 경우 소유자 거소 불명 등으로 피해 복구 지연이 발생하는 사례가 있다고 합니다. 따라서 이러한 사항을 방지할 수 있도록 사전 동의 절차나 동의에 갈음하는 공고 절차를 마련할 필요가 있다고 보았습니다.

78페이지에 수정의견을 제시하였습니다.

79페이지입니다.

산림재난방지 기반시설 설치에 관한 사항입니다.

제정안들은 산림청장이 설치할 수 있는 기반시설에 임도 등을 열거하고 있는데 타 법에서 이미 그 설치 규정을 두고 있으므로 입법의 필요성은 미흡하다고 보았습니다.

80페이지 산악기상관측망 구축·운영은 기상청과 사전 협의하도록 그 절차가 필요한 것으로 보았습니다.

81페이지 연구개발사업 및 국제협력과 산림재난방지 전문기관 지정 등에 관한 사항입니다.

전문기관 지정제도와 관련해서 이것은 공단에 연구 업무가 부여되어 있다는 점에서 신중한 검토가 필요하다고 보았습니다.

82페이지 산림재난방지산업 육성에 관한 사항은 제정안의 입법 목적과 다소 거리감이 있다고 보았습니다.

다음, 84페이지입니다.

공단에 관한 사항입니다.

공단 설립 필요성과 관련하여 제정안들은 산림재난별로 운영되고 있는 사업들까 공단으로 일원화해서 효율성 및 전문성을 도모하려는 것으로 이해됩니다.

다만 제정안들은 공단의 설립 여부를 재량사항으로 규정하고 있는데 만약에 공단의 설립 필요성을 인정하시는 경우에는 입법례에 따라서 이 법에 의해서 바로 설립될 수 있도록 규정할 필요가 있습니다.

공단의 명칭과 관련해서는 기술이라는 단어를 포함하실지 여부에 대해서 논의하실 필요가 있습니다.

다음, 85페이지입니다.

공단의 설립 방식과 관련해서 기재부와 산림청은 치산기술협회, 재선충병모니터링센터 그다음에 산불방지기술협회를 통합·전환하는 것으로 사전 협의했는데 이러한 내용을 수용하는 경우에는 안 부칙에서 공단 설립에 관한 경과조치 규정을 신설할 필요가 있습니다.

아래 동그라미 중에서, 제정안들은 공단의 이사장이 중앙행정기관의 장에게 요청을 해서 소속 공무원을 공단에 근무할 수 있도록 규정하고 있는데 그 입법례가 거의 없으므로 입법의 필요성에 대해서는 한번 재고하실 필요가 있다고 보았습니다.

86페이지 공단의 사업과 관련해서 일부 수정 사항을 제시하였습니다.

87페이지 공단의 국유재산 등의 무상 양여 등입니다.

제정안들은 공단이 국유재산 등을 사용·수익할 수 있도록 허용하는 규정들을 두고 있는데 이는 국유재산특례법에서 규정하는 사항입니다.

공단의 운영비 관련해서 기재부는 신설된 공단이 승계하게 되는 협회 등이 원래 당초에 정부의 출연금을 받는 기관들이 아니었기 때문에 정부 출연금은 제외할 필요가 있다는 의견이고 융자금 등에 대해서도 재무 건전성 측면에서 삭제할 필요가 있다는 의견입니다.

88페이지 공단의 업무에 대한 지도·감독에 대해서는 법제상 보완 사항을 제시하였습니다.

89페이지입니다.

공단의 유사명칭 사용 금지 위반 시 과태료는 500만 원 이하로 규정하고 있는데 산림청은 유사 입법례를 고려할 때 적절하다는 의견입니다.

91페이지부터 보칙 사항입니다.

산림재난보험 등 가입과 92쪽의 CCTV 설치·운영에 대해서는 법제상 보완 사항을 정리하였습니다.

94페이지 권한 등 위임·위탁 규정 중에서 산림재난감시단의 구성·운영에 관한 사항 등에 대해서는 제정안의 체계상 이것은 산림재난방지기관의 장이 직접 구성하도록 돼 있기 때문에 그 점을 감안해서 삭제할 필요가 있다고 보았습니다.

95페이지 산림재난방지 지시를 위반한 자에 대해서 그 사실을 소속기관 장에게 사실 통보나 징계 요구하는 사항입니다.

이 사항에 대해서는 이미 재난안전법에 따라서 징계 요구 등이 가능하고 재난 현장에서 공무원 등의 업무 부담 등이 있으므로 부적절한 의견이 제출되어 있습니다.

96페이지 만약에 그럼에도 불구하고 제정안을 수용하신다면 일부 보완 사항을 제시하였습니다.

97페이지 적극행정에 대한 면책 사항입니다.

산림청은 이 사항에 대해서 입법 필요성을 공감하고 있지만 감사원법 등에 따르면 적극행정 면책 규정이 있으므로 입법의 실익이 크지 않다고 보았습니다.

98페이지 벌칙 적용 시 공무원 의제 사항은 필요한 입법 조치로 보았습니다.

101페이지 벌칙 및 과태료입니다.

고의적 산림 방화범에 대한 벌칙 규정인데 아래의 표에 법률안 간의 징역형에 대해서 비교를 했습니다. 정희용 의원안은 현행과 동일하고 이만희 의원안의 경우가 처벌 수준이 가장 높은 것으로 나타났습니다.

102페이지입니다.

조경태 의원안과 이만희 의원안과 관련해서 법무부가 제시한 의견을 보면 산림보호법 등에 대해서 보호수 등 보호가치가 높은 산림에 불을 지른 자에 대해서 7년 이상 15년 이하의 징역형을 규정하고 있는데 이와 유사한 형벌을 부과하는 것이 균형에 반할 소지가 있다는 점에서 신중한 검토가 필요하다는 의견입니다.

103페이지 과태료 사항입니다.

산불 예방에 대한 대국민 경각심을 제고할 필요성, 다른 금지 행위에 대한 과태료와의 균형, 산림청의 수용 의견 등을 고려해서 심사하실 필요가 있습니다.

104페이지에 과태료 상한액을 비교해 놨는데 정희용 의원안은 현행 산림보호법과 동일하고 이병진 의원안, 조경태 의원안은 과태료가 가장 높게 규정되어 있습니다.

105페이지와 106페이지는 유사 입법례를 정리하여 놓았습니다.

마지막으로 부칙 사항입니다.

시행일은 공포 후 1년이고요.

부칙 2조에 제정안들은 공단 설립을 위한 위원회 설치 규정을 두고 있는데 부칙 3조를 신설해서 공단 설립 관련 경과조치를 보완할 필요가 있다고 보았습니다.

공단이 설립될 경우에 통합되는 치산기술협회, 재선충병모니터링센터, 산불방지기술협회 등에서 수행하는 권한과 의무, 재산 등의 승계에 관한 사항이 필요하고요. 그다음에 해당 기관의 소속 직원들을 공단의 직원으로 채용된 것으로 간주하는 내용도 포함될 필요가 있습니다.

다만 공단의 임원 같은 경우에 만약 새로 선임할 필요가 있다면 별도 경과조치는 둘 필요가 없습니다.

다음으로 정희용 의원안은 타 법 개정으로 치산기술협회와 산불방지기술협회 관련 규정들을 삭제하고 있는데 이에 대해서 제일 아래쪽 동그라미 보시면 산림청은 사방사업 규정은 존치하고 공단이 설립되면 그 이후에 사방사업법 등 근거 법률을 개정하겠다는 의견입니다.

다음 페이지입니다.

다만 공단 설립과 동시에 해당 법률 개정이 이루어지지 않으면 법 시행상 혼란이 초래될 우려가 있으므로 정희용 의원안대로 처리하는 것이 타당하다고 보았습니다.

이상으로 보고를 마치겠습니다.

○소위원장 이원택 정부 측 의견 주시겠습니까?

○산림청장 임상섭 대부분 다 전문위원님 검토의견에 동의합니다만 두 가지 만 제가 말씀드리겠습니다.

77페이지에 산사태 발생지 복구에 관한 사항 중에서 전문위원님 수정의견에 대해서 동의합니다마는 다만 해당 조문 중 제2항제2호에 정당한 사유가 불명확해서 산사태 취약지역이 아닌 경우에 부동의 때문에 복구사업을 못 하는 경우가 발생할 수가 있습니다. 지금 현재도 그런 상황이 많고요.

그래서 이 조항에 대해서는 제2항제2호에 대통령령으로 정하는 정당한 사유를 구체적으로 위임해 주시는 것이 저희들이 실무적으로 도움이 될 것 같습니다.

두 번째로는 87페이지입니다.

공단의 국유재산의 무상 양여·대부, 사용·수익과 관련된 내용입니다.

이 내용은 현재 우리 공단으로 통합되는 3개 기관이 국유재산을 사용하고 있지는 않습니다. 사용하고 있거나 양여받은 사항이 없습니다. 따라서 무상 양여로 규정하고 있는 수정의견 제3항하고 제4항은 삭제를 해 주시고 추후에 무상 양여가 필요한 상황이 발생했을 때 그때 추가 개정을 해도 늦지 않을 거라고 생각이 됩니다.

이상 두 가지 말씀드렸습니다.

○**소위원장 이원택** 위원님들 질의 있으시면 해 주시겠습니까?

임미애 위원님.

○**임미애 위원** 질의가 있는데요.

공단과 관련해서는 좀 시간을 두고서 이야기를 하면 좋겠다라는 생각이 들어서요. 이것을 쟁점으로 분류해 놓고 다음 법안을 검토하면 어떨까라는 생각이 듭니다.

○**소위원장 이원택** 윤준병 위원님.

○**윤준병 위원** 87쪽인가요?

77쪽, 산사태와 관련해서 복구를 기존에 있는 내용으로 넣고 여기서는 빼자 이런 의견이 이제 기본이잖아요. 상황에 따라서 복구가 재난을 예방하거나 당장에 필요한 내용들이 소위—항구적 복구도 여러 가지 유형이 있으니까—산사태가 바로 재발되지 않도록 하기 위한 조치가 있을 거고, 이루어진 이후에 시간을 가지고 해도 되는 복구가 있을 거고 유형이 여러 가지 있을 텐데 명칭이, 복구라는 개념이 사용됐다고 해서 그것은 현장의 재난과 시간적으로 연계되거나 긴급성이 소멸됐다 이렇게 볼 수 있나요?

○**산림청장 임상섭** 재난과 관련돼서는 복구가 여기 '시급히 복구해야 된다'는 말에서 '시급히'라는 말이 빠져 있기는 하지만 재난과 관련된 복구는 사실은 시급히 실행해야 되는……

○**윤준병 위원** 내용에 따라서는, 산사태가 발생해요. 그러면 예방적 차원에서 복구조치도 있을 거고 또 이후에 뒤따르는 내용에 당장에 수반되어야 될 응급복구랄까 긴급복구랄까 여기에 있을 텐데 그냥 복구 내용은 재난과 좀 연관성이 적다 이런 이유 때문에 이걸 빼야 되겠다 이렇게 하는 게 맞는지, 저는 그것은 좀 고민이 필요하다, 내용은.

그래서 복구라는 개념은 사실은 예전에 있던 사방사업법 내용에 보면 그게 오히려 연관성이 더 있는 건데 그것을 인위적으로 이쪽에다가 조문화해 갖고 넣으려고 하다 보니까 이상하게 산사태와 관련된, 일관성이 좀 결여되는 오히려 단절되는 효과를 만드는 꼴이 되는 게 아닌가, 내용이. 그래서 이 부분에 대한 고민을 좀 더 해야 되는 게 아닌가 이런 의견을 제시합니다.

○**산림청장 임상섭** 예, 알겠습니다. 말씀하신 것처럼 저희가 일반적으로 복구를, 재난 피해가 났을 때 복구라는 것은 말씀하신 응급복구라고 해서 긴급하게 하는 거랑 항구적으로 하는 항구복구랑 또 그 이후에 생태계나 산림의 기능이 회복될 수 있도록 하는 다른 법률에서 하는 복원이라는 개념도 있습니다. 이렇게 3개 단계로 운영을 하고 있는데 위원님 말씀하신 것 충분히 제가 이해하고 있습니다.

○**소위원장 이원택** 위원님들 또 추가질의……

그러면 지금 정희용 의원 법안하고 이병진 의원 법안심사가 쟁점을 남겨 놓고 일독은 다 한 거지요?

이제 좀 결정을 해 가야 되는데 아까 공단 설립 관련해서는 임미애 위원님께서 좀 더 시간을 두고 논의했으면 좋겠다 이런 의견이 있었고 두 번째는 아까 이제 접경지의……

○**산림청장 임상섭** 건축 허가……

○**소위원장 이원택** 건축 허가 문제가 있었는데 접경지 건축 허가 문제는 사실 그 위치

가 심각하다는 것을 안내·고지는 해야 될 것 같아요, 제가 볼 때는. 그래서 그걸 안내·고지할 수 있는 수준에서 일단 검토하시는 게 어떨까 싶어요, 제가 볼 때는.

○산림청장 임상섭 말씀드려도 될까요?

○소위원장 이원택 예.

○산림청장 임상섭 임호선 위원님께서 제안해 주신 것처럼 강제 조항이 1항은 삭제를 하고 전문위원님 검토의견에서 삭제된 2항과 4항을 다시 살려 주시면 충분히 취지에 되지 않을까 그렇게 생각이 됩니다.

○소위원장 이원택 2항과 4항을 한번 읽어 봐 주실래요, 내용이 뭐지요?

○산림청장 임상섭 건축……

○임호선 위원 31쪽에 있습니다. 조문자료 31쪽입니다.

○산림청장 임상섭 심사자료 2의 31쪽에 있는데 31쪽의 2항을 보시면 '산림 및 산림과 잇닿은 지역의 건축물 등 증축·개축·재축·용도변경 또는 대수선의 신고를 수리할 권한이 있는 행정기관은 그 신고를 받으면 그 건축물 등 시공지, 소재지를 관할하는 산림재난방지기관의 장에게 지체 없이 그 사실을 알려야 한다', 4항은 '제2항에 따른 신고사항을 통보 받은 산림재난방지기관의 장은 산림재난방지를 대통령령으로 정하는 사항에 대한 검토 자료 또는 의견서를 관계행정기관의 장에게 제출할 수 있다' 이렇게 되면 일반 민원인들의 부담은 많이 줄 수 있을 것 같고요. 대신 여기서 산림재난방지기관의 장이 그것을 검토를 해야 할지 지금 개정안처럼 지방산림관리청…… 국유림, 산림청 소속기관에서 검토해야 될지 그것은 장단점이 있을 것 같습니다.

○소위원장 이원택 임호선 위원님 어떤가요?

○임호선 위원 그것은 수정의견처럼, 지방산림청장으로 전문위원님이 수정의견을 냈는데 저는 지방산림청장으로 해도 무난할 것 같다는 의견드립니다.

○소위원장 이원택 예. 그러니까 즉시 알려야 되고 또 의견을 제출할 수 있다.

○산림청장 임상섭 예.

○소위원장 이원택 이 정도로, 임호선 위원님 국민의 재산권, 기본권 과도한 침해 문제는 조금…… 이 정도로 해도 괜찮겠습니까?

○임호선 위원 저는 괜찮다고 봅니다.

○소위원장 이원택 아까 박덕흠 위원님도 좀 문제 제기를 하고 그랬었는데……

그러면 이 부분은 쟁점이 해소된 걸로 했으면 좋을 것 같고 또 공단 설립과 관련해서는 이 법에서 공단 설립 부분을 조금 빼고, 제가 청장님께 물어보는 겁니다. 지금 이번에 통과시킬 법에서는 빼고 차후에 조금 개정안을 내서 추가로 논의하는 것은 어려운가요?

○산림청장 임상섭 위원장님, 제가 아까 서두에서도 말씀드렸다시피 이 법 제정된지, 저번 회기 때부터 계속 미뤄 와서 지금 오늘 이 시간이 처음입니다. 그래서 제 생각은 지금 제정해서 시행해도 내년, 1년 후에 해야 되는데 내년 봄철 산불도 좀 대비도 하려고 그러면 자꾸 늦어지는 것보다 쟁점사항이 있다고 하시면 제가 충분히 검토할 수 있으니까 좀 오늘 마무리를 지어 주셨으면 좋겠다는 생각……

○윤준병 위원 어떻게 쟁점사항 해소 않고 마무리를 지어?

○산림청장 임상섭 그리고 지금 이 공단은 설립한다로 돼 있지 않고 전문위원님 의견 주신 것처럼, 기재부처럼 설립할 수 있다라고 돼 있기 때문에 그것은 충분히 조절할 수

있다고 봅니다.

　아까 제가 뭐 조직을 늘리는 것에 대해서도 오해들이 많으신데요. 상근으로 하는 임원이 지금 3개 기관에 5명인데요 통합하게 되면 2개로 줍니다. 이것은 저희들이, 퇴직공무원들이 이렇게 간다든지 그런 오해에 대해서 제가 불식시키기 위해서 말씀드린 거고요. 그런 취지이기 때문에 하지 않는다는 것을 제가 여기서, 이 자리에서 분명하게 말씀드립니다.

○소위원장 이원택　그것은 뭐 청장님의 선의만을 믿을 수는 없고 청장님 지나면 또 운영하는 사람들의 생각이 바뀌면 또 다 바뀌는 거니까. 또 청장님뿐만이 아니라 권력자, 그 위에 권력자들 생각이 바뀌면 바뀌는 거니까 그건 제도화를 해 버리든지 그래야지 선의만으로는 안 되더라고요, 내가 볼 때.

○산림청장 임상섭　하여튼 제 의견은 오늘 처리를 해 주셨으면 좋겠습니다.

○소위원장 이원택　위원님들, 사실 지금 정희용 의원안하고 그다음에 이병진 의원안에서 공단 설립 자체가 상당히 중요한 요소 중의 하나인데 이것을 빼고 법안심사를 종료할 건지 아니면 이걸 넣어서 심사를 할 건지인데 위원님들 의견 있으면 말씀해 주셨으면 좋겠습니다.

　임호선 위원님.

○임호선 위원　다소 공단 설립이 어떻게 보면 산림청 입장에서 이번이 아니면 또 사실 많은 논란과 시행이 언제될지 너무 미루어지는 감이 있고 또 공단 설립이 되면 공단에서 어떻게 보면 국민을 위한 재난·재해 예방을 위해서 많은 역할을 할 수 있을 것으로 기대되기 때문에 저는 이번에 포함시켜서 통과시키는 산림청 의견에 공감합니다.

○전종덕 위원　그런데 여러 기관 합쳐 가지고 공단 운영을 하고 계시는 것 아니에요?

○소위원장 이원택　마이크 잡고 하셔요. 전종덕 위원님, 목소리가 안 들립니다.

○전종덕 위원　치산협회를 포함해서 여러 기관을—3개 기관인가요—합쳐서 공단 운영을 하고 계시는 거잖아요.

○산림청장 임상섭　공단은 아니고 3개 협회 개별적으로 지금 하고 있습니다.

○전종덕 위원　그러니까 그게 하나의 공단으로 된다는 거잖아요.

○산림청장 임상섭　예, 합쳐 가지고……

○전종덕 위원　만약에 여기서 공단이 통과되지 않으면 그건 어떻게 되는 거지요?

○산림청장 임상섭　계속 3개의 기관으로 운영을 해야 되는데요 제가 이제 왜 이런 말씀을…… 재선충 모니터링센터에 지금 36명이 있습니다. 이 인원 가지고는 전국에 재선충 모니터링을 할 수 없습니다. 산불방지기술협회 지금 진화 대원들 교육시키고 시설물 타당성·안전성 검사인데 40명 가지고 지금 일하고 있습니다.

　제가 기재부에 설득을 할 때도 공단 만들 때 인력 안 늘려도 되니까 이 사람들 합쳐서 이렇게 시기적으로 움직이는 게 아니고 연중 할 수 있도록, 시너지 효과 낼 수 있게 해 달라, 예산도 다 필요 없습니다, 인원 증액도 더 필요 없습니다, 3개 묶어서 해 주시면 저희들이 전국 단위로 3개 분야로 나눠진 걸 통합해서 쓰겠습니다 그렇게 해서 겨우 기재부하고 설득시켜 가지고 지금 여기까지 온 겁니다.

　그래서 저희들 나름대로 이면에 다른 의미가 있는 게 아니고 최대한 국민들 재산이라든지 생명에 대해 효율적으로 업무를 하기 위해서 이렇게 했다는 것을 말씀드리고 싶습니다.

○**임미애 위원** 위원장님.

○**소위원장 이원택** 임미애 위원님.

○**임미애 위원** 저는 그 취지에 대해서는 지난번에도 이야기가 되었기 때문에 다 공감은 하는데요. 운영을 실제로 했을 때 지금 각각 이 협회가, 법인의 자본 규모가 다 다르잖아요. 그러면 이게 법인이 해산하고, 해산 절차를 밟은 다음에 다시 공단이 만들어져야 되는 그런 방식 아닌가요?

○**산림청장 임상섭** 지금 경과 규정에는 합치는 걸로, 3개를 다 합치는 걸로 돼 있습니다.

○**임미애 위원** 해산하고 합치는 거잖아요. 그런 것 아닌가요?

○**산림청장 임상섭** 권리를 승계를 하는 걸로 그렇게 돼 있습니다, 조항에는.

○**임미애 위원** 그래도 해산 절차를 밟아야 되지 않나요?

○**산림청장 임상섭** 글쎄요, 그렇게 디테일하게……

○**임미애 위원** 그러니까 저는 이게 자산 규모가 다르고 하는데 서로 합치는 걸로는 얘기가 됐다 하지만, 이게 문제가 없나요?

○**산림청장 임상섭** 저희가……

○**임미애 위원** 뒤에 실무자이신 것 같은데……

○**산림청산사태방지과장 최현수** 산사태방지과장 최현수입니다.

○**임미애 위원** 위원장님.

○**소위원장 이원택** 예.

○**임미애 위원** 잠깐 산사태방지과장님 나오셔서 답변할 수 있게 해 주십시오.

○**소위원장 이원택** 예, 앞으로 나오시겠습니다.

○**산림청산사태방지과장 최현수** 산림청 산사태방지과장 최현수입니다.

저희가 공단이 설립돼서 법원 등기가 되면 자동으로 해산되도록 부칙 3조에 지금 돼 있습니다. 그래서 자동으로 할 수 있는 조항을 마련을 해 있는 상태입니다.

○**임미애 위원** 그러니까 그 법인이 자동으로 해산을 할 때 법인의 이사회나 어쨌거나 내부에서 서로 다 얘기가 되었다는 소리잖아요.

○**산림청산사태방지과장 최현수** 예, 그 전에……

○**임미애 위원** 제가 말씀드리는 건 이게 자산의 규모가 다 다르잖아요, 치산기술협회가 가지고 있는 자산이나 재선충 관리와 관련된 법인의 자산이나 이런 게 다 다르잖아요.

○**산림청산사태방지과장 최현수** 예, 그런데 자산 규모는 모니터링센터하고 산불협회는 거의 협회 수준에서 거의 없고요. 치산기술협회만 건물이 있어서 그 자산이 있는 상태고요. 그래서 현재 3개의 단체가 합치는 것에 대해서는 현재 이의가 없고요. 같이 하는 것에 대해서 좀 동의한 상태라서……

○**임미애 위원** 이후에 운영은 어떻게 하실 계획이세요, 그러면?

○**산림청산사태방지과장 최현수** 어떤 운영을……

○**임미애 위원** 공단이 만들어지면, 여기 보면 정부의 보조금으로 운영하는 것인가요?

○**산림청산사태방지과장 최현수** 보조금은 아니고요. 그러니까 정부에서 출연한 예산이기는 한데요 자체수입금입니다. 타당성평가를 수주받아서 한다든가 다 수입금으로 운영

을 하게 돼 있습니다. 저희가 별도로 어떤 인건비라든가 그런 걸 보조는 안 해 주고요. 다만 재선충 모니터링센터만 현재 한 79억 정도를 국가에서 지원해 주는 게 있습니다. 그 금액만 유지를 하고 나머지 현재 2개 기관도 자신이 벌어서 자신이 운영하고 있는 상태입니다.

○**임미애 위원** 우려가 되는 것 중의 하나는 예를 들면 가축 방역과 관련돼서 기관을 하나 설립하고 났더니 그 기관 종사자들의 95%가 계약직인 거예요. 그래서 그들의 처우 내지는 위험수당 이런 문제도 국회에서는 늘 문제가 됐었거든요. 그러니까 똑같은 사례가 발생하지 않을까 하는 우려도 좀 있습니다.

○**산림청산사태방지과장 최현수** 그 부분은 협단체나 민간단체일 경우에는 저희가 개입이 어렵지만 이제 공공기관이 되면 공공기관의 운영에 관한 법률에 따라서 조직이나 예산은 다 통제를 받게 됩니다. 그래서 그런 부분에 대해서 늘어나는 수입과⋯⋯

○**임미애 위원** 통제는 받는데 그렇게 될 경우에 그러면 그동안 흩어져서 산불 감시, 산사태 그다음에 병해충 이렇게 있었던 사람들은 모두 다 계약직이었잖아요.

○**산림청산사태방지과장 최현수** 그건 아니고요. 지금 현재는 다 정규직입니다, 합치면 170명은요.

○**임미애 위원** 다 정규직으로 돼 있나요?

○**산림청산사태방지과장 최현수** 예.

○**임미애 위원** 그렇군요.

○**산림청산사태방지과장 최현수** 일부 무기계약직으로 정규직화에 있는 그분들은 좀 있고요.

○**임미애 위원** 무기계약직의 비율이 얼마인데요?

그러니까 기관 운영에 대한, 신설되는 기관의 운영 계획이 조금 더 자세하게 나왔으면 좋겠다는 생각이 듭니다. 그래서 제가 아까 넘겼으면 했는데 시기적으로 이 법안을 올해 안에 처리하는 것이 필요하다라고 하면 이후 운영과 관련해서는 청장님이 다른 자리에서 다시 보고를 해 주시고⋯⋯

○**산림청장 임상섭** 예, 그렇게 하겠습니다.

○**임미애 위원** 나오신 김에 운영 관련한 계약직의 현황이나 이런 것들은⋯⋯

○**산림청산사태방지과장 최현수** 그것은 많지는 않은 것 같은데요. 지금 모니터링센터 같은 경우는 한 6명 정도 해서 인원이 많지는 않습니다. 무기계약직이니까 어쨌든 정년은 보장이 되는 거지요. 이 사람들은 1년 단위 계약하는 사람은 아니고요.

○**임미애 위원** 알겠습니다.

○**산림청산사태방지과장 최현수** 그리고 공단이 돼서 법이 통과가 되면 저희가 1년의 유예기간 동안 공단설립위원회를 구성해서 하도록 되어 있습니다. 그래서 그 절차를 거치면서 여기에서 실질적으로 해야 될 예산, 조직 다 결정이 되기 때문에요. 그 부분에 의해서 1년 동안 조직을 정비할 수 있는 시간적 여유는 충분히 있습니다.

○**임미애 위원** 그러면 목표는 언제 설립하는 거예요?

○**산림청산사태방지과장 최현수** 지금 이 법이 1년 후에 시행이 되면요. 저희는 시행일에 맞춰서 하려고 하는 계획입니다.

○**임미애 위원** 예, 알겠습니다.

○산림청산사태방지과장 최현수 고맙습니다.

○임미애 위원 위원장님, 이상입니다.

○소위원장 이원택 김선교 위원님.

○김선교 위원 청장님, 9페이지에 보면 양쪽 다 170명이라고 그랬지요?

○산림청장 임상섭 예, 맞습니다.

○김선교 위원 그 밑에 센터하고 본부 조직을 보면 170명이에요. 그런데 거기에 기재부에서 예산과 관계없이 협의를 해 줬다고 답변을 했잖아요. 그러면 이사장 또 이사는 상임인데 이것 여기에 포함이 된 겁니까?

○산림청장 임상섭 급여 말씀하시는 겁니까?

○김선교 위원 아니요, 숫자요. 170명에 포함이 되는 거예요?

○산림청장 임상섭 예, 다 포함됐습니다.

○김선교 위원 그러면 밑에 있는 조직을 플러스 해 보면 딱 170명인데, 그것하고는 어떻게 되는 거예요?

○산림청장 임상섭 그것은 경영지원본부나 본부에서 이사하고 감사하고 뺐어야 되는데 안 뺀 것 같고요. 170명이 맞습니다.

○김선교 위원 그런데 이렇게 조직을 옮겨 오면서 기재부는 예산이 안 들어가니까 당연히 협의를 봐줬을 거고, 그게 공청회 때도 염려가 돼서 제가 질의를 했던 거고, 이런 부분에 대해서 정말 이게 효율적으로 운영이 될 수 있는 건지 그래서 이제 질의를 한 거거든요. 그런데 기재부하고 예산과 관계가 없다 이렇게 해서 여기에 답변을 하셔서 그래서 좀 의문이 가서 내가 질의를 한 겁니다.

○산림청장 임상섭 이것은 자료를 고치도록 하겠습니다. 실수인 것 같습니다.

○소위원장 이원택 다른 위원님들 발언할 게 없으면 이제 결정하는 단계로 진입하겠습니다. 괜찮으시겠지요?

    (「예」 하는 위원 있음)

  산림청장님은 임미애 위원님께 공단이 어떻게 구성되고 운영되는 건지, 거기에 정규직과 비정규직 또는 무기계약직 등 어떻게 전환·운영되는 건지 또 이게 각각 산사태, 산불 또는 재선충, 산림병과 관련해서 어떻게 운영·작동하는 건지 별도로 충분히 설명해 주실 것을 부탁드립니다.

○산림청장 임상섭 예, 알겠습니다.

○소위원장 이원택 임미애 위원님이 요청하는 것 있으면 잘 들어 주시고요.

○산림청장 임상섭 예, 알겠습니다.

○소위원장 이원택 다른 의견 없으면 지금 이제 남아 있는 쟁점이 아까 인접지역에 대한 재산권 침해 문제와 관련해서는 두 가지 조항을 다시 산림으로 살리는 형태로 해서 지체 없이 지방산림청장에게 보고하는 것으로 하고 또 지방산림청장은 의견을 낼 수 있도록 하는 그 수준에서 마무리 짓는 거지요?

    (「예」 하는 위원 있음)

  그렇게 마무리 짓는 것으로 하겠고요.

○산림청장 임상섭 위원장님, 한 말씀만……

○소위원장 이원택 예.

○**산림청장 임상섭** 약간 오타가 있는 것 같은데 아까 2항 삭제됐던 것을 다시 살리는 것으로 임호선 위원님이 얘기하셨는데 거기에 사실 신축이 빠져 있습니다. 증축부터 돼 있어 가지고 신축도 넣어야 될 것 같은데 실수로 빠진 것 같습니다.

○**소위원장 이원택** 그래요, 신축.

지금 정확하게 표현이 어떻게 들어가는 겁니까? 한번 봐 주시겠습니까?

○**산림청장 임상섭** '산림 및 산림과 잇닿은 지역의 건축물 등의 증축으로' 바로 들어가거든요. '신축·증축·개축' 이렇게 돼야 되는데 '증축·개축·재축' 이렇게만 돼 있습니다.

○**소위원장 이원택** 신축이 들어가야 된다는 거지요?

○**산림청장 임상섭** 예.

○**소위원장 이원택** 임호선 위원님, 괜찮으시겠습니까?

○**임호선 위원** 예, 신축 들어가야 됩니다.

○**소위원장 이원택** 그래요, 그 정도로 마무리 짓겠습니다.

아까 산불이 났을 때는 인접지역을 100m로 했는데 산사태는 어디까지가 인접지역입니까?

○**산림청장 임상섭** 인접지역은 임야나 산지로부터 연접돼 있는 농지, 택지, 구거, 하천 이런 것들을 지칭하고 있습니다. 그런데 물리적으로 ㎞ 수나 m 수로는 지금 안 돼 있고요.

○**소위원장 이원택** 그러니까 그것이 조금 애매해서 제가 한번 물어보는 겁니다. 아까 산불은 100m라고 딱 돼 있는데 산사태로 발생한 인접지역의 구분이 농지, 택지, 하천 부지 이렇게 돼 있으면 이게 확장력이 상당할 것 같은데 이것을 어떻게 조금 제한을……

○**산림청장 임상섭** 적용 범위가 법 4조에는 산지와 잇닿은 토지로 돼 있기는 하지만 저희들이 운영하는 단계에서는 산사태 위험도 평가라든지 산사태 취약지역이라든지 그 지역 내에서만 운영할 겁니다. 법안도 지금 그렇게 돼 있고요. 그래서 생각하시는 것처럼 잇닿은 토지의 1개 필지가 굉장히 넓다고 해서 그것을 다 적용하기는 어렵고요. 저희들이 위험도 평가라든지 위험도라든지 산사태 취약지역으로 지정돼 고시된 지역 그 범위 내에서만 하도록 할 계획입니다.

○**소위원장 이원택** 그러면 그 인접된 토지가 결국 산사태 취약지역으로 지정된 범위에 해당되는 거잖아요, 모든 산에 해당되는 게 아니고?

○**산림청장 임상섭** 예, 맞습니다.

○**소위원장 이원택** 그렇게 됐을 경우에 위험도 평가로 해서 영향을 미칠 거리까지가 해당된다는 거지요, 위험도 평가에 기초해서요?

○**산림청장 임상섭** 예, 맞습니다.

○**소위원장 이원택** 그 취지를 살려서 대통령령이라든가 시행규칙에 넣어 줘야 될 것 같아요. 이것을 또 무한대로 확장할 수는 없잖아요. 예를 든다면 산사태 등급이 높은 지역과 중간 지역 또는 낮은 지역에 따라서 그 거리도 달라질 수 있는 거잖아요. 그렇지 않겠습니까?

○**산림청장 임상섭** 예, 맞습니다.

○**소위원장 이원택** 영향이 큰 지역은 범위가 좀 더 넓을 거고 작은 지역은 좀 좁을 거고 그런 것 아니겠습니까?

○산림청장 임상섭   예.

○소위원장 이원택   그건 대통령령이나 시행규칙에서 그 취지를 잘 살려서, 이건 뭐냐 하면 국민을 보호하겠다는 건 인정하지만 또 국민의 재산권도 보호가 돼야 되기 때문에 이 두 가지를 절충할 수밖에 없잖아요. 그것 취지를 잘 살려 주셨으면 좋겠습니다.

○산림청장 임상섭   예, 알겠습니다.

○소위원장 이원택   그러면 다른 쟁점 말씀하실 건 없지요? 그러면 우리……

○임미애 위원   토석류를 넣어 주세요.

○소위원장 이원택   토석류 집어넣는 것에 대해서 다른 의견 없으시지요?

아까 전문위원님께서는 사방법인가에 있기 때문에 중복된다고 그러셨는데 이건 이 법의 완결적 체계를 위해서 넣어 놓는 것으로 의견을 받겠습니다.

○전문위원 임재금   그런데 사방법의 용어와 달리 규정하면 안 되기 때문에 그 토석류라는 개념을 별도로 규정하고 '산사태 등'이라고 해서 산사태와 토석류를 합치는 개념으로 그렇게 정리하도록 하겠습니다.

○소위원장 이원택   임미애 위원님, 괜찮으시겠습니까?

○임미애 위원   예, 알겠습니다.

○소위원장 이원택   전문위원님, 또 결정해야 할 사항이 있으면 말씀해 주시겠습니까?

○전문위원 임재금   47쪽의 산림재난대응단 관련해서 이견이 있었습니다.

○소위원장 이원택   그것하고 또 뭐 있습니까, 결정해 줘야 될 것?

○전문위원 임재금   그것만 결정하시면 됩니다.

○소위원장 이원택   예.

○임미애 위원   47쪽이요?

○소위원장 이원택   47쪽의 산림재난대응단을 통합적으로 운영하는 것하고 재난별로 운영하는 것을 말하는 거지요?

○전문위원 임재금   통합 필요성이 있는지에 대한 것입니다. 정희용 의원안 원안으로 갈 것인지 아니면 삭제를 할 것인지……

○소위원장 이원택   아까 정부 측은……

○산림청장 임상섭   통합해서 운영할 수 있도록 해 주시면 현장에서 운영할 수 있을 것 같습니다.

○소위원장 이원택   통합해서 운영하는 것으로 하겠습니다.

○전문위원 임재금   예, 그렇게 정리하도록 하겠습니다.

○소위원장 이원택   정부 측도 혹시 결정해야 할 사항이 있으면 얘기해 주십시오.

○산림청장 임상섭   문구 같은 것은 전문위원님하고 협의해 가지고 하시고……

○소위원장 이원택   체계·자구 문제는 저희한테 위임해 주시면 좋을 것 같고, 다른 것 없으면 방금 우리가 쟁점 토론하면서 수정안은 수정한 대로 또 수석전문위원님하고 정부 측에서 동의한 원안은 원안대로 해서 정리하겠습니다.

괜찮으시겠지요?

(「예」 하는 위원 있음)

그러면 의결하겠습니다.

의사일정 제1항부터 제6항의 법률안은 본회의에 부의하지 않고 산림재난방지법(대안)

을 우리 위원회안으로 제안하고자 하는데 이의 없으십니까?

("없습니다" 하는 위원 있음)

이의 없으면 가결되었음을 선포합니다.

나머지 체계·자구 문제는 수석·전문위원들하고 협의해서 또 혹시 보완해야 할 것이 있다면 정리하겠습니다.

오늘 심사는 여기에서 마칠까 합니다.

위원님들 더 하자는 의견은 없으실 것 같고요.

사실 계엄과 내란 또 탄핵으로 이어지는 이 복잡한 정국에서 법안 심사를 하는 게 맞느냐 이런 논란이 있었습니다. 그러나 이 산림재난방지법과 관련해서는 작년·재작년에 너무나 큰 화재와 산사태, 인명 피해가 있었기 때문에 절박한 상황이어서 그래도 심사를 하는 게 맞다 이렇게 최종 의견을 모아서 여기까지 심사를 하게 됐다는 말씀 드립니다.

오늘 회의는 여기까지 하도록 하겠습니다.

오늘 심사된 법률안의 체계 및 자구 정리에 대해서 소위원장에게 위임하여 주시기 바랍니다.

위원님 여러분 수고 많으셨습니다.

위원회 직원, 보좌직원 여러분 수고하셨습니다.

산회를 선포합니다.

(12시13분 산회)

○**출석 위원(10인)**

김선교 문금주 문대림 박덕흠 윤준병 이원택 임미애 임호선 전종덕 정희용

○**청가 위원(1인)**

이만희

○**출석 전문위원**

수석전문위원 최용훈

전문위원 임재금

○**정부측 및 기타 참석자**

산림청

청장 임상섭

기획조정관 이종수

산림재난통제관 이용권

제420회국회
(임시회)

환경노동위원회회의록
(임 시 회 의 록)

제 1 호

국 회 사 무 처

일   시   2024년12월19일(목)

장   소   환경노동위원회회의실

의사일정
1. 건설폐기물의 재활용촉진에 관한 법률 일부개정법률안(정부 제출)(의안번호 2204712)
2. 물의 재이용 촉진 및 지원에 관한 법률 일부개정법률안(정부 제출)(의안번호 2204713)
3. 수도법 일부개정법률안(정부 제출)(의안번호 2204715)
4. 폐기물관리법 일부개정법률안(정부 제출)(의안번호 2204716)
5. 환경기술 및 환경산업 지원법 일부개정법률안(정부 제출)(의안번호 2204717)
6. 환경보건법 일부개정법률안(정부 제출)(의안번호 2204718)
7. 직업안정법 일부개정법률안(정부 제출)(의안번호 2204885)
8. 현안질의
9. 현안질의 관련 증인 출석요구의 건(추가)

상정된 안건

(10시13분 개의)

○**위원장 안호영** 의석을 정돈하여 주시기 바랍니다.

  성원이 되었으므로 제420회 국회(임시회) 제1차 환경노동위원회를 개회하겠습니다.

  보고사항은 단말기를 참조하여 주시기 바랍니다.

(보고사항은 끝에 실음)

  오늘 회의는 우리 위원회에 회부된 법률안을 상정하여 제안설명과 검토보고를 듣고 소위원회에 회부한 후에 환경부장관과 고용노동부장관을 대상으로 위원님들께서 질의를 하시고 정부 측에서 답변하는 형식으로 진행하려고 했습니다. 그런데 제안설명을 하고 현안질의에 답변을 해야 될 환경부장관과 고용노동부장관 모두 출석하지 않았습니다.

  오늘 전체회의 의사일정에 정부에서 제출한 법률안이 포함되어 있음에도 불구하고 장관들이 모두 불출석한 것에 대해서는 위원장으로서 매우 유감스럽다는 말씀을 드립니다. 이에 대해서 위원님들의 의견을 들은 후에 처리 방안에 대해서 간사 위원님과 상의해서 결정하도록 하겠습니다.

  의견 있으신 위원님 계시면 거수해 주시기 바랍니다.

  박정 위원님 말씀해 주십시오.

○**박정 위원** 지난주 월요일에 이어서 오늘도 상임위에 여당과 두 부처 장관이 불출석

한 상태입니다. 정말 유감스럽습니다.

전국이 혼란스러운 상황에서 정부와 국회가 한마음으로 위기를 극복해야 하는데 상임위에 불출석하는 것은 직무유기입니다. 이제 다 함께 역할을 해야 할 때입니다.

환경 분야에서는 기후위기 대응을 위한 2035 NDC 수립 진행 상황과 정부의 폭력적이고 일방적인 댐 건설 추진 상황을 점검해야 했습니다. 지난 여름 수해를 입은 하천에 대한 정비, 국내로 반입되는 화학물질에 대한 안전성, 가습기살균제 피해자들에 대한 대책 마련 등 시급한 현안이 쌓여 있습니다. 특히 16일에는 양주에서 아프리카돼지열병이 발생했는데 유관 부처인 환경부의 대응은 찾아보기 힘든 상황입니다.

노동 분야도 마찬가지입니다. 어제도 오산 건설현장에서 60대 노동자가 건축 구조물에 머리가 끼여 사망했습니다. 매일같이 건설현장에서 노동자가 사망한다는 보도가 쏟아지고 있는데 노동부는 대체 뭘 하는지 모르겠습니다.

지난 국정감사 당시 수많은 위원들이 지적한 쿠팡에 대한 근로감독 결과도 점검해야 하고 아리셀 참사에 대한 대책도 더 우리가 바짝 신경 써야 될 때입니다.

사회적 대화가 중단된 경사노위 문제도 시급히 다뤄야 합니다. 특히 트럼프 위기 시대를 앞두고 미국의 파리협정 탈퇴 등 당장 우리 위원회 차원에서도 대응이 필요한 현안이 계속 발생하고 있습니다.

비상계엄 사태, 탄핵 의결이 끝나고 이제 여야가 한뜻으로 시급한 현안을 점검해야 합니다. 정무위는 여당이 위원장이지만 여야가 합의해 어제 현안질의를 했고 정부부처도 참석해서 답변을 했습니다. 위헌적 비상계엄을 핵심으로 다루고 있는 국방위는 5일과 10일, 11일 계속 현안질의가 이어지고 있습니다. 이런 모범적인 사례를 우리 위원회도 따라야 한다고 생각합니다.

향후 대책을 논의하는 자리를 마련하자는 것에 대해 여당과 정부도 동의하지 않을 이유가 없습니다. 위원장께서는 두 차례 위원회에 불참한 여당 위원들이 참석할 수 있도록 합의를 이끌어 내 주시고 적법한 출석요구에 불응한 환경부·고용노동부장관에 대해서도 상임위에 출석하여 현안에 대해 함께 얘기할 수 있도록 설득해 주시기를 요청합니다. 이게 잘 안 될 때는 증인 채택 등 여러 가지 방법을 사용해서 꼭 와서 이 긴박한 상황에서 여야와 그리고 정부가 협심해서 민생을 안정시키는 데 노력을 해야 한다는 것을 강조하고 싶습니다. 위원장께서는 말씀드린 것들을 조속히 처리해 주시기 바랍니다.

○**위원장 안호영** 박정 위원님 말씀 고맙습니다.

김태선 위원님.

○**김태선 위원** 노동자의 도시 울산 동구 김태선입니다.

지난 9일에 이어 오늘 회의에도 불출석한 장관들과 국민의힘 위원들에게 무책임한 행태에 대해 깊은 유감을 표합니다. 국가적 위기상황에서 책임 있는 자세로 노동·환경 현안을 논의해야 할 이들이 자리를 비운 것은 명백한 직무유기이자 국민을 우롱하는 처사입니다.

특히 김완섭 장관과 김문수 장관의 연이은 불출석은 그 자체로 중대한 문제가 아닐 수 없습니다. 국무위원들의 내란동조 의혹이 제기되는 엄중한 상황에서 두 장관은 12·3 계엄선포 당시 이를 전혀 알지 못한다고 하는데 그렇다면 반드시 밝혀야 할 것이 있습니다. 언제 어떤 경위로 계엄 사실을 알게 됐는지 그 이후 어떤 조치를 취했는지 내란수괴 윤석열로부터 별도의 지시를 받은 것이 있는지 없는지 분명히 밝혀야 합니다. 이처럼 중대한 의혹 앞에서 상임위를 계속 불출석하는 것은 사실상 내란동조를 자인하는 것이며 국무위원으로서 책임을 정면으로 저버린 처사가 아닐 수 없습니다.

내란과 탄핵으로 국정이 마비되면서 우리 노동자들의 생존권은 철저히 외면당하고 있습니다. 지금 이 순간에도 한파 속에서 한국옵티칼하이테크 해고 노동자들은 공장 옥상에서, 한화오션 하청노동자들은 거리에서, 고 정슬기 씨 유족은 쿠팡 본사 앞에서 각각의 절박한 투쟁을 이어 가고 있습니다.

사상 최초로 2조 원이 넘을 것으로 전망되는 임금체불액은 사실상 사회적 재난 상황입니다. 이런 위기 상황에서 김문수 장관은 국정 혼란을 틈타 한국고용정보원장 자리에 전문성이 전무한 정치인을 앉혔습니다. 초대 원장을 제외한 모든 역대 원장이 전문가였다는 점을 고려한다면 이는 명백한 보은 인사이자 낙하산 인사입니다. 더구나 이에 대한 해명을 요구했으나 오늘도 불출석한 장관은 국민 앞에 책임 있는 답변을 회피하고 있습니다.

우리 위원회가 다뤄야 할 시급한 현안이 산적해 있습니다. 지금은 당리당략을 떠나 우리 노동자들의 일자리와 생존권을 보호하고 기후위기 대응과 환경 보전을 위한 입법에 여야가 힘을 모아야 할 때입니다. 국민의 삶과 직결된 노동환경 개선, 환경정의 실현을 위해 우리 환경노동위원회가 제 역할을 다해야 합니다. 정치의 근본은 민생이고 우리가 지켜야 할 것은 오직 국민입니다. 국민의힘도 내란수괴 윤석열을 구하기에게만 열중하지 말고 국민의 삶을 지키는 데 적극 협력해 주시기 바랍니다.

끝으로 장관들이 출석하지 않은 것에 대해서 다시 한번 깊은 유감을 밝히고, 두 장관들이 다음 회의에 출석을 강제할 수 있도록 긴급 현안질의 등을 통해서 두 장관을 증인으로 채택할 것을 위원장님께 간곡히 요청드립니다.

이상입니다.

○**위원장 안호영** 김태선 위원님 수고하셨습니다.

박해철 위원님.

○**박해철 위원** 오늘 우리 상임위에서 국민의힘 위원들의 환노위 전체회의 보이콧 이 부분은 내란수괴 윤석열 탄핵소추안 반대에 이어서 12·3 내란 비상계엄을 찬성·동조한다는 것을 재차 자인하는 행위로 볼 수밖에 없습니다. 윤석열 내란수괴의 역사적 범죄행위 때문에 혼란에 빠진 대한민국 헌정질서를 바로 세우고 마비된 국정 운영을 조속히 정상화하는 데 총력을 기울여야 할 그런 국민의 대의기구로서의 의무를 저버린 매우 무책임한 행태입니다.

국회 환경노동위원회에서 노동자들의 생명과 안전, 노동권 강화 그리고 노사관계 개선과 일자리 창출을 위해 함께 의정활동을 하는 동료 위원으로서 매우 부끄럽고 참담하지 않을 수가 없습니다. 지금은 12·3 내란 이후 지난 2주간의 고용노동 시장 상황을 점검하고 국민들의 일자리 문제, 노사관계 문제 등 국정 정상화를 위한 방안을 모색해야 될 귀한 자리입니다.

더 큰 문제가 있습니다. 국힘 위원들 뒤에 숨어서 전체회의에 불참하고 있는 고용노동부와 환경부의 행태입니다. 두 장관 모두 비상계엄 심의 국무회의에 참석하지 않았다고 해서 12·3 내란 사태의 책임에서 자유로운 것은 아닙니다. 또한 12·3 내란 사태 이후 사의를 표명했음에도 불구하고 수리가 안 되었다는 이유로 직무를 수행하고 있는 것도 매우 부적절한 처사입니다.

특히 김문수 장관은 내란 직후 '대통령께서 계엄을 선포하실 정도의 어려움에 처했다', '계엄이 다 풀렸는데 왜 파업하겠다는 건지 모르겠다'고 한 발언들은 12·3 내린 사태를 정당화하고 동조한 것으로서 내란죄의 공동정범으로 고발되기에 충분한 정황 증거입니다. 김문수 장관이 말한 계엄을 선포할 정도의 어려움이라는 것이 12·3 윤석열 계엄 선포 담화문 이후 윤석열이 계속 주장하는 민주당은 입법 독재고 반국가 행위고 파렴치한 종북 반국가 세력과 같은 것이기 때문에 내란죄의 공범 내지 국무위원으로서 자격이 없다는 것을 스스로 자인하는 것입니다.

김문수 장관의 내심에는 과거 박근혜 탄핵 무효 주장, 12월 5일 윤석열 비상계엄 옹호에서 나타난 것처럼 윤석열의 비상계엄 찬성, 탄핵 반대가 명확하다는 점을 인정해야 합니다. 12월 4일 이미 사의를 표명했고 장관이 공석이 된다고 해도 수십 년간 고용노동부에서 일해 온 차관과 실국장들, 국회가 있기 때문에 장관 공석에 따른 혼란이나 위험 등의 평계로 자리를 유지해서는 안 됩니다. 김문수 장관은 조속히 스스로 물러나기를 바랍니다.

우리 환노위 차원에서도 김문수 장관의 내란 동조 발언과 행위에 대한 법적 대응 조치를 진지하게 모색해 줄 것을 요청하는 바입니다.

이상입니다.

○**위원장 안호영** 수고하셨습니다.

이용우 위원님.

○**이용우 위원** 인천 서구을 국회의원 이용우입니다.

지금 저는 가장 심각한 문제 중의 하나가 국민의힘 위원들의 불출석이라고 생각을 합니다. 이 상황을 만들어 낸 핵심 책임이 있는 정당의 위원들이 이 상황을 수습하고 국민들의 불안감들을 불식시키기 위한 상임위 전체회의에 전체 보이콧을 하는 방식으로 이렇게 불출석하는 것은 정말 너무나 무책임하다, 과연 향후 이런 회의 과정이든 어떤 자리에서 국민을 대표하는 기관이다 이렇게 얘기할 수 있을지 심히 의문이고요.

알기로는 여야 간사 간 합의를 통해서 오늘 전체회의가 잡혔다라고 알고 있고, 설령 회의 일정이라든지 안건에 대해서 상세한 합의가 없었다 하더라도 국회법에 따르면 전체회의 개회는 위원장님의 직권으로든 위원들의 4분의 1 이상의 요구든 어떤 방식으로든 열릴 수가 있는 겁니다. 개회가 된 마당이면 분명하게 출석을 해서 본분에 맞게 본연의 임무를 수행하는 것이 국회의원의 책무입니다. 무슨 이유로 소위 내란 동조 정당, 내란 부역 정당이라는 국민적 비판에 직면해 있는 정당의 국회의원들이 이렇게까지 안하무인식으로 불출석하는 것에 대해서는 매우 유감이다라는 말씀을 드리고요.

앞서 말씀드린 바와 같이 국회법에 따르면 부처 장관들은 당연히 이 전체회의에 출석을 해야 됩니다. 환노위의 요구가 있게 되면 출석해서 답변할 의무가 있다라고 하는 것이 국회법의 내용인데 이렇게 계속 법을 위반하는 방식이 누적되면 이것 또한 탄핵 사유가 되는 겁니다. 중대한 법률 위반 사항이 계속 누적되고 있다라는 사실 직시하시고 이 상황들이 명백한 직무유기다라는 점, 만약 이런 행태가 계속 반복될 거라면 그냥 장관직을 내려놓으세요.

이런 마당에 제안설명 문서만 갖다 놓고 정작 설명하고 설득해야 될 장관들은 참석하지 않는 정말 너무나 어이가 없는 이런 행태들이 반복되고 있습니다. 향후 일정에서는 기관증인으로 채택해서 그럼에도 불출석하거나 또 사실과 다른 얘기들을 했을 때는 불출석죄, 위증죄 이런 부분들로 엄중한 책임 추궁을 했으면 좋겠다라는 의견을 드리고요.

한 가지 현안에 대해서 잠깐 간단하게 말씀드리겠습니다. 노동 현장에서 윤석열 정부 이후에 정부의 편향적·친기업적 노동행정으로 노동자의 권리가 무너지고 있습니다. 대표적인 사업장 중에 서울교통공사의 현안에 대해서 말씀드리겠습니다.

이 사업장 승무 노동자들이 교번제 근무라는 아주 변형된 교대제 근무를 하고 있는데 매일 출근시간이 분 단위로 바뀌어 가는 불규칙 근무를 수행하고 있는 실정입니다. 오세훈 시장 들어서서 인력 효율화라는 명분으로 기존의 교번제 근무조차 사용자 마음대로 근무시간을 명령하는 형태로 변형되고 있습니다.

근로기준법에 따르면 사용자는 탄력근무제를 사용할 경우 근로자 대표와 서면합의를 통해 단위기간의 근로일과 근로일별 근로시간을 특정해야 되는데 이런 것들이 다 지켜지지 않고 이틀 전에 통보하고 불규칙 근무들이 반복되고 있습니다. 초과근무수당을 직전 연도의 40%만 지급하도록 한다는 인력 효율화 방침에 따라서 사용자 마음대로 이와 같은 위법적인 근무 형태가 반복되고 있습니다.

○위원장 안호영 마무리하십시오.

○이용우 위원 예, 1분 안에 마무리하겠습니다.

노동자들의 노동시간은 굉장히 중요합니다. 이러한 불규칙한 교번제 근무로 인해서 정신적·육체적 굉장히 심각한 상황에 처해 있고 이 부분들에 대해서 승무 노동자들의 목소리가 굉장히 높습니다. 이 부분은 근로기준법 위반뿐만 아니라 현장의 노사가 체결한 단체협약 위반에 해당되고 이런 부분들은 당연히 형사처벌 대상입니다.

이런 부분들에 대해서 진정을 제기했는데 서울노동청 동부지청에서 증거 불충분으로 혐의 없음 처분을 했다라고 합니다. 이 부분에 대해서 다시 재진정이 이루어졌기 때문에 동부지청에서 이런 부분들 엄중하게 잘 조치를 해야 된다, 이런 부분들을 위원장님 포함해서 환노위에서 잘 조치를 촉구해 주시면 좋겠습니다.

이상입니다.

○위원장 안호영 수고하셨습니다.

박홍배 위원님 발언해 주십시오.

○박홍배 위원 여당은 말로는 민생과 경제 회복을 최우선시 하겠다라고 했습니다. 또 정국을 수습해야 한다라고 얘기를 했습니다. 정작 그들이 한 것은 탄핵안을 철회해 달라는 요구밖에 없었습니다. 여러 위원님들께서 지적을 하신 것처럼 오늘 여당과 정부의 불출석에 대해서 저 역시 깊은 유감을 표합니다.

국내외 주요 기관들이 내년도 경제성장률에 대한 전망치를 매우 심각하게 보고 있습니다. 여러 기관들이 2%에서 1.9%로 하향 조정한 데 이어서 국내 모 기관의 경우에 1.7%로 전망을 하고 있기도 합니다. 임금체불액도 심각한 수준입니다.

국회마저 손을 놓아서는 안 된다라고 생각을 합니다. 국회가 본연의 입법·정책·예산의 업무를 해야 합니다. 존경하는 여러 위원님들께서 지적을 하신 것처럼 김문수 씨는 드러내 놓고 21명의 국무위원 중에서 국회 본회의장에서 우리 국민들께 인사하지 않은 유일한 국무위원이었습니다. 또 그간 열흘 남짓의 기간 동안 마치 전직 극우 유튜버답게 또 부정선거 음모론자답게 여러 말들을 쏟아 냈습니다. 비상계엄 옹호하고 탄핵 무용론 설파하고 또 노동자들에 대해서는 협박성 발언을 쏟아 냈습니다. 어제는 의정부지청을 방문했다가 내란 공범이라고 외치는 시민을 향해서 경찰을 불러라라고 얘기하기까지도 했습니다. 윤석열 경호처의 입틀막을 연상하게 했습니다.

과연 저는 이런 사람을 저희 환경노동위원회에 불러서 국민들 앞에서 내란에 동조하는 발언, 내란수괴를 옹호하는 발언을 듣는 것이 민생과 경제에 어떤 도움이 될까 하는 우려도 있습니다. 차라리 지난 국정감사 때처럼 고용노동부는 차관을 불러서 그리고 환경부는 장관을 불러서 그간의 내란 과정에서의 사실관계를 확인하고 시급한 민생 현안들을 논의하는 게 차라리 낫지 않은가, 저희가 내란 사태로 인해서 개최하지 못했던 환경소위 그리고 노동법안소위 등을 개최하면서 국회가 해야 할 일들을 해야 하지 않는가, 쿠팡 과로사, 위니아 임금체불, 한화오션 산재·부당노동행위, 페르노리카 노조탄압 등에 대해서 국정감사에서 지적하고 약속했던 후속조치들, 청문회 등을 개최해야 하지 않는가 하는 생각이 듭니다.

지난 9월 2일 저희가 함께 개원식에서 외치고 또 12월 7일 우원식 국회의장께서 낭독하신 국회의원 선서문 다시 한번 저도 읽으면서 제 발언 마무리하도록 하겠습니다.

나는 헌법을 준수하고 국민의 자유와 복리의 증진 및 조국의 평화적 통일을 위하여 노력하며, 국가 이익을 우선으로 하여 국회의원의 직무를 양심에 따라 성실히 수행할 것을 국민 앞에 선서합니다.

국민의힘과 정부는 국회로 다시 돌아오기 바랍니다.

이상입니다.

○**위원장 안호영** 박홍배 위원님 수고하셨습니다.

이학영 위원님 발언해 주십시오.

○**이학영 위원** 경기 군포 이학영입니다.

다른 분들이 다 이야기했기 때문에 다시 한번 강조합니다. 현재는 비상계엄을 이제 겨우 탄핵소추안으로 대통령 탄핵을 붙였고요. 그런 의미에서 대한민국은 내란이 끝나지 않은 상태입니다. 그런데 그 내란에 우리 상임위 소관 장관들이 어느 정도 개입했는지, 알았는지 또 현재는 어떤 생각으로 임하고 있는지 굉장히 궁금한 사항입니다. 그리고 실제로 방조하거나 관련이 돼 있다면 마찬가지로 해임을 하거나 탄핵을 해야 될 상황입니다.

특히 김문수 장관은 입장이 불분명합니다. 현재 보이기로는 방조하는 것 아닌가 하는 느낌이 듭니다. 우리 상임위의 가장 큰 현안은 우리의 민생을 책임질 장관들이 내란에 동조했는가 안 했는가가 1번입니다. 그것을 국회가 묻는 것은 당연한 일입니다. 그런데 나오지 않는다는 것은 안 되는 말이고요.

다시 증인으로 신청해서 우리가 물어야 된다고 생각합니다. 그 이후에 우리가 민생으로 돌아가서 시급한 민생을 논의해야 된다고 생각합니다. 그래서 꼭 증인 신청을 해서 불러 주시기를 부탁드립니다.

감사합니다.

○**위원장 안호영** 이학영 위원님 수고하셨습니다.

○**정혜경 위원** 위원장님, 저도……

○**위원장 안호영** 정혜경 위원님.

○**정혜경 위원** 진보당 비정규직 노동자 정혜경입니다.

여기는 국민께서 보장해 주신 상임위원회이고 국민이 책임과 역할을 다하라고 한 상임위원회장입니다. 지난번에 첫 번째 안 오셨을 때 모든 위원님들께서 여당에 계시는 국민의힘 위원님들과 그리고 정부 측에다가 그렇게 하지 말 것을 상당하게 설득을 하셨다라고 저는 생각을 합니다. 첫 번째 잘못을 한 것은 그냥 과오다라고 저희가 넘어갈 수 있습니다. 지금은 두 번째입니다. 두 번째부터는 아주 고의적이고 의도적이라고 생각이 듭니다.

그러면 다시 말하면 지금 현재 국민의힘과 집권 여당이 왜 안 나오는가? 내란과 관련해서 정세 인식 자체가 좀 다른 것 같다 저는 이렇게 느껴집니다. 왜냐하면 지금도 정쟁으로 인식하는 게 아닌가라고 생각이 들거든요.

이게 지금 모든 국민이 내란과 관련해서 대단히 혼란스럽고 국가가 위기라고 생각을 하고 있는 과정입니다. 그럼에도 불구하고 여야 합의가 안 돼서 정부가 안 나온다, 이것은 지금 국가가 혼란한 시기에 정부가 해야 될 역할이 무엇인가에 대해서 전혀 생각이 없다, 그리고 여전히 이것을 정쟁으로 인식하면서 윤석열과 똑같이 딴 나라에 사는 그런 인식이라고밖에 저는 볼 수가 없다라고 생각이 들고요.

국민의힘 위원들도 마찬가지입니다. 이것이 과연 정치공세인가, 나라가 지금 위기고 이것을 모두가 함께 해결해야 될, 국회의원으로서, 헌법기관으로서 해야 될 자신의 역할이 있는 것인데도 불구하고 하고 있지 않은 것은 대단히 국민들에게 실망스러운 것이고 국회의원으로서의 자질과 역할, 책임과 역할을 다하지 못하고 있는 것이라고밖에 볼 수 없다라고 저는 생각합니다.

말로는 민생을 얘기합니다. 민생을 얘기하면 지금 환경노동위원회에서 해야 될, 얼마나 많은 노동자들이 그 죽음 앞에 있습니까? 실제로 과로사로 연이어서 있었던 쿠팡 문제 하나도 해결되지 않았습니다. 그래서 함께 이것을 머리를 맞대서 청문회를 하든지 해서 빨리 해결해야 되는 부분이 있고……

지금 현재 한화오션 노동자들은 29일째 단식 농성을 하고 있습니다. 그러면 단식 농성을 하고 있는 그 노동자들의 절규에 지금 현재 집권하고 있는 여당의 위원님과 정부들도 나서야 되지 않습니까? 그러면 말로 안 하고…… 실제로 우리 노동자들과 환경의 문제에 대해서 이야기를 하려면 나오셔야지요. 나와서 이야기를 해서 함께 일을 해야 되는 것 아닙니까? 그럼에도 불구하고 하지 않는 것, 저는 그것은 바로 전혀 이 책임과 역할을 할 생각이 없다라고밖에 보여지지 않고, 그렇다면 사퇴하셔야지요. 정부 여당도 장관님들도 다 사퇴하시고 여기 있는 위원님들도 사퇴하셔야 된다고 생각합니다.

그래서 저는 환노위 차원에서 안 나온 집권 여당의 위원님들과 장관들에 대해서 사퇴를 촉구하는 그런 것들을 집단적으로 결의해서 이야기를 했으면 좋겠습니다.

이상입니다.

○**위원장 안호영** 정혜경 위원님 수고하셨습니다.

위원님들 말씀 다 하셨습니까?

그러면 김주영 간사님 말씀해 주십시오.

○**김주영 위원** 환노위 민주당 간사를 맡고 있는 김주영입니다.

나라와 경제를 혼란에 빠뜨린 윤석열 정부의 비상계엄 사태가 오늘로 16일이 지났습니다. 우리 민주당은 무너진 정치를 회복하고 국회의 의무를 다하는 모습으로 국민 여러분께 민주주의를 지켜 주신 데 대한 보답을 하고자 노력하고 있습니다.

그 결과로 경제 유관 상임위는 물론 여러 상임위에서 민생 회복과 국정 안정을 위한 법안 논의가 이루어지고 있습니다. 이에 따라 우리 환경노동위원회에서도 모든 국민의 일상에 직결된 법안을 심사하는 민생경제 상임위로서 오늘 민생현안에 대해서 논의할 예정이었습니다.

우리 환노위에는 노동자와 경제적 약자의 생명과 안전이 달린 법안들이 산적해 있습니다. 특히 중간착취방지법 등 핵심 노동법안과 민생법안 처리가 시급합니다. 위험의 외주화와 심각한 노동 양극화를 양산하는 다단계 하도급 문제를 근본적으로 해결하기 위한 법안입니다. 이런 과제마저 무시하는 정부 여당은 도대체 누구를 위한 정부이고 정당이란 말입니까?

그런데 여야 간사 간 합의된 오늘마저도 김문수 고용노동부장관, 김완섭 환경부장관과 여당 위원들은 일방적으로 불참을 통보해 왔습니다. 매우 깊은 유감을 표합니다.

국정 중단과 민생 파탄에 그 누구보다 중대한 책임이 있는 정부 여당 아니겠습니까? 그럼에도 우리 당은 법안 통과에 있어 민주적 절차를 준수하고 정부 여당의 의견 또한 존중하기 위해 환노위 정상 가동을 지속적으로 설득하고 있습니다.

이제부터가 중요합니다. 다른 상임위들은 여전히 여야 합의하에 가동 중인 곳이 있습니다. 유독 고용노동부 김문수 장관, 환경부 김완섭 장관, 환노위 국민의힘 소속 위원들의 불참으로, 일관되게 이렇게 불참하고 있습니다. 이게 무슨 뻔뻔한 행태입니까?

이 자리에서 다시 한번 강조합니다.

국민들이 지켜보고 있습니다. 정부와 여당은 국민 앞에서 의무를 다하실 것을 촉구합니다. 차기 회의는 반드시 김완섭 환경부장관과 김문수 노동부장관을 증인으로 채택하여 민생현안을 짚어 내겠습니다. 또한 시급한 민생법안들도 조속히 다루어 가겠습니다.

위원장님께 요청드립니다.

오는 12월 30일에는 전체회의에 두 장관이 증인으로 출석하여 중요한 현안 문제들을 짚어 볼 수 있도록 반드시 증인으로 채택하여 주실 것을 강력하게 요청드립니다.

이상입니다.

---

o **의사일정 변경동의의 건**

(10시41분)

○**위원장 안호영** 방금 김주영 위원님과 또 정혜경 위원님 또 여러 위원님으로부터 현안질의 관련해서 증인 출석요구의 건을 전체회의 의사일정에 추가하여 달라는 동의가 있었습니다.

이에 대해서 찬성하시는 위원님 계십니까?

(「예」 하는 위원 있음)

찬성하시는 위원님이 계시므로 김주영 위원님과 여러 위원님들의 의사일정 변경동의는 국회법 제71조 및 제89조에 따라 의제로 성립되었습니다.

국회법 제77조 후단에 따르면 의사일정의 안건을 추가하는 동의의 경우 그 동의에 대해서는 토론을 하지 아니하고 표결하도록 규정되어 있습니다. 이에 따라 현안질의 관련 증인 출석요구의 건을 의사일정에 추가할 것인지 여부에 대해서 표결할 것을 선포합니다.

위 안건을 오늘 전체회의 의사일정에 추가하는 데 찬성하시는 위원님 계시면 거수해 주시기 바랍니다.

(거수 표결)

내려 주십시오.

다음은 반대하시는 위원님 계시면 거수해 주시기 바랍니다.

(거수 표결)

표결 결과를 말씀드리겠습니다.

재석 9인 중 찬성 9인, 반대는 없고 기권도 없습니다.

현안질의 관련 증인 출석요구의 건을 오늘 전체회의 의사일정에 추가하는 안은 가결되었음을 선포합니다.

9. 현안질의 관련 증인 출석요구의 건

(10시43분)

○**위원장 안호영** 그러면 의사일정 제9항 현안질의 관련 증인 출석요구의 건을 상정하겠습니다.

이 안건은 국회법 제129조 및 국회에서의 증언·감정 등에 관한 법률 제5조에 따라 날짜는 12월 30일 월요일 환경부장관, 고용노동부장관을 우리 위원회 전체회의에 증인으로 출석하도록 요구하는 내용입니다.

앞서 말씀드린 바와 같이 12월 30일 오후 2시에 현안질의 관련 증인으로 환경부장관과 고용노동부장관에 대해 출석을 요구하고자 하는데 이의 없으십니까?

(「예」 하는 위원 있음)

이의가 없으므로 가결되었음을 선포합니다.

이상으로 오늘 회의를 마치겠습니다.

오늘 회의도 의사일정에 대한 교섭단체 간 협의가 되지 않았음을 이유로 국민의힘 위원님들께서 참석하지 않으셨는데 다음 회의에는 국민의힘 위원들께서 반드시 참석해 주시고 정부 관계자들 또한 출석해 주기를 강력하게 요청드립니다.

위원님 여러분 수고 많으셨습니다.

그리고 위원회 직원 및 보좌진 여러분도 수고 많으셨습니다.

산회를 선포합니다.

(10시44분 산회)

○**출석 위원(10인)**
강득구 김주영 김태선 박 정 박해철 박홍배 안호영 이용우 이학영 정혜경
○**출석 전문위원**
수석전문위원 신항진

전문위원 손을춘

【보고사항】

○**위원 개선**

소위원회	사임위원	보임위원	교섭단체	연월일
예산결산기금심사	조지연	김소희	국민의힘	2024. 11. 14.

○**의안 회부**

근로기준법 일부개정법률안

(2024. 11. 11. 임이자 의원 대표발의)(의안번호 2205408)

하수도법 일부개정법률안

(2024. 11. 11. 김위상 의원 대표발의)(의안번호 2205440)

국민 평생 직업능력 개발법 일부개정법률안

(2024. 11. 11. 김위상 의원 대표발의)(의안번호 2205441)

고용보험법 일부개정법률안

(2024. 11. 11. 강득구 의원 대표발의)(의안번호 2205445)

석면안전관리법 일부개정법률안

(2024. 11. 11. 박해철 의원 대표발의)(의안번호 2205462)

　　이상 5건 11월 12일 회부됨

대기환경보전법 일부개정법률안

(2024. 11. 12. 조지연 의원 대표발의)(의안번호 2205491)

화학물질의 등록 및 평가 등에 관한 법률 일부개정법률안

(2024. 11. 12. 이용우 의원 대표발의)(의안번호 2205492)

　　이상 2건 11월 13일 회부됨

폐기물관리법 일부개정법률안

(2024. 11. 13. 김소희 의원 대표발의)(의안번호 2205506)

기상법 일부개정법률안

(2024. 11. 13. 강득구 의원 대표발의)(의안번호 2205508)

기상법 일부개정법률안

(2024. 11. 13. 김주영 의원 대표발의)(의안번호 2205526)

　　이상 3건 11월 14일 회부됨

생물다양성 보전 및 이용에 관한 법률 일부개정법률안

(2024. 11. 14. 김주영 의원 대표발의)(의안번호 2205551)

근로기준법 일부개정법률안

(2024. 11. 14. 민홍철 의원 대표발의)(의안번호 2205555)

물의 재이용 촉진 및 지원에 관한 법률 일부개정법률안

(2024. 11. 14. 김주영 의원 대표발의)(의안번호 2205557)

환경기술 및 환경산업 지원법 일부개정법률안

(2024. 11. 14. 김주영 의원 대표발의)(의안번호 2205559)

남녀고용평등과 일·가정 양립 지원에 관한 법률 일부개정법률안

(2024. 11. 14. 민홍철 의원 대표발의)(의안번호 2205560)

환경영향평가법 일부개정법률안

(2024. 11. 14. 김성원 의원 대표발의)(의안번호 2205586)

하천법 일부개정법률안

(2024. 11. 14. 김성원 의원 대표발의)(의안번호 2205593)

환경범죄 등의 단속 및 가중처벌에 관한 법률 일부개정법률안

(2024. 11. 14. 김형동 의원 대표발의)(의안번호 2205604)

　이상 8건 11월 15일 회부됨

고용상 연령차별금지 및 고령자고용촉진에 관한 법률 일부개정법률안

(2024. 11. 19. 한정애 의원 대표발의)(의안번호 2205705)

외국인근로자의 고용 등에 관한 법률 일부개정법률안

(2024. 11. 19. 박해철 의원 대표발의)(의안번호 2205706)

파견근로자 보호 등에 관한 법률 일부개정법률안

(2024. 11. 19. 박해철 의원 대표발의)(의안번호 2205707)

산업안전보건법 일부개정법률안

(2024. 11. 19. 박해철 의원 대표발의)(의안번호 2205708)

　이상 4건 11월 20일 회부됨

직업안정법 일부개정법률안

(2024. 11. 20. 윤건영 의원 대표발의)(의안번호 2205712)

외국인근로자의 고용 등에 관한 법률 일부개정법률안

(2024. 11. 20. 박해철 의원 대표발의)(의안번호 2205725)

파견근로자 보호 등에 관한 법률 일부개정법률안

(2024. 11. 20. 박해철 의원 대표발의)(의안번호 2205726)

남녀고용평등과 일·가정 양립 지원에 관한 법률 일부개정법률안

(2024. 11. 20. 안호영 의원 대표발의)(의안번호 2205727)

기후·기후변화 감시 및 예측 등에 관한 법률 일부개정법률안

(2024. 11. 20. 안호영 의원 대표발의)(의안번호 2205737)

　이상 5건 11월 21일 회부됨

외국인근로자의 고용 등에 관한 법률 일부개정법률안

(2024. 11. 21. 박해철 의원 대표발의)(의안번호 2205748)

고용보험법 일부개정법률안

(2024. 11. 21. 권영진 의원 대표발의)(의안번호 2205761)

고용보험법 일부개정법률안

(2024. 11. 21. 조배숙 의원 대표발의)(의안번호 2205763)

고용상 연령차별금지 및 고령자고용촉진에 관한 법률 일부개정법률안

(2024. 11. 21. 김소희 의원 대표발의)(의안번호 2205764)

남녀고용평등과 일·가정 양립 지원에 관한 법률 일부개정법률안

(2024. 11. 21. 권영진 의원 대표발의)(의안번호 2205765)

노동위원회법 일부개정법률안

(2024. 11. 21. 김소희 의원 대표발의)(의안번호 2205766)

파견근로자 보호 등에 관한 법률 일부개정법률안

(2024. 11. 21. 박해철 의원 대표발의)(의안번호 2205770)

고용상 연령차별금지 및 고령자고용촉진에 관한 법률 일부개정법률안

(2024. 11. 21. 김주영 의원 대표발의)(의안번호 2205776)

　이상 8건 11월 22일 회부됨

노동조합 및 노동관계조정법 일부개정법률안

(2024. 11. 22. 정성국 의원 대표발의)(의안번호 2205793)

산업안전보건법 일부개정법률안

(2024. 11. 22. 임이자 의원 대표발의)(의안번호 2205797)

미세먼지 저감 및 관리에 관한 특별법 일부개정법률안

(2024. 11. 22. 박해철 의원 대표발의)(의안번호 2205801)

남녀고용평등과 일·가정 양립 지원에 관한 법률 일부개정법률안

(2024. 11. 22. 백승아 의원 대표발의)(의안번호 2205803)

고용상 연령차별금지 및 고령자고용촉진에 관한 법률 일부개정법률안

(2024. 11. 22. 조경태 의원 대표발의)(의안번호 2205807)

노동위원회법 일부개정법률안

(2024. 11. 22. 조경태 의원 대표발의)(의안번호 2205808)

근로기준법 일부개정법률안

(2024. 11. 22. 박해철 의원 대표발의)(의안번호 2205824)

　이상 7건 11월 25일 회부됨

대기환경보전법 일부개정법률안

(2024. 11. 25. 김위상 의원 대표발의)(의안번호 2205835)

환경범죄 등의 단속 및 가중처벌에 관한 법률 일부개정법률안

(2024. 11. 25. 박해철 의원 대표발의)(의안번호 2205849)

노동위원회법 일부개정법률안

(2024. 11. 25. 이수진 의원 대표발의)(의안번호 2205852)

고용상 연령차별금지 및 고령자고용촉진에 관한 법률 일부개정법률안

(2024. 11. 25. 이수진 의원 대표발의)(의안번호 2205853)

　이상 4건 11월 26일 회부됨

야생생물 보호 및 관리에 관한 법률 일부개정법률안

(2024. 11. 26. 임종득 의원 대표발의)(의안번호 2205855)

생물다양성 보전 및 이용에 관한 법률 일부개정법률안

(2024. 11. 26. 조지연 의원 대표발의)(의안번호 2205868)

외국인근로자의 고용 등에 관한 법률 일부개정법률안

(2024. 11. 26. 김위상 의원 대표발의)(의안번호 2205875)

고용보험법 일부개정법률안

(2024. 11. 26. 박성준 의원 대표발의)(의안번호 2205878)

남녀고용평등과 일·가정 양립 지원에 관한 법률 일부개정법률안

(2024. 11. 26. 박성준 의원 대표발의)(의안번호 2205879)

근로기준법 일부개정법률안

(2024. 11. 26. 박성준 의원 대표발의)(의안번호 2205880)

수도권매립지관리공사의 설립 및 운영 등에 관한 법률 일부개정법률안

(2024. 11. 26. 정부 제출)(의안번호 2205887)

　　이상 7건 11월 27일 회부됨

폐기물관리법 일부개정법률안

(2024. 11. 27. 이소영 의원 대표발의)(의안번호 2205903)

기후위기 대응을 위한 탄소중립·녹색성장 기본법 일부개정법률안

(2024. 11. 27. 한정애 의원 대표발의)(의안번호 2205911)

최저임금법 일부개정법률안

(2024. 11. 27. 김태년 의원 대표발의)(의안번호 2205930)

기후위기 대응을 위한 탄소중립·녹색성장 기본법 일부개정법률안

(2024. 11. 27. 이소영 의원 대표발의)(의안번호 2205931)

남녀고용평등과 일·가정 양립 지원에 관한 법률 일부개정법률안

(2024. 11. 27. 김형동 의원 대표발의)(의안번호 2205936)

고용보험법 일부개정법률안

(2024. 11. 27. 김형동 의원 대표발의)(의안번호 2205937)

남녀고용평등과 일·가정 양립 지원에 관한 법률 일부개정법률안

(2024. 11. 27. 김주영 의원 대표발의)(의안번호 2205938)

근로자의 날 제정에 관한 법률 전부개정법률안

(2024. 11. 27. 김주영 의원 대표발의)(의안번호 2205940)

근로자의 날 제정에 관한 법률 전부개정법률안

(2024. 11. 27. 이수진 의원 대표발의)(의안번호 2205947)

　　이상 9건 11월 28일 회부됨

기후위기 대응을 위한 탄소중립·녹색성장 기본법 일부개정법률안

(2024. 11. 28. 김소희 의원 대표발의)(의안번호 2205980)

　　11월 29일 회부됨

대기관리권역의 대기환경개선에 관한 특별법 일부개정법률안

(2024. 11. 29. 박용갑 의원 대표발의)(의안번호 2206056)

국민 평생 직업능력 개발법 일부개정법률안

(2024. 11. 29. 우재준 의원 대표발의)(의안번호 2206081)

　　이상 2건 12월 2일 회부됨

대기관리권역의 대기환경개선에 관한 특별법 일부개정법률안

(2024. 12. 2. 박용갑 의원 대표발의)(의안번호 2206106)

영산강·섬진강수계 물관리 및 주민지원 등에 관한 법률 일부개정법률안

(2024. 12. 2. 이용우 의원 대표발의)(의안번호 2206112)

물관리기본법 일부개정법률안

(2024. 12. 2. 진성준 의원 대표발의)(의안번호 2206117)

한강수계 상수원수질개선 및 주민지원 등에 관한 법률 일부개정법률안

(2024. 12. 2. 이용우 의원 대표발의)(의안번호 2206126)

남녀고용평등과 일·가정 양립 지원에 관한 법률 일부개정법률안

(2024. 12. 2. 백승아 의원 대표발의)(의안번호 2206130)

금강수계 물관리 및 주민지원 등에 관한 법률 일부개정법률안

(2024. 12. 2. 이용우 의원 대표발의)(의안번호 2206133)

환경기술 및 환경산업 지원법 일부개정법률안

(2024. 12. 2. 이용우 의원 대표발의)(의안번호 2206134)

낙동강수계 물관리 및 주민지원 등에 관한 법률 일부개정법률안

(2024. 12. 2. 이용우 의원 대표발의)(의안번호 2206135)

수도법 일부개정법률안

(2024. 12. 2. 이용우 의원 대표발의)(의안번호 2206136)

　이상 9건 12월 3일 회부됨

물관리기본법 일부개정법률안

(2024. 12. 3. 진성준 의원 대표발의)(의안번호 2206143)

근로기준법 일부개정법률안

(2024. 12. 3. 이용우 의원 대표발의)(의안번호 2206147)

근로기준법 일부개정법률안

(2024. 12. 3. 김재섭 의원 대표발의)(의안번호 2206181)

남녀고용평등과 일·가정 양립 지원에 관한 법률 일부개정법률안

(2024. 12. 3. 김재섭 의원 대표발의)(의안번호 2206196)

　이상 4건 12월 4일 회부됨

남녀고용평등과 일·가정 양립 지원에 관한 법률 일부개정법률안

(2024. 12. 4. 김형동 의원 대표발의)(의안번호 2206198)

남녀고용평등과 일·가정 양립 지원에 관한 법률 일부개정법률안

(2024. 12. 4. 김위상 의원 대표발의)(의안번호 2206199)

　이상 2건 12월 5일 회부됨

장애인고용촉진 및 직업재활법 일부개정법률안

(2024. 12. 5. 정희용 의원 대표발의)(의안번호 2206232)

장애인고용촉진 및 직업재활법 일부개정법률안

(2024. 12. 5. 최보윤 의원·서미화 의원 대표발의)(의안번호 2206244)

노동조합 및 노동관계조정법 일부개정법률안

(2024. 12. 5. 서범수 의원 대표발의)(의안번호 2206255)

　이상 3건 12월 6일 회부됨

근로기준법 일부개정법률안

(2024. 12. 10. 정혜경 의원 대표발의)(의안번호 2206338)

자원의 절약과 재활용촉진에 관한 법률 일부개정법률안

(2024. 12. 10. 윤건영 의원 대표발의)(의안번호 2206341)

임금채권보장법 일부개정법률안

(2024. 12. 10. 윤건영 의원 대표발의)(의안번호 2206346)

남녀고용평등과 일·가정 양립 지원에 관한 법률 일부개정법률안
(2024. 12. 10. 정혜경 의원 대표발의)(의안번호 2206351)
　이상 4건 12월 11일 회부됨
국민 평생 직업능력 개발법 일부개정법률안
(2024. 12. 11. 박해철 의원 대표발의)(의안번호 2206390)
근로기준법 일부개정법률안
(2024. 12. 11. 박해철 의원 대표발의)(의안번호 2206392)
건설근로자의 고용개선 등에 관한 법률 일부개정법률안
(2024. 12. 11. 박해철 의원 대표발의)(의안번호 2206393)
근로자참여 및 협력증진에 관한 법률 일부개정법률안
(2024. 12. 11. 박해철 의원 대표발의)(의안번호 2206394)
파견근로자 보호 등에 관한 법률 일부개정법률안
(2024. 12. 11. 박해철 의원 대표발의)(의안번호 2206395)
근로자퇴직급여 보장법 일부개정법률안
(2024. 12. 11. 박해철 의원 대표발의)(의안번호 2206396)
외국인근로자의 고용 등에 관한 법률 일부개정법률안
(2024. 12. 11. 박해철 의원 대표발의)(의안번호 2206397)
진폐의 예방과 진폐근로자의 보호 등에 관한 법률 일부개정법률안
(2024. 12. 11. 박해철 의원 대표발의)(의안번호 2206398)
근로복지기본법 일부개정법률안
(2024. 12. 11. 박해철 의원 대표발의)(의안번호 2206400)
기간제 및 단시간근로자 보호 등에 관한 법률 일부개정법률안
(2024. 12. 11. 박해철 의원 대표발의)(의안번호 2206405)
　이상 10건 12월 12일 회부됨
기후·기후변화 감시 및 예측 등에 관한 법률 일부개정법률안
(2024. 12. 12. 안호영 의원 대표발의)(의안번호 2206418)
전기·전자제품 및 자동차의 자원순환에 관한 법률 일부개정법률안
(2024. 12. 12. 정부 제출)(의안번호 2206419)
환경오염시설의 통합관리에 관한 법률 일부개정법률안
(2024. 12. 12. 정부 제출)(의안번호 2206421)
　이상 3건 12월 13일 회부됨
노동조합 및 노동관계조정법 일부개정법률안
(2024. 12. 16. 최보윤 의원·서미화 의원 대표발의)(의안번호 2206493)
환경기술 및 환경산업 지원법 일부개정법률안
(2024. 12. 16. 어기구 의원 대표발의)(의안번호 2206521)
기후·기후변화 감시 및 예측 등에 관한 법률 일부개정법률안
(2024. 12. 16. 김주영 의원 대표발의)(의안번호 2206525)
　이상 3건 12월 17일 회부됨
하수도법 일부개정법률안

(2024. 12. 17. 김위상 의원 대표발의)(의안번호 2206551)

고용정책 기본법 일부개정법률안

(2024. 12. 17. 임이자 의원 대표발의)(의안번호 2206553)

기후·기후변화 감시 및 예측 등에 관한 법률 일부개정법률안

(2024. 12. 17. 조지연 의원 대표발의)(의안번호 2206568)

전기·전자제품 및 자동차의 자원순환에 관한 법률 일부개정법률안

(2024. 12. 17. 김성원 의원 대표발의)(의안번호 2206573)

대기환경보전법 일부개정법률안

(2024. 12. 17. 정부 제출)(의안번호 2206579)

물환경보전법 일부개정법률안

(2024. 12. 17. 정부 제출)(의안번호 2206617)

순환경제사회 전환 촉진법 일부개정법률안

(2024. 12. 17. 정부 제출)(의안번호 2206618)

환경오염시설의 통합관리에 관한 법률 일부개정법률안

(2024. 12. 17. 정부 제출)(의안번호 2206620)

자원의 절약과 재활용촉진에 관한 법률 일부개정법률안

(2024. 12. 17. 정부 제출)(의안번호 2206622)

　이상 9건 12월 18일 회부됨

○관련의안 회부

석탄화력발전소 폐지지역 지원에 관한 특별법안

(2024. 11. 11. 임이자 의원 대표발의)(의안번호 2205414)

반도체산업 경쟁력 강화 및 혁신성장을 위한 특별법안

(2024. 11. 11. 이철규 의원 대표발의)(의안번호 2205453)

　이상 2건 11월 12일 의견제시기간을 소관위원회의 심사의결일 전일까지로 정하여 회부됨

국가기간 전력망 건설 촉진 및 지원에 관한 특별법안

(2024. 11. 12. 이언주 의원 대표발의)(의안번호 2205481)

　11월 13일 의견제시기간을 소관위원회의 심사의결일 전일까지로 정하여 회부됨

해상풍력 보급 및 산업육성을 위한 특별법안

(2024. 11. 13. 김정호 의원 대표발의)(의안번호 2205511)

　11월 14일 의견제시기간을 소관위원회의 심사의결일 전일까지로 정하여 회부됨

특례시 지원에 관한 법률안

(2024. 11. 14. 김종양 의원 대표발의)(의안번호 2205566)

　11월 15일 의견제시기간을 소관위원회의 심사의결일 전일까지로 정하여 회부됨

전북특별자치도 설치 등에 관한 특별법 일부개정법률안

(2024. 11. 18. 안호영 의원 대표발의)(의안번호 2205656)

산림치유 활성화 및 산림치유산업 진흥에 관한 법률안

(2024. 11. 18. 김선교 의원 대표발의)(의안번호 2205664)

　이상 2건 11월 19일 의견제시기간을 소관위원회의 심사의결일 전일까지로 정하여 회부됨

2027 제41차 서울 세계청년대회 지원 특별법안

(2024. 11. 19. 성일종 의원 대표발의)(의안번호 2205695)

11월 20일 의견제시기간을 소관위원회의 심사의결일 전일까지로 정하여 회부됨

석탄화력발전소 폐지지역 활성화 등에 관한 특별법안

(2024. 11. 22. 박해철 의원 대표발의)(의안번호 2205809)

11월 25일 의견제시기간을 소관위원회의 심사의결일 전일까지로 정하여 회부됨

사법경찰관리의 직무를 수행할 자와 그 직무범위에 관한 법률 일부개정법률안

(2024. 11. 25. 김위상 의원 대표발의)(의안번호 2205828)

노인 일자리 및 사회활동 지원에 관한 법률 일부개정법률안

(2024. 11. 25. 윤준병 의원 대표발의)(의안번호 2205838)

이상 2건 11월 26일 의견제시기간을 소관위원회의 심사의결일 전일까지로 정하여 회부됨

국가재정법 일부개정법률안

(2024. 11. 27. 한정애 의원 대표발의)(의안번호 2205909)

국가회계법 일부개정법률안

(2024. 11. 27. 한정애 의원 대표발의)(의안번호 2205910)

지방세특례제한법 일부개정법률안

(2024. 11. 27. 권향엽 의원 대표발의)(의안번호 2205929)

이상 3건 11월 28일 의견제시기간을 소관위원회의 심사의결일 전일까지로 정하여 회부됨

알오티시 육성 및 지원에 관한 특별법안

(2024. 11. 29. 성일종 의원 대표발의)(의안번호 2206090)

12월 2일 의견제시기간을 소관위원회의 심사의결일 전일까지로 정하여 회부됨

반도체산업 경쟁력 강화 및 혁신성장을 위한 특별법안

(2024. 12. 3. 구자근 의원 대표발의)(의안번호 2206153)

중소기업 녹색경영 혁신 촉진을 위한 특별조치법안

(2024. 12. 3. 강훈식 의원 대표발의)(의안번호 2206170)

이상 2건 12월 4일 의견제시기간을 소관위원회의 심사의결일 전일까지로 정하여 회부됨

주한미군 소속 한국인 근로자의 지원을 위한 특별법 일부개정법률안

(2024. 12. 11. 박해철 의원 대표발의)(의안번호 2206391)

12월 12일 의견제시기간을 소관위원회의 심사의결일 전일까지로 정하여 회부됨

기후위기 대응을 위한 해상풍력발전 보급촉진 특별법안

(2024. 12. 13. 정진욱 의원 대표발의)(의안번호 2206478)

12월 16일 의견제시기간을 소관위원회의 심사의결일 전일까지로 정하여 회부됨

○**청원 회부**

대형엔터테인먼트사의 사회적 물의로 드러난 각종 법령의 미비점에 대한 청문회 및 입법보완, 제정에 관한 청원

(2024. 12. 12. 김주헌 외 50,811인 국민동의로 제출)(청원번호 2200068)

12월 13일 회부됨

○**소위원회 직접 회부**

근로기준법 일부개정법률안

(2024. 10. 8. 박홍배 의원 대표발의)(의안번호 2204621)

근로기준법 일부개정법률안

(2024. 10. 8. 김위상 의원 대표발의)(의안번호 2204623)

장애인고용촉진 및 직업재활법 일부개정법률안

(2024. 10. 11. 김소희 의원 대표발의)(의안번호 2204655)

대기관리권역의 대기환경개선에 관한 특별법 일부개정법률안

(2024. 10. 11. 강득구 의원 대표발의)(의안번호 2204658)

근로기준법 일부개정법률안

(2024. 10. 17. 김태선 의원 대표발의)(의안번호 2204753)

기상법 일부개정법률안

(2024. 10. 23. 박홍배 의원 대표발의)(의안번호 2204839)

구직자 취업촉진 및 생활안정지원에 관한 법률 일부개정법률안

(2024. 10. 23. 노종면 의원 대표발의)(의안번호 2204843)

고용보험 및 산업재해보상보험의 보험료징수 등에 관한 법률 일부개정법률안

(2024. 10. 30. 우재준 의원 대표발의)(의안번호 2205070)

고용보험법 일부개정법률안

(2024. 10. 30. 우재준 의원 대표발의)(의안번호 2205077)

근로기준법 일부개정법률안

(2024. 10. 31. 정혜경 의원 대표발의)(의안번호 2205100)

구직자 취업촉진 및 생활안정지원에 관한 법률 일부개정법률안

(2024. 11. 1. 강득구 의원 대표발의)(의안번호 2205172)

근로기준법 일부개정법률안

(2024. 11. 4. 이용우 의원 대표발의)(의안번호 2205214)

자연환경보전법 일부개정법률안

(2024. 11. 7. 임이자 의원 대표발의)(의안번호 2205327)

자원의 절약과 재활용촉진에 관한 법률 일부개정법률안

(2024. 11. 8. 박해철 의원 대표발의)(의안번호 2205406)

기상법 일부개정법률안

(2024. 11. 13. 김주영 의원 대표발의)(의안번호 2205526)

　이상 15건 11월 28일 소위원회에 직접 회부됨

외국인근로자의 고용 등에 관한 법률 일부개정법률안

(2024. 11. 26. 김위상 의원 대표발의)(의안번호 2205875)

　12월 2일 소위원회에 직접 회부됨

○행정입법 제출

구분	대통령령	부령	훈령	예규	고시	기타
환경부	4	10	4	1	36	5
고용노동부	-	-	3	2	8	5

구분	공포번호	행정입법명	소관부처	공포일자
대통령령	제34986호	행정법제 혁신을 위한 16개 법령의 일부개정에 관한 대통령령	환경부	2024. 11. 5.

구분	공포번호	행정입법명	소관부처	공포일자
대통령령	제34988호	소상공인 등의 경영활성화 지원을 위한 22개 법령의 일부개정에 관한 대통령령	환경부	2024. 11. 12.
대통령령	제34989호	종이 없는 행정 구현을 위한 13개 법령의 일부개정에 관한 대통령령	환경부	2024. 11. 12.
대통령령	제35019호	졸업예정자의 경제적 조기 자립지원을 위한 9개 법령의 일부개정에 관한 대통령령	환경부	2024. 11. 26.
부령	제1126호	환경분야 시험검사 등에 관한 법률 시행규칙 일부개정령	환경부	2024. 11. 1.
부령	제1128호	물환경보전법 시행규칙 일부개정령	환경부	2024. 11. 7.
부령	제1129호	종이없는 행정 구현을 위한 4개 법령의 일부개정에 관한 환경부령	환경부	2024. 11. 12.
부령	제1130호	소상공인 경영활성화 지원을 위한 4개 법령의 일부개정에 관한 환경부령	환경부	2024. 11. 13.
부령	제1131호	환경교육의 활성화 및 지원에 관한 법률 시행규칙 일부개정령	환경부	2024. 11. 13.
부령	제1132호	자연공원법 시행규칙 일부개정령	환경부	2024. 11. 26.
부령	제1133호	가축분뇨법 시행규칙 일부개정령	환경부	2024. 12. 10.
부령	제1134호	토양환경보전법 시행규칙 일부개정령	환경부	2024. 12. 12.
부령	제1135호	녹색제품 구매촉진에 관한 법률 시행규칙 일부개정령	환경부	2024. 12. 12.
부령	제1136호	자동차종합검사의 시행 등에 관한 규칙 일부개정령	환경부	2024. 12. 17.

○보고서 제출

사회적 참사 특별조사위원회 권고사항 이행내역

(2024. 11. 13. 환경부장관 제출)

가습기살균제사건과 4.16세월호참사 특별조사위원회 권고 이행 현황 보고

(2024. 11. 15. 고용노동부장관 제출)

화학물질·제품 관련 중대재해 예방정책 추진현황 및 계획(24상반기)

(2024. 11. 20. 환경부장관 제출)

2024년 상반기 중대재해처벌법 관련 조치 및 지원 현황 보고

(2024. 12. 4. 고용노동부장관 제출)

2024년도 제4차 고용보험기금 운용계획 변경명세서 제출

(2024. 12. 9. 고용노동부장관 제출)

○통지

고소·고발사건 처분결과에 대한 통지

2024. 11. 19. 검찰총장으로부터 다음과 같은 고소·고발사건 처분결과 통지가 있었음

피의자	처분일	죄　명	처분결과
박영우	2024. 11. 5.	국회에서의 증언·감정 등에 관한 법률 위반	혐의없음 (증거불충분)

2024년 12월 19일

제420회국회 **산업통상자원중소벤처기업위원회회의록** 제 1 호
(임시회) **(임시회의록)**

국 회 사 무 처

일 시 2024년12월19일(목)

장 소 산업통상자원중소벤처기업위원회회의실

의사일정
1. 긴급 현안보고

상정된 안건

(14시06분 개의)

○**위원장 이철규** 의석을 정돈해 주시기 바랍니다.

성원이 되었으므로 제420회 국회(임시회) 제1차 산업통상자원중소벤처기업위원회를 개회하겠습니다.

오늘 보고사항은 단말기 자료로 대체하도록 하겠습니다.

(보고사항은 끝에 실음)

오늘 회의는 정부로부터 현안에 대한 보고를 받은 후에 위원님들께서 질의하시는 순서로 진행하도록 하겠습니다.

의사일정에 들어가기 전에 위원장으로서 한 말씀 드리겠습니다.

최근 정국이 상당히 혼란스럽습니다. 급변하는 정치 상황으로 인해 산업계의 불안감이 커지고 있지만 다행스럽게도 산업부를 비롯하여 기업들의 노력으로 수출, 외국인 투자, 에너지 수급 등 실물경제에 미치는 영향이 최소화되고 있습니다. 다행스러운 일입니다.

부처 관계자 여러분들의 수고 또 그다음에 이 업계, 산업계 관계자들의 헌신적인 노력에 대해서 경의를 표합니다. 하지만 각종 연말 모임이 취소되면서 연말특수를 기대했던 소상공인들은 고통이 커지고 있는 안타까운 상황입니다. 산업부는 긴장의 끈을 놓지 않고 수출·생산 등 산업계 전반을 점검하여 긴급 상황에 대비 태세를 강화해 주시기를 부탁드립니다.

또한 중기부는 우리 경제의 근간이 되는 중소·벤처기업과 소상공인의 피해가 최소화될 수 있도록 소비 증진 대책 등 모든 수단을 동원해 지원책을 강구해 주기를 당부합니다.

산업부·중기부·특허청 등 정부부처가 최전선에서 흔들림 없이 사명을 가지고 일할 수 있도록 우리 국회도 뒷받침하도록 하겠습니다.

국가 산업과 민생 경제를 아우르는 우리 산업통상자원중소벤처기업위원회의 역할이 그 어느 때보다도 중요하다고 생각합니다. 향후 15년간, 2024년부터 2038년까지의 전력수요 전망을 바탕으로 국가 전체 발전 비중을 결정할 국가기본계획인 제11차 전력수급기본계

획의 국회 보고도 조속히 이루어져야 된다고 생각하고 준비해 주시기 바랍니다.

또한 지난 소위 이후 논의를 끝마치지 못한 법안들의 조속한 처리가 이루어져야 할 것입니다. 기업 투자와 직결되는 반도체 특별법을 비롯하여 고준위법, 해상풍력법 그리고 전력망법 등 에너지 3법도 시급성을 고려하여 연내에 처리될 수 있도록 협력해 주시기를 당부드립니다.

여야 간사께서는 제11차 전기본 보고를 위한 전체회의 및 법안 처리를 위한 소위 일정을 협의해 주시기 바랍니다.

그동안 다양한 정치 상황에도 불구하고 우리 산업통상자원중소벤처기업위원회는 서로 협력하며 할 일을 해 왔습니다. 그 의미를 되살려 일정을 조속히 협의해 주시기를 위원장으로서 다시 한번 당부드립니다.

그러면 의사일정에 들어가도록 하겠습니다.

---

1. 긴급 현안보고

(14시10분)

○**위원장 이철규** 의사일정 제1항 긴급 현안보고를 상정합니다.

먼저 안덕근 산업통상자원부장관 나오셔서 보고해 주시기 바랍니다.

○**산업통상자원부장관 안덕근** 산업통상자원부장관입니다.

우선 비상계엄 사태에 대해 매우 송구스럽게 생각하며 국무위원으로서 무거운 책임감을 느낍니다.

우리 경제와 산업에 미치는 부정적인 영향이 최소화되도록 상황 관리에 만전을 기하겠다는 말씀을 먼저 드립니다.

관련해서 최근 실물경제 동향 및 대응 계획에 대해 보고드리겠습니다.

배포해 드린 자료를 참고해 주시기 바랍니다.

1페이지, 최근 실물경제 동향 및 평가입니다.

먼저 산업 분야에서는 현재까지 생산·투자·유통 등에서 자동차 부분파업 이외에는 특이동향 없이 정상적인 활동이 진행되는 것으로 보입니다. 다만 환율 상승 등의 불확실성에 따라 산업 활동의 위축 우려도 존재하고 있습니다.

지표와 달리 현장에서는 향후 비즈니스 여건에 대한 걱정과 내년도 투자 결정에 대한 신중한 분위기가 감지되고 있습니다. 이에 따라 기업 생산·투자 등의 애로를 해소하기 위한 밀착 지원이 필요합니다.

2페이지, 무역통상 분야입니다.

어려운 상황에서도 12월 수출은 현재까지 증가세를 유지하고 있고 외국인 투자도 정상적으로 국내로 들어오고 있습니다.

미 신행정부 출범 등 대외 통상과 관련해서는 우리 기업 활동에 부정적 영향이 최소화되도록 한미 간 긴밀한 협력 관계를 유지하면서 주요 통상협상 및 국제협력도 예정대로 진행하고 있습니다.

아직까지는 수출·외투·통상 활동에 대한 직접적인 영향은 크지 않으나 해외 바이어의 불안심리 등이 확산되지 않도록 외국 기업 동향을 면밀히 모니터링하고 있습니다.

3페이지, 에너지 분야입니다.

발전소·전력망 등 에너지 시설은 정상 운영되고 있으며 석유·가스 비축물량도 충분히 확보하고 있습니다. 휘발유 등 에너지 가격도 평시와 유사한 수준입니다.

국제 에너지가격 상승 등 불확실성에 대비하여 동절기 수급 관리를 철저히 하고 에너지바우처 등 취약계층 지원도 강화하고 있습니다.

다음으로 대응 경과 및 향후 계획입니다.

먼저 불확실성이 위기로 번지지 않도록 경제·금융상황 점검 TF에 참여하여 실물경제 상황을 일일 점검하고 수출비상대책반 운영, 기업 등과 실시간 핫라인 가동 등을 통해 현장 애로를 적극 발굴, 해소할 계획입니다.

4페이지입니다.

대외신인도의 안정적 유지가 중요한 만큼 글로벌 기업들과 소통을 확대하고 주요국과의 통상 채널 강화 등에 최선을 다하겠습니다.

미국 신행정부 출범은 치밀한 대응이 필요하므로 예상 이슈별 액션 플랜 마련, 민관 연계 아웃리치 확대 등에 총력을 기울이겠습니다.

에너지 분야에서는 동절기 설비 고장, 폭설 등 변수에 대비해서 에너지 수급과 전력 공급을 안정적으로 관리하고 찾아가는 에너지복지 서비스와 복지 지원 실태 점검 등을 통해 동절기 에너지복지 사각지대를 해소하겠습니다.

이상으로 보고를 마치겠습니다.

감사합니다.

○**위원장 이철규** 수고하셨습니다. 들어가시고요.

다음은 오영주 중소벤처기업부장관 나오셔서 보고해 주기 바랍니다.

○**중소벤처기업부장관 오영주** 존경하는 이철규 위원장님 그리고 위원님 여러분!

저는 12월 3일 비상계엄 선포 사태에 대해 국무위원의 한 사람으로서 매우 참담함과 그리고 여러 가지 막중한 책임감을 느끼고 있습니다.

이로 인해서 어려움을 많이 겪고 계시는, 특히 중소·벤처, 소상공인 여러분들에게 진심으로 송구한 말씀을 드립니다.

그러면 배포해 드린 자료를 중심으로 간략히 현안을 보고드리도록 하겠습니다.

중소벤처기업부는 800만 중소기업을 정책 대상으로 하는 민생의 최일선 부처입니다.

12월 3일 비상계엄이 선포되고 국회의 노력으로 지체 없이 해제되었지만 우리의 소상공인과 중소기업은 아직도 어려움을 호소하고 있습니다.

소상공인연합회가 실시한 소상공인 경기 전망 긴급 실태 조사에 따르면 소상공인의 88%가 매출이 감소했다고 답변했으며 이에 더해 정국 불안에 따른 연말의 행사나 회식의 취소 등 소비심리 위축도 걱정이 되고 있습니다.

또한 수출 중소기업들은 미국 제2기 트럼프 행정부가 예고한 보호무역 정책 기조에 대해 최근 사태에 따른 대외 신인도의 영향과 환율 상승으로 인한 원부자재 수입 부담 증가 등을 우려하고 있습니다.

이에 중기부는 다음과 같이 대응하고 있습니다.

먼저 소상공인의 피해 최소화입니다.

우선 7·3 종합대책 및 12월 5일 맞춤형 지원 강화방안 등 그간 발표한 대책의 차질 없는 이행에 힘쓰겠습니다. 또한 소상공인 소비촉진 행사인 동행축제를 12월 한 달간 개최하고 있으며, 민간과 협력하여 전국적인 소비진작 활동으로 실시하고 있습니다.

또한 2025년도 예산을 신속히 집행하도록 하겠습니다.

국회에서 승인해 주신 2025년도 중기부 예산은 총 15.25조 원입니다. 중소기업과 소상공인에 대한 정책자금 9조 원과 중소기업 수출 지원사업 6000억 등 업계가 필요로 하는 긴요한 사업들이 연초에 즉시 집행되도록 신속히 준비하여 우리 경제가 조기에 활력을 되찾도록 노력하겠습니다.

아울러 면밀한 대응을 위해 민생경제 상황 점검·대응TF 및 트럼프 2기 행정부 대비 중소기업 지원 TF를 구성하여 가동하고 있으며, 범정부 대응체계인 경제금융상황점검TF에 참여하여 경제 전반에 대해서도 모니터링하며 현안에 공동 대처하고 있습니다.

현안보고는 간단히 마무리하고 최근 사안에 대한 저의 입장을 말씀드리도록 하겠습니다.

비상계엄 선포 전후로 제가 행했던 일들에 대해서 위원님들과 국민들에게 있는 그대로 보고드리겠습니다.

위원님 여러분 모두 아시다시피 저는 비상계엄 선포와 해제를 위한 두 차례 국무회의에 모두 참석하였습니다. 비상계엄 선포 전 개최된 국무회의에 긴급히 연락을 받고 참석하였으나 제일 마지막에 참석하여 의견 개진은 어려웠습니다. 대신에 그 자리를 떠나기 전 국무총리께 비상계엄의 선포가 민생경제에 미칠 영향에 대한 우려를 표명하고 계엄에 반대한다는 입장은 말씀드렸습니다. 국회의 비상계엄 해제 결의 이후에 비상계엄 해제를 위한 국무회의에 참석하여 비상계엄 해제에 동의하였습니다.

저는 비상계엄 선포 직후 사무실로 이동해 주요 간부들을 소집했고 12월 4일 새벽 1시 긴급 간부회의를 시작으로 그 주말까지 4차례 간부회의를 실시하여 주요 현안을 점검하였습니다. 또한 서울에서 상황을 예의 주시하면서 긴급경제장관회의에 참석하여 정부 합동 메시지를 발표하는 등 필요한 조치를 취하였습니다.

위원님 여러분!

최근의 외부 상황에도 불구하고 우리 경제에 미치는 충격이 최소화되도록 중소벤처기업부 전 직원은 최선을 다하겠습니다.

저는 이미 총리께 사의를 표명한 바 있으며 직에 연연하지 않고 소상공인 등 정책고객이 불안해하지 않도록 끝까지 맡은 바 책무를 다하겠습니다.

이상으로 보고를 마치고 위원님들의 질의답변 과정에서 더욱 상세히 말씀드리겠습니다.

감사합니다.

○**위원장 이철규** 수고하셨습니다.

자리로 돌아가시고요.

다음은 김완기 특허청장 나오셔서 간략히 보고해 주시기 바랍니다.

○**특허청장 김완기** 안녕하십니까?

특허청장입니다.

존경하는 이철규 위원장님과 위원님 여러분!

내수경기 회복 지원과 글로벌 불확실성 심화로 우리 경제는 매우 어려운 상황에 놓여 있습니다.

이를 극복하기 위한 특허청의 주요 현안을 보고드리겠습니다.

1쪽입니다.

우리 기업이 개발한 기술을 신속히 권리화하여 지식재산으로 보호받고 활용할 수 있도록 심사처리기간을 적정화하겠습니다. 중소기업 지식재산권 출원은 2022년 이후 36만 건 수준을 꾸준히 유지하고 있으며 이는 우리 중소기업이 어려운 경제 상황 속에서도 혁신에 투자를 지속하고 있음을 시사합니다.

그러나 혁신성과를 권리화하는 심사처리기간은 어려운 심사 여건으로 계속 증가해 왔습니다. 다행스럽게도 저희 청의 모든 역량을 집중한 결과 처리기간이 올해 들어서 감소세로 전환되었으나 여전히 주요국에 비해 많이 늦은 상황입니다.

이에 특허청은 첨단산업 분야 중심으로 심사처리자원을 확충하기 위해 2023년 반도체, 24년 이차전지 분야에 이어서 내년에는 바이오·첨단로봇 분야에도 민간 전문가를 심사관으로 신규 채용하는 한편 전담심사조직 신설도 추진하고 있습니다. 또한 심사 효율성을 높일 수 있는 인공지능 기반 심사지원시스템 개발을 계획대로 차질 없이 진행하고 바이오·인공지능·탄소중립 등 첨단녹색기술 출원은 우선심사를 통해 신속히 처리하여 우리 기업의 기술 경쟁력 강화를 지원하겠습니다. 아울러 빠르면서도 정확한 심사를 할 수 있도록 심사처리기간 단축과 더불어 심사 품질 향상에도 힘쓰겠습니다.

2쪽입니다.

혁신기업의 자금 조달을 위해 지식재산 금융을 더욱 활성화하겠습니다.

현재 고물가·고금리·고환율의 삼고 현상으로 은행권의 지식재산담보대출 규모가 축소되고 신규 지식재산펀드 조성이 위축되는 등 중소기업 자금 조달 여건이 녹록지 않은 상황입니다.

특허청은 회수지원기구출연금을 추가 확보하여 지식재산 담보에 대한 은행의 회수 부담을 줄이고 지식재산담보대출을 촉진함으로써 우수 기술을 보유한 중소기업이 자금을 원활히 조달할 수 있도록 지원하겠습니다.

또한 금융위 등 유관 기관과 함께 신규 지식재산펀드를 조성하여 지식재산 투자 규모를 지속적으로 확대하고 지식재산 공제를 통해 일시적 자금 리스크에 직면한 기업이 유동성을 확보할 수 있도록 지원하겠습니다.

3쪽입니다.

지식재산 분야 글로벌 협력을 흔들림 없이 추진하겠습니다.

지식재산을 매개로 우리나라의 대외 신인도를 높일 수 있도록 내년 2월 APEC 지식재산권 전문가 회의, 5월 지식재산 선진 5개국 특허청장 회의 등을 통해 지식재산 분야 글로벌 리더십을 강화하겠습니다.

아울러 중동·아세안 등 전략시장을 중심으로 상호 우선심사 등 협력을 확대하여 우리 기업의 지식재산권 확보와 해외진출을 지원하는 한편 개도국에는 지식재산 교육, 정보화 등을 지원하여 우리나라의 앞선 경험을 공유하고 지식재산 선도국으로서 국격을 높여 나가겠습니다.

저를 포함해서 특허청은 최근의 상황을 매우 엄중하게 받아들이고 있습니다. 한 치의 흔들림 없이 맡은 업무를 계속 하는 한편 민생경제를 지원하고 대외 신인도를 높이는 데 모든 역량을 집중하겠습니다.

감사합니다.

○**위원장 이철규** 수고하셨습니다.

자리로 돌아가 주시고요.

다음은 위원님들의 질의 순서입니다.

질의 시간은 답변 시간을 포함해서 5분으로 하였습니다.

○**김원이 위원** 7분 해 주십시오.

○**위원장 이철규** 조금 전에…… 조금 들어 보세요. 말씀을 드릴게요, 의사진행발언하시면.

5분으로 정했습니다.

질의 순서는 존경하는 박지혜 위원님부터 질의하게 돼 있는데 그사이에 김원이 간사님의 의사진행발언이 있으니까 말씀하십시오.

○**김원이 위원** 위원장님, 12월 3일 비상계엄 선포 이후에 정말 나라가 풍전등화의 위기에 처해 있었던 것 아닙니까? 그 비상계엄 선포가 된 마당에 장갑차가 사당을 지나고 있고 곧이어 국회 앞에 등장하고 군 헬기가 국회 운동장에 착륙하고 곧이어 총을 찬 계엄군이 국회 본회의장을 난입하는 그 상황에서 국회 보좌진과 당직자들과 국회 직원들이 막아서고 자칫 그 상황에서 진짜 공포탄 한 발이라도 발사됐으면 혹은 그 와중에 좀 격렬한 싸움이 벌어졌다면 저는 정말 끔찍합니다.

그래서 그 사태로 인해서, 비상계엄 사태와 그 이후에 이루어지는 여러 내란의 의혹들 그리고 실제 내란수괴로서 지금 지칭되고 있는 윤석열 대통령의 행보 이런 것들에 대해서 지적하고 대책을 세우고 그런데 그 사태로 인해서 가장 피해 본 것은 우리 국민들 아닙니까? 소상공인들 지금 연말에 연말 장사 하나 해 가지고 한 해 먹고살아야 되는 소상공인들 그리고 이때 여행객들 한번 잡아서, 외국에서 들어오는 외국인들로 인해서 먹고사는 호텔업자들 다 취소됐습니다.

이런 민생경제에 대한 대책을 논의해야 되는데 5분, 말이 됩니까? 질의하다 끝나겠네요. 7분 주십시오. 이것은 도저히 인정할 수 없습니다.

○**위원장 이철규** 김원이 간사님, 여기 이 공간에 있는 어느 누구도 계엄에 참여하거나 동조한 사람들이 아무도 없습니다. 단언컨대 다 반대하고 그게 적절하다고 생각하는 사람이 없었습니다. 그러니까 여기서 위원님들 상호 간에 또한 부처에서 나오신 국무위원 또는 공직자를 상대로 해 가지고 마치 계엄에 동조하고 거기에 협력한 사람인냥 이렇게 단죄하는 분위기는 저는 동의하지 못한다는 말씀을 드립니다.

다만 또한 오늘 질의에 현안질의를 그동안 우리 산자위가 관행대로 국감 때는 7분 주질의 또 그다음에 5분, 3분을 해 왔습니다. 그런데 오늘 여야 간사님 간의 협의를 하면서 종래대로 5분을 하자고 했으니까 일단 주질의를……

○**김원이 위원** 아니요. 저는 동의 안 했습니다.

○**위원장 이철규** 아니, 글쎄, 주장하고 또 7분 하자고 하셨는데 일단 5분씩 해 가지고 질의를 진행하시지요. 하면서 미진한 부분이 있다면 또 협의를 두 분이 좀 상의를 하시고요. 이것 가지고 논쟁하다 보면 시간만 줄어들잖아요. 그러니까 우선 존경하는 박지혜 위원님 질의를 시작해 주시고, 두 분이 좀 상의해 주시기 바랍니다.

○**김정호 위원** 의사진행발언 좀 하겠습니다.

○**위원장 이철규** 의사진행발언이십니까?

○**김정호 위원** 예.

○**위원장 이철규** 그러면 의사진행발언 꼭 하시겠다는 분 말씀 주시지요. 의사진행과 관련된 발언해 주십시오.

그러면 김정호 위원님 의사진행발언해 주세요.

○**김정호 위원** 실물경제를 다루는 우리 상임위원회가 이런 비상사태가 발생한 시기에 가장 먼저 상임위를 열고 현안에 대해서 긴급대책을 세워야 될 상황입니다. 그런데 사실 이철규 위원장님이 속한 정당의 입장인지는 모르겠으나 겨우 이제 전체회의 현안보고 받고 현안질의하는 시간 가졌는데요. 이게 통상적인, 일상적인 현안보고와 질의 이렇게 생각하시는 것은 너무 안이한 것 같습니다.

일단 이게 비상사태라고 인식을 같이 하신다면 더 적극적으로, 우리가 소상공인, 자영업자나 중소기업이나 대기업, 중견기업 마찬가지인데요. 정말 가뜩이나 여러 가지 복합 위기에 이런 내란 사태까지 직면해서 직격탄을 우리 경제가 맞고 있는데 이 부분에 대해서 실물경제를 주로 다루는 산자부나 중기부 등이 보다 적극적으로 문제 해결의 관점에서 이 사안에 대해서 정말 깊이 있게 심각한 우려와 해법을 찾는 그런 논의가 필요하고.

그래서 이 시간이 그냥 한번 해 보자 이런 형식적인 현안보고와 질의가 아니라 문제가 더 곪기 전에, 더 악화되기 전에 정말 대처 방안을, 대책을 강구해야 된다고 보고, 그래서요 저는……

(발언시간 초과로 마이크 중단)

....

(마이크 중단 이후 계속 발언한 부분)

7분, 5분, 3분, 하루 차수를 변경해서라도 할 이야기 다 했으면 좋겠고요.

○**위원장 이철규** 존경하는 김정호 위원님……

○**김정호 위원** 위원장님께서 너무 그렇게……

○**위원장 이철규** 제가 경직되게 운영하는 게 아니고 우선 질의를 시작하자고 말씀드린 것이고요.

○**김정호 위원** 제가 경직됐다고 이야기를 안 합니다.

○**위원장 이철규** 좋습니다. 제가…… 김정호 위원님……

○**김정호 위원** 지금 시국과 사안이 중차대한 만큼 충분히 하실 말씀 있으면 할 수 있도록 시간과 기회를 주십시오.

....

○**위원장 이철규** 알겠습니다. 김정호 위원님, 잠깐만요. 발언이 끝나셨으니까……

우리 여기……

○**박상웅 위원** 저도 의사진행발언 좀……

○**위원장 이철규** 잠깐만요. 제가 여기에 오늘 보고하러 온 산업부나 또 중기부나 또 특허청은 이번에 비상계엄에 관련된 부처도 전혀 아닙니다. 여기가 국방위도 아니고 행안위도 아닙니다. 또한 법사위도 아닙니다.

적어도 오늘 우리 상임위원회만큼은 그동안 비상계엄 이후에 혼란스러운 정국 상황 속에서도 산업부나 중기부나, 특허청은 조금 비껴 나가 있다고 보겠지만 두 개의 부처가 흔들림 없이 민생 또 산업 정책을 차질 없이 수행해 왔다고 생각을 해 왔는데 그 부분에 대한 우리가 질의와 또한 당부의 시간이 돼야지 이 자리가 맞지 우리가 계엄이, 이분들 보고 비상계엄에 왜 동조를 했느냐 뭐냐 추궁, 정치적 책임을 묻는 이런 자리가 돼서는 오히려 말로는 우리가 산업 현장을 안정시키고 민생을 돌본다고 하면서 그런 식으로 그러는 것은 제가 비난을 받을지 모르지만 그건 바람직하지 않다.

다만 그사이에 두 개 부처가 잘못한 게 있다면 그런 부분에 대한 지적과 또 그다음에 질책 또 그다음에 대책을 촉구하는 이런 자리로 이 자리가 진행됐으면 좋겠다라는 생각을 갖습니다..

다음은 존경하는 박상웅 위원님 의사진행발언하십시오.

○**박상웅 위원** 지금 7분, 5분 이 문제를 가지고 다툴 때가 아니라고 생각하고요. 오늘 긴급 상황이기 때문에 위원님들이 주제로 내세울 여러 가지 안건들이 많고 따져 볼 이야기도 많기 때문에 우선은 원안대로 5분씩 먼저 발언을 하고 그다음에 미진한 부분이 있으면 추가 발언을 통해서 메워 나가야지 시작하자마자 7분씩 끌고 나가고 답변 오래 가면 중요한 발언을 해야 될 사람들이 너무 오래 기다려야 되니까 좀 짧게 압축적으로 이야기해서 5분 안에 핵심 키워드는 다 하고 그다음 모자라는 것 있으면, 또 위원님들이 중언부언해서 겹치는 부분도 워낙 많을 거니까 5분으로 하시고 모자라는 부분은 추가 발언을 통해서 정리하도록 해서 회의를 빨리 진행하는 게 좋겠다고 생각합니다.

○**위원장 이철규** 알겠습니다.

그러면 의사진행발언도 단축시켜 주시고요.

박성민 간사님 말씀하세요.

○**박성민 위원** 존경하는 김정호 위원님 말씀……

12월 3일 이후로 우리나라 전체가 그랬고 또 민주당이나 우리 당도 마찬가지로 혼란에 빠졌고 또 긴급히 점검해야 될 일들이 참 많았습니다. 그러다 보니까 우선 상임위원회를 열어서 실물경제, 산업 전반에 관한 점검을 할 필요도 있었습니다마는 행정부에서 우선 시급한 일들은 좀 커버를 하는 게 좋겠다 이런 생각을 저는 간사로서 했고 오늘 정도쯤에 전체회의를 열어서 그동안 상황들에 대해서 좀 짚어야 안 되겠나 이런 차원에서 시기를 이렇게 적절하게 했다 이런 말씀을 드리고.

우리가 7분, 5분 그 문제도 사실은 해 보면 늘 중복되는 말, 이런저런 또 중언부언 계속하는데……

○**김원이 위원** 위원님들이 질의하는 걸 그렇게 얘기하시면 안 되지요.

○**위원장 이철규** 잠깐만 말씀……

간사님 말씀 계속하세요.

○**박성민 위원** 그 이야기하는데 뭐 자꾸……

○**김원이 위원** 죄송합니다마는 말씀 그렇게 하시면 안 되지요.

○**박성민 위원** 아니, 그러니까 5분이라도 압축적으로 하다 보면 추가로 할 일이 있으면 또 더 해야 되고, 더 해야지요. 그러나 했던 이야기를 계속할 수도 없고 또 지금 현안이라고 하지만 결국에는 비상계엄 관련해서 여러 가지 말씀들이 나올 수 있을 텐데 그런 걸 듣고 또 답변도 한번 봐 가면서 그렇게 조정을 하면 좋겠습니다.

○**위원장 이철규** 다음은 존경하는 허성무 위원님 의사진행발언하십시오.

○**허성무 위원** 회의를 시작하기 전에 그래도 최소한 우리가 어느 정도 어떻게 발언을 할 것이고 시간을 어떻게 할 거고 추가는 어떻게 할 것인가, 뭘 정해 놓고 하는 게 기본인데 이게 정해지지도 않고 회의를 한다는 게 정말 말이 안 되는 회의지 않습니까? 그런 면에서는 5분·3분을 하든 7분·5분·3분을 하든 뭔가 제대로 정리를 하고 회의를 하는 것이 맞다고 봅니다. 그리고 동료 위원들이 중언부언을 할 건지 안 할 건지 그걸 도대체 누가 알며……

○**위원장 이철규** 예, 알겠습니다.

○**허성무 위원** 그리고 누가 계엄 관련된 발언을 얼마나 할 건지 위원장이 미리 사전 규정하고 발언을 제어하는 듯한 말씀을 하시는 것은 회의 진행상 너무 적절치 않은 발언이다 저는 그렇게 생각합니다. 누구든지 자기가 하고 싶은 발언들이 있고 질문하고 싶은 질문들이 있는데 그것이 진행될 수 있도록 도와주셔야지 이렇게 제재와 제한을 먼저 걸어 가는 방식으로 회의를 축소하거나 하는 것은 옳지 않다고 생각합니다.

○**위원장 이철규** 됐습니다.

말씀 다 하셨습니까?

○**허성무 위원** 예.

○**위원장 이철규** 존경하는 허성무 위원님 제가 발언을 제한하는 게 아니고요. 오늘 원만하게 회의를 진행하기 위해서 드린 말씀이고 여야 간사 간에 시간이, 주장에 조금 차이가 있었는데 저도 이 상임위를, 산자위를 7년 하면서 7년간 내려온 관행과 전통이라는 게 있습니다. 그래서 그것을 준용해서…… 산자위를 하면서 늘 더불어민주당 위원님들께서 위원장을 맡아 오셨는데 그때도 늘 이런 방식으로 해 왔기 때문에 저는 관행을 존중했다는 말씀을 드립니다.

그리고 아까 말씀드린 것은 오늘 우리가 실물경제, 산업 정책 그다음에 민생 문제를 하자고 하면서 회의를 열었는데 여기서 오히려 국민 불안을 부추기는 이런 일이 있어서는 안 되겠다라는 우려를 전한다고 드린 거고요. 실제 그렇지 않습니까?

그러면 오늘 이 회의가 산업 현장과 실태를 점검하고 민생 대책을 논의하기 위한 것이지 여기서 저분들을 놓고 계엄에 대한 추궁을 한다는 것은 우리 산자위의 본질적 기능하고도 저는 맞지 않다고 생각해서 드린 말씀인데, 발언을 하셔도 괜찮습니다. 위원님들 질의 시간에 어떤 발언을 하든 간에 그걸 물리적으로 제지할 수 없습니다. 저는 그렇게 국회의 특정 위원장님처럼 그걸 강제로 제지할 의사도 없습니다. 그러니까 그건 기우에 불과하다는 말씀 드리고 질의하실 때 제한 없이 말씀하십시오.

존경하는 박지혜 위원님 의사진행발언하십시오.

○**박지혜 위원** 위원장님 여러 가지 우려를 말씀하시는데요. 저희 12월 3일 이후에 16일 만에 상임위 처음 하는 겁니다. 저희가 두 번이나 요구서도 냈는데 계속 무산이 됐고요. 정말 유감스러운 마음입니다.

그리고 질의 시간 관련해서는요. 저희 관행을 말씀하시는데 저는 그러면 관행에 따라서 저희 위원회도 그냥 매번 7·5·3을 계속했으면 좋겠습니다. 양당 간사 합의를 요청하시면서 매번 이렇게 질의 시간을 가지고 저희가 논쟁을 할 수밖에 없는데요. 7·5·3으로 정하고 질의하시지 않고 먼저 나가시는 분들은 나가면 된다고 생각합니다. 저희가 지난 국감 때도 질의 시간이 가장 짧았던 상임위예요.

○**위원장 이철규** 예, 맞습니다.

○**박지혜 위원** 인원이 이렇게 많은데 가장 먼저 끝났고요. 그냥 7·5·3 정해서 하고 싶은 사람은 다 하도록 그렇게 기회를 주시면 좋겠고 저는 그게 국회의 관행이라고 알고 있는데 위원장님이 어떤 관행을 말씀하시는 건지 좀 궁금합니다.

○**위원장 이철규** 박지혜 위원님, 관행대로 하자는 게 제가 지금 하는 것입니다.

그리고 우리가 인원이 많으니까, 서른 분이고, 다른 열다섯 분 있는 데하고, 시간이 짧을 수밖에 없는 겁니다. 그러니까 질의를 시작하면서 두 분이 협의를 하시라니까…… 질의 안 하실 겁니까?

존경하는 이종배 위원님 의사진행발언 아까 신청하셨지요?

○**이종배 위원** 한 말씀 드릴게요.

○**위원장 이철규** 의사진행발언 간략히 해 주십시오.

○**이종배 위원** 이번 계엄과 탄핵 사태로 인해서 국민들 걱정도 많고 우려도 많습니다. 우리 산자위원님들, 우리 민생경제 또 실물경제에 미치는 영향이 크지 않을까 걱정을 해서 오늘 회의를 요청했고 참석을 했는데 그래도 정부의 보고를 들어 보니까 생산이라든지 유통이라든지 이런 데 별 차질이 없고 에너지 가격이라든지 에너지 수급도 별문제 없고 수출에도 별문제가 없는 것 같습니다.

우리 소상공인들은 굉장히 위축돼 있고 또 지금 경기가 침체돼 있었는데 더 어려운 상황 아닌가 그런 보고를 오늘 들었는데 위원님들 오늘 질의하시는 것들이, 정부에서 이런 문제에 대해서 제대로 리스크 관리하고 또 대책을 잘 강구하고 있는지 점검하고 부족한 부분 지적하려고 오늘 회의를 하시는 것 아닌가 싶습니다. 그런데 정부에서 잘 대응을 하고 있는 것 같으니까 미진한 부분 같은 것은 더 지적을 하면 될 거라고 생각하고요.

좀 전에 위원장님 좋은 말씀 해 주셨는데 다른 외국 기관이라든지 바이어들 이런 분들도 우리 산자위에서 주는 메시지가 무엇인가를 아마 예의 주시하지 않을까 싶습니다. 이런 어려운 때는 우리 위원님들이 당파나 이런 것을 떠나서 초당적으로 우리 경제를 돕기 위해서, 민생경제를 돕기 위해서 노력해야 될 때 아닌가 싶고요. 지금 정부의 보고라든지 정부의 대응이 크게 문제가 없는 것 같은데 위원장님, 저는 한 5분 정도 해 보고 부족하다 싶으면 그때 가서 또 하는 게 어떨까 싶습니다.

○**위원장 이철규** 알겠습니다.

우리 위원님들 의사진행발언은 그만해 주시고요.

여야 간사 간에 아마 협의를 해서 보충질의가 없는 주질의로 끝내되 시간은 야당 위원님들의 의견을 수용해서 7분으로 정했다고 합니다. 이렇게 대화하면 이루어지잖아요.

그러니까 보충질의 없이 7분 질의하는 것으로 합의가 됐으니까 주질의 시간이 7분입니다.

그러면 존경하는 박지혜 위원님 먼저 질의 시작해 주시기 바랍니다.

○**박지혜 위원** 안녕하십니까? 더불어민주당 의정부갑 박지혜입니다.

12·3 비상계엄 선포, 내란 사태 관련해서 중소벤처기업부 오영주 장관님께 질문하겠습니다.

장관님, 계엄 선포 국무회의 참석하신 것을 뒤늦게 인정하셨어요.

○**중소벤처기업부장관 오영주** 뒤늦게……

○**박지혜 위원** 12월 3일 일정을 보면 1시에 서울에서 업무회의가 있었고 다른 일정은 없으셨는데 10시 20분경에 국무회의에 참석하셨다 이렇게 답변을 했습니다. 언제 누구로부터 어떤 내용의 연락을 받고 참석하셨는지요?

○**중소벤처기업부장관 오영주** 저는 9시 40분경에 대통령실로부터 연락을 받고 국무회의, 그 당시는 국무회의⋯⋯

○**박지혜 위원** 어떤 내용의 연락을 받으셨어요?

○**중소벤처기업부장관 오영주** 대통령께서 찾으신다는 연락이었습니다.

○**박지혜 위원** 국무회의라는 말씀은 없으셨고요?

○**중소벤처기업부장관 오영주** 없었습니다.

○**박지혜 위원** 안건에 대해서도 그러면 모르는 상황이셨겠네요?

○**중소벤처기업부장관 오영주** 예, 그렇습니다.

○**박지혜 위원** 그런데 심야에 이렇게 대통령님이 찾으시는 경우가 없었을 것 같은데요. 가시면서 왜 찾으시는지 내용을 파악하려고 하시거나 그런 시도는 안 해 보셨나요?

○**중소벤처기업부장관 오영주** 그런데⋯⋯

○**박지혜 위원** 이미 그 장소에 계시는 다른 국무위원들도 계셨을 것 같은데.

○**중소벤처기업부장관 오영주** 그때 너무 늦은 시간이었기 때문에 일단 제가 다른 분들한테 연락을 드리기는 좀 어려웠고요. 저희 비서실하고만 이야기를 하고 저는 그때 개인적으로 민생 대책과 관련해서 12월 그 전날 저희가 민토도 있고 해서⋯⋯

○**박지혜 위원** 그러면 전혀 생각하지 못하고 가셨네요?

○**중소벤처기업부장관 오영주** 그런 여러 가지 민생 대책과 관련된 사안인가 이렇게 생각했습니다.

○**박지혜 위원** 그러면 12월 3일 이전에 계엄 선포의 가능성에 대해서 들어 보실 기회는 없었나요?

○**중소벤처기업부장관 오영주** 저는 전혀 없었습니다.

○**박지혜 위원** 그러면 계엄 선포 예정이다 이런 말을 들었을 때, 그러니까 장소에 도착하셨을 때 계엄 선포 예정이라는 것은 어떻게 알게 되셨나요?

○**중소벤처기업부장관 오영주** 저는 말씀드린 대로 가장 마지막에 도착을 했고⋯⋯

○**박지혜 위원** 가장 마지막에 도착하셨고.

○**중소벤처기업부장관 오영주** 제가 그렇게 알고 있습니다. 도착을 했을 때 이미 대통령께서 즉시 이석을 하셔서 이후에 바로⋯⋯

○**박지혜 위원** 그러면 대통령님의 말씀을 전혀 못 들으셨네요?

○**중소벤처기업부장관 오영주** 대통령님이 제 기억에 거의 가장 짧은 시간에 이석을 하시고 이후 선포를 하러 내려가신 걸로 나중에 알게 되었기 때문에 제가 사실 그 상황을 인지하는 데는 현장에서 이후에 인지가 되었다 이렇게 말씀을 드리겠습니다.

○**박지혜 위원** 그러면 계엄 선포와 관련해서 들으셨을 때 어떤 생각이 처음 드셨나요?

○**중소벤처기업부장관 오영주** 계엄 선포와 관련된 이야기는 대통령이 이석하시고 참석하셨던 여러 국무위원들께서 우려와 반대의 목소리 말씀하셨을 때⋯⋯

○**박지혜 위원** 어떤 생각이 드셨을까요?

○**중소벤처기업부장관 오영주** 제가 들었기 때문에 저는 사실 약간 그 당시에는 굉장히

비현실적인 생각으로 우려를 했습니다. 그래서 그 상황에 대한 이해를 하는 데 있어서도 잠시……

○**박지혜 위원** 지금 비상계엄을 선포하는 게 맞나 이런 생각은 안 해 보셨나요?

○**중소벤처기업부장관 오영주** 당연히 비상계엄의 선포라고 하는 것이, 그 당시에 선포하러 가신다는 생각은 선포하실 때 알았고요, 저는. 잠시 이석하셨기 때문에 이 논의 자체가 그런 선포를 위한 논의다 하는 것도 말씀하실 때 알았습니다. 그러니까 당연히 여러 분들이 말씀하셨지만 비상계엄에 동의하거나 그걸 필요하다 하신 국무위원은 없었습니다.

○**박지혜 위원** 말씀하신 것처럼 굉장히 비현실적인 내용이고요. 계엄법을 보게 되면 비상계엄이라는 것은 전시·사변, 이에 준하는 국가비상사태에서나 하는 거잖아요. 그러니까 당연히 그런 생각을 하셨을 것 같은데 그래서 비상계엄의 실체적인 요건도 갖추지 못했고 지금 보니까 절차적으로 국무회의의 심의를 거쳐야 하는데 국무회의라고 통지를 받고 가신 것도 아니고 하기 때문에 절차적으로도 국무회의 요건을 갖추지 않은 것으로 생각이 되는데요.

당시에 부서나 그런 것도 전혀 이루어지지 않은 거지요?

○**중소벤처기업부장관 오영주** 없었습니다. 정말 짧은 시간이었기 때문에……

○**박지혜 위원** 그래서 이번 계엄 선포가 위헌·위법한 것이다 이런 생각이 드는데 어떻게 생각하시나요?

○**중소벤처기업부장관 오영주** 말씀하신 대로 그 부분 제가 참석했던 국무회의가 평상시에 하는 국무회의와의 어떤 절차나 형식에 맞지는 않았습니다.

○**박지혜 위원** 위헌·위법한 것으로 판단이 되는데 어떻게 생각하시나요?

○**중소벤처기업부장관 오영주** 그 부분에 대해서는 지금 아시다시피 수사가 진행되고 있고……

○**박지혜 위원** 수사와 관계없이 개인적인 의견을 가지실 수 있는 사안이잖아요.

○**중소벤처기업부장관 오영주** 탄핵소추가 있는 부분에서……

○**박지혜 위원** 계엄 선포할 것이다 이렇게 알았는데 국무위원으로서 이게 맞는 판단인가 이런 생각을 해 보셔야 되는 것 아닌가요?

○**중소벤처기업부장관 오영주** 그러니까 위원님 제가 말씀드린 대로 저는 계엄에 동의하지 않는다는 말씀을 그 당시에는 제가 늦게 가서 말씀드릴 수가 없어서 나올 때 총리님께 말씀드렸습니다.

○**박지혜 위원** 아니, 당시에 어떤 역할을 하셨는지에 대해서 묻는 게 아니고 이 사안에 대한 가치 판단에 대해서 여쭙는 것입니다. 국무위원으로서 의견을 가져야 되는 것 아닙니까?

○**중소벤처기업부장관 오영주** 위원님, 그래서 제가 계엄에 반대한다는 말씀을 드립니다.

○**박지혜 위원** 위헌·위법한 것 맞지요?

○**중소벤처기업부장관 오영주** 그 부분에 대해서는 법에 따라서 지금 논의가 되고 있으니까 개인적으로 어떤……

○**박지혜 위원** 비상계엄 선포할 당시에 외교부장관님이나 기재부장관님은 대통령으로

부터 쪽지를 받았다 이렇게 말씀하시는데 장관님은 전혀 전달받으신 게 없는 건가요?

○중소벤처기업부장관 오영주 저는 정말 한 수 분 동안 있었기 때문에 그런 일은 없었습니다.

○박지혜 위원 비상계엄 선포 이후에 1시경에 비상 간부회의를 개최했다 이렇게 말씀하셨는데요. 거기서는 어떤 논의를 하셨나요?

○중소벤처기업부장관 오영주 저희가 끝나고 나서 바로 서울에 있는 사무실로 제가 먼저 이동을 하고 관련돼 있는 간부들이 대개 세종에 많이 있기 때문에……

○박지혜 위원 어떤 논의를 하셨나요?

○중소벤처기업부장관 오영주 많이 모으는 상황이었고요. TV를 보면서 결국은 저는 민생의 접점에 있는 부처를 담당하고 있는 장관이니까 이 부분들이 우리 경제에 미칠 영향, 그런 것을 논의했습니다.

○박지혜 위원 당시 1시에 국회에서 계엄 해제 표결이 진행 중인 상황이었잖아요. 모르셨나요?

○중소벤처기업부장관 오영주 아니요. 다 지켜보고 있었습니다. 제가 보면서……

○박지혜 위원 그러면 어떤 논의를 하셨나요, 1시에?

○중소벤처기업부장관 오영주 1시에 모였을 때는 곧 해제가 되기 직전에 있었고 저희가 해제와 관련돼 있는 것들을 간부들이 다 보면서 그렇게 회의를 했었습니다. 그리고 그 다음 단계에 이루어질 국무회의에서 해제 결의가 필요하다, 의결이. 그런 논의를 하면서 있었습니다.

○박지혜 위원 그러면 해제 결의를 위해서 용산에는 언제 가셨나요?

○중소벤처기업부장관 오영주 용산에서 요청이 들어온 시간이 제가 2시 한 20여 분으로 알고 있습니다. 그거는 국무조정실에서……

○박지혜 위원 언제 가셨나요?

○중소벤처기업부장관 오영주 바로 이동을 하기 위해서 했고요. 그러니까 제가 도착한 시간은 한 3시 십몇 분 정도였던 것 같습니다.

○박지혜 위원 바로 이동을 하셨는데 3시가 넘어서 도착하셨나요?

○중소벤처기업부장관 오영주 바로 이동이라 하면 제가 사무실에 있다가 이동을 했다는 말씀을 드리는 겁니다. 사무실에 계속 있었고 제가 가기 위해서 어느 정도 시간까지 가야 되는 것인지를 여쭤봤고……

○박지혜 위원 당시에 많은 국회의원들이, 190명에 달하는 국회의원들이 국회에서 해제 표결을 하고 뜬눈으로 본회의장에서 어떻게 해제 결정이 이루어질지를 기다리고 있는 상황이었습니다.

오늘 제가 계속 질의를 드리는데 분명하게 말씀하시지 않고 계속 답변을 애매모호하게 하시는 것 같아요. 저는 장관님께서 앞서 사과를 하시기는 했지만 국무위원으로서 결정과정에 참여를 하셨는데 이에 대해서 정말 막중한 책임감을 가지셔야 한다라고 생각을 하고요. 앞으로 수사를 통해서 법적인 책임을 지는 것과는 별개로 앞서 사과하신 것처럼 정말 막중한 책임감을 가지고 앞으로 민생경제 회복을 위해서 최선을 다해 주시리라고 생각합니다.

○중소벤처기업부장관 오영주 예, 위원님 말씀 명심하도록 하겠습니다.

○위원장 이철규 수고하셨습니다.

　　다음은 존경하는 김원이 위원님 질의해 주시기 바랍니다.

○김원이 위원 오영주 장관님, 계속해서 묻겠습니다.

　　윤석열이 얘기한 비상계엄의 사유가 비상계엄의 근거가 될 수 있습니까?

○중소벤처기업부장관 오영주 말씀드린 대로 위원님, 지금 수사가 진행되는 상황이기 때문에 제가 그 부분에 대해서 공식적으로 말씀드리지 않고 계엄에 반대한다는 말씀을 드렸습니다.

○김원이 위원 본인은 그러면 비상계엄 사유가 안 된다고 그래서 사과하신 거 아니에요? 왜 사과하신 거예요?

○중소벤처기업부장관 오영주 계엄에 반대한다는 의견을 드렸습니다.

○김원이 위원 그렇지요? 그러니까 비상계엄의 사유가 안 되니까 반대하신 거 아니에요?

○중소벤처기업부장관 오영주 반대한다는 의견을 드린 것으로……

○김원이 위원 우려도 표명한 거고. 결국 비상계엄 선포가 강행됐으니 위헌·위법한 상황이 전개된 거고 거기에 대해서 반대하신 거지요?

○중소벤처기업부장관 오영주 계엄에 대한 반대 의사를 말씀드렸고 제가 계속해서 하겠습니다.

○김한규 위원 왜 반대하냐고요, 왜 반대하냐고.

○김원이 위원 그러니까 위헌·위법한 것을……

○위원장 이철규 아니 위원님들, 질의할 때 중간에 좀……

○김원이 위원 잠깐만요. 위헌·위법한 것을 알고 반대하신 거 아니에요?

○중소벤처기업부장관 오영주 위원님.

○김원이 위원 그거 아니에요? 그러니까 반대했겠지요.

○김한규 위원 말장난 그만하세요!

○중소벤처기업부장관 오영주 위헌이라는 말씀드렸습니다.

○위원장 이철규 잠깐, 저기 스톱시켜 줘요.

○중소벤처기업부장관 오영주 말장난이 아니고 위원님, 저희가……

○위원장 이철규 스톱시키고……

○중소벤처기업부장관 오영주 지금 탄핵소추가…… 제가 말씀을 드리겠습니다.

○위원장 이철규 잠깐만 중단…… 존경하는 여야 위원님들, 다시 한번 부탁드리겠습니다.

○김원이 위원 제가 할게요. 제가 하겠습니다.

○위원장 이철규 오늘 원만한 의사일정 진행을 위해서 조금 감정이 격하실 수도 있겠지만 여기 나와 계시는 국무위원들과 또 우리 정부 부처 공직자들, 마치 죄인 추궁하듯이 이렇게 윽박지르고 하시는 모습이……

○김원이 위원 위원장님, 제가 알아서 하겠습니다.

○위원장 이철규 국민들께 바람직하게 보이지 않고 또 특히나 위원님들께서 동료 위원이 질의하시는데 다른 위원님들이 이렇게 중간에 끼어들어 가지고 또 질문을 하신다든가 또는 질책을 하시는 모습은 조금 자중해 주셨으면 감사하겠다는 말씀을 드립니다.

그러면 시간 다시 계속 진행하십시오.

○**김원이 위원** 한 30초는 더 늘려 주셔야 됩니다.

○**위원장 이철규** 아니, 그냥 스톱을 시켰어요 바로요. 진행하세요.

○**김원이 위원** 장관님, 그런 위헌·위법한 상황을 본인이 인지하고 있으니까 반대하신 거지요? 제가 차분하게 묻는 겁니다. 그렇지요?

○**중소벤처기업부장관 오영주** 예, 위원님 제가 한 말씀만 드리도록 하겠습니다.

사실 저희가 법에 의해서 지금 논의가 되고 있는 내용 중에서……

○**김원이 위원** 저기요.

○**중소벤처기업부장관 오영주** 제가 말씀드리는 것이 특별하게 그렇게 의미가 있냐는 생각이 들고요. 그래서 제가 반대한다는 말씀을 드리도록 하겠습니다.

○**김원이 위원** 그러니까요. 반대한 이유가, 반대를 했다는 것은 장관이 대통령의 뜻을 어기면서 반대를 한다는 것은 위헌·위법한 것을 알고 있으니까 반대하지 그게 적법하고 좋은 거였으면 반대하겠어요, 장관이? 그걸 알고 있으니까 반대하신 거 아니에요? 그렇게 얘기하시면 되지요.

그래서 위헌적이고 위법한 내란 사태를 알았어요, 비상계엄을 알았어. 안 즉시 무슨 행동을 했어요? 그 사실을 국회라든가 언론이라든가 그걸 막기 위한 어떤 행동을 했습니까, 장관?

○**중소벤처기업부장관 오영주** 위원님, 제가……

○**김원이 위원** 아무것도 안 했지요?

○**중소벤처기업부장관 오영주** 아니요. 제가……

○**김원이 위원** 들으세요. 듣고 계세요.

장관은 공직생활 몇 년 했지요?

○**중소벤처기업부장관 오영주** 37년입니다.

○**김원이 위원** 37년 했지요. 아마 장관님 같은 분이 사무관으로 시작해서 장관까지 올라오는 37년 기간 동안 대한민국에서 가장 큰 혜택을 보신 분 중에 하나일 겁니다. 그리고 장관이라고 하는 자리는 대한민국에서 가장 큰 권한을, 책임 권한을 가진 가장 큰 책임을 지는 자리라는 것도 알고 계시지요?

○**중소벤처기업부장관 오영주** 알고 있습니다.

○**김원이 위원** 그렇게 대한민국으로부터 혜택을 받고 그런 큰 권한을 가진 만큼 큰 책임과 의무를 다해야겠다는 생각 안 했습니까? 목숨 걸고라도 막았어야지요. 그리고 국회나 불법적인 비상계엄을 막을 수 있는 유일한 창구인 국회나 이런 데다 알렸어야지요. 아무런 행동을 하지 않았어요. 그러고 나서 비상계엄을 선포한 이후에 중기부로 돌아가시지요? 그리고 1시부터 아까 긴급 간부회의를 했다고 그러더라고요. 그 자리에서 뒤에 있는 간부님들, 중기부·산자부 다 포함해서 이 비상계엄 사태가 벌어진 뒤에 사직·사표를 낸 사람 한 명이라도 있어요?

○**중소벤처기업부장관 오영주** 위원님 말씀드리……

○**김원이 위원** 법무부는 한 명 있습니다. 유혁 법무부 감찰관이라고 그 양반은 사표를 내, 이런 위법한 위헌적인 비상계엄 사태에 대해서는 자기는 여기에 있을 수 없다고 사표를 한 번 냈습니다. 뒤에 계시는 실국장님들, 이 중에 한 분이라도 사표의 의사를 표명

한 사람 있어요? 없지요?

그래서 참…… 중기부에서 이렇게 대한민국으로부터 가장 큰 혜택을 받고 그러면서 가장 큰 권한과 책임을 갖고 있는 사람들이 아무런 일을 하고 있지 않을 때 대한민국 국민들이 국회를 옵니다. 계엄군의 총칼에 맞서 가지고요 싸웁니다. 장갑차 앞을 가로 막아요. 그리고 총을 찬 계엄군이 국회로 진입할 때 그거를 국회 직원들이 온몸으로 막아요. 보좌관들이 막아요. 국회의원들은 정말 공포에 떨면서 본회의장을 지켜요.

그래서 몇 시에 통과시키지요? 비상계엄 해제가 12월 4일 새벽 1시 1분에 비상계엄 해제가 됩니다. 그런데 황당한 사건이 일어납니다. 계엄사령부에서 1시 37분에 즉 비상계엄 해제가 결의된 이후인, 30분 후인 1시 37분에 계엄사령부에서 중기부에 인력 파견 요청이 왔던 거 아십니까?

○**중소벤처기업부장관 오영주** 예, 최근에 보고받았습니다.

○**김원이 위원** 최근에? 그때는 몰랐고?

○**중소벤처기업부장관 오영주** 예, 보고를……

○**김원이 위원** 계엄사령부에 그 즉시 전화를 받자마자 중기부가 어떻게 했는지 아세요, 조치했는지?

○**중소벤처기업부장관 오영주** 기획관이……

○**김원이 위원** 계엄사령부에 연락관을 파견하겠다고 통보했지요, 바로?

○**중소벤처기업부장관 오영주** 아니요. 그게 기본적으로 전화를 받고 하니까 사람 이야기했다고만 들었습니다.

○**김원이 위원** 저기요. 평상시라면 이해합니다. 이런 상황이 아니라 연습의 상황이면 당연히 그렇게 하는 게 맞지요. 저도 을지훈련 많이 해 본 사람이니까 그렇게 하는 게 맞는데 이 상황은 그 전날 12월 3일 10시 30분에 비상계엄 사태가 선포됐고 12월 4일 새벽 1시 1분, 30분 전에 비상계엄 해제 결의가 국회에서 있었어요. 그런데 30분 후에 계엄사령부에서 인력 파견 요청을 하니까 거기에 동의해 준 거예요. 물론 계엄이 해제된 뒤에는 안 보냈다고 설명을 하더라고요.

(자료를 들어 보이며)

이 자료 보면서 나는 진짜 깜짝 놀랐어. '비상계엄 선포 이후 합동참모본부 계엄과에서 연락관 파견 요청이 있어서 담당 국과장 협의로 비상재난 업무 담당자를 대상자로 통보했다. 하지만 곧 계엄이 해제돼서 실제 파견 안 했다'.

비상계엄이 해제된 30분 이후에도, 국회의 표결이 있은 이후에도 합동참모본부라고 하는 계엄사령부에서 사람을 파견하라고 명령을 했다는 것도 이건 정말 위헌·위법한 상황, 즉 2차 계엄의 시도가 실제 있었구나라고 하는 것을 보여 주는 징표이고 그 2차 계엄이 진행될지도 모르는 이 상황에 비상계엄을 해제한 국회의 표결을 한 이후에 사람을 보내겠다고 약속을 한 거예요.

이런 문제의식을 갖는 사람들의 이런 영혼 없는 답변, 이런 영혼 없는 공무원들이 어디 있어요? 나라의 봉급을 받는 사람들이 비상계엄이 해제된 30분 후에 계엄사령부에 사람을 보내겠다? 어떻게 이런 생각을 하는 거예요? 그 시간에 시민들은 목숨을 걸고 국회를 지키고 있었어요. 어떻게 이럴 수 있어요? 장관, 얘기해 보세요.

○**중소벤처기업부장관 오영주** 직원이 조금 판단을 잘못한 건 확실한 것 같습니다. 제가

다시 한번 챙겨보고 말씀드리겠습니다.

○**김원이 위원** 그래서 저는 이 자료를 요청할 때 이 자료 한 줄에 중기부의 사과와 반성, '저희들이 잘못 조치해서 죄송합니다'라는 말이……

(발언시간 초과로 마이크 중단)

‥‥‥

(마이크 중단 이후 계속 발언한 부분)

들어가기를…… 30초만 더 주세요.

○**위원장 이철규** 그냥 하십시오.

○**김원이 위원** 그런 말이 들어가기를 바랐어요. 사과가, '저희가 1시 1분에 비상계엄 사태가 해제됐음에도 불구하고 1시 37분에 잘못된 계엄사령부의 요청을 받고 응한 것은 저희 잘못입니다. 사과드립니다'라고 한 줄이 들어가기를 바랐어요. 그런데 여기 뭐라고 나와 있냐면요. '계엄사령관은 당해 기관 소속 공무원의 파견을 요청할 수 있으며 이 경우 당해 기관은 특별한 사정이 없는 한 이에 응해야 한다' 이렇게 답변을 저한테 보내 와요.

○**중소벤처기업부장관 오영주** 실무자가 너무 행정적으로 한 것 같습니다. 위원님, 제가 사과를 드리도록 하겠습니다.

○**김원이 위원** 이게 특별한 사정이 없는 경우가 아니라 이미 1시 1분에 비상계엄 해제 표결이 있었어요. 그런데 왜 계엄사령부의 명령을 듣냐고요. 그러면 당연히 통보받은 즉시 계엄사령부는 권한 없는 권력을 행사하지 마라고 따졌어야지요. 그런 배짱 없는 공무원들이 공무원 왜 합니까? 다 옷 벗으라고 그러세요.

○**위원장 이철규** 김원이 간사님, 이제 끝내 주시고……

○**김원이 위원** 장관님, 사과하세요 이 자리를 빌려서.

○**중소벤처기업부장관 오영주** 이 부분에 대해서 정말 제가 진심으로 사과를 드립니다. 다만 특별한 의사를 가지고 하지 않았다고 저는 생각하고 있습니다.

○**김원이 위원** 뒤에 사족은 빼시고 사과만 하세요, 제발.

○**위원장 이철규** 충분히 지적이 됐으니까……

○**김원이 위원** 다시 한번 기회를 줄게요. 뒤에 사족 빼고 다시 사과하세요.

○**중소벤처기업부장관 오영주** 사과드립니다.

‥‥‥

○**위원장 이철규** 김원이 간사님 수고하셨고요.

여야 위원님 모든 분들께 다시 한번 당부드리겠습니다.

그 뒤에 산업부에 중간 정도 경력 가지고 있는 국장님 계세요? 산업부 국장님들 중에 중간 기수가 누구십니까? 한번 일어서 보세요. 중간 기수에 계신 분 누구세요? 괜찮아요. 질책하려는 게 아니고 일어서 보세요.

몇 년도에 공직에 들어오셨습니까?

○**산업통상자원부정책기획관 안창용** 1999년……

○**위원장 이철규** 99년도에 들어오셨지요?

이쪽에 또 중기부에 중간 기수 국장님이 누구세요? 중기부의 무슨 국장이세요?

○**중소벤처기업부정책기획관 노용석** 정책기획관입니다.

○**위원장 이철규** 몇 년도에 입직하셨나요?

○**중소벤처기업부정책기획관 노용석** 98년에 입직했습니다.

○**위원장 이철규** 98년도에? 그러면 그때 입직하셨으면 지금 30년을 채 못 하신 건가요?

○**중소벤처기업부정책기획관 노용석** 27년……

○**위원장 이철규** 27년 하셨지요? 두 분 다 앉으세요.

제가 이 말씀을 왜 드리는가 하면 장차관을 제외한 공직자들은 직업공무원입니다. 직업공무원들이 이런 고도의 정치적 행위 또는 정무적 반응을……

○**김원이 위원** 위원장님, 그렇게 얘기하지 마십시오. 그건 과합니다.

○**김한규 위원** 위헌적이고 위법적인 행위지요.

○**위원장 이철규** 잠깐만, 제가 얘기하는 것은 공무원들을 영혼이 없니, 공무원들을 질책하시는 것 저분들이 30년 가까이 공직을 하면서……

○**김원이 위원** 저분들이 가장 법을 지켜야 되실 분들입니다. 그렇게 얘기하시면 어떻게 합니까, 위원장님?

○**박지혜 위원** 아니, 해제 의결이 이루어졌는데 그냥 회의를 하고 있으면 어떻게 합니까?

○**위원장 이철규** 가만히 있어 보세요. 저분들이 모욕을…… 저는 질책을 하라는 말입니다. 하는데 지적을 하고 질책을 하는 것과 영혼이 없니 뭐니 하면서 공직사회 전체를 이렇게 폄훼하는 것은……

○**김원이 위원** 그러면 잘한 겁니까, 위원장님?

○**박지혜 위원** 지금도 제대로 의견을 말씀 안 하시잖아요.

○**위원장 이철규** 아니 위원님, 나중에 말씀하세요.

저분들이 이 자리에 올 때까지 더불어민주당이 집권하던 시절이 15년이 있었습니다. 절반 이상을 그 정권에서도 공직을 담당해 왔고 양쪽을 왔다 갔다 하면서 다 해 왔는데 제발 공직자들을 영혼이 없니 이런 말씀을 좀 자중해 주시기 바랍니다. 자제해 주시기를……

다음은 존경하는 나경원 위원님 질의해 주시기 바랍니다.

○**나경원 위원** 서울 동작을 출신 나경원입니다.

오늘 회의는 결국 최근의 실물경제 동향 및 대응 계획에 관한 회의입니다. 오늘 민주당 위원님들께서 많이 분노하시는 것도 이해되는 부분이 있습니다. 그런데 이 방의 어느 위원도 대통령께서 계엄을 해야 될 일을 했다고 생각하는 위원 아무도 없습니다. 정말 대통령께서 해서는 안 될 일을 하셨습니다. 그러나 우리 국민의힘 의원들이 해제 요구에 모두 참여하지 못했다고 해서 해제 요구에 반대한 것도 아니었습니다.

저희 그날 국민의힘 대부분의 의원들은, 민주당 의원님들은 어떻게 일찍 그렇게 국회 본회의장에 들어오셨는지 모르겠지만 저희들은 부랴부랴 국회 경내로 들어오려고 했을 때 이미 민주당 지지자들로 국회가 모두 포위되었습니다. 일부 의원들은 국회 경내로 들어가려다가 민주당 지지자들로부터 심한 말을 듣고 우리 모두 당사로 복귀해서 해제 요구를……

(장내 소란)

그래서 저희가 당사에 있었지만 똑같은 의미였다는 이야기입니다.

저는 이제는……

좀 들으세요. 민주당 위원님들 들으세요.

○정진욱 위원 사실이 다릅니다. 추경호 원내대표가 당사로 오라고 했잖아요. 왜 그것을 숨깁니까?

○김원이 위원 자, 들으세요.

○박성민 위원 이야기 들어 보세요.

○나경원 위원 저희가 들어갈 수가 없었습니다.

○정진욱 위원 왜 국민을 속입니까?

○나경원 위원 들으세요.

○박성민 위원 왜 일방적으로 이야기합니까?

○박상웅 위원 사실대로 동료 위원이 이야기하면 들어 줘야지, 일단은.

○정진욱 위원 아니, 지금 국민 때문에 못 들어온 것으로 말씀을 하시잖아요.

○장철민 위원 그래도 국민들 탓을 하는 것은 아니지요.

○박성민 위원 이야기 들어 보세요. 저도 할 이야기가 있습니다.

○위원장 이철규 자, 정진욱 위원님……

○정진욱 위원 어떻게 그렇게 말씀하세요?

○장철민 위원 다른 논리는 그래도 국민들 탓을 하는 것은 진짜 아니지.

○박성민 위원 저도 실제 겪었던 이야기……

○나경원 위원 저희가 국회 경내에 들어갈 수가 없어서 못 들어갔습니다.

○정진욱 위원 추경호 원내대표가 당사로 오라고 이야기를 했잖아요.

○나경원 위원 자, 말씀드리겠습니다. 여러분……

○박성민 위원 보지도 않았으면서 저렇게 몰아붙이나.

○정진욱 위원 거기에 대해서 국회로 가야 된다고 이야기하지 않았잖아요, 나경원 위원님은.

○나경원 위원 여러분, 오늘……

○박성민 위원 왜 일방적으로 몰아붙입니까?

○김원이 위원 간사님, 그러시면 안 되지요.

○박상웅 위원 발언하도록 도와줘야지 동료 위원이 발언을 못 하게 하면 되나?

○장철민 위원 국민들 탓하는 것은 진짜 아니에요. 진짜 큰일 날 일이야.

○나경원 위원 이제는 우리가 차분해져야 됩니다. 저희가 이제는……

○정진욱 위원 그 당시에도 국회로 와야 된다고 말하는 국민의힘 의원이 있었습니다.

○박상웅 위원 이렇게 할 바에는 오늘 회의하지 마.

○나경원 위원 이제는……

○장철민 위원 아니, 국민들 탓 하신 것은 정정하셔야 돼요. 진짜 큰일 날 얘기예요.

○박상웅 위원 이렇게 회의할 바에는 회의를 왜 해?

○위원장 이철규 잠시 두 분 간사님들 가서 좀 얘기를 하세요.

○나경원 위원 계엄 사태를 지나서 이제는 탄핵 절차가 끝났습니다. 헌법 절차와 법의 절차가 있습니다. 거기에 맡기고 우리는 국회에서 해야 될 일을 해야 됩니다. 국회에서 해야 될 일이 뭡니까, 여러분?

○**정진욱 위원** 사실을 오도하니까 그러지요.

○**나경원 위원** 오늘 회의의 목적이 뭡니까? 실물경제에 어떤 영향을 미치고, 국회가 이 것을 어떻게 바로잡아서 대한민국 경제가 돌아가게 해야 되는 것 아닙니까? 그런데 그 날의 일정을 다시……

○**이언주 위원** 경제 혼자 걱정합니까? 그만 잘난 척하세요. 경제 혼자 걱정합니까? 그 만 잘난 척하세요.

○**박상웅 위원** 말을 해도…… 이언주 위원님, 말씀 그렇게 하시면 안 되지.

○**나경원 위원** 다시 복기하는 것이 우리한테 무슨 도움이 되겠습니까?

○**이언주 위원** 보자보자 하니까 진짜 너무 심하네.

○**위원장 이철규** 나경원 위원님, 잠깐 질의 중단해 주십시오.

○**나경원 위원** 자, 질의하겠습니다.

○**위원장 이철규** 질의 중단해 주십시오.

○**나경원 위원** 이제는……

○**위원장 이철규** 잠깐 질의 중단해 주십시오.

○**나경원 위원** 아니, 제가 질의하겠습니다.

○**위원장 이철규** 이런 상태로 질의가 되겠습니까? 처음부터 우려했던 게 이런 부분인 데 존경하는 위원님들, 지금 이 모습을 국민들이 바라볼 겁니다. 또한 해외의 대한민국과 거래하는 또 관계를 맺고 있는 외국의 기업 또 정부도 이 모습을 바라볼 겁니다.

좋습니다. 법사위나 국방위나 행안위 정도에서 이러한 계엄에 대한 책임을 추궁하고 하는 것 저도 충분히 공감하고 또 그렇게 진실을 밝히는 게 필요하다고 생각합니다. 그 런데 오늘 이 자리는 산업경제에 미치는 영향 또 그다음에 우리 서민경제에 미치는 영향 을 우리가 여기서 파악을 하고 거기에 대한 대책을 촉구하는 자리라고 제가 여야 간사 간에 협의도 하고 했는데.

특히 동료 위원의 질의에 대해서 생각이 좀 다르더라도 들어 주시면 안 되겠습니까? 저는 다시 한번 부탁을 드립니다. 생각이 다르시면 본인 질의시간에 질의를 하시고 끝나 고 난 다음에 의사진행발언을 하시든지 해 주시기 바라고요. 위원의 질의 과정에 이런 모습을 보이는 것을 국민들이 어떻게 바라보시겠습니까? 다시 한번 간곡히 당부드립니 다. 이 현안질의가 진행될 수 있게끔 협조해 주시기 바랍니다.

존경하는 나경원 위원님 계속해 주시기 바랍니다.

○**나경원 위원** 제 말씀의 취지는 이제는 헌법과 법의 절차로 넘어갔으니 좀 차분히 우 리가 해야 될 일을 하자는 이야기였습니다.

산업부장관께 질의하겠습니다.

산업부장관께서는 16일 산업부 확대간부회의에서 비상계엄이 실물경제의 영향에 아직 은 제한적인 영향을 주고 있다 이렇게 말씀하신 것 맞습니까?

○**산업통상자원부장관 안덕근** 예.

○**나경원 위원** 최근 S&P, 피치, 무디스 등 3대 국제신용평가사에서도 탄핵 정국에도 한국 국가신용등급은 여전히 안정적이라는 의견을 내고 있는 것 맞습니까?

○**산업통상자원부장관 안덕근** 예, 그렇습니다.

○**나경원 위원** 한국은행 또한 지난 15일 발간한 비상계엄 이후 금융·경제 영향 평가 및

대응방향 보고서에서도 과거 탄핵 국면에서 단기적으로는 외환시장의 변동성이 확대되었지만 국가 성장률 및 경제 전체에 미친 영향이 제한적이었다 이렇게 평가한 것 알고 계십니까?

○**산업통상자원부장관 안덕근** 예.

○**나경원 위원** 그러나 그럼에도 불구하고 소비 심리가 상당히 위축이 되어서 소상공인 피해와 기업의 투자 심리 위축으로 이어지는 것은 사실일 것입니다. 맞지요?

○**산업통상자원부장관 안덕근** 예, 그렇습니다.

○**나경원 위원** 제가 저희 지역분들한테 들은 이야기로는 실질적으로 외국인들이 많이 오지 않아서 도심에서라든지 이렇게 주요 관광지에서 상권이 굉장히 붕괴되는 것에 대한 우려들이 커지고 있는 것은 맞습니다. 그래서 저는 사실 지금 헌법과 법의 절차를 좀 차분히 대응해야 된다고 생각하는, 기다리고 이것은 이제는 헌법과 법의 절차로 가야 된다고 생각하는 것이……

지금 보니까 또 탄핵 찬반 시위가 아직도, 이번 주말에도 있을 것 같이 보여지는데요. 이것이 결국은 국민들의 소비 심리라든지 외국인들의 한국 방문의 그런 의지를 꺾을 수 있다고 생각하는데 어떠십니까?

○**산업통상자원부장관 안덕근** 저희가 그런 평가를 내렸던 것은 지금까지 직접적인 영향은 제한적입니다. 이게 다행히 계엄 선포가 되고 그다음에 바로 해제가 됐기 때문에 직접적으로 이렇게 물류가 잘못된다거나 수입·수출 결제가 잘못된다거나 이런 부분들은 저희가 최소화 시키려고 최선을 다하고 있는데 전반적으로 이제 앞으로 정치 상황 자체가 상당히 불확실하게 가면서 글로벌하게 우려가 커지는 것은 맞습니다. 그래서 지금 위원님이 말씀하시는 것처럼 그런 부분들을 저희가 계속해 나가야 될 부분이라고 생각하고 있습니다.

○**나경원 위원** 그리고 사실은 지난주에 예산이 대폭 감액되어서, 상당히 감액 통과된 예산안도 소비 심리 위축을 가속화하고 실질적으로 한국은행 총재도 이야기하신 것처럼 4조 1000억 원 감액된 예산안이 경제성장률 0.06% 정도를 낮춘다고 하는데 이것이 대한민국 경제에 상당히 영향을 줄 것이다 이렇게 생각을 하는데 어떠신가요?

○**산업통상자원부장관 안덕근** 저희 산업부로서도 매우 중요하게 추진을 하고 있던 동해 가스전 사업 같은 경우에 위원님들께서 우리 산중위에서 그 예산을 잘 만들어 주셨는데 예결위 단계에서 그게 갑자기 삭감이 되면서 저희가 지금 상당히 곤혹스러운 입장입니다. 그래서 앞으로 그런 부분들 잘 챙겨 나가도록 하겠습니다.

○**나경원 위원** 그래서 지금 예산 감액해서 통과한 다음에 바로 국회 추경 이야기하는데 이것은 좀 안 맞는 것 같기는 하지만 결국은 예산이 민생경제의 방파제니까…… 지금 보면 대왕고래뿐만 아니라 여러 가지 에너지 공동연구, 많은 중요한 산업·사업들 예산을 다 삭감했더라고요. 그래서 이런 부분을 어떻게 극복할 수 있는지, 지금 오히려 재정 투입이 많이 필요할 텐데 이 부분에 대해서도 산업부에서도 대책을 마련해 주시고요. 중소기업부장관도 마찬가지십니다.

또한 입법 리스크가 있는 것 같습니다. 오늘 한덕수 총리께서 다행히 국회의 증언 및 감정법 일부개정법률안에 대해서는 거부권을 행사한다고 했지만 이것이 결국 기업 비밀이 상당히 유출될 수 있는 법안 아닙니까? 맞지요?

○**산업통상자원부장관 안덕근** 예, 그저께 경제 6단체에서 공동성명을 발표를 해 가지고 상당한 우려를 표명한 바가 있습니다.

○**나경원 위원** 그래서 이러한 법안도, 사실은 지난 4년간 기술 해외 유출로 인한 피해도 상당히 많고, 23조 원 정도로 추정하고 있는데요. 이러한 부분도 조금, 저희도 국회에서 논의를 좀 더 할 수 있도록 하겠지만 민주당의 위원님들께도 많은 설득을 해 주시고, 상법 개정안도 역시 마찬가지일 것 같습니다. 그래서 이런 부분 잘 검토해 주시고 여야 위원들과 대화 많이 해 주시고요.

저는 공무원들의 사기가 굉장히 중요하다고 생각을 합니다. 공무원들은 어떻게 보면 매뉴얼 따라 행동한 여러 가지가 있을 수 있다고 생각을 합니다. 이제 와서 보면 잘못된 것이 많이 있지만 또 그것이 법적 저촉이 되는 것은 또 다른 문제가 있을 수 있습니다. 그래서 공무원들이 더 실물경제가……

(발언시간 초과로 마이크 중단)

··

(마이크 중단 이후 계속 발언한 부분)

회복될 수 있도록 최선을 다해서 일할 수 있도록 장관들께서 격려해 주실 것을 부탁드립니다.

○**산업통상자원부장관 안덕근** 예, 저희가 최근에 외국인 투자 기업들이나 외국 상회들하고 이렇게 열심히 소통을 하고 있는데 아까 위원님들께서 강조해 주신 바와 같이 이미 우리나라 산업은 글로벌 산업 생태계의 굉장히 중요한 축을 담당을 하고 있습니다. 그래서 사실 지금 상황에서 외국 상회에서 오히려 자기들이 도와주겠다라는 얘기를 하고 있는 상황입니다. 그래서 산중위 위원님들께 입법, 지금 말씀하신 그런 노력을 했던 것들이 차질 없이 진행되도록 도와주십사 하는 말씀을 다시 한번 드리겠습니다.

··

○**위원장 이철규** 나경원 위원님 수고하셨습니다.

다음은 존경하는 김정호 위원님 질의해 주십시오.

○**김정호 위원** 산자부장관님, 윤석열의 비상계엄 발동 명분 중에서 민주당의 예산 삭감 때문에 국정이 마비되고 정상화시키기 위해서 비상계엄을 발령했다 이렇게 계엄 포고문에서 얘기를 했어요. 체코 원전 수출 지원 예산 무려 90% 깎아 버렸다, 이게 사실입니까?

○**산업통상자원부장관 안덕근** 아닙니다. 저희……

○**김정호 위원** 됐고요. 한 푼도 깎은 것 없지요?

○**산업통상자원부장관 안덕근** 그렇습니다.

○**김정호 위원** 그런데 왜 이런 가짜뉴스를 대통령이 엄중한 비상계엄령을 발동하면서 이것 갖다 댑니까?

○**산업통상자원부장관 안덕근** 그 경위는……

○**김정호 위원** 체코 원전 수출하는 모델이 AP1000이잖아요. 무슨 상관이 있습니까, 이게? 90% 감액된 사업은 뭡니까?

○**산업통상자원부장관 안덕근** 저희 산업부의 이 원전 관련된 예산은 위원님들께서 만들어 주신 4887억 원 예산이 그대로 다 있습니다.

○**김정호 위원** 됐습니다. 90% 감액된 그 사례를 들었는데 뭐가 그렇습니까?

○**산업통상자원부장관 안덕근** 아마 여타 부처의 연구개발사업 같은 것들을……

○**김정호 위원** 그렇지요. 과기부 쪽의 차세대 소듐냉각고속로 기본설계 사업비 이게 줄었어요. 이게 산자부의 원전 수출 지원 예산하고 무슨 상관이 있습니까?

또 차세대 원전 개발 관련 예산 거의 전액 삭감했다 이렇게 포고문에 나와 있어요. 산자부 예산 중에서 차세대 원전 사업비가 뭐뭐 있습니까? 그리고 얼마입니까? 몰라요?

○**산업통상자원부장관 안덕근** 지금 말씀하신 그게 여러 가지 분야로 나뉘어 있어서……

○**김정호 위원** 뭐가 여러 가지예요, 예산 항목이 딱 나와 있는데.

○**산업통상자원부장관 안덕근** i-SMR도 있고……

○**김정호 위원** SMR 제작지원센터 구축 사업비 54억 600만 원, 혁신형 소형모듈원자로(i-SMR) 기술개발 R&D 사업비 329억 2000만 원, 과기부 것도 530억, 단 한 푼도 차세대 원전 관련해서 정부 예산안 깎은 것 없습니다. 100% 정부안대로 통과되었습니다. 이렇게 새빨간 거짓말을 그것도 대통령이 비상계엄하는 사유로 그렇게 이야기해서, 거짓말해서 되겠습니까? 입만 열면 거짓말이에요.

좋습니다. 이것 사실이 아니지요?

○**산업통상자원부장관 안덕근** 예, 사실과 틀린 부분이 있습니다.

○**김정호 위원** 그러면 관련된 참모로서 사과하세요, 이런 게, 터무니없는 거짓말이 비상계엄 발동 요건으로, 명분으로 쓰였다는 것. 예산 삭감한 것 아니지요?

○**산업통상자원부장관 안덕근** 예, 예산은 삭감된 부분이 없습니다.

○**김정호 위원** 책임지셔야 됩니다.

또 묻겠습니다.

체코 원전 수출을 위해서 미국 에너지부와 지식재산권 협상 어떻게 되고 있습니까?

○**산업통상자원부장관 안덕근** 지금 그 업체들 간의 소송보다는 좀 더 건설적인 방법을 찾기 위해서 협의하고 있는 것으로 알고 있습니다.

○**김정호 위원** (영상자료를 보며)

지난번에 MOU 체결했지요?

○**산업통상자원부장관 안덕근** 예, 그것은 정부 간의 원전 수출에 관련된……

○**김정호 위원** 정부 간의 수출 통제 관리 강화한다는 내용이 들어 있고요.

○**산업통상자원부장관 안덕근** 그렇습니다.

○**김정호 위원** 결국 미국 에너지법이나 연방 규정에 따른 수출 통제 계속 받겠다는 것 아닙니까? 받을 수밖에 없는 것 아닙니까?

○**산업통상자원부장관 안덕근** 양국이 수출 통제 절차가 있기 때문에……

○**김정호 위원** 우리가 지금 미국에서 동등한 그런 협상 지위를 갖고 있습니까?

○**산업통상자원부장관 안덕근** 양국이……

○**김정호 위원** 잠깐만요. 웨스팅하우스가 체코 원전 최종 계약이 내년 3월인데 내년 말까지 중재에 나서지 않을 것이라 그런 입장을 고수하고 있는 것 알고 계신가요?

○**산업통상자원부장관 안덕근** 중재에 나서지 않는다고요?

○**김정호 위원** 타협하지 않겠다. 소송을 하고 있지 않습니까?

○**산업통상자원부장관 안덕근** 기업 간에 지금 진행되는 상황을 제가 말씀드리기는 좀

어렵지만……

○**김정호 위원** 시간이 없어서요, 하실 말씀이 있으면 서면으로 답변하시고요.

프랑스 EDF나 웨스팅하우스가 체코 경쟁보호청에 진정을 냈고 1심에서는 사유가 기각되었지요?

○**산업통상자원부장관 안덕근** 위원님이 잘 아시는 것처럼 하루 만에 그게 기각이 되었습니다.

○**김정호 위원** 사유가 뭡니까?

○**산업통상자원부장관 안덕근** 그 자격 요건이 안 된다 그래서……

○**김정호 위원** 자격 요건이 아니라 절차상 하자, 15일 이내에 진정서를 제출해야 되는데 한참 뒤에 했다 해서 기각한 거고요.

○**산업통상자원부장관 안덕근** 그 말씀입니다. 제출할 수 있는 자격이 안 되어서……

○**김정호 위원** 정작 항소를 했습니까?

○**산업통상자원부장관 안덕근** 예, 2심, 항소한 것으로 알고 있습니다.

○**김정호 위원** 했지요. 이것은 왜 했겠어요? 진정 내용에 대해서 다루지 않았어요, 1심에서는. 그래서 이게 최종 계약 체결이 보류되어 있지요?

○**산업통상자원부장관 안덕근** 그것은 위원님……

○**김정호 위원** 아니, 보류되어 있습니까, 안 되어 있습니까?

○**산업통상자원부장관 안덕근** 그것을 보류됐다고 지금 말씀드리기가 좀 어렵습니다.

○**김정호 위원** 중단되어 있지요?

○**산업통상자원부장관 안덕근** 내년 3월까지 계약을 하게 되어 있는데요.

○**김정호 위원** 아니, 그것 알고 있어요.

○**산업통상자원부장관 안덕근** 아시겠지만 방문단이 와서 실사단하고 지금 협의를 계속하고 있습니다. 그래서 그 실질적인 절차는 진행이 된다고 보셔야 됩니다.

○**김정호 위원** 이게 계약 범위가 두코바니 1기에서 테믈린 3·4호기까지 확대됐기 때문에 이게 그 기간에, 15일이내에 할 수 없었다. 이게 한수원 컨소시엄을 도와주기 위해서, 불공정한 거래다. 뿐만 아니라 EU 역외보조금 규정도 위반한 거다. 이렇게 해서 지금 이 부분이 항소 들어간 거예요. 그러면 이 부분은 이제 체코 반독점 당국이 심각하게 논의할 수밖에 없는 거지요.

○**산업통상자원부장관 안덕근** 위원님, 지난번에도 말씀드렸지만 이게 지금 웨스팅하우스가 소송 중에 하는……

○**김정호 위원** 한 가지만 더 물어볼게요.

○**산업통상자원부장관 안덕근** 그 입장을 국회에서 자꾸 말씀하시면……

○**김정호 위원** 충분히 알고 있고, 좀 더 잘 살펴보셔야 됩니다.

○**산업통상자원부장관 안덕근** 예, 그렇게 하겠습니다.

○**김정호 위원** 프랑스 EDF가 유럽 집행위원회에다가 EU 역외보조금 조사 요청했지요?

○**산업통상자원부장관 안덕근** 예.

○**김정호 위원** EU가 한국 현장조사 왔습니까?

○**산업통상자원부장관 안덕근** 현장조사, 그런 건 저는 들은 바가 없습니다.

(발언시간 초과로 마이크 중단)

(마이크 중단 이후 계속 발언한 부분)

○**김정호 위원** 저는 이번 비상계엄 사태로 이 체코 원전도 크게 장애가 조성되었고 가뜩이나 어려운 상황에서 더더욱 이게 불투명해졌다 이렇게 생각이 됩니다.

지금까지 죽 제가 모니터링하고 스터디한 결과 과연 이게 끝까지 가서 우리 한국 원전 산업계, 우리 국익에 도대체 어떤 실질적인 도움이 되는가, 심각하게 회의하지 않을 수 없습니다. 지금까지 죽 이야기했기 때문에……

다만 한 가지, 윤석열 대통령이나—전이지요—산자부 측에서 우리 원전 산업의 독자적인 기술, 독자적인 수출을 지금까지 주장해 왔습니다. 결과적으로 지금 드러난 것은, 윤석열 씨도 그렇게 이야기했지만 이것은 원천기술 보유국의 승인이 불가피하고 수출통제 절차도 따라야 된다라고 인정을 했어요. 그게 11월 7일 기자회견에 나와 있습니다. 그렇다면……

○**위원장 이철규** 이제 그만 정리해 주시지요.

○**김정호 위원** 정리하겠습니다.

원천기술이 미국에 종속되어 있고 한국이 국제특허 하나 없는 상황에서 여러 가지 이전에 죽 열거했던 리스크를 감수하면서 오히려 이익은 미국 웨스팅하우스에 다 갖다 바칠 수밖에 없는 이 불공정한 구조에서 재주는 곰이 넘고 돈은 되놈이 버는 격이 되지 않느냐.

이것 심각하게, 무리하게 출혈수출 밀어붙이지 말고 진지하게, 지금 상황도 많이 바뀌었습니다. 그런 만큼 산자부도 냉정하게 국익 차원에서 한 번 더 다시 살펴보시고 검토 의견을 제출해 주시기 바랍니다.

○**위원장 이철규** 수고하셨습니다.

장관님, 답변하실 게 있습니까?

○**산업통상자원부장관 안덕근** 위원님 말씀하고 그다음에 예전에도 몇 차례 강조해 주셨고 존경하는 김한규 위원님께서도 여러 가지 기술적인 문제를 몇 번 짚어 주셨는데 저희가 그런 부분들 잘 챙겨서 지금 체코 측에서 진행되고 있는 소송 같은 것들이 문제가 안 되게, 계약이 성공적으로 체결될 수 있도록 노력을 하겠습니다.

이 사업 자체가 지금 위원님께서 걱정하시는 것처럼 그렇게 상당한 손실을 우리가 감수하고 들어가는 사업이 아니고요. 지금 계속 말씀하시는 것처럼 손실을 감수하는 사업이면 프랑스나 웨스팅하우스가 이렇게까지 집요하게 저기다가 그것을 하겠다고 따라붙을 이유가 없습니다.

그러니까 지금 전 세계에 나와 있는 원전 사업 중에 사실 가장 유망하고 여러 가지로 우리 국내 원전 생태계를 키워 나가는 데 있어서는 아주 필요한 사업이기 때문에 저희가 국가적으로 이것을 일관성 있고 안정적으로 잘 끌고 나갈 수 있도록 노력을 하겠다는 말씀 드립니다.

○**김정호 위원** 한 가지만 더, 확실하게 답변 주십시오.

○**위원장 이철규** 김정호 위원님, 협조 좀 해 주시지요. 중진 위원님께서……

○김정호 위원 한 가지만 묻겠습니다.

24조 원이 한수원 컨소시엄이……

○위원장 이철규 다른 위원님들이 질의하시면 되잖아요.

○김정호 위원 수주한 건설비, 사업비가 맞습니까? 분명히 답변해 보세요.

○산업통상자원부장관 안덕근 그게 제가……

○김정호 위원 나중에 이것 문제가 될 답변입니다.

○위원장 이철규 장관님, 그만하시고요.

○김정호 위원 답변하세요.

○위원장 이철규 이게 속기록에 남고 내외신에서 보는데 대한민국이……

○산업통상자원부장관 안덕근 예상 사업비가 24조 원으로 발표가 되어 있는 거고요. 지금 계약……

○김정호 위원 우리가 수주한 건설비가 얼마냐는 거예요.

○산업통상자원부장관 안덕근 지금 그것은, 계약은 앞으로 3월 달에 1호기가 계약을 해야 되는 거고……

○김정호 위원 아니, 대통령은 내내 24조 원 이야기했잖아요.

○산업통상자원부장관 안덕근 앞으로 그걸 하기 위해서 지금 협상을 하고 있습니다. 3월 달에 1기가 계약이 될 거고……

○위원장 이철규 장관님, 그만두시고요.

잠깐만요.

여기 기록에 남고 내외신이 보는데, 우리가 원전 관련해 가지고 국제특허가 하나도 없나요?

○산업통상자원부장관 안덕근 아닙니다, 많이 있습니다.

○위원장 이철규 그러면 그런 걸 명확하게 답변하셔야지.

○김정호 위원 무슨 특허가 있어요, 핵심 기술에.

○위원장 이철규 우리가 원전 관련된 국제특허 하나 없는 나라로 알려지면 되겠습니까?

○김정호 위원 아니, 그러면 이야기해 보세요. 특허가 뭐 있습니까, 핵심 기술에? 원자로 부분에 무슨 기술이 특허가 있습니까?

○박형수 위원 우리도 질의 좀 합시다. 혼자서 다 하십니까?

○위원장 이철규 이것은 명확하게 기록에 남겨야 되니까 원전 관련해 가지고 국제특허가 몇 건인지는 당연히 나오지 않겠지만……

특허청장님.

○특허청장 김완기 예.

○위원장 이철규 우리 원전 관련해서 국제특허가 출연된 게 상당수가 있나요, 없나요?

○특허청장 김완기 많이 있습니다.

○위원장 이철규 이런 걸 지금 구체적으로 몇 건인지는 모르겠지만……

○김정호 위원 원천기술에 뭐가 있어요?

○위원장 이철규 우리가 원전의 기술 강국이라는 것은 세계 각국이 다 인정하는 부분인데요. 이 사업에 혹여라도 누가 될까 봐 우려가 돼서 드리는 말씀이고. 산업부장관은

이 사업이 국익에 도움이 되는 쪽으로 추친될 수 있게끔 잘 챙겨 주시기 바랍니다.

수고하셨습니다.

○**산업통상자원부장관 안덕근** 사실 위원장님께 제가 부탁을 드리고 싶은 것은 지금 체코 측에서는 국내의 이런 상황 때문에 상당히 우려를 하고 있습니다. 사실 지금 국가적으로 제일 중요한 것은 우리 산중위의 위원님들께서 의원외교 차원에서 체코를 가서 우리가 지금 국내가 정치적으로 어렵지만 국가적으로 약속한 부분들이 일관성 있게 추진이 될 수 있다라는 것을 전달할 수 있는 의원외교 기회를 만들어 주시면 하는 말씀을 드립니다.

○**위원장 이철규** 알겠습니다.

저도 2019년도에, 야당 시절에 당시 우상호 민주당의 의원님과 또 홍익표 정책위의장과 함께 동행해서 체코에 원전 수주를 위해서 출장을 다녀온 적이 있습니다. 그래서 국회 차원에서도 여야 위원님들과 상의해서, 간사님하고 상의해서 체코 원전 수출이 정상적으로 이루어질 수 있게끔, 국내 정치 상황하고 관계없이 국회 차원에서 뒷받침한다는 의지를, 시그널을 줄 수 있게끔 조치를 취하겠습니다.

수고하셨고요.

다음은 존경하는 박상웅 위원님 질의해 주시기 바랍니다.

○**박상웅 위원** 중기부장관님, 지금 현재 계엄과 탄핵 정국 속에서 국민들의 민생이 상당히 흔들리고 있는 사실은 알고 계시지 않습니까?

○**중소벤처기업부장관 오영주** 예.

○**박상웅 위원** 연말에 소상공인들의 매출도 매우 위태로운 지경으로 가고 있는데, 그걸 위해서 카드 수수료를 인하 적용을 할 수 있다고 했는데 그런 구체적인 복안이 있습니까?

○**중소벤처기업부장관 오영주** 금융위에서 이미 발표를 했습니다. 그래서 아마 금융위 규정을 개정하고 있는 것으로 알고 있고요. 2월부터는 바로 시행이 될 거라서……

○**박상웅 위원** 그 시기를 당길 방법이 없습니까?

○**중소벤처기업부장관 오영주** 금융위에게 빠른 시행을 제가 한번 요청해 보도록 하겠습니다.

○**박상웅 위원** 좀 더 빨리 시행을 해서 민생부터 챙겨 나가야 하겠다.

○**중소벤처기업부장관 오영주** 예, 그렇게 하겠습니다.

○**박상웅 위원** 그리고 산자부장관님, 지금 트럼프 2기 정부가 곧 출범을 할 텐데 이미 일본의 소프트뱅크 손정의 회장이 미국에 1000억 불 투자하고 하는 여러 가지 적극적인 경제협력이 미일 간에 이루어지고 있는데 우리는 지금 자꾸 한국을 패싱한다, 이제 더 이상 한국을 주요 파트너로 인정하지 않는다는 그런 불필요한 이야기가 국내 언론에 많이 나오는데.

지금 대미 경제협력 관계에 있어서 창구를 어디로 주로 하고 있습니까?

○**산업통상자원부장관 안덕근** 모든 부처가 지금 전방위적으로 뛰고 있고요. 우리 기업들이 최근에 미국에 가장 많은 투자를 하고 있습니다. 그래서 우리나라가 미국 경제에 중요한 역할을 하고 있는 부분을 부각해서 저희 산업부가 앞장서서 대미 그런 협력 창구들을 지금 구축하려고 노력하고 있습니다.

○**박상웅 위원** 그런 부분에 대한 대국민 홍보가 별로 안 보입니다. 그렇지요? 지금 탄핵 정국 속에서 모든 게 묻혀 버렸어요. 그래서 국민 불안감이 자꾸 가중되고 있기 때문에 이 부분에 대한 산자부의 적극적인 노력과 홍보가 함께 이루어져야 되겠다.

○**산업통상자원부장관 안덕근** 유념하겠습니다.

○**박상웅 위원** 그래야 국내 투자도 안정적으로 이루어지고, 지금 설비투자도 거의 중단되다시피 하는 상황이니까 이 부분에 대해서 우리 기업인들을 안심시킬 수 있는 청사진을 빨리 마련해서 제시를 해야 되겠다, 제가 이 말씀을 드립니다.

○**산업통상자원부장관 안덕근** 예, 각별히 명심하겠습니다.

○**박상웅 위원** 그리고 환율 문제로 인해서 우리 수입 업체들이 타격을 많이 입고 있는데, 이 부분에 대해서 조금 힘에 부치면 무역보험공사에서 운영하는 수입보험에 의한 대출이 충분히 가능할 수 있다 이렇게 봐도 됩니까?

○**산업통상자원부장관 안덕근** 지금 저희가 환변동보험이나 수입보험 같은 것들을 최대한 활용해서 지원을 하려고 노력하고 있습니다.

○**박상웅 위원** 그 규모를 1.5배로 확대해서 적용을 하려고 하는데 이 부분도 좀 적극적으로 홍보를 해서……

○**산업통상자원부장관 안덕근** 예, 그렇게 하겠습니다.

○**박상웅 위원** 위축되지 않도록 그렇게 유도를 해 주실 것을 부탁드립니다.

사실 계엄이나 탄핵이나 이런 부분은 제도권 정치에서 가장 싫어하는 상황입니다. 여당 의원들도 깜짝 놀라서 처음에는 다 농담인 줄 알았어요, 저 역시 그랬고. 이게 현실이 되면서 매우 안타까운 심정인데, 이런 쓰나미가 몰려오고 큰 해일이 일어나듯이 요동을 치면 배가 전복이 됩니다. 체제가 전복이 돼요. 여야가 없이 국가 질서가 다 무너질 수도 있습니다. 이런 상황에서 국가를 안정적으로 유지해 줄 수 있고 우리 민생을 지켜 주고 국가 경제를 튼튼하게 유지시켜 줄 수 있는 힘은 여기 계신 산자위와 거기 배석해 계신 여러분들의 헌신적인 노력이 뒤따라야 됩니다.

어떤 상황이 오더라도 우리 경제와 산업계는 안정적으로 가야 되고 그래서 거기 뒤에 배석해 계신 공직자, 공무원 여러분들은 그 최일선에서 가장 중요한 책임을 지고 있다 이런 시대적 사명의식을 지금 굳건하게 가지고 있어야 됩니다. 그렇기 때문에 이런 계엄이나 탄핵 사태에 주눅 들고 흔들리고 그렇게 해서 아침저녁으로 논리를 바꾸고 살아남기 위해서 변덕을 부리고 하면 안 됩니다. 여러분들이 여야 눈치 보지 말고 나라를 내가 지킨다 생각하고 산업계를 지켜 주셔야 됩니다. 여러분들이 굳건하게 정치적 중립을 가지고 어떤 정치적인 논쟁이 오고 가더라도 여러분들은 이 산업계, 우리 민생을 우리가 지킨다 하는 마음으로 버텨 나가고 흔들리지 말아야 됩니다.

동의하십니까?

○**산업통상자원부장관 안덕근** 예, 꼭 명심해서 저희가 산업계는 꼭 지켜 내겠습니다.

○**박상웅 위원** 그렇기 때문에 지금 공무원들이, 아까도 존경하는 많은 위원님들이 사과하라, 사퇴하는 사람이 없느냐 그러는데 여러분들이 사퇴하면 안 됩니다. 여러분들이 사퇴해 버리면 우리 산업계가 무너집니다. 지금 이 질서를 지켜 줄 수 있는 유일한 힘입니다. 그래서 공무원들이 정치적 중립을 지탱해 오는 겁니다. 그게 국가가 버티는 힘이고요. 그래서 앞으로 어떤 일이 있어도, 이럴 때일수록……

탄핵의 절차가 어떻게 진행될지는 우리도 잘 모릅니다. 그렇지만 우리 산자위에서는, 특히 거기 공직자 여러분들은 어떻게 되든 안 되든 상관없이 지금 현재 국가의 기간산업을 지켜 주고 에너지를 보강해 주고 수출입에 대해서 문제가 없도록 선제적으로 시스템을 가동하고 그리고 소상공인들의 민생을, 중소벤처기업 장관님은 과거 어느 때보다 더 신경을 써서 살피고 지원해 주고 그래 가지고 다시 일어날 수 있도록 이 위기 극복을 위해서 여러분들이 최선을 다해야 됩니다. 그렇기 때문에 여러분들의 역할은 정쟁의 대상이 될 수 없습니다.

그리고 대왕고래 사업은 시추를 합니까?

○산업통상자원부장관 안덕근 예, 내일부터 실질적인 시추가 들어갑니다.

○박상웅 위원 예산은요?

○산업통상자원부장관 안덕근 지금은 방법이 없으면 자체 예산으로 하는 방법밖에 없는데 앞으로 국회에서 좀 도와주시면 감사하겠습니다.

○박상웅 위원 생빚을 내서라도 진행하는 일을 중단하면 안 됩니다. 하시고, 부족한 돈은 나중에 다른 방법으로 예산 지원을 받더라도 흔들리지 말고 진행을 해야 됩니다.

○산업통상자원부장관 안덕근 예, 저희는 그렇게 추진할 예정입니다.

○박상웅 위원 이거는 정권, 안보와 아무 관계없습니다, 국가 백년대계를 좌우하는 일이기 때문에.

(발언시간 초과로 마이크 중단)

··

(마이크 중단 이후 계속 발언한 부분)

하여튼 여러분들의 굳센 의지로 중립을 지키고 누가 뭐라고 계엄 문제에 대해서 여러분을 끌어넣더라도 거기 휘말리지 말고 할 일을 다 최선을 다해 주시기를 부탁합니다.

○산업통상자원부장관 안덕근 예, 꼭 명심하겠습니다.

○박상웅 위원 감사합니다.

··

○위원장 이철규 수고하셨습니다.

다음은 존경하는 김한규 위원님 질의해 주시기 바랍니다.

○김한규 위원 장관님들에게 질의하기 전에 잠깐 말씀드리면 오늘 답변하시는 태도나 특히 중기부장관님 본인이 그날 책임이 없었다는 얘기를 한참 변명 조로 얘기하시는 걸 보면서 이분들이 당시 계엄군이 국회를 쳐들어오고 군인과 경찰에 둘러싸여 있던 국회 안에서 비상계엄이 해제될 때까지 떨었던 우리 국회의 분노를 잘 이해하시지 못하는 것 같다라는 말씀을 먼저 드립니다.

죄송합니다.

○김성환 위원 진짜로 화났네.

○김원이 위원 김한규 위원 화내는 거 처음 봤어.

○박형수 위원 뭘 처음 봐, 저번에 국정감사 할 때도 엄청 화내더구먼.

○김원이 위원 아니야, 안 그랬어, 진짜.

○김성환 위원 아니아니야, 차원이 달라요.

○위원장 이철규 위원님들 가만히 좀 계세요.

○**김한규 위원** 이게 여당 위원님들은 농담으로 하실 수 있는지는 모르겠는데 저희는 반국가세력으로 척결이 될 수 있었던 사람들입니다.

(「처단, 처단」 하는 위원 있음)

처단이 될 수 있던 사람들입니다.

죄송합니다.

산업통상부장관한테 질의하겠습니다.

○**산업통상자원부장관 안덕근** 예.

○**김한규 위원** 긴급현안보고 자료 왜 준비하셨습니까? 무슨 이유 때문에 준비하셨습니까?

○**산업통상자원부장관 안덕근** 지금 현 상황에 대해서 간략한……

○**김한규 위원** 현 상황이 뭡니까?

○**산업통상자원부장관 안덕근** 계엄 이후에 지금 산업 상황이 불확실성 때문에 상당히 어려움을 겪고 있고 저희가 산중위에 지금 상황 설명 보고를 드리고 앞으로 대책……

○**김한규 위원** (자료를 들어 보이며)

정치적 불확실성 때문이라고 여기 써 있어요. 이 문서 전체에 계엄이랑 탄핵이라는 말이 하나도 안 들어 있습니다. 보셨어요?

○**산업통상자원부장관 안덕근** 예.

○**김한규 위원** 직접 다 보셨어요? 만들 때 검토하셨어요?

○**산업통상자원부장관 안덕근** 예.

○**김한규 위원** 원인을 정확하게 얘기를 안 하시잖아요. 왜 정치적 불확실성이 있는지 원인을 정확하게 얘기 못 하니까 답변이 안 나오는 거 아닙니까? 정확한 해답과 실질적으로 효과적인 대책이 안 나오는 거 아닙니까?

미국 시간으로 16일 날 트럼프 대통령이 당선 후에 첫 기자회견을 했는데 혹시 보셨습니까?

○**산업통상자원부장관 안덕근** 예.

○**김한규 위원** 질문들이 하도 많았는데 주요 정상들 차례로 언급하면서 실질적으로 정상외교에 대한 계획이나 앞으로 어떻게 하겠다, 경우에 따라서는 인물평까지도 했습니다. 심지어 어나더 맨(another man)이라고 하면서 북한 김정은에 대한 얘기도 했어요. 본인이 잘 지냈고 자기밖에 그렇게 할 수 있던 사람이 없었다라고 얘기합니다.

우리 정부나 대통령에 대한 언급이 있었습니까?

○**산업통상자원부장관 안덕근** 없었습니다.

○**김한규 위원** 다른…… 죄송합니다.

다른 나라에 비해서 미국에서 볼 때 중요성이 낮을 수도 있지만 저는 최근의 상황 때문에 의도적으로 우리나라에 대한 언급이 없었다고 생각합니다. 한국 패싱이라는 게 탄핵소추 이후에 실질적으로 더 악화되고 있다고 생각하는데요. 아시겠지만 트럼프 2기 행정부는 지난 바이든 정부하고는 무역 정책에서 많이 다를 겁니다.

○**산업통상자원부장관 안덕근** 그렇습니다.

○**김한규 위원** 장관님께서 최근에 미국 오클라호마주지사를 만난 걸로 알고 있는데 그분은 한국에 왜 왔습니까?

○**산업통상자원부장관 안덕근** 오클라호마주지사로서 업무에 충실한 것 같았습니다, 제가 볼 때는.

○**김한규 위원** 그러니까 한국 기업에 투자 유치를 하기 위해서 온 거 아닙니까?

○**산업통상자원부장관 안덕근** 그렇습니다.

○**김한규 위원** 최근에 오는 주지사들이 대부분 그런 목적이지요?

○**산업통상자원부장관 안덕근** 예, 그렇습니다.

○**김한규 위원** 이분들하고 만난다고 해서 트럼프 정부의 무역 정책에 영향을 미칠 수 있습니까?

○**산업통상자원부장관 안덕근** 무역 정책은 아닌데 그분이 미국 주지사 협회 부회장이기 때문에……

○**김한규 위원** 그러면 국민의힘 소속 우리나라 지자체장을 만나면 우리나라 무역 정책에 영향을 미칠 수 있습니까?

○**산업통상자원부장관 안덕근** 물론 그런 건 아닙니다마는 법규나 아니면 지금 우리 IRA 걱정하는 부분은 연방정부의 정책이 바뀌어도 주정부가 하는 게 있기 때문에……

○**김한규 위원** 그리고 우리나라 기업이 미국에 진출할 때는 만나시는 미팅이 도움이 될 수 있어요. 그분들한테 조금이라도 우리나라 기업들한테 해당 주 내에 조금 더 호의적인 정책을 만들어 달라 도움이 있어요. 그런데 지금 중요한 것은 FTA 재개정이라든지 관세라든지 이런 문제에 있어서 우리가 어떤 취급을 받게 될지 이런 게 상당히 중요한 상황 아닙니까?

○**산업통상자원부장관 안덕근** 지금 저희가 전략적으로……

○**김한규 위원** 그리고 트럼프 당선인과 협상에서는 이런 관세만이 아니라 양국 간에 관련된 모든 현안들을 좀 한꺼번에 놓고 건건이 보면 우리가 불리한 것도 있지만 경우에 따라서 미국이 우리 협조를 요구했던 부분 예를 들어서 윤석열 대통령하고 통화했을 때 선박 건조 관련해서 협조를 요구했다라든지 이런 부분을 패키지들로 논의할 수도 있는 거 아닙니까?

○**산업통상자원부장관 안덕근** 그렇습니다.

○**김한규 위원** 그런데 현실적으로 한 나라의 국가의 원수가 사고 상태, 우리나라 같은 경우는 탄핵소추돼 있는 상태에서 상대방 국가가 무엇을 믿고 우리나라랑 그렇게 장래효를 가지는 아니면 장기적인 협상을 할 수 있겠습니까? 그것은 너무 상식적인 거 아닌가요? 지금 그럴 상황은 아니지 않습니까?

○**산업통상자원부장관 안덕근** 지금 보시면 일본 같은 경우도 총리보다는 지금 손정희 회장을 만나 가지고 얘기를 하고 있고 그래서 저희도……

○**김한규 위원** 우리나라의 그러면 손정희 회장처럼 아니면 중국의 틱톡 CEO처럼 트럼프 당선인 만난 사람 없잖아요, 아직.

○**산업통상자원부장관 안덕근** 예. 그래서 위원님 말씀하시는 것처럼……

○**김한규 위원** 그래서…… 아니, 제 질문은 이런 상황에서 저는 아까 말씀드린 것처럼 기본적으로 원인을 정확하게 말은 못 하니까 답변이 안 나온다고 생각합니다. 지금 트럼프 당선인 주변에 상무장관 내정자나 USTR 내정자 이런 분을 만나는 것도 좋지만…… 죄송합니다.

지금은 결국 세 가지라고 봅니다. 하나는 지금 우리나라의 불안정한 상황이 신속하게 해결될 거다 이거에 대해서 구체적으로 탄핵심판이 어떻게 될 거다 이런 얘기를 해 줘야 되고 두 번째는 재발 방지, 비상계엄 같은 건 다시는 안 일어날 거다, 일어나면……

　　　(발언시간 초과로 마이크 중단)

　　　(마이크 중단 이후 계속 발언한 부분)

국무위원인 내가 적극적으로 온몸을 던져서 막을 수 있다, 국민이 용납하지 않을 거다, 지금 대한민국 분위기가 이렇다 이런 얘기 해야 되고. 지금 우리가 여러 가지 협상들을 하고 있는데 이게 무의미한 게 아니다, 지금 협상을 하면 탄핵심판 결과가 어떻게 되든 혹시 대통령 선거를 하면 누가 당선되든 우리가 정부에서 승인하고 국회의 동의를 얻을 수 있다 이런 확신을 줘야 되는 거 아닙니까?

그런데 확신을 주기 전에 그러면 국내에서 먼저 우리가 대외적으로 그런 얘기를 해도 되는지 그것에 대해서 국회에 그리고 여러 정당에 설명을 하고 동의를 얻어야 되는 아주 비상 상황입니다. 그런데 그러한 노력들은 전혀 없이 대통령이 권한대행으로 역할을 못 하고 있는데 그냥 산업부장관이 열심히 하겠다고 미국 기업들 만난다고 해서 이렇게 해결될 수 있는 문제가 아니에요.

죄송합니다. 제가……

○위원장 이철규　김한규 위원님 수고하셨고요.

장관님 뭐 답변하실 게 있습니까?

○산업통상자원부장관 안덕근　저희가 소위 말하면 386세대인데요. 저희도 학교 다닐 때 제 눈앞에서 분신자살하는 학우들 보면서 학교를 졸업했던 세대입니다. 이번 비상계엄 사태에 대해서는 저희도 개인적으로 많은 생각을 하고 있고 절대 동의하지 않다는 말씀을 몇 차례 드렸고 이미 저희는 모든 내각이 총사퇴 의지를 밝혔고.

그렇지만 지금 책무를 수행하고 있는 국무위원으로서는 지금 말씀하시는 그런 사법 절차가 진행되는 부분에 있어서 개인적인 의견을 피력할 수가 없습니다. 그래서 저희가 말씀을 못 드리는 거고 중기부장관도 얘기를 못 하는 것이 저희가 거기에 동조를 한다거나 그런 것 때문에 하는 게 아니라는 말씀을 드리겠습니다.

○위원장 이철규　산업부장관님 수고하셨고요 김한규 위원님도 수고하셨습니다.

다음은 존경하는 김성환……

○김한규 위원　진짜, 장관님들이 뭐라고 하든 재판에 영향을 하나도 안 미쳐요! 장관님의 의견이 뭐라고 사법부에 영향을 미칩니까?

○위원장 이철규　김한규 위원님……

○김한규 위원　본인의 소신을 밝히지 못한 핑계 대지 마세요.

○박지혜 위원　맞습니다.

○위원장 이철규　다음은 김성환 위원님 질의해 주시기 바랍니다.

○김성환 위원　오영주 장관님, 모두에 '참담하다. 송구하다. 비상국무회의 갔더니 이미 끝나서 총리한테 반대했다는 의견을 전했다'. 그 얘기를 12·3 불법 위헌 계엄사태 이후에 처음 듣습니다. 다른 데서 공식적으로 입장을 표명하신 적 있으십니까?

○**중소벤처기업부장관 오영주** 제가 받고 있는 여러 수사 협조 관계에서 말씀을 드렸고요. 제가 이런 이야기들을 언론이나 이런 데 대해서 말씀드리는 것은 적절치 않다고 생각했습니다.

○**김성환 위원** 너무 오래 걸리지 않습니까?

○**중소벤처기업부장관 오영주** 언론에 대해서 이야기를 한다면 언론이니까요.

○**김성환 위원** 매우 유감입니다.

한 가지 좀 확인을 좀 해 보겠습니다.

(영상자료를 보며)

비상계엄 국무회의 심의 의결을 할 때 부서하셨습니까?

○**중소벤처기업부장관 오영주** 그런 건 없었습니다, 위원님.

○**김성환 위원** 비상계엄 해제 국무회의를 할 때에는 혹시 부서하셨습니까?

○**중소벤처기업부장관 오영주** 아니요, 그때 심의 의결과 관련돼 있는 항상 하는 일반적인 절차에 따라서 이루어졌고요.

○**김성환 위원** 그러니까 부서하셨습니까?

○**중소벤처기업부장관 오영주** 아니요, 부서라는 절차는 없습니다.

○**김성환 위원** 해제할 때는 혹시 사인하셨습니까?

○**중소벤처기업부장관 오영주** 사인은 없이 의결을 하셨습니다, 총리께서. 의결 절차를 거치신 겁니다.

○**김성환 위원** 시작할 때는 지난번 현안질의 때 총리가 그 회의 자체가 성립되지 않았다라고 했는데 하여튼 그렇고요. 지금 저희 위원들이 여러모로 질문을 하고 있는 이유가 있습니다. 이게 위헌·불법 계엄이라고 하는 사실은 인정하시는 겁니까? 인정하십니까?

○**중소벤처기업부장관 오영주** 국무회의 말씀하시는 겁니까? 계엄······

○**김성환 위원** 12월 3일 날 윤석열 씨가 했던 비상계엄이 위헌이고 불법이라고 하는 사실은 인정합니까?

○**중소벤처기업부장관 오영주** 위원님, 제가 다시 한번 말씀을 드리도록 하겠습니다. 아까 김한규 위원님······

○**김성환 위원** 짧게 얘기하십시오.

○**중소벤처기업부장관 오영주** 기회를 좀 주시면······

○**김성환 위원** 인정합니까, 안 합니까? 그렇게만 얘기하십시오.

○**중소벤처기업부장관 오영주** 위원님, 이 부분이 법적인 절차가 있는 법치주의 나라에서 저희가······

○**김성환 위원** 왜 이 얘기를 하냐면요 비상계엄은 우리 국민들과 국회가 목숨을 걸고 해제했습니다. 비상계엄은 그 자체로 위헌이고 불법이긴 했지만 국회가 이것을 의결로 막았습니다. 해제됐습니다.

그런데 그 과정에서 소위 국헌문란이 있었습니다. 내란죄에 해당되는 일입니다, 나중에 판결은, 재판은 받아야 되겠지만. 그런데 그 내란 혐의는 여전히 계속되고 있습니다. 문제는 그 내란에 동조하느냐 여부입니다. 최근에 김용현 전 국방부장관이 '계엄은 정당했다. 끝까지 싸우겠다'라고 했는데 동의하십니까?

○**중소벤처기업부장관 오영주** 저는 계엄 자체에 반대한다는 의견을 누차 말씀을 드렸

습니다, 위원님.

○김성환 위원 대통령도 12일 날 담화와 그 이후에도 계엄은 정당했다고 얘기하는데……

○중소벤처기업부장관 오영주 저는 계엄은 있어서는 안 된다고 생각합니다.

○김성환 위원 임명받은 국무위원으로서 대통령의 발언에 대해서 동의합니까?

○중소벤처기업부장관 오영주 저는 계엄을 있어서는 안 되었을 사태라고 생각하고 있습니다.

○김성환 위원 그 태도가 모호하다는 겁니다. 상식이 있는 공직자라면 조금만 법률을 따져보면 그것은 위헌이고 불법이고 내란이고 그러하므로 공직자로서 책임을 지고 사태를 수습하겠다고 하는 각오가 투철하면 그 투철함이 여러 가지 행동으로 보여져야 될 거 아닙니까? 그런데 그게 잘 안 보인다는 겁니다.

박지혜 위원님 질의했습니다만 12월 4일 날 1시에 비상간부회의 하셨는데 혹시 이 자리에서 갔더니 비상계엄 선포더라 그와 관련해서 나는 찬성한다 반대한다 입장 표명하신 적 있습니까?

○중소벤처기업부장관 오영주 비상간부회의에서도 저는 그런 말을 한 적은 없고요. 지금 이러한 비상의 사태에 있어서 정부로서……

○김성환 위원 총리한테는 반대한다고 하셨다며요.

○중소벤처기업부장관 오영주 아니요, 위원님, 제가 말씀드리는 것은 비상간부회의는 일어난 상황에 대해서 중기부 차원에서 어떤 역할을 해야 되느냐고 논의한 자리였습니다.

○김성환 위원 그러니까 그 자리에서 이 비상계엄이 옳고 그르다는 본인의 입장 표명을 안 하셨다 이거지요?

○중소벤처기업부장관 오영주 계엄에 반대한다는 의견을 우리 직원들이 다 알고 있습니다, 위원님.

○김성환 위원 아까 김한규 위원도 얘기했습니다만 그런 문제들 때문에 오늘 중기부가 제출한 보고서에 보면 첫 장에 소상공인들의 불안심리 확대 및 소비심리 위축, 매출액 감소 이렇게 표현되어 있습니다만 이게 왜 그렇게 됐는지에 대해서 어디에도 찾아볼 수가 없습니다. 이게 위헌·불법 비상계엄 때문에 생긴 일 아닙니까?

○중소벤처기업부장관 오영주 예, 비상계엄 사태입니다.

○김성환 위원 그런 표현을 안 하고 계시잖아요. 못 하고 계시잖아요.

이 사실 자체는 인정하시는 거지요?

○중소벤처기업부장관 오영주 비상계엄 사태로 인하여 여러 어려움이 있는 부분에 대해서 저희가 어떤 역할을 지금 하는 것이 맞느냐 우리 정책 대상자들 어떻게 해야 하느냐는 고민입니다.

○김성환 위원 그러니까요 이 보고서에 대해서 얘기하는 겁니다. 그런데요 이 보고서에 대한 답으로 그다음 페이지 보면 소상공인 피해를 최소화하겠다 이렇게 하셨습니다. 이게 맞습니까?

윤석열 씨의 위헌·불법 비상계엄으로 인해서 소상공인이 엄청난 피해를 봤습니다. 그거는 인정하시는 거지요?

○중소벤처기업부장관 오영주 소상공인들의 피해에 대해서 지금 저희가 확인하고 있습

니다.

○**김성환 위원** 인정하시지요? 그런데 지금 중기부가 대책으로 내놓은 것은 제가 확인해 보니까……

　12월 2일 날 충청남도 공주에 중기부장관하고 윤석열 씨가 같이 가셨지요?

○**중소벤처기업부장관 오영주** 예, 이거는……

○**김성환 위원** 여기에서 '백종원 1000명을 만들겠다' '나를 믿어 달라' 이렇게 얘기했지요? 그리고 그다음 날 계엄 선포한 것 아닙니까? 그리고 12월 5일 날 마치 아무 일도 없었던 것처럼 그 일환으로 소상공인·자영업자 지원 강화 대책 발표하신 것 아닙니까?

○**중소벤처기업부장관 오영주** 범부처 대책을 발표했습니다.

○**김성환 위원** 그런 것 아닙니까? 그러니까 그 비상계엄으로 인해서 엄청나게 피해를 본 소상공인들이 있는데 그것에 대한 대책이 아니라 12월 2일 날 대통령 방문하고 그 일환으로 발표하려고 했던 거를 마치 아무 일도 없었던 것처럼 발표해 놓고 여기다 지금 대책이라고 올려놓으신 것 아닙니까?

○**중소벤처기업부장관 오영주** 위원님, 말씀드려도 되겠습니까?

○**김성환 위원** 맞지 않습니까?

○**중소벤처기업부장관 오영주** 소상공인……

○**김성환 위원** 지금이라도, 지금이라도 실제로 앞 페이지에 불법 계엄으로 인해서 엄청난 피해를 봤으므로……

　　(발언시간 초과로 마이크 중단)

⋯⋯⋯⋯⋯⋯⋯⋯⋯⋯⋯⋯⋯⋯⋯⋯⋯⋯⋯⋯⋯⋯⋯⋯⋯⋯⋯⋯⋯⋯⋯⋯⋯⋯⋯

　　(마이크 중단 이후 계속 발언한 부분)

이러이러한 추가 대책을 내놓겠다고 하셔도 부족할 판입니다. 그런데 있는 대책 발표해 놓고 마치 그것이 비상계엄에 대한 대책인 것처럼 포장지만 갈아 가지고 그렇게 하시지 말라. 그렇게 하시니까 지금 장관님의 진정성이 의심된다 이런 것 아니겠습니까? 곱씹어 생각해 보십시오.

　제가 보기에는 지금 장관님의 태도는 대통령이나 법무부장관이 얘기하는 것처럼 사실상 불법 계엄에 대해서 인정하지 않고 내란죄도 법률의 판단을 받아 봐야 알 것 같다고 하는 그런 취지가 담겨 있어 보입니다. 정확하게 좀 얘기해 보세요.

○**위원장 이철규** 김성환 위원님 수고하셨고요.

　장관님 간략히 답변하십시오.

○**중소벤처기업부장관 오영주** 중기부에서는 그 누구보다도 이 사태로 인해서 고통받고 계시는 소상공인과 그리고 자영업자, 중소기업들의 상황을 면밀히 파악하려고 노력하고 있습니다.

　그리고 지금 나와 있는 모든 대책들은 사실 현장에서 저희가 발굴한 대책이기 때문에 그런 대책을 열심히 노력하는 가운데 현재 가지고 있는 여러 가지 어려움들에 대해서는 사실 소비 진작이 굉장히 필요한 상황이라서 그런 부분에 대한 추가적인 대책을 하려고 합니다.

　일단 예산을 주셨기 때문에 빨리 1월 달까지 저희가 예산을 집행을 해서 현장에서 어려우신 분들이 조금이라도 더 도움을 받을 수 있도록 하는 데 최선을 다하도록 하겠습니다.

○**김성환 위원** 제가 마무리하겠습니다.

그래서 여기 대책에는 일종의 온누리상품권을 1월 달에 조기에 얼마만큼 집행을 하겠다든지 지역화폐를 추가로 추경예산에 편성을 하게 해서 지금 소상공인들의 어려움을 해결하기 위해서 적극적으로 노력을 하겠다든지 이런 대책이 추가로 들어가야지 12월 3일 날 있었고, 12월 5일 날 으레 발표하기로 되어 있는 발표를 해 놓고 나서 이걸 대책이라고 해 놓는 건 안 맞다 이런 겁니다.

○**중소벤처기업부장관 오영주** 예산의 조기 집행이 지금 가장 중요하다고 생각하고 있습니다.

....

○**위원장 이철규** 위원님 지적과 당부사항 명심하셔서 가지고 소상공인·자영업자들의 어려운 상황을 타개하기 위한 적극적인 행정을 촉구해 주시기 바랍니다.

다음은 존경하는 이언주 위원님 질의해 주시기 바랍니다.

○**이언주 위원** 산자부장관님!

○**산업통상자원부장관 안덕근** 예, 위원님.

○**이언주 위원** 지금 오늘 위원님들이 대부분 그날, 12·3 사태 당시의 얘기를 하고 있습니다. 장관님은 아까 현안보고에서 주로 경제 현안에 대해서 쭉 얘기를 하셨지만 이렇게 정치적 불확실성이 생긴 이유가 뭔지는 아시잖아요, 그렇지요? 12·3 사태 때문입니다.

○**산업통상자원부장관 안덕근** 예, 그렇습니다.

○**이언주 위원** 그리고 지금 이 자리에서 우리가 이 현안질의를 하는데 여기에서 무엇보다도 중요한 게 왜 12·3 사태에 대해서 질의를 하느냐, 이해 못 하십니까? 그것은 알고 계시지요?

○**산업통상자원부장관 안덕근** 예, 물론입니다.

○**이언주 위원** 왜 그렇다고 생각하십니까?

○**산업통상자원부장관 안덕근** 지금 국가적으로 굉장히 큰 영향을 미치고 있는 상황이라서……

○**이언주 위원** 바로 그 사태는 헌정질서를 문란시킨 사태이기 때문입니다. 그리고 그날 사실은 일차적인 배리어(barrier)가 어디에 있었어야 되느냐? 국무회의에서 막았어야 되는 겁니다. 맞습니까, 틀립니까?

○**산업통상자원부장관 안덕근** 정상적인 국무회의가 있었으면 아마……

○**이언주 위원** 그렇지요? 국무회의에서 고성이 오가더라도 거기서 막았어야 되는 거예요. 그런데 그것을 못 막았기 때문에 국회에서 그 난리가 났고 우리나라가 이렇게 지금, 물론 국회가 다행히 막았지만 이 난리가 난 겁니다.

그래서 국무위원들은요 그냥 단순하게 자기 분야만 열심히 하는 그냥 전문가·기술자들이 아닙니다. 여러분들은 헌법기관들이에요. 그런데 어떻게 해서 '나는 관계가 없다'는 식으로 얘기를 하십니까!

○**산업통상자원부장관 안덕근** 저희가 관계가 없다고 말씀드린 적은 없습니다.

○**이언주 위원** 마치 '이것은 수사 중이니까 우리하고 관계가 없어서 나는 그것의 당부에 대해서 얘기할 수 없다' 이렇게 얘기하시면 안 되는 겁니다.

비상계엄의 선포 요건을, 헌법상의 요건을 모르십니까? 한번 얘기를 해 보세요.

○**산업통상자원부장관 안덕근** 즉시 통지를 하고, 국무회의의 심의를 거쳐서 발동되는 경우에는 즉시 국회에……

○**이언주 위원** 절차적인 거고요. 실질적인 것 나와 있지 않습니까? 전시·사변 또는 그에 준하는 사태, 전시 사변 또는 그에 준하는 사태가 있었습니까, 그날! 누가 봐도 없지 않았습니까? 그건 상식적인 겁니다. 그러니까 모두가 나서서 바짓가랑이라도 붙잡고 말렸어야 되는 것 아닙니까! 그 이상한 정신 세계를 가진 사람을, 한 사람을 못 막아서 이 난리가 나는 게 말이 됩니까?

그리고 그날 국회에 난입한 군인들을 한번 보십시오, 여러분. 명령을 따라야 되니까 들어와야 되고, 들어와서 난입하라고 하고 체포하라고 하니까 문을 깨고 들어오긴 했는데 차마 어떻게 할 수는 없고, 그 왔다갔다 하면서 그들의 머릿속에서 얼마나 많은 괴로움이 있었겠습니까! 그 수많은 군인들과 그 사령관들은 무슨 죄를 지어서! 그 사람들은 이제 완전히 인생뿐만이 아니라 엄청난 중죄를 지고 내란죄 공범으로 전부 다 큰 중형벌을 당하게 될 겁니다. 우리나라 이 군대가 어떻게 될 겁니까, 이게! 이거를 여러분이 못 막으신 거예요. 국무회의에서 못 막으신 거예요.

그래서 우리는요…… 아까 누가 얘기하셨지요, 어떻게 그렇게 많은 위원들이 달려왔냐. 그래요, 저도 그날 씻고 있었어요. 자려고 씻고 있었는데 그거 보고는 달려왔습니다. 100㎞/h 넘게 밟아라. 달려와서, 다 막고 있으니까 어떤 분들은 담을 넘고 저는 몸싸움해서 들어왔습니다. 우리는 어떻게 될지 모르지만 사실은 목숨 걸고 들어온 거예요. 아니, 우리가 못 막으면 어떻게 될지 모른다 하는 것 때문에요. 그런데 그렇게 함부로 얘기하시면 안 됩니다.

그래서 제가 말씀드리는데 이 문제는 여러분의 단순한 내란 공범 유무에 대한 형사 처벌 문제가 아니에요. 국무위원으로서, 헌법기관의 일부로서 이 나라를 지켜야 하는 가장 일차적인 책임이었던 여러분이 뚫린 것에 대한 반성을 하셔야 된다는 겁니다.

질의하겠습니다.

아까 체코 원전 관련해서 김정호 위원님께서 말씀하셨어요. 여러 가지 지적도 하셨고, 저는 뭐 존중합니다. 그런데 어쨌든 우리 민주당 지도부에서는 내란극복특위에서도 우리 경제와 산업이 안정적으로 진행될 수 있도록 뒷받침하겠다라는 생각을 갖고 있고 그 입장을 이미 밝힌 바가 있습니다.

그리고 국내적으로 서로 어떤 논쟁이 있을 수 있지만 대외적으로 우리는 뒷받침하겠다라고 명확하게 입장을 밝혔기 때문에 그것을 오늘 다시 제가 이 자리에서 밝혀 드리고 그것을 바깥에 가서 말씀하셔도 좋습니다.

○**산업통상자원부장관 안덕근** 감사합니다.

○**이언주 위원** 다만 저는 대왕고래에 대해서는 생각이 좀 다릅니다. 그것은 우리가 합의한 바가 없고요, 국회에서. 그리고 이것은 우리가 진행해 오던 게 아닙니다. 새로운 것 아닙니까? 그래서 섣불리 진행 안 하시는 게 저는 맞다라는 생각이 들고.

그다음에 시간이 없으니까 제가 몇 가지만 좀 챙기겠습니다. 지금 이 와중에 그냥 막 넘어간 게 있어요. 기업들 임시투자세액공제 얘기하고 있다가 진행 못 한 것 있지 않습니까?

○**산업통상자원부장관 안덕근** 예.

○**이언주 위원** 그거 만약에 안 챙기고 그냥 넘어가게 되면 IRR이 문제가 돼요, 그렇지요? 아시지요?

○**산업통상자원부장관 안덕근** 예.

○**이언주 위원** 그래서 투자의사결정이 다시 재고가 되고 2025년도에 투자가 지연되거나 취소될 수 있습니다. 그리고 이게 몇조 원의 규모가 될 수가 있어요, 그렇지요? 그래서 산업부에서 이것을 꼭 챙겨서, 이거는 뭐 기재부 소관이기는 합니다만 산업부에서 챙기셔야 한다 이 말씀 드리고.

○**산업통상자원부장관 안덕근** 예, 그렇게 하겠습니다.

○**이언주 위원** 그다음에 석유화학 구조조정 시급하지 않습니까?

○**산업통상자원부장관 안덕근** 예.

○**이언주 위원** 그런데 그 구조조정 지금 지연되고 있지 않습니까, 이 사태로? 지금 난리 났어요, 그렇지요? 산자부장관님, 꼭 챙겨 주세요.

○**산업통상자원부장관 안덕근** 조만간에 그 대책 발표할 예정입니다.

○**이언주 위원** 그리고 장관님, 제가 하나만 여쭙겠습니다. 장관님이 안 가셨잖아요, 국무회의에 안 가셨는데.

○**산업통상자원부장관 안덕근** 예, 못 갔습니다.

○**이언주 위원** 가시기 전에 연락은 받으셨잖아요?

○**산업통상자원부장관 안덕근** 예, 받았습니다.

○**이언주 위원** 누구한테, 언제 받으셨습니까?

○**산업통상자원부장관 안덕근** 대통령실로부터 연락을 받아서 제가 급하게 택시 타고 가다가 중간에……

　　　(발언시간 초과로 마이크 중단)

‥‥‥‥‥‥‥‥‥‥‥‥‥‥‥‥‥‥‥‥‥‥‥‥‥‥‥‥‥‥‥‥‥‥‥‥‥‥

　　　(마이크 중단 이후 계속 발언한 부분)

○**이언주 위원** 혹시 총리한테서 그날 미리 연락받으신 적 있습니까?

○**산업통상자원부장관 안덕근** 전혀 없습니다.

○**이언주 위원** 8시나 9시 이때.

○**산업통상자원부장관 안덕근** 전혀 없었고요. 대통령실에서 연락받았을 때도 무슨 사안인지 모르고 저희는 밤늦게 소집이 돼서, 저희는 외국이랑 뭐 이렇게 협의를 할 때는 밤늦게 하는 경우들이 많기 때문에 혹시 뭐 외국이랑 무슨 뭐 이런 게 터졌나라고 생각을 했었습니다.

○**이언주 위원** 아니, 그런데 제가 이것만 말씀드릴게요, 장관님이 안 가셨지만 장관님도 나중에 다 보셨을 것 아닙니까, TV로?

○**산업통상자원부장관 안덕근** 예.

○**이언주 위원** 그러면 뭔가 발버둥치셨어야 되는 거예요, 나중에 불이익을 받더라도. 그렇지 않습니까? 국무위원이시잖아요.

○**산업통상자원부장관 안덕근** 다 공동 책임을 가지고 있다고 생각합니다.

‥‥‥‥‥‥‥‥‥‥‥‥‥‥‥‥‥‥‥‥‥‥‥‥‥‥‥‥‥‥‥‥‥‥‥‥‥‥

○**위원장 이철규** 존경하는 이언주 위원님 수고하셨습니다.

다음은 존경하는 박형수 위원님 질의해 주시기 바랍니다.

○**박형수 위원** 산업부장관님!

○**산업통상자원부장관 안덕근** 예.

○**박형수 위원** 어제 최상목 경제부총리와 조태열 외교부장관이 외신기자 간담회를 개최했습니다.

○**산업통상자원부장관 안덕근** 예, 했습니다.

○**박형수 위원** 세계 외신들 앞에서 지금 우리나라 현재의 경제·안보 정책, 부처 간 공조를 통해서 유기적으로 지금 협조가 이루어지고 있다 이런 점을 말씀드리기 위해서 아마 이 간담회를 개최한 걸로 알고 있는데 저는 이런 간담회 개최가 필요하다고 생각을 합니다. 산업부도 혹시 이런 계획을 가지고 있습니까?

○**산업통상자원부장관 안덕근** 예, 저희도 지금 뭐 여러 가지 준비하고 있고요. 조만간에 필요하면 외신 간담회 해서 우리 산업 정책 관련해 가지고 좀 안정적인 메시지를 내보내도록 하겠습니다.

○**박형수 위원** 비상계엄 해제된 이후인 12월 4일에도 우리 정부가 각국 재무장관들하고 주요 국제기구 총재 또 글로벌 신평사 이런 곳에 서한을 발송했는데 알고 계시지요?

○**산업통상자원부장관 안덕근** 예.

○**박형수 위원** 산업부도 필요하다면 이런 조치들을 취해야 된다고 생각을 합니다.

○**산업통상자원부장관 안덕근** 제 명의로 지금 많이 나가 있습니다.

○**박형수 위원** 지금 현재 정부에서 경제·금융 상황을 점검하기 위해서 TF를 5개를 지금 하고 있지요?

○**산업통상자원부장관 안덕근** 예.

○**박형수 위원** 그중에서 산업부는 지금 무역통상 분야를 점검하고 있습니다.

○**산업통상자원부장관 안덕근** 예, 그렇습니다.

○**박형수 위원** 무역통상 분야 점검해 본 결과 혹시 뭐 문제가 있다든지 이런 부분이 있습니까?

○**산업통상자원부장관 안덕근** 저희가 최대한 지금 일상적으로, 통상적으로 해 오던 작업들은 계속하고 있고요. 지금 주요 국가들이랑 협정 체결하는 것들이라든가 협정 시작하는 것들은 지금 차질 없이 진행을 하고 있고, 지금 대미 통상의 불확실성이 커서 이거는 지금 여러 가지 시나리오를 만들어서 저희가 대비를 하고 있습니다.

○**박형수 위원** 지금 비상계엄과 탄핵 이후에 경제 부처들은 각자의 원래 스케줄대로 쭉 진행을 해야 된다라고 생각을 합니다.

그리고 방금 장관님께서 언급하셨다시피 참 이게 불행하게도 지난번 트럼프 1기 행정부가 출범할 때도 그때도 국정농단 사건 때문에 제대로 그때 준비를 못 했습니다.

○**산업통상자원부장관 안덕근** 그렇습니다.

○**박형수 위원** 그런데 지금 트럼프 2기가 출범하는 이 시기에 비상계엄과 탄핵으로 인해서 또 지금 협의가 제대로 안 되는 그런 상황입니다. 이걸 각별히 좀 유의를 하셔서 장관님께서 필요한 조치들을 꼭 해 주셔야 된다고 생각을 합니다.

○**산업통상자원부장관 안덕근** 예, 그렇게 하겠습니다.

○**박형수 위원** 지금 산업부 차원에서 트럼프 행정부 출범에 대비해서 준비하고 있었던

그런 계획들이 있었을 것 아닙니까?

○산업통상자원부장관 안덕근 예.

○박형수 위원 그 계획들 중에서 혹시 이 비상계엄이나 탄핵 때문에 차질이 생긴 부분이 있습니까?

○산업통상자원부장관 안덕근 저희가 사실은 정상외교를 하려고 노력을 하고 있었고 정상외교가 되면 그 후속작업으로 각 관련돼 있는 부처들이랑 본격적으로 신뢰를 쌓고 파트너십 구축하는 작업을 하려고 하고 있었는데 지금 그 부분에서 조금 차질이 생기고 있습니다.

그렇지만 그동안 우리 산업계가 미국에 가장 투자를 많이 하면서 구축했던, 산업 생태계를 구축했던 그 기반으로 해서 각 관련돼 있는 부처들하고, 에너지부나 상무부, USTR하고는 지금 새로 들어오는 팀들하고 계속 신뢰 구축하는 작업들을 해 나가는 작업을 하고 있습니다.

○박형수 위원 아까 긴급 현안보고 문건에 보니까 주한 외국 상의하고 간담회 개최를 했고 또 주한 미국상의하고도 간담회를 개최했다고 써져 있었습니다. 거기서 산업부가 설명한 부분과 그쪽에서 어떤 요청하는 부분이 혹시 있었습니까?

○산업통상자원부장관 안덕근 아까 말씀드렸지만 우리나라 산업계는 이미 글로벌 산업 생태계의 굉장히 중요한 축을 담당하고 있기 때문에 우리 기업들의 지금 상황이 물론 중요합니다마는 글로벌하게도 외국에서 한국의 산업계가 흔들리는 문제가 굉장히 심각한 상황이고 그래서 오히려 외국 상의, 아까 제가 오기 직전에 외국인투자 전략회의를 했는데 상의 대표들이 '본인들이 도와주겠다, 뭐가 필요하냐'. 지금 한국 상황이 상당히 안정적으로 가고 있다는 부분은 자기들도 발벗고 나서서 지금 본국이나 이런 데 하고 있는 부분이 있습니다. 그래서 그런 부분들 저희가 계속하고 있고.

그럼에도 불구하고 저희가 보니까 이번에 투자 행사 같은 걸 하는데 일부 CEO들은 지금 여전히 TV에 우리 계엄 당시의 상황이 나오는 걸 보고 '한국 가기가 좀 어렵겠다' 이런 얘기들을 하는 게 있어서 빨리 이런 부분들을 불식하기 위해서 저희가 지금 최대한 노력을 하고 있습니다.

○박형수 위원 그런 노력하겠다는 말씀만 하실 게 아니라 구체적인 행동들을 해야 된다고 생각을 합니다.

○산업통상자원부장관 안덕근 예, 그렇게 하겠습니다.

○박형수 위원 아까 얘기가 좀 나왔었는데 체코 원전 수출 계약 관련해서 혹시 이 부분에 대해서 지금 비상계엄이나 탄핵으로 인해서 여기에 혹시 지장이 있는 부분이 있습니까? 원래 진행되어야 될 게 어떤 부분이었는데 이 사태로 인해서 지금 진행이 안 되고 있다 이런 부분 있습니까?

○산업통상자원부장관 안덕근 아닙니다. 그 부분은 전혀 없고 지금 실무 차원에서도 그렇고 차질 없이 진행이 되고 있고요. 그렇지만 저쪽에서는 우리가 탈원전 같은 걸 했던 경험이 있기 때문에 혹시나 정책이 큰 스윙이 또 있지 않나라는 우려를 좀 하는 게 있어서, 아까 이언주 위원님께서도 말씀을 해 주셨는데 혹시 가능하다 그러면 저는 정말 우리 산중위 차원에서 여야 위원님들께서 같이 한번 의원외교를 좀 해 주시면 이번에 큰 성과가 있지 않을까 믿고 있습니다.

○**박형수 위원** 좋은 말씀입니다. 안 그래도 여야 또 국회의장님과 지금 협의를 하고 있는데 주요 글로벌 국가들, 몇 개국인지 아직 완전히 특정하지 않았습니다마는 이때 파견을 해서 여야 의원들이 가서 설명도 하고 안심도 시키고 하는 이런 게 좀 필요하지 않느냐라는 논의들을 하고 있습니다. 거기서 EU에 갔을 때 예를 들어 체코를 들른다든지 또는 만약에 그게 여의치 않다라면 방금 말씀하신 것처럼 산중위 차원에서 한번 그런 것도 생각을 해 보는 것도 좋다고 생각을 합니다. 여야 의원들이 한번 상의를 해 보도록 하겠습니다.

그리고 중기부장관님, 지난번에 우리 증액한 예산 중에서 중요한 것들이 있습니다. 소상공인 이자비용 지원 예산 3000억 원이었고 전기요금 특별지원 예산도 2520억 원이었고 또 배달수수료 부담 완화하는 예산도 있었습니다. 이 부분이 삭감이 됐는데 이것을 보완할 수 있는, 어쨌든 간에 필요한 부분 아니겠습니까? 그래서 이걸 보완할 수 있는 중기부의 대책이 뭐가 있는지 한번 말씀해 주시겠어요?

○**중소벤처기업부장관 오영주** 위원님, 사실 증액이 논의되었던 예산들 중에서 중기부 차원에서는 굉장히 필요한 예산들이 있었습니다. 지금 당장 5조 9000억에 해당하는 소상공인 예산이라든지 이걸 저희가 집행을 하면서 현장에서 필요한 부분들을 다시 보며 재정당국하고 협의를 해 나가야 되겠다 이렇게 생각을 하고 있습니다. 빨리 메시지를 소상공인한테 주는 것도 굉장히 중요해서요 가능한 조속, 저희가 지금 공고를 하려고, 다음 주에 예산 공고를 하게 되겠습니다. 사업을 진행하면서 위원님 말씀하신 부분 보도록 하겠습니다.

그런데 전기요금 같은 경우에도 올해 하면서 많은 분들이 필요했다라고 하시는 분들이 많으셨습니다. 그래서 이런 부분들은 현장의 목소리를 어떻게 반영해야 되나, 사실 증액이라고 하는 것이 추경이 없으면 어려운 부분들이 있기 때문에 고민 속에 먼저 재정 집행 자체를 조속히 해 보는 것으로 저희는 가닥을 잡고 있습니다.

○**박형수 위원** 알겠습니다.

○**위원장 이철규** 박형수 위원님 수고하셨습니다.

장관님, 지금 체코 측에서 국내 계엄과 탄핵 이후에 한국의 에너지 정책 또 산업 정책이 좀 변동될까 봐 우려하는 부분이 있습니까? 감지됩니까?

○**산업통상자원부장관 안덕근** 그쪽에도 여러 가지 좀 복잡한 국내 사정이 있고 또 지금 프랑스 원전 회사 같은 경우는, 이번에 저희한테 낙찰한 회사는 여전히 그런 것들을 많이 부추기고 있고 이런 게 있는 것 같습니다.

○**위원장 이철규** 그래서 이런 걸 명확히, 존경하는 이언주 위원님이 우리 국회의 압도적 다수 의석을 가지고 있는 더불어민주당의 최고위원이시잖아요. 민주당 당 차원에서도 개별 위원님들의 생각과 달리 에너지 정책이라든가 산업 정책에 대해서 전폭적으로 협조하고 변동 없이 뒷받침을 하겠다라는 말씀이 있었다고 아까 말씀하셨잖아요. 이런 것들을 적극 알리고, 우리 국회 차원에서도 정부 측과 협조해서 그런 의원외교 활동이 도움된다면 추진하도록 할 테니까 한번 타이밍이라든가 그런 걸 여야 위원님들과 협의도 해 주시고 노력해 주십시오.

○**산업통상자원부장관 안덕근** 예, 간사님하고 협의해서 저희 산업부가 지원해 드리겠습니다.

○**김원이 위원** 의사진행발언을 잠깐 할까요, 그러면. 기왕 얘기가 이렇게 나와서 의사진행발언을 잠깐 하면요 민주당 위원님들이 국정감사라든가 여러 현안질의 과정에서 체코 원전 수출에 대해서 반대한 적은 한 번도 없습니다. 그런데 그 과정에서 여러 의혹들이나 이해하지 못하는 상황들이 전개돼서 그걸 확인하려고 정부 측에 자료 요청도 해 보고 설명도 요청하고 했는데도 불구하고 자원 안보니 무슨 영업 기밀이니 해서 자료 하나도 안 줬잖아요.

국정감사 과정에서 민주당 위원의 거의 대부분 질의 내용의 핵심 내용은 '자료 좀 다오. 정보를 투명하게 공개해 다오. 그래서 우리도 정말 제대로 평가해 볼게. 그래서 합당하면 도와줄게. 그리고 문제가 있다면 그 문제를 해결해야 되지 않겠습니까?'라는 문제제기였던 거예요. 저는 진짜 호도하지 않았으면 좋겠고요.

○**위원장 이철규** 질의 시간이 아니고 의사진행발언 시간이니까……

○**김원이 위원** 그래서 지금이라도 저는 산업부장관님이 체코 원전 관련한 여러 민주당 위원들이 요구했던 자료들, 요청했던 자료들에 응해 주세요. 그러면 저희들이 보고 적극적으로, 타당하고 합리적이고 이것은 정말 국익을 위해서 좋은 일이라고 판단이 서면 그 누구보다도 발 벗고 도울게요. 다만 그런 의혹이 해소되지 않는다면 끊임없이 의혹을 제기할 수밖에 없는 게 우리 민주당의 상황이잖아요. 그건 이해하시잖아요, 장관님?

위원장님, 하여간 논의하는 건 좋은데요……

○**위원장 이철규** 간사님의 의사진행발언 이해가 됐으니까요.

장관님들하고 그다음에 배석자들도 잠시 휴식을 취하고 준비해야 될 것 같아서 원만한 회의 진행을 위해서 잠시 정회했다가 16시 30분에 속개하도록 하겠습니다.

정회를 선포합니다.

(16시08분 회의중지)
(16시31분 계속개의)

○**위원장 이철규** 의석을 정돈해 주시기 바랍니다.

회의를 속개하겠습니다.

질의를 이어 가도록 하겠습니다.

다음은 존경하는 송재봉 위원님 질의해 주시기 바랍니다.

○**송재봉 위원** 산자부장관님 질의드리겠습니다.

윤석열에 의해서 벌어진 비상계엄, 위헌·위법한 행동이다 이렇게 인정을 하시나요?

○**산업통상자원부장관 안덕근** 말씀드린 것처럼……

○**송재봉 위원** 여전히 같은 입장이시지요?

○**산업통상자원부장관 안덕근** 계엄에 절대 동의하지 않습니다. 그렇지만 지금 업무를 수행하고 있는 국무위원으로서 저 개인적인 의견을 피력하기가 좀 어렵습니다.

○**송재봉 위원** 12월 4일 날…… 비상계엄 선포를 위한 국무회의 성격이, 형식은 갖추지 못했다 이런 주장도 하지만 국무회의에 참석은 안 하셨지요?

○**산업통상자원부장관 안덕근** 예, 못 했습니다.

○**송재봉 위원** 가는 중에 돌아왔다고 하셨어요.

○**산업통상자원부장관 안덕근** 예.

○**송재봉 위원** 그런데 그 직후에 12월 4일 00시 10분, 회의를 여셨더라고요.

○**산업통상자원부장관 안덕근** 예.

○**송재봉 위원** 여기에 장차관을 포함한 1급 주요 간부들이 다 참석을 하셨던데 그러면 이 자리에서 이 비상계엄 잘못됐다 이런 얘기 하셨나요?

○**산업통상자원부장관 안덕근** 예, 다들 계엄 상황에 대해서……

○**송재봉 위원** 아니, 장관님께서 이 비상계엄은 잘못된 것이다, 바람직하지 않다 이런 말씀 하신 적 있나요?

○**산업통상자원부장관 안덕근** 제가 구체적으로 그 자리에서 무슨 발언을 했는지 잘……

○**송재봉 위원** 아니, 잘못된 것이라면서요.

○**산업통상자원부장관 안덕근** 예, 다들 저희 1급들……

○**송재봉 위원** 그런데 정작 주요한 간부들 모아 놓고 이 비상계엄은 잘못된 것이다 이런 얘기 안 하셨지요?

○**산업통상자원부장관 안덕근** 아니요, 저희 1급들이 모여서 지금 상당히 황당한 상황이고……

○**송재봉 위원** 이때는 지금 비상계엄 상황이었잖아요.

○**산업통상자원부장관 안덕근** 그렇습니다. 그래서……

○**송재봉 위원** 그런데 회의를 해서……

그러면 비상계엄에 따른 조치를 신속하게 취하기 위해서 회의하셨나요? 이 비상계엄을 정당화하기 위한 회의를 진행하신 건가요?

○**산업통상자원부장관 안덕근** 저희가 정당화하는 게 아니라 비상 상황이 벌어지면 저희는 에너지 수급 상황부터 저희 사무에 관한 비상……

○**송재봉 위원** 그래서 이 계엄 자체가 잘못됐다는 것은 이야기를 안 하셨다는 것 아닙니까?

○**산업통상자원부장관 안덕근** 일단 저희는 그 소식의 진위를 파악을 하고 그다음에 그게……

○**송재봉 위원** 진위를 파악하고 할 것 뭐 있습니까, 잘못됐다고 알고 있었다면서요.

○**산업통상자원부장관 안덕근** 그래서 1급들 다 소집을 해서 저희가 일단 우리 국내 산업 상황 파악하고……

○**송재봉 위원** 아니, 그러니까 그 얘기는 제가 이해를 하겠고요. 하여튼 그런 정확한 표현은 안 하셨다는 말씀이잖아요.

○**산업통상자원부장관 안덕근** 아니, 저희 그 안에서 분명히 그런 얘기들이 있었던 것 같습니다.

○**송재봉 위원** 명확하게 얘기를 해 주세요.

그리고 12월 12일 윤석열의 대국민 담화 들으셨지요?

○**산업통상자원부장관 안덕근** 예.

○**송재봉 위원** 조금 전에 김정호 위원께서도 확인을 하셨는데 원전 생태계 지원 예산 삭감하고 체코 원전 수출 90% 깎아 버렸다, 차세대 원전 개발 관련 예산을 거의 전액 삭감했다, 이것 잘못된 거라고 얘기하셨지요? 옳지……

○**산업통상자원부장관 안덕근** 예, 그건 잘못됐습니다.

○**송재봉 위원** 틀린 것이다?

○**산업통상자원부장관 안덕근** 예, 그건 틀린 것······

○**송재봉 위원** 그러면 장관님께서는 이 잘못된 것에 대해서 어떻게 대응하셨나요?

○**산업통상자원부장관 안덕근** 저희가 그래서 보도 해명자료도 내고 한 걸로 알고 있습니다.

○**송재봉 위원** 어떻게 내셨어요, 보도 해명자료를?

○**산업통상자원부장관 안덕근** 저희가 기자들한테 바로 해명을 했었습니다. 따로 공식적으로 해명자료를 내지는 못하고요.

○**송재봉 위원** 그 당시의 해명자료 가지고 계신가요?

○**산업통상자원부장관 안덕근** 아니요, 해명자료를 공식적으로 내지는 못했고요 우리 기자단들한테 저희가 설명을 했습니다.

○**송재봉 위원** 아니, 그러니까 우리가 지난 국감 때도 그렇고 체코 원전 문제, 대왕고래 지적할 때마다 즉각 즉각 사실관계 틀리다고 그렇게 성명서 내고 보도자료를 내셨잖아요. 그런데 왜 이것은, 명확히 잘못된 것에 대해서 바로잡지 않으시나요?

(이철규 위원장, 박성민 간사와 사회교대)

잘못되신 거지요? 바로 내세요, 지금이라도. 틀린 것을 정확하게 국민에게 알려야 될 것 아닙니까? 바로 하세요.

○**산업통상자원부장관 안덕근** 이미 여러 언론에서 그게 틀렸다는 게 나가 있는 걸로 알고 있습니다.

○**송재봉 위원** 공식 보도자료를 내세요. 틀린 것은 틀렸다고 해야 되잖아요.

○**산업통상자원부장관 안덕근** 지금 시점에서 보도 해명자료가 나갈 수 있는 건지는 저희 기자단들하고 한번 상의는 해 보겠습니다.

○**송재봉 위원** 꼭 좀 해 주시기 바랍니다.

예산 확보 관련돼서, 비상계엄의 이유 하나가 예산 확보 안 해 줘서 그렇다는 거잖아요. 그것 동의하시나요, 대왕고래 예산 확보 안 해 줘서?

○**산업통상자원부장관 안덕근** 그게 언급은 됐었지만 그것 때문에······

○**송재봉 위원** 그것도 하나의 이유잖아요.

지난 3일, 비상계엄 발표 당일에······

박성택 산업부1차관님 계시지요?

○**산업통상자원부제1차관 박성택** 예.

○**송재봉 위원** 기자간담회 그날 하셨잖아요.

○**산업통상자원부제1차관 박성택** 예, 했습니다.

○**송재봉 위원** '용산 대통령실에서 상황을 매우 엄중하게 바라보고 필요한 조치를 하고 있는 걸로 안다'. 계엄 준비하고 있는 것 알고 계셨어요?

○**산업통상자원부제1차관 박성택** 전혀 알 도리가 없습니다.

○**송재봉 위원** 그런데 왜 이런 말씀 하셨어요? 필요한 조치가 계엄이었잖아요.

○**산업통상자원부제1차관 박성택** 그건 기자가, 저희가 브리핑이 끝나고 기자 중의 한 사람이 여기에 대해서 대통령실은 뭘 하고 있나 물어서 제가 상식적인 답변을 한 겁니다.

○**송재봉 위원** 엄중하게 바라보고 필요한 조치 한다고 하셨잖아요. 엄중한 조치를 한

게 비상계엄인가요?

○**산업통상자원부제1차관 박성택** 당시에 그 전날 국무위원들도 감액 예산안이 통과된 것에 대해서 입장 발표도 있었고 당연히 이런 문제에 대해서는……

○**송재봉 위원** 제가 볼 때 이 워딩으로 보면 차관님 알고 있었던 것 같아요.

○**산업통상자원부제1차관 박성택** 그럴 리가 있겠습니까.

○**송재봉 위원** 그러니까 나도 믿고 싶지는 않은데.

○**산업통상자원부제1차관 박성택** 전혀 사실이 아닙니다.

○**송재봉 위원** 중기부장관님, 12월 2일 날 또 소상공인·지역상권 민생토론회, 이 대통령 행사에 같이 참여하셨지요?

○**중소벤처기업부장관 오영주** 예, 그렇습니다.

○**송재봉 위원** 이때 공주산성시장을 방문했는데 그 직전에 민생토론회에서 대통령이 이렇게 얘기했는데 기억나시나요? '여러분이 피부로 느낄 만한 정책이 바로 시행될 것이다'.

○**중소벤처기업부장관 오영주** 정확한 문구는 기억은 나지 않습니다만……

○**송재봉 위원** 제가 보니까 피부로 느낄 만한 정책을 바로 시행했지 않습니까.

○**중소벤처기업부장관 오영주** 소상공인 대책과 관련된 말씀을 하셨습니다.

○**송재봉 위원** 그래서 비상계엄을 선포해서 피부로 느낄 만한 정책 시행한 것 아니에요? 그래서 소상공인들에게 엄청난 고통을 주는 이 행동을 대통령이 했잖아요, 그 자리에 같이 동석하시고.

○**중소벤처기업부장관 오영주** 그 당시 민토에서는 소상공인들과 관련된 논의가 있었습니다, 위원님.

○**송재봉 위원** 그래서 소상공인의 매출이 지금 절반 이상 줄었고, 앞의 보고에도 보니까 88.4%가 매출 감소를 경험하고 있다 이렇게 얘기하잖아요.

○**중소벤처기업부장관 오영주** 예, 조사를 했을 때 그렇게 느끼는 분들이 계시다라고 하는 소공연의 조사가 있었습니다.

○**송재봉 위원** 그러니까 단체 예약도 다 취소되고 있고.

○**중소벤처기업부장관 오영주** 예. 지금 매출 증진을 위한 노력이 필요하다고 생각합니다.

○**송재봉 위원** 다행히 탄핵이 돼서 조금 나아지고 있다고 하는 거잖아요.

○**중소벤처기업부장관 오영주** 안정이 되기 위해서 노력해야 된다 하는 인식들을 가지고 있습니다.

○**송재봉 위원** 그러면 중기부장관께서는 이런 상황에서, 도대체 예상하지 못했던 그런 계엄 선포로 인해서 엄청난 피해를 보고 있잖아요. 어떤 대책이 있습니까, 기존에 발표한 것 말고?

○**중소벤처기업부장관 오영주** 위원님, 소상공인들이 특히 어려움을 예전에도 많이 겪으셨지만 위원님 말씀하신 대로 예기치 못한 사태에 있는데 지금……

○**송재봉 위원** 그러니까 민생 회복 대책을 기존의 것 말고 내놔야 되잖아요. 지금 내놓은 것 있습니까?

○**중소벤처기업부장관 오영주** 그런데 지금 저희가 생각했을 때는 빨리 예산, 재정을 푸

는 것이 제일 중요하다고 생각합니다.

○**송재봉 위원**   포브스에서 이렇게 얘기를 했어요. '윤석열의 이기적인 계엄령 사태에 대한……

    (발언시간 초과로 마이크 중단)

· ·

    (마이크 중단 이후 계속 발언한 부분)

대가는 대한민국 5100만 국민이 시간이 지남에 따라서 분할해서 지불하게 될 것이다'.

○**중소벤처기업부장관 오영주**   끝까지 민생을 잘 챙겨 보고 일단 예산을 지금 빨리 푸는 것이 저는 필요하다고 생각하고 있어서 그 준비에 매진을 하고 있습니다.

○**송재봉 위원**   그것 외에 추가적인 대책이 필요하다고 생각 안 하세요?

○**중소벤처기업부장관 오영주**   같이 하면서 노력을 지금 하고요, 의견들을 좀 들어 보고 재정 당국하고도 협의를 하겠습니다.

· ·

○**위원장대리 박성민**   수고하셨습니다.

    다음은 존경하는 곽상언 위원님 질의해 주십시오.

○**곽상언 위원**   시작하기 전에, 제가 지금까지 질의하면서 한 번도 소리 지른 적이 없습니다. 거기 좀 성실히 답변해 주시기 바랍니다.

○**산업통상자원부장관 안덕근**   예.

○**곽상언 위원**   제가 질문을 드리겠습니다.

    안덕근 장관님께 질의드리겠습니다.

    저는 종로구 국회의원 곽상언입니다.

○**산업통상자원부장관 안덕근**   예. 알고 있습니다.

○**곽상언 위원**   일단 언론 보도를 기준으로 사실 확인을 좀 하겠습니다.

    일단 비상계엄 선포를 위한 국무회의 그다음 비상계엄 해제를 위한 국무회의에 모두 참석하지 못했던 것이지요?

○**산업통상자원부장관 안덕근**   아닙니다. 비상계엄 선포를 위한 회의는 참석을 못 했고요.

○**곽상언 위원**   선포는 못 했고.

○**산업통상자원부장관 안덕근**   해제를 하는 회의는 참석했습니다.

○**곽상언 위원**   해제를 하는 회의는 참석했고요?

○**산업통상자원부장관 안덕근**   예.

○**곽상언 위원**   그러면 질문하겠습니다.

    12월 3일 상황을 좀 여쭤볼게요. 오후 상황을 보니까 서울 서초구에 있는 한전아트센터에서 에너지위원회를 주재하셨어요?

○**산업통상자원부장관 안덕근**   예, 그렇습니다.

○**곽상언 위원**   몇 시에 종결됐습니까?

○**산업통상자원부장관 안덕근**   종결된 시간이 한 5시 6시쯤……

○**곽상언 위원**   오후 5시쯤이요?

○**산업통상자원부장관 안덕근**   예, 5시 6시쯤……

○곽상언 위원 그 후에 뭐 했어요?

○산업통상자원부장관 안덕근 그날 퇴근을 했습니다.

○곽상언 위원 댁이 어디시지요?

○산업통상자원부장관 안덕근 도곡동입니다.

○곽상언 위원 도곡동이요?

○산업통상자원부장관 안덕근 예.

○곽상언 위원 그러면 아트센터에서 얼마 걸리지 않겠네요. 길어야 30분 걸리겠네요?

○산업통상자원부장관 안덕근 예.

○곽상언 위원 그때 당시 정해영 주무관이 운전 수행한 것 맞아요?

○산업통상자원부장관 안덕근 예, 맞습니다.

○곽상언 위원 맞지요? 그리고 정해영 주무관 퇴근했어요, 그 후에?

○산업통상자원부장관 안덕근 예.

○곽상언 위원 좋아요.

그 옆에 계신 오영주 장관님이 조금 전에 뭐라고 하셨냐면 저녁 9시 40분경에 대통령께서 찾으신다는 연락을 받고 용산 대통령실로 갔다고 진술했습니다. 맞지요?

○산업통상자원부장관 안덕근 예.

○중소벤처기업부장관 오영주 예.

○곽상언 위원 그러면 안 장관님은 연락 못 받았어요?

○산업통상자원부장관 안덕근 저는 9시 한 50분 좀 넘어서 연락을 받았습니다.

○곽상언 위원 50분쯤 받았습니까?

○산업통상자원부장관 안덕근 54분인가 정확하게……

○곽상언 위원 54분쯤 받았어요. 그러면 54분쯤 받고 왜 안 가셨습니까?

○산업통상자원부장관 안덕근 안 간 게 아니라 갔습니다. 그런데 제가 그때 좀 급하게 다급하게……

○곽상언 위원 그러면 54분쯤 받고 몇 시에 출발했어요?

○산업통상자원부장관 안덕근 바로 출발을 했고요.

○곽상언 위원 바로 출발하셨어요? 그러면……

○산업통상자원부장관 안덕근 그런데 택시를 불렀기 때문에 택시 부르는 시간이 있었고……

○곽상언 위원 수행하고 있는 정해영 주무관이 운전하신 게 아니고?

○산업통상자원부장관 안덕근 아니고……

○곽상언 위원 택시를 불렀어요?

○산업통상자원부장관 안덕근 왜냐하면 그까지 와야 되기 때문에……

○곽상언 위원 평소에 택시를 사용하시나요?

○산업통상자원부장관 안덕근 아닙니다. 대통령실을 가야 되면 원래는 제 공무수행 차가 와야 되는데……

○곽상언 위원 그러니까요.

○산업통상자원부장관 안덕근 왔다 가면 너무 늦을 것 같아서……

○곽상언 위원 평소에 택시를 타고 국무회의에 갈 수가 있나요?

○**산업통상자원부장관 안덕근** 국무회의라는 걸 몰랐습니다. 대통령실 직원이……

○**곽상언 위원** 그러면 대통령실에서 9시 54분에 뭐라고 연락받았습니까? 뭐라고 연락받았길래 택시를 타고 갔습니까?

○**산업통상자원부장관 안덕근** 지금 빨리 올 수 있냐라고 연락을 해서, 제가 무슨 일인지는 물어볼 수도 없고 그래서……

○**곽상언 위원** 제가 대통령실에 택시 타고 갔다는 얘기를 처음 들어봤어요, 지금까지.

○**산업통상자원부장관 안덕근** 그 시간에 저희가 소집이 된 건 처음이라서 아까 말씀드린 것처럼 미국이나 유럽이나 우리하고 시간이 반대인 데 무슨 급한 회의가 있어서……

○**곽상언 위원** 아니, 아무리 급한 회의가 있든지 없든지……

○**산업통상자원부장관 안덕근** 저도 처음입니다.

○**곽상언 위원** 택시를 타고 지금까지 국무회의 출석하신 적 있으세요?

○**산업통상자원부장관 안덕근** 그 시간에 소집이 된……

○**곽상언 위원** 지금까지 택시를 타고……

○**산업통상자원부장관 안덕근** 한 번도 없습니다.

○**곽상언 위원** 없지요?

○**산업통상자원부장관 안덕근** 없습니다.

○**곽상언 위원** 그런데 택시 탔다고 하시니까 제가 여쭤보는 거예요. 어떻게 그날만 택시를 타고 갈 수가 있냐는 것이지요.

○**산업통상자원부장관 안덕근** 그 시간에 소집된 게 처음입니다.

○**곽상언 위원** 또 여쭤볼게요.

아까 비상계엄 선포를 위한 국무회의에 참석하지 못했다고 했는데 그다음에……

그러면 택시 몇 시쯤 탔어요?

○**산업통상자원부장관 안덕근** 한 10시 좀 넘어서 택시가 왔던 것으로……

○**곽상언 위원** 10시 넘어서?

○**산업통상자원부장관 안덕근** 예.

○**곽상언 위원** 그러면 평소에 택시 어플 깔고 계세요?

○**산업통상자원부장관 안덕근** 예, 그때 제가 부른 게 카카오택시를 불렀습니다.

○**곽상언 위원** 좋아요.

그런데 그로부터 28분 후에 비상계엄을 선포합니다. 그렇지요? 그리고 23시에 대한민국 전역에 비상계엄이 실시가 됩니다. 그렇지요? 군대 동원되는 것 아시지요?

○**산업통상자원부장관 안덕근** 예.

○**곽상언 위원** 그러면 이 선포될 때 28분에는 어디 계셨어요?

○**산업통상자원부장관 안덕근** 택시 안에서……

○**곽상언 위원** 택시 안에 계셨어요?

○**산업통상자원부장관 안덕근** 가다가 뭔지는 모르겠는데……

○**곽상언 위원** 아니, 어디 계셨냐고요? 짧게.

○**산업통상자원부장관 안덕근** 택시 안에 있었습니다.

○**곽상언 위원** 택시 안에서 라디오로 들으신 거예요?

○**산업통상자원부장관 안덕근** 예, 라디오로 확인을 했습니다.

○**곽상언 위원** 라디오 들으셨으면 용산으로 가셔야지 왜 안 갔습니까?

○**산업통상자원부장관 안덕근** 그 연락이 문자가 왔는데, 그 직원이……

○**곽상언 위원** 오지 말래요?

○**산업통상자원부장관 안덕근** '종료됐습니다. 귀가하십시오'라는 문자가 와서 그래서 제가 다시 돌아가고 있었습니다.

○**곽상언 위원** 문자를 받고 별달리 확인도 안 하고 비상계엄이라고 하는데 집에 가도 되는 겁니까, 택시 타고?

○**산업통상자원부장관 안덕근** 저녁에 무슨 이유인지 모르게 소집이 돼서 갑자기 가다가 중간에 돌아가라 그래서……

○**곽상언 위원** 조금 전에는 라디오를 듣고 비상계엄인지 알았다고 하셨지 않습니까?

○**산업통상자원부장관 안덕근** 예.

○**곽상언 위원** 그런데 비상계엄인지 알았는데 문자를 받고 집으로 돌아가요?

○**송재봉 위원** 아니, 집으로 안 갔다고 했잖아요.

○**산업통상자원부장관 안덕근** 아닙니다.

○**송재봉 위원** 회의했다 그랬잖아요, 회의.

○**산업통상자원부장관 안덕근** 아니요. 집에 오는 중에 제가 차관들하고 연락을 해서 지금 상황이 어떻게 됐는지 확인을 하고 그래서 1급 회의를 소집해서 저희가 12시에 긴급 회의를 한 겁니다.

○**곽상언 위원** 자, 그래서 제가 하나씩 여쭤보는 거예요.
  그 비상계엄 선포 사실을 알고 뭐 하셨습니까? 누구하고 통화했습니까?

○**산업통상자원부장관 안덕근** 우리 차관들하고……

○**곽상언 위원** 차관들하고요?

○**산업통상자원부장관 안덕근** 예. 통화를 하고……

○**곽상언 위원** 그러고 또 보니까 1시간 후에 1급 이상 간부회의 소집해요?

○**산업통상자원부장관 안덕근** 예, 그렇습니다.

○**곽상언 위원** 그렇지요? 어디서 소집하셨어요? 택시 안에서?

○**산업통상자원부장관 안덕근** 아니요, 집에 와서.

○**곽상언 위원** 전화로?

○**산업통상자원부장관 안덕근** 예.

○**곽상언 위원** 집까지 얼마나 걸리던가요?

○**산업통상자원부장관 안덕근** 집에 돌아온 시간은 그러면 한 10시 45분이나 그쯤 되겠네요.

○**곽상언 위원** 10시 45분은 계엄 선포로부터 불과 20분 후예요.
  안건이 뭔가요?

○**산업통상자원부장관 안덕근** 아까 말씀드린 비상계엄이 터지면 저희는 일단 에너지 수급이나 비상 그런 것들……

○**곽상언 위원** 그러니까 안건이 뭐냐고. 정식 안건 통지하셨어요?

○**산업통상자원부장관 안덕근** 정식 안건은 없고요.

○**곽상언 위원** 통지 안 하셨고.

그러면 회의는 정부서울청사에서 하기로 한 것 맞지요?

○**산업통상자원부장관 안덕근** 예.

○**곽상언 위원** 그러면 회의했으면 회의록 작성했어요?

○**산업통상자원부장관 안덕근** 회의록이……

○**곽상언 위원** 다음까지 회의록 제출하세요.

○**산업통상자원부장관 안덕근** 회의록은 작성을 못 했습니다.

○**곽상언 위원** 왜 안 했습니까? 아니, 택시에서 비상계엄 사실을 알고 집에 가는 게 어디 있으며 전화로 회의 소집하고 왜 회의록 작성 안 합니까?

○**산업통상자원부장관 안덕근** 비상계엄 상황에서 저희가 모여 앉아 가지고 회의록을 작성할 만큼 그렇게 할 수 있는 상황이 아니기 때문에……

○**곽상언 위원** 하나 더 여쭤볼게요, 제가 시간이 많지 않아 가지고. 지금 전부 이상해서 그렇습니다.

회의하신다고 한 그다음에 1시간이 못 돼서 국회에서 비상계엄 해제 요구 결의안을 가결합니다, 1시에. 알고 계시지요?

○**산업통상자원부장관 안덕근** 예, 회의하면서 저희가 그것을 확인했습니다.

○**곽상언 위원** 그 후에 비상계엄 선포한 대통령 윤석열이 뭐라고 하냐면 '계엄 해제를 위해 즉시 국무회의를 소집했지만 새벽인 관계로 의결정족수가 충족되지 못했다. 국무위원이 오는 대로 바로 계엄 해제하겠다'라고 발표합니다. 봤지요?

○**산업통상자원부장관 안덕근** 예.

○**곽상언 위원** 봤으면 바로 가야지요.

○**산업통상자원부장관 안덕근** 저는 그때……

○**곽상언 위원** 가셨어요? 바로 갔어요?

○**산업통상자원부장관 안덕근** 예. 대통령실에 제일 먼저 도착한……

○**곽상언 위원** 어디로 갔습니까?

○**산업통상자원부장관 안덕근** 대통령실에……

○**곽상언 위원** 어디서 나와서 어디로 갔습니까?

○**산업통상자원부장관 안덕근** 그때 끝나고……

○**곽상언 위원** 어디서 끝나서?

○**산업통상자원부장관 안덕근** 청사에서 저희가 일단 소집 해제를 해서……

○**곽상언 위원** 청사에서 1시 55분에 나오세요. 1시 55분에 나와서 몇 시 도착하셨어요, 용산에?

○**산업통상자원부장관 안덕근** 잠깐만……

○**곽상언 위원** 그때는 뭐 타고 갔어요? 그때 택시 타고 갔어요?

○**산업통상자원부장관 안덕근** 아니요, 그때는 수행하는 차가 계속 데리고 움직였기 때문에……

○**곽상언 위원** 조금만 더 물어보게 1분만 더 주세요. 1분만 더 주세요.

그때 택시도 안 타고 주무관이 운전했지요, 그렇지요?

○**산업통상자원부장관 안덕근** 예.

○**곽상언 위원** 비상계엄 해제가 그때로부터 3시간 반 후에 이루어져요.

그러면 그 차 타고 몇 시에 용산 도착했어요?

○산업통상자원부장관 안덕근　제가 대통령실에 도착한 게 2시 50분경입니다.

○곽상언 위원　예?

○산업통상자원부장관 안덕근　2시 50분에……

○곽상언 위원　담화 보고 바로 가셔야지 왜 지체하셨냐고 제가 물어보는 겁니다.

○산업통상자원부장관 안덕근　저희가 그때는 국무조정실장이 문자로 공식적으로 국무회의를 소집했는데 2시 6분에 연락을 받았습니다.

○곽상언 위원　좋아요. 국무위원들이 다 왔는데도 그러면……

○산업통상자원부장관 안덕근　그때 바로 오지를 못했습니다.

○곽상언 위원　비상계엄 해제 안 한 거예요?

○산업통상자원부장관 안덕근　그때 바로 못 오고요. 제가 도착……

○곽상언 위원　아니, 장관님이 도착하신 다음에도 여전히……

○산업통상자원부장관 안덕근　계속 오고 있었습니다.

○곽상언 위원　비상계엄 해제가 안 됐으니까 물어보는 거예요.

○산업통상자원부장관 안덕근　그래서……

○곽상언 위원　그때 몇 명 왔어요? 몇 명 왔어요?

○산업통상자원부장관 안덕근　제가 왔을 때 거의 제일, 상당히 일찍 도착을 한 편이었고요 그다음에 계속 왔었습니다. 그래서 계속 총리께서 빨리 불러라, 소집을 해라라고 해 가지고 국무조정실장이 자정……

○곽상언 위원　오실 때까지 몇 명 왔냐니까, 몇 명?

○산업통상자원부장관 안덕근　제가 정확하게 숫자는 기억 못 하겠습니다.

○곽상언 위원　제가 정족수가 되는지 물어보려고 하는 거예요.

○산업통상자원부장관 안덕근　제가 좀 정확하게 기억하는 것은 그 당시에 부총리하고 조규홍 복지부장관은 해제 회의를 못 왔지만 대부분의 다른 장관들은 나중에는 다 왔습니다.

○곽상언 위원　다 왔지요. 그렇지요?

○산업통상자원부장관 안덕근　거의 다 왔습니다.

○곽상언 위원　다 왔는데 4시 반에 한 것 아닙니까, 해제를?

○산업통상자원부장관 안덕근　그러니까 오는 데 시간이 좀 걸렸다니까요.

○곽상언 위원　예?

○산업통상자원부장관 안덕근　오는 데 시간이 좀 걸렸습니다.

○곽상언 위원　아니, 그게 아니라 이미 장관님이 해제를 위한 국무회의에 도착하셨는데 대통령이 안 한 것 아닙니까, 해제를?

○산업통상자원부장관 안덕근　아닙니다. 해제를 한다 그래 가지고 제가……

○곽상언 위원　거의 다 와 있었다면서요.

○산업통상자원부장관 안덕근　아니요, 제가 거의 제일 먼저……

○곽상언 위원　그때 오영주 장관님 와 있었지요?

○산업통상자원부장관 안덕근　제가 제일 먼저 왔었……

○곽상언 위원　오영주 장관님, 그때 몇 사람 있었습니까, 국무회의에?

○**중소벤처기업부장관 오영주** 오는 시간들이…… 안덕근 장관님이 저보다 더 먼저 가셨고 저는 3시 한 10분이나 20분 그 정도에 도착을 했습니다. 그런데 저희가 회의실에 모여서 좀 기다렸던 것으로 기억이 됩니다, 계속 오셔 가지고요.

○**산업통상자원부장관 안덕근** 계속 왔었습니다. 계속 사람들이 와서……

○**곽상언 위원** 아니, 계속을 물어본 것이 아니라 분명히 해제 결의한 게 1시인데 해제를 4시 반에 해요.

○**산업통상자원부장관 안덕근** 그때 의결……

○**곽상언 위원** 그러면 장관들은 해제됐으면 바로바로 가야 될 것 아닙니까? 그런데 특히 안 장관님은 그때에도 여전히……

　　　(발언시간 초과로 마이크 중단)

· ·

　　　(마이크 중단 이후 계속 발언한 부분)

청사에서 회의를 하고 계셨고 1시간 이후에야 출발하셨단 말이에요. 그리고 2시간 이후에 해제된다고요.

○**산업통상자원부장관 안덕근** 말씀드렸지만 2시 6분에 국무조정실장이 공식적으로 국무회의 소집을 했고요. 그래서 제가 바로 가서 거의 제일 먼저 도착을 했었고. 그리고 계속 국무위원들이 모이는데 국무회의 안건을 그 당시에는 제대로 만들기 위해서 의결번호 같은 것 확인하고 하면서 안건을 만들었습니다.

　그때 국회에서, 저희도 보니까 왜 이렇게 늦어지나 하고 했었는데 의장님께서 기다리라고, 이것 안건 만든다고 얘기를 하셨는데 그게 같은 상황이었습니다.

○**곽상언 위원** 제가 지금 의심하는 건 뭐냐면요 비상계엄이 선포된 다음에 안 장관님께서 하신 행동 때문에 그래요. 택시를 타고 가는 것도 이상하고 택시에서 회의 소집하는 것도 이상하고 회의를 소집한 다음에도 회의록도 만들지 않았다고 하시고 다시 국회에서 비상계엄이 해제되었는데도 용산에 늦게 가시고 용산에서도 국무위원들이 모였는데도 해제를 안 했단 얘기 아닙니까? 이게 모두 다 이상해서 제가 확인하는 겁니다, 언론보도를 종합해서. 제 말에 좀 이상한 것 있나요?

○**산업통상자원부장관 안덕근** 제가 지금 설명드린 부분 중에 더 추가로 확인할……

○**곽상언 위원** 여쭤보는 거예요. 제 말에 지금 이상한 것 있나요?

○**산업통상자원부장관 안덕근** 아니, 그래서 지금 위원님께서 제기하신 부분 제가 설명을 드렸는데 추가적으로 더 설명을 드려야 되는 부분이 있습니까?

○**곽상언 위원** 제가 질의한 사항에 좀 이상한 것 있습니까?

○**산업통상자원부장관 안덕근** 아닙니다. 제가 그래서……

○**곽상언 위원** 지금 사실만을 놓고 말씀드리는데……

○**산업통상자원부장관 안덕근** 예. 제가 다……

○**곽상언 위원** 지금 국무위원 하시면서 생애 처음으로 택시 타고 가시고, 국무위원 하시면서 생애 처음으로 회의록 작성 안 하시고, 국무위원 하시면서 용산에서 부르는데 늦게 가시고 용산에서 대통령실에서 불렀는데도 국무위원이 모여 있는데도, 정족수가 갖춰져 있는데도 비상계엄 해제를 안 했다는 것 아닙니까? 그 짧은 시간 동안 몇 번의 법 위반이 있었습니까? 그때 그러면 안 장관님께서 한 번이라도 빨리하자라고 말씀하셨어요?

○**산업통상자원부장관 안덕근** 총리께서······

○**곽상언 위원** 질문에 대한 답을 해 주세요, 질문에 대한 답.

○**산업통상자원부장관 안덕근** 총리께서도 당시에 빨리 회의를 하기 위해서 국무위원들, 그 당시 불참한 사람들 빨리 오라고 계속 종용을 하셨고요, 참석을. 그래서 모이는 대로 안건이 만들어지는 그 즉시 저희가 한 게 이 시간으로 저는 알고 있습니다.

○**곽상언 위원** 저는 안 장관님께 여쭤보는 겁니다. 안 장관님께서 그 기간 동안 하신 적 있으시냐라고 여쭤보는 것입니다.

○**산업통상자원부장관 안덕근** 저는 말씀드렸지만 당시에 소집됐을 때 사실은 제일 먼저 2시 50분에 도착을 해서, 2시에 소집을 받고 제일 먼저 대통령실에 들어가서 대기를 하고 있었습니다.

○**곽상언 위원** 다음에 제가 기회가 닿으면 오늘 질의한 사항 다시 한번 여쭤볼 테니까요 준비를 좀 다시 해 오시고 기억을 복기해 보시고, 혹시 속기록이라도 있으면 제출해 주십시오.

○**산업통상자원부장관 안덕근** 알겠습니다.

⋯⋯⋯

○**위원장대리 박성민** 수고하셨습니다.

다음은 존경하는 오세희 위원님 질의해 주십시오.

○**오세희 위원** 중기부 오영주 장관님께 물을게요.

지금 12월 말은 소상공인·자영업에게 어떤 달이라고 생각하세요?

○**중소벤처기업부장관 오영주** 한 해를 마무리하면서 여러 가지 또 특수가 많은 날들입니다.

○**오세희 위원** 그렇지요, 특수. 12월은 어떻게 보면 소상공인·자영업은 12월을 벌어서 1년의 비수기를 메꾸는 달입니다. 연말 특수가 있는 건데, 성수기를 마친 원인이 뭐라고 생각하세요?

○**중소벤처기업부장관 오영주** 이번의 사태로 인해서 소상공인들 특히 여러 외식업이나 많은 고통을 받고 있다고 생각하고 있습니다.

○**오세희 위원** 이번의 사태가 뭐 어떤 거지요?

○**중소벤처기업부장관 오영주** 비상계엄 선포에 관한 사태로 인해서 많은 분들이 고통을 받고 있어서 저도 굉장히 가슴 아프게 생각하고 있습니다.

○**오세희 위원** 이번에 비상계엄과 탄핵 정국 때문에 어저께도 간담회를 했는데 손님이 뚝 떨어졌다고 합니다. 그래서 대출은 많고 빚은 많고 어떻게 살아야 될지, 요즘 '안녕하세요?'를 묻기가 힘들다는 그런 때입니다.

12월 2일 날, 탄핵 전날 대통령께서 민생토론회를 하셨지요?

○**중소벤처기업부장관 오영주** 예.

○**오세희 위원** 노쇼 방지책을 하시겠다 그랬지요?

○**중소벤처기업부장관 오영주** 예.

○**오세희 위원** 그런데 마련하셨어요, 노쇼 방지책?

○**중소벤처기업부장관 오영주** 예. 저희가 일단 차관 주재로 관계 부처 회의를 통해 가지고 노쇼와 관련돼 있는 절차들을 어떻게 범부처적으로 할 건지 협의를 하고 있습니다.

○**오세희 위원** 노쇼 방지책에 대해서 제도가 마련돼야 된다고 하는데……

○**중소벤처기업부장관 오영주** 일단……

○**오세희 위원** 더군다나 인터넷에 요즘들은 그런 걸로 많이 자영업자들을, 악성 리뷰도 그렇고 힘든데 그런 것 대책을 꼭, 저도 제도를 좀, 법안을 발의할 거지만 빨리 그것을 해 주시기 바라고요.

○**중소벤처기업부장관 오영주** 예, 공정위하고 저희가 차관이 협의하고 있다고 합니다.

○**오세희 위원** 이 시국에 자영업자·소상공인한테 가장 우선 지원해야 될 정책이 뭐라고 생각하세요? 가장 힘들다, 이것 때문에 힘들다.

○**중소벤처기업부장관 오영주** 제가 이 탄핵 사태 전에도, 비상계엄 전에도 가장 어려웠던 부분들이 금융상의 부담이었습니다.

○**오세희 위원** 예. 그렇지요.

○**중소벤처기업부장관 오영주** 그 부분에 대해서는 저희가 지금 계속 노력을 하고 있습니다.

○**오세희 위원** 지금 어려움이 많지만 가장 어려운 게 채무에 관한 거지요?

○**중소벤처기업부장관 오영주** 예, 그렇습니다.

○**오세희 위원** 그렇지요, 금융에 관한 것?

○**중소벤처기업부장관 오영주** 예.

○**오세희 위원** 그래서 12월 5일 날 소상공인·자영업자 맞춤형 지원 강화방안을 발표하셨지요?

○**중소벤처기업부장관 오영주** 예.

○**오세희 위원** 어쨌든 저리 대출자금 추가 공급하고 전환보증, 거치형 대환대출 신설하겠다고 해서 이것은 어떤 면에서는 금융 부담을 완화한다는 것에서는 의미가 있다고 생각합니다.

○**중소벤처기업부장관 오영주** 정책자금에 한해서 그렇습니다.

○**오세희 위원** 그러나 주로 저금리 대환대출, 저금리 대출 방식에서 근본적인 상환 부담을 해소하지는 못해요. 그래서 부채가 계속 가중되는 것은 방지가 이것만으로는 약하다 이렇게 말씀드릴 수 있고.

지금 자영업자 대출이 코로나 팬데믹, 2019년 말 기준으로 봤을 때 47% 증가했지요? 1100조 정도 되고 있습니다. 그중에 다중채무자가 106만 약간 넘고, 그래서 지금 172만 명 정도, 62%가 증가했지요. 그래서 금액은 지금 약 58.2%, 그렇지요? 682조 8600억 됩니다.

○**중소벤처기업부장관 오영주** 예.

○**오세희 위원** 그래서 우리나라에서 가장 지금, 95.1%인데 이 자영업자·소상공인들이 어저께는 5000만 원을 받는데 마이너스 대출인데 마이너스 대출을 다 쓰지 않아도 이자가 나온다 이걸 하소연하고 있어요. 그러니까 얼마나 열악하다고 생각합니까? 참 가슴이 아팠는데. 이제는 새출발기금이라고 정부에서 지금 많이 하잖아요?

○**중소벤처기업부장관 오영주** 예, 하고 있습니다.

○**오세희 위원** 새출발기금 같은 경우도 지금 2.51조인데 코로나 기간에 350조가 대출이 증가됐는데 1.76조 감면은 0.5로 미미하지요.

그래서 저는 다른 것도 많지만 채무조정 프로그램은 어쨌든 섬세하게 만들어야 된다. 금융위원회하고 이 부분은, 코로나에 정말 국가에 협조를 해서 방역대책에 협조를 했는데 그게 개인 빚으로 온 거잖아요. 국가가 빚을 져야 되는데 개인이 대출을 받아서 싸게 저리로 주마 그랬는데 코로나 끝나니까 5%, 7%대가 돼서 이자가 빚이 된 상태거든요. 이 부분을 채무조정을 지원을 해야 되는데 본 위원이 봤을 때는 금융채무를 전반적으로 파악하고 이것을 섬세하게 채무조정 프로그램을 만드는 데 있어서 사례별로 파악해서 저리 이자, 이자 감면, 대출 장기연장, 대출원금 감면 이런 쪽으로 프로그램을 정말 만들어야 된다고 생각합니다. 장관님, 어떻게 생각하세요?

○중소벤처기업부장관 오영주　위원님, 대출 부채의 문제가 소상공인들, 연체 소상공인들의 가장 어려운 문제 맞습니다. 그래서 저희가 이번에 상환 연장, 전환 보증한 것은 정부의 정책자금에만 한정돼 있었는데 많은 부분들이 금융계에서 받고 있기 때문에 지금 금융위와 함께 이 부분의 상환 연장을 논의하고 있고 또 말씀하신 대로 새출발기금을 활용한 여러 채무조정 문제에 대해서 좀 더……

○오세희 위원　보완을 좀 해야 되고.

○중소벤처기업부장관 오영주　예, 세심한 보완이 필요하다고 생각하고 있습니다, 위원님.

○오세희 위원　그래서 저는 지금 가뜩이나 내수 부진으로 너무도 힘들었는데 이 부분에 대해서 탄핵 정국에 있어서 가장 피해 보는 건 소상공인·자영업이다. 그래서 그 부분도 섬세하게 피해를 얼마 봤는지 어떻게 봤는지 그 부분을 빚으로만 메꿀 게 아니라 지원을 해야 된다. 그래서 그 부분은 중기부에서 정말 고민을 많이 하고 소상공인·자영업 현장을 생각해서 전통시장만 죽 돌 게 아니라, 맨날 시장만 갈 필요가 없어요. 이 부분을 설계를 좀 해야 됩니다. 그래서 탄핵 정국에 손해 본 소상공인·자영업, 12월 성수기를 망친 소상공인은 어떻게 해 줄 건가. 이것은 산업부도 고민하고 중기부도 고민해서 그 부분은 꼭 해결을 해야 된다 이렇게 생각합니다.

○중소벤처기업부장관 오영주　예, 위원님, 지금 제가 현황을 먼저 열심히 파악을 하고 있습니다. 그리고 긴급경영안정자금이라든지 지금 예산으로 확보된 부분들을 먼저 저희가 집행을 하면서 현장을 더 면밀히 챙겨 가도록 하겠습니다.

○오세희 위원　이것을 놓치지 마시고 꼭 섬세하게 좀 챙기기 바랍니다.

○중소벤처기업부장관 오영주　예, 그렇게 하겠습니다.

○위원장대리 박성민　수고하셨습니다.

　다음은 존경하는 서일준 위원님 질의해 주십시오.

○서일준 위원　산업부장관님 수고 많으십니다.

　지금 우리 핵심 에너지 정책 중의 하나인 대왕고래 이 프로젝트 지금 어떻게 진행되고 있습니까?

○산업통상자원부장관 안덕근　지금 시추선 도착해서 아마 내일부터……

○서일준 위원　시추선 도착했지요?

○산업통상자원부장관 안덕근　예, 지금 아마 내일부터 공식적으로 시추작업 들어갈 것 같습니다.

○서일준 위원　내일부터 시추작업 들어갑니까?

○**산업통상자원부장관 안덕근** 예.

○**서일준 위원** 그러면 시료 채취하는 데 얼마나, 한 두 달 정도 걸립니까?

○**산업통상자원부장관 안덕근** 예, 한 1월 말 정도면 나오지 않을까 생각합니다.

○**서일준 위원** 1월 말 정도 되면 시료 채취는 되고.

○**산업통상자원부장관 안덕근** 예.

○**서일준 위원** 시료 채취한 것 분석은 어느 정도 걸립니까?

○**산업통상자원부장관 안덕근** 한 몇 달 걸리는데요. 저희가 완전히 분석이 정밀하게 다 끝나기까지는 한 8~9월까지 갈 수 있는데 지금 국민적으로 관심이 높기 때문에 저희가 최대한 중간 발표를 중간 정도에, 웬만큼 우리가 좀 확신이 서는 객관적인 분석 결과가 나오면 한 오륙 월 달이라도 저희가 발표를……

○**서일준 위원** 오륙 월 달에 가능하다?

○**산업통상자원부장관 안덕근** 예, 하려고 지금 노력 중입니다.

○**서일준 위원** 지난 우리 산자위 예산 심사를 할 때 제가 또 산자위 예결위원이 돼서 그때 정부안이 아마 556억인가 이렇게 제출했는데 여야 합의로 그러면 50억 삭감하고 506억으로 하자 하고 그다음에 1차 시추 후에 경제성이 없으면 2차부터는 예타를 추진을 하자 이렇게 여야가 그냥 합의가 된 거거든요.

○**산업통상자원부장관 안덕근** 예, 그렇습니다.

○**서일준 위원** 이게 그런데 예결위 넘어가 가지고 아무런 설명 없이 그냥 90%가 삭감이 된 거지요?

○**산업통상자원부장관 안덕근** 예.

○**서일준 위원** 그래서 지금 얼마 남았습니까? 8억 얼마 남은 거지요?

○**산업통상자원부장관 안덕근** 예, 그렇습니다.

○**서일준 위원** 자, 그러면 이 사업이 과연 진행이 됩니까, 어떻습니까?

○**산업통상자원부장관 안덕근** 지금 사실은 취소를 해도 계약돼 있는 금액을 다 물어내야 되는 상황이기 때문에 그냥 해야 되는 상황이고 그래서 부득이한 상황이 계속되면 저희가 자체 예산으로 할 수밖에 없는 그런 상황이 되겠습니다.

○**서일준 위원** 석유공사에서?

○**산업통상자원부장관 안덕근** 예, 그렇습니다.

○**서일준 위원** 이게 석유공사에서 발표를 정말 정치적인 목적이 있었다라고 한다면 총선 전에 발표해야 되는 겁니다. 그런데 총선이 끝난 뒤에 아마 5월 달인가 발표한 거지요?

○**산업통상자원부장관 안덕근** 예, 그렇습니다.

○**서일준 위원** 전혀 정치적인 목적이 없다는 겁니다. 그리고 석유공사 사장이 누구입니까?

○**산업통상자원부장관 안덕근** 김동섭 사장입니다.

○**서일준 위원** 김동섭 사장님 아닙니까?

○**산업통상자원부장관 안덕근** 예, 맞습니다.

○**서일준 위원** 이분은 문재인 정부 때 임명한 분입니다.

○**산업통상자원부장관 안덕근** 그렇습니다.

○**서일준 위원** 이분은 아마 자타가 공인하는 국내 최고의 에너지·석유 관련 전문가라고 알려졌는데요.

○**산업통상자원부장관 안덕근** 예, 그렇습니다.

○**서일준 위원** 이분이 무슨 정치적인 목적을 가지고 이걸 추진을 한다 안 한다 하겠습니까? 장관님, 이 부분에 대해서 어떻게 생각하십니까?

○**산업통상자원부장관 안덕근** 지금 말씀하신 부분은 저는 전적으로 공감하고 있습니다.

○**서일준 위원** 정말 이 대왕고래 사업은 정파적인 그런 사업이 아니고 대한민국의 정말 에너지 안보 미래를 위해서 반드시 필요한 그런 사업입니다. 내일이면 시추에 들어간다고 하니까요 정말 최선을 다해서 시추를 해서 내년 상반기에 우리 국민들께 정말 좋은 소식이 들릴 수 있도록 최선을 다해 주시기를 당부드리겠습니다.

○**산업통상자원부장관 안덕근** 예, 최선을 다하겠습니다.

○**서일준 위원** 그다음 체코 원전 관련해서 한 말씀 드리겠습니다.

　지난 7월에 24조 원 규모로 해 가지고 우선협상대상자 선정이 돼서 내년 3월에 최종 계약이 예정돼 있지요?

○**산업통상자원부장관 안덕근** 예, 그렇습니다.

○**서일준 위원** 그런데 아직까지도 이 체코 원전을 가지고 헐값 수주다, 원천기술이 없어서 돈은 다른 놈이 다 가져간다 이렇게 비방을 합니다. 이 부분에 대해서 장관님은 어떻게 생각하십니까?

○**산업통상자원부장관 안덕근** 저희가 수차례 말씀을 드렸는데 그런 건 아니고 우리나라 원전산업 생태계를 키우고 그걸 통해서 기술을 올리고 또 우리 국내 원전의 안전성을 키워서 선순환 구조로 우리 원자력산업이 성장할 수 있는 아주 중요한 계기라고 저희는 믿고 있습니다.

○**서일준 위원** 지금 정말 대한민국 위기입니다. 이럴수록 대한민국 국민이 먹고사는 문제, 대한민국 미래를 위한 이런 부분은 여야가 어디 있겠습니까? 힘을 합쳐서 나가야 된다라고 생각하는데요. 장관님도, 우리 공직자분들도 흔들림이 없이 추진을 해 주시기를 당부드리겠습니다.

○**산업통상자원부장관 안덕근** 예.

○**서일준 위원** 다음, 지난 트럼프 당선인께서, 아마 지난 달 7일이지요? 윤석열 대통령께 전화해서 대부분이 '대한민국 조선 정말 대단하다. 앞으로 MRO도 같이 하자'이런 형태로 했다라고 제가 보고를 받았는데요.

○**산업통상자원부장관 안덕근** 예.

○**서일준 위원** 지금 이 사태가 나고 나서는 우리 대한민국은 패싱을 했다 이런 보도도 또 나오고 있습니다. 그래서 많은 분들이 걱정을 합니다. 앞으로 과연 한미동맹이 어떻게 될까? 한미동맹이 미치는 어떤 우리 미 군함 MRO 사업은 어떻게 될까? 그다음에 또 선주들한테 미치는 영향은 어디일까? 이렇게 많은 분들이 걱정을 하고 있거든요. 이 부분에 대해서 장관님이 한번 말씀해 주십시오.

○**산업통상자원부장관 안덕근** 우리 정치 상황에 상관없이 우리 조선산업의 중요성에 대해서는 전혀 흔들림이 없다고 보고 있고 한미동맹의 매우 중요한 연결고리가 될 거라고 보고 있습니다. 그래서 저희가 한미 조선 협력 패키지를 조만간에 만들어서 미국 정

부하고 트럼프 신행정부하고 협의를 좀 해서 우리나라 조선산업이 클 수 있는 중요한 계기를 만들기 위해서 노력하고 있습니다.

○**서일준 위원** 사실은 전문가들은 이런 이야기도 합니다. 앞으로 트럼프 2기 행정부가 들어서면 주한미군 방위비 부분도 다시 거론이 되면 이게 MRO 분야를 현물로 지급하는 부분도 있다, 오히려 한미가 서로 윈윈할 수 있는 이런 분야도 있다 이렇게 이야기를 많이 하거든요.

○**산업통상자원부장관 안덕근** 예, 저희도 동감합니다.

○**서일준 위원** 이런 부분도 장관님이 적극적으로 한번 검토를 부탁드리겠습니다.

○**산업통상자원부장관 안덕근** 예, 꼭 반드시 저희가 좋은 계기를 만들어서 우리 조선산업이 클 수 있도록 잘 챙겨 나가도록 하겠습니다.

○**서일준 위원** 수고하셨습니다.

시간이 없어서 중기부장관님 다음에 여쭤보겠습니다.

○**중소벤처기업부장관 오영주** 예.

○**서일준 위원** 이상입니다.

○**위원장대리 박성민** 수고 많았습니다.

다음은 존경하는 이재관 위원님 질의해 주십시오.

○**이재관 위원** 충남 천안을의 이재관 위원입니다.

오늘 비상계엄과 관련해서 내용적 또 절차적인 어떤 요건과 관련돼서 많은 말씀들을 나누시는데요. 보다 보니까 참 안타깝고 그래서 한번 말씀을 좀 짚고 들어가겠습니다.

장관님들은 국무위원이시거든요. 그렇기 때문에 비상계엄의 내용적인 요건을 갖췄느냐 안 갖췄느냐 제가 그쪽의 말씀보다도 국무회의에 대해서 말씀을 좀 드리고자 합니다.

국무회의라고 하면 국가 정책에 대한 중요사항을 심의하기 위해서, 그렇기 때문에 헌법에 근거를 두고 있고 또 별도의 대통령령으로 국무회의가 갖춰야 될 어떤 정족수에 관련된 또 상정 안건에 대한 부분 또 부서에 대한 부분 이런 부분들을 상당히 상세하게 기록을 해 놓고 있거든요.

그런데 지금까지 본회의장이라든지 각 상임위원회에서 나온 사실로서 확인된 내용을 보면 그것은 국무회의의 어떤 절차로 도저히 이해할 수 없는 내용이거든요. 그런데 그 내용에 대해서 어떻게 생각하시느냐라고 했을 때 장관님들의 답변은 '반대했습니다, 반대합니다, 참혹합니다', 저는 그렇게 어떤 변명으로 답변하실 사항이 아니라고 생각하거든요. 지금 현재 장관님들의 그 모습들을 전 공직자들이 바라보고 있습니다. 이것은 배신의 문제도 아닌 것이고 너무 명확한 그런 내용에 대해서 그렇게 답변하시는 그 모습들을 보고 과연 우리 공직자들이 어떻게 생각을 할 것인가. 저는 그게 너무 안타깝거든요.

이 부분은 자기의 어떤 생각의 문제가 아니고 이미 나와 있는 팩트에 대한 그 판단의 문제라고 생각하거든요. 그렇지만 그 판단 자체가 대단히 어려운 문제도 아닙니다. 지금 제가 말씀드렸듯이 국무회의 어떤 요건, 어느 것을 갖췄습니까? 하나 갖췄다라고 굳이 얘기한다면 의결정족수. 그런데 그것도 처음부터 엄밀히 말씀드리면 의결정족수도 충족했다고 볼 수가 없거든요. 지금 장관님이 제일 마지막에 오셨다고 하거든요. 그러면 그 앞에서는 이미 의결정족수가 돼 있지 않기 때문에 그때부터는 국무회의도 아니거든요. 그런데 그것에서 심의된 논의되었던 그런 사안이 대통령 결재까지 갔다? 그건 이미 절차적으로, 이것은 흠결의 문제가 아니고 그 요건 자체가 성립이 되지 않는 내용이거든요. 그런데 그 내용을 가지고 의견을 물었을 때 '그것은 현재 수사 중인 상황이기 때문에 말씀드릴 수 있는 상황이 아닙니다'라는 그 답변을 들었을 때 저는 정말 너무 안타까워서 이런 말씀을 드리는 거고요. 또 제가 그 답변을 다시 듣고 싶지는 않습니다. 그 부분에 대해서 소신껏 좀 앞으로 대응을 해 주셨으면 좋겠습니다.

그리고 안덕근 산업부장관님, 대외무역 환경과 내수시장과의 관계는 어떤 관계라고 보시나요?

○산업통상자원부장관 안덕근 지금 점점 우리나라 기업들이 글로벌화되면서 제가 좀 우려를 하는 것이 수출의 효과가 소위 말하는 낙수효과가 줄어들고 있다는 부분에서 걱정을 하고 있지만……

○이재관 위원 어쨌든 그 관계는 대단히 밀접한 관계라고 봐야 되지 않겠습니까?

○산업통상자원부장관 안덕근 그렇습니다.

○이재관 위원 그런데 제가 산자부의 현재 현안 내용과 그다음에 중기부의 현안 내용을 보면 글쎄요, 다른 위원님들은 어떻게 생각하실지 모르겠지만 중기부에서는 지금 현재 불확실성에 초점을 두고 매우 위기 상황으로 또 그렇게 대응하기 위한 어떤 TF를…… 그렇지만 산업부의 내용을 보면 물론 불확실성이라고 하는 것은 있지만 그렇게 위기 국면은 아니다, 지금 현재 우리가 각 기관들과 그런 관계 속에서 나름대로 면밀하게 대응을 하고 있다. 이런 어떤 기조로 대단히 조금 안일하다라는 생각이 저는 들었거든요.

좋습니다. 그러면은 어느 자료를 보니까 현재 이 비상계엄으로 인해서 국익에 과연 얼마만큼의 손실이 왔느냐? 그것을 수백 조라고 하는 그런 주장도 있습니다. 그런데 그것은 어디에 초점을 두느냐에 차이가 있겠지만 GDP의 감소 또 신인도 하락 우려에 대한 그러한 것으로 인한 국채금리의 상승분, 외자의 유출 이런 부분들까지 감안했을 때는 충분히 감안할 수 있는 규모라고 생각을 하거든요.

그런데 지금 현재 현 정부에서의 가장 큰 성과를 나름대로 수출에다가 초점을 두고 있습니다. 몇 년 연속 지금 현재 수출 대외무역 흑자를 유지하고 있다. 그런데 그 흐름으로 봤을 때 과연 이 경제의 흐름이 그렇게 안정적으로 장기적으로 갈 수 있는 구조냐. 대표적으로 철강이라든지 석유화학, 장관님 어떻게 보시나요?

○산업통상자원부장관 안덕근 위원님께서 정확하게 지적해 주신 것처럼 지금 저희가 상당히 불확실성이 높고 그래서 여러 가지로 그 문제를 다루기 위해서 노력을 하고 있는데요. 제가 문제가 없다고 말씀드리는 게 아니고, 그러니까 지금 시점에서 수출의 물류에 문제가 생긴다거나 대금 결제에 문제가 생긴다거나 조선 발주를 해야 되는 것이 취소가 된다거나 이런 것들이 지금까지는 그런 게 아직은 그다지 눈에 들어오는 건 없다라는 말씀이고요. 앞으로는……

○이재관 위원 그런데 사실 우리가 현안질의라고 한다면 현안 점검이라고 한다면 지금은 이렇지만 내일, 다음 달에 그런 문제에 대해서 오히려 얘기를 해서 그것에 대한 대책을 하는 것이 그게 옳은 방법인 것이지 지금까지 해 온 것이 문제가 없습니다라는 것을 저희들이 보자라는 것은 아니거든요.

○산업통상자원부장관 안덕근 지금 그래서 현안을, 현 상황을 저희가 설명드릴 때는 그

것을 그렇게 설명을 드렸는데 앞으로 불확실성이 크기 때문에 말씀하신 환율의 위험도 있고 그래서 앞으로 그런 것들을 잘해 나가겠다는 말씀을 드립니다.

○**이재관 위원** 그리고 중기부장관님, 지금 현재……

(발언시간 초과로 마이크 중단)

‥‥

(마이크 중단 이후 계속 발언한 부분)

그런 내수경제 상황에 대해서 상당히 불확실하고 어렵다라는 부분에 대해서는 말씀을 주신 것 같습니다.

○**중소벤처기업부장관 오영주** 예, 그렇습니다.

○**이재관 위원** 그러면 이 문제를 극복하시기 위해서 과연 해야 될 것이 예산의 조기집행이라는 차원에서 말씀을 주셨는데 저는 그 차원에서 이게 문제가 해결될 거라고 보고 있지 않거든요. 오히려 지금 현재, 아까 어떤 위원님이 4조 1000억의 삭감을 통해서 우리 내수시장에 오히려 악영향을 주는 것이 아니냐, 만약에 그게 사실이라고 한다면은 지금 바로라도 오히려 예산을 또 어떤 준비를 해야 되는 것이 아니냐.

○**중소벤처기업부장관 오영주** 증액 요구 말씀하시는 건가요?

○**이재관 위원** 아니요, 지금 현재 예산은 확정이 됐기 때문에 뭔가 새로운 예산 준비를 해야 될 것이 아니냐, 또 지금 현재 온누리상품권의 그런 문제점이 있으니 지역화폐라도 해서 이 위기 국면을 극복해야 되는 것이 아니냐. 오히려 장관님은 그런 대안을 저는 제안을 해 주셔야 된다라고 생각을 하거든요. 그렇지 않은 상태에서 이 위기 국면을 극복할 수 있겠습니까?

○**중소벤처기업부장관 오영주** 거듭 말씀드리지만 일단은 15조 예산의 75% 조기 집행이 작지는 않다고 생각을 합니다. 일단 그것도 굉장히 많은 노력이 들어가야 되는 거기 때문에 저희가 준비를 열심히 하고요.

저는 동행축제를 조금 더 넓혀서 여러 가지 세일과 관련돼 있는 그런 릴레이 정도로 해야 되지 않을까. 그러니까 중기부만 하지 않고 여러 기관들과 함께하는 노력들은 고민하고 있는데요. 지금 당장 제가 위원님께 이런이런 대책이다 말씀드리기는 어렵지만 그 부분과 관련해서 매출의 증진과 관련돼 있는 어떠한 것들이 중기부 차원에서 할 수 있고 또 재정 당국과는 어떻게 협의를 해야 할 것인지에 대한 내부적인 검토는 조속하게 하고 있는 상황이다 말씀드리겠습니다.

○**이재관 위원** 말씀드렸듯이 앞으로의 어떤 경제 상황을 고려했을 때 추경 편성이라고 하는 부분들도 적극적으로 검토해야 될 것이고 또 중기부는 이러한 내수시장의 진작을 위해서 그러한 지역화폐에 대한 논의를 그렇게 지금까지 논의했던 접근했던 소극적인 입장에서 저는 오히려 전향적으로 한번 고민을 해야 될 때라고 생각을 해 봤습니다. 그렇게 한 번 검토를 해 주시기 바랍니다.

○**중소벤처기업부장관 오영주** 여야가 협의를 통해서 하시는 부분들에 대해서 지원하고 말씀드리도록 하겠습니다.

‥‥

○**위원장대리 박성민** 수고하셨습니다.

다음은 존경하는 허종식 위원님 발언해 주십시오.

○**허종식 위원** 허종식 위원입니다.

장관님, 계엄 때 저는 국회 본회의장에 있었습니다. 정문이 봉쇄돼서 의원회관하고 소통관 사이에 쪽문으로 들어오니까 크게 막지는 않아서 들어올 수 있었습니다. 들어와서 조금 있으니까 문을 막았습니다. 여러분들 보시면 좌측 편에 운동장 보일 겁니다, 국회 운동장. 한번 봐 보시지요.

저기에 헬기 3대가 뜨고 내리는데 1공수여단에 특전대가 저기로 내려왔었습니다. 3대가 계엄군을 내려놓고 다시 뜨고 3대가 내려놓고 다시 뜨고 이것을 반복하고 있었고요. 정문에는 잘 아시는 것처럼 우리나라 최고의 특수임무부대라는 707 특수임무부대가 들어왔습니다. 우리나라 최고의 특전사라고 하면 테러 제압이나 북한군이 왔다든가 이럴 때 오는 게 맞지요. 그렇지요?

저는 계엄군을 맨 처음 본 것은 1979년입니다. 부마항쟁 때 마침 제가 부산을 방문할 기회가 있어서 갔었는데 당시에는 영도다리 입구쯤 있었던, 부산시청이 거기에 있더라고요. 거기에 계엄군과 탱크가 있었습니다. 시민들과 대치하고 있었고요.

80년에는 물론 안덕근 장관님이나 오영주 장관님, 자주 보셨지요? 80년에는 대학이나 관공서에 다 탱크와 계엄군이 있었기 때문에 눈으로 봤을 거고요. 그 이후에 40년도 더 지나서 이번에 계엄군을 봤는데 참, 그 순간에도 한 가지는 눈에 보이더라고요. 우리 군인 정말 장비는 좋아졌습니다. 슬픈 이야기입니다. 웃을 일이 아니지요.

대통령께서는 국회를 지키기 위해서 계엄군을 보냈다고 합니다. 저희가 북한군도 아니고 테러범도 아닌데 거기에 꼭 우리나라 최고의 특전대를 보내야 되겠습니까? 안 오시면 국회에 올 일도 없으니까 질서 유지할 필요도 없습니다.

왜 이런 말씀을 드리냐 그러면 장관님 두 분이나 저나 동시대에 살아오신 분들이잖아요. 정말 국민 앞에 역사 앞에 비겁하지는 않아야 합니다. 다 기록에 남습니다. 아니면 아니다, 맞으면 맞다 이래야 되지 않겠습니까?

이런 말이 있습니다. 초등학교 때, 저는 국민학교 다녔습니다. 중학교 때나 반장만 잘 뽑아도 1년이 편합니다. 대통령 잘못 뽑으면요 계엄 봅니다. 이래야 쓰겠습니까?

이 계엄으로 인해서 얼마나 많은 피해가 생기고 있느냐? 요새 저희들이 정치인이다 보니까 송년회 인사를 하러 다닙니다. 평상시에는 보통 하루에 일곱 군데 열 군데 가는데 지금은 두 군데도 없습니다.

자, 제가 어제 갔던 데부터 한번 보여 드리겠습니다.

(영상자료를 보며)

봐 보세요.

이곳은 인천 문학경기장 웨딩홀입니다. 평상시에는 보통 7~8건 정도가 있는데, 어제는 제가 직접 갔습니다. 저 세 군데가 있었는데 열관리, 조경업체 업자들 또 현대 관련 분들 세 군데가 있었는데 종업원이 저한테 이렇게 말씀하시더라고요. '위원님, 비상계엄 이후에 너무 줄었습니다. 큰일 났습니다.' 종업원이 눈물을 글썽거려요. 그 일대가 을씨년스러워졌어요. 불빛이 없습니다.

다시 한번 넘겨보시지요.

이것은 인천 석바위에 있는 가장 큰 식객이라는 식당입니다. 제가 주인한테 물어봤습니다. '어떻습니까?' 했더니 '비상계엄이 발표되자 하루에 서너 건씩 취소가 됩니다. 그리고 매출 차이는 매일 15%씩 줄고 있습니다. 기업 회식, 단체 회식 다 줄어서 어떡할까요?' 이럽니다.

다시 한번 넘겨보세요.

이거 숭의가든이라는 인천의 오래된 갈비집입니다. 똑같습니다. 매일 1건씩 취소되고 있고요, 매출도 감소하고 있고요. 자생단체, 일반인 다 줄어서 이러다가는…… 지금 코로나 때보다 더 어렵습니다. 이런 이야기입니다.

평상시에 이런 식당들을 저희들이 어느 정도 다니나 그러면 하루에, 아마 정치하시는 분들은 다 이해하실 겁니다. 최소한 7번, 10번씩 다 갑니다. 그러니까 연말에는 이런 식당들 저희가 20~30번씩 가니까 종업원들 다 친합니다. 그러니까 인사하러 가면 '죽겠습니다' 이 말을 저희들한테 알려 주는 거지요. 이렇게 어렵습니다.

다시 한번 넘겨보세요.

이것은 미추홀구에서 가장 큰 CN이라는 웨딩홀입니다. 가장 큽니다. 비상계엄 나자마자 제일 먼저 5건 취소 전화가 왔답니다. 매출은 하도 많아서 확인을 해 봐야 되겠다는 거예요. '모임은 어떻습니까?' 했더니 하도 이것저것 취소가 돼서 어느 정도의 모임이 취소가 되는지 확인을 해 봐야 되겠습니다 이런 상황입니다.

이런 대형 식당이나 웨딩홀이 이러는데 보통 식당은 어찌겠습니까? 어떤 분은 한 팀도 없는데 지금은 조금 회복되고 있습니다. 제가 어제도 일부 돌아보니까 '이제 조금 회복되고 있습니다' 이렇게 말씀하신 분이 있었습니다.

넘겨보세요.

소상공인연합회 실태조사 12일에 한 것을 보니까 매출 감소 90%, 방문 고객 감소 90%, 연말 경기 부정적 90%, 소상공인 절반은 단체예약 취소, 향후에도 절반은 취소할 것이다 이런 뜻입니다. 중소기업 향후에 피해를 볼 것 같습니다. 지금 대기업도 제철이나 이런 데는 철근이 안 팔려서 정말 문제입니다. 중소기업도 문제고 자영업자도 문제고 이거 도대체 어떡할 거예요?

자, 자영업자든 소상공인이든 눈물을 정부 여당이 닦아 줘야 되는데 정부가 앞장서서 이들에게 눈물을 흘리게 만들고 있잖아요. 이 책임을 누가 져야 맞겠습니까?

저는 이번에 계엄과 관련된 모든 사람들에게 손해배상 청구해야 된다고 생각하는 사람입니다. 다시는 이런 일 없으려면 법적 책임과 함께 이 국민적 손해를 다 청구해야 된다.

두 분 장관님께서 하실 말씀 있으면 차례로 해 주시기 바랍니다.

○**중소벤처기업부장관 오영주** 제가 먼저 말씀을 드리겠습니다.

계속 말씀드리지만 정말 국무위원의 한 사람으로서 큰 책임감을 느끼고 있다는 말씀을 다시 드리도록 하겠습니다. 특히 저는 중소기업, 소상공인, 자영업자를 책임지고 있는 장관이기 때문에 위원님 말씀하신 대로 그 여파로 인해서 더 많은 분들이 지금 힘들어하시는 부분에 대해서는 정말 정말 송구하고 가슴 아픕니다.

저희가 13개 지방청을 통해서 비상계엄 선포 이후에 바로 제가 지금 현황을 많이 파악을 하고 있습니다. 그리고 일일 카드 사용료도 저희가 파악을 하고 있고, 그러한 부분들을 정확하게 파악한 이후에 어떠한 정책들이 지금의 예산의 조기 집행과 함께 또 어떤 것들이 있어야 하는지에 대해서 좀 더 검토를 해서 재정 당국과 함께 협의를 해 보도록 하겠습니다.

저희가 국무위원들이 이 사태에 대해서 계속해서 말씀을 드리는 것은 계엄과 관련한 반대와 그리고 동의하지 않는다는 입장에서 머무르는 것이 아니라 관련돼 있는 내용들에 대해서도 지금 상황에 있어서도 저희가 더 많은 책임감을 갖고 일해야 한다 하는 생각은 정말 가지고 있습니다.

○**산업통상자원부장관 안덕근** 　위원님 말씀 엄중하게 저희가 새기고 있고요. 저희 산업계가 흔들리지 않도록 최선을 다하겠습니다.

○**허종식 위원** 　감사합니다.

○**위원장대리 박성민** 　수고하셨습니다.

　다음은 존경하는 장철민 위원님 질의해 주십시오.

○**장철민 위원** 　장철민입니다.

　그냥 궁금한 거 여쭤볼게요.

　윤석열 대통령이 그냥 저희끼리 이야기하고 흘러나오는 소문 같은 걸로 술을 너무 많이 마신다, 맨날 격노한다, 남의 말 안 듣는다, 과기부장관 같은 경우에는 R&D 감액 이야기했다가 쌍욕 먹었다. 온갖 이야기들이 되게 많지 않았습니까?

　그래서 실제로 제정신이 아니고, 소통 과정에도 큰 문제가 있고, 이런 것들을 사실은 장관님들도 다 아셨었잖아요? 이 양반이 부당한 지시를 할 수 있다라는 생각을 당연히 해 보시는 게 저는 정상일 것 같은데 윤석열 대통령이 부당한 지시를 했을 때 그것을 어떻게 대처해야 됐는지 한 번도 생각해 본 적 없으십니까? 생각해 보신 적 있으십니까, 두 분 다?

○**산업통상자원부장관 안덕근** 　이번 사태 전에는……

○**장철민 위원** 　부당한 지시를 충분히 할 만한 사람이었잖아요?

○**산업통상자원부장관 안덕근** 　아니요, 저……

○**장철민 위원** 　지금은 이제 전 국민이 알게 됐고, 제정신이 아니라는 것을.

○**산업통상자원부장관 안덕근** 　이런 상황을 그전에는 겪어 보지를 못 했겠기 때문에……

○**장철민 위원** 　왜냐하면 이번에 저희가 물론 알게 된 것들도 있어요. 정말로 저희가 그냥 생각하고 짐작했지만 진짜 윤석열이 제정신이 아니었다는 것도 전 국민이 알게 됐고. 그에 반해서 우리 국민들 그리고 우리 민주주의가 가지고 있는 힘이 대단하구나라는 것을 다시 발견하고 알게 됐고요.

　그런데 또한 좀 우려스럽게 알게 된 것은 우리의 공직사회는 이런 위기 상황에서 어떠한 태도를 가지고 어떻게 행동하는가, 사실 오늘 다른 위원님들도 이야기하신 게 저는 그런 이야기라고 생각하는데 혹시 좀 비겁하지 않은가 아니면 무력하지 않은가, 국민들이 지키고 있는 상황에서, 국민들이 우리의 민주주의와 우리 대한민국의 역사를 지키고 있는 상황에서 우리의 국가 시스템과 우리 공직사회는 유능한가, 용기 있는가 그런 질문들 아니겠습니까?

　그래서 그냥 궁금해지는 거예요. 분명히 뭐 상급자가 부당한 지시를 할 수 있지요. 특히나 윤석열 대통령 같은 사람은 엄청 많았을 것 같고, 진짜 이런 미친 짓을 벌이기 전에도. 그러면 한 번쯤 아니, 꽤 자주 생각해 보셨을 것 같아서요.

○**중소벤처기업부장관 오영주** 　제가 말씀을 드리겠습니다.

중기부와 이 일과 관련해서, 제가 일을 하는 1년 동안 저는 사실 부당한 어떤 여러 가지를 느껴보지는 못했습니다. 저희 업무와 관련해서는 그 부분을 말씀을 드리고요.

그리고 그날 대통령실에서 있었던 회의에 참석했던 국무위원으로서 아무리 그 시간이 짧았다 하더라도 이러한 사태가 일어난 것에 대해서는 정말 책임감을 통감하고 있습니다.

○**장철민 위원** 책임감을 느낀다는 이야기만 반복한다고 사실은 갑자기 용기 있어지지는 않아요. 갑자기 막 신뢰가 높아지지도 않고요.

○**중소벤처기업부장관 오영주** 그렇지 않습니다. 한 말씀만 더 드리겠습니다, 위원님.

그런데 저희 공무원들, 특히 저는 중기부 직원들과 많이 일을 하기 때문에, 중기부 직원들은 정말 국민들에 대해서 저희 자영업자나 정책 대상자들을 위해 어떤 일을 해야 하느냐 이렇게 생각하고 일하고 있습니다.

○**장철민 위원** 그래서 지금부터 지금의 수습 과정에 대한 말씀을 좀 드리고 싶습니다, 저도.

이 수습 과정에서는 국민들이 다시 길에서 응원봉 흔들면서 수습할 것은 아니잖아요. 지금의 민생 경제 이슈도 그렇고 국가적인 대외 신임도 이슈도 그렇고요. 당연히 우리 공직사회와 정부와 국회가 일들을 해 나가야 되는데 저는 지금도 조금은 비겁하고 무력함을 가지고 있는 것 같아요, 수습 과정이요.

제가 지금 앉아 가지고 중기부랑 산자부 업무보고 자료, 현안보고 자료 진짜 한 다섯 번씩은 읽은 것 같거든요. 산자부 보고 자료를 한마디로 하면 생각보다 별일 없다예요. 중기부는 일은 크게 났는데 그냥 하던 것 하겠다라는 느낌으로 다가옵니다.

저는 사실 진심으로 바랍니다. 저는 야당이기는 하지만 지금 사실 여야 구분도 없고 우리가 대한민국을 위해서 일하는 거지 당을 위해서 일하는 것도 지금 상황은 아니니까.

저는 사실은 국방위고 행안위고 정무 라인 말고 경제팀에 대해서는 우리 민주당 야당조차 우리는 우리의 경제팀을 신뢰한다, 지금 대한민국의 경제팀을 신뢰한다라는 메시지를 하고 싶어요. 그리고 저는 우리 당이 그렇게 해야 된다고 생각해요. 그리고 여야 국회가 그렇게 해 줘야 된다고 생각해요. 지금 말도 안 되는 폭풍 같은 불확실성 안에 있기 때문에요.

지금 사실 아주 구체적인 어떤 내용들의 장애 요인이 문제가 아니라 말도 안 되게 커져 있는 이 불확실성을 빨리 해소해 주는 게 중요한 거잖아요. 그 불확실성을 해소해 주기 위해서 저희 야당이 할 수 있는 일 사실 그렇게 크지는 않아요. 우리는 우리 경제팀의 유능함과 우리 공직사회의, 우리 정부의 유능함을 믿는다, 분명히 빠르게 상황을 안정시킬 것이다라는 메시지를 정말 하고 싶습니다.

그런데 지금 이 정도의 현안보고로, 제가 보기에는 아무리 읽어 봐도 생각보다 별일 없다, 그냥 하던 것 하겠다 이 정도의 얘기로 어떻게 그런 메시지를 여야가 할 수 있는지 저는 잘 모르겠습니다.

사실 아까 예산 조기 집행 이런 얘기 하셨는데 뭣하러 내년 1월 1일까지 조기 집행합니까? 이번에 어떻게 보면 저희 민주당이나 우리 예산 과정을 공격하기도 좋잖아요. '우리 이럴 때 예비비 쓰겠다', 지금 예비비 얼마 남아 있는지 아십니까? 올해 같은 경우에 2조 7000억쯤 남아 있습니다, 제가 알기로.

그리고 가장 빠르게 지금의 이런 험난한 상황에서 직접 국민들 속으로 들어갈 수 있는 부처가 여기에 다 앉아 계시고요. 이런 긴급한 재난적인 상황에서 아주 시급하게 민생 살릴 수 있는 방안 중기부·산자부가……

(발언시간 초과로 마이크 중단)

(마이크 중단 이후 계속 발언한 부분)

예를 들면 중기부는 우리 소상공인·자영업자 지금 바로 현찰 투입하겠다. 산업부는 이 상황에서 환차손을 겪든 수출 거래상 문제를 겪든 이것은 국가가 만든 손해이기 때문에 국가가 바로 다 책임지게, 우리 지금은 갑자기 쓸 수 있는 예비비 한 3조밖에 없으니까, 일주일에 한 1조씩 쓰겠지만 그런 시그널이 가지고 있는 안정감이 대단하거든요.

사실은 정말로 산자부에서 얘기하는 것처럼 별일이 없다고 하면, 그렇게 메시지하고 별일 없는 결과로 딱 갔잖아요? 그러면 이렇게 비겁해 보이는 게 아니라 우리 대한민국의 공직사회와 정부와 경제팀이 이렇게 유능해서 이렇게 잘 극복했구나라는 결과를 내년 초에 받을 수가 있을 거예요.

그런데 왜 그렇게 적극적이고 무언가 용기 있어 보이고 국민들 보시기에 무언가 하는 것처럼 보이지 않고 이런 하나 마나 한 현안보고하고 있습니다.

뭐라도 해야 됩니다. 그러면 저라도 우리 당 내에서라도 이야기할게요. 저렇게 뭐라도 하고 있기 때문에 우리가 지금은 신뢰를 줘야 된다, 그게 대한민국을 위해서지요. 그렇지 않겠습니까?

그런데 지금 이런 수준으로는 국회가 드릴 수 있는 신뢰가 없습니다. 국민이 지금 우리 정부에 줄 수 있는 신뢰가 없어요. 계엄이 선포되고 그 이후에 이 혼란의 과정에서 도대체 우리 정부와 우리 공직사회가 뭐 했는지 사실 저도 잘 모르고 국민들도 모르는데 이것을 수습하는 과정에서도 도대체 뭐를 하고 있는지 모르겠는 이 상황 속에 있는 겁니다.

그리고 지금 산자위 잘 안 열리거든요. 저는 두 분 장관님께서 위원장님께 우리 여야에 계속 말씀하셔야 된다고 생각해요. '국회 열어 주셔라, 제발 국회 열어 주셔라. 우리 지금 이것도 해야 되고 저것도 해야 되고', 그렇지 않습니까?

이 혼란한 상황에 지금 여야가 어디 있습니까? 소상공인·자영업자 다 죽어 나가고 기업들이 이 불확실성 때문에 미치려고 하고 있고 환율은 원래 예상치보다 지금 50원 넘게 뛰어 있고, 그렇지 않습니까?

저는 사실 현안보고 이것 다시 해야 된다고 생각합니다, 가장 적극적으로 할 수 있는 모든 것 다 때려 부어 가지고.

그래서 저는 사실 여기 계신 우리 여야 모든 위원님들과 간사님들, 위원장님께도 요청 드립니다. 이것 다시 해야 됩니다. 이런 수준으로 하면 국민들도, 다른 나라들도 우리 경제 내 어떤 플레이어들도 신뢰하기 쉽지 않습니다.

이 정도 하겠습니다.

○**위원장대리 박성민** 수고하셨습니다.

다음은 존경하는 이종배 위원님 질의해 주십시오.

○**이종배 위원** 먼저 이번 계엄·탄핵 사태로 인해서 좀 불안하고 혼란을 겪으신 우리 국민 여러분께 집권 여당 위원으로서 죄송하다는 말씀 먼저 드립니다.

저는 안정적이고 질서 있는 퇴진으로써 나라가 좀 덜 혼란한 가운데 이런 게 앞으로 진행되길 바랐습니다만 또 10년도 안 된 상태에서 탄핵이라는 국가적인 오명을 안게 된 것을 매우 안타깝게 생각을 합니다.

또 한편으로는 경제적인 타격에 대해서 우려의 목소리가 큰데 야당 위원님들께서도, 장철민 위원님 좋은 지적 많이 해 주셨는데 어쨌든 같이 힘을 합쳐서 이런 경제적 어려움을 잘 극복해 나갈 수 있도록 힘을 함께 모아 주시기 바라고.

또 한편으로는 윤석열 대통령께서 이번 계엄의 원인으로 지적했던 입법 또 탄핵, 특검법 이런 폭주 같은 것에 대해서도 반성을 해 봐야지 좀 맞지 않나 그런 말씀을 드립니다.

다행스럽게도 수출 플러스가 지속되고 있고 국가 신임도, 신용등급도 변동이 없는 것으로 생각을 합니다만 오늘 환율이 1450원을 넘어섰습니다. 그래서 이 달러 강세로 인해서 우리 수출에 미치는 영향도 있을 거고 또 원자재 수입하는 비용도 올라가고 그래서 수출 마진도 떨어질 거고 이런 여러 가지를 좀 감안해야 되지 않을까 생각되고 유가도 마찬가지고 또 그래서 국내 물가에도 영향을 미칠 수 있다 하는 생각이 드는데 이런 부분에 대해서 장 위원님 얘기하는 것같이 좀 더 적극적으로 대응을 해야지 너무 안이하게 대응해서는 안 된다 하는 말씀을 저도 드립니다. 수출 동향도 면밀히 살펴보셔야 될 거고 애로 사항 같은 것을 정치에서 좀 대응하시고 외국 정부하고도 긴밀하게 협력을 해 나가야 될 것으로 생각합니다.

특히 산업·통상 환경이 급변하고 있는데 미국 신정부 출범과 관련해서 통상 정책이 많이 변화될 것으로 생각이 되는데 우리 기업의 피해가 없도록 적극적으로 대응을 하시라는 말씀을 드립니다.

○**산업통상자원부장관 안덕근** 예.

○**이종배 위원** 이와 함께 대왕고래 프로젝트 사업이 506억 중에서 497억이 야당의 일방적인 전례 없는 예산 삭감 의결에 따라서 이렇게 삭감됐는데 산유국의 꿈이 짓밟히는 것 아닌가 하는 안타까움도 있습니다만 이 삭감 예산에 대해서 어떻게 충당 방안을 강구해 놨습니까?

○**산업통상자원부장관 안덕근** 지금 석유공사에서는 다른 방법이 없으면 자체 예산으로 하겠다고 하고 있습니다.

○**이종배 위원** 자체 예산이 있습니까, 충분합니까? 이게 한 1000억 이상 들잖아요?

○**산업통상자원부장관 안덕근** 예, 한 1000억 정도 지금 자체 예산으로 당장 내년에는……

○**이종배 위원** 회사채 발행하고 뭐 이런 얘기가 있던데요?

○**산업통상자원부장관 안덕근** 그렇습니다. 포함해서 저희가 할 예정으로 알고 있습니다.

○**이종배 위원** 정부에서 지원하는 것도 좀 적극적으로 노력을 하시고 혹시 추경을 하게 되면 추경에 더 반영하려는 노력도 좀 해 보시고 그렇게 하세요.

○**산업통상자원부장관 안덕근** 예, 그렇게 하겠습니다.

○이종배 위원 오늘내일 중에 첫 시추 예정이라 그러던데요?

○산업통상자원부장관 안덕근 예, 지금 위치를 잡고 있고 내일 아마 공식 시추가 시작되는 것으로 알고 있습니다.

○이종배 위원 내일 들어갑니까?

○산업통상자원부장관 안덕근 예.

○이종배 위원 많은 분들이 체코 원전 지적을 했는데 계약 체결에 차질이 없도록 노력하셔야 되고 또 원전 생태계 복원하는 것도 지속적으로 노력을 하십시오. 자칫 손 놓고 이래서는 절대로 안 됩니다. 그런 약속을 하시고.

○산업통상자원부장관 안덕근 예.

○이종배 위원 11차 전기본 이게 지난해 말 이맘 때쯤 했어야 되는 것 아닙니까? 지금 1년이 넘었는데도 아직도 안 되고 있어요. 위원장님도 그렇고 여야 간사님들 11차 전기본 빨리 통과시켜 주고 의견 있으면 의견 받아 가지고 하시고 국회에서는 그렇게 처리를 해 주시면 좋겠다 하는 말씀 드립니다.

○산업통상자원부장관 안덕근 예, 기회를 주시면 저희가 빨리 해 보도록 하겠습니다.

○이종배 위원 야당 위원님들 다 다니면서 설명하신다고 그랬잖아요?

○산업통상자원부장관 안덕근 예, 더 노력하겠습니다.

○이종배 위원 중기부장관님, 여러 분 말씀하셨는데 지금 탄핵 정국과 관련해서 또는 경기 침체와 관련해서 중소기업 또는 소상공인들 제일 어렵잖아요?

○중소벤처기업부장관 오영주 예, 그렇습니다.

○이종배 위원 내수가 좀 풀려야 되는데 이게 잘 안 풀리고 그러는데 소비 심리도 냉각이 굉장히 많이 돼 있는 상태입니다. 그래서 소비 심리, 소비를 좀 진작시킬 수 있는 그런 방안 그것을 좀 적극적으로 하세요. 정부 전체가 나서서 하는데 중기부가 앞장서서 그렇게 호소도 하고 연말 단체회식 그것도 지금 잘 얘기를 하셨던데 더 노력을 하시고.

○중소벤처기업부장관 오영주 예, 그렇게 하겠습니다.

○이종배 위원 중기부부터 다니면서 소비하는 모습도 좀 보이고 이러면 어떨까 싶습니다.

○중소벤처기업부장관 오영주 예, 저희 지방청에서 지금 노력을 하고 있는데 더 하겠습니다.

○이종배 위원 온누리상품권 같은 페이백 같은 것도 적극적으로 추진하시고 하면서 소비를 진작시킬 수 있는 그런 방안을 아주 대대적으로 강구해서 추진을 해 주시라……

○중소벤처기업부장관 오영주 예, 검토하겠습니다.

○이종배 위원 지금 굉장히 어렵잖아요. 소상공인들이 특히 어려운 때니까 하나하나 무엇이 어려운지 그런 것을 찾아가면서 하고. 지금은 소비 문제예요, 소비.

○중소벤처기업부장관 오영주 예, 소비 진작입니다.

○이종배 위원 소비 심리가 이제 냉각됐는데 이것을 좀 풀어 주기 위해서 노력하는 중기부의 모습을 보여 줬으면 좋겠다 하는 생각입니다.

○중소벤처기업부장관 오영주 예, 위원님 더 노력하도록 하겠습니다.

○이종배 위원 중기부뿐만 아니고 지방 중기청이든 중기부 관련 기관들이 지역에서도 앞장서서 활동을 하시도록 하세요.

○**중소벤처기업부장관 오영주** 이미 저희가 지시를 해서 지금 열심히 하고 있습니다. 돈도 조금 더……

○**이종배 위원** 지시만 해서…… 안 보이고 있어요, 안 보여.

○**중소벤처기업부장관 오영주** 더 노력하겠습니다.

○**이종배 위원** 캠페인을 하면 지방 언론에도 이게 보여지고 그래야 되는데 한번 확인해 보세요. 지방 언론에 하나 뜨는 게 없을 거예요. 지시만 하고 끝내면 됩니까?

○**중소벤처기업부장관 오영주** 지금 계속 면밀히 챙기고 있는데 더 하도록 하겠습니다, 위원님.

○**이종배 위원** 더 적극적으로 하세요. 정부 전체가 나서도록 하세요.

○**중소벤처기업부장관 오영주** 예.

○**이종배 위원** 산업부도 마찬가지고. 산자부도 같이 뛰시고 그렇게 하세요.

○**산업통상자원부장관 안덕근** 예, 그렇게 하겠습니다.

○**이종배 위원** 이상입니다.

○**위원장대리 박성민** 수고하셨습니다.

　다음은 존경하는 정진욱 위원님.

○**정진욱 위원** 광주 동·남갑 국회의원 정진욱입니다.

　지금 우리 국민의 삶이 위기입니다. 윤석열 2년 반 동안 대한민국 경제는 완전히 망가졌습니다. 민생은 글자 그대로 도탄에 빠졌습니다.

　윤석열 대통령이 12월 2일 어디 간 줄 아시지요, 오 장관님? 어디 갔습니까?

○**중소벤처기업부장관 오영주** 저희가 민생토론회를 공주에서 했습니다.

○**정진욱 위원** 그랬지요. 공주에서 민생토론회를 하면서 소상공인 지원 또 민간 상권 활성화 이런 말씀을 하시고 공주산성시장을 갔지요?

○**중소벤처기업부장관 오영주** 예.

○**정진욱 위원** 거기에 가서 상인회 라디오 방송을 하면서 '여러분 많이 힘드시지요. 대통령으로서 열심히 하겠다. 여러분들 저 믿으시지요' 이런 이야기를 했습니다.

　제가 윤석열 대통령이 해 온 행적들을 계속 이야기하면서 산자위에서 일관되게 말씀드린 게 있습니다, 대국민 사기극이다. 이만한 대국민 사기극 보셨습니까?

　오 장관님, 비상계엄 요건 아시지요?

○**중소벤처기업부장관 오영주** 예.

○**정진욱 위원** 이번 비상계엄이 그 요건에 맞습니까?

○**중소벤처기업부장관 오영주** 거듭 말씀드렸습니다, 위원님.

○**정진욱 위원** 수사 중이라 말하기 어려운 겁니까?

○**중소벤처기업부장관 오영주** 아니요, 제가 말씀드린 대로 정말 일어나지 않아야 될 일이 일어났고 반대하고 있다는 말씀을 드렸고요. 다만 저희가 법치주의 국가이니까 지금 하고 있는 내용에 대해서 양해해 주십사 말씀드리겠습니다.

○**정진욱 위원** 됐습니다.

　안덕근 장관님, 비상계엄 요건 충족했습니까?

○**산업통상자원부장관 안덕근** 절차적으로 여러 가지 문제가 있다고 당시에 그 회의를 주재하셨던 국무총리 지금 대행께서도 그렇게……

○정진욱 위원 본인 생각 물어봤습니다. 본인이 한덕수 총리입니까?

○산업통상자원부장관 안덕근 제가 그 참석을 못 했기 때문에 그 회의에서 무슨……

○정진욱 위원 아니, 본인이 볼 때 어떠냐는 거예요.

○산업통상자원부장관 안덕근 소집 절차가 상당히 이례적이어서……

○정진욱 위원 아니, 소집 절차가 아니고 전시·비상사태·그에 준하는 상황 아닙니까. 그것에 해당합니까?

○산업통상자원부장관 안덕근 그런 상황은 아니라고 생각합니다.

○정진욱 위원 계엄 선포 직후에 계엄사 지시사항 중에서 합참 계엄과에서 연락관 파견 요청을 했습니다. 파견……

○산업통상자원부장관 안덕근 저희는 못 받았습니다.

○정진욱 위원 중기부는 받으셨지요?

○중소벤처기업부장관 오영주 아까 말씀하신 대로 연락이 왔고 담당자……

○정진욱 위원 담당자 배정했었지요. 그게 몇 시입니까, 배정한 때가?

○중소벤처기업부장관 오영주 1시 몇 분으로, 제가 정확하게 지금 기억은 안 나는데, 1시 37분으로……

○정진욱 위원 1시 37분이면 계엄이 해제된 상황 아닙니까?

○중소벤처기업부장관 오영주 그때 결의가 이루어지셨던 상황이고 국무회의 해제를 기다리고 있던 시간이었던 것으로 알고 있습니다.

○정진욱 위원 국회 결의가 이루어지면 대통령은 '즉시', '지체 없이'라고 되어 있습니다. 지체 없이 해제해야 합니다. 그러면 사실상 해제된 것 아닙니까? 거기에 따라야 됩니까?

○중소벤처기업부장관 오영주 제가 아까도 말씀드렸지만 이 부분은 저희가 잘못한 결정이고 행동이었다고 다시 한번 말씀을 드립니다.

○정진욱 위원 안덕근 장관님, 체코 원전 수출 지원 예산 무려 90%를 깎아 버렸다 이렇게 윤석열 대통령이 나와서 이야기했습니다. 사실입니까?

○산업통상자원부장관 안덕근 산업부에서 가지고 있는 원전 관련 예산……

○정진욱 위원 아니, 사실입니까?

○산업통상자원부장관 안덕근 산업부 관련된 예산에는 전혀 그런 바가 없습니다.

○정진욱 위원 저희가 예산을 이번에 4.1조밖에 깎지 않았습니다. 엄청난 예산 삭감인 것처럼 이야기하는 윤석열 대통령과 달리 실제로 예산이 예비비라든가 또는 불용으로 쓰이고 있는 이자 지급액을 제외한다면 실제로 깎은 예산은 검찰이라든가 또는 경찰의 특활비, 특경비 외에 거의 없다고 봐도 과언이 아닙니다. 예산안 자세히 보셨지요?

○산업통상자원부장관 안덕근 예, 그런데 저희는 동해 가스전 같은 것들이……

○정진욱 위원 동해 가스전, 아까 체코 원전이라든가 동해 가스전 대왕고래 프로젝트, 특히 체코 원전에 대해서 의원외교를 해 달라 이런 말씀 하시는데 제가 누누이 말씀을 드렸습니다. 대왕고래 프로젝트라든가 체코 원전, 석유가 나오면 얼마나 좋습니까? 원전을 수출하면 얼마나 좋습니까? 우리 탈원전주의자 아닙니다. 수출하는 것 저희 찬성합니다. 다만 그 관련된 자료를 숨김없이 저희에게 공개해 주십시오. 누누이 말씀드렸는데 그런 협조를 구하려면 그 사전 작업이 있어야 되는 거 아닙니까?

○산업통상자원부장관 안덕근 위원님, 저희는 최대한 협조를 했다고 생각하고요.

○**정진욱 위원** 최대한 협조를 했습니까? 이런 식으로 답변하실 겁니까?

○**산업통상자원부장관 안덕근** 실제로 저희가 드릴 수 있는 것은 다 드렸고요.

○**정진욱 위원** 다 지워진 정말……

○**산업통상자원부장관 안덕근** 열람할 수 있는 부분까지 저희가 다 지금 최대한 협조를 해 드렸다고 생각을 하고 있고요. 그게 상대방……

○**정진욱 위원** 유신 때 계엄 상황에서나 봄 직한 그런 방식의 회의록 같은 것을 저희한테 보내왔어요.

　자, 비상계엄 상황 보겠습니다. 대통령비서실이 발표한 바에 따르면 계엄 선포 전에 국무위원들이 모였는데 그 시간이 5분으로 돼 있습니다, 행안부가 보낸 자료에. 그런데 송미령 장관은 2, 3분이라고 이야기합니다. 어떤 게 맞습니까, 오 장관님?

○**중소벤처기업부장관 오영주** 제가 사실 제일 늦게 도착했기 때문에 개의 시간과 알 수가 없습니다.

○**정진욱 위원** 아니요, 개의 시간이 중요한 게 아니고.

　윤 대통령이 나타났었지요. 그리고 갔지요. 그 시간이 얼마 동안입니까?

○**중소벤처기업부장관 오영주** 제가 계속 말씀드리지만 제가 제일 마지막이었고 제가 도착했을 때 거의 즉시, 조금 이석하셨다가 다시 나가셨기 때문에 시간적으로는 제가 말씀드리기가 좀 어려운 부분들이 있습니다.

○**정진욱 위원** 됐습니다.

　야당 국회의원과 국민의힘의 일부 의원들이 적법 절차를 통해서 계엄을 해제시켰습니다. 아까 국민의힘 나경원 위원은 이제 헌법과 법률의 절차 시간이라고 말했는데요. 계엄과 내란의 모든 것이 이제 끝난 것처럼 이야기합니다. 심지어 '복기해서는 안 된다'라고까지 이야기합니다. 그렇지 않습니다. 지금 내란은 진행 중입니다. 내란 수괴 윤석열은 끝까지 싸우겠다고 하고 있고 내란 총책 김용현은 감옥에서 들고 일어나라 선동하고 있습니다. 국회에서도 내란에 동조하는 세력의 준동은 계속되고 있습니다.

　복기하면 안 된다고 했는데 모든 범죄행위를 처벌하는 과정은 복기의 과정입니다. 누가 어떤 행위를 했고 그것이 어떤 범죄를 구성하는지 어느 정도 책임이 있는지 밝히는 것, 왜 이런 이야기를 우리가 국회에서 해야 하느냐.

　내란 주범의 책임, 범죄를 덮어 주려는 의도가 아니면 그런 이야기 하면 안 되는 겁니다. 형사상 책임만이 아닙니다. 민사상 불법행위 책임도 물어서 우리 국민들이 손해배상 위자료청구소송에 나서시라고 말씀드립니다.

　저는 산자중기위에서 민생 법안 또 산업을 돕는 법안을 빨리 통과시켜야 된다고 말씀드리고 있습니다. 심지어 고준위핵폐기물 법안 같은 것들이 산적해 있는데 산자중기위 한 번 여는 것이 하늘의 별 따기입니다. 오늘 회의도 간신히 연 것입니다. 국민의힘이……

　(발언시간 초과로 마이크 중단)

⋯⋯⋯

　(마이크 중단 이후 계속 발언한 부분)

이런 식으로 법안 심의를 회피하면 대체 국민의힘은 무엇을 위해서 존재합니까? 이렇게 법안 심의를 하지 않으면 법안 상정이 절차대로 정해진 패스트트랙 절차를 밟을 수밖에 없다는 것 말씀드립니다.

끝으로 민생경제회복단이 오늘 더불어민주당에서 출범했습니다. 허영 예결위 간사님이 단장을 맡고 제가 간사를 맡았습니다. 당내 민생경제 전문가인 의원들이 위원으로 참여합니다. 민주당은 국민의 삶을 지키겠습니다. 윤석열이 망친 대한민국 경제, 민생, 민주당이 살려 내겠다는 약속 여러분께 드리겠습니다.

이상입니다.

○**나경원 위원** 신상발언 신청합니다.

○**위원장대리 박성민** 수고하셨습니다.

다음 나경원 위원님 신상발언 듣겠습니다.

○**나경원 위원** 오전에 아까 제가 질의한 내용에서 민주당 위원님들도 많이 오해하시는 것 같아서 다시 한번 말씀드리겠습니다.

오늘 제가 드린 말씀은 대통령의 계엄은 있어서는 안 되는 일이었고 정말 할 수 없는 일을 했다라는 말씀을 드렸고요. 저희가 해제 요구 의결에 국민의힘 다수 의원들이 참여하지 못한 것은 해제 요구 의결에 참여하고 싶은 의사가 없었기 때문이라기보다는 해제 요구에 참여할 수 없었던 사정이 있었다는 것을 설명해 드린 거였습니다. 그리고 이제는 탄핵과 형사 절차가 있으니까 우리가 좀 차분히 지켜보고 오늘은 우리가 국회에서 좀 더 우리 민생 안정을 위한 이야기를 하자 이런 취지였습니다.

○**김원이 위원** 저도 의사진행발언…… 신상발언하셨으니까 의사진행발언……

○**위원장대리 박성민** 아까 그 발언에 대해서……

○**나경원 위원** 그래서 말씀드린 것처럼 저희가 그날……

○**김원이 위원** 그러면 그것까지 정정해 주십시오.

○**나경원 위원** 제가 설명을 드릴게요. 제가 조금 더 설명……

제가 말씀드린 것처럼 저희가 그때 국회로 막 들어오려고 했었는데 일단 첫 번째로는 국회가 전체적으로 통제돼서 출입이 통제되었다는 것, 우리 텔레그램 방이 다 공개돼서 잘 아시겠지만 통제된 것에다가 또 몇몇 의원님들이 진입하려다가 상당히 욕설을 좀 들으셨습니다. 그래서 우리가 지금 진입하는 것이 굉장히 여러 가지로 어렵겠다 해서 당사로 갔었던 그런 사정을 설명했던 것입니다.

○**김원이 위원** 그런데 민주당 지지자라고 말씀하셨잖아요. 그것은 삭제해 주십시오. 사과해 주십시오.

○**위원장대리 박성민** 이야기 들어 보세요.

○**나경원 위원** 그러니까 그렇게 저희에게 욕설하신 분들이, 제가 직접 듣지는 않았습니다. 일부 의원님들이 듣고 오셔서 지금 들어가는 것이 굉장히 위험하다고 말씀하셔서 그렇다면 그쪽 지지자 아니신 건가 해서 말씀을 드린 거였습니다.

그래서 제가 오늘 드리고 싶었던 말씀은 우리가 계엄을 옹호하거나 그런 뜻이 없다는 것을 분명히 말씀을 드리고 이제는 국회에서 미래를 위한 이야기를 하자라는 뜻이었다는 말씀 다시 한번 드립니다.

○**정진욱 위원** 위원장님, 저 신상발언하겠습니다.

○**위원장대리 박성민** 나경원 위원님께서 본인 발언에 대해서 일부 좀 오해가 있어서

그 부분에 대해서 수정, 이해를 돕기 위해서 하는 거니까 신상발언은 이것으로써 마치는 것으로 하겠습니다.

○권향엽 위원 신상발언이 아니라 의사진행발언 드리겠습니다. 사실관계를 바로잡을 필요가 있다고 생각합니다.

○정진욱 위원 아니, 제 발언에 대해서 말씀을 드리겠다고요. 제가 그것에 대해서 언급을 했지 않습니까, 위원장님.

○위원장대리 박성민 아니요, 본인이 하신 말씀에 대해서 조금 민주당 위원님들이 오해가 있었다고 생각을 하셨기 때문에 그 부분에 대해서 말씀을 드리는 겁니다. 그러니까 이 정도로 합시다, 이 정도로.

○권향엽 위원 그래서 정확한 팩트 확인을 해 드리고 싶습니다. 사실관계를 바로잡고 싶습니다. 당시 상황에 대한 팩트 확인을 해 드리고 싶습니다.

○정진욱 위원 제가 잠깐만 하겠습니다.

○위원장대리 박성민 본인이 했던 발언에 대해서, 아니 본인이 했던 발언에 대해서……

○정진욱 위원 아니, 뭐가 두려우십니까, 위원장님?

○위원장대리 박성민 아닙니다. 그건 아니고……

○정진욱 위원 뭐가 두려워서 말을 못 하게 하십니까?

○위원장대리 박성민 두려운 게 아니고……

○권향엽 위원 의사진행발언하겠습니다.

○위원장대리 박성민 말씀을 좀 가려서 하십시오.

○정진욱 위원 뭐를 가려서 합니까?

○위원장대리 박성민 뭐가 두려워서 이야기를 못 한다……

○정진욱 위원 아니, 그러니까 발언 기회를 주셔야지요.

○위원장대리 박성민 말을 그렇게 하면 안 됩니다.

○정진욱 위원 발언 기회를 그러니까 주셔야지요.

○위원장대리 박성민 발언 기회를 끝없이 어떻게 줍니까?

○정진욱 위원 끝없이가 아니고 우리 중에 누가 얼마나 신상발언을 했습니까?

○위원장대리 박성민 회의 진행은 위원장이 하는 겁니다.

○김원이 위원 회의 진행은 위원장님이 하시는 것 맞고요. 의사진행발언 1명이라도 주십시오.

○위원장대리 박성민 의사진행에 대해서 권향엽 위원님, 나경원 위원님께서 본인의 말씀에 대해서 조금 오해가 있을 수 있어서 그 발언에 대해서 좀 수정해서 말씀을 드린 것 같으니까 그 부분에 대해서 권향엽 위원님께서 의사진행발언해 주십시오.

○정진욱 위원 저한테도 발언 기회 주십시오.

○위원장대리 박성민 못 드립니다.

○권향엽 위원 오늘 지금 현재 오전 앞부분에 나경원 위원님께서 말씀하신 부분에 대해서 신상발언도 잘 들었습니다. 그런데 당시에 저는 국회에 있으면서 그 비상계엄을 들었기 때문에 굉장히 일찍이 이 상황을 전반적으로 조금 봐 왔던 사람으로서 사실관계는 바로잡을 필요가 있겠다는 생각이 듭니다.

대통령께서 비상계엄을 선포하고 난 이후에 저도 그것을 보고는 이 상황을 어떻게 해야 되지 되게 당황스러워서 저는 지역구 4개 지자체장들한테 전화를 걸어서 지금 현재 비상계엄 내렸으니 보시고 대비하시라는 말씀을 하면서 저는 국회 본청으로 왔습니다. 오면서 의원님들한테 단톡방에 '지금 국회 본회의장으로 오셔야 된다. 회관도 위험하다. 비상이다'라고 하면서 국회 본청으로 향해서 오는데 이미 3문은 경찰 병력에 의해서 통제가 되었던 상황입니다. 그때 제가 본청에 왔을 때 본회의장은 열리지 않은 상황이었습니다. 그런 위급한 상황이었고 그 상황을 실시간으로 보면서 저희들도 단톡방에서 대응을 하고 문이 지금 현재 막혀 있으니 각 열려 있는 문으로 오시고 어떻게 해야 된다는 말씀을 했는데 오늘 위원님께서 말씀하실 때 위원님께서도 본회의장으로 들어오려고 했었는데, 부랴부랴 왔는데 민주당 지지자들에 의해서 포위되어 있어서 들어올 수 없었다, 그래서 당사로 갔다는 말씀을 하셨는데 제가 알기로는…… 오늘 이미 카톡방에도 공개가 돼 있기 때문에 말씀을 드리지만 11시 9분경에 추경호 원내대표 명의로 문자 공지가 비상의총을 국회 본청이 아니라 당사에서 한다라고 수정 공지가 되어서 그렇게 간 걸로 알고 있습니다.

그래서 듣기에 따라서는 민주당 지지자들이 국민의힘 의원님들의 출입을……

(발언시간 초과로 마이크 중단)

. . . .

(마이크 중단 이후 계속 발언한 부분)

막았다라고 들릴 수 있는데 국회의장님, 국회의원들 그리고 국민들이 담도 뛰어넘고 다치는 사람들도 있었고, 그러자 헬기도 떴었고 무장군인들도 다가오는 그런 긴박한 상황이었습니다.

그리고 여러 가지를 통해서 알지만 지금도 그때 당시의 상황을 상임위 증언들을 통해서 들으면 등골이 오싹해지는 그런 상황입니다.

그래서 저는 정중하게 민주당 지지자들에게 포위돼서 들어올 수 없었다라고 하는 부분은 바로잡아 주셨으면 좋겠습니다.

이상입니다.

. . . .

○**나경원 위원** 제가 드린 말씀은 그 앞에 말씀이……
○**위원장대리 박성민** 신상발언은 이것으로 마치겠습니다.
○**김원이 위원** 얘기, 답변 듣고 가시지요.
○**고동진 위원** 그만해, 이제.
○**나경원 위원** 아까 이미 새 통제가 된 사정을……
○**위원장대리 박성민** 그만합시다.

그 부분에 대해서 나경원 위원님도 말씀을 드렸고 또 권향엽 위원님께서 추가로 말씀을 하셨으니까 회의를 계속 진행하겠습니다.

존경하는 허성무 위원님 발언해 주십시오.
○**허성무 위원** 창원 성산구 지역을 지역구로 두는 허성무입니다.

산자부장관님, 불법 비상계엄, 내란 행위가 발생하고 며칠 있다가 윤석열 씨가 2분 담화를 발표했어요.

(박성민 간사, 이철규 위원장과 사회교대)

그때는 굉장히 위축된 모습으로 그리고 당에다가 뭘 다 위임하는 것처럼 했는데 그리고 12월 12일 그 이후에 29분 담화를 다시 발표했습니다. 그때 29분 담화 내용을 기억하십니까?

○**산업통상자원부장관 안덕근** 예, 좀 봤습니다.

○**허성무 위원** PPT 하나 띄워 주세요.

(영상자료를 보며)

저렇게 여러 이야기를 하는 중에 우리 상임위와 관련된 저 이야기가 있었습니다. 생태계 지원 예산 삭감하고 체코 원전 수출 지원 예산 무려 90% 깎았고 차세대 원전 개발 예산은 거의 전액 삭감했다.

다른 동료 위원님들께서도 이미 몇 차례 지적이 있었습니다마는 전혀 깎인 게 없지요?

○**산업통상자원부장관 안덕근** 예, 저 부분은 사실과 다릅니다.

○**허성무 위원** 2차관님, 산자부에서 원전 관련해서 몇 개 세부항목으로 예산 신청했습니까? 몇 개입니까?

○**산업통상자원부제2차관 최남호** 제가 잠깐 자료를 보고 말씀드리겠습니다.

○**허성무 위원** 24개 아닙니까?

○**산업통상자원부제2차관 최남호** 예.

○**허성무 위원** 금액이 얼마입니까?

○**산업통상자원부제2차관 최남호** 전체 4889억 원……

○**허성무 위원** 그렇지요.

1원이라도 깎인 게 있습니까?

○**산업통상자원부제2차관 최남호** 전액 다 반영돼 있습니다.

○**허성무 위원** 예산소위에서 SMR 제작지원센터 구축사업 이것 하나 관련해서 아직 R&D도 제대로 다 안 됐는데 센터부터 구축하자 하니까 너무 빠르다, 이것 일부 삭감하자 이런 논의가 있었어요. 그때 본 위원이 '반도체만 파운드리가 있는 것이 아니다. SMR도 미래에 파운드리가 있을 수 있다. 그걸 위해서 미리……', 방어해서 이것도 살렸습니다. 단돈 1원도 깎인 게 없어요.

그런데 대통령이 12일 날 이런 말도 안 되는 발언을 한 것 아닙니까? 산자부는 거기에 자료 하나 낸 게 있습니까?

○**산업통상자원부장관 안덕근** 말씀드린 것처럼 기자단들한테 저희가 저것은 해명하고 설명을……

○**허성무 위원** 기자들한테 설명하고 해명할 때는 반드시 자료를 내지 않습니까? 대통령이 이 담화를 하고 난 2시간 후에 내가 개인적으로 성명서를 냈어요, 본 위원이. '대통령의 이야기는 잘못된 거다. 그리고 다른 상임위에서 일부 조금 감액이 있었다'라는 것까지 다 발표를 했습니다.

○**산업통상자원부장관 안덕근** 위원님, 저게……

○**허성무 위원** 선전·선동을 대통령이 한 것 아닙니까? 거짓으로 국민을 속이고 국민을 선전·선동하고 지지세력 결집시키고 그렇게 해서 자기의 잘못된 것을 정당화하고 합리화하는 것 아닙니까? 그런 대통령의 어긋나고 비열한 짓에 단 부처에서 한마디도 못 한 것 아닙니까?

국무위원으로서 공개석으로 공식적으로 자료 하나 제대로 내지도 못한 것 아닙니까?

○산업통상자원부장관 안덕근 시스템상 보도설명자료라는 게 잘못된 기사가 나갔을 때 저희가 해명을 하는 건데 이것은 기자단 통해 가지고 정정된 기사들이 이미 다 나갔기 때문에 사실 따로 내지는 못했습니다.

○허성무 위원 그 PPT 처음 것 다시 띄워 주세요.

저기 11번을 보면 전력해외진출지원사업-원전산업수출기반구축, 이게 체코 원전을 지원하기 위한 예산 아닙니까? 10원도 안 깎이고 다 있잖아요. 그런데 체코 원전이 뭐가 안 된다는 거예요?

나쁜 프레임을 씌워서 지지자들을 선동하고 모든 탓을 민주당에 돌리고 국회의원들한테 돌리는 것 아닙니까?

혁신형소형모듈원자로, 17번 i-SMR, 이게 미래형 원전 아닙니까?

그래서 12·12, 대통령의 29분에 걸친 대담화를 듣고 그날 저녁에 어떤 언론이 이렇게 평가했습니다, '대통령의 담화는 비열하고 비겁하고 저열했다'. 본 위원도 그렇게 생각합니다.

장관님 어떻게 생각하세요?

○김원이 위원 대답하세요.

○산업통상자원부장관 안덕근 잘못된 사실관계가 있었던 것은 틀림없는 것 같고요. 상당히……

○허성무 위원 어떻게 일국의 대통령을 하는 사람이 이렇게 거짓 뉴스를 말하고 국민을 거짓으로 선전·선동하고 그리고 자기의 잘못된 불법적인 내란을 합리화하기 위해서 이렇게 할 수가 있겠습니까?

그리고 국회에서 당일 날 계엄 해제를 위한 결의안이 통과됐는데 두 분 장관님은 간부들 다 모아서 긴급회의를 개최했지요? 그 회의 하라고 누가 지시했습니까?

○산업통상자원부장관 안덕근 지시한 건 없었고요.

○허성무 위원 대통령실에서 없었습니까?

○산업통상자원부장관 안덕근 없었습니다. 비상 상황이었기 때문에 저희 일종의 비상……

○허성무 위원 좋습니다. 그러면 제가 여쭤보겠습니다.

그날 간부회의에 참여하신 분들 손 한번 들어 주십시오, 산자부 뒤의 간부들.

(손을 드는 간부 있음)

그날 정말로 회의록이 없습니까? 이런 비상한 회의에 회의록을 작성 안 한다는 게 있을 수 있습니까?

○산업통상자원부제2차관 최남호 회의록을 만들 수 있는 분위기가 아니었기 때문에 회의록을 별도로 작성하지 않았습니다.

○허성무 위원 그래도…… 그러면 그날 장관님이 무슨 지시를 하셨고 각자는 무슨 말을 했는지 다 알고 계실 것 아닙니까?

○산업통상자원부제2차관 최남호 예.

○허성무 위원 지금이라도 뒤늦게라도 작성하세요. 작성해서 본 의원실로 제출해 주세요.

오영주 장관님, 그날 회의 소집하셨는데 중기부의 참여하신 간부들 손 한번 들어 주세요. 어느 분들이 참여하셨어요?

(손을 드는 간부 있음)

내려 주시고요.

중기부도 회의록이 없습니까?

○**중소벤처기업부장관 오영주** 예, 말씀드린 대로 사실 비상 상황이어서 의견을 교환하고 회의록은 작성하지 못했습니다.

○**허성무 위원** 그래도 장관님이 지시한 내용이 있을 것 아닙니까? 지시할 때 받아 적었을 것 아닙니까, 메모가 있을 거고.

두 부처 다 지금 다시 회의록 만들어서 제출해 주십시오, 본 의원실로. 내일 정오까지 제출해 주실 것을 요구하고요.

그다음에 오 장관님, 지금 이 사태 때문에 티몬·위메프 그 구제를 위한 긴급한 법률 만들려고 했는데 대응책도 안 되고 있지요?

○**중소벤처기업부장관 오영주** 아니요, 저희 중기부 차원의 대응책들은 지금 하고 있습니다. 저희가 예산도 지원하고 플랫폼에 하고 있는 건 하고 있습니다.

(발언시간 초과로 마이크 중단)

･･

(마이크 중단 이후 계속 발언한 부분)

○**허성무 위원** 그 대책도 철저하게 좀 세워 주시기 바라고요.

○**중소벤처기업부장관 오영주** 그리고 비대위하고도 계속 만나 왔었고요.

○**허성무 위원** 그리고 제가 방금 말씀드렸지만 두 분 장관님과 그때 참여했던 간부 공무원들은 장관의 지시사항 그리고 간부 공무원들이 각자 하셨던 말씀 다 재작성해서 제출해 주시기 바라고요.

○**산업통상자원부장관 안덕근** 예, 그렇게 하겠습니다.

･･

○**위원장 이철규** 수고하셨습니다, 허성무 위원님.

오늘 이 상황에서도 기쁜 소식이 하나 있어서 잠시 여기에 공지도 좀 하고 한번 간략히 물어보려고 합니다.

산업부장관님, 루마니아 원전 설비 개선 사업 수주 사실을 알고 오셨나요, 올 때?

○**산업통상자원부장관 안덕근** 예.

○**위원장 이철규** 어려운 환경에서도, 저게 1조 2000억인가요, 우리 한수원 몫이요?

○**산업통상자원부장관 안덕근** 예, 그렇습니다.

○**위원장 이철규** 그동안 산업부도 같이 협업을 해 왔습니까?

○**산업통상자원부장관 안덕근** 예, 저희가 뒤에서 지원을 해 왔습니다.

○**위원장 이철규** 막바지에 혹시 작금의 상황 때문에 어려움이 없었나요?

○**산업통상자원부장관 안덕근** 예, 마무리 잘 할 수 있도록 저희가 지원했습니다.

○**허성무 위원** 위원장님, 제가 30초만, 마이크 꺼졌지만 조금만 더 말씀드리겠습니다.

○**위원장 이철규** 허성무 위원님 말씀하십시오.

○**허성무 위원** 체코 원전 문제입니다.

지금 대통령이 가장 큰 리스크가 된 것 아닙니까? 그래서 이것 차질 없이 해야 되는데 만약에 실패하게 되면 우리가 유럽 원전 수출이라든지 또 다른 제3국의 수출은 거의 불가능해질 거라고 봅니다. 어떤 대책을 세우고 있는지 각 의원실에 따로 설명을 좀 하셔야 됩니다.

그리고 방문할 수 있든지 없든지 향후에 초당적 협력 방법도 찾으셔야 되고요. 문제를 제기하는 의원님들에게 문제에 대해서 충분히 설명을 해 주셔야 됩니다. 자신 있잖아요? 자신 있으면 설명해야지 왜 설명이 안 됩니까?

○산업통상자원부장관 안덕근 그렇게 하겠습니다.

○허성무 위원 그다음에 이번 사태로 지금 로템의 K-2 흑표 전차, 9조 원 수출 문제가 최근에 딜레이되고 있는 것 아시지요? 어떻게 해결하실 겁니까? 방사청하고 외교부하고 협의라도 한번 하셨나요?

○산업통상자원부장관 안덕근 예, 저희가 지금 방사청하고 그 문제 가지고 여러 가지 협의하고 있습니다.

○허성무 위원 그러니까요. 협의하고 있다고 말씀하시지 말고 협의한 내용, 어떻게 올해 안에…… 원래 올해 안에 재계약하기로 한 것 아닙니까, 2차분을?

○산업통상자원부장관 안덕근 그 관련되는 내용들을 저희가 이 자리에서 공개할 수는 없고 최대한 문제없이 할 수 있도록 노력하겠습니다.

○허성무 위원 그러면 의원실로 개별 설명을 부탁드립니다.

○위원장 이철규 허성무 위원님, 아마 창원지역의 기업들이 지역구에 계시다 보니까 좀 더 빨리 알고 문제를 인식하고 계신가 본데 어쨌든 간에 이런 상황 속에서도 우리 산업은 제대로 이루어져야 됩니다, 산업 활동은요.

그래서 이렇게 여야 간의 정치적인 문제에서는 서로가 의견이 다르고 상충되는 부분도 있고 충돌할 수 있지만 국가 경제를 위해서 우리가 뒷받침해야 될 부분에 대해서는, 하여튼 아까 이언주 최고위원님께서도 말씀하셨다시피 의회의 다수 의석을 점하고 있는 제1당도 산업 분야에 대해서는 뒷받침하겠다고 말씀을 해 주셨으니까 이런 것들을 관계국들에게 적극적으로 알리고 국내 상황이 어떤 경우가 되더라도 한국 기업들이 자신의 역할과 의무를 차질 없이 다할 것이라는 사실을 좀 알려 주시기 바랍니다.

○산업통상자원부장관 안덕근 예.

○위원장 이철규 수고하셨고요.

다음은 존경하는 고동진 위원님 질의해 주시기 바랍니다.

○고동진 위원 저는 뭐 정치한 지 얼마 안 됐지만 지금 모든 사람들이 힘든 상황이고 이런 계엄이라든가 여러 가지를…… 탄핵, 입법 독점 민주당, 그런데 특정인을 거론하거나 그러고 싶지는 않습니다. 그러나 적어도 산자위만큼은 정쟁으로 인해서 목소리 높아지는 것은 서로가 자제하는 게 좋다라고 하는 것을 먼저 말씀드리고 싶고.

여기 앉아 계시는 장관님들, 청장님, 모든 공직자분들, 일이라고 하는 것은 한계 상황이라든가 굉장히 엄중하고 힘들 때 일의 본질을 찾아서 일에만 포커스 맞추시는 것이 저는 옳다라고 생각을 합니다. 그러니까 오늘 옆에서 이렇게 보기가 굉장히 많이 안타까웠는데 그래도 잘 좀 극복해 주시고.

오늘 아까 위원장님이 루마니아 원전도 말씀을 하셨는데 쌓여 있는 일들 슬기롭게 잘

처리해 주시기를 먼저 당부 드립니다.

○산업통상자원부장관 안덕근 예, 분발하겠습니다.

○고동진 위원 반도체 산업계하고 또 언론에서 현재 이런 복잡한 정국으로 국회가 이제 올스톱 되고, 그러다 보니까 반도체 특별법이 표류하는 게 아니냐 이런 걱정이 큰 게 사실입니다.

장관님 또 산자위 모든 위원님들께서는 국민의힘이 당론으로 추진하고 있는 그 반도체 특별법이 여야를 떠나서 대한민국을 위한 최우선법임을 감안하셔 가지고 법을 조속히 통과시켜야 한다는 것을 모든 사람들이 다시 한번 생각을 해 봐 주시기를 바랍니다.

장관님은 어떻게 생각하세요?

○산업통상자원부장관 안덕근 국가적으로 매우 시급한 상황이고 산중위에서 꼭 좀 힘을 모아 주시면 감사하겠습니다.

○고동진 위원 저희가 산자위 법안소위 때 반도체 특별법상에 주 52시간 적용 제외 문제를 두고 여러 토론을 벌인 바가 있어요. 이후에 저도 그 노동법을 아주 디테일하게 다시 살펴보고 산업계 의견도 듣고 해외에서 근무하고 있는 한국 사람들 목소리도 들어 봤습니다.

그래서 내린 결론이 현재의 근로기준법이 정한 어떤 근로 시스템만으로는 반도체 설계나 R&D에 있어 현실 적용에 조금 제약이 많다 이런 것을 제가 파악을 했습니다.

(영상자료를 보며)

제가 PPT 띄운 것을 한번 좀 봐 주시지요.

근로 시스템의 유연함을 주기 위해서 여러 가지 유형의 시간제가 있는데 그 애로점들이 뭔지 제가 쉽게 좀 적어 놨으니까 빨간 글씨를 좀 보시면 됩니다.

먼저 맨 왼쪽의 선택적 근로시간제는 근로일간 11시간 이상 휴식 기준이 있어서 반도체 R&D 업무의 연속성 차원의 집중이라든가 신속대응 업무가 좀 어려운 측면이 있습니다.

예를 들어서 밤 11시에 퇴근하면 반드시 다음날 오전 10시 이후에 출근을 하게 돼 있어요. 이게 노동부에서 선택근로제가 사실은 신상품 개발이라든가 R&D를 위해서 만들어 놓은 제도인데도 이런 경우 11시에 퇴근해서 오전 10시 이후에 출근해야 되는데 10시 전에는 출근 못 합니다. 이런 경우에 만에 하나 오전 10시 이전에 고객사로부터 시급한 상황이나 미팅콜이 있을 때 제대로 된 대응을 할 수가 없고 R&D 인력들이 모여서 미팅을 할 수도 없어요. 이런 제한이 있습니다.

두 번째 탄력적 근로시간제는 이 제도 자체가 계절적 영향을 받거나 성수기, 비수기 등 시기별 업무량 편차가 많은, 그러니까 예를 들면 에어컨 생산, 냉장고 생산, 제조업 중심의 업종을 위한 제도입니다. 이것은 애초에 시기적으로 예측이 가능한 계절 상품을 생산·제조하는 업종에 국한된 제도가 되겠어요. 그리고 이 제도의 크나큰 문제가 뭐냐 하면 주 단위 근로 시간을 6개월 전에 미리 정해 놔야 된다는 것입니다. 반도체 개발이 주 단위로 6개월 전에 근로시간을 사전에 정한다라고 하는 게 사실은 불가능합니다.

세 번째, 재량근로제는 일본이 1987년도 금융애널리스트, 펀드매니저, 금융투자분석 업무를 위해서 도입한 것을 우리나라가 가지고 들어왔어요, 노동부에서. 그런데 이게 사용자가 근로자에게 구체적인 지시를 하지 않는다라고 하는 전제 조건이 있습니다. 이게

R&D 업무라고 하는 게 금융투자분석 업무하고 다르게 구체적인 업무 지시라든가 주기적인 어떤 협업이 필수적입니다. 그러기 때문에 특히 반도체 R&D와는 맞지가 않다 이렇게 볼 수가 있습니다.

맨 오른쪽에 보면 마지막으로 주 64시간까지 근무할 수 있는 특별연장 근로제가 있습니다. 이 또한 문제가 많아요. 이 제도가 하루 평균 10시간 30분 정도 근무할 수 있다, 휴게 시간을 1시간 30분 포함하면 총 12시간을 회사에 있을 수 있습니다. 그렇게 되면 오전 7시에 출근하면 오후 7시에는 무조건 퇴근해야 된다는 겁니다. 이게 엔비디아 사례도 보면 시간 제약이 없어요. TSMC는 주 한 칠팔십 시간 이상을 근무하고 있고, 우리나라처럼 주 단위 시간을 경직되게 제약을 하면 이게 국가 간 경쟁력에 아예 말이 안 되는 얘기지요.

즉 근본적인 문제가 R&D 인력들이 주 단위로 근무 시간 제약이 있다라고 하는 이 사실, 이에 따라서 기업 입장에서는 굉장히 운용하는 데 네 가지 다 실효성이 낮다는 얘기고 노동부에서도 확인을 해 보니까 맨 오른쪽에 있는 특별연장 근로제도 사실은 이게 제조·생산하는 인력을 대상으로 해서 만들어 놓은 것입니다라고 하는 얘기예요.

지난번에도 얘기를 했지만 미국의 화이트칼라 이그젬션(white collar exemption)은 연봉 13만 달러 이상의 경우 근로 시간 제약이 없습니다. 일본의 고도 프로페셔널 제도가 연봉 1075만 엔이니까 현재 가치로 우리나라 돈 한 1억 원 정도 되지요. 근로 시간 제약이 없어요. 단 일본에는 연간 104일 이상의 휴일, 그러니까 아마 주 한 이틀 정도, 이틀이 조금 안 됩니다. 부여를 해 주고 건강 문제를 상담하는 창구를 설치하고 이런 것들을 전제로 하고 있어요. 우리나라도 이제는 적어도……

1분만 좀, 빨리 마무리하겠습니다.

○**위원장 이철규** 1분만, 여기 몇 사람이 질의를 안 한다니까……

○**고동진 위원** 이제 적어도 반도체 산업 분야 R&D 업종 이중에서도 다 하자라고 하는 게 아닙니다. 상위 한 10% 정도 되는 고급 설계 인력들에 대해서 주 52시간 적용 제외를 하고 그 대신 소득이라든가 이런 것을 충분히 지급을 해 주고 건강 관리에 대한 보상 기준을 확실하게 정해 준다 이거지요. 특히 이렇게 함으로써 반도체특별법을 진행을 하고 따라서 하위 시행령 규정을 마련을 해야 되겠다라고 하는 생각을 하는 겁니다.

지난번 야당 위원님께서 2022년 챗GPT 등장으로 그 전과 후가 나뉘었다라고 하는 굉장히 좋은 얘기를 해 줬어요. 그게 메모리반도체가 범용에서 주문형으로 변화하고 있습니다. 이럴 때 개발 기간이 늘어난 거거든요.

반도체특별법으로 주 52시간 문제를 해결해야 된다라고 저는 강하게 주장을 하고 따라서 직접보조금 문제도 다시 한번 보자. 향후 10년의 노력이 향후 이삼십 년 풍요로움을 결정 짓는다 저는 이렇게 생각하고 국회도 열심히 같이 노력을 해야 되겠지만 장관님 이하 박 차관님 모든 분들 같이 좀 머리를 맞대고 이 문제를 좀 해결할 수 있는 그런 지혜를 같이 짜 주시기를 좀 간곡하게 부탁을 드리고 야당 위원님들께도 다시 한번 간곡하게 좀 부탁을 드립니다.

장관님 의견을 좀 말씀을 해 주십시오.

○**산업통상자원부장관 안덕근** 지금 우리하고 치열하게 경쟁하는 미국, 일본이 그런 것들을 지금 허용을 하고 있기 때문에 위원님께서 정확하게 지적해 주신 것처럼 저희가 고

임금 전문직종에 있어서는 그런 안전 장치를 도입하는 조건으로 좀 더 유연하게 근로조건을 좀 바꾸는 것이 반드시 필요하다고 생각하고 있습니다. 꼭 좀 이번에 반도체특별법에 그런 것들이 반영이 됐으면 합니다.

○고동진 위원 다음주에 법안소위가 열려서 이것을 검토할 수 있을지는 모르겠으나 국회도 노력할 테니까 장관님 이하 차관님들도 같이 노력을 해 주십시오.

○산업통상자원부장관 안덕근 예, 더 노력하겠습니다.

○위원장 이철규 수고하셨습니다.

다음은 존경하는 김동아 위원님 질의해 주시기 바랍니다.

○김동아 위원 준비한 건 아닌데 산자부장관님께 아까 고동진 위원님 질의한 것 관련해서 하이닉스가 HBM을 개발할 때 근로자들이 주 52시간 지켰지요? 삼성이 HBM의 개발을 지금 잘 못해서 이렇게 주가가 하락하고 있는 게 주 52시간 때문입니까?

○산업통상자원부장관 안덕근 그것 때문이라고 말씀드리기는 좀 어렵지만 지금……

○김동아 위원 주된 원인은 이재용 부회장의 경영상 판단의 잘못된 리더십이 있다라고 보는데 그런 부분에 대해서는 전혀 동의 안 하세요?

○산업통상자원부장관 안덕근 그런 부분도 있을 수 있는데 지금 우리 반도체 산업의 경쟁력을 키우기 위해서는 R&D 인력들의……

○김동아 위원 제가 하여튼 이 부분은 주된 질의가 아니니까 나중에 법안심사하면서 좀 논의했으면 좋겠다는 생각이고요.

오영주 장관님께 질의드리겠습니다.

윤석열 대통령 비상계엄에 동의하지 않는다고 말씀하셨는데 맞지요?

○중소벤처기업부장관 오영주 맞습니다.

○김동아 위원 장관님, 윤석열 대통령이 계엄 선포하면서 그 명분이 우리 민주당의 예산 삭감과 폭거 그리고 이로 인한 국가 재정의 농락, 행정부의 마비 이런 발표를 했습니다. 여기에 대해서 동의하십니까?

○중소벤처기업부장관 오영주 동의하지 않습니다.

○김동아 위원 동의하지 않으시지요?

(영상자료를 보며)

이게 기사를 보니까 극우 유튜버의 주장하고 거의 비슷하다고 하는데 이런 기사 혹시 보신 적 있으세요?

○중소벤처기업부장관 오영주 저런 기사는 제가 볼 수가 없었습니다.

○김동아 위원 그런 기사는 못 보셨고? 장관님은 이런 윤석열 대통령의 계엄 선포에 대해서 장관님 혹시 책임 있다라고 생각하세요?

○중소벤처기업부장관 오영주 저는 국무위원의 한 사람으로서 책임을 가져야 한다 생각하고 있습니다.

○김동아 위원 가져야 된다? 구체적으로는 뭐 없으시고?

○중소벤처기업부장관 오영주 제가 어쨌든 짧은 시간이었지만 국무회의에 참석을 했고 또 그런 위원님께서 말씀하셨던 대로 그런 책임이 있습니다.

○김동아 위원 알겠습니다.

장관님, 계엄 바로 직전 날—12월 2일입니다—야당 주도, 민주당 주도 감액 예산안 예결위 통과 정부 입장 합동 브리핑 참석하셨지요?

○**중소벤처기업부장관 오영주** 예.

○**김동아 위원** 이 브리핑은 정부가 원하는 대로 예산을 처리하지 않자 민주당이 민생예산을 외면한 것처럼 호도하기 위한 자리였습니다. 최상목 경제부총리는 민생과 지역경제를 외면한 예산이라며 더불어민주당을 비난했는데 이 자리에 참석한 장관님도 같은 입장이셨습니까?

○**중소벤처기업부장관 오영주** 제가 그때 말씀을 드렸지만 중기부가 기본적으로 상임위에서 잘 또 정리를 해 주셔서 많은 예산들이 정부 예산으로 반영이 되었지만 저희가 증액을 논의하던 예산들이 많았었습니다. 그런 부분들이 되지 않았던 안타까움을 표시를 했습니다.

○**김동아 위원** 알겠습니다.

제가 발언 한번 읽어 볼게요. 장관님이 직접 하신 발언입니다. '최근 중소기업·소상공인의 경영상 어려움이 커지고 있는 가운데 이번 예산안 감액 의결이 이루어짐에 따라 가뜩이나 어려운 민생경제 회복에 부정적 영향을 미칠 것으로 우려됩니다'라고 발표했습니다. 민생경제 회복에 부정적 영향을 미치는 감액이 뭐가 있습니까?

○**중소벤처기업부장관 오영주** 위원님, 저희가 예비비 문제를 그때 전 부처적으로 이야기를, 말씀을 드렸는데 예비비의 감액……

○**김동아 위원** 예비비가 민생경제 회복을 위한 예산인가요?

○**중소벤처기업부장관 오영주** 그런데 만일 예비비의 경우에 여러 가지 변동 상황이 있을 때 어려움을 해결하기 위한 것이기 때문에……

○**김동아 위원** 아니, 예비비가 민생경제 회복에 관한 예산인지 맞다, 아니다라고 대답하세요.

○**중소벤처기업부장관 오영주** 저는 민생 회복에 쓰여질 수 있는 예산이다라고 말씀을 드립니다.

○**김동아 위원** 회복에 쓸 수 있는 예산이에요?

○**중소벤처기업부장관 오영주** 예, 만일 어려운 일이 생긴다면……

○**김동아 위원** 예비비가요?

○**중소벤처기업부장관 오영주** 예, 어려운 측면이 생긴다면……

○**김동아 위원** 예비비는 국가에 재난이나 이런 사태가 발생했을 때 쓰는 예산이지 민생경기가 안 좋을 때 쓰는 예산이 아니지 않습니까?

○**중소벤처기업부장관 오영주** 아니요, 제가 다시 말씀드리겠습니다. 재난이 발생하거나 했을 때……

○**김동아 위원** 그런 말씀이 지금 가짜뉴스를 생산하고 윤석열 대통령이 자신감 있게 그걸 계엄 선포하는 근거로 만든 것입니다.

○**중소벤처기업부장관 오영주** 위원님, 제가 말씀드리겠습니다. 아까 말씀드렸던 거는 재난이나 이런 것들이 일어났을 때……

○**김동아 위원** 장관, 위메프 사태 때 예비비 쓰셨어요?

○**중소벤처기업부장관 오영주** 예?

○**김동아 위원** 위메프 사태 때 중소기업들, 소상공인들 무너질 때 예비비 쓰셨어요?

○**중소벤처기업부장관 오영주** 저희 기존 예산이 있었기 때문에 기존 예산으로 처리했었습니다.

○**김동아 위원** 뭔 기존 예산을 쓰셨어요? 그냥 대출이나…… 대출 이율도 고이율도 대출로 해 줬지 무슨 예산을 쓰셨습니까?

○**중소벤처기업부장관 오영주** 위원님, 이율 자체는 저희가 조정을 했다는 것을 다시 말씀을 드립니다.

○**김동아 위원** 아니, 그러니까 이 발언이 타당하다고 지금 말씀하시는 거예요?

○**중소벤처기업부장관 오영주** 아니요. 그 말씀을 드린 게 아니고요. 여러 가지 재난이나 예상치 못한 일이 생겼을 때 가장 많은 피해를 받으신 분들이 소상공인이니까……

○**김동아 위원** 올해 예비비 지금 얼마 남아 있는지 아시지요?

○**중소벤처기업부장관 오영주** 예, 장철민 위원님께서 말씀하셨습니다.

○**김동아 위원** 지금 집행액이 1.3조 원에 불과합니다. 올해 예산으로 치더라도 지금 2.4조 원 감액해서 2.4조 원이 있어요. 그런데 이게 민생경제 회복과 무슨 상관입니까? 윤석열 대통령하고 똑같은 논리 같은데요?

○**중소벤처기업부장관 오영주** 아니, 그 당시에……

○**김동아 위원** 이것, 이 기자회견 왜 참석하셨어요? 누가, 장관님이 직접 참석하신 거예요?

○**중소벤처기업부장관 오영주** 저희 경제 부처에서 논의를 통해서 경제 부처 장관들이 갔던 행사였었지요, 간담회.

○**김동아 위원** 아니, 산자부장관님은 안 가셨잖아요.

○**중소벤처기업부장관 오영주** 그러니까 저희 기재부총리와 쭉 협의를 해서 저희가 의견을 드리기 위해서 했던 브리핑이었다 이렇게 말씀을 드리겠습니다.

○**김동아 위원** 뒤에 보면 '이번 예산안 감액 의결로 어느 때보다 어려운 혹한기를 지나고 있는 우리 경제의 근간인 800여 만의 소상공인·중소기업·벤처·스타트업들에게 더 큰 도움을 드리지 못한 것 같아 아쉬운 마음이 듭니다', 어떤 감액 예산이 이런 부분이지요?

○**중소벤처기업부장관 오영주** 아니요. 감액 예산 부분보다는 저희가 의결을 감액 의결만 했고 증액 같이 합의가 안 됐으니까……

○**김동아 위원** 예산 증액권이 국회에 있습니까?

○**중소벤처기업부장관 오영주** 아니요. 심의 과정에서 위원님 아시겠지만 그 앞에 제가 말씀드렸던 그런 예산들이지요.

○**김동아 위원** 예산 증액권이 국회에 있습니까? 비난을 하려면 경제부총리를 비난하고 대통령실을 비난해야지요. 장관님이 예산 못 챙긴 것을 왜 국회를 비난합니까? 윤석열 대통령 계엄 선포 이유랑 똑같은 논리인데요?

○**중소벤처기업부장관 오영주** 위원님 제가 계속 설명을 드렸습니다만 증액을 논의하고 있던 과정에서 증액되지 못하고 감액 의결 된 것에 대한 아쉬움을 좀 표시했다 이렇게 말씀을 드리겠습니다.

○**김동아 위원** 아니, 그런 내용이 없습니다. 그런 내용이 없습니다. 또 그렇게 발언을 하시려면 애초에 본예산에 반영하지 못한 스스로를 질책하고 정부를 질책하는 게 먼저지 않습니까? 전날 이런 기자회견을 한 게 내란의 명분을 만들어 주기 위해서 선전·선동하

는 자리에 함께 하신 것 맞지요?

○**중소벤처기업부장관 오영주** 위원님, 이거는 저희가 초유의 감액 예산인 여야 합의 없이 이루어진 부분에 대해서 경제 부처의 장관들이 조금 더 합의를 통해서 더 나은 예산을 가져가지 않은 그런 거였다는 말씀을 드린 거였습니다.

○**김동아 위원** 아니, 내용이 그런 내용이 아니잖아요. 그리고 여야 합의를 왜 국무위원이 관여를 합니까, 국회에서 이루어지는 일을?

○**중소벤처기업부장관 오영주** 국무위원들도 의견을 드릴 수 있는 것 아니었나라고 생각했었던 것 같습니다.

○**김동아 위원** 나중에 제가 따로 답변······

잠깐만 1분만······

안덕근 장관님, 오늘 아까 여러 지적받으셨지만 12월 수출 증가세다, 직접적인 수출 차질이 제한적이다, 대외 신인도에 미치는 영향은 제한적이다. 참 나라가 좋은 것 같습니다, 수출도 잘 되고 대외 신인도도 좋고. 이게 공식 입장 맞습니까? 수출 좋은 것 사실 2023년 수출이 바닥 찍어서 기저효과로 좋은 거잖아요. 다 아시잖아요.

○**산업통상자원부장관 안덕근** 그러니까······

○**김동아 위원** 그리고 수출 좋은 거 뭐 그게 낙수효과가 안 일어난다는데 수출 좋은 것 반도체나 마진 안 나는 선박 관련된 것 그런 부분 수출 증가세가 있어서 수치상 높아 보이는 거지 실질적으로는 지금 제대로 된 수출도 안 일어나고 있고 지금 중견·중소기업들 다 수출 어려움을 겪고 있는데 이런 식으로 호도를 하면 어떡하십니까, 지금 상황에서?

○**산업통상자원부장관 안덕근** 아까 위원님 말씀 타당하신 부분이 있고 제가 아까도 설명을 드렸지만 지금 시점에서 저희가 지금 현 상황 설명을 드리다 보니 지금까지 물류라든가 결제라든가 이런 게 지금 상황에서 문제가 되는 것은 아직은 크게 인지되는 게 없다라는 말씀을 드렸던 거고요.

그렇지만 지금 우리 정치 상황 때문에 앞으로는 굉장히 많은 불확실성이 있어서 이런 부분들은 저희가 국회와 같이 협의를 하고 여러 가지 노력을 해서 최대한 문제가 커지지 않도록 노력을 하겠다는 말씀 다시 한번 드립니다.

○**김동아 위원** 여기까지 하겠습니다.

○**위원장 이철규** 김동아 위원님 수고하셨습니다.

다음은 존경하는 서왕진 위원님 질의해 주시기 바랍니다.

○**서왕진 위원** 조국혁신당 서왕진입니다.

계엄 사태 직후인 12월 4일부터 탄핵소추안이 의결된 14일까지 열흘 동안 그리고 최근까지도 우리 경제는 그야말로 롤러코스터를 경험하고 있는 것 같습니다.

12·3 계엄 사태로 외국인 투자자들이 국내 증시에서 대거 이탈한 것 확인했고요. 원 달러 환율이 폭등을 했는데 오늘 1450까지 또 폭등한 이런 상황들이 상당히 심각하게 보입니다. 많은 전문가들이 다시 한번 IMF 외환위기가 오는 것 아니냐 또는 2008년 금융 위기 상황에 근접한 것 아니냐 이런 걱정을 할 정도로 위기가 초래됐습니다.

산자부장관님, 환율이 오늘도 이렇게 크게 올랐는데 이게 유발할 수 있는 산업이나 통상 위기 문제는 어떻게 발생할 수 있다고 생각하십니까?

○**산업통상자원부장관 안덕근** 지금 그래서 저희가 환율 같은 상황을 모니터링하고 있고 금융 당국에서 굉장히 노력을 많이 하는 걸로 알고 있습니다. 그런데 저희가 오늘 발표를 했지만 그나마 올해는 외국인 투자도 지금 역대 최대치로 들어오고 있고 수출도 그나마 아직은 흐름이 정상적으로 가고 있어서 이게 지금 산업에 크게 문제를…… 현 시점까지는 저희가 관리를 해 오고 있는데 앞으로 이 문제가 커지지 않도록 노력하겠다는 말씀을 거듭 드리겠습니다.

○**서왕진 위원** 중소상공인 등의 민생경제는 더 심각한데요. 비상계엄 사태로 소상공인·자영업자 10명 중 5명이 피해를 봤다 이런 조사 결과도 나왔는데요. 중소기업중앙회가 이번에 조사한 걸 보면 송년회 등 연말 특수를 기대했는데 사회적 불안감으로 인해서 단체 회식이 취소되거나 여행 숙박 취소가 이어지는 직간접적인 피해를 입은 소상공인·자영업자가 46.9%, 50%의 피해를 봤다는 조사도 나왔습니다. 이게 비상계엄 이후 열흘 동안 벌어지거나 더 심각해진 그런 일들이고요.

그나마 지난 주말 탄핵소추안 통과 이후에 그 직후부터 경제지표나 대내외 반응들이 약간 긍정적으로 바뀌고 있는 또 다행스러운 상황도 있는 것 같습니다.

중기부장관님, 이 중소기업중앙회 조사 결과 알고 계시지요?

○**중소벤처기업부장관 오영주** 예, 저희가 계속 협의를 하고 있습니다.

○**서왕진 위원** 이렇게 가뜩이나 어려운 소상공인이나 자영업자들로서는 사실은 정말 견딜 수 없는 그런 상황일 텐데요. 이번 사태 이후에 즉각적이고 실효적인 지원책을 마련하거나 발표한 게 있으신가요?

○**중소벤처기업부장관 오영주** 즉각적으로, 계속 말씀드리지만 저희가 1일부터 기존 예산에 확보된 5조 원 예산의 조기 집행을 하고 있고요. 다만 전체적인 매출 증진을 위한 전반적인 캠페인을 벌이는 게 필요하겠다 해서 지금 준비 중에 있습니다.

○**서왕진 위원** 산자부장관님께 다시 여쭙겠습니다.

현재 한국 경제가 처한 위기의 핵심 원인이 국정의 불안정성 또 불확실성 때문이라는 점 동의하십니까?

○**산업통상자원부장관 안덕근** 예.

○**서왕진 위원** 지금의 이 국정 불안정성·불확실성이 위헌·위법한 12·3 비상계엄으로부터 초래되었다는 점도 인정하시지요?

○**산업통상자원부장관 안덕근** 예.

○**서왕진 위원** 그나마 계엄 사태 이후 나락으로 치닫던 각종 경제지표 또 상황들이 일부 회복세로 돌아온 건 무엇 때문이라고 생각하십니까?

○**산업통상자원부장관 안덕근** 저희가 최대한 대외신인도 유지하기 위해서 여러 가지 노력을 하고 있습니다. 그런 것들이 지금 먹히는 거라고 생각을 하고 있습니다.

○**서왕진 위원** 사실 우리 경제위기 상황을 가장 빠른 시간 내에 극복하고 이런 위기 환경을 새로운 단계로 전환하기 위해서 필요한 것은 탄핵 과정을 가장 신속하게 진행하고 또 내란과 군사반란 책임자들에 대한 신속한 수사, 법적 책임을 물어서 이 상황을 빨리 끝내는 것입니다. 그런데 이를 부정하거나 또는 여러 가지 이유를 붙여 가지고 탄핵이나 수사 절차를 지연하거나 방해하려는 집단, 이런 집단은 국가 경제위기라든지 민생 고통보다는 자기 집단의 알량한 정치적 손익계산이 우선인 집단일 것이라고 생각합니다.

실제로 내란 우두머리 윤석열에 의해서 자행된 이번 12·3 비상계엄 상황에서 우리는 대한민국 국민들의 민주주의에 대한 확고한 신념 또 용기 그다음에 계엄 해제 결의와 탄핵 결의를 이루어 낸 국회의 어떤 민주주의 회복력 이런 것들을 보면서 한편에서 대한민국의 저력을 느끼기도 하는데요. 다른 한편에서는 위헌·위법한 비상계엄 선포에 대해서 직을 걸고 막지 못한, 이런 행동을 한 국무위원이 한 사람도 없다는 점 여기에 대한 많은 분들의 질책이 있었습니다마는 이런 점 참 아쉽고 한계를 드러낸 것 같습니다.

　또 국민과 국회를 향해서 총과 탱크를 들이댄 일부 정치 군인에 맞서서 목숨을 걸고 항명한 군 지휘자도 한 명도 확인되지 않는다는 점 그리고 국회를 총칼로 장악해서 기능을 정지시키고 야당 지도자를 포함한 의원들을 수방사의 B1 벙커에 감금하려 했던 이런 내란과 군사반란인 비상계엄에 대해서 해제 결의에 참여하지 않은 상당수의 국회의원이 존재한다는 점, 이런 점들은 상당히 비관적인 우리 국가의 미래를 생각하게 합니다.

　지금이라도 이번 사태의 본질을 다시 한번 직시하고 위기의 경제를 안정화하고 일상이 무너진 국민들의 삶을 회복하기 위해서 신속한 탄핵 절차에 협력하고 내란과 군사반란범에 대해서 즉각적인 수사와 법적 조치가 이루어지도록 협력하는 것이 저는 최선의 방책이라고 생각합니다.

　당장 이 어려운 상황에 대해서 그래도 정부 내에서 어쨌든 묵묵히 열심히 일하는 실무 공직자들이 어려움을 감당할 수밖에 없다고 생각하는데요. 여기에 대해서는 저희들이 감사하고 독려할 수밖에 없다고 생각합니다. 야당에서도 당면한 위기 극복을 위해서 민생경제 분야에 함께 공조하자는 제안을, 이미 국정안정협의체에서 제안을 내놓고 있는데요. 저희 조국혁신당도 적극 동의하고 참여할 예정입니다. 국민의힘도 내란 동조나 탄핵심판 훼방을 하고 있다는 그런 의심을 받지 않으려면 동참을 하시기 바랍니다. 앞으로 민생경제를 책임지는 우리 상임위에서 보다 책임 있는 자세로 면밀하게 대응해 나갈 수 있도록 모두가 노력해 주시기를 바라고요.

　산자부장관님, 중기부장관님께서도 국무위원들의 책임 있는 행동이 부족했다는 점에 대한 질책에 대해서 섭섭하게 생각하지 마시고 그런 정도로 이번 상황 자체가 아주 근본적이고 본질적인 위협이었고 우리 국가의 어떤 기본질서를 위협하는 것이었는데 우리 국가에서 책임 있는 모든 사람들이 거기에 대해서 사실은 처음에는 당황하고 잘 알 수 없어서 제대로 대응하지 못했을 수 있다고 생각합니다마는 지금이라도 그 본질을 정확하게 직시하고 부족했던 점들에 대해서 자성하고 성찰해야 된다고 생각합니다. 이런 부분들을 적극적으로 수용하시고 지금 단계에서 가장 절박하고 적극적인, 어려움을 겪고 있는 부분에 대한 대책들을 긴급하게 제시하시기를 부탁드립니다.

　관련해서 두 분 다 답변을 부탁드립니다.

○**산업통상자원부장관 안덕근** 　이번에 우리 국민들의 민주주의 저력과 회복력 말씀을 하셨는데 대단히 감사하게 생각을 하고요. 저희가 우리나라 경제·산업계의 저력과 회복력도 유지할 수 있도록 대외적으로 메시지 발신하고 언제까지 이걸 하게 될지 모르겠지만 마지막 순간까지 우리 산업을 지킬 수 있도록 하여튼 최선을 다해서 책무를 다하도록 하겠습니다.

○**중소벤처기업부장관 오영주** 　위원님 말씀 주신 대로 지금 가장 크게 어려움을 겪고 있는 중소기업·소상공인들이 먼저 빨리 회복될 수 있는 데 최선을 다하도록 하겠습니다.

그를 통해서 국무위원으로서의 여러 가지 책임감·책무감 정말 강하게 느끼고 있습니다.

○**위원장 이철규** 서왕진 위원님 수고 많으셨습니다.

다음은 존경하는 김종민 위원님 질의해 주시기 바랍니다.

○**김종민 위원** 김종민입니다.

장관님들께 저도 12·3 계엄 관련해서 한 말씀 드리겠습니다.

장관님들 개인적으로 어떤 선택을 했는지 어떤 입장이었는지는 여러 질의응답 과정에서 많이 나왔는데요.

대한민국 국민들이 국무회의와 국무위원이 어떤 존재인지에 대해서 한번 생각할 수 있는 그런 사건이었다고 봐요. 그래서 국회에서 이것을 저지할 수 있었던 것은 국회의 계엄해제권이 있어서 저지를 한 거지요. 하지만 많은 시민들이 국회로 참여하고 또 국회의원들이 여러 가지 위협과 돌발 상황에도 불구하고 의결정족수를 채웠기 때문에 가능했던 거거든요.

사실은 이런 얘기도 합니다. 국무회의가 계엄에 대한…… 국무회의가 심의기구예요, 기본적으로, 헌법적으로. 그러니까 대통령이 결정권자고 그 결정을 심의하는 정도 권한만 있지 의결기구가 아니다. 그래서 어쩔 수 없었다. 계엄은 대통령 고유 권한 이렇게 얘기할 수 있는데 사실은 이 헌법 조항이요 언제 들어온 거냐 하면 제헌헌법 때가 아니고 1963년 박정희 군사정권 때, 6차 헌법 때 들어온 겁니다. 제헌헌법에는 국무회의가 계엄 의결권을 갖고 있어요. 국무회의에서 의결이 돼야 계엄을 할 수 있었어요. 해제도 국무회의에서 의결을 해야 됩니다. 63년도에 군사정권 때 대통령 권한이 제왕적으로 강화되면서 생긴 제도인데 아직도 대한민국이 이것을 못 고치고 있는 거지요.

만약에 국무회의에 의결권이 있었다면 이번 계엄을 막을 수 있었는지, 저는 지금 같은 문화였다면 국무위원들은 거의 약간 대통령의 부하직원 같은 개념, 국민에게 책임지는 국무위원으로서의 개념보다는 대통령의 지시와 명령을 이행하는 그리고 보완적으로 심의만 하는 이러한 기구로서 계속된다면 아마 못 막았을 거다.

그래서 저는 사실은 지금 헌법 조항은 심의기구여서 권한이 없다고 할 수 있지만 실질적으로 우리 제헌헌법의 헌법 정신은, 국무회의 설치의 헌법 취지는 국무위원이 계엄, 대외 조약, 비상조치를 의결하는 의결권을 가진 기구로 설치한 겁니다.

그런 자세로, 그런 정신으로 남은 기간 동안이라도 국무위원의 역할을 제대로 해 주시면 좋겠다. 저는 이런 제도적 결함은 또 국회가 개헌 과정에서 논의를 해 봐야 되겠지만 그런 제헌헌법의 헌법 취지는 현 국무위원들도 같이 함께하는 그런 계기가 되면 좋겠다 그런 말씀을 드립니다.

○**산업통상자원부장관 안덕근** 꼭 명심하겠습니다.

○**김종민 위원** 그래서 대통령이 잘못 결정하면 국무회의가 의결기구에 준하는 정신을 가지고 비판도 하고 또는 의견도 제시하는 그런 문화가 21세기의 선진 대한민국에 필요한 자세다 저는 그렇게 보고요.

우리 현안 관련해서 지금 미국 트럼프 당선자 측하고 우리가 어떤 논의를 하느냐 국민들이 관심이 많잖아요. 그런데 지금 보니까 외교부 중심으로 TF를 만들어 놨더라고요. 그런데 제가 늘 당부하는데 지금 현직에 있는 담당자분들, 외교부나 아니면 통상본부장이나 통상 관련된 관료분, 현직 담당자들이 있어요. 그런데 그분들이 지금 트럼프 행정부하고 잘 아는 분도 있을 수 있지만 잘 모를 수도 있지요.

　사실 외교는 초당적으로 하는 겁니다. 그리고 외교는 히스토리가 있는 거지요. 그래서 저는 이런 때일수록 휴민트 개념이 꼭 필요하다고 봐요. 민간이든 전직이든…… 지난번에 트럼프 행정부하고 같이 협상했던 외교 혹은 통상 자원들이 있지 않겠습니까, 우리 공직자들 중에? 지금 은퇴하신 분이나 아니면 퇴임하신 분도 있을 거고요. 이런 분들을 적극적으로 조사하고 발굴해서 그분들과 대화하고 함께 협력하는 것, 통상과 외교에서는 초당적인 게 글로벌 스탠더드잖아요. 저는 그런 노력이 좀 필요하다고 봅니다.

　그래서 그런 노력을 우리 장관님께서 좀 각별하게, 민간과 전직들을 잘 발굴해 보셔서 지금 트럼프 신행정부 또 당선자 측과 통상 관련된 국가 이익을 좀 지키는 데 노력을 해 주시기 바라고요.

　그다음에 최근 들어서 중국…… 그러니까 우리가 지금 계엄 때문에 상당히 경제가 어려워진다 이렇게 걱정들을 많이 하는데 외부에서 충격이 오거나 바이러스가 들어오면요 건강한 사람은 괜찮아요. 그런데 기저질환이 있을 경우에는 이게 심각해지는 것 아닙니까? 우리 코로나도 그렇잖아요.

○**산업통상자원부장관 안덕근** 　그렇습니다.

○**김종민 위원** 　우리 기저질환이 있는 부위가 있어요. 대표적인 게 중국발 공급 과잉, 이게 지금 한국 경제의 엄청난 기저질환 성격의 취약점입니다. 이런 부분들이 지금 이런 여러 가지 혼란 상황들의 영향을 받아서 더 악화될 수 있잖아요.

　롯데가 흔들린다고 하는데 지금 석유화학 같은 경우는 완전히 거의 폭망 수준이더라고요, 산업 전체가. 그러니까 이런 부분들이 이런 외부적 충격에 더 취약해질 수 있다는 거지요. 최근에 보니까 중국발 공급 과잉이 한두 군데가 아니에요. 거의 전 분야에 파상적입니다. 특히 예를 들어서 얼마 전에 보니까 롯데렌터카, SK렌터카 해서 렌터카 회사들을 중국 자본이 다 끌고 갔어요. 우리 대한민국 렌터카 70%를 중국 자본이 사모펀드라는 이름으로 가져가 버렸거든요. 이게 중국이 전기자동차를 우회해서 진입시키기 위한 그런 통로라는 것 다 알고 있잖아요. 과연 이렇게 중국 자본이 치고 들어올 때 여기에 대해서 고용 승계라든가 아니면 우리 통상적인 차원의 대응이라든가 우리 시장 보호라든가 여기에 대한 근본적인 대응으로서의 R&D라든가, 이런 여러 가지 종합적인 정책들이 좀 발빠르게 움직여 줘야 되는데 시장에서의 아우성은 되게 큰데 우리 정책 당국자들이 여기에 대해서 뭔가 이렇게 바로바로 대응해 주고 안심시켜 주고 뭔가 내놓는 게 좀 약하다. 좀 안타까워요, 그게. 어떻습니까, 이 점에 대해서?

○**산업통상자원부장관 안덕근** 　위원님께서 지적하신 부분은 아주 중요한 부분이고요. 저희가 사실은 전방위적으로 거기에 대해서 조치와 대응을 하고 있습니다. 드러내 놓고 우리가 얘기를 할 수 있는 부분도 있고 아닌 부분도 있지만 저희가 말씀하신 그 부분은 우리 산업 정책이나 우리 통상 정책에 아주 중요하게 생각하는 고려 사항으로 여러 가지 대응을 강구하고 하고 있다는 말씀을 드리겠습니다.

○**김종민 위원** 　위원장님, 잠깐만 짧게…… 중기부장관한테 말씀을 못 드려서.

　중기부에서도 지금 현안 중에 원래 우리 예산 자체를 잘못 세워서 정책금융이 민간 모태펀드가 준비가 안 된 상태에서 정책금융을 줄여 가지고 별로 좋지 않습니다. 그래서 R&D도 문제지만 이게 벤처펀드라든가 투자 생태계가 상당히 흔들려 있거나 흔들릴 가능성이 높아서. 그런데 지금 이런 국내외적으로 경제적인 불안정성 때문에 더 어려워요.

벤처투자에서 선정돼 있는 펀드들이 펀드 완성을 못 하는 사례가 되게 많더라고요. 그런데 지금 이렇게 해서 이렇게 불안정하거나 아니면 좋지 못한 LP들에 의해서 또 어렵게 그냥 막 끼워 맞춰서 펀드가 구성되면 중기 생태계가 상당히 안 좋아져서 저는 이런 점도 최근 이 상황들을 보면서 중기부가 좀 적극적으로 모태펀드에서 돈 투자한 것만 생각하지 마시고……

(발언시간 초과로 마이크 중단)

....

(마이크 중단 이후 계속 발언한 부분)

이게 완성이 잘 안 되는 것들이 있으면 한번 챙겨보시고 정책적으로 좀 지원할 수 있는 방안이 있는지도 한번 현장 점검 해 주시기 바랍니다.

○중소벤처기업부장관 오영주 예, 위원님 그렇게 하겠습니다.

올해는 좀 펀드 결성이 빨랐습니다만 제가 챙겨보고 또 말씀드리도록 하겠습니다.

○김종민 위원 은행들은 상황이 그러니까 다 투자를 안 하려고 그래요.

○중소벤처기업부장관 오영주 챙겨보고 말씀드리겠습니다.

....

○위원장 이철규 김종민 위원님 수고하셨습니다.

다음은 존경하는 권향엽 위원님 질의해 주시기 바랍니다.

○권향엽 위원 화면 띄워 주시기 바랍니다.

(영상자료를 보며)

전남 순천·광양·곡성·구례을 국회의원 권향엽입니다.

대한민국 정책브리핑 홈페이지에 나와 있는 내용입니다. 두 장관께서는 52회 국무회의 브리핑을 보셨습니까?

○산업통상자원부장관 안덕근 아니요, 직접 개인적으로 보지는 못했습니다.

○권향엽 위원 53회도 못 보셨지요?

○산업통상자원부장관 안덕근 예.

○권향엽 위원 그냥 암묵적으로 이렇게 지나가는 것이 국무회의입니까? 사실은 52회, 53회 없이 바로 54회 국무회의 브리핑이라고 되어 있습니다. 원래 국무회의를 소집을 했고 구체적으로 회의에 나오라고 했었고 거기에 참석한 사람들이 있었습니다. 그리고 거기에서 엄청난 사실을 듣고 왔습니다. 참석하신 오영주 장관님, 그렇지요?

○중소벤처기업부장관 오영주 국무회의…… 인지하지 못했습니다.

○권향엽 위원 그리고 그 이야기를 듣고 돌아오셔서 1급 간부회의를 소집해서 회의를 하셨다고 그러셨잖아요. 적어도 지금 현재 국무회의라고 하면 소집한 사람이 있고 참석한 사람이 있으면 안건이 구체적이지 않다 하더라도 기록은 남겨져야 맞는 것입니다. 그리고 그것이 정식 회의가 아니었다면 그다음에 이어서 54회라고 할 게 아니라 52회, 53회 이렇게 나가는 게 맞겠지요? 그게 상식적인 것이겠지요?

○중소벤처기업부장관 오영주 위원님, 아시겠지만……

○권향엽 위원 그래서 제가 말씀을 드리지만 방금 존경하는 허성무 위원님께서도 지적을 하셨습니다만 두 분 장관님께서 1급 간부회의, 간담회라고 할까요? 회의 소집한 그것

에 대해서도 회의록을 작성하시는 게 맞다 저는 그렇게 말씀을 드리고요.

○**산업통상자원부장관 안덕근** 예, 제출하도록 하겠습니다.

○**권향엽 위원** 작성되면 저희한테도 제출해 주시기 바랍니다.

산업부장관님, 계엄 해제 당일인 12월 4일 경제부총리가 각국 재무장관 및 주요 국제기구 총재, 글로벌 신평사 및 금융기관 투자자 등을 대상으로 긴급 서한을 발송했습니다. 내용 보셨지요?

○**산업통상자원부장관 안덕근** 예.

○**권향엽 위원** 그리고 6일은 경제부총리와 함께 주한 외국상의 간담회를 함께 하셨지요?

○**산업통상자원부장관 안덕근** 예.

○**권향엽 위원** 4일 서한하고 6일 주한 외국상의 간담회 때 내용이 같았습니까, 달랐습니까?

○**산업통상자원부장관 안덕근** 비슷한 내용이었습니다, 메시지는.

○**권향엽 위원** 당시에 그러면 비슷한 내용이었으면 4일 서한에서도, 6일 간담회에서도 대통령 윤석열의 계엄 취지도 설명을 하셨습니까?

○**산업통상자원부장관 안덕근** 그런 건 없었던 걸로……

○**권향엽 위원** 안 했습니까? 왜 안 하셨지요? 그것을 갖다가 설명하지 않고 우리는 아무런 문제없다고 했을 때 그분들이 이해를 할 수 있었을까요?

○**산업통상자원부장관 안덕근** 문제가 없던 게 아니고요. 상당히 안타까운 상황이고 저희 거듭 말씀드리지만 어떤 국무위원도 지금 계엄 상황에 대해서 동의하거나 그걸 지지하는 사람이 없었습니다. 그래서 이런 비상 시국에 저희는 우리 경제가 악순환에 빠지지 않도록 하기 위해서 지금 상황을 안정화시키기 위한 메시지를 발신하고 큰 문제가 없으니까 우리 기업들하고의 경영 관계나 이런 것들은 계속하라라는 저희가 메시지를 계속 보냈습니다.

○**권향엽 위원** 저는 여기서 지적하고 싶은 게 있습니다. 당시 말씀에 보면 비상계엄 및 이에 따라서 발령된 모든 조치들은 헌법과 관련 법률에 의거해서 된 것이라고 이렇게 이야기를 했었습니다. 그런데 4일 그 서한은 헌법과 관계 법률에 절대 부합하지 않습니다. 그럼에도 각국 재무장관 등에게는 거짓을 알린 것이지요. 왜냐하면 대통령 계엄 해제 절차만 적법했던 것이지요. 왜냐하면 선포할 때도 국무회의에 의결이 되지도 않았고 오영주 장관님께서 말씀하셨다시피 부서도 하지 않았습니다. 그렇지요? 그러니까 법적으로 맞지 않은 상황이었던 것이지요?

계엄법 제5조에 의하면 계엄 선포뿐만이 아니라 계엄사령관의 임명도 국무회의의 심의를 거치도록 규정하고 있습니다. 계엄사령관 임명에 대한 국무회의를 개최한 적이 있습니까?

○**중소벤처기업부장관 오영주** 없습니다.

○**권향엽 위원** 없지요?

○**산업통상자원부장관 안덕근** 예, 없습니다.

○**권향엽 위원** 계엄 선포 전에 국무회의에서 계엄사령관 박완수에 대해서 들은 바 있습니까?

○**산업통상자원부장관 안덕근** 전혀 없습니다.

○**권향엽 위원** 없지요? 3일 날 오전에도 국무회의가 있었지 않았습니까, 그렇지요?

○**산업통상자원부장관 안덕근** 예.

○**권향엽 위원** 그래서 위법적인 계엄의 절차적 하자가 하나 더 있었다는 것을 말씀을 드립니다.

산업부장관님, 산업부장관님은 윤석열 정부 첫 통상교섭본부장이었습니다. 그리고 바로 산업부장관이 되셨습니다. 즉 2022년 5월 10일 윤석열 정부 임기 시작과 함께 지금 이 자리에 955일째 앉아 계십니다. 한덕수 총리만큼 윤석열 정부를 이끌어 오신 분인데 지금의 심경이 어떠신지 잠깐 피력해 주시기 바랍니다.

○**산업통상자원부장관 안덕근** 제가 지금 국무위원으로서 소임을, 그 수행을 하고 있는 상황이기 때문에 제 개인적인 의견을 피력하는 것은 적절치 않다고 생각합니다.

○**권향엽 위원** 알겠습니다.

○**산업통상자원부장관 안덕근** 임기 동안에는 제 책무를 끝까지 수행을 하고 우리 산업계를 잘 지키도록 하겠습니다.

○**권향엽 위원** 오늘 국무회의가 있었지요. 두 분 장관이 참석하셨습니까?

○**산업통상자원부장관 안덕근** 예.

○**권향엽 위원** 오늘 국무회의에서 재의요구권에 대해서 논의를 하셨지요?

○**산업통상자원부장관 안덕근** 예.

○**권향엽 위원** 이 재의요구권 행사에 대해서 찬반 논의가 있었습니까?

○**산업통상자원부장관 안덕근** 예.

○**권향엽 위원** 장관님께서는 어떤 의견을 피력하셨습니까?

○**산업통상자원부장관 안덕근** 저희 소관하는 법은 증감법이었는데 증감법 관련해 가지고는 이틀 전에 경제 6단체가 상당히 우려를 표명하는 공동 성명을 발표하고 그런 바가 있어서 저희도 좀 우려를 개진을 한 바 있습니다.

○**권향엽 위원** 재의 요구를 해야 된다라는 입장을 표명하신 거네요. 오늘 현안보고를 보면 실물경제 문제없다, 대응 체계 구축했다라고 이렇게 요약되는데 대통령 권한대행의 재의요구권 행사가 우리 실물경제에 미치는 영향이 정말 없는 겁니까?

○**산업통상자원부장관 안덕근** 실물경제가 보다 안정적으로 돌아간다는 메시지를 발신하기 위해서 저희가……

○**권향엽 위원** 불확실성을 더 키운다고는 생각하지 않습니까?

○**산업통상자원부장관 안덕근** 아닙니다. 예를 들면 증감법 같은 경우에는 지금 전 세계가 사실 우리나라를 주목을 하고 있는데 이런 법들이 이번에 통과가 된다고 그러면 산업계에 굉장히 부담이 되고 있고 경제단체가 다 반대하는법이 통과가 되면 문제가……

○**권향엽 위원** 시간 관계상요 무슨 말인지는 알겠고요. 한 달 뒤면 트럼프 정부 2기가 시작됩니다. 우리 수출품부터 10%의 관세가 붙는데 이에 대한 산업부의 방어 전략은 뭐지요?

○**산업통상자원부장관 안덕근** 저희가 지금 그 시나리오를 가지고 대응 방안에 대해서 만들어 놓고 있는데 그걸 대외적으로 공개하기는 조금 어렵습니다. 그렇지만 그 시나리오가 상당히 현실화될 소지가 있다고 보고 저희는 대응 방안을 만들고 있습니다.

○**권향엽 위원** 철강, 석유화학 등 많은 산업계가 어려움을 호소하고 있습니다. 단지 계엄 때문이 아니라 이들 업종에 대해서는 정말 절대적인 대책이 필요로 하는데 불확실성이 더 커져서……

(발언시간 초과로 마이크 중단)

(마이크 중단 이후 계속 발언한 부분)

더 심각한 상황이 됐습니다. 이 상황에서는 두 분 장관께 간곡히 부탁드립니다. 민주당에서는 여야정 협의체를 구성하자라는 제안도 했습니다. 적극적으로 여러분들께서 국회를 열어 달라 그리고 야당 위원들께도 찾아와서 함께 협조해 달라, 적극적으로 함께 협의를 갖다가 구해야 된다고 생각합니다. 이 상황은 여야가 따로 없습니다. 그렇게 해 주시겠습니까?

○**산업통상자원부장관 안덕근** 협의체가 만들어지면 저희가 적극적으로 참여하도록 하겠습니다.

○**권향엽 위원** 그렇지만 지금 국민의힘에서는 참석하지 않는다고 하고 있습니다. 그리고 당정 협의를 한다고 하고 있습니다. 그러나 야당에게도 국무위원들께서 적극적으로 와서 함께 협의하고 대안 마련을 위해서 적극 노력을 해야 된다고 본 위원은 생각합니다.

○**산업통상자원부장관 안덕근** 노력하겠습니다.

○**중소벤처기업부장관 오영주** 노력하겠습니다.

○**권향엽 위원** 이상입니다.

○**위원장 이철규** 권향엽 위원님 수고 많으셨습니다.

다음은 존경하는 김교흥 위원님 질의해 주시기 바랍니다.

○**김교흥 위원** 김교흥입니다.

제가 5시간을 지켜봤어요, 장관님하고 차관님, 공직자 여러분들. 그런데 정말 답답해요, 저는. 장관님들께서 윤석열 씨가 내란·쿠데타 한 부분에 대해서는 동의할 수 없다 이렇게 얘기를 하잖아요. 그리고 죄송스럽다 사과도 하시고 그러는데 말씀은 사과를 하시는데 진정하게 거기에 맞게 행동을 하는가 이런 거에 대한 나는 회의감이 드는 거예요, 굉장히 죄송스러운 얘기인데.

예를 들면 오늘 긴급 현안보고라고 된 보고서를 보면 그냥 기존에 했던 것들을 좀 간단하게 정리한 것뿐이에요. 제가 요즘에 중소기업이나 중견기업의 행사는 빠짐없이 가고 있어요, 이삼일 동안. 제가 일부러 찾아다닙니다. 왜냐하면 그분들이 굉장히 어려움을 얘기하고 얼마 전에 중소기업중앙회에서도 조사 분석서까지 나왔는데 지금 산업부나 중기부에서는 12월 4일 날 계엄이 해제가 됐는데 지금 15일이 지난 시점 아니에요? 그러면 각 영역별로 여론조사도 하고 분석도 하고 또 실질적으로 통상 업무라든가 수출하는 업체라든가 이런 데를 여기 국과장들 팀장들을 배치를 해서 직접적으로 현장의 목소리를 듣고 계엄 이후에 나타났던 산업 생태계가 어떻게 문제가 있는가를 여기 적시를 했어야 되는데 너무 도식적이에요.

그리고 계엄 이후에 나타난 거는 그냥 불안정성만 표현을 했지 실질적인 원인이 여기에 적시가 안 돼 있단 말이에요. 그건 뭐냐 하면 계엄에 대한 부분을 어떻게 보면 은폐·엄폐 또는 얘기하고 싶지 않은 이런 거가 이 자료에 깔려 있어요. 이 두 분 장관님들 정말 자성해야 돼요. 본인들이 계엄에 대해서 동의는 안 했다고 하지만 반대를 했다고 하지만 실질적인 행태가 없는 거예요, 그 이후에도.

예전에 우리의 선조들은 임금이 잘못하면 '안 됩니다' 항소문도 올리고 굉장히 항거했어요. 그러다 말을 안 들으면 칭병을 한다고. '나 아프다' 그리고 안 나갔어. 그리고 더 말 안 들으면 고향으로 가 버려요. 그런 장관들의 기개가 없다 이거예요.

그리고 더 중요한 거는 공직자는 믿음과 신뢰예요. 장관들에 대한 공직자들의 믿음과 신뢰가 있어야 되고 국민들이 믿음과 신뢰가 있어야 되는데 얼마 전에 본회의장에서 열렸던 현안질의에서도 장관들의 태도도 국무총리를 비롯해서 그렇고 오늘도 똑같은 걸 제가 느끼고 있어요. 계엄 잘못됐다 그러면 계엄 때문에 이러이러한 문제들이 계속 나오고 있다, 우리 긴장해서 부처별로 이런 준비를 하고 있다, 실질적으로 현장에 들어가서 우리 공직자들이 이렇게 하고 있다, 이런 걸 해야지요.

대기업 500대 기업을 조사했다고 그래요. 68%가 내년에 투자 계획을 아직 못 잡고 있답니다. 기업이 투자 계획을 못 잡고 있으면 이게 되겠어요? 우리 산업 생태계가 완전히 무너지는 거예요. 대한민국이 부존자원 없는 나라가 세계 경제 10위권으로 갈 수 있었던 거는 우리 기업들의 도전, 이것이 있었기 때문에 그런 거예요. 기업이 투자할 수 있는 기업하기 좋은 환경을 만들어 줘야 되는 데가 산업부와 중기부 아닙니까?

그런데 거기다 계엄까지 했어요. 그런데 얼마 전에 산업부에서 발표한 거 보면 '실물경제는 역량이 제한적이다' 이렇게 발표했어요. 한국은행에서는 '안 그래도 어려운 경제 비상계엄으로 실물경제에 타격', 왜 이렇게 상반됩니까? 산업부에서 얼마 전에 두 차례에 걸쳐서 회의도 했는데 결과보고서도 하나 없잖아요.

저는 이런 것들이 굉장히 나이브한 대처를 하고 있다. 이 계엄이 잘못된 건 분명히 알아요. 우리 장관들도 다 알아요. 그러나 이 계엄이 잘못됐다, 여기에 대한 대책을 세우면 윤석열 씨한테 무슨 배반이나 배신 행위가 되는 그런 겁니까, 뭡니까? 왜 이걸 솔직하게 얘기를 안 해요?

○**산업통상자원부장관 안덕근** 위원님, 절대 그런 게 아니고요. 지금 우리나라 산업계에 저희가 없는 문제를 만들어서 상황을 심각하게 만들거나 대외신인도를 추락시킬 수 없습니다.

○**김교흥 위원** 아니, 문제가 굉장히 심각한데……

○**산업통상자원부장관 안덕근** 그래서 아까……

○**김교흥 위원** 아니, 수출이 올라갔어도 환율이 뛰니까 이익금이 없잖아요.

○**산업통상자원부장관 안덕근** 거듭 설명을 드리지만 지금 그래서 환율 같은 부분은 금융 당국에서도 굉장히 애를 쓰고 있고 저희도……

○**김교흥 위원** 그리고 증시가, 코스닥·코스피 144조가 계엄 4일 동안에 날아가 버린 것 아닙니까? 왜 문제가 없습니까?

○**산업통상자원부장관 안덕근** 그렇습니다. 그런 부분이 있습니다. 그런데 저희는……

○**김교흥 위원** 그런 걸 다 인정하시고 거기에 대한 대책을 세우셔야지.

자, 보세요. 통상교섭본부장도 하셨고 지금 산업부장관을 하시고 오영주 장관님은 외교부에서 잔뼈가 굵었고 지금 소기업·소상공인·중소기업을 관계하고 있어요.

대통령이 계엄을 발표한다고 국무회의 했을 때 외국이 그려지지 않나요, 외국의 상황? 대한민국의 외국에서의 위상 또 소기업·소상공인들의 얼굴이 기억이 안 나요? 그런 혼을 가지고 막았어야지. 안 됐으면 사표를 내야지.

저는 그렇게 생각해요. 장관들이 사표 낸다고 해서 대한민국이 돌아가지 않는 건 아니에요. 왜냐하면 대한민국에는 저 뒤에 앉아 있는 공직자들이 너무 열심히 해요. 저는 감사하게 생각해요. 정무직에 있는 분들이 책임 가지고, 신뢰와 믿음을 가지고 일을 해야 됩니다. 왜 자리에 연연하십니까?

여러분들이 계신다고 해서 이 사태를 수습하고 안 하고 이게 아니에요. 여기에는 믿음과 신뢰를 가지고 '나는 이것 인정할 수 없다' 사표를 던져야지, 그래야 대한민국 국민들이 여러분들을 따르고 믿음을 가질 것 아닙니까?

(발언시간 초과로 마이크 중단)

. . . .

(마이크 중단 이후 계속 발언한 부분)
그런 풍토가 만들어져야 된다, 저는 그렇게 생각한 거예요.

여러분들 개인이 나빠서가 아니라 그런 행태를 우리 공직자들이 만들어야 돼요. 여러분들이 없으면 뒤의 공직자들이 열심히 하거든. 정무직이라는 게 그래서 힘든 거예요. 대통령을 잘못 모신 것 아니에요, 여러분들이. 여러분들이 대통령을 잘못 모신 것 아니에요? 잘 모셨으면 이렇게 합니까? 다 야당 핑계만 대고 거짓말만 하고 되지도 않는 무슨 선관위에서 부정선거나 했다고 하고, 다 여러분들이 잘못 모신 거예요.

대통령이 그런 확증을 갖게끔 한 것도, 아까 예산 문제 이런 것들도 확연히 우리가…… 사실 원전 생태계는 매년 1000억씩 나가는 것 500억 더 올린 거예요, 이번에 1500억.

○**위원장 이철규** 존경하는 김교흥 위원님, 정리 좀 해 주시지요.

○**김교흥 위원** 그런데도 100% 완전히 다 삭감했다고 얘기하는데 그런 대통령, 본인의 치부를 감추기 위해서 쿠데타를 일으킨 것 아닙니까? 뻔하게 나와 있는 걸 왜 여러분들은 거기에 대해서 인정을 안 하고 마치 여러분들이 이 사실에 대해서 얘기를 하면 윤석열 씨에 대해서 배신 행위처럼 그렇게 내가 느껴진단 말이에요. 제가 그렇게 느껴지면 우리 국민들도 그렇게 생각한다고.

○**위원장 이철규** 김교흥 위원님, 충분히 질책하시고 했으니까 이제 정리해 주시지요.

○**김교흥 위원** 정말로 비상 사태에 일어났던 여러 가지 현안 문제들을 앞으로 공직자들이 현장에 나가서 조사·분석해서 다음번 우리가 전체회의 할 때는 생명력 있는 자료를 가지고 논의를 했으면 좋겠고요.

여기 오늘 여당에서 박성민 위원 한 분밖에 안 계신데 이러니까 이게 안 되는 거예요. 그래서 아까도 말씀이 있었지만 여야정 협의체 해야지요. 그게 만약에 안 되면 경제 문제라도 대책 회의를 세워서 여야와 정부가 머리를 맞대고 이 어려운 부분을 우리가 슬기롭게 풀어 나가야 된다 이렇게 저는 생각합니다.

이상입니다.

. . . .

○**위원장 이철규** 김교홍 위원님 수고 많으셨습니다.

오늘 질의 마지막으로 존경하는 박성민 위원님 질의해 주시기 바랍니다.

○**박성민 위원** 박성민 위원입니다.

저도 회의를 내내 함께하면서 참 안타깝고 또 한편으로는 답답하기도 하고 그렇습니다.

두 분 장관님, 두 가지를 생각하셔야 됩니다. 장관님들께서 불법하거나 위법한 부분에 대해서는 분명하게 책임지겠다는 각오를 하셔야 되고 그다음에 또 한 가지는 그러나 대한민국의 산업과 경제를 책임지고 있는 장관으로서 1분 1초라도 그 책무를 잊어서는 안 됩니다. 부당하게 위축되거나, 불법을 저질렀으면 그 부분에 대해서 책임을 지겠다는 각오를 해야지 그것 때문에 일을 손놓아서는 안 된다는 이야기입니다. 아시겠지요?

○**산업통상자원부장관 안덕근** 예, 명심하겠습니다.

○**박성민 위원** 탄핵이 국회에서 의결되고 또 대통령께서 이제 권한대행으로 넘어가고 하면서 장관들의 책무가 더더욱 무거워졌습니다. 이럴 때 정신을 바짝 차려야 되고 우리 국회나 정치도 이런 기회에 다시 한번 돌아보고 또 성찰하고 저 역시도 그렇게 하겠습니다.

오늘 장관님 현안보고서를 보면서 저도 여당 위원입니다마는 한편으로는 좀 안타까움이 있습니다. 대체적으로 실물경제 동향이나 평가가 거의 평이하다, 별 문제없다 이렇게 보고를 해 주셨는데 맞습니까?

○**산업통상자원부장관 안덕근** 제가 현장에서 지금 그 정보를 취합하고……

○**박성민 위원** 대응 전략도 마찬가지입니다. 대응 계획이…… 제가 봤을 때는 단순한 대응 계획, 평소에 하는 나열식으로 이렇게 해서 될 문제가 아닙니다. 좀 더 철저하게 대비를 하셔야 되는 것 아닙니까?

○**산업통상자원부장관 안덕근** 예, 그렇게 보완하겠습니다.

○**박성민 위원** 산업부에서 내놓은 이 보고서를 보면서 이게 사실인가 이런 생각이 드는데 다음 회의 때는 좀 더 구체적으로 보고도 해 주시고 그렇게 해 주시면 좋겠습니다.

그다음 한 가지는 저희들이 내년도 국가 살림도 살아야 되고 여러 가지 해야 되는데 지금 다수당에서 여러 가지 입법 뭐 이런 것도 있습니다마는 예산과 관련해서 사실은 지금 우리 상임위원회에서도 심의하고 며칠 동안 의결한 예산이 예결위에 가서 전부 삭감되고 한 부분도 있지요?

○**산업통상자원부장관 안덕근** 예.

○**박성민 위원** 특히 대왕고래.

○**산업통상자원부장관 안덕근** 예, 대표적으로 대왕고래였습니다.

○**박성민 위원** 동해 심해가스전 예산 98% 삭감됐지요?

○**산업통상자원부장관 안덕근** 예.

○**박성민 위원** 저는 이런 부분들에 대해서 정말 안타깝게 생각을 합니다. 우리 상임위원회에서 수많은 위원들이, 삼십 분 위원들께서 절차를 통해서 여러 가지 고민하고 준비를 해서…… 우리 상임위원회에서도 일부 조금, 우리 위원님들이 한 10% 정도는 삭감하면 좋겠다 해서 저희들이 삭감을 시켰습니다. 그런데 예결위에서 이게 거의 통째로 다 날아갔어요. 어떻게 생각합니까?

○**산업통상자원부장관 안덕근** 매우 안타깝게 생각을 하고 이게 국가적으로 우리나라의 장래와 미래에 굉장히 중요한 사업이라 좀 복원이 될 수 있으면 하고 지금 바라고 있고 요.

○**박성민 위원** 예결위 속기록 제가 다 읽어 봤습니다. 삭감 의견에 대해서 도대체 수긍이 안 됩니다. 그야말로 다수당이라는 그런 이유로 발목을 잡는다고밖에는 도저히 볼 수가 없습니다.

그래서 이런 부분들에 대해서, 지금 그 웨스트 카펠라호 어디에 있습니까?

○**산업통상자원부장관 안덕근** 지금 그 시추 위치에 가 있습니다.

○**박성민 위원** 내일 시추합니까?

○**산업통상자원부장관 안덕근** 예.

○**박성민 위원** 예산은?

1공을 시추하는 데 1000억이 들어가는데 500억 예산이 전액 삭감됐는데 그러면 그 예산을 어떻게 할 계획입니다?

○**산업통상자원부장관 안덕근** 지금 석유공사에서 자체예산으로 그걸 충당할 계획으로 있습니다.

○**박성민 위원** 자체예산이 있습니까?

○**산업통상자원부장관 안덕근** 상당히 어려운 상황인데 그 자체예산으로 할 수밖에 없는……

○**박성민 위원** 사채를 쓰겠다는데 맞습니까? 사채도 고려하고 있다고 하는데?

○**산업통상자원부장관 안덕근** 그런 부분도 있는 걸로 알고 있습니다.

(「회사채」 하는 위원 있음)

예, 회사채.

○**박성민 위원** 회사채, 사채를 빌려서 500억 삭감된 부분에 쓰겠다고 장관님 못 들었습니까?

○**산업통상자원부장관 안덕근** 회사채 같은 다양한 수단을 동원하려고 하고 있는 걸로 저는 듣고 있습니다.

○**박성민 위원** 그래서 이미 시작된 이런 사업들에 대해서 특별한 이유도 없고, 여기 민주당 위원님들 다 계시는데 예산 심의를 그렇게 심도 있게 한 예산도 예결위에서 전부다 일방적으로 삭감을 했습니다.

그다음에 국회에서 소위 증액예산이라고 해서 이런 것도 사상 초유로 10원도 없이 다 날렸어요. 한편으로는 너무 안타깝다는 생각이 들고.

지금 우리 민생 안정을 위한 내수경기 마찬가지입니다. 농어민, 사회적 약자, 경제 활성화 예산 1조 5000억, 재해대책 및 예비비, 대왕고래를 포함한 민생침해 수사경비 전부다 삭감됐어요. 어떻게 생각합니까?

중기부장관님 어떻게 생각합니까?

○**중소벤처기업부장관 오영주** 기본적으로 합의에 의해서 저희 중기부 쪽 것들은 더 증액을 할 수 있는 부분도 있었으면 좋겠다라는 생각은 가졌지만 그렇습니다.

○**박성민 위원** 전혀 근거 없이 예산이 모두 삭감됐고 문제는 예산을 삭감해 놓고 곧바로 또 추경을 이야기하고 있습니다.

그래서 이런 부분들에 대해서는 우리 국회가 함께 정부가 제대로 일할 수 있도록 예산이나 정책이나 이런 입법을 뒷받침해 줘야 된다 이런 말씀을 꼭 드리고 싶습니다.

이상입니다.

○**위원장 이철규** 박성민 위원님 수고하셨습니다.

이상으로 오늘 현안질의를 모두 마치도록 하겠습니다.

저도 한 두세 가지만 궁금한 것 묻고 또 당부드리고자 합니다.

지금 어찌 됐든 간에 미국이라는 나라가 지구촌에서 경제라든가 외교·안보에서 상당한 영향력을 행사하는 국가입니다. 특히나 우리 대한민국 경제하고는 떼려야 뗄 수 없는 관계에 있는데 미국에 새로운 행정부가 곧 들어섭니다. 산업부에서는 특히 산업통상 정책에 차질이 없도록 꼼꼼한 준비를 해 주시기를 당부합니다.

아까 여러 여야 위원님들께서 말씀하신 바와 같이 여기에는 정파를 초월해서 새로운 정부, 트럼프 정부와 인연이 있는, 당시에 함께 대화하고 협상했던 이런 인적자원들을 정파와 관계없이 총동원해서라도 우리 국익이 지켜질 수 있게끔 노력해 주시기를 당부드리고요.

두 번째는 오늘 산업부장관님의 보고를 들으면서 혹여나 작금의 우리 국내 상황이 두코바니 원전 수출이라든가 이런 데 영향을 미칠까 봐 굉장히 우려를 했습니다.

다행히 거대 야당에서도 그런 부분에 대해서는 개별 의원님들의 의견과 달리 당 차원에서 적극적으로 협조하겠다고 했으니까 이런 부분을 야당 의원님들을 상대로도 잘 설득을 하시고 해서 국회 차원에서 도움을 받을 수 있도록 노력해 주시기 바랍니다.

○**산업통상자원부장관 안덕근** 예, 그렇게 하겠습니다.

○**위원장 이철규** 다행히 오늘 루마니아 원전 설비 개선 사업을 수주했다는 이런 소식이 날아왔습니다. 이 어려운 상황에서 이런 성과를 거두어 준 산업부와 업계 관계자들께 고맙다는 말씀을 드립니다.

또 개인적으로 두 분 장관님, 하루라도 더 하고 싶은 마음이 없을 겁니다. 그런 마음이겠지만 이런 문제가 상황이 정리될 때까지 흔들림 없이 산업 정책, 중소기업 정책 그 정책을 잘 챙겨 주시기 바라고, 야당 위원님들께서 지적하시고 질책하시는 말씀 이것도 고깝게 듣지 마시고 역할을 더 열심히 잘 해 달라는 당부의 말씀으로 듣고 업무를 더 열심히 챙겨 주시기를 부탁드립니다.

이상으로 질의를 모두 종결하도록 하겠습니다.

오늘 서면질의하신 위원님들이 계십니다. 고동진 위원님, 권향엽 위원님, 박지혜 위원님, 송재봉 위원님, 주호영 위원님, 허성무 위원님께서 서면질의를 해 주셨습니다.

위원님들의 서면질의에 대해 해당 기관은 일주일 내에 상세하게 답변서를 작성해서 제출해 주시기 바랍니다. 서면질의와 답변 내용은 회의록에 게재토록 하겠습니다.

이상으로 오늘 회의를 모두 마치겠습니다.

위원님 여러분, 끝까지 자리해 주신 위원님들께 특별히 감사하다는 말씀과 함께 수고하셨다는 말씀 드립니다.

안덕근 산업통상자원부장관님, 오영주 중소벤처기업부장관님과 김완기 특허청장님을 비롯한 정부 관계자 여러분 그리고 박희석 수석전문위원 및 보좌진 등 국회 직원 여러분 모두 수고하셨습니다.

산회를 선포합니다.

(19시09분 산회)

○출석 위원(29인)

강승규　고동진　곽상언　권향엽　김교흥　김동아　김성환　김원이　김정호　김종민
김한규　나경원　박상웅　박성민　박지혜　박형수　서왕진　서일준　송재봉　오세희
이언주　이재관　이종배　이철규　장철민　정진욱　주호영　허성무　허종식

○출석 전문위원

수석전문위원　박희석
전문위원　유인규

○정부측 및 기타 참석자

산업통상자원부
　장관　안덕근
　제1차관　박성택
　제2차관　최남호
　통상교섭본부장　정인교
　기획조정실장　이용필
　산업기반실장　오승철
　에너지정책실장　이호현
　무역투자실장　김대자
　정책기획관　안창용
　산업정책관　강감찬
　첨단산업정책관　윤성혁
　중견기업정책관　박덕열
　전력정책관　이옥헌
　재생에너지정책관　정경록
　자원산업정책국장　윤창현
　원전산업정책국장　안세진
　통상정책국장　장성길
　무역정책관　조익노
　투자정책관　유법민
중소벤처기업부
　장관　오영주
　기획조정실장　이대희
　창업벤처혁신실장　임정욱
　정책기획관　노용석
　중소기업전략기획관　김정주
　글로벌성장정책관　최원영
　기술혁신정책관　김우순

지역기업정책관　김우중

창업정책관　조경원

벤처정책관　김봉덕

소상공인정책관　이대건

상생협력정책관　김지현

소상공인코로나19회복지원단장　황영호

특허청

청장　김완기

기획조정관　구영민

산업재산정책국장　목성호

산업재산보호협력국장　정인식

상표디자인심사국장　이춘무

특허심사기획국장　정연우

【보고사항】

○의안 회부

디자인보호법 일부개정법률안

(2024. 11. 19. 이철규 의원 대표발의)(의안번호 2205682)

상표법 일부개정법률안

(2024. 11. 19. 이철규 의원 대표발의)(의안번호 2205684)

소상공인 생계형 적합업종 지정에 관한 특별법 일부개정법률안

(2024. 11. 19. 오세희 의원 대표발의)(의안번호 2205690)

전통시장 및 상점가 육성을 위한 특별법 일부개정법률안

(2024. 11. 19. 오세희 의원 대표발의)(의안번호 2205692)

제품안전기본법 일부개정법률안

(2024. 11. 19. 오세희 의원 대표발의)(의안번호 2205696)

　이상 5건 11월 20일 회부됨

주얼리산업 기반조성 및 진흥에 관한 법률안

(2024. 11. 20. 김동아 의원 대표발의)(의안번호 2205736)

　11월 21일 회부됨

상표법 일부개정법률안

(2024. 11. 22. 김정호 의원 대표발의)(의안번호 2205802)

석탄화력발전소 폐지지역 활성화 등에 관한 특별법안

(2024. 11. 22. 박해철 의원 대표발의)(의안번호 2205809)

상표법 일부개정법률안

(2024. 11. 22. 김성원 의원 대표발의)(의안번호 2205812)

　이상 3건 11월 25일 회부됨

중소기업 탄소중립 촉진에 관한 법률안

(2024. 11. 25. 나경원 의원 대표발의)(의안번호 2205854)

　11월 26일 회부됨

중소기업협동조합법 일부개정법률안

(2024. 11. 26. 송재봉 의원 대표발의)(의안번호 2205869)

상표법 일부개정법률안

(2024. 11. 26. 권향엽 의원 대표발의)(의안번호 2205882)

　이상 2건 11월 27일 회부됨

특허법 일부개정법률안

(2024. 11. 27. 김교흥 의원 대표발의)(의안번호 2205913)

산업기술의 유출방지 및 보호에 관한 법률 일부개정법률안

(2024. 11. 27. 김태년 의원 대표발의)(의안번호 2205939)

　이상 2건 11월 28일 회부됨

중소기업진흥에 관한 법률 일부개정법률안

(2024. 11. 28. 김성원 의원 대표발의)(의안번호 2206004)

소상공인 보호 및 지원에 관한 법률 일부개정법률안

(2024. 11. 28. 허성무 의원 대표발의)(의안번호 2206023)

에너지법 일부개정법률안

(2024. 11. 28. 김정호 의원 대표발의)(의안번호 2206027)

산업융합 촉진법 일부개정법률안

(2024. 11. 28. 김정호 의원 대표발의)(의안번호 2206031)

　이상 4건 11월 29일 회부됨

산업융합 촉진법 일부개정법률안

(2024. 11. 29. 김정호 의원 대표발의)(의안번호 2206057)

소상공인 생계형 적합업종 지정에 관한 특별법 일부개정법률안

(2024. 11. 29. 송재봉 의원 대표발의)(의안번호 2206070)

에너지법 일부개정법률안

(2024. 11. 29. 박지혜 의원 대표발의)(의안번호 2206073)

신에너지 및 재생에너지 개발·이용·보급 촉진법 일부개정법률안

(2024. 11. 29. 박지혜 의원 대표발의)(의안번호 2206075)

　이상 4건 12월 2일 회부됨

산업융합 촉진법 일부개정법률안

(2024. 12. 2. 김정호 의원 대표발의)(의안번호 2206096)

　12월 3일 회부됨

반도체산업 경쟁력 강화 및 혁신성장을 위한 특별법안

(2024. 12. 3. 구자근 의원 대표발의)(의안번호 2206153)

산업기술의 유출방지 및 보호에 관한 법률 일부개정법률안

(2024. 12. 3. 박상웅 의원 대표발의)(의안번호 2206161)

중소기업 녹색경영 혁신 촉진을 위한 특별조치법안

(2024. 12. 3. 강훈식 의원 대표발의)(의안번호 2206170)

어린이제품 안전 특별법 일부개정법률안

(2024. 12. 3. 박성민 의원 대표발의)(의안번호 2206185)

전기안전관리법 일부개정법률안

(2024. 12. 3. 김동아 의원 대표발의)(의안번호 2206187)

제품안전기본법 일부개정법률안

(2024. 12. 3. 박성민 의원 대표발의)(의안번호 2206192)

　이상 6건 12월 4일 회부됨

상표법 일부개정법률안

(2024. 12. 4. 정부 제출)(의안번호 2206204)

　12월 5일 회부됨

수소경제 육성 및 수소 안전관리에 관한 법률 일부개정법률안

(2024. 12. 10. 김교흥 의원 대표발의)(의안번호 2206343)

디자인보호법 일부개정법률안

(2024. 12. 10. 김원이 의원 대표발의)(의안번호 2206368)

　이상 2건 12월 11일 회부됨

전통시장 및 상점가 육성을 위한 특별법 일부개정법률안

(2024. 12. 11. 이해식 의원 대표발의)(의안번호 2206408)

　12월 12일 회부됨

엔지니어링산업 진흥법 일부개정법률안

(2024. 12. 12. 정부 제출)(의안번호 2206451)

　12월 13일 회부됨

산업집적활성화 및 공장설립에 관한 법률 일부개정법률안

(2024. 12. 16. 이종배 의원 대표발의)(의안번호 2206503)

환경친화적 자동차의 개발 및 보급 촉진에 관한 법률 일부개정법률안

(2024. 12. 16. 임호선 의원 대표발의)(의안번호 2206506)

전통시장 및 상점가 육성을 위한 특별법 일부개정법률안

(2024. 12. 16. 오세희 의원 대표발의)(의안번호 2206522)

　이상 3건 12월 17일 회부됨

이산화탄소 포집·수송·저장 및 활용에 관한 법률 일부개정법률안

(2024. 12. 17. 김소희 의원 대표발의)(의안번호 2206564)

부정경쟁방지 및 영업비밀보호에 관한 법률 일부개정법률안

(2024. 12. 17. 김종민 의원 대표발의)(의안번호 2206567)

전기사업법 일부개정법률안

(2024. 12. 17. 김종민 의원 대표발의)(의안번호 2206594)

변리사법 일부개정법률안

(2024. 12. 17. 김종민 의원 대표발의)(의안번호 2206596)

산업기술혁신 촉진법 일부개정법률안

(2024. 12. 17. 정부 제출)(의안번호 2206602)

산업집적활성화 및 공장설립에 관한 법률 일부개정법률안

(2024. 12. 17. 박성민 의원 대표발의)(의안번호 2206615)

　이상 6건 12월 18일 회부됨

○관련의안 회부

특례시 지원 특별법안

(2024. 11. 21. 이상식 의원 대표발의)(의안번호 2205775)

　　11월 22일 의견제시기간을 소관위원회의 심사의결일 전일까지로 정하여 회부됨

지방세특례제한법 일부개정법률안

(2024. 11. 27. 권향엽 의원 대표발의)(의안번호 2205929)

　　11월 28일 의견제시기간을 소관위원회의 심사의결일 전일까지로 정하여 회부됨

○행정입법 제출

구분	대통령령	부령	훈령	예규	고시
산업통상자원부	26	20	9	1	104
중소벤처기업부	12	7	15	1	42
특허청	3	1	5		22

윤석열 탄핵소추안만 가결되었을 뿐 국민의힘 지도부와 내란수괴는 아직도 2차 쿠데타를 도모하고 있습니다. 국민의힘 권성동 원내대표는 "탄핵안이 기각되면 발의, 표결한 국회의원을 직권남용으로 처벌해야 한다"고 동료 의원들을 협박하고 있습니다. 권성동 의원 논리대로라면, 탄핵안이 인용될 경우 표결에 반대한 국회의원은 헌법에 반하는 행위를 했으니 처벌해도 됩니까. 권성동 의원은 책임지고 사퇴하시겠습니까.

– 사회민주당 대변인 임명희, 12월 19일 보도자료

제420회국회
(임시회)

행정안전위원회회의록
(법안심사제1소위원회)
(임시회의록)

제 2 호

국 회 사 무 처

일   시   2024년12월19일(목)

장   소   행정안전위원회회의실

의사일정

1. 지방세기본법 일부개정법률안(모경종 의원 대표발의)(의안번호 2201974)
2. 지방세기본법 일부개정법률안(박성민 의원 대표발의)(의안번호 2204089)
3. 지방세기본법 일부개정법률안(김상욱 의원 대표발의)(의안번호 2205203)
4. 지방세기본법 일부개정법률안(정부 제출)(의안번호 2205364)
5. 지방세기본법 일부개정법률안(조은희 의원 대표발의)(의안번호 2205933)
6. 지방세기본법 일부개정법률안(정동만 의원 대표발의)(의안번호 2206068)
7. 지방세징수법 일부개정법률안(임오경 의원 대표발의)(의안번호 2201556)
8. 지방세징수법 일부개정법률안(정부 제출)(의안번호 2205363)
9. 지방행정제재·부과금의 징수 등에 관한 법률 일부개정법률안(신성범 의원 대표발의)(의안번호 2200263)
10. 지방행정제재·부과금의 징수 등에 관한 법률 일부개정법률안(정부 제출)(의안번호 2205046)
11. 지방세법 일부개정법률안(김영진 의원 대표발의)(의안번호 2200469)
12. 지방세법 일부개정법률안(홍기원 의원 대표발의)(의안번호 2200974)
13. 지방세법 일부개정법률안(황희 의원 대표발의)(의안번호 2201653)
14. 지방세법 일부개정법률안(모경종 의원 대표발의)(의안번호 2201975)
15. 지방세법 일부개정법률안(김태년 의원 대표발의)(의안번호 2202477)
16. 지방세법 일부개정법률안(박대출 의원 대표발의)(의안번호 2202685)
17. 지방세법 일부개정법률안(어기구 의원 대표발의)(의안번호 2203379)
18. 지방세법 일부개정법률안(신성범 의원 대표발의)(의안번호 2203929)
19. 지방세법 일부개정법률안(백승아 의원 대표발의)(의안번호 2204046)
20. 지방세법 일부개정법률안(박성민 의원 대표발의)(의안번호 2204088)
21. 지방세법 일부개정법률안(임광현 의원 대표발의)(의안번호 2204152)
22. 지방세법 일부개정법률안(이개호 의원 대표발의)(의안번호 2204383)
23. 지방세법 일부개정법률안(정춘생 의원 대표발의)(의안번호 2204550)
24. 지방세법 일부개정법률안(김성회 의원 대표발의)(의안번호 2204893)
25. 지방세법 일부개정법률안(차규근 의원 대표발의)(의안번호 2205025)
26. 지방세법 일부개정법률안(김상욱 의원 대표발의)(의안번호 2205202)

27. 지방세법 일부개정법률안(김남희 의원 대표발의)(의안번호 2205226)

28. 지방세법 일부개정법률안(정부 제출)(의안번호 2205362)

29. 지방세법 일부개정법률안(윤건영 의원 대표발의)(의안번호 2205366)

30. 지방세법 일부개정법률안(정동만 의원 대표발의)(의안번호 2206066)

31. 지방재정법 일부개정법률안(모경종 의원 대표발의)(의안번호 2201973)

32. 지방재정법 일부개정법률안(정동만 의원 대표발의)(의안번호 2206067)

33. 지방세특례제한법 일부개정법률안(강민국 의원 대표발의)(의안번호 2200129)

34. 지방세특례제한법 일부개정법률안(서범수 의원 대표발의)(의안번호 2200130)

35. 지방세특례제한법 일부개정법률안(윤영석 의원 대표발의)(의안번호 2200151)

36. 지방세특례제한법 일부개정법률안(박대출 의원 대표발의)(의안번호 2200282)

37. 지방세특례제한법 일부개정법률안(송언석 의원 대표발의)(의안번호 2200392)

38. 지방세특례제한법 일부개정법률안(신성범 의원 대표발의)(의안번호 2200542)

39. 지방세특례제한법 일부개정법률안(신성범 의원 대표발의)(의안번호 2200580)

40. 지방세특례제한법 일부개정법률안(윤상현 의원 대표발의)(의안번호 2200600)

41. 지방세특례제한법 일부개정법률안(김종양 의원 대표발의)(의안번호 2200611)

42. 지방세특례제한법 일부개정법률안(김영배 의원 대표발의)(의안번호 2200628)

43. 지방세특례제한법 일부개정법률안(신성범 의원 대표발의)(의안번호 2200643)

44. 지방세특례제한법 일부개정법률안(박정하 의원 대표발의)(의안번호 2200701)

45. 지방세특례제한법 일부개정법률안(권영진 의원 대표발의)(의안번호 2200873)

46. 지방세특례제한법 일부개정법률안(조경태 의원 대표발의)(의안번호 2200890)

47. 지방세특례제한법 일부개정법률안(정희용 의원 대표발의)(의안번호 2200938)

48. 지방세특례제한법 일부개정법률안(정희용 의원 대표발의)(의안번호 2200961)

49. 지방세특례제한법 일부개정법률안(신동욱 의원 대표발의)(의안번호 2201077)

50. 지방세특례제한법 일부개정법률안(문진석 의원 대표발의)(의안번호 2201146)

51. 지방세특례제한법 일부개정법률안(김선교 의원 대표발의)(의안번호 2201194)

52. 지방세특례제한법 일부개정법률안(이병진 의원 대표발의)(의안번호 2201221)

53. 지방세특례제한법 일부개정법률안(서영교 의원 대표발의)(의안번호 2201306)

54. 지방세특례제한법 일부개정법률안(서영교 의원 대표발의)(의안번호 2201333)

55. 지방세특례제한법 일부개정법률안(서영교 의원 대표발의)(의안번호 2201380)

56. 지방세특례제한법 일부개정법률안(김선교 의원 대표발의)(의안번호 2201382)

57. 지방세특례제한법 일부개정법률안(서영교 의원 대표발의)(의안번호 2201438)

58. 지방세특례제한법 일부개정법률안(한병도 의원 대표발의)(의안번호 2201439)

59. 지방세특례제한법 일부개정법률안(서영교 의원 대표발의)(의안번호 2201455)

60. 지방세특례제한법 일부개정법률안(서영교 의원 대표발의)(의안번호 2201547)

61. 지방세특례제한법 일부개정법률안(서영교 의원 대표발의)(의안번호 2201575)

62. 지방세특례제한법 일부개정법률안(서영교 의원 대표발의)(의안번호 2201624)

63. 지방세특례제한법 일부개정법률안(서영교 의원 대표발의)(의안번호 2201738)

64. 지방세특례제한법 일부개정법률안(서영교 의원 대표발의)(의안번호 2201778)

65. 지방세특례제한법 일부개정법률안(조인철 의원 대표발의)(의안번호 2201931)
66. 지방세특례제한법 일부개정법률안(김선교 의원 대표발의)(의안번호 2202027)
67. 지방세특례제한법 일부개정법률안(조승환 의원 대표발의)(의안번호 2202325)
68. 지방세특례제한법 일부개정법률안(복기왕 의원 대표발의)(의안번호 2202408)
69. 지방세특례제한법 일부개정법률안(서천호 의원 대표발의)(의안번호 2202472)
70. 지방세특례제한법 일부개정법률안(백혜련 의원 대표발의)(의안번호 2202541)
71. 지방세특례제한법 일부개정법률안(김은혜 의원 대표발의)(의안번호 2202712)
72. 지방세특례제한법 일부개정법률안(김민전 의원 대표발의)(의안번호 2202735)
73. 지방세특례제한법 일부개정법률안(위성곤 의원 대표발의)(의안번호 2202813)
74. 지방세특례제한법 일부개정법률안(정성국 의원 대표발의)(의안번호 2202863)
75. 지방세특례제한법 일부개정법률안(윤준병 의원 대표발의)(의안번호 2203081)
76. 지방세특례제한법 일부개정법률안(윤준병 의원 대표발의)(의안번호 2203146)
77. 지방세특례제한법 일부개정법률안(임미애 의원 대표발의)(의안번호 2203159)
78. 지방세특례제한법 일부개정법률안(윤준병 의원 대표발의)(의안번호 2203204)
79. 지방세특례제한법 일부개정법률안(박용갑 의원 대표발의)(의안번호 2203211)
80. 지방세특례제한법 일부개정법률안(윤준병 의원 대표발의)(의안번호 2203225)
81. 지방세특례제한법 일부개정법률안(고동진 의원 대표발의)(의안번호 2203283)
82. 지방세특례제한법 일부개정법률안(배준영 의원 대표발의)(의안번호 2203402)
83. 지방세특례제한법 일부개정법률안(이수진 의원 대표발의)(의안번호 2203466)
84. 지방세특례제한법 일부개정법률안(한병도 의원 대표발의)(의안번호 2203655)
85. 지방세특례제한법 일부개정법률안(한병도 의원 대표발의)(의안번호 2203674)
86. 지방세특례제한법 일부개정법률안(한병도 의원 대표발의)(의안번호 2203733)
87. 지방세특례제한법 일부개정법률안(한병도 의원 대표발의)(의안번호 2203784)
88. 지방세특례제한법 일부개정법률안(조경태 의원 대표발의)(의안번호 2203816)
89. 지방세특례제한법 일부개정법률안(신성범 의원 대표발의)(의안번호 2203937)
90. 지방세특례제한법 일부개정법률안(인요한 의원 대표발의)(의안번호 2204062)
91. 지방세특례제한법 일부개정법률안(임광현 의원 대표발의)(의안번호 2204110)
92. 지방세특례제한법 일부개정법률안(김용태 의원·천하람 의원·민병덕 의원 대표발의)(의안
    번호 2204111)
93. 지방세특례제한법 일부개정법률안(황정아 의원 대표발의)(의안번호 2204160)
94. 지방세특례제한법 일부개정법률안(모경종 의원 대표발의)(의안번호 2204266)
95. 지방세특례제한법 일부개정법률안(김형동 의원 대표발의)(의안번호 2204501)
96. 지방세특례제한법 일부개정법률안(김형동 의원 대표발의)(의안번호 2204556)
97. 지방세특례제한법 일부개정법률안(김교흥 의원 대표발의)(의안번호 2204571)
98. 지방세특례제한법 일부개정법률안(김형동 의원 대표발의)(의안번호 2204584)
99. 지방세특례제한법 일부개정법률안(한병도 의원 대표발의)(의안번호 2204735)
100. 지방세특례제한법 일부개정법률안(박성민 의원 대표발의)(의안번호 2204781)
101. 지방세특례제한법 일부개정법률안(김형동 의원 대표발의)(의안번호 2204837)

상정된 안건

(14시14분 개의)

○**소위원장 윤건영** 의석을 정돈해 주시기 바랍니다.

성원이 되었으므로 제420회 국회(임시회) 행정안전위원회 제2차 법안심사제1소위원회를 개회하겠습니다.

금주 내내 법안심사소위원회에 참석해 주신 위원님 여러분께 감사의 말씀을 드립니다. 오늘 회의는 심사를 마무리하지 못한 보류 안건에 대해서 위원님들의 논의를 거친 후 일괄해서 의결하고 회의를 마치도록 하겠습니다.

그러면 안건을 상정하겠습니다.

1. **지방세기본법 일부개정법률안**(모경종 의원 대표발의)(의안번호 2201974)
2. **지방세기본법 일부개정법률안**(박성민 의원 대표발의)(의안번호 2204089)
3. **지방세기본법 일부개정법률안**(김상욱 의원 대표발의)(의안번호 2205203)
4. **지방세기본법 일부개정법률안**(정부 제출)(의안번호 2205364)
5. **지방세기본법 일부개정법률안**(조은희 의원 대표발의)(의안번호 2205933)
6. **지방세기본법 일부개정법률안**(정동만 의원 대표발의)(의안번호 2206068)
7. **지방세징수법 일부개정법률안**(임오경 의원 대표발의)(의안번호 2201556)
8. **지방세징수법 일부개정법률안**(정부 제출)(의안번호 2205363)
9. **지방행정제재·부과금의 징수 등에 관한 법률 일부개정법률안**(신성범 의원 대표발의)(의안번호 2200263)
10. **지방행정제재·부과금의 징수 등에 관한 법률 일부개정법률안**(정부 제출)(의안번호 2205046)
11. **지방세법 일부개정법률안**(김영진 의원 대표발의)(의안번호 2200469)
12. **지방세법 일부개정법률안**(홍기원 의원 대표발의)(의안번호 2200974)
13. **지방세법 일부개정법률안**(황희 의원 대표발의)(의안번호 2201653)

14. **지방세법 일부개정법률안**(모경종 의원 대표발의)(의안번호 2201975)
15. **지방세법 일부개정법률안**(김태년 의원 대표발의)(의안번호 2202477)
16. **지방세법 일부개정법률안**(박대출 의원 대표발의)(의안번호 2202685)
17. **지방세법 일부개정법률안**(어기구 의원 대표발의)(의안번호 2203379)
18. **지방세법 일부개정법률안**(신성범 의원 대표발의)(의안번호 2203929)
19. **지방세법 일부개정법률안**(백승아 의원 대표발의)(의안번호 2204046)
20. **지방세법 일부개정법률안**(박성민 의원 대표발의)(의안번호 2204088)
21. **지방세법 일부개정법률안**(임광현 의원 대표발의)(의안번호 2204152)
22. **지방세법 일부개정법률안**(이개호 의원 대표발의)(의안번호 2204383)
23. **지방세법 일부개정법률안**(정춘생 의원 대표발의)(의안번호 2204550)
24. **지방세법 일부개정법률안**(김성회 의원 대표발의)(의안번호 2204893)
25. **지방세법 일부개정법률안**(차규근 의원 대표발의)(의안번호 2205025)
26. **지방세법 일부개정법률안**(김상욱 의원 대표발의)(의안번호 2205202)
27. **지방세법 일부개정법률안**(김남희 의원 대표발의)(의안번호 2205226)
28. **지방세법 일부개정법률안**(정부 제출)(의안번호 2205362)
29. **지방세법 일부개정법률안**(윤건영 의원 대표발의)(의안번호 2205366)
30. **지방세법 일부개정법률안**(정동만 의원 대표발의)(의안번호 2206066)
31. **지방재정법 일부개정법률안**(모경종 의원 대표발의)(의안번호 2201973)
32. **지방재정법 일부개정법률안**(정동만 의원 대표발의)(의안번호 2206067)
33. **지방세특례제한법 일부개정법률안**(강민국 의원 대표발의)(의안번호 2200129)
34. **지방세특례제한법 일부개정법률안**(서범수 의원 대표발의)(의안번호 2200130)
35. **지방세특례제한법 일부개정법률안**(윤영석 의원 대표발의)(의안번호 2200151)
36. **지방세특례제한법 일부개정법률안**(박대출 의원 대표발의)(의안번호 2200282)
37. **지방세특례제한법 일부개정법률안**(송언석 의원 대표발의)(의안번호 2200392)
38. **지방세특례제한법 일부개정법률안**(신성범 의원 대표발의)(의안번호 2200542)
39. **지방세특례제한법 일부개정법률안**(신성범 의원 대표발의)(의안번호 2200580)
40. **지방세특례제한법 일부개정법률안**(윤상현 의원 대표발의)(의안번호 2200600)
41. **지방세특례제한법 일부개정법률안**(김종양 의원 대표발의)(의안번호 2200611)
42. **지방세특례제한법 일부개정법률안**(김영배 의원 대표발의)(의안번호 2200628)
43. **지방세특례제한법 일부개정법률안**(신성범 의원 대표발의)(의안번호 2200643)
44. **지방세특례제한법 일부개정법률안**(박정하 의원 대표발의)(의안번호 2200701)
45. **지방세특례제한법 일부개정법률안**(권영진 의원 대표발의)(의안번호 2200873)
46. **지방세특례제한법 일부개정법률안**(조경태 의원 대표발의)(의안번호 2200890)
47. **지방세특례제한법 일부개정법률안**(정희용 의원 대표발의)(의안번호 2200938)
48. **지방세특례제한법 일부개정법률안**(정희용 의원 대표발의)(의안번호 2200961)
49. **지방세특례제한법 일부개정법률안**(신동욱 의원 대표발의)(의안번호 2201077)
50. **지방세특례제한법 일부개정법률안**(문진석 의원 대표발의)(의안번호 2201146)
51. **지방세특례제한법 일부개정법률안**(김선교 의원 대표발의)(의안번호 2201194)
52. **지방세특례제한법 일부개정법률안**(이병진 의원 대표발의)(의안번호 2201221)

53. 지방세특례제한법 일부개정법률안(서영교 의원 대표발의)(의안번호 2201306)
54. 지방세특례제한법 일부개정법률안(서영교 의원 대표발의)(의안번호 2201333)
55. 지방세특례제한법 일부개정법률안(서영교 의원 대표발의)(의안번호 2201380)
56. 지방세특례제한법 일부개정법률안(김선교 의원 대표발의)(의안번호 2201382)
57. 지방세특례제한법 일부개정법률안(서영교 의원 대표발의)(의안번호 2201438)
58. 지방세특례제한법 일부개정법률안(한병도 의원 대표발의)(의안번호 2201439)
59. 지방세특례제한법 일부개정법률안(서영교 의원 대표발의)(의안번호 2201455)
60. 지방세특례제한법 일부개정법률안(서영교 의원 대표발의)(의안번호 2201547)
61. 지방세특례제한법 일부개정법률안(서영교 의원 대표발의)(의안번호 2201575)
62. 지방세특례제한법 일부개정법률안(서영교 의원 대표발의)(의안번호 2201624)
63. 지방세특례제한법 일부개정법률안(서영교 의원 대표발의)(의안번호 2201738)
64. 지방세특례제한법 일부개정법률안(서영교 의원 대표발의)(의안번호 2201778)
65. 지방세특례제한법 일부개정법률안(조인철 의원 대표발의)(의안번호 2201931)
66. 지방세특례제한법 일부개정법률안(김선교 의원 대표발의)(의안번호 2202027)
67. 지방세특례제한법 일부개정법률안(조승환 의원 대표발의)(의안번호 2202325)
68. 지방세특례제한법 일부개정법률안(복기왕 의원 대표발의)(의안번호 2202408)
69. 지방세특례제한법 일부개정법률안(서천호 의원 대표발의)(의안번호 2202472)
70. 지방세특례제한법 일부개정법률안(백혜련 의원 대표발의)(의안번호 2202541)
71. 지방세특례제한법 일부개정법률안(김은혜 의원 대표발의)(의안번호 2202712)
72. 지방세특례제한법 일부개정법률안(김민전 의원 대표발의)(의안번호 2202735)
73. 지방세특례제한법 일부개정법률안(위성곤 의원 대표발의)(의안번호 2202813)
74. 지방세특례제한법 일부개정법률안(정성국 의원 대표발의)(의안번호 2202863)
75. 지방세특례제한법 일부개정법률안(윤준병 의원 대표발의)(의안번호 2203081)
76. 지방세특례제한법 일부개정법률안(윤준병 의원 대표발의)(의안번호 2203146)
77. 지방세특례제한법 일부개정법률안(임미애 의원 대표발의)(의안번호 2203159)
78. 지방세특례제한법 일부개정법률안(윤준병 의원 대표발의)(의안번호 2203204)
79. 지방세특례제한법 일부개정법률안(박용갑 의원 대표발의)(의안번호 2203211)
80. 지방세특례제한법 일부개정법률안(윤준병 의원 대표발의)(의안번호 2203225)
81. 지방세특례제한법 일부개정법률안(고동진 의원 대표발의)(의안번호 2203283)
82. 지방세특례제한법 일부개정법률안(배준영 의원 대표발의)(의안번호 2203402)
83. 지방세특례제한법 일부개정법률안(이수진 의원 대표발의)(의안번호 2203466)
84. 지방세특례제한법 일부개정법률안(한병도 의원 대표발의)(의안번호 2203655)
85. 지방세특례제한법 일부개정법률안(한병도 의원 대표발의)(의안번호 2203674)
86. 지방세특례제한법 일부개정법률안(한병도 의원 대표발의)(의안번호 2203733)
87. 지방세특례제한법 일부개정법률안(한병도 의원 대표발의)(의안번호 2203784)
88. 지방세특례제한법 일부개정법률안(조경태 의원 대표발의)(의안번호 2203816)
89. 지방세특례제한법 일부개정법률안(신성범 의원 대표발의)(의안번호 2203937)
90. 지방세특례제한법 일부개정법률안(인요한 의원 대표발의)(의안번호 2204062)
91. 지방세특례제한법 일부개정법률안(임광현 의원 대표발의)(의안번호 2204110)

129. 지방교부세법 일부개정법률안(정춘생 의원 대표발의)(의안번호 2205370)
130. 지방교부세법 일부개정법률안(신정훈 의원 대표발의)(의안번호 2205476)
131. 지방교부세법 일부개정법률안(박용갑 의원 대표발의)(의안번호 2205774)

○소위원장 윤건영 의사일정 제1항 지방세기본법 일부개정법률안부터 의사일정 제131항 지방교부세법 일부개정법률안까지 총 131건의 법률안을 일괄하여 상정합니다.

오늘 심사를 위해 행정안전부 고기동 차관님께서 계속하여 출석하고 계십니다. 바쁘신 일정에도 법안심사를 위해 계속 함께해 주셔서 감사하다는 말씀 드립니다.

그러면 바로 심사에 들어가겠습니다.

심사는 소방안전교부세와 관련한 지방교부세법 개정안을 먼저 심사하도록 하겠습니다.

쟁점 보고가 필요할까요?

○위성곤 위원 필요 없습니다.

○소위원장 윤건영 필요 없겠지요?

(「예」 하는 위원 있음)

정부 측 혹시 하실 분, 의견 있으면 말씀 주시고요.

정부 측 의견을 듣도록 하겠습니다.

본부장님 말씀 주시지요.

○행정안전부재난안전관리본부장 이한경 행정안전부 재난안전관리본부장 이한경입니다.

위원장님 말씀에 따라서 정부 측 의견 말씀드리겠습니다.

당초 소방안전교부세는 지방자치단체 재원으로 지자체와 자율 결정하는 것이 원래 타당하다는 그런 의견이었습니다. 두 번째는 기후변화에 따른 재난안전 수요가 급증하고 있어서 이에 따른 문제도 있고 해서 이 두 가지를 전제로 해서 저희가 원래대로 일몰할 것을 말씀을 드렸습니다.

다만 최근에 소방이 대폭 증원됐고 또 신종 재난, 신종 화재가 발생되면서 소방장비에 대한 보강의 필요성 또한 인정이 됩니다. 따라서 정부는 당초에 낸 의견에 약간 변경을 줘서 1년 내지 2년간 일몰기한을 연장하고 소방 수요에 대한 재원 확충방안을 마련하기 위해서 함께한다는 것을 전제로 이와 같은 내용을 제안하는 바입니다.

이상입니다.

○소위원장 윤건영 위원님들 의견 부탁드리겠습니다.

○조승환 위원 위원장님, 소방청 의견도 한번 들어 보시지요.

○소위원장 윤건영 예, 소방청 말씀 주세요.

○소방청기획조정관 배덕곤 소방청 기획조정관 배덕곤입니다.

제가 작년에도 이 업무를 담당했었습니다. 그런데 작년에도 이와 똑같은, 유사한 형태로 진행이 됐었습니다. 1년 동안 일몰을 연장하고 소방 재원 확충방안에 대해서 종합적으로 검토를 해 보자 그렇게 결정이 됐고 저희가 행안부하고 TF를 구성해서 그런 재원 확충방안들을 논의했습니다. 그렇지만 저희가 TF 운영해 봤지만 별다른 재원 확충방안을 마련하지를 못했습니다.

저는 이 상황이 크게 바뀔 거라고는 생각하지 않습니다. 그래서 어떠한 불확실한 가능성을 가지고 일몰을 연장하기보다는 일단은 법제화를 통해서 안정화시킨 다음에 추후에 함께 노력을 해서 재원이 확충되면 그 확충된 재원을 가지고 배분방안을 논의하는 게 저는 바람직하다고 생각을 하고 있습니다.

이상입니다.

○소위원장 윤건영 수고하셨습니다.

동 사안은 저희가 며칠째 계속 법안소위에서 의논을 해 오는 사안입니다. 그래서 위원님들 의견을 좀 주셨으면 좋겠습니다. 이것은 더 이상 결정을 미룰 수 없고요, 오늘 결론을 내리려고 하니까.

○위성곤 위원 저는 법제화가 필요하다고 생각합니다. 왜냐하면 소방안전교부세가 도입된 이후에 특별하게 상황 개선이 이루어지지 않았기 때문에 여전히 안정적으로 소방안전교부세 법제화가 필요하다 이렇게 생각을 합니다.

○소위원장 윤건영 또 다른 위원님 의견……

이달희 위원님.

○이달희 위원 저는 지금 법제화 필요성으로 법을 냈습니다. 법을 냈는데, 지방정부에도 근무해 보고 하니까 제 안은 탄력적으로, 법제화하되 지방에서 지금 75%로 되어 있는 것을 형편, 장비 구입이 조금 떨어지거나 이럴 때는 -15% 또 유독 불이 많이 나고 그런 해가 유난히 있거든요. 그 이후는 90% 가까이 되게 75%, ±15% 이 탄력세를 지역에서 활용할 수 있도록 해 놨습니다. 그래서 이 부분도 같이 좀 고민해 주시면 고맙겠습니다.

○소위원장 윤건영 법제화를 추진하되 그 법제화의 내용에 대해서 말씀 주신 거지요, 이달희 위원님?

○이달희 위원 예.

○소위원장 윤건영 고맙습니다.

다른 위원님들 말씀 주십시오.

조승환 위원님.

○조승환 위원 저는 지금 이 문제가 사실 대단히 염려스러운 부분이 있다는 게, 예를 들면 우리가 법제화를 시켜 놨을 때 상황 변동이 생겼을 때 사실 거기에 투입되는 재원, 의견을 달리하시는 분들도 계십니다마는 예를 들면 교육교부세 같은 경우에 내국세의 일정 비율 자체를 해 놓다 보니까 사실 여러 가지 문제가 있음에도 불구하고 그 돈의 소요라든지 이런 부분들에서 과잉 소요라든지 이런 부분들이 발생할 수도 있는 것 아니냐 이런 측면과 두 번째로는 지금 소방의 구조가 전연 체계적이지 못하다. 어제 제가 간담회 때 잠시 말씀을 드렸습니다마는 이게 단순 재원의 문제뿐만이 아니라 소방에 대한 어떤 지휘 계통의 문제라든지 이런 부분들까지 포함을 해야 되는 것 아니냐라는, 이 부분에 대해서 저는 근원적으로 그런 생각을 가지고 있습니다.

그리고 사실 일몰 연장의 부분은 시행령 부칙 부분이기 때문에 어떻게 보면 사실은 지금 여기에서 논의할 대상도 아닌 거고, 법률을 가지고서 할 것 같으면 일단 시행령에서 일몰 연장을 해 두고 정말 제대로 된 소방의 전체적인 상황에 대해서 한번 체크해서…… 이건 일몰하고 상관없이 논의할 수 있는, 이건 사실 우리가 지금 통상적으로 일몰이냐 아니냐를 갖고 따지는 부분은 아니기 때문에 그런 부분에서 논의를 지속하는 게 어떠냐라는 생각이 제 일차적인 생각이고요.

저는 탄력률이 15%가 적절한지 아닌지는 모르겠습니다마는 결국 시행령에 소방하고 안전 부분을 75 대 25로 해 놓고 있는 그 부분을 15% 가감을 하도록 자율성을 주자 하는데 15%가 적절한지에 대해서는 확신이 안 듭니다마는 그래도 꼭 이 자리에서 바로 법제화를 해야 된다고 그런다면 그런 형태의 어떤 탄력을 좀 줘야 되는 것 아닌가라는 그런 생각을 가지고 있습니다. 그게 이차적인 생각입니다.

○소위원장 윤건영 배준영 위원님.

○배준영 위원 저도 이달회 위원님이나 조승환 위원님의 의견에 동감하는 부분이 있는데, 이 부분에 관련해서 행안부차관님의 입장도 다시 한번 제가 듣고 싶습니다.

○행정안전부차관 고기동 제가 어제 말씀 중에 시행령에 있는 일몰 기한을 연장을 하고 여러 가지 재원에 대해서 다시 한번 논의하는 시간을 갖자고 의견을 드렸습니다. 저희가 논의하고 있는 중요한 전제 중의 하나가 사실은 소방안전교부세의 재원, 국세인 개별소비세의 문제입니다.

그런데 앞단의 전제가 논의가 안 된 상태로 어떻게 나눌 것인가만 하다 보니까 앞단에 대한 구조를 조금 바꿔야 된다는 여러 위원님들 말씀처럼 거기에 대해서 충분히 힘을 모아서 조금 논의를 해야 될 것 같고요.

만약에 여러 가지, 법제화가 된다면 결국은 제가 보기로는 행안부 입장에서는 재원을 늘리기 위해 굳이 기재부랑 그렇게 크게 다툴 유인은 상당히 떨어질 것 같다는 생각도 장기적으로 보면 들고 시·도의 입장에서 보게 되더라도 결국은 지자체에서 전출하는 금액을 굳이 그렇게까지 계속 늘려야 되느냐 하는 그쪽 유인도 아마 떨어지지 않을까 하는, 길게 보면 그런 생각도 하고 있습니다.

○소위원장 윤건영 배준영 위원님 말씀 끝나셨습니까?

○배준영 위원 예.

○소위원장 윤건영 지금 네 분 정도 말씀 주셨는데요. 이 법은 제일 쟁점이 되는 법이니까 위원님들 다 간단하게라도 말씀을 주셨으면 좋겠습니다.

박정현 위원님.

○박정현 위원 저는 법률로 만드는 게 맞다고 생각이 되고요.

사실은 지난번에도 부대의견으로 재원 확충에 대해서 이야기를 했는데 지금 나와 있는 게 아무것도 없습니다. 이런 상황에서는 소방직들의 어려움과 또 계속 이 부분이 확대될 수 있을까라는 우려가 여전하고요.

특히 지금 기후위기 때문에, 다른 재난 부분들도 있지만 소방 쪽에서 일어나는 재난 부분이 굉장히 심각합니다. 그런 측면에서 일정 부분의 재원을 만들어 주는 게 맞다고 생각합니다.

○소위원장 윤건영 혹시 또 다른 위원님들 이야기 주실 분 없으십니까?

한병도 위원님.

○한병도 위원 비슷한 내용들인데요.

소방에 대한 꾸준한 예산 지원 필요성에 대해서는 여기 있는 위원님들이 공감 100%, 누구나 여야 다 같이 하실 거라는 생각이 듭니다.

그런데 소방의 국가직화가 돼 왔는데 그 예산은 중앙과 지방 1 대 9로 지방직화되어 있다는 게, 이 엄연한 현실을 저희들이 받아들여야 되는 거고요. 그래서 어떻게 보면 좀 기형적이라고 표현을 해야 될까, 이런 예산적인 구조는 수술을 해야 된다고 생각을 합니다.

그리고 세수 감소 위기를 감안할 때 사실 배분 비율 조정 논의 자체가 무의미하다고 생각이 들고요. 다만 재정의 안정적인 지원을 법률로써 조장하는 것이 의미가 더 있지 않나, 저는 그렇게 생각이 듭니다.

그리고 이번 토론을 하면서도 많이 이야기가 나왔지만 일몰 도래 때마다 또 검토하고 종합적 검토하고 또 약속하고 검토하고 이게 계속 연기가 돼 왔고 앞으로도 그전의 패턴을 보면 또 이것이 반복되지 않을까 하는 우려도 들고요. 특히 저는 6만 소방 가족들에게 우리가 자꾸 희망고문하는 것 같아서 좀 죄송하다는 마음까지 듭니다.

또 이번 토론을 하면서 시·도지사의 권한 침해 우려에 대한 논의도 저희들이 많이, 논란에 대해서 토의를 했습니다. 그런데 또 역으로 보면 지자체장의 정책 방향에 따른 불안정성 때문에 역설적으로 법제화가 필요한 것 아니냐는 그런 생각도 저는 또 함께 해 봤습니다. 그래서 이번 기회에 법적으로 보장하는 것이 소방의 서비스 질을 향상하는 데 조금이라도 낫지 않을까, 최종 결론은 그렇게 들었습니다.

물론 행안부의 고민과 이런 것들도 공감을 못 하는 부분은 아닙니다. 여러 주장에 대해서 공감하고 이런 내용들도 있지만 제가 양쪽 의견을 종합적으로 들었을 때는 지금은 그런 변환이 필요할 때다라는 결론에 다다랐습니다.

이상입니다.

○**소위원장 윤건영** 양부남 위원님.

○**양부남 위원** 저도 행안부로부터 충분한 이야기를 들었고 소방청도 이야기를 들었습니다.

결론을 말씀드리면 소방재정의 안정적 확보, 일몰 관련하여 불필요한 논쟁 종식을 위해서 법제화에 찬성합니다.

○**소위원장 윤건영** 대체적으로 위원님들 말씀 다 하셨던 것 같습니다.

이제 결정을 내려야 될 것 같아서요.

하나의 의견으로 모아지지는 않습니다만 다수 의견이 소방안전교부세에 대해서 법제화하자라는 쪽으로 의견이 모이는 것 같습니다, 그 방향인 것 같고. 다만 이달희 위원님께서는 법제화하되 15% 범위 내에서 가감 조정을 허용하자라는 취지의 말씀을 덧붙여 주신 것 같아요.

그래서 일단 크게 보면 의견이 세 가지지요. 조 위원님께서는 이건 장기적으로 시간을 가지고 보자. 배준영 위원님도 마찬가지인데, 그래서 일몰 연장을 하고 시간을 보자라고 배 위원님도 말씀하셨고. 나머지 위원님들은 '아니다. 이번 기회에 불확실성을 해소하자. 법제화하자'라는 취지로 말씀 주셨고. 거기에 보태서 이달희 위원님은 15% 가감 조정 허용하자라는 걸 더 내용에 담자라는 취지로 말씀 주신 것 같습니다.

제가 볼 때는, 전체회의에서 또 의논을 더 해 보겠습니다만 우리 법안1소위에서는 결론을 내야 될 상황인 것 같습니다. 그래서 법제화로 정리를 했으면 하고요. 이달희 위원님께서 말씀하셨던 15% 범위 가감 조정을 허용하는 부분에 대해서는 혹시 행안부나, 의견이 있으시면 주시고 그게 아니면 그냥 현행 유지한 내용 속에서 법제화 정도가 가장 크게 공감대를 확보할 수 있는 범위가 아닌가 싶습니다.

혹시 뭐 다른 의견 계신가요, 위원님들?

(「없습니다」 하는 위원 있음)

없으시면 법제화 정도로 정리하고 넘어가겠습니다, 이 법안은. 현행을 법제화시킨다. 다만 이달희 의원님 부분은 조금, 15% 범위 가감 부분은 부칙……

○**행정안전부재난안전관리본부장 이한경** 제가 잠깐 좀 말씀드려도 될까요?

재난안전관리본부장입니다.

○**소위원장 윤건영** 예.

○**행정안전부재난안전관리본부장 이한경** 지금 법제화를 소위는 결정하셨는데요. 그 부분은 차치하고 15% 가감하는 것에 대해서 소방안전교부세는 지방교부세고 지방자치단체 재원이라는 걸 감안할 때 자치단체의 어떤 일정 재량을 부여한다는 의미에서 이달희 의원님의 안에 대해 정부는 공감하는 바입니다.

이상입니다.

○**이달희 위원** 제가 조금 더 말씀 좀 드리겠습니다.

제가 경북의 부지사로 있으면서 불이 많이 나는 데가 있고 또 소방은 도대체 저 많은 인원들이 매일 놀면서 뭐 하나 할 정도로 또 불이 안 나는 그런, 불도 그렇고 재난도 그렇고 그럴 때도 있거든요. 그게 가장 좋은 때인데, 그러면 이제 재원 투여 부분인데 이럴 때에는 지역의 단체장들이 또 작년에 불이 많이 나고 하면 그 이듬해에는 많이 필요합니다. 그러면 한 90까지 쓰고도 모자라서, 우리 경북은 그동안 불이 많이 나서 도비를 더 많이 투자해서 장비를 구축한 예도 있습니다.

그래서 한번 정말 이것은 현장에서 경험치를 법에 담았거든요. 60도 적은 수도 아니고 또 그 이듬해 많은 재난이 나거나 불이 나거나 해서 필요할 때에는 90을 또 선택할 수 있으니까 이 부분은 야당의 위원님들께서 탄력적으로 좀 한번 받아 주시면 고맙겠습니다. 법제화하는 것은 이게 꼭 매년 일몰 문제 때문에 모든 소방 식구들이 문자 보내고 이렇게 노력하고 이런 부분을 해마다 거듭 안 할 수 있도록 하는 건 좋은데 탄력적으로 사용할 수 있도록, 그게 위성곤 위원님께서 지역에 그걸 좀 줘라, 이것 전부 다 지역에 다 줘라, 포괄적으로 말씀하셨던 것과 함께 탄력적으로 활용할 수 있도록 제 법을 좀 받아 주시면 감개무량하고 또 현장의 소리도 많이 반영된다고 생각합니다.

이상입니다.

○**소위원장 윤건영** 말씀 주실 것 있습니까?

○**위성곤 위원** 제가 전부 주라는 것은 깎는 것 생색 내지 말자는 거고 이것은 사실은 국가가 교부하는 교부세를 어떻게 나눠 주는가의 문제이니까 현재까지는 저는 뭐……

소방의 노후화율이 약 10%라고 하는데 적정 노후화율이 몇 퍼센트 정도 돼요?

○**소방청기획조정관 배덕곤** 저희는 어제도 말씀드렸듯이 적정 노후화율은 10% 내외로 관리가 되는 게 필요하다고 보고 있습니다, 왜냐하면 매년 그게 바뀌는 거기 때문에. 대신에 저희가 노후화율에 너무 매몰돼 있는데 결국은 소방 장구 보유율이나 품질 이런 것도 고려를 좀 해야 될 부분이라고 생각하고 있기 때문에 앞으로 소방재원의 안정적인 투입은 절대적으로 필요하다고 생각하고 있습니다.

○**위성곤 위원** 오늘의 결정이 향후에 관련되어서 행안부에서 이 문제에 대해서 다시 연구 검토를 해서 정책 변경이 필요하다면 정책 변경을 요청하면 다시 법안을 가지고 논의할 수 있을 거라고 보아집니다. 현시점에서 제가 판단할 수 있는 것은 현행대로 법정

률화시키는 게 지금에 있어서 가장 바람직하지 않은가라고 생각합니다.

　그리고 하나만, 자료 요청을 했었는데요. 지방세 관련되어서 조세특례법 등 감면세액 총액과 관련되어진 자료를 요청했는데 아직까지 자료를 주지 않아서 자료를 좀 주시기 바랍니다.

○**조승환 위원** 제가 하나만 더 질의를 하고 싶은데……

○**소위원장 윤건영** 예, 말씀해 주십시오.

○**조승환 위원** 사실 장비를 최신화하고 최고화한다라는 것은 어떻게 보면 정책 판단의 문제입니다. 지금 예를 들어서 제가 공개된 자리에서 이런 이야기해서 또 소방관들한테 문자받을지는 모르겠는데 그냥 제가 같이 근무했었던 해경 부분에 대한 예를 들자면 어떤 장비를 어떻게 차고 들어가느냐가 사실 굉장히 천차만별이 되게 됩니다. 그래서 어떤 종합적인 정책 판단의 문제고 장비를 과거에 우리가 정말 소방장갑을 사비로 사서 쓰고.

　지금 사실 군에서도 요새 장교들 사제 물품들 쓰고 있다라는 게 납품되는 장비가 안 좋아 가지고서 하사관들 자기 돈 주고 야간 TOD 같은 것 구입하고 이런 상황들이 벌어지고 있는 상황에서 어떤 장비의 현대화, 노후화 이런 부분만 너무 맹목적으로 갔을 때 지금 또 타 재원들이 아까 담배 개소세 같은 경우에 어떤 확충이나 이런 것을 통해서 또 소방 부분만 너무 앞서 나가는 이런 부분이 또 생길 수도 있는 거거든요.

　지금 사실 교육교부금 가지고서 심지어 이것 생각에 따라 다를 수 있습니다마는 입학하는 중고등학생들 교복까지, 어려운 계층에 주는 것까지는 저는 얼마든지 할 수 있다고 보는데 그냥 나눠 주고 하는 이런 현상 그다음에 노트북을 하나씩 다 사서 주고 하는 이런 현상에 대해서는 우리가 최종 배분의 효율성 부분에 관해서는 정말 고민을 조금 해야 되는 부분이고 위성곤 위원님 말씀하신 대로 법을 필요시에는 또 바꿀 수 있지만 사실 제일 어려운 게 들어가 있는 투입 재원을 빼내는 것은 저는 정말 어렵다고 생각하거든요.

　그래서 이것에 대해서 정말 좀 어떤 탄력성 부분이나 정부에서 판단할 수 있는 여지의 부분은 저는 꼭 좀 필요하다. 그래서 퍼센티지에 대해서는 저도 검토한 게 아니기 때문에 그것 하지만 대부분의 위원님들이 법제화라는 의견이시라면 그런 율에 대한 부분들은 조금 더 법령상으로 검토를 해야 되는 게 아닌가 지금 그런 생각이 듭니다.

○**행정안전부재난안전관리본부장 이한경** 위원장님, 제가 노후율 관련해서 아까 좀 오해가 있는 것 같아서 말씀을 드리면 23년 말 기준으로 할 때 개인안전장비 노후율은 제로입니다. 그다음에 소방차량 같은 경우에는 9.1% 그다음에 구조 장비는 1.6%, 구급 장비는 보유율이 100%입니다. 그래서 10%보다 훨씬 낮은 비율로 노후율이 지금 유지가 되고 있다는 말씀을 참고로 드리겠습니다.

○**김성회 위원** 저도……

○**소위원장 윤건영** 예, 김성회 위원님.

○**김성회 위원** 다들 말씀 겹쳐서 안 하려고 했는데 이게 그런 거지요. 교육이 그렇고 소방이 그렇고 권력이 없는 사람들인 겁니다. 배운 학생들이나 교사들도 그렇고 소방관이라는 것도 무슨 자기들이 규제 권한을 갖고 있는 것도 아니고 불나면 가서 꺼야 되는 사람이니까, 행정적인 권력이 없으니까 뭔가를 주장할 때 항상 힘들거든요.

　저는 조승환 위원님 말씀처럼 교육 예산이 요즘 많이 남아서 이런저런 부작용이 생기는 건 알고 있는데 저걸 우리가 지방세의 22%를 안 잡아 놨으면 애진작 대학에 다 뺏겼을 거예요. 이미 지금도 이렇게 털어 가자, 저렇게 털어 가자라고 매일 궁리를 하고 있는 것이 그나마 법에 있으니까 지켜지고 그걸 낭비하는 부작용이 있다고 하지만 그건 지난 20년 동안 잘 지켜서 우리가 학생들을 잘 키울 수 있었다고 생각하고.

소방도 마찬가지로 재난본부장님 어제부터 계속 소방이랑 친구라고 하시는데 그건 제가 병장 때 이등병한테 친구라고 하는 거랑 똑같은 거거든요. 이등병 입장에서는 친구가 아닙니다. 대등하게 토론할 수 있는 자리도 아니고 이게 그런 대등한 토론이 됐으면 그 TF에서 뭔가 결론이 나와서 올여름에라도 2년 동안 논의해 봤더니 이런 정도로 하면 적절하겠습니다라고 두 분이 합의해 갖고 오시면 되는데 안 되지 않습니까? 안 되니까 결국은 법제화까지 간다라는 점도 있기 때문에 저는 힘이 없지만 우리가 꼭 지켜야 되는 교육, 소방 이런 것들에 대해서는 좀 법으로라도 만들고 지켜 주는 것이 맞지 않겠나라는 말씀 드립니다.

○**소위원장 윤건영** 오늘 갈 길이 멉니다. 그래서 이 부분은 의견 충분히 말씀하신 거고요. 지금 남아 있는 안건이 한 15건 정도 됩니다.

○**행정안전부차관 고기동** 위원장님, 제가 짧게 한마디만 말씀드리고 싶은 게 있습니다.

○**소위원장 윤건영** 예.

○**행정안전부차관 고기동** 위원님들 말씀을 충실히 인식을 하고 공감을 합니다. 법제화하는 과정에서 조금 고민을 검토를 부탁드리고 싶은 것이 교부세법에 소방안전교부세는 네 가지 용도로 쓰도록 되어 있습니다. 소방 인력, 소방·안전시설 확충, 안전관리. 법문이 어떻게 될지는 모르겠습니다마는 아마 75% 이상 예를 들어서 표현이 된다면 사실 세 번째, 네 번째에 있었던 안전관리, 시설 확충 이 부분에 대한 소방안전교부세의 정의 부분하고 사실은 좀 충족을 해 낼 수 있을까 하는 고민이 있습니다. 그 부분에 대해서는 아마 조금 고민을 해 주시면 고맙겠습니다.

○**소위원장 윤건영** 의견 잘 들었습니다.

이제 마무리하겠습니다.

이 부분은 법제화한다라는 걸로 대체적인 의견을 모았고 그걸 확인했습니다. 그래서 법문을 준비하겠습니다. 그래서 이것은 준비해서 한 바퀴 돌고 나서 전체적으로 그 법문을 놓고 의결을 하면 될 것 같고요. 법제화한다라는 걸로 정리하고 다음 안건으로 넘어가겠습니다.

순서는 지방세법, 지방세특례제한법 이 순서대로 가겠습니다.

지방세법은 원자력발전 부분이고요.

순서를 그렇게 하면 어떨까 싶은데 원자력발전 지역자원시설세 세율 인상 부분인데 수석께서 몇 권의 몇 페이지다라는 걸 알려 주시면 좋겠습니다.

○**수석전문위원 유상조** 1권의 88페이지 먼저 보시겠습니다.

○**소위원장 윤건영** 동 법안은 원자력발전 지역자원시설세 세율을 현행 발전량 킬로와트시당 1원에서 2원으로 인상하자라는 부분입니다. 그래서 찬반 의견은 충분히 저희가 나눴고 정부 측 의견도 다 들어 본 것 같고요. 위원님들 의견……

지금 정부 측은 신중검토하자라는 의견이었고요, 이 부분에 대해서. 위원님들 의견을 좀 주셨으면 좋겠습니다.

○**박정현 위원** 그냥 정부안으로 가시지요.

(「정부안에 동의합니다」 하는 위원 있음)

○**소위원장 윤건영** 그러면 정부안으로 가겠습니다.

이견 없으면 다음 안건으로 넘어갑니다.

(「예」 하는 위원 있음)

정부안으로 가겠습니다.

다음은⋯⋯

○**수석전문위원 유상조** 92페이지입니다.

○**소위원장 윤건영** 92페이지 화력발전 지역자원시설세 연료별·발전방식별 차등세율 도입인데요. 제가 발의한 법인데 그냥 이것도 시간 관계상 정부안으로 가겠습니다, 간명하게.

(「예」 하는 위원 있음)

정부안.

○**이달희 위원** 간명합니다.

(「감사합니다」 하는 위원 있음)

○**소위원장 윤건영** 그러면 되겠지요? 혹시 다른 의견 계신가요?

(「없습니다」 하는 위원 있음)

다음은 지방세특례제한법.

○**수석전문위원 유상조** 두 번째 보류법안 심사자료 2권의 11번, 13페이지가 되겠습니다.

다자녀 양육용 자동차 취득세 감면 관련된 건데 이 부분은 다자녀를 2자녀 이상으로 해 가지고 3자녀 이상과 차별적으로 둘 거냐 아니면 지금 현행을 유지할 거냐에 대한 논의가 있으셨습니다.

○**소위원장 윤건영** 의견 주시지요.

○**이달희 위원** 두 명을 다자녀로 인정해 줍시다, 정부안으로.

○**소위원장 윤건영** 다른 위원님들 이견 없으신가요?

이게 하이브리드하고 연결돼 있었던 거고요, 재원으로 보면. 그리고 이게 실제 정책의 효과가 크냐라는 게 논란이 있었습니다.

정부안대로 하는 데 이견 없으시면 다음 안건 넘어갑니다.

김성회 위원님.

○**김성회 위원** 어떤 효과를 가져올지를 행정안전부가 나중에라도 보고하실 수 있나요?

○**행정안전부차관 고기동** 예, 그렇게 하겠습니다.

○**조승환 위원** 없지. 어떻게 보고해?

○**김성회 위원** 아니, 하실 수 있다고 하니까 저는 여쭈어봤습니다.

○**행정안전부차관 고기동** 감면, 여러 가지 실적들은 저희가 통계적으로는 뽑을 수 있을 것 같고요.

○**위성곤 위원** 아니, 실적은 이것만 있는 게 아니고 여러 정책이 있는 건데⋯⋯ 설문조사 하실 거예요?

○**김성회 위원** 아니, 깎아 줬다는 나오겠지만 그게 출산율에 미치는 영향에 대해서 어

떻게 입증하실 수 있는지 모르겠지만 기대해 보겠습니다.

○**이달희 위원** 차관님, 이것 적극 홍보해 주십시오. 그러면 효과 있을 겁니다.

○**행정안전부차관 고기동** 사실 국민들도 많이 기다리고 계십니다, 저희가 입법예고 했을 때부터.

○**박정현 위원** 그러니까 현재 있는 두 명의 자녀들에게는 효과가 있지만 그게 출생률로 올라가기에는 사실은 조금 부족합니다.

○**이달희 위원** 하나 더 낳을까 고민할 때 좀 힘이 될 것 같습니다.

○**박정현 위원** 어쨌든 정부안으로 가시지요.

○**양부남 위원** 이 법 시행 이후 출산율을 한번 보면 알 것 같습니다, 분모를 공무원으로 해서.

○**소위원장 윤건영** 그러면 동 안건은 정부안대로 진행하도록 하겠습니다.

　　(「예」 하는 위원 있음)

　　다음 번.

○**수석전문위원 유상조** 2페이지, 목차 한번 보시겠습니다.

　소형주택 공급 확대를 위한 취득세 감면, 29번이 나오는데요. 주택 관련된 게 6건입니다. 그걸 전체적으로 한번 보신 후에 페이지로 가시는 게 좋을 것 같아서요.

　먼저 29번에 있는 소형주택 공급 확대를 위한 취득세 감면, 30번의 비수도권 지역 준공 후 미분양 아파트에 대한 취득세 감면이 있고요.

　그다음에 마의 57인데요. 프로젝트금융투자회사의 사업 정상화 지원을 위한 취득세 감면이 있었고 그다음에 사의 국토 및 지역개발 지원, 70번의 자율주택정비사업, 가로주택정비사업, 소규모재개발사업이 있었고 그 밑의 72번의 재건축사업에 대해 조례로 취득세 감면을 할 수 있는 특례가 있었고.

　다음 페이지입니다.

　4페이지의 연번 79번, 한국토지주택공사의 기업 부채 상환용 토지에 대한 취득세 감면 부분입니다.

　그러면 이 6건 중에서 먼저 49페이지입니다.

　소형주택 공급 확대를 위한 취득세 감면인데 이 부분은 위원님 다 아시다시피 비아파트, 빌라 이 부분에 대한 지원이 되겠습니다.

　이상입니다.

○**소위원장 윤건영** 방금 수석전문위원께서 말씀 주셨던 것처럼 6건의 안이 정부 부동산 대책에 발표돼 있는, 서로 연결돼 있는 것도 있고 별도인 것도 있습니다. 1건, 1건씩 처리해 가도록 하겠습니다.

　49페이지, 소형주택 공급 확대를 위한 취득세 감면, 위원님들 의견 부탁드리겠습니다.

○**박정현 위원** 이거는 정부안대로 가시지요.

○**소위원장 윤건영** 정부안대로 가자고 하십니다.

　다른 이견이 있으시면 말씀 주십시오.

　　(「없습니다」 하는 위원 있음)

○**조승환 위원** 일단 정부안대로 가시지요. 큰 그게 없습니다.

○**김성회 위원** 계속 똑같은 얘기 반복이라서 반복은 안 하겠고요.

어쨌든 정부가 시행하는 정책인데 시행을 못 해 봐서 안 됐다라는 이야기를 서로 듣고 싶지 않으니까 일단은 하시는 걸로 하는데 과연 이런 정책들이 효과가 있겠는가?

그리고 이런 식으로 계속 기업체들만, 즉 우는 아이 젖 준다는 말을 하는데 지금 정부가 하는 일은 우는 기업들만 젖을 주고 있는 겁니다. 저는 그렇게 보고 있습니다. 아니라고 주장하시니까 실제로 어떤 효과가 있고 그래서 이 과정을 통해서 지방에 있는 기업들이 어떻게 살아나고 있는지 하는 과정을 지금 12월이니까요 내년부터 시작해서 분기마다 한 번씩 저희 의원실에다 보고해 주십시오.

그러니까 제가 여기서 혼자 막아서 정부 정책을 못 하게 하는 것은 제 일이 아니겠지만 최소한 감시는 해야겠으니까요. 분기마다 일이 어떻게 진행되고 있는지, 실제로 어떤 효과가 있었는지에 대해서 보고를 해 주실 것을 말씀드리겠습니다.

○소위원장 윤건영 양부남 위원님.

○양부남 위원 저도 똑같이 6건에 대해서 지난 회의 때까지 부정적 의견을 폈는데 의견을 달리해서 정부안에 대해서 동의합니다.

그러나 제가 하고 싶은 이야기는, 건의드리고 싶은 이야기는 대한민국에 수없는 경제주체들이 있습니다. 그중에는 이 정부안에서 혜택을 주고 싶은 경제주체보다 훨씬 열악한 조건에 있는 경제주체들도 있습니다. 어느 주체라고 제가 명명을 하지 않겠습니다.

그러한 경제주체에 대해서, 이분들에 대해서도 살려보기 위해서 저희 민주당에서 수없는 정책을 냈습니다. 그러나 이러한 모든 정책에 대해서는 정부가 전부 반대하면서 왜 굳이 이러한 경제주체에 대해서만 혜택을 주는지에 대해서 제가 유감스럽습니다. 그러나 동의를 합니다마는 이러한 유감스러움이 있고.

정부에서는 대한민국의 많은 경제주체 중에서 이보다 열악한 조건에 있는 경제주체에 대해서도 많은 고려를 해 주시기를 부탁드립니다.

○소위원장 윤건영 다른 이견이 없으시면 동 법안에 대해서는 정부 의견대로 하는데요. 저도 방금 김성회 위원님, 양부남 위원님과 똑같은 생각입니다.

정부가 큰 틀에서 정책 방향을 이렇게 잡고 간다고 하니 이 부분에 대해서 동의는 합니다만 정책의 실효성에 대해서는 여전히 의구심을 갖고 있습니다. 이런 부분들을 잘 좀 짚어 보셨으면 좋겠고.

매각·임대를 위한 소형주택의 취득세 25% 감면 이 조항에 대해서 이견 없으시면 정부안대로 진행하도록 하겠습니다.

다음 넘어가겠습니다.

○수석전문위원 유상조 다음은 55페이지입니다.

비수도권 지역 준공 후 미분양 아파트에 대한 취득세 감면이 되겠습니다.

이상입니다.

○소위원장 윤건영 위원님들 의견 부탁드립니다.

○조승환 위원 제가 자꾸 먼저 말씀드리는 것 같아 죄송한데, 항상 어느 정부에서나 지방의 준공 후 미분양은, 특히 악성 미분양에 대해서는 여러 가지 대책을 계속해 오던 거고 그 일환의 하나인 것 같습니다. 정부안대로 가 주시지요.

○소위원장 윤건영 앞서 소위에서 우리가 며칠째 계속 지적됐던 부분이 해소된 건 아닙니다. 그런데 방금 존경하는 조승환 위원님 말씀도 있고 앞서 양부남 위원님, 김성회

위원님 지적했던 내용들이 있어서 비수도권 미분양 아파트 임대 제공 시 취득세 25% 감면 조항에 대해서도 정부안대로 진행하는 걸로 하겠습니다.

이견 없으시지요?

(「예」 하는 위원 있음)

다음 넘어가겠습니다.

○수석전문위원 유상조 다음은 83페이지입니다.

프로젝트금융투자회사의 사업 정상화 지원을 위한 취득세 감면 내용이 되겠습니다.

이상입니다.

○소위원장 윤건영 아까 앞서 말씀드린 것처럼 부동산 대책과 관련해서는 문제 제기가 없으면 이것도 정부 의견대로 진행해도 되겠습니까?

(「예」 하는 위원 있음)

문제 제기를 하실 위원님들이 계시면 짚어 주셔도 됩니다.

(「없습니다」 하는 위원 있음)

정부 의견대로 가겠습니다.

다음 넘어가겠습니다.

○수석전문위원 유상조 다음은 주택 관련해서 124페이지입니다.

자율주택정비사업, 가로주택정비사업, 소규모재개발사업에 대한 취득세 감면에 관한 사항이 되겠습니다.

○소위원장 윤건영 같은 방식으로 여쭙겠습니다. 관련해서 의견 있으신 위원님들 계십니까?

○조승환 위원 위원장님, 이거는 지금 정부안이 없습니다.

○소위원장 윤건영 아니, 그런데 정부 측에서 동의한 부분들이 있으니까요.

○행정안전부차관 고기동 제가 말씀드리겠습니다.

이 부분은 의원님께서 발의해 주신 안이고요. 저희가 국토부 국장과도 얘기를 했습니다만 전체적으로 자율주택정비사업 이 부분에 대해서는 국토부랑 협의를 해서 방안을 검토하겠습니다. 숙의할 수 있는 시간을 좀 주시면 감사하겠습니다.

○조승환 위원 그러면 이거는 보류가 아니라……

○수석전문위원 유상조 계류가 되겠습니다.

○소위원장 윤건영 예, 계류.

○조승환 위원 계류시키는 거예요?

○소위원장 윤건영 예, 맞습니다.

○조승환 위원 그런데 다 해 주면서 이것만 안 해 주면 그것도 일관성은 안 맞는 것 같은데……

○행정안전부차관 고기동 의원님 안이셔서 검토가 조금 충분치 않았습니다.

○양부남 위원 정부에서 발표를 안 해서 그래요.

○위성곤 위원 같은 내용인데 정부가 발표 안 했다고 이건 되고 저건 안 되는 건 사실 혼을 내야 될 일이지요, 위원님.

○조승환 위원 일관성이 안 맞지요.

제가 지금 문제 제기를 먼저 했어요.

○**위성곤 위원** 정책이 일관성 있게끔 얘기를 해야지요, 부처가 답변할 때.

그런데 일몰기한 연장이 사실상 지금은 현행대로 되고 있어요. 거기는 사업이 좀 늘어났네요.

○**소위원장 윤건영** 정리하겠습니다.

자율주택정비사업, 가로주택정비사업, 소규모재개발사업에 대한 취득세 감면안은 정부 의견대로 일단 계류하는 걸로 하겠습니다.

다른 이견 없으시지요?

(「예」 하는 위원 있음)

다음 안건 넘어가시지요.

○**수석전문위원 유상조** 다음은 128페이지입니다.

재건축사업에 대해 조례로 취득세를 감면할 수 있는 특례를 두는 내용이 되겠습니다.

○**소위원장 윤건영** 위원님들 중에서 말씀 주실 분 계시면 말씀 주세요.

○**김성회 위원** 다른 건 모르겠는데 이건 좀 지나치다라는 말씀을 드리지 않을 수가 없네요. 이게 조정대상지역 외라고 해 놓으면 사실 수도권 포함해서 다 되는 거라서 이렇게까지 할 일인가 싶은 생각이 저는 여전히 있습니다, 이 건에 대해서는.

○**소위원장 윤건영** 저도 보태겠습니다. 조정대상지역 외 지역의 재건축사업용 부동산 취득세 감면 그리고 다음 바로 이어서 이야기할 LH공사의 기업 부채 상환용 토지에 대한 취득세 감면 이 2건에 대해서는 좀 다른 것 같습니다. 저희가 아무리 정부 정책에 대해 큰 틀에서 동의가 있다고 하더라도 이 2건만큼은 좀 깊은 토론이 필요한 것이 아닌가 싶거든요. 위원님들 의견 좀 부탁드리겠습니다.

○**위성곤 위원** 위원장님 의견에 동의합니다.

○**양부남 위원** 위원장님 의견에 동의합니다.

○**행정안전부차관 고기동** 위원장님, 괜찮으시면 국토부 담당 국장 의견을……

○**소위원장 윤건영** 예, 말씀하십시오.

○**국토교통부주택정책관 김헌정** 안녕하십니까? 국토부 주택정책관 김헌정입니다.

동 사항은 규제지역 외에도 1세대 1주택자에 대해서 금액 제한……

○**소위원장 윤건영** 잠깐만, 국장님 나눠서 이야기를 해 주십시오. 지금 두 가지……

○**국토교통부주택정책관 김헌정** 첫번째, 재건축 관련 사항입니다.

동 사항은 규제지역 외의 또 1세대 1주택자에 한해서 분양가격 제한도 같이 가는 상황입니다. 아울러서 한 440군데 재건축 단지가 있는데 규제지역이 한 90군데 정도 됩니다. 나머지 한 절반 정도가 수도권이고 나머지 절반이 주로 광역시 단위에서 많이 하고 있는 사업입니다.

최근의 공사비나 이런 상승으로 인해서 조합원들이 상당히 부담을 지고 있는 사항이라서 또 1세대 1주택자인 조합원분들이 거의 원조합인 경우가 많이 있습니다. 그래서 그분들 재정착률에도 다소나마 도움이 되는 상황인 점을 고려해 주시면 감사할 것 같습니다. 이상입니다.

○**소위원장 윤건영** 정책의 긍정성을 설명한 걸로 저는 받아들이겠습니다.

○**조승환 위원** 이게 조합원 대상하고 사업시행자 대상하고 구분이 어떻게 됩니까? 그러니까 최종적으로 감면의 효과가 어디에 귀속되느냐 이 부분이 지금 제가 볼 때는 굉장

히 중요한 요소인 것 같은데.

그러니까 재건축조합에서 원조합자가 있잖아요. 조합을 구성한 자가 있고 그다음에 일종의 공공기여분 빼고 난 뒤의 분양분이 있을 것 아닙니까. 그러면 이거에 대해서 왜 감면 대상자에 사업시행자가 들어갔습니까?

○국토교통부주택정책관 김헌정 그거는 토지등소유자, 재건축·재개발에서 상가나 주택의 소유자가 원조합원인 경우고요. 그 조합원들이 모여서, 토지등소유자들이 모여서 조합이 됩니다. 일부 현물 청산하는 분이 계십니다. 거기에 안 살고 다른 여러 가지 사유로 해서 나는 일찍 나가겠다라고 하게 되면 토지등소유자의 집합체인 조합에서 현물 청산한 물건 소유권을 가지게 되는 상황입니다.

그래서 결국에 귀속자는 토지등소유자인 조합원이 되는 거고요. 조합은 현물 청산자들 일부분에 대한, 개별 조합원이 없기 때문에 그 부분은 조합이 됩니다만 결국 귀속되는 부분은 조합원이 될 거고요.

저희가 조례로 40%로 정할 수 있게 한 부분은 시도마다 재건축조합에 대한 공공기여분을 가져오는 그 포션이 다 다릅니다. 그리고 부동산시장 상황도 부동산 자체가 지역성이 있기 때문에 그 지역성이 시도별로 다 다른 측면이 있습니다. 그래서 그 부분은 공공기여를 받는 수준에 대비해서 조례로 정할 수 있도록 하는 부분 등이 합당한 것으로 저희는 그렇게 생각을 하고 있습니다.

○조승환 위원 그러면 이렇게 보면 어떨까요? 저는 이런 생각이 드는 게 최종적으로 취득하는 사람에 한해서, 그러니까 재건축 해 가지고 집이 다 지어지고 난 뒤에 신규 취득할 때 취득세 감경 조항이 주 포인트 아니에요?

○국토교통부주택정책관 김헌정 예, 그렇습니다.

○조승환 위원 그 외에는 어떤 부수적인 부분이고. 그러면 결국 원조합원 또는 분양받는 사람의 취득세를 감면해 주자 이거잖아요.

○국토교통부주택정책관 김헌정 일반분양 받는 사람은 아니고요.

○조승환 위원 원조합원만?

○국토교통부주택정책관 김헌정 원래 있던 조합원 중의 1세대 1주택자에 한해서 취득세를 감면하는 것입니다.

○조승환 위원 그러면 사업시행자는 빼고 원래 조합 구성해 가지고서 거기 있었던 그분들 취득세는 감경해 주는 게 어떻습니까? 그거에 대해서도 반대하십니까? 사업시행자 부분은 빼고……

○소위원장 윤건영 일단 수석전문위원님 의견도 한번 들어 보시지요.

○수석전문위원 유상조 지금 일단 재건축에 대해서 우리가 어떻게 봐야 되는지가 있을 것 같습니다. 저는 재개발과 차이가 굉장히 크다고 보는데.

국장님께서는 재개발은 오래전부터 혜택을 줘 왔고 재건축은 이제 시작이라고 하셨는데 지금 조정 외 지역에서, 예를 들어서 서울에서…… 이해의 편의를 위해서 예를 들겠습니다. 그러면 목동 같은 경우에는 지금 이런 혜택까지 간다고 하면, 지금 로또다 이런 인식이 굉장히 많은 게 재건축사업인데 거기의 주택을 취득하는 분들에게 감면을 주는데, 그것도 조례를 통해서 감면을 하게 된다고 하면 지금 이 조례……

저는 오히려 인구감소지역 같은 경우에는 이런 조례를 통해서 감면할 수 있게 주는 것도 한번 생각을 해 봤습니다. 그런데 인구감소지역 같은 데는 이렇게 취득세 감면해도 사업이 일어나지 않고 결국에 사업이 일어날 수 있는 곳은 서울과 수도권일 텐데, 강남 3구하고 용산구 뺀 지역 전체일 텐데 거기서 사업이 일어나는데 거기다 다시 이렇게 하게 되면 부동산 시장에 대한 완전히 극단적인 양극화가 일어날 수 있기 때문에 이것은 굉장히 조심스럽게 시간을 두고 접근해야 되는 정책이라고 생각합니다.

○소위원장 윤건영 국장님, 앉으셔도 될 것 같습니다.

○조승환 위원 답변을……

○국토교통부주택정책관 김헌정 참고로 1세대 주택자 비율을 저희가 봤는데 한 60% 정도가 1세대 주택자로, 저희가 샘플조사를 했더니 그렇게 나타나고요. 분양가격 12억 이하는 한 10%가량 정도가 빠집니다. 그런 부분들도 있습니다.

○소위원장 윤건영 예, 잘 알겠습니다.

어떻습니까? 이 2개의 법안은 여러 가지로 위원님들도 문제 제기도 했고 하니까 차관님, 이것은 안 되는 것으로 가도록 하겠습니다.

○행정안전부차관 고기동 예, 그런데 재건축하고 소규모 재개발사업, 아까 말씀 주셨던 게 사실 굉장히 연동이 되어 있었던 건데요. 전체적으로 다시 한번 보겠습니다.

○이달희 위원 저는 그럼에도 불구하고 어제 국장님께서 오셔서 어떤 한 지역을 시뮬레이션해 줬잖아요. 그래서 이게 취득세 감면 효과보다 공공 기여가 여러 가지 대비해 보니까 좀 더 크다는 부분을 우리가 생각하면서 다음에 이 법안 다시 심사할 때는 국토부에서도 여러 케이스를 많이 가지고 와서 진짜 설득할 수 있는 포인트를 좀 더 많이 가지고 왔으면 좋겠습니다.

○소위원장 윤건영 예, 다음 안건 넘어가시지요.

○수석전문위원 유상조 다음은 66페이지입니다.

이 부분은 산림교육체험시설이 직접 사용하는 부동산의 취득세·재산세 감면 특례 부분이 되겠습니다.

○소위원장 윤건영 이것도 여러 차례 논의했던 건데요. 산림교육체험시설에 대해서 이게 유상으로 하고 있고 꽤 고가의 비용을 받고 있는 부분인데 취득세·재산세 감면 특례를 주는 게 맞냐라는 반대와 박물관, 미술관, 과학관도 하고 있다라는 찬성론이 있습니다.

의견들 주시면 좋겠습니다.

○위성곤 위원 일단 계류해서 산림청의 의견을 좀 듣고 법안 논의를 했으면 좋겠습니다.

○소위원장 윤건영 그러면 다른 의견……

○조승환 위원 계류하시지요.

○소위원장 윤건영 예, 계류로 넘어가겠습니다. 이견 없으시면 계류하겠습니다.

(「예」 하는 위원 있음)

다음 안건입니다.

○수석전문위원 유상조 다음은 89페이지가 되겠습니다.

감면 대상에 친환경산업에 관련된 업종을 추가하는 부분이 되겠습니다.

이상입니다.

○**소위원장 윤건영** 위원님들 의견 주십시오.

○**박정현 위원** 지금 윤석열 정부 들어오면서 사실은 친환경산업의 기반 자체가 많이 와해된 것은 사실이거든요. 그런데 보니까 관련 업종이 광범위해서 어디는 하고 어디는 안 하고 이런 문제가 좀 있기는 한 것 같은데, 그래도 창업중소기업 감면 업종에 친환경산업을 추가하는 게 저는 원칙적으로 맞다고 생각이 듭니다.

○**소위원장 윤건영** 그러면 정부안을 받자는 말씀이신가요?

○**행정안전부차관 고기동** 아니, 의원님 안입니다.

○**소위원장 윤건영** 권향엽 의원안도 있고 정부안도 있습니다, 이것.

○**수석전문위원 유상조** 정부안은 자구 정리입니다.

○**위성곤 위원** 제가 관련 업종을 받아 봤는데요. 분류가 다른 거예요, 사실은. 의원님께서 친환경산업이라고 해 가지고 분류표를 만든 것과 그다음에 우리 산업분류표가 있는데 의원님께서 제안하신 그 분류표대로 하면 산업법 분류표랑 안 맞는 거거든요. 그러니까 이미 산업법 분류표 안에 의원님이 제안하신 내용이 전부 다 포함돼 있기 때문에 정부안대로 해도 무방할 것이라고 저는 판단됩니다.

○**소위원장 윤건영** 예, 알겠습니다.

○**조승환 위원** 정확한 지적이시라고 생각합니다.

○**소위원장 윤건영** 다른 위원님들 이견 없으신가요?

(「예」 하는 위원 있음)

그러면 정부안대로 가겠습니다.

다음 안건 해 주십시오.

○**수석전문위원 유상조** 다음은 103페이지입니다.

항공운송사업에 사용하는 항공기의 취득세·재산세 감면 연장 부분인데요. 이 부분은 제가 잠깐 말씀드리고 위원님들께서 제 의견을 참고하셔서 결정해 주시면 어떨까 싶습니다.

제가 어제 길게 말씀드렸었는데요. 법제적으로 봤을 때 본문 단서의 부분, 이게 제가 아무리 읽어도 그 부분은 본문 단서에 좀 어긋나는 측면이 있다는 것은 더 이상 설명 안 드리겠습니다.

법체계적인 측면에서 말씀드린다고 하면 대통령령으로 정하는 자산총액으로 되어 있는데요. 지금 우리 조세특례제한법에 이런 식으로 구분을 해서 감면액과 감면 여부와 감면율을 정하는 경우는 거의 없다고 보입니다. 이런 식의 논리라고 하면 타 분야 역시도 자산총액으로 구분이 되어야 된다는 것인데 그런 부분에 있어서 법체계적으로 예외적이라는 측면이고요.

정책적인 측면에 있어서는 이것은 가치 판단이 필요하다고 보입니다. 어느 쪽이 더 나은지는 필요하겠지만, 대형 항공사는 중소형 항공사랑 경쟁하는 기업이 아니라 세계 항공사랑 경쟁하는 기업이라고 저는 생각을 해서 만약에 3년의 일몰주기를 두고 3년 후에 다시 논의하면서 대형 항공사의 경우에 감면율을 낮추게 되면 또는 감면하지 않게 되면 바로 그것은 비교의 형평성으로 해서 조세의 형평성에 문제가 됩니다.

저희가 2조의2에서 여덟 가지 원칙을 다뤘을 때 납세의무자가 부담 능력이 있느냐의 여부는 여덟 가지 원칙 중 한 가지에 불과합니다. 나머지 일곱 가지 원칙을 종합적으로 고려해 보는 것이 정책의 타당성을 높일 수 있다는 생각이 듭니다.

　이상입니다.

○**소위원장 윤건영** 이 부분은 어제 간담회에서 행안부는 별도 조항을 2년으로 하자라는 아이디어를 주신 부분이 있는 거지요?

○**행정안전부차관 고기동** 예, 오히려 조문의 문제라면 2년으로 줄이자는 말씀을 드렸었습니다.

○**소위원장 윤건영** 그래서 본 조문하고 별도 조항을 좀 시차를 두자, 3년·2년으로 두자라는 아이디어를 준 바가 있습니다.

　위원님들 의견 부탁드릴게요.

○**한병도 위원** 이것은 제가 발의를 해 가지고요, 어제 충분히 토론을 했고 고민이 상당히 많았습니다. 그래서 결론은 그냥 이번에는 취득세하고 재산세를 3년 일몰하는 형태로 좀 논의를 좁혀 봤으면 하는 의견입니다.

○**조승환 위원** 저도 2년 의견을 드렸는데 어제 그것은 단순히 법체계상으로 이것을 구분해 주기 위해서 2년이라고 드렸는데 지금 저도 이것을 죽 들여다보니까 항공기 취득일이라는 게 사실 항공기 등록하는 날짜인데 이게 계약기간부터 상당한 기간이 소요가 될 것 같다라는 생각이 들면서 단순히 법체계만으로 이것을 2년으로 줄일 것은 아니고 그냥 정부가 원하는 대로, 수석전문위원님이 좀 양보하시고 그렇게 가시지요.

○**수석전문위원 유상조** 만약에 하시려면 위원님 말씀대로 3년이 맞습니다. 이것을 법체계 때문에 2년으로 줄인다는 것은 너무 형식적인 측면이 있는 것 같습니다. 해 주려면 3년 하는 게 맞을 것 같습니다.

○**배준영 위원** 수석전문위원님 말씀도 제가 이해 못 하는 바는 아니지마는 이 법의 취지라든지 진행되는 여러 가지를 봐서 정부안대로 했으면 좋겠습니다.

○**소위원장 윤건영** 다른 위원님들 의견 주십시오.

○**김성회 위원** 사실 이 법은 역사가 있지 않습니까? 그리고 뭐 이래저래 복잡하게 얘기하지만 결국 한계기업을 도와주려고 하는 법인데, 계속 처음부터 말씀드리지만 우리 정부와 정치권이 예산을 가지고 기업의 진흥을 위해서 돕고 서포트하고 핵심 산업들을 육성하고 키우는 것은 당연히 해야 될 일이지요. 그것 누가 여기서 반대하겠습니까. 문제는 지원을 해 주면 되는데 꼭 남의 지방으로 갈 돈을 깎아서 정부가 생색을 내는 방식으로 진행하고 있는 것에 대해서 문제 제기를 드린 것이었고요.

　그럼에도 불구하고 이런 조항을 집어넣자라고 하는 정부의 고육지책도 알겠습니다. 이것을 더 육성해야 된다고 생각하는 국토교통부의 의견도 있을 것이고, 이러나저러나 지방세를 다시 걷어야 되기 때문에 조항을 남겨 뒀다가 나중에 다시 권리를 찾아오겠다라는 행정안전부의 결의도 있으신 거니까 지켜보겠습니다. 이것이 지금 말씀하셨던 혹은 간담회에서 나눴던 이야기대로 3년 후에 결기 있게 잘 집행되는지를—그때까지는 아직 임기 안이니까요—지켜보도록 하겠습니다.

○**소위원장 윤건영** 다른 의견……

○**박정현 위원** 저도 사실은 김성회 의견이 맞다고 생각하는데요.

　그런데 항공업체, 특히 이게 대한항공 때문에 그런 것 같은데 코로나나 이런 여러 가지 사정이 있기 때문에 이번에는 시원하게 그냥 정부안대로 해 주시는 게 맞는 것 같습니다.

○소위원장 윤건영 양부남 위원님.

○양부남 위원 저가 항공과 대형 항공사의 구분은 필요하다고 봅니다. 그래서 이번에는 정부안처럼 3년, 본문 단서 3년 하고 정부안대로 하는 데 동의합니다.

○소위원장 윤건영 이견 없으면 정부안대로 하겠습니다.

(「예」 하는 위원 있음)

다음 안건 넘어가겠습니다.

○수석전문위원 유상조 다음은 117페이지가 되겠습니다.

노후경유화물차 폐차 후 신차 구매 시 취득세 감면하는 조항이 되겠습니다.

이상입니다.

○소위원장 윤건영 이것도 좀 논란이 됐던 겁니다. 정부 법안은 아닌데 노후경유화물차를 폐차하고 신차 구매 시에 취득세 부분을 감면하는 부분인데요. 위원님들 의견 좀 부탁드리겠습니다.

○행정안전부차관 고기동 제가 어제 말씀을 주셔 가지고 이 내용들을 다시 조금, 어제 궁금해하셨던 내용들을 좀 말씀드리겠습니다.

노후경유화물차를 교체하게 되면 현재 보조금을 받고 있습니다. 내년도 같은 경우에는 18만 대를 예상하고 있고 2600억 원을 지원하게 됩니다. 여기 국비가 50이고 지방비가 50입니다. 즉 지방에서 1300억 원을 보조금으로 지급하게 되고요. 나중에 폐차 후에 신차로 다시 무공해차를 취득하시게 되면 보조금을 추가적으로 50만 원을 받고 있는 그런 상황이었습니다.

○소위원장 윤건영 다른 위원님……

○조승환 위원 이것은 계류시키고 가시지요. 전기자동차로 바꿀 경우에는 전기자동차 혜택을 받는 거고 또 경유차를 경유차로 바꿀 때도 보조금 50을 받는 거니까 저는……

○위성곤 위원 아니요, 저……

○조승환 위원 다릅니까?

○소위원장 윤건영 위성곤 위원님 말씀하십시오.

○위성곤 위원 지금 정부 측 의견은 어떤 의견인 거지요?

○소위원장 윤건영 법안에 대한 보류 의견인 겁니다, 신중 검토.

○위성곤 위원 법안에 있어서 보류하자는 의견인데 개정안의 내용은 노후경유화물차를 폐차하고 새롭게 등록하는 화물차에 대해서 경유를 제외하고는 보조금을 지급하자 이런 제안인 거잖아요?

○조승환 위원 세액을 공제하자.

○이달희 위원 취득세 면제.

○위성곤 위원 예, 취득세 세액을 공제하자라는 것인데 원래 이 제도가 있었지요, 과거에?

○행정안전부차관 고기동 예, 2017년에 있었습니다.

○위성곤 위원 언제 일몰됐습니까?

○행정안전부차관 고기동 2017년에 6개월 동안 하고 멈췄습니다.

○위성곤 위원 그런데 지금 제가 파악해 본 결과 5등급 경유차가 보험 가입된 차량만

21만 대가 있습니다. 그리고 4등급 경유차가 83만 대가 있고요. 그리고 환경오염이 지금도 경유차에 의해서 이루어지고 있어서 관련 법안을 낸 것으로 알고 있습니다.

그래서 관련된 LPG차가, 연간 소형차가 판매되는 대수가 어느 정도 되냐면 2024년 1월부터 11월까지 보면 8만 5000대 정도의 LPG차가 판매됐습니다. 전체 1톤급 소형 화물차는 10만 대 중에 한 83%가 판매됐는데요. 관련되어서 앞서 얘기한 21만 3000대를 빨리 소진하기 위해서는 이런 조치가 좀 필요하다고 판단합니다. 그래서 관련 법안이 통과되기를 저는 요청을 드리고요.

필요하다면 취득세 부분의 금액에 대해서는 약간의 룸을 가지고 고민해 볼 여지는 있을 것 같습니다. 그렇지만 이 조치는 필요하다고 판단됩니다.

○소위원장 윤건영 예, 위원님.

다른 위원님 말씀 주셨으면 좋겠습니다.

위성곤 위원님 말씀은 그런 것 같습니다. 신규 화물차라는 게 실제로 서민들과 직결되는 정책 분야라서 취득세 면제 특례를 신설하게 되면, 과거에도 한 바가 있지만 정책 효과가 바로 나타날 수 있다. 그리고 지금처럼 경기도 안 좋고 민생이 어려울 때는 이런 부분들을 좀 해야 되는 것 아니냐라는 취지의 말씀이신 것 같아요.

○행정안전부차관 고기동 제가 한마디 참고삼아 정보를 좀 말씀드리면 그 당시에 09년도에도 취득세 감면이 있었고 17년도에도 취득세 감면이 있었습니다.

어쨌든 당시 노후 경유차 폐차 관련해서 국세인 개소세하고 지방세·취득세가 동시에 패키지로 계속 발의가 됐었고요, 진행이 됐었고. 이번의 경우에도 같은 개소세 관련된 부분이 기재위에 같이 발의가 돼 있는 그런 상황입니다. 그래서 그 점은 좀 고려를 주시면 감사하겠습니다.

○조승환 위원 LPG차에 한정해서, 의외로 휘발유차의 경우에는 없는 부분이니까 지금 예를 들자면 옛날 승용 코란도 경유 이런 것들에 대해서는 크게 우리가 고민할 필요가 없을 것 같고.

1t, 결국 화물트럭이 전기로 안 가고 LPG로 가는 부분에 관해서만 해서 이걸 조정을 하면 어떻겠습니까?

○위성곤 위원 1t 부분만……

○조승환 위원 그러니까 1t 화물차에 대해서 전기차로 가는 부분은 지금 140만 원이라는 보조금이 있으니까 LPG로 가는 부분만.

○위성곤 위원 전기차는 빼지고요, 이미 전기차는 지원이 되고 있으니까. LPG차만 좀 지원해 주면 될 것 같습니다.

○조승환 위원 그런 식으로 조정해 보시는 게 어떻겠어요?

○소위원장 윤건영 차관님 가능하세요?

○행정안전부차관 고기동 결국 노후 경유차 문제는 환경부의 의견이 또 상당히 있을 것 같은데요 저희도 어쨌든 보조금도 그쪽에 있고 그래서 아까 말씀 주셨던 세율 문제라든지 상한 문제도 저희가 사실은 여기까지 고민을 안 해 본 상태인데요. 환경부 의견이나 조금 듣고 말씀을 드리면 안 되겠습니까?

○박정현 위원 계류하시지요.

○이달희 위원 그렇게 하시지요.

○조승환 위원 위임해 드리면 안 될까요?

○위성곤 위원 계류해서……

○이달희 위원 계류하시지요.

○소위원장 윤건영 그러면 계류해서 이거는 차관님 의견을 봐 주십시오. 왜냐하면 타당한 지적 같거든요.

　그러니까 서민들 많이 쓰는 게 LPG 차량이에요. 전기차는 지원 나간다 하면 그 부분 제외하고 경유차 빼고 실제로 도움 되는 LPG 차량에 대해서는 검토할 수 있다고 생각하니까 그 부분을 검토해서 다음에 보고하는 걸로 하고 계류하도록 하겠습니다.

○행정안전부차관 고기동 예, 그렇게 하겠습니다.

○소위원장 윤건영 다음 안건 넘어가겠습니다.

○수석전문위원 유상조 다음은 별도로 배부해 드린 자료를 위원님들 참고해 주십시오.

　경형자동차 문제인데요, 연번 64번 별도로 돼 있는 것.

○조승환 위원 경차, 캐스퍼.

○수석전문위원 유상조 예, 캐스퍼.

　경형자동차 부분입니다.

　이 부분은 경형자동차 승용 부분이 75만 원 한도로 되어 있는데요, 지금 정부안이 40만 원 한도로 되어 있는 이 부분이 되겠습니다.

　이상입니다.

○소위원장 윤건영 어제도 우리 간담회에서 길게 이야기했던 부분입니다.

　혹시 정부 측 다른 의견 있으시면 말씀해 주시고.

○행정안전부차관 고기동 정보 차원에서만 말씀드리겠습니다.

　저희가 어쨌든 75만 원으로 현재 하면서 감면했던 게 한 1098억이어서 상당히 규모가 커서 사실 저희가 이번에 40만 원으로 좀 조정을 했던 사항입니다.

　그래서 위원님들 충분히 좀 말씀을 나눠주시면 제가 필요한 정보를 말씀드리겠습니다.

○소위원장 윤건영 위원님 말씀 주십시오.

　양부남 위원님.

○양부남 위원 이게 광주의 캐스퍼 차량이 경형자동차입니다. 광주에서는 이 캐스퍼 차량을 상생의 일자리라 그래서 광주 시민들이 많은 기대를 하고 있습니다. 이 차가 팔리지 않으면 광주의 경제에 막대한 지장이 초래되고 서민들의 삶이 어려워집니다.

　그런데 취득세를 40만 원으로 내려 버리면 차가 앞으로 더 많이 팔리지 않을 겁니다. 그래서 현행을 유지해 주시고 정히 국가 재정이 어려우시다면 70만 원 정도까지 절충을 해 주시면 좋겠다는 생각이 듭니다.

○소위원장 윤건영 다른 위원님들 의견 주십시오.

○위성곤 위원 저는 양부남 위원님 의견에 개인적으로 동의하는데요. 사실은 차량이 대형화되어지면서 주차 문제라든가 여러 가지 문제들이 발생을 하고 있어서 경차 개발을 정부가 그동안 계속 촉진해 왔고 앞으로도 촉진할 필요가 있다고 생각합니다. 소형차 위주로 운영하게끔 하는 것들이 바람직하다고 보고요.

　보통 2인 이상 타지 않고 보통 1인 운전자인 경우가 거의 태반이기 때문에 경차에 대한 지원 확대를 통해서 산업을 이끌어 가는 것도 매우 중요한 거라고 봐서 충분히 양보하셨다고 저는 그렇게 생각합니다.

○**박정현 위원** 저도 양부남 위원님 안에 동의하고요. 정부에서 시원하게 그냥 75만 원 유지하시지요, 이번에는.

○**행정안전부차관 고기동** 말씀 다 나눠…… 말씀하시면 제가 답변드리겠습니다.

○**한병도 위원** 차관님 뭐 다른 생각이 있는 것 같은데.

○**조승환 위원** 저도 말씀……

○**소위원장 윤건영** 조승환 위원님.

○**조승환 위원** 경차 정책 부분에 사실 굉장히 경차 확대 정책을 써 오다가 어느 시점 에서부터인가 이 경차 부분에 관해서 그냥 정부도 손을 놔 버리고…… 물론 일반인들이 너무 경차를 안 타는 경향들이 있으니까 정부도 손을 놨다고 생각하는데.

이 경차 부분에 관해서는 저도 의외로 지방세 감면 액수가 너무 많다라는, 정말 이렇 게 많나 싶을 정도로 그런 생각이 들기는 듭니다마는 경차 정책에 대해서 정부가 후퇴한 다는 이미지를 줄 필요는 저는 없지 않느냐 그런 생각을 가지고 정부 재정에서 지방 세 수와 관련된 부분이니까 이거에 대한……

이 세금이 어디로 들어갑니까? 결국 광주시로, 광주시에서 까 줘야 되는 것 아닙니까?

○**행정안전부차관 고기동** 예, 상당한 그럴 가능성이 있습니다.

○**조승환 위원** 결국 광주시에서 하는 부분이니까 저는 지방세수에만 큰 그게 없다 그 런다면 저는 양부남 위원님 의견에 그걸 하면 좋겠다는……

○**양부남 위원** 차를 산 사람이 광주시에서만 사는 게 아니고……

○**조승환 위원** 아, 그렇네, 그렇네. 제가 착각을 했습니다.

○**이달희 위원** 저는 어제 발표하시면서 정부에서 이게 더 이상 영세한 사람들이 안 타 는 세컨 카더라 이렇게 얘기하셨는데요. 소형이나 대형 타는 것보다 세컨 카라도, 소형 타는 게 환경적인 거나 에너지 면에서 훨 낫지 않나 이런 생각에서 양부남 위원님 의견 에 동의하고요.

또 광주의 여러 가지 산업의 구조상 이 차량이 많이 생산되고 많이 팔려야 된다, 팔려 서 광주형 일자리가 계속 유지돼야 한다는 거에도 공감합니다.

○**소위원장 윤건영** 차관님 말씀 주시면 될 것 같습니다.

○**행정안전부차관 고기동** 여러 위원님 말씀 감사합니다.

존경하는 양부남 위원님 말씀처럼 70만 원 하지 말고 현행 있는 75만 원으로 해서 유 지하도록 그렇게 하겠습니다.

○**이달희 위원** 그런데 양부남 위원님 차관님한테 뭘, 큰 선물을 하나 주실 걸…… 쿠폰 을 하나 주십시오.

○**조승환 위원** 플래카드 거셔야 될 것 같아요.

○**위성곤 위원** 법안은 한병도 위원……

○**한병도 위원** 예?

○**위성곤 위원** 법안은 한병도라고. 일은 양부남 위원님이 하시고.

(웃음소리)

○**소위원장 윤건영** 다음.

○**수석전문위원 유상조** 다음은 151페이지, 산업단지 조성을 위해 부동산을 신탁한 경우

수탁자에 대해 취득세 감면을 적용하는 내용이 되겠습니다.

잠시 설명을 다시 한번 드리겠습니다.

이 부분은 자금조달 방식의 차이에 따른 형평성 문제가 있겠습니다. 저당권 설정을 통해서 자금을 조달한 거와, 대표로 담보신탁이 될 텐데 담보신탁을 통해서 자금을 조달한 경우에 간주취득한 경우에 취득세 감면 여부가 달라진다는 건 형평성 문제가 있겠고요. 역시 실질과세원칙에 따라서도 문제가 있어 보입니다.

다만 행안부에서의 의견은 이게 지금 산단에 한정된 문제가 아니라 물류단지라든지 관광단지 등 다른 사업시행자, 감면 대상자도 문제가 될 수 있어서 실태조사가 필요하다는 의견이었습니다. 그래서 어제 그 실태조사 기간을 두고 2월 중까지 또는 3월 중까지 가능 여부에 대해서 차관님께서 그거는 사실상 어렵다 이런 답변이 있으셔서······

그 내용 중에 양부남 위원님께서 만약 그렇다고 하면 이 법을 수정안을 통과시켜서 해당이 되면 감면이 되는 것이고 해당 안 되면 감면이 안 된다는 말씀을 주셔서 제가 우리 조사관들하고 어제저녁에 늦게까지 회의를 했습니다. 그래서 양부남 위원님 말씀이 옳다는 생각이 들어서 지금 김상훈 의원님안에 있는 조문을 수정해서 저희들이 수정의견을 마련했습니다.

지금 조문대비표를 보시면 78조에 돼 있는 부분에 시행자를 이렇게 설명하게 되면 문제가 그다음 산업기술단지 지원에 관한 특례법 제4조에 따른 사업시행자가 또 빠질 수가 있어서 1항을 그대로 두고 이 경우 해당 부동산이 신탁법에 따라서 신탁되어 있고 위탁자가 사업시행자이며 수탁자가 지방세법 제7조제4항 전단에 따라 취득한 것으로—이것이 간주취득이 되겠습니다—보는 경우에는 수탁자도 사업시행자로 본다로 규정하게 되면 형평성 문제도 해결이 되고 실질과세 문제도 해결될 수 있는 수정의견이라고 생각이 됩니다.

이상입니다.

○**소위원장 윤건영** 우선 정부 측 의견을 한번 들어볼까요?

차관님.

○**행정안전부차관 고기동** 어제 말씀드렸습니다만 발의하신 위원님께도 저희가 말씀을 드려서 충분히 검토할 시간을 좀 달라고 부탁을 드렸고요.

어제 어쨌든 저희가 여러 개발단지와 다 관련이 되어 있는 부분이라 충분히 검토가 좀 필요하다는 생각입니다.

○**소위원장 윤건영** 수정의견에 대해서 보류 의견입니까, 뭐 어떻습니까?

○**행정안전부차관 고기동** 조금······

○**소위원장 윤건영** 보류?

○**행정안전부차관 고기동** 지금 막 봤습니다만 검토를 좀 해야 되지 않겠습니까?

○**조승환 위원** 계류하시지요.

○**소위원장 윤건영** 그러면 위원님들 의견.

○**양부남 위원** 제가.

○**소위원장 윤건영** 양 위원님.

○**양부남 위원** 제가 어제 이야기를, 문제 제기를 해 가지고 아마 이런 수정안이 나온 것 같아요.

그런데 오늘 제가 행안부차관으로부터 이 부분에 대해서 자세한 설명을 들을 기회가 있었습니다. 그런데 나름대로 행안부도 일리가 있어 보입니다.

이게 신탁의 종류가 여러 형태가 있고 신탁의 주체도 어떤 이 문제가 실질과세와 형평성의 원칙에 입각해서 이런 문제가 제기되는데 신탁의 종류와 신탁의 주체와 수탁자의 법률관계를 면밀히 살펴볼 때 이게 일률적으로 하기 어렵다는 측면도 있다는 걸 제가 좀 느꼈어요.

그래서 어제 이런 이야기를 제시했지만 또 정부안처럼 이걸 좀 실태를 면밀히 살펴볼 필요도 있지 않냐는 생각이 듭니다. 나머지 그 기간 문제는 위원님께서 토론해 주시면 좋을 것 같다는 생각이 듭니다.

○소위원장 윤건영 어제 기간 관련해서 원래 한 석 달 정도까지 하자고 했는데 행안부에서는 석 달은 너무 벅차다, 상반기 중으로 이야기를 하셨고요, 참고로 말씀드리면.

다른 위원님들 의견.

○위성곤 위원 위성곤 위원입니다.

정부에서는 지금 물류단지 등 관광단지 등에 대한 것을 얘기를 하고 있는데 실제 법률 조문은 산업단지로 정해져 있거든요, 사실은. 그런데 그것 확대해서 굳이 고민할 이유가 없을 텐데 그 고민까지 하는 이유를 저는 잘 모르겠고요.

그리고 들어 봤더니 은행에 저당을 잡힌 것과 신탁으로 잡힌 것 돈을 빌린 건 마찬가지인데 빌리는 방식 가지고 제한하는 것은 문제다.

그래서 지금 수석전문위원께서 제안하신 대로 일단 처리를 하고 나머지 관광단지, 물류단지 문제는 그 법을 시행하고 있는 담당자들이 고민해야 할 것 아닌가요? 관련돼서 국토부가 고민해야 되고 사실은 문광부가 고민해야 될 일을 이걸 다 떠안고 행안부가 하고 있다라는 것은 좀 맞지 않은 것 같습니다.

○소위원장 윤건영 우선 수석전문위원 이야기하시고.

○수석전문위원 유상조 제가 행안부하고 논의를 할 때는 행안부에서 지금 신탁 부분, 신탁에 여러 가지 종류가 있다 하는 것이지요. 관리신탁이라든지 개발신탁이라든지 담보신탁이라든지. 대부분의 문제가 되는 신탁은 여기서는 담보신탁으로 보입니다.

나머지 예외는 굉장히 드물 것으로 보이는데요. 그래도 그 예외가 있으니 그래도 신탁 부분을 정확히 살펴보는 게 좋겠다, 저도 의견에 동의를 해서 그 정도 실태 파악이라고 하면 3개월이면 충분하다 하는 게 제 생각이고요.

그거를 3개월 내에 못 하겠다고 해서 6월 중 상반기로 되게 되면, 국회 일정이 상반기가 넘어가게 되면 사실상 정기국회에 심의하게 되는데 그러면 1월 1일자로 이 문제 제기를 한 분들에 대한 입법부의 반응이 1년이 걸린 게 되는 것입니다. 그렇게 되면 이거는 소급해야 할 가능성이 굉장히 높은 법이거든요. 그러면 소급 시점이 굉장히 기간이 당겨져 오기 때문에 그 위험성이 있고요.

지금 위성곤 위원님이 말씀하신 부분인데요, 지금 여기서는 산단에 대한 문제만 일단 범위를 좁혀서 하게 되면 물류단지하고 그다음에 관광단지 부분은 소급 시점이 명확해집니다. 왜냐하면 산단을 해 줬기 때문에 산단 시점으로 물류단지나 관광단지가 올 수 있기 때문에 우리가 소급할 때 가장 어렵게 생각하는 어떤 시점이 해결되는 측면이 있어서 이 산단 측면을 오늘 의결하시게 되면 다른 부분에 있어서까지 좋은 영향을 미쳐서 법안이 정리될 수 있다, 이런 측면을 말씀드립니다.

○**소위원장 윤건영** 혹시 부처에서 하실 말씀 있으신가요?

○**행정안전부차관 고기동** 사실은 이 법안이 11월 말쯤에 갑자기 왔고 저희가 충분히 검토할 여력도 없었고 시간도 없었던 상황입니다, 갑자기 병합해서 논의가 되었기 때문에.

수석님 말씀처럼 신탁이 굉장히 종류가 많고 담보신탁에 한정된다고 말씀은 하시지만 아마 파급효과가 상당히 클 것 같은데 그 부분에 대한 고민도 있고, 위원님들 계속 말씀 중에 어쨌든 개발자·공급자 이 부분에 대해서 과연 얼마만큼의 혜택을 주어야 되는지 상당히 이틀 동안 고민을 많이 하셨는데, 어떻게 보면 이분들이 전형적인 개발 하시는 분들인데 그 부분에 대해서도 공익성이라든지 여러 부분들을 보고 세율 또 지방에 미치는 영향을 전체적으로 종합해야 되지 않을까 생각합니다.

○**소위원장 윤건영** 다른 위원님들 의견 없으십니까?

○**조승환 위원** 저는 계류하는 게 맞다고 봅니다.

○**소위원장 윤건영** 계류, 다른 위원님?

○**박정현 위원** 계류하시지요.

○**소위원장 윤건영** 그러면 정리를 좀 하겠습니다.

계류를 하되 오늘 나온 의견들 중에서 산업단지에 관해서는 행안부가 신속하게 할 수 있는 부분이 있잖아요. 그렇지요? 나머지 다른 단지들까지 확대하지 말고. 그러면 검토할 수 있는 기간이 확 줄어드는 것 아니겠습니까? 그게 일종의 케이스가 될 수 있는 거고, 그렇지 않습니까?

○**행정안전부차관 고기동** 예, 검토해 보겠습니다.

○**소위원장 윤건영** 그게 가능하다면 부대의견으로 내년 2월이든 3월이든 산업단지와 관련한 부분들에 대한 검토를 제출해서 처리……

○**위성곤 위원** 2월 말까지로 하지요. 빨리해서……

○**소위원장 윤건영** 2월 말까지, 좋습니다.

어떻습니까, 위원님들?

○**이달희 위원** 날짜 지정해서 하시지요.

○**조승환 위원** 저는 할 수 있는 때 하면 된다고 생각하는데, 저는 또 다른 측면에서 새로운 문제 제기입니다만 빤히 다 아는데, 예를 들어서 저당을 해 가지고서 하면 자기 명의로 해서 산업단지를 개발해서 취득세나 이런 것에 대해서 감면이 되고 이걸 신탁 방식으로 가서 돈을 빌려 오게 되면 이게 안 된다라는 것은 사업자들이 다 알고 있는 상황에 이 사람들이 신탁 쪽으로 갔다, 그렇다면 그것에 대한 자기네들의 판단이 있는 거지요, 저도 이유는 뭔지 모르겠습니다마는.

사실 예를 들어서 우리가 차를 렌트할 때 개인이 소유하는 방법도 있고 장기 렌트하는 방법도 있고 리스해 가지고 명의는 자기 것으로 하면서 하는 방법도 있고 장기 대출로 해서 하는 방법도 있고 여러 가지 방법이 있는데 그중에서 이게 좋은 점, 나쁜 점이 다 있지 않습니까? 그것에 대해 종합적으로 판단해서 나는 이런 방식으로 차를 하겠다라는 그런 방식인데, 이것도 단위는 차 렌트하는 것하고는 다르지만……

○**위성곤 위원** 그런데 이건 감면을 해 주는데 감면을 해 주는 방식이 저당을 하는 방

식이냐 신탁을 하는 방식이냐에 따라서 어떤 것은 감면이 되고 어떤 것은 감면이 안 되는 게 말이 안 되는 거지요. 같은 부동산 개발을 하는데……

○**조승환 위원** 아니, 저는 그게 말이 안 된다는 게 아니라 뭔가 이유가 있으니까, 그 이유가 뭔가는 저는 개발사업을 안 해 본 사람이기 때문에 제가 그 내용을 잘 모르겠는데, 그런 예를 든 게 제가 지금 차 렌트하는 걸 여기 다 알 수 있게, 그래서 자기 본인들이 판단해서 이것은 취득세 감면을 못 받지만 내가 예를 들어서 담보를 해서 당기는 것보다 개발 신탁을 해서 당기는 게 금액이 더 많다든지 그런 이유가 다 있을 건데 그걸 가지고 이게 방식이 같기 때문에 실제 혜택이 어떠냐…… 지금 다 똑같잖아요. 차 빌려서 쓴다는 것은 다 똑같은데 그런 것에 대한 고민도 해야 되지 않느냐라는 생각입니다.

○**수석전문위원 유상조** 위원님, 그 고민 반드시 해야 됩니다. 그런데 개발사업 시행자가 그것을 알면서, 취득세 감면을 못 받는다는 것을 알면서 그럼에도 불구하고 담보신탁으로 해서 돈을 빌려 오고 그걸 분양가에 자기네들이 반영을 해서 그 수익을 확보했다고 하면 위원님 말씀대로 이 부분에 있어서는 형평성 문제가 해소되는 측면이 있는데요. 상당수 지금 사업 시행자의 경우에는 지자체별로……

○**조승환 위원** 그건 모르고 했다라는 거지. 그것 몇백억을……

○**수석전문위원 유상조** 지자체별로 지금 상황이 일관성이 있느냐도 조사를 해 봐야 됩니다.

○**조승환 위원** 그러니까 조사할 게 굉장히 많아요. 그런데 그것 다 최소 몇백억 단위에서 투자를 하면서 돈을 당겨 오는 걸 갖다가…… 이게 예를 들어서 PF를 조성할 거냐 대출을 받을 거냐 신탁을 할 거냐, 여러 가지 이유가 있을 수 있는데……

○**수석전문위원 유상조** 위원님, 제가 한 말씀만 더 드리면요. 지금 그것을 알고 하는 사람과 모르고 하는 사람이 있다고 했을 때 법에서, 입법기관에서 빨리 정해 줘야, 이걸 빨리 정해 줘야……

○**조승환 위원** 그러니까 안 하면 그것도 빨리 정해 주는 것이지, 사실은.

○**수석전문위원 유상조** 만약 이걸 안 한다고 결정을 하시려면 지금 오늘 아예 안 한다고 결정을 하셔야 됩니다, 진짜. 그래야 시장에서 이걸 받아 가지고……

○**조승환 위원** 그런 측면도 분명히 있다는 거지요, 제 이야기는. 우리가 지금 이때까지 논의 안 했던 측면에 대한 이야기를 제가 드린 겁니다.

○**이달희 위원** 2월 말까지 한시적인 시간을 주시지요.

○**소위원장 윤건영** 예, 계류하는 것으로 하고요. 부대의견으로 2월 말까지 이 부분에 대해 앞서 의논됐던 검토, 행안부에서 검토하는 것으로 그런 부대의견을 달도록 하겠습니다.

논의는 다 끝났고요. 지금 실무적으로 정리하는 게 필요하다고 하니까 한 10분만 정회하고 바로 하겠습니다.

지금 3시 35분입니다. 45분까지 약 10분간 정회하도록 하겠습니다.

(15시36분 회의중지)

(15시53분 계속개의)

○**소위원장 윤건영** 의석을 정돈해 주시기 바랍니다.

성원이 되었으므로 회의를 속개하겠습니다.

위원님들 심사는 모두 끝났고 지방교부세법과 부대의견에 대해 확인을 한 후 의결하도록 하겠습니다.

수석전문위원님 보고해 주십시오.

○**수석전문위원 유상조** 위원님들 지금 지방교부세법 일부개정법률안 신구조문 대비표를 보시겠습니다.

그러면 1항에 '행정안전부장관은 다음 각 호의 구분에 따라 소방안전교부세를 지방자치단체에 전액 교부하여야 한다. 이 경우 소방 분야에 대해서는 소방청장의 의견을 들어 교부하여야 한다' 해서 1호와 2호에 100분의 40 이상에 해당하는 금액, 100분의 5 이하에 해당하는 금액으로 해 가지고 시행령에 있는 사항을 지금 법정화하셨다고 보시면 되겠습니다.

이상입니다.

○**소위원장 윤건영** 위원님들 의견 있으십니까?

○**조승환 위원** 75 대 25는 어디에 들어가 있지요?

○**양부남 위원** 그거 100분의 40과 100분의 5가 그 의미입니다.

○**조승환 위원** 그 의미입니까?

○**양부남 위원** 예, 그게 포함된 겁니다. 20에 75가 15가 돼 가지고 그래서 40 이상, 5 이하가 되는 거지요.

○**조승환 위원** 산수가 약해서……

○**배준영 위원** 아까 그 이달희 위원님 말씀하신 거는……

○**수석전문위원 유상조** 그 부분을 좀 말씀드리면 넣기가 조금…… 지금 100분의 15로 이렇게 가감하시지 않습니까. 그러면 75가 100까지 갈 수 있는, 지금 이 법에 따르면 그렇게 되는데 오히려 15로 하는 바람에 90까지밖에 못 가는 수가 있거든요. 그래서 입법 취지하고는 조금 다를 수 있는 측면도 있고 해서……

○**조승환 위원** 그러니까 지금 이상, 이하가 그걸 반영하고 있다 이렇게 보면 되는 겁니까?

○**수석전문위원 유상조** 그래서 이렇게 하시는 게 오히려 더 나을 것 같습니다.

○**조승환 위원** 그러니까 이상, 이하가 그 의미예요?

○**수석전문위원 유상조** 예.

○**조승환 위원** 융통성을 주고 있다라고, 그건 맞아요?

○**행정안전부차관 고기동** 어쨌든 극단적으로는 100%가 가능하고 100 대 0이 될 가능성도 이론적으로는 가능할 것 같거든요, 지금 조문으로는. 그리고 어쨌든 시도에서는 이 부분에 대해서 굉장히 부정적인 의견이 제출돼 있는 상황인데요. 이걸 어떻게 조화시킬지는 좀 고민을 해 주셔야 되지 않을까 싶습니다. 그래서 탄력적으로 좀 할 수 있는 부분이 있어야 적당하다는 생각입니다.

○**소위원장 윤건영** 그러면 하여튼 지나간 건 다시 이야기 안 하겠습니다.

부대의견 관련해서 추가……

○**수석전문위원 유상조** 부대의견 관련해서는 지금 배부해 드린 자료를 보시면 먼저 지방행정제재·부과금 징수 등에 관한 법률 일부개정법률안 같은 경우는 차세대지방세입시스템이 서울시의 적극협조 노력을 촉구하는 내용이 되겠고요.

두 번째 지방세법 관련해서 2의 가는 고급주택에 대한 것을 이제 연구해서 행정안전위원회에 보고하는 건데 이거는 지금 저희가 개월 수에 대한 논의가 없어서 6개월 정도 하시면 어떨까 싶은 생각이 듭니다.

그다음에 나 번에는 폐기물매립시설·소각시설 관련 부분인데요. 이 부분도 한 6개월 이내에 보고해 주게 되면 저희들이 상반기에 보고받으면 하반기에 위원님들 심의하시는 데 참고하시면 좋을 것 같습니다.

그다음에 3-가, 지방세특례제한법 같은 경우에는 장애인활동지원기관에 대한 지원 방안을 서울시 등과 협의해서 마련하는 안이 되겠고요.

나의 두 번째는 서민주택 그 기준에 관련해서 이것도 한 6개월 정도면 어떨까 싶습니다.

그다음에 다 번에 이제 인터넷신문 같은 경우에 부처의견 수렴도 필요하고 해서 이것도 역시 6개월 이내에 보고하면 좋을 것으로 보이고요.

라가 중고자동차 사업 진출 같은 경우에 대기업 관련된 부분인데 이 부분도 6개월 정도 두시면 어떨까 싶습니다.

그다음에 행정안전부, 마 번인데요. 이건 이제 담보신탁 등 소유권에 대한 실태조사 부분인데 이 부분과 관련해서 저희들이 위원님들께서 좀 생각해 주셨으면 하는 게 소급 여부인데요. 이건 실태조사 해 봐야 소급 여부를 알 수 있다는 것은 맞습니다. 맞는데 만약에 실태조사를 해서 소급을 해야 된다고 하면 소급 시점은 2025년 1월 1일이 되는 것이 당연하다고 봅니다. 정부 같은 경우에 정부정책 발표일 1월 10일 이런 식으로 소급을 해서 소급하지 않습니까? 그래서 만약에 이게 소급이 필요하다고 하면 지금 국회에서 입법부에서 논의하고 있는 시점이 소급 시점이 되는 것이 법적 안정성 측면에서 타당하다고 생각합니다.

이상입니다.

○**소위원장 윤건영** 마지막에 마 번, 행안부는 2025년 2월이 아니라 5월 중으로 하겠다는 겁니다. 제가 조금 전에 말씀드렸던 게 2월까지는 도저히 어렵다고 해서 5월 중으로 하고요.

혹시 부대의견 관련해서 의견 있으신가요?

○**행정안전부차관 고기동** 국장이 말씀드리겠습니다.

○**행정안전부지방세제국장 김성기** 위원장님 세제국장 한 말씀, 건의 하나 드리겠습니다.

첫 번째 페이지에 지방세법 일부개정법률안 부대의견 중의 두 번째, 나 번입니다. 행정안전부는 폐기물매립시설에 대해서 6개월 내에 보고하도록 되어 있는데요. 여기에 '행정안전부와 환경부는' 해서 환경부를 넣어 주시면 저희가 환경부랑 업무를 협의하는 데 도움이 많이 될 것 같습니다.

○**소위원장 윤건영** 예, 그렇게 하겠습니다.

정부 측 의견 끝났지요?

더 이상 없으시면, 위원님들 다른 의견 있으신가요?

(「없습니다」 하는 위원 있음)

그러면 의결하도록 하겠습니다.

의사일정 제4항 정부가 제출한 지방세기본법 일부개정법률안은 우리 위원회에서 수정한 부분은 수정한 대로, 기타 부분은 원안대로 의결하고자 하는데 위원님 여러분 이의 있으십니까?

(「없습니다」 하는 위원 있음)

가결되었음을 선포합니다.

의사일정 제8항 정부가 제출한 지방세징수법 일부개정법률안은 우리 위원회에서 수정한 부분은 수정한 대로, 기타 부분은 원안대로 의결하고자 하는데 위원님 여러분 이의 없으십니까?

(「예」 하는 위원 있음)

이의 없으므로 가결되었음을 선포합니다.

의사일정 제10항 정부가 제출한 지방행정제재·부과금의 징수 등에 관한 법률 일부개정법률안은 우리 위원회에서 수정한 부분은 수정한 대로, 기타 부분은 원안대로 의결하고자 하는데 위원님 여러분 이의 없으십니까?

(「예」 하는 위원 있음)

이의 없으면 가결되었음을 선포합니다.

의사일정 제16항, 제19항, 제21항, 제25항, 제28항 이상 5건의 법률안은 각각 본회의에 부의하지 않기로 하고 지금까지 심사한 결과를 반영하여 지방세법 일부개정법률안(대안)을 우리 위원회안으로 제안하고자 하는데 위원님 여러분 이의 없으십니까?

(「예」 하는 위원 있음)

이의 없으면 가결되었음을 선포합니다.

의사일정 제37항부터 제41항까지 제43항부터 제45항까지 제47항부터 제48항까지 제50항부터 제69항까지 제72항부터 제82항까지 제84항부터 제87항까지 제93항부터 제96항까지 제98항부터 제99항까지 제101항부터 제102항까지 제105항부터 제106항까지 제110항부터 제120항까지, 이상 66건의 법률안은 각각 본회의에 부의하지 않기로 하고 지금까지 심사한 결과를 반영하여 지방세특례제한법 일부개정법률안(대안)을 우리 위원회안으로 제안하고자 하는데 위원님 여러분 이의 없으십니까?

(「예」 하는 위원 있음)

이의 없으면 가결되었음을 선포합니다.

의사일정 제124항부터 제131항까지, 이상 8건의 법률안은 각각 본회의에 부의하지 않기로 하고 지금까지 심사한 결과를 반영하여 지방교부세법 일부개정법률안(대안)을 우리 위원회안으로 제안하고자 하는데 위원님 여러분 이의 없으십니까?

(「예」 하는 위원 있음)

이의 없으면 가결되었음을 선포합니다.

오늘 의결한 법률안에 대한 체계와 자구 정리는 위원장에게 위임하여 주시기 바랍니다.

의결되지 못한 다른 지방세 관계법 개정안들은 보다 심도 있는 논의를 위해 소위에서 계속 심사하도록 하겠습니다.

이것으로 지방세 관계법 심사를 모두 마쳤습니다.

위원님 여러분, 사흘간 계속된 법안 심의로 수고 많으셨고 차관을 비롯한 행정안전부

공무원 여러분, 수석전문위원을 비롯한 국회 공무원 여러분, 국회 보좌직원 여러분도 모두 수고하셨습니다.

　회의를 모두 마치겠습니다.

　산회를 선포합니다.

(16시01분 산회)

○**출석 위원(9인)**

　김성회　박정현　배준영　양부남　위성곤　윤건영　이달희　조승환　한병도

○**청가 위원(1인)**

　정춘생

○**출석 전문위원**

　수석전문위원　유상조

○**정부측 및 기타 참석자**

　행정안전부

　　차관　고기동

　　지방세제국장　김성기

　　재난안전관리본부장　이한경

　국토교통부

　　주택정책관　김헌정

　소방청

　　기획조정관　배덕곤

내란 수괴 윤석열이 사법적 처분을 면하기 위해 탄핵 심판과, 수사에서 '졸렬한 지연 전략'을 쓰고 있습니다. 출석요구서를 안 받고, 변호인 선임계도 안 내는 등 눈에 뻔히 보이는 얕은 수를 쓰고 있는 겁니다. 지난 대국민담화에서 "탄핵하든 수사하든 당당히 맞서겠다"고 했던 패기는 어디 갔습니까? (…) 내란 사건 수사가 모두 공수처로 이첩된 만큼, 공수처는 신속하게 내란 수괴 윤석열을 당장 체포해 신병을 확보해야 합니다. 만약 가로막힌다면 수사기관은 적극적인 공권력을 행사해야 합니다. 대통령비서실과 경호처에게도 경고합니다. (…) 정진석 비서실장과 박종준 경호처장이 운영위 출석을 거부해도 덮을 수 있는건 아무것도 없습니다. 증인으로 의결된 상황이니 30일에 국회에 반드시 출석하십시오. 철저히 따져 묻겠습니다. 그 전에 지금 당장 내란 수습에 협조하십시오.

— 더불어민주당 원내대변인 노종면, 12월 19일 보도자료

우원식 국회의장 외신 기자회견 모두발언

외신기자 여러분, 반갑습니다. 우원식 국회의장입니다.

인터뷰를 요청한 외신이 많은데 개별적으로 응하기가 여의치 않아서, 오늘 이렇게 자리를 마련했습니다. 공통으로 궁금해할 소회와 계획을 먼저 말씀드리고, 질문에 답하겠습니다.

대한민국 역사의 갈림길에서 두렵고도 놀라운 시간이었습니다. 선진민주주의 국가에서 어떻게 이런 일이 벌어질 수 있는가, 155분, 어떻게 그토록 단시간에 계엄을 무효화시키고, 대통령 탄핵 소추까지 이를 수 있는가, 여기에 더해 젊은 세대가 주도한 새로운 집회문화까지, 지난 11일간 일어난 모든 일은 그야말로 놀라움의 연속이었습니다. 저로서는, 역시 희망은 국민 속에 있고, 희망은 힘이 세다는 것을 거듭 확인하는 시간이기도 했습니다.

대한민국은 지금 민주주의를 더 단단하게 만드는 치열한 과정 한가운데 있습니다. 이 과정을 통해 대한민국은 더 안정적이고 선진적인 민주주의 국가가 될 것입니다. 대한민국에는 국민의 참여, 용기와 헌신이라는 굳건한 역사적 뿌리가 있기 때문입니다. 대한민국 민주주의 회복력의 원천은 바로 이런 국민이고, 그래서 대한민국은 강하다는 것을 먼저 말씀드리고 싶습니다.

당면해서 국회에 남은 과제를 크게 세 가지로 정리하고 있습니다.

첫째, 탄핵 심판 절차가 차질없이 진행되어야 합니다. 민주주의는 훼손된 헌정 질서의 복원과 함께 온전히 회복됩니다. 대내외적 불확실성의 장기화는 나라 전체에 큰 부담이 됩니다. 국회는 소추 절차에 충실히 임하겠습니다. 국회 추천 몫 헌법재판관 임명 문제는 논란할 이유가 없습니다. 국정조사를 비롯해 진상을 철저하게 규명하고 책임을 엄정하게 묻는 일에도 국회의 책임과 역할을 다할 것입니다.

둘째, 신속하게 국정과 민생을 안정시켜야 합니다. 민주주의는 누가 수권하느냐가 아니라 국민의 삶으로 입증되어야 합니다. 국회와 정부가 합심하고 긴밀하게 협력하는 틀로서 국회-정부 국정협의체의 구성과 가동이 시급합니다. 아직 여야 간 이견이 있습니다만, 최대한 빠른 가동을 위해 국회의장이 절충안도 내면서 다각도로 노력하고 있습니다.

셋째, 의회 외교를 강화하겠습니다. 대외신인도를 제고하고, 세계질서 전환기 외교 공백을 최소화해야 합니다. 국제사회에 한국의 상황을 전달하고 불필요한 우려를 갖지 않도록 잘 설명할 필요가 있다고 생각합니다. 국회에 대한 경제계의 적극적인 요청이기도 합니다. 초당적 의원특사단 파견을 비롯한 여러 방안을 준비하고 있습니다.

민의를 대변하는 헌법기관인 국회의 수장으로서, 민주주의 회복과 국정 안정, 민생 회복을 바라는 국민의 뜻이 왜곡되지 않도록 최선을 다하겠습니다.

마지막으로 외신기자 여러분께 감사드리고 싶습니다. 이번 과정에서 우리 국민과 세계시민을 연결해 주었습니다. 힘이 되었습니다. 고맙습니다. 〈끝〉

원내대책회의 주요내용

12월 19일 원내대책회의 주요내용은 다음과 같다.

- 권성동 원내대표

저는 한덕수 대통령 권한대행께 국회법 · 국회증언감정법 · 양곡관리법 · 농산물가격안정법 · 농어업재해대책법 · 농어업재해보험법 개정안 등 이재명 국정파탄 6법에 대해 재의요구권을 행사할 것을 다시 한번 요청한다.

이재명 국정파탄 6법에 대해 지난 11월 29일 전임 추경호 원내대표가 윤석열 대통령에게 재의요구권 행사를 요청하였고, 지난 13일 제가 또다시 재의요구권 행사를 요청했다. 이 법안들은 모두 민주당이 거대야당의 위력을 악용하여, 충분한 검토와 여야 합의 없이 일방처리한 법안들이다.

예산안과 예산부수법안의 자동부의제도를 폐지하는 국회법 개정안은 예산안 의결 기한을 12월 2일로 정해놓은 헌법에 정면으로 반한다. 그리고 나머지 5개 법안 모두 위헌 소지가 높고, 법질서 전반의 혼란을 가져오며, 막대한 국가 재정 부담을 초래할 법안들이다. 여기에 재의요구권을 행사하는 것은, 대통령 권한대행의 당연한 책무이다.

민주당은 이 국정파탄 6법에 대한 대통령 재의요구권 행사를 계속 반대해 왔다. 민주당이 청소 대행을 운운하며 권한대행의 권한을 따지는 것은 어떻게든 재의요구권 행사를 막기 위한 얄팍한 핑계에 불과하다. 민주당은 대통령 권한대행에게 탄핵으로 으름장 놓는 폭력적인 협박 정치를 당장 중단하길 바란다. 대통령 권한대행의 권한 행사를 야당 마음대로 정할 수 있다는 오만한 발상을 버릴 것을 촉구한다.

어제 더불어민주당 이재명 대표를 예방했다. 백드롭은 물론 발언에서도 국정안정을 거듭 언급했다. 저 역시 공감한다. 그런데 지금 국정안정의 가장 큰 걸림돌이 무엇인가.

바로 민주당의 탄핵안 무한남발로 인한 정부기능 마비 사태이다. 현재 최재해 감사원장, 박성재 법무부 장관 등 총 14건의 탄핵소추안이 헌법재판소에 계류 중에 있다. 여기에 대통령에 대한 탄핵안까지 더해 혼란을 가중하고 있다. 헌법재판소가 14건의 탄핵소추안을 판결하는데 긴 시간이 필요하다. 이는 국정마비 시간이 연장된다는 의미이다. 탄핵남발과 국정안정은 함께 갈 수 없다. 정쟁적인 탄핵소추안은 철회해주시기 바란다.

아울러 무한탄핵에 대한 국회 차원의 재발 방지 대책도 필요하다. 윤석열 정권 출범 이후 민주당은 28건의 탄핵안을 남발했다. 국무위원 탄핵으로 국정을 마비시키고, 검사 탄핵으로 사법 기능을 마비시켰다. 심지어 한덕수 권한대행이 거부권을 행사하면 탄핵하겠다며 엄포를 놓고 있다.

그동안 남발된 탄핵안이 얼마나 허술한지 구체적 사례도 속출하고 있다. 지난 18일 탄핵소추 된 이창수 서울중앙지검장 등 검사 3명에 대한 첫 변론 준비기일을 열었으나, 3분 만에 종료되었다. 탄핵 심판을 청구한 국회 측이 변호사를 선임하지 않으면서 아무도 재판에 출석하지 않았기 때문이다.

국회에서 통과한 탄핵소추안이 헌법재판소에서 기각될 경우, 그 탄핵안을 발의·표결한 국회의원을 직권남용으로 처벌하는 법안을 여야가 공동으로 발의하자. 탄핵남용은 입법부의 직권남용이다. 행정부가 잘못하면 입법부는 국정조사와 특검 등을 통해 견제할 수 있다. 그런데 지금처럼 입법부가 탄핵안을 남발하며 행정부를 마비시킬 경우, 행정부는 견제 수단이 없다.

입법독재를 막고 삼권분립의 원칙을 지키기 위해서라도, 정쟁적 탄핵안 남발에 대한 처벌 규정은 반드시 필요하다. 민주당은 입으로 국정안정을 외치면서, 손으로 탄핵안을 만지작거리는 부조리극을 그만두어야 한다. 그리고 무한탄핵의 과오를 성찰하고 그 방지 대책을 함께 세워야 한다.

추경호 전 원내대표 재임 중, 원내대책회의의 동의를 얻어 핵심 국정 현안에 대해 긴밀한 당정협의를 이어가자는 취지로 정책위 산하 특위를 구성한 바 있다.

그중 저출생대응특위, 연금개혁특위, 노동전환특위, AI 3대강국 도약특위는 매우 중요하고 시급한 국가 현안을 다루고 있다. 그리고, 위원장님과 위원님들께서 적극적인 활동 의지를 갖고 계신 만큼, 이상 4개 특위에 대해 앞으로도 지속적으로 운영할 것을 제안한다.

특히 AI의 경우, 이틀 전 AI 기본법이 법사위를 통과해서 본회의 통과만을 남겨두고 있다. 세계에서 두 번째 AI 관련 법안이다. 우리당은 22대 국회 1호 법안으로 AI 기본법 발의에 108명 전원이 동참해 강력한 추진 의지를 밝혔는데, 이제 그 결실을 눈앞에 두고 있다.

정치적 불확실성이 높을수록, 정치권은 국가의 미래를 생각해야 한다. AI가 국가와 기업 간의 경계를 허물면서 새로운 경제 · 안보 패권 수단으로 부각되고 있어, 세계 각국이 AI 기술경쟁에 총력을 기울이고 있다. 우리 당과 정부는 AI 도약을 위한 정책추진과 예산확보에 한마음 한뜻으로 전력을 다하겠다. 야당도 대한민국의 미래 성장동력 만들기에 힘을 모아 주실 것을 당부드린다. 앞으로 AI특위의 활발한 활동을 기대한다.

– 김상훈 정책위의장

민주당이 오늘 오전 10시 30분 이재명 대표가 직접 좌장을 맡아 상법 개정 정책 토론회를 개최한다고 한다. 오늘 개최되는 민주당의 상법 개정 정책 토론회에는 경영자 측과 투자자, 전문가가 찬반 입장을 번갈아가면서 토론하는 형식으로 진행된다고 한다. 회사 및 주주로의 이사 충실의무 확대, 집중투표제 의무화, 감사위원 분리 선출 등을 핵심 골자로 하는 민주당 식의 과도하고 무리한 상법 개악은 사실상 우리 기업과 경제에 대한 자해적인 폭탄이 될 것이다.

당정은 민주당과 같이 102만 개에 달하는 전체 법인이 아닌 코스피 · 코스닥 상장 법인 2,400여 개로 한정하는 합리적인 핀셋 규제를 통해 기업 인수 합병이나 물적 분할 과정에서 선량한 일반 주주의 이익을 보호할 수 있도록 윤한홍 정무위원장이 발의한 자본시장법 개정안을 합리적 대안으로 제시했다는 말씀도 드린다.

민주당에 다시 한번 촉구한다. 어려운 정치 상황 속에서 대한민국 경제와 기업에 가장 강력한 직격탄을 날릴 수 있는 과도하고 무리한 상법 개악만큼은 중단하기를 당부드린다.

민주당이 내년도 본예산을 일방적으로 강행 처리한 후 단 5일 만에 추경 편성을 요청했다. 추경 편성을 논하기에 앞서서 민주당에게 묻겠다. 민생 안정과 내수 경기 활성화를 위해 내년도 본예산 편성 때 국민의힘이 요청한 3조 4천억 원 규모의 예산안 증액에 대해서는 왜 거부하고, 이례적으로 추경 편성을 요청하는 것인가.

지난 12월 10일 국민의힘은 내년도 본예산 심의 때 민생 안정 및 내수 경기 활성화를 위해서 첫째, 민생·안전·농어민 등 사회적 약자와 AI 등 경제 활성화 예산으로 1조 5천억 원, 둘째, 재해대책 등 예비비 1조 5천억 원, 셋째, 민생 침해 수사 경비 및 동해 대왕고래 가스전 시추 개발 사업비 1천억 원, 민주당이 요구하는 지역사랑상품권 발행 예산도 올해 수준인 3천억 원 반영 등 총 3조 4천억 원의 예산 증액을 제안한 바가 있다.

그런데 민주당은 내수 경기 활성화 예산에는 전혀 관심이 없고 오로지 지역사랑상품권 발행 예산 1조 원이 포함되지 않았다는 이유로 예산안 합의를 거부하고 내년도 예산안을 강행 처리하였다. 혹시 민주당이 추경 편성을 요청하는 것이 내수 경기 활성화 목적이 아니라, 이재명 대표가 목을 매고 있는 지역사랑상품권 발행 예산 1조 원을 다시 확보하기 위함인가.

당정은 내년 초 추경 편성을 검토하고 있지 않다는 말씀을 드린다. 내년도 예산안 집행 계획과 전반기 예산안 집행 상황, 내수 경기 진작 상황 등을 종합적으로 살펴본 뒤에 필요하다면 추후 추경 편성을 검토할 것이다. 추경 편성은 내수 경기 활성화를 위해 반드시 필요한 사업에 편성될 것이며, 민주당이 요구하는 지역사랑상품권 발행 예산확보를 위한 예산 낭비성 추경은 없을 것이라는 말씀도 아울러 드린다.

– 박형수 원내수석부대표

민주당 의원들의 망언과 허위사실유포가 수인한도를 넘고 있다. 지난 17일 법사위에서 민주당 김용민 의원이 국민의힘 의원들을 향해 "지금 여당의원 중 상당수 의원들은 추경호와 같이 공범으로 이 내란을 공모했어요"라고 발언했다. 철부지 어린 학생도 타인에게 함부로 내란죄의 공범 운운, 공모 운운하지 못할 것이다.

하물며 변호사 출신 국회의원이 내란죄의 구성요건과 공범성립요건, 내란공모의 의미에 대해서 충분히 알고 있음에도 추경호 원내대표와 국민의힘 의원들을 향해서 내란에 공모했고 공범이라고 발언한 것은 도저히 묵과할 수 없다. 이는 비난받아 마땅하고 이에 대해서는 반드시 책임을 져야 한다.

면책특권 뒤에 숨어서 동료 의원을 모욕하고 명예를 훼손하며 허위 사실 유포한 김용민 의원에 대해서 우리 국민의힘은 국회 윤리위에 징계를 요구하기로 했고 오늘 중으로 국회 윤리위원회에 징계안을 접수할 예정이다. 그러나 김용민 의원은 이 순간까지도 전혀 반성하는 기색 없이 자신의 SNS에 '국힘당은 계엄군이 국회의원을 끌어내려 했던 행위에 동조한 것에 대해서 사과하라'라는 취지로 여전히 같은 주장을 하고 있다.

국민의힘은 내란에 동조한 사실이 없을뿐더러 계엄군이 국회의원을 끌어내리려고 한 행위에 동조한 바가 전혀 없다. 결국 김용민 의원은 명백히 허위사실을 주장하는 것이며, SNS에서 허위사실을 주장하는 것은 면책특권의 대상이 아니다. 이에 대해서는 민형사상 법적 책임을 묻는 방안도 적극 검토할 것이다.

얼마 전 유튜버 김어준 씨가 여권 내 분열 및 국민 여론 호도를 의도한 것으로 보이는 한동훈 전 대표 사살설을 퍼뜨렸으나, 최근 민주당조차도 이에 대해 상당 부분 허위라고 발표했다. 그러나 민주당 김병주 의원은 당초 김어준 씨의 발언에 대해서 미국 측에서 많은 정보가 흘러나오고 있다 하며, 그 출처가 미국 정부인듯한 여지를 남긴 것으로 보도되고 있다.

여론을 현혹하고 여권분열을 조장하기 위해 내뱉은 유튜버의 선동성 궤변에 4성 장군 출신의 민주당 의원이 동조했다는 것이다. 민주당 의원들에게 엄중히 경고한다. 우리 국민의힘은 명확한 근거 없이 현 시국에 부화뇌동하여 동료 의원들을 향해 허위사실 유포하고 명예훼손 하는 행위에 대해서는 끝까지 책임을 물을 것이다.

– 유상범 법제사법위원회 간사

대통령 탄핵을 전후해 정국 혼란과 국민 분열이 가중되고, 언론 간 치열한 보도 경쟁으로 인한 왜곡, 과장 기사가 난무하는 상황에서 모든 수사 기관들까지 경쟁적으로 전방위적인 수사가 이루어지고 있다. 특히 군의 경우 수뇌부는 물론 지위 고하를 막론하고 많은 이들이 자신이 다음 대상이 될지 모른다는 극도의 불안감에 떨고 있다고 알려지고 있다. 제보에 따르면 현재 수사 기관들은 참고인마다 출석을 강력히 압박하고 있고, 변호인이 없다면 국선 변호인이라도 붙여줄 테니 빨리 나오라고 종용하고 있다고 한다.

더욱 우려스러운 점은 이미 민주당 측의 공작 정치를 시사하는 정황들이 나타나고 있다는 사실이다. 윤석열 대통령으로부터 국회의원을 끌어내라는 지시를 직접 받았다고 주장한 곽종근 특전사령관의 경우 민주당 소속 모 의원의 소개로 친민주당 성향의 변호사 등을 선임한 이후 수사 초반 오염된 진술을 했다는 제보가 있다.

이들 변호사들은 최초 조사에서 곽종근 사령관에게 무리한 진술을 강요한 후 영장실질심사 직전에 변호사를 일괄 사임했다는 의혹까지 있다. 경찰 수사 과정에서 이재명 대표의 위증교사 사건 무죄 선고를 내린 판사에 대한 체포 지시가 있었다고 경찰 조사 내용과 전혀 다른 허위 주장을 한 조지호 경찰청장의 변호인은 과거 문재인 정부 시절 친여권 성향으로 분류되던 인물이다.

이번 비상계엄 사건으로 수사기관에서의 조사가 예정돼 있거나, 출석을 통보받은 군·경찰 관계자에게 특정 정치색을 가진 법률가 등이 접근하여 사실과 다른 진술을 하도록 한다면 이는 전형적인 사법 방해 행위이다. 형사소송법 개정으로 피의자가 검경 심문 과정에서 현혹돼 잘못된 진술들을 하는 경우 향후 법정에서 일을 번복하게 되면 그 증거 능력이 상실된다.

얼마 전 민주당은 이화영 전 부지사 사건에서 소주와 회로 진술을 유도 받았다는 진술 번복 행태를 노골적으로 두둔하며, 수사 검사들을 탄핵하는 등 검찰을 겁박했다. 이와 같은 사법 방해 행위는 실체적 진실 규명을 방해하고, 대한민국 법치주의 실현을 파괴하는 행위라고 할 것이다.

– 최형두 과학기술정보방송통신위원회 간사

지금 김용민 의원 건도 있었지만, 여러 곳에서 국회의 회의장에서, 심지어 과방위에서 조차도 동료 의원에 대해서 '내란 공범' 운운하는 터무니없는 모략과 명예훼손을 일삼고 있다.

민주당에게 묻고 싶다. 그렇다면 계엄의 뇌관을 신속하게 해제하기 위해서 그 늦은 시간에도 국회로 달려온, 또 국회로 달려왔지만, 국회에 몇 차례 진입을 시도했다가 들어가지 못해서 당사에 모여서 계엄의 해제를 간절히 기다린 사람들이 무려 200여 명이 넘는다.

300여 명 가까이 되는데, 계엄 해제 투표에도 참여하지 않고, 또 국회 본회의장 혹은 당사 어디서, 민주당 당사 어디서도 보였다는 증언이 없는 민주당의 중진 의원들은 내란을 미리 알고 있었는가. 계엄령을 미리 알고 있었는가. 그래서 도피한 것인가.

다시 한번 더 국회 회의장에서 동료 의원들에 대해서 이렇게 터무니없는 주장을 하고 오로지 정치 갈라치기, 동료 의원을 모략하기 위한 선동을 한다면, 저희들은 그날 국회 회의장에도 달려오지 않았고, 국회 근처에 어디서도 있었다는 증거가 없는 민주당 중진 의원들을 내란 예비음모, 내란공모죄로 고발할 것이다.

2024. 12. 19.
국민의힘 공보실

어제 '검사 탄핵'에 대한 헌재의 첫 변론준비기일이 열렸으나, 청구인 측 불참으로 단 '3분'만에 끝났습니다. 해당 검사들을 향해 "권력의 시녀로 전락했다"라는 원색적 비난을 퍼붓던 기세는 어디 가고, 정작 재판에는 '노쇼'로 꽁무니를 뺐습니다. (⋯) 민주당은 무차별적 탄핵 남발에 대해 국민들께 사죄하십시오. 자신들이 남용한 무분별한 탄핵안은 당장 철회하십시오. 또한 탄핵안이 헌법재판소 기각 시, 해당 탄핵안 발의 및 찬성한 국회의원을 직권 남용을 처벌하는 법안 논의에 즉각 동참하여 '탄핵 남발'이라는 원죄를 씻기 바랍니다.

— 국민의힘 원내대변인 서지영, 12월 19일 논평

더불어민주당
제22차 정책조정회의 모두발언

일시 : 2024년 12월 19일(목) 오전 9시

장소 : 국회 본청 원내대표회의실

– 박찬대 원내대표

한덕수 대통령 권한대행은 내란 수괴의 뜻이 아니라 국민의 뜻을 따라야 합니다. 한덕수 권한대행이 오늘 국무회의에서 농업 4법과 국회법 등 민생 개혁 법안 6건에 대해 거부권을 행사할 것이라는 전망이 흘러나오고 있습니다. 거부권 행사는 국민의 뜻이 아니라 내란 수괴, 윤석열의 뜻을 따르겠다는 선언입니다. 윤석열의 대통령 직무 복귀를 원하는 것인지 대행께 묻고 싶습니다.

양곡관리법과 농산물 가격안정법 등 농업 4법은 최악의 쌀값 폭락으로 절망에 빠진 농민을 살리자는 민생 법안입니다. 국회법은 국회의 예산 심의권을 강화 · 보장해주는 것이며, 국회증언감정법은 앞으로 진행될 12.3 내란 사태 진상 규명과 책임자 처벌에도 필요한 개혁 법안입니다. 한덕수 대행이 판단 기준으로 내세운 헌법과 법률에 부합하고 국가의 미래에도 도움이 되는 정의롭고 상식적인 법안들입니다.

농림부와 기재부, 권성동 국민의힘 원내대표가 농업 4법에 대해 거부권 행사를 건의했다고 하는데, 이는 윤석열 탄핵안 가결 이전의 일입니다. 국정 운영에 그 어떤 권한도 없는 내란 수괴와 내란 공범들의 의도대로 움직이지 마시고, 오늘 당장 6개 민생 개혁 법안을 의결하고 공포하십시오.

한덕수 권한대행은 법에 따라 상설특검 추천 의뢰부터 하십시오. 지난 10일, 국회에서 상설특검 수사 요구안이 통과되었습니다. 특별검사의 임명 등에 관한 법률 제3조에 따라, 특별검사의 수사가 결정된 경우 대통령은 특별검사후보추천위원회에 지체 없이 두 명의 특별검사 후보자 추천을 의뢰하여야 합니다. 국회는 이미 특별검사후보추천위원회를 구성했습니다.

한덕수 권한대행은 법에 따라 지체 없이 특검 후보자 추천을 의뢰해야 한다는 점, 분명히 말씀드립니다. 내란 사태를 지속시키겠다는 생각이 아니라면, 내란 특검법과 김건희 특검법도 즉시 공포해야 합니다. 만약 한덕수 권한대행이 탄핵 민심을 무시하고 권한을 남용해 거부권을 행사한다면, 응분의 대가를 치르게 될 것임을 엄중 경고합니다.

12.3 내란 사태의 빠른 종결을 위해 내란 수괴를 긴급체포해야 합니다. 내란 수괴 윤석열과 그의 오른팔 김용현이 지금도 내란 혐의를 부인하면서 극우 세력 선동과 여론 조작에 혈안입니다. 윤석열의 40년 지기라는 석동현 변호사는 최근 "내란은 무슨 내란이냐, 내란죄 요건이 안 되고 수사 대상이 될 수 없다"고 망발을 했습니다. 내란 총책 김용현도 변호사를 통해 "세 명의 사령관 구속은 불법이다, 구국의 일념의 함께 싸웁시다"라며 내란 선동을 멈추지 않고 있습니다.

국민의힘의 내란 수사, 탄핵 심판 방해 행위도 도를 넘고 있습니다. 국민의힘은 내란 수괴 탄핵에 반대한 데 이어 국회 탄핵소추권 회의와 헌법재판관 인청특위 회의, 인사청문회까지 모두 거부했습니다. 심지어 내란 특검과 김건희 특검 거부권 행사를 요청했다고 합니다. 광기와 망상에 사로잡힌 내란 수괴와 내란 공범, 내란 잔당의 계속되는 준동을 신속하게 진압하지 않는다면, 경제와 외교, 안보가 치명상을 입게 됩니다. 한덕수 권한대행은 즉시 내란 특검을 공포하고 공수처와 국가수사본부는 내란 수괴의 긴급체포에 나서야 합니다. 아울러, 내란 선동을 일삼는 자들도 엄벌할 것을 수사 당국에 촉구합니다.

민주당은 어제 당 차원의 내란극복국정안정특별위원회와 원내 차원의 민생경제회복단을 구성했습니다. 내란 사태로 촉발된 국정 혼란과 국민 피해가 장기화되고 고착되는 것을 막기 위해 필사적인 노력이 필요한 때입니다. 민주당은 국민과 더불어 내란 사태 극복과 민생 회복, 국정 안정에 최선을 다하겠습니다.

- 진성준 정책위의장

계엄 선포 직후, 윤석열 대통령이 최상목 경제부총리에게 문건 한 장을 건내서 예비비 등 계엄자금을 확보하라고 지시한 것으로 드러났습니다. 국회가 집행이 저조한, 그마저도 쌈짓돈처럼 제멋대로 가져다 쓴 예비비 2조 4천억 원을 삭감하자 무슨 국정 마비라도 될 것처럼 펄펄 뛰었던 것이 계엄자금을 확보하지 못해서였던 것인지 궁금합니다. 여인형 전 방첩사령관은 검찰조사에서 대통령이 지난해 12월 "사회 문제를 해결하는 것은 비상조치밖에 없지 않느냐"는 취지의 발언을 했다고 진술했습니다. 윤석열이 이미 오래전부터 계엄을 계획하고, 그 실행을 위해서 예산까지 확보하려는 등 치밀하게 준비했던 것으로밖에 볼 수 없습니다.

그런데도 국민의힘은 내란극복이 아닌, '내란의힘'이 되는 데 당력을 쏟고 있습니다. 국회 추천 몫의 헌법재판관을 권한대행이 임명할 수 없다고 억지를 부립니다. 급기야 헌법재판관 후보자 3인에 대한 인사청문회 등 임명동의 절차를 전면 거부하고 나섰습니다. 국회의장이 제안한 '내란사태 국정조사'에 대해서도 반대합니다. 내란의 진상조사도 거부하고, 헌정질서 회복도 방해합니다. 이쯤 되면 국민의힘은 내란에 동조하는 '내란정당'이 아닙니까? 그 사이 트럼프 미국 대통령 당선인은 첫 공식 기자회견에서 한국을 언급조차 하지 않았다고 합니다. 경제도, 민생도, 외교도 온통 윤석열 내란사태로 멈춰 섰습니다. 국민의힘은 '내란정당'이라는 오명을 벗고, 내란극복과 국정안정에 적극 동참하길 촉구합니다.

한덕수 권한대행이 윤석열 정권의 부자감세 시즌2인, '상속세법 개정안'을 국회에 다시 제출하겠다고 말했습니다. 참으로 파렴치합니다. 우리 서민들은 생계의 위기에 직면하고 있습니다. 지속적인 3고 현상과 최악의 고용한파에 따른 실질소득 감소로 가계는 빚을 빚으로 갚으며 버텨내고 있습니다. 자영업·소상공인은 생존의 갈림길에 서 있습니다. 폐업을 하고 싶어도 대출금을 갚지 못해 폐업하지 못한다는 안타까운 사연들이 쏟아지고 있습니다. 불법계엄과 내란사태는 이런 경제위기에 기름을 부은 격이었습니다.

상속세법 개정안은 초고액 자산가를 대상으로 한 감세가 핵심입니다. 상속세 최고세율을 40%로 낮추자는 것입니다. '최대주주 보유주식 할증평가'도 전면 폐지하자는 것입니다. 집권 내내 부자감세로 나라 곳간을 텅텅 비우더니, 대통령이 내란의 수괴가 되어 직무정지를 당한 시국에도 부자들의 곳간을 채우는 데만 골몰하고 있습니다. 정부가 부자감세로 상처 난 민심에 소금이라도 뿌리려는 작정입니까? '부자감세'보다 시급한 것은 '민생회복'입니다. 한덕수 권한대행이 해야 할 일은 농업4법 등 국회가 의결한 민생법안을 공포하는 것입니다. '내란 특검법'과 '김건희 특검법'을 지체 없이 공포하는 것입니다.

2024년도 올해도 열흘 남짓 남았습니다. 윤석열 내란사태로 국정이 혼란스럽지만, 국회는 국회의 역할에 충실해야 하겠습니다. 민주당은 내란사태로 더욱 어려워진 민생을 회복하기 위한 입법에 끝까지 최선을 다하겠습니다. 이번 정기국회에서 우선 심사하기로 합의했던 '민생공통공약' 입법을 처리하는 데 최선을 다하겠습니다. 연내에 처리하지 못하는 법안들이 있다면, 그 가운데 시급한 법안들을 따로 추려서 신속처리안건으로 지정하는 방안도 적극 추진하겠습니다.

예고해 드린 대로 잠시 후 10시 30분부터 '상법 개정을 위한 정책 디베이트'가 개최됩니다. 국장 부활을 위한 민주당의 정책 행보입니다. 개인투자자들을 비롯한 국민 여러분의 많은 관심을 부탁드립니다.

– 박성준 원내운영수석부대표

권성동 원내대표는 내란 수괴 윤석열과 정치적 운명을 같이 하는가? 권성동 원내대표에게 묻습니다. 당론으로 윤석열 탄핵을 반대하고 헌법재판소의 탄핵 심판을 지연시키려는 이유가 무엇입니까? 권 원내대표는 스스로 보수를 자처하면서 왜 나라의 근간인 법질서를 어지럽히고 헌정을 유린한 윤석열을 왜 감싸고 도는 것입니까? 내란 수괴 윤석열의 꼭두각시가 되고 싶은 것입니까? 대한민국이 망해 가도 내가 가진 권력만 지키면 된다고 생각하는 것인지, 국익과 민심보다 오로지 자신의 알량한 권력을 유지하려는 심산인지 묻지 않을 수 없습니다.

권성동 원내대표의 주장을 살펴보면 요지는 하나입니다. 내란을 일으킨 윤석열 국사범을 대통령 자리에 다시 앉히고 그 권력의 단물을 나눠 먹겠다는 것으로 비춰집니다. 분명히 경고합니다. 역사적으로 민심을 잃은 왕정복고 운동은 성공한 사례가 없습니다. 대한민국 국민은 그것을 용납하지 않습니다. 권성동 원내대표가 헌법재판관 임명을 거부해도 탄핵 열차는 이미 출발했습니다.

민주당은 법이 정한 절차에 따라 인사청문회를 열고 헌재가 정상 가동될 수 있도록 할 것입니다. 얕은 수로 도도히 흐르는 민심의 물결을 막을 수 있다고 착각하지 말기 바랍니다. 말장난으로 역사의 거대한 흐름을 거스를 수는 없습니다. 순리를 따르는 것이 지금 권성동 원내대표가 할 수 있는 유일한 선택입니다.

한덕수 권한대행에게도 한 말씀드립니다. 내란 수괴 윤석열과 권성동 원내대표가 압박하더라도 민심을 따르는 것이 유일한 길임을 잊지 말기 바랍니다. 지금 국민은 내란 특검법, 김건희 특검법의 신속한 통과를 요구하고 있습니다. 민심을 거스르지 마십시오. 국민은 지금 참고 인내할 수 있는 상황이 아닙니다. 이제 시간이 별로 없습니다. 좌고우면하지 말고 신속하게 특검법 공포하기 바랍니다.

– 김용민 원내정책수석부대표

　자유민주주의 적은 독재입니다. 우리가 기억하는 독재의 모습은 국민에게 총부리를 겨누고 자유를 억압하며 권리를 약탈하는 것이었습니다. 윤석열은 12.3 계엄을 선포하면서 자유민주주의를 지키겠다고 했습니다. 그리고 가장 먼저 한 것이 국회를 침탈하면서 국회를 지키는 국민에게 총을 겨누었습니다. 위헌적 포고령을 내려 국민의 자유를 통째로 억압했습니다. 독재의 모습 그대로입니다. 자유민주주의를 지키겠다고 계엄을 선포한 윤석열이 자유민주주의의 진짜 적이었습니다.

　내란 수괴가 아직 체포되지 않고 내란범들이 국민을 향해 싸우겠다고 하고 있으며, 특정 정치 세력은 이를 적극 비호하고 있습니다. 12.3 내란이 아직 완전히 끝나지 않았음에도 불구하고 내란 수괴 윤석열을 옹호하고, 윤석열의 계엄 선포와 내란 행위를 옹호하는 것은 내란 선동죄 또는 내란 선전죄에 해당할 수 있다는 것을 분명하게 경고합니다. 내란 선동죄, 내란 선전죄는 3년 이상의 유기징역에 처하는 매우 중한 범죄입니다.

　이번 내란 사태를 막아낸 우리 국민은 민주주의의 적에게 관용을 베풀지 않을 것입니다. 내란을 옹호하고 선전하는 행위와 내란범을 응원하는 행위는 표현의 자유가 아니라 범죄라는 점을 분명하게 인식해야 합니다. 12.3 내란 사태 이후 국민들은 여전히 불안함을 느끼고 있습니다. 밤잠을 잘 이루지 못하고 아침이면 밤새 무슨 일이 터진 것은 아닌지 뉴스부터 확인합니다. 하루빨리 내란을 완벽하게 진압하고 수습해야 합니다. 내란 수습과 국민을 지키는 지름길은 제2의 내란을 막는 것이고, 내란 수괴를 하루빨리 구속하는 것입니다.

　이를 위해 한덕수 총리는 두 가지를 신속하게 이행해야 합니다. 첫 번째, 내란 일반특검법을 오늘 즉시 공포하기 바랍니다. 두 번째, 상설특검법에 따라서 즉시 특검 임명절차를 진행해야 합니다. 국회가 지난 11일에 정부에 특검 추천위원회 명단을 보냈으니 법에 따라 지체 없이 절차를 진행해야 합니다. 상설특검법에서 '지체 없이'라는 의미는 하루 또는 이틀 정도를 의미하는 것입니다. 그런데 오늘로 벌써 8일이 지나고 있습니다. 한덕수 총리는 무엇을 하고 있는지 모르겠습니다. 한덕수 총리는 이미 내란의 공범으로 수사 기관에 입건되어 있는 상태입니다. 자신의 무고함을 말로만 주장하지 말고 법을 지켜 상설특검을 출범시키기 바랍니다. 그리고 당당하게 특검의 수사를 받아야 국민이 안심할 수 있다는 점을 명심하기 바랍니다.

정무위원회 간사 강준현입니다. 12.3 내란 사태와 탄핵 정국은 우리 경제의 불안을 가속시키고 있습니다. 특히 소상공인과 시민 경제에 매우 큰 타격을 주고 있습니다. 이에 민주당은 소외된 민생과 소상공인을 위해 서민 금융, 갑을 관계를 포함한 공정거래에 관련하여 각종 입법과 정책을 속도감 있게 추진하겠습니다.

어제 정무위는 온라인 플랫폼 법률안 공청회를 열었습니다. 국민의힘은 플랫폼 제정법이 시장의 발전을 막고 국내 기업만 규제한다며 신중론을 주장하지만 그 근거는 약합니다. 플랫폼 시장 발전의 진짜 걸림돌은 막대한 수수료와 비용 증가로 소상공인의 희생만 강요하는 불공정한 갑을 관계입니다. 제정법은 그 근본을 해결하는 입법입니다. 게다가 제정법은 해외 자본도 규제하는 역외 적용이 가능해서 오히려 국내 시장을 보호할 수가 있습니다.

어제 국민의힘이 추천한 진술 위원도 온라인 플랫폼 입법에 원칙론적으로는 반대하지 않는다는 의사를 확인했습니다. 단지 형식과 내용에서 이견이 있을 뿐입니다. 국민의힘이 고집하는 현행법 개정은 땜질용 입법에 불과합니다. 올해 7월까지만 해도 독점규제 제정법을 추진한다고 했다가 갑자기 방향을 바꾼 공정위의 입장도 설득력이 없습니다. 정부와 국민의힘이 정말 소상공인의 권익을 보호하려는 마음이 있다면 이제라도 온라인 플랫폼 제정법 틀에서 협조할 것을 촉구합니다.

게다가 민주당이 추진하는 중요한 민생 법안들이 있습니다. 가맹사업자들이 본사와 동등하게 협상하고 권리를 보장하는 가맹사업법, 서민의 신용회복 지원 대상에 비금융 채무까지 추가하는 서민금융지원법, 은행의 가산금리 항목을 공시하고 산정 체계를 개선하는 은행법 개정안까지 이와 같은 법안들은 내란 사태로 인해서 연말 매출 하락과 노쇼 피해를 겪는 소상공인에게 희망을 주고 서민 금융의 부담을 한층 덜어줄 수 있는 민생 회복 법안입니다.

국민의힘과 정부는 이 법안들에도 미온적 태도를 보이고 있습니다. 말로만 민생을 외칠 것이 아니라면 입법에 적극 협조하시길 바랍니다. 입법 논의를 회피한다면 민주당은 신속처리안건 지정을 포함해서 가능한 수단을 모두 동원할 것입니다. 부디 상처받은 국민의 마음을 기만하고 농락하지 말 것을 강력히 경고합니다.

– 문정복 교육 정책조정위원장

국회 더불어민주당 교육위원회는 법률이 아닌 시행령으로 만들어진 AI 디지털 교과서를 교과서가 아닌 교육 자료로 규정하는 개정안을 통과시켰습니다. 이에 교육부가 졸속으로 추진하고 있는 AI 디지털 교과서 문제를 지적하고 이를 교과서가 아닌 교육 자료로 활용하며 시범 도입부터 시작할 것을 강력히 촉구합니다.

교육부는 AI-bility를 단 15개월 만에 개발 완료했다고 발표했지만, 학습 효과에 대한 충분한 검증과 현장 적합성 검토는 전혀 이뤄지지 않았습니다. AI 교과서를 가르쳐야 할 교사들은 제대로 된 연수조차 받지 못했으며, 학교 현장에 디지털 인프라도 준비되지 않은 상태입니다. 연수에 참여한 교사들의 94%가 AI 디지털 교과서 도입을 반대하고 있는 것은 이러한 문제를 여실히 보여줍니다.

학부모들 또한 큰 우려를 표하고 있습니다. 디지털 기기를 지나치게 활용하면, 학생들의 문해력이 저하되고 중독될 가능성이 높다는 점은 이미 연구와 해외 사례를 통해 확인되었습니다. 디지털 교과서가 학습에 미치는 효과가 종이 교과서보다 낮다는 연구 결과가 많이 있습니다. 교육부는 이러한 우려를 무시하고 디지털 교과서 도입을 서둘러 강행하려 했습니다. AI 디지털 교과서는 교육 혁신의 가능성을 가지고 있습니다. 그러나 충분한 준비 없이 전면 도입을 서두르는 것은 학생들의 학습권과 교사의 교육권을 침해할 뿐만 아니라, 교육 현장에 심각한 혼란을 초래할 것입니다. 따라서 다음과 같은 방안을 요구합니다.

첫째, AI-bility 교과서로 전면 도입하는 계획을 중단하고, 교육 자료로 활용하여 연구학교 등을 통해 시범적으로 도입하십시오. 이를 통해 학습 효과와 부작용을 검증하고 정책에 실효성을 점검해야 합니다. 둘째, 시범 기간 동안 교사들이 AI 디지털 교과서를 효과적으로 활용할 수 있도록 체계적인 연수 프로그램을 마련하고, 학교 현장에 디지털 인프라를 충분히 준비하십시오. 셋째, 구독료와 기기 구입비를 지방 교육청과 학부모들에게 떠넘기지 말고 국가가 책임지고 재정 지원계획을 마련하십시오. 넷째, 정책 추진 과정에서 교사, 학부모, 학생 등 교육현장의 목소리를 반영하고 공론화를 통해 국민적 합의를 도출하십시오. 교육의 본질은 기술이 아니라 학생들입니다.

AI 디지털 교과서는 교육을 돕는 보조 도구일 뿐, 주체가 되어서는 안 됩니다. 기술이 중심이 아니라, 학생의 성장과 학습을 돕는 것이 교육 정책의 핵심이어야 합니다. 교육부는 일방적인 정책 추진을 멈추고, 국민과 교육 현장의 신뢰를 회복하기 위해 신중한 접근과 단계적 도입을 선택해야 합니다. 우리는 학생과 교사의 학습 환경을 위협하는 졸속 정책을 강력히 반대하며, 책임 있는 정책 전환을 요구합니다.

– 김한규 국회 헌법재판관 인사청문특별위원회 간사

국민의힘은 윤석열 살리기를 위한 헌법재판관 임명 방해를 즉시 중단하십시오. 어제 인청특위는 1차 회의를 열어 인사청문회 실시 계획서를 채택했습니다. 인사청문회법에 따라 12월 24일까지 마은혁, 정계선, 조한창 헌법재판관 후보자에 대한 인사청문회를 마치고 신속히 본회의에서 선출하겠습니다. 12월 27일 윤석열 탄핵 사건의 1차 변론 준비 기일이 예정되어 있으므로 시간이 촉박합니다.

그런데 국민의힘 권성동 원내대표는 헌법재판관 임명을 막기 위해 날마다 억지 주장을 하고 있습니다. 법조인 출신에, 박근혜 탄핵 사건 소추위원장의 주장이라고는 믿기 어려운 궤변들입니다. 어제는 국회의 헌법재판관 선출이 검사가 판사를 임명하는 것과 같다는 희한한 주장까지 내놓았습니다. 이 논리는 헌법재판관 9명 중 3명을 국회에서 선출한다는 헌법 제111조를 무시한 위헌적인 주장입니다. 국민의힘 1호 당원 윤석열은 위헌적 계엄을 선포했으니, 국민의힘 원내대표도 이에 질세라 위헌적 주장까지 하는 것입니까? 법률상 헌법재판관 7인 이상의 출석으로 사건을 심리해야 하기 때문에 헌법재판관 임명을 방해하는 행위는 헌법재판소의 권능 행사를 불가능하게 합니다.

헌법재판관 임명 저지에 올인하는 권성동 원내대표에게 형법 제91조 제2호 내란죄 국헌문란의 정의 조항을 알려드립니다. 헌법에 의하여 설치된 국가기관을 강압에 의하여 권능 행사를 불가능하게 하는 것. 국민의힘 1호 당원이 이미 계엄군으로 국회의 권능 행사를 불가능하게 해서 내란죄를 저질렀는데, 원내대표까지 인사청문회 방해와 대통령 권한대행에 대한 압박으로 헌법재판소의 권능행사를 불가능하게 하려는 것입니까? 국민의힘에게 엄중히 경고합니다. 윤석열 살리기를 위해 헌법재판관 임명을 방해하려는 정치적 셈법은 국민 눈에 뻔히 보입니다. 부디 더 이상 외톨이가 되지 말고, 헌법재판관 인사청문 절차에 참여하기를 바랍니다. 아직 늦지 않았습니다.

2024년 12월 19일
더불어민주당 공보국

제52차 최고위원회의 모두발언

24.12.19.(목) 09:30 본관 당회의실(224호)

– 김선민 당대표 권한대행

조국혁신당 대표 권한대행 김선민입니다.

드라마로 치면 12.3 내란은 막장 그 자체였습니다. '야당의 영부인 공세가 강해집니다. 대통령은 야당에 경고한다고 계엄을 선포합니다. 특수부대가 헬기로 국회에 난입합니다. 민간인이 맨몸으로 막으니 돌아갑니다. 또 다른 특수부대는 꾀를 냅니다. 진입하지 않고 편의점에서 커피를 마십니다.' 대본 이렇게 쓰면, 제작자는 거부할 겁니다.

전현직 군인들이 햄버거집에 모여 내란 모의를 했습니다. 과도한 PPL로 징계감입니다. 내란 우두머리 변호인은 "내란이 아니라 소란"이랍니다. 그에게 묻습니다. "그런 말장난, 재미있습니까?"

한덕수 총리는 내란 공범입니다. 최소한 부화수행(附和隨行)했습니다. 그런 총리를 그 자리에 두는 이유가 있습니다. 혼란을 빨리 수습하라는 것입니다.

지금 한 총리의 과제는 세 가지입니다. 첫째, 국회 인사청문절차가 마무리되는 헌법재판관 후보자 3인을 즉시 임명하십시오. 세 헌법재판관 후보자는 국회가 지명합니다. 대통령 권한대행의 임명은 형식일 뿐입니다. 국민의힘 권성동 원내대표가 반대하나 봅니다. 박근혜 대통령 탄핵소추위원을 했던 권 원내대표는 8년 전 이렇게 말했습니다. "대법원장이 지명하는 헌법재판관을 대통령이 임명하는 것은 형식적인 임명권이다." 맞는 말입니다. 지금이 그렇습니다.

두 번째, 정부에 이송된 윤석열 내란 특검법을 국무회의를 거쳐 즉각 공포하십시오. 국회가 상설특검 수사 요구를 의결했으니, 법규에 따라 국회에 즉시 특검 추천을 요청하십시오.

세 번째, 대통령 권한대행의 자격으로 대통령실 경호처에 수사 협조를 지시하십시오. 경호처가 대통령실과 관저 압수수색을 거부합니다. 법원이 발부한 영장 집행을 방해 또는 거부하면 그게 바로 공무집행방해입니다. 더 이상 방해하면 공무집행방해를 넘어 내란범 보호 혹은 내란 완성 의도로 봐야 합니다.

사정이 이런데, 한덕수 총리가 김건희 특검법 등에 거부권을 검토한다는 소리가 흘러나오고 있습니다. 국민(뜻)을 따르라고 했더니, 윤석열·김건희 부부 뜻을 따르려는 것입니까? 국정을 안정시키라고 했지, 김건희 씨를 안심시키라고 했습니까?

계속 그렇다면 그 자리에 있을 이유, 없습니다. 더불어민주당에게 촉구합니다. 만일 거부권을 행사한다면, 내란 공범 한덕수 총리를 감싸지 마십시오. 즉각 탄핵 소추해서 대통령 직무대행을 교체해야 합니다.

지금 국회와 정부를 눈 부릅뜨고 국민이 지켜보고 있습니다. 조국혁신당은 국민과 함께 맨 마지막까지 지켜볼 것입니다.

감사합니다.

− 황운하 원내대표

원내대표 황운하입니다.

한덕수 총리가 임시국무회의를 앞두고, 양곡법과 국회법 등 6개의 법안에 대해 재의요구권 행사를 고려할지 고심하고 있다는 기사가 나오고 있습니다. 칠실지우(漆室之憂)입니다. 분수에 넘치는 고민을 하고 있습니다.

권한대행은 임시로 관리의 책임을 맡은 자리입니다. 국회를 거쳐온 법안에 대해, 거부권 행사 여부까지 판단하는 것은 권한대행의 취지에 비춰 매우 부적절합니다.

게다가 이번 내란 사태의 책임에서 결코 자유로울 수 없는 한 총리가 국회의 입법 결정을 뒤엎을 수 있을지 의문입니다. 한덕수 총리에게 경고합니다. 부디 자중하기 바랍니다.

대통령의 탄핵은 정권에 대한 탄핵이며, 곧 행정부에 대한 탄핵이기도 합니다. 이 과도기에 국정의 중심축은 당연히 국회가 되어야 합니다. 국회와 더 많은 협의를 하고, 최후에는 국회의 뜻을 존중해주길 바랍니다.

안 그래도 이번 정권이 사용한 거부권은 이미 차고 넘칩니다. 한 총리가 위중한 시기에, 구태여 정치적 논란을 만들지 않기를 바랍니다.

내란 수괴 윤석열이 석동현 변호사를 내세워 기자회견을 예고했습니다. 당장 수사기관에 출두해서 내란죄 수사를 받아야 할 자가 수사는 거부하고, 언론플레이에 나서고 있습니다. 이런 내란 범죄자에게 마이크를 주는 것이 과연 합당한지 묻고 싶습니다.

이들의 의도는 분명합니다. 내란범 윤석열과 국민의힘은 헌재의 탄핵 심리 기간을 최대한 활용해서 조기 대선을 늦춰보겠다는 속셈으로 보입니다. 국회의 탄핵소추안 의결서도 아직 수령하지 않고 있습니다. 공조본의 압수수색 소환에도 응하지 않고 있습니다. 아마도 탄핵 심리가 개시된 이후에도, 이들은 다수의 증인 심문을 신청하는 등 온갖 방법으로 심리를 방해할 게 뻔합니다.

헌재의 시간은 엄중해야 합니다. 비상한 상황에서 재판부가 국민들을 의아하게 만드는 일이 있어서는 안 되겠습니다. 특히 피청구인이 내란 수괴라는 사실을 명심하고, 피의자에게 끌려다니는 점이 있어서는 안 된다고 분명히 말씀드리겠습니다. 생중계된 계엄 사태를 TV를 통해 시청했던 모든 국민의 분노의 시선이 헌법재판소를 향하고 있습니다. 헌법재판소가 헌정 수호의 최후의 보루가 되어주리라 믿습니다.

어제 검찰이 공수처에 사건을 이첩하기로 결정했습니다. 조국혁신당은 처음부터, 검찰은 이 사건에서 손을 떼야 한다고 주장해온 바 있습니다. 조국혁신당의 주장이 관철되어서 검찰이 손을 떼고, 공수처로 뒤늦게나마 사건을 이첩한 것에 대해서 다행으로 생각합니다.

차제에 검찰은 위헌, 위법적인 시행령에 근거한, 위헌, 위법 시비가 있는 각종 수사에서도 손을 떼기 바랍니다. 예를 들자면 한동훈 법무장관, 당시 위법적인 시행령을 만들어서 국회가 검찰의 직접수사대상을 대폭 축소한 입법취지에 정면으로 역행하는 그러한 다수 수사대상 범죄를 시행령에 포함시켰습니다. 이 부분에 대해서도 바로잡기를 바랍니다.

– 황명필 최고위원

최고위원 황명필입니다.

뻔뻔하기가 윤석열 못지 않다. 국민의힘이 하는 짓을 보면 이런 소리가 절로 나옵니다. 하긴 옛말에 '사물은 동색, 유유상종, 끼리끼리 논다'고 했습니다. 이제와 국민의힘 내부에서 윤석열은 원조 보수가 아니라 외부 용병이라고 하지만, 자신들과 생각이 비슷하니 영입했던 것 아닙니까?

보수언론과 극우 유튜버를 뒷배로 하여 공정으로 포장하고, 0.73% 차이로 대선에서 승리한 후 모든 거부권에 동의하며 부역해놓고는, 자신들은 내란에 동조하지 않은 양 유체이탈 전략을 쓰면서 탄핵에는 반대하고 있습니다.

비대위원장이 되신 권성동 전 탄핵소추위원장의 발언을 살펴보겠습니다. "피청구인에 대한 파면을 통해 정의를 갈망하는 국민이 승리하였음을 소리 높여 선언하여 주시기 바랍니다." "국민이 만들어온 대한민국을 민주주의의 적들로부터 지켜주십시오." "탄핵은 법치주의의 예외 없는 적용을 통해 모두가 법 앞에 평등하다는 헌법의 근본 원칙을 확인해주는 장치입니다." "피청구인은 역사와 국민 앞에 좀 더 솔직하고 책임 있는 자세로 탄핵심판에 임해야 할 것입니다."

참으로 훌륭한 말씀을 많이도 하셨습니다. 그런데 지금은 왜 이렇게 다릅니까? 윤석열과 국민의힘은 당시 권성동 의원이 말씀하신 것처럼, 역사와 국민 앞에 더 솔직하고 책임있는 자세로 임하고 있습니까? 출석요구서 수령을 거거부한 윤석열은 지지자의 축하 꽃다발과 케이크는 수령했습니다. 탄핵이라는 '헌법의 근본원칙을 확인하는 상황'에서 이게 책임있는 자세입니까?

국민의 압도적인 의사가 반영된 탄핵심판 와중에, 국민의힘은 내란이 아니다. 우리가 여당이다. 헌법재판관 임명 못한다 등 몽니를 부리고 있습니다. 이게 온 국민을 공포로 몰아넣은 또라이 대통령을 배출한 정당의 책임있는 자세입니까?

이 뿐만이 아닙니다. 박근혜가 탄핵되었을 때, 새누리당 김무성 대표가 "제왕적 대통령제의 폐해를 막기 위해 내각제 개헌이 필요하다"고 주장한 것과 똑같은 논리로 권성동 비대위원장은 내각제 개헌 얘기를 꺼냈습니다.

아니, 당신들은 잘못이 없고 제도가 잘못입니까? 노무현, 문재인 대통령 때는 제왕적이지 않았던 대통령제가 당신들만 집권하면 제왕적이게 되는 것은, 정치를 하는 정신상태가 썩었기 때문이고, 사람 자체가 문제가 있어서 그런 것 아닙니까? 윤석열과 크게 다를 것 없는 뻔뻔한 사람들이 모여서, 85명의 윤석열이 나눠먹는 내각제를 하면 모든 문제가 없어집니까?

박근혜 탄핵 때 훌륭한 말씀을 하신 권성동 비대위원장님. 말로 떡을 빚으면 조선 민족이 다 먹는다고 했습니다. 그때 그때 말장난과 법기술로 정치를 하려 하지 말고, 정의감과 뜨거운 가슴으로 정치를 하십시오. 원외에 있는 후배가 감히 한 말씀드립니다. 대통령은 못될 것 같지만, 내각제하면 대장이 될 수 있을 것 같으시죠? 정말 내각제가 평소의 소신이었으면, 왜 윤석열이 대통령일 때는 윤석열에게 내각제 개헌하자고 안 하셨습니까?

그렇게 얄팍하게 정치하지 마세요. 평생 배지를 못달아도, 전 그렇게는 안삽니다. 지향점과 당은 다르지만, 정치인으로서 후배들 보기에 일관성은 있으시길 바랍니다.

이상입니다.

– 조윤정 최고위원

최고위원 조윤정입니다.

대한민국의 여러 병폐들이 천박하고 비도덕적인 가족이기주의에서 시작되는 게 아닌가 하는 생각이 듭니다. 다 필요 없고, 다 믿을 거 없고, 남이사 죽든 말든, "내 가족만 잘 되면 된다. 내 가족을 위해서라면 남의 고통은 모른 척해도 된다." 이런 생각에서 많은 불미스러운 일들이 생겨나는 걸 봅니다.

가족이기주의 확장판이 사회에서의 지연, 학연, 같은 고향출신, 어디 학교 출신, 일명 내 선후배, 내 편, 내 라인, 내 조직, 내 팀 등의 얼개로 엮인 인맥입니다. 윤석열에게는 세 가지 핵심 인맥 라인이 있었습니다. 검찰조직, 충암고, 서울대입니다. 거기에 친일인사까지 포함시키면 윤석열정부의 그림이 완성됩니다.

윤정권에서 고위직에 오르려면 이 중 하나에는 껴있어야 한다는 우스갯소리도 들립니다.

이번 비상계엄은 충암고 출신 작품이었습니다. 충암고 8기 졸업생 윤석열. 계엄령 건의한 김용현 전 국방부장관, 경찰 관할한 이상민 행정안전부 장관, 방첩사령부 수장 여인형, 777사령부의 박종선, 이들은 12.12 쿠데타 전두환의 하나회와 크게 다르지 않았습니다.

윤석열은 끝까지 항전할 모양입니다. 믿는 구석이 있나 봅니다. 천공의 희망고문에 마지막 기대를 걸어본 건 아닐까 추측해 봅니다. 아니면 극우들에게 얼른 봉기해주라는 사인을 보내는 걸까요?

이들은 모두 각 조직의 수장들이었습니다 그러나 그들은 기본적으로 갖추어야 할 리더십의 기본도 못 갖춘 사람들입니다. 첫째, 인간의 존엄과 가치에 대한 기본인식이 없습니다. 이는 단순 무지성과는 또 다른 차원입니다. 둘째, 국정운영, 직무운영에 대한 철학이 없습니다. 자신의 직무에 대한 최소한의 직업의식도, 직업윤리도 없습니다. 셋째, 이들에게서, 혈연, 학연, 지연에 갇힌 사람들의 폐쇄성을 보입니다. 폐쇄성이 있기에, 그들은 그들끼리 확증편향 될 수 밖에 없습니다.

그들의 목표는 공무원으로서의 사명이 아니었습니다. 그들의 탐욕은 넘쳤습니다. 넘치다 못해, 야만적이었습니다. 우리 국민들은 똑똑히 보았습니다. 그들의 광기 어린 욕망, 잔인성을요.

국회를 무력화해도, 죄 없는 사람을 잡아넣어도, 심지어 사람이 다쳐도, 죽어나가도, 그들에게 중요한 것은 자신들 손아귀에 모든 권력을 잡고 흔드는 것뿐이지, 이 나라 민주주의와 국민의 생명, 인권, 안위는 중요한 가치가 아니었습니다.

그런데 절망적인 건 이 땅에 윤석열이 꽤 있어보인다는 것입니다. 권력을 쥐지 못해 그렇지, 쥐어주면 어떻게 돌변할지 모르는 소시오패스적인 리더들이 이 땅에 꽤 많아 보입니다. 이번 계엄사태의 주동세력들이 바로 그 증거입니다.

저는 이제 대한민국의 최대 고질병, 혈연, 학연, 지연으로 끼리끼리 똘똘뭉쳐, 북치고 장구치고 다 해먹는 대한민국 사회가 이제는 좀 바뀌어야한다고 생각합니다. 이 토양이 바뀌지 않으면, 앞으로 제2의, 제3의 윤석열은 계속 나올 겁니다. 권력에 취하면 영화 〈반지의 제왕〉에 나오는 절대반지에 누구도 자유로울 수 없습니다. 당장 눈에 보이는 곳을 땜질을 한다고 한들, 겉만 고쳐질 뿐, 그 속은 여전히 곪아 언제든, 어느 영역이든 또 터질 수 있다고 봅니다.

몸은 2024년에 살고 있으나, 정신세계는 1980년대 전두환시대에 머물고 있는 윤석열 때문에 우리 국민은 너무 많은 손실을 보고 있습니다. 그의 광기어린 욕망, 야만적인 폭력성 때문에 우리 국민이 받는 스트레스와 불안감은 상상 이상입니다.

내란은 현재 진행형이고, 탄핵은 아직 완결되지 않았습니다. 윤석열이 졸업한 충암고 이사장이 이렇게 말합니다. "어쩌다 괴물이 나왔는지 모르겠다. 백만번 부끄러운 졸업생이다. 국민에게 지은 죄는 달게 받아야 한다. 면피하거나 회피해선 안 된다. 국가를 위기에 몰아넣은 것에 대한 책임을 지라. 정정당당하게 자신의 죄에 책임지라." 국민의 뜻도 그러합니다.

이상입니다.

국민의힘에서 기어이 '내란공모' 비판에 대하여 김용민 더불어민주당 의원을 국회 윤리위에 제소했습니다. 도둑이 매를 든 격입니다. 윤리위에 회부되어야 할, 금배지를 당장 반납해야 할 당사자들이야말로 국민의힘 아닙니까? 박형수 국민의힘 원내수석부대표는 오늘 이른바 윤리위 제소를 제기하며 "국민의힘은 내란에 동조한 사실이 없을 뿐더러 계엄군이 국회의원을 끌어내려고 한 행위에 동조한 바가 전혀 없다"고 강변했습니다. (⋯) 내란범들 앞에서 혼동에 빠져 지리멸렬했던 이들의 행태는 당시 텔레그램방 상황만 보더라도 잘 알 수 있습니다. 비상계엄 해제 후 '내란수괴 윤석열'의 직무를 즉각 정지시켜야 한다는 우리 국민들의 분노에도 이들은 파렴치하게 '탄핵 반대'를 당론으로 삼아 윤석열을 비호하기에 급급했습니다.

— 진보당 수석대변인 홍성규, 12월 19일 서면브리핑

홍성규 수석대변인 서면브리핑

권성동, 국정마비 염려한다면 탄핵철회 아니라 '신속한 판결' 촉구해야!

권성동 국민의힘 대표 권한대행이 '국정안정의 가장 큰 걸림돌'이 야당의 탄핵안 무한남발로 인한 정부기능 마비라며 탄핵소추안 철회를 요구했습니다.

입은 비뚤어졌어도 말은 바로 하랬습니다. '내란수괴 윤석열'을 비롯한 탄핵소추안의 원인은 무자격 반민주주의자들이 정부 곳곳의 자리를 찬탈했기 때문입니다. 이미 지난 3일 믿을 수 없는 내란범죄를 모두 다 생생하게 겪지 않았습니까? 그러니 정말로 '국정마비 연장'을 염려한다면, 탄핵철회가 아니라 헌재에 '신속한 판결'부터 촉구해야 합니다. 헌법재판관 임명부터 가로막으면서 '국정마비 염려' 운운은 새빨간 거짓말입니다.

무엇보다, '내란수괴 윤석열'이 몸담고 있는 정당의 대표로서 권성동 권한대행은 우리 국민들 앞에 무릎꿇고 진심으로 사죄부터 해야 함이 순서 아닙니까? 충격적인 내란범죄가 발생한 지 오늘로 17일째인데, 국민의힘은 단 한 마디 사과와 반성도 내놓지 않았습니다. 그동안 했던 행태라고는 '내란수괴 탄핵 반대' 등 내란범죄를 옹호하는 작태 뿐이었습니다. 이러고도 과연 민주공화국의 정당이라고 할 수 있습니까?

'위헌정당', '내란동조정당', '내란공범'이란 비판들이 괜히 나오는 것이 아닙니다. 그 무슨 '국정운영' 운운 이전에 대국민사과부터 똑바로 하십시오. 이후 판단은 우리 국민들의 몫입니다.

—

국회 윤리위에 올라가야 할 것은 '탄핵반대' 국민의힘 의원들이다!

국민의힘에서 기어이 '내란공모' 비판에 대하여 김용민 더불어민주당 의원을 국회 윤리위에 제소했습니다. 도둑이 매를 든 격입니다. 윤리위에 회부되어야 할, 금배지를 당장 반납해야 할 당사자들이야말로 국민의힘 아닙니까?

박형수 국민의힘 원내수석부대표는 오늘 이른바 윤리위 제소를 제기하며 "국민의힘은 내란에 동조한 사실이 없을 뿐더러 계엄군이 국회의원을 끌어내리려고 한 행위에 동조한 바가 전혀 없다"고 강변했습니다.

윤석열 일당이 군대를 동원하여 내란을 획책했을 때 긴급히 '비상계엄 해제'를 표결해야 했던 국회 본회의를 이들은 '쥐새끼'처럼 회피했습니다. 내란범들 앞에서 혼동에 빠져 지리멸렬했던 이들의 행태는 당시 텔레그램방 상황만 보더라도 잘 알 수 있습니다.

비상계엄 해제 후 '내란수괴 윤석열'의 직무를 즉각 정지시켜야 한다는 우리 국민들의 분노에도 이들은 파렴치하게 '탄핵 반대'를 당론으로 삼아 윤석열을 비호하기에 급급했습니다. 우리 국민 모두가 똑똑히 목격한 바, 박형수 원내수석부대표의 궤변은 모두 다 새빨간 거짓말입니다.

'면책특권 뒤에 숨어서 동료 의원을 모욕하고 명예를 훼손하며 허위사실을 유포'하고 있는 것은 명백하게 국민의힘입니다. "철부지 어린 학생도 타인에게 함부로 내란죄의 공범 운운, 공모 운운하지는 못할 것"이라구요? 남녀노소를 불문하고 촛불과 응원봉을 들고 거리에 섰던 우리 모든 국민들은 지금 국민의힘을 가리켜 '내란동조정당'이라고 '즉각 해산하라'고 명령하고 있습니다.

'내란공모, 내란동조'라는 비판들이 정말로 듣기 싫다면, 윤리위 억지 제소로 입틀막을 시도할 것이 아니라 지금 즉시 파렴치한 '내란동조행위'부터 손 떼야 합니다.

2024년 12월 19일
진보당 수석대변인 홍성규[*]

---

[*] 동일 일시로 발행된 2개 보도자료 내용을 한 번에 실었음을 밝힙니다.

제57회 임시국무회의 모두발언

2024. 12. 19.(목) 10:00, 정부서울청사

지금부터 제57회 임시국무회의를 시작하겠습니다.

지난 12월 6일 국회를 통과하여 정부로 이송된 법률안 중에는 그동안 정부와 여당이 지속적으로 반대 입장을 표명해 온 6건의 법률안이 포함되어 있습니다.

국가적으로 매우 엄중한 상황에서, 과연 어떠한 선택이 책임있는 정부의 자세인지 대통령 권한대행으로서 고민과 숙고를 거듭했습니다. 이 법안들에 영향을 받는 많은 국민들과 기업, 관계부처의 의견도 어떠한 편견 없이 경청했습니다.

그리고, 오로지 헌법 정신과 국가의 미래를 최우선으로 고려하여 결심을 하게 되었습니다. 국회의 입법권과 입법 취지는 최대한 존중되어야 하지만, 정부가 불가피하게 재의요구를 요청할 수밖에 없는 이유를 국회와 국민들께 소상히 설명드리고 이해를 구하고자 합니다.

우선, 농업 4법 개정안과 관련하여, 농업·농촌의 발전과 농업인들의 소득을 보장하고자 하는 국회의 입법 취지는 충분히 이해하고 존중합니다. 그러나, 이 법들이 시행되면 시장기능을 왜곡하여 쌀 등 특정 품목의 공급과잉이 우려되며, 막대한 재정부담을 초래할 것입니다. 재난피해 지원 및 보험의 기본 원칙과도 맞지 않아 상당한 논란도 예상됩니다.

「양곡관리법 개정안」은 지난 21대 국회에서 정부가 이미 한 차례 재의요구권을 행사했고, 국회 재의결을 통해 부결되어 폐기된 바 있습니다.

이번에 다시 정부로 이송된 동법 개정안은 재의 요구 당시 정부에서 이의를 제기한 '남는 쌀 의무매입'에 대한 우려 사항이 보완되지 않았을 뿐만 아니라, 오히려 양곡의 시장가격이 일정 가격 미만인 경우 정

부가 그 차액을 지급토록 하는 '양곡가격안정제' 도입 규정이 추가되어 의결되었습니다.

이 개정안이 시행되면, 고질적인 쌀 공급과잉 구조를 고착화하여 쌀값 하락을 더욱 심화시키는 결과를 초래할 뿐만 아니라, 쌀 생산 확대로 시장 기능 작동이 곤란해져 정부의 과도한 개입과 막대한 재정부담을 가중시킬 것입니다. 정부의 한정된 재정 상황을 고려했을 때, '쌀 의무매입 제도'와 '양곡가격안정제' 시행에 막대한 재정이 투입된다면, 스마트팜 확대, 청년 농업인 육성 등 대한민국의 미래를 위한 농업·농촌 투자를 매우 어렵게 할 것입니다.

이에, 정부는 이번 개정안에 대한 대안으로 농업계 등 각계의 의견을 수렴해 '한국형 농업인 소득·경영 안정방안'을 마련하였으나, 국회에서 충분한 논의와 타협 없이 이번 개정안이 통과되어 매우 안타깝게 생각합니다.

「농수산물 유통 및 가격안정에 관한 법률 개정안」은 채소, 과일 등 주요 농산물의 시장가격이 기준가격 이하로 하락하였을 때, 정부가 생산자에게 차액 지급을 의무화하는 내용을 담고 있습니다. 이 개정안 또한 「양곡관리법 개정안」과 같은 부작용이 우려됩니다.

'농산물 가격안정제'가 시행될 경우, 농산물 생산이 가격안정제 대상 품목으로 집중되어 농산물 수급 및 가격이 매우 불안정해질 것입니다. 또한, 과도한 재정부담이 발생하고, 이로 인해 미래 농업·농촌을 위한 재원배분이 어려워집니다. 시장을 왜곡하는 농산물 가격지지 중심에서 농가 소득 안전망을 강화하는 방향으로 농업정책을 전환하는 세계적 추세에도 역행하는 접근이 아닐 수 없습니다.

「농어업재해대책법」과 「농어업재해보험법」 개정안은 농어업분야에서 재해 발생 시, 피해를 입은 시설의 복구 및 피해 주민의 생계 안정을 위한 지원을 넘어서, 재해 이전에 생산에 투입된 비용까지 보장하는 내용을 담고 있습니다. 또한, 자연재해로 인한 피해가 발생하여 농어업인에게 보험금을 지급하더라도, 보험료율을 할증할 수 없도록 제한하고 있습니다.

그러나, 국가가 재해복구비 외에 생산비까지 보상하는 것은 재난안전법상 재해 지원의 기본 원칙에 반하며, 다른 분야와의 형평성 문제 및 도덕적 해이가 우려됩니다.

또한, 자연재해로 인한 피해를 할증 적용에서 배제하는 것은 보험료가 재해위험도에 비례해야 한다는 보험의 기본 원칙에도 반하고, 재해위험도가 상이한 모든 가입자에게 동일한 보험료율이 적용되어 가입자 간 형평성 문제가 생깁니다. 민간 보험사들이 영세한 농어업인들의 보험 가입을 오히려 꺼리게 된다는 점도 간과할 수 없습니다.

「국회법 개정안」은 11월 30일이 지나도 예산결산특별위원회 및 상임위원회가 예산안 및 세입예산 부수 법안의 심사를 계속할 수 있도록 하는 내용을 담고 있습니다.

대한민국 헌법 제54조 제2항은 국회가 회계년도 30일전까지 예산안을 의결해야 한다고 규정하고 있습니다. 그러나, 국회법 개정안은 국회가 헌법에서 정한 예산안 의결기한(12월 2일)에 구속받지 않고 예산안 심사를 할 수 있는 근거를 마련하는 것으로서, 원활한 예산집행을 위해 국회가 준수해야 할 최소한의 기준을 정한 헌법의 취지에 반하는 것입니다.

개정안이 시행되어 헌법이 정한 기한 내에 예산안이 의결되도록 유도하는 장치가 없어지면, 예전과 같이 국회의 의결이 늦어지고 그 피해는 고스란히 국민들께 돌아가게 됩니다.

「국회에서의 증언·감정 등에 관한 법률 개정안」은 동행명령 대상 증인의 범위를 국정감사와 국정조사에서 '중요한 안건심사' 및 '청문회'까지 확대하고, 증인·참고인 등이 개인정보보호, 영업비밀보호 등의 이유로 자료 제출 등을 거부할 수 없도록 명시하고 있습니다.

우리 헌법은 국민의 기본권을 제한하는 경우 입법목적의 달성을 위한 최소한의 범위여야 한다고 명시하고 있습니다. 그러나, '중요한 안건심사'와 '청문회'에까지 동행명령 제도를 확대하는 것은 헌법상 비례의 원칙과 명확성의 원칙을 위반하여 국민의 기본권인 '신체의 자유'를 침해할 소지가 큽니다.

또한, 어떠한 이유로도 국회의 자료 제출 요구 등에 거부할 수 없도록 하여, 헌법상 권력분립원칙에 반하며 개인정보결정권 등 사생활의 비밀과 자유를 침해할 우려가 큽니다. 기업 현장에서도 핵심 기술과 영업비밀 유출 가능성을 크게 우려하고 있습니다.

어느 때보다 정부와 여·야 간 협치가 절실한 상황에서, 국회에 6개 법안에 대한 재의를 요구하게 되어 마음이 매우 무겁습니다. 그러나, 정부는 헌법 정신과 국가의 미래를 최우선으로 하는 책임있는 결정을 하지 않을 수 없습니다.

여·야와 정부를 떠나 대한민국의 미래를 생각하고 국민을 위하는 마음은 하나일 것입니다. 그러나,

그리로 가는 길에 대해서는 각자가 처한 위치나 상황에 따라 생각의 차이가 있을 수 있습니다. 대화와 타협을 통해 이러한 차이를 극복하고, 모두를 위한 해법을 찾을 수 있도록 국회와 정부가 함께 노력하는 것이 절실하다고 생각합니다.

오늘 국무회의를 거쳐 정부가 재의 요구하는 법안들에 대해 국회에서 다시 한번 심도 있게 논의하고, 바람직한 대안을 모색해 주시기를 간절히 호소드립니다. 정부도 전향적이고 허심탄회한 자세로 적극 참여하고 지원하겠습니다.

국정운영실

양곡관리법 등 4법은 국민 혈세만 낭비하고, 농업의 미래를 망치는 법안입니다. 그리고 국회 증언·감정법은 기업 기밀 유출 우려와 경쟁력을 약화시킬 위험이 있는 법안입니다. (…) 법안별 문제점을 덮어 놓고 재의요구권 자체를 적극적 권한 행사라 할 수 없습니다. 재의요구권 자체를 적극적 권한 행사라 하며 반대하는 민주당의 의견은 상식을 덮은 포장의 논리입니다. 정부가 거부할 수 밖에 없는 법안들을 계속 단독 통과시켜서 거부권 횟수를 누적시키는 의도는 무엇입니까? 한덕수 권한대행의 재의요구권 행사에 대해 또 다시 '탄핵'으로 겁박하는 그 태도는 또한 무슨 의도입니까?

– 국민의힘 원내대변인 박수민, 12월 19일 논평

한덕수 권한대행이 국회를 통과한 양곡관리법과 국회법 개정안 등 6개 법안에 거부권을 행사했습니다. 명백한 입법권 침해입니다. (…) 국민께서는 한덕수 권한대행이 국민 공복으로 남을지 내란 공범으로 전락할지 지켜보고 계십니다. 내란 단죄를 위한 상설특검 수사 요구안이 이미 열흘 전 국회 본회의를 통과했고, 특검 후보추천위 구성까지 마쳤습니다. 한덕수 권한대행은 서둘러 특검 후보 추천을 의뢰하십시오.

– 더불어민주당 수석대변인 조승래, 12월 19일 브리핑

한덕수 총리는 대통령의 가장 적극적 집무 행위 중 하나인 거부권을 행사했습니다. 국민을 대신하는 국회에서 합의된 법안들입니다. (…) 그러면서 김건희 특검과 윤석열 내란 특검 법안은 공포하지도 않고, 최대한 시한을 끌고 있습니다. 결국 그는, 윤석열 내란의 공범이었고, 윤석열의 대리자일 뿐이었음이 확인됐습니다. 답은 하나 밖에 없습니다. 시민들이 목 놓아 외쳤듯, "탄핵이 답이다."입니다.

– 조국혁신당 당 대표 권한대행 김선민, 12월 19일 긴급 기자회견

2024년 12월 20일

문화체육관광위원회 외

2024년 4월 총선에서 양대 정당은 다양한 공약을 제시했으나, 실제 선거 과정에서는 정책 토론보다 인물과 정당 중심의 네거티브 경쟁이 두드러졌다. 유권자들의 투표 결정은 정책보다는 정당 요인과 대통령 국정운영 평가에 더 큰 영향을 받은 것으로 나타났다.

○ 더불어민주당과 국민의힘은 저출생/저출산 대응, 소상공인 지원, 지역 발전, 복지 등 유사한 정책 영역에서 공약을 제시하면서도, 접근 방식이나 정책 우선순위에서 차이를 보였다.

○ 그러나 선거 과정에서 공약과 정책은 충분히 부각되지 않았다. 언론 보도의 키워드 빈도 분석 결과, '이재명', '한동훈' 등 인물과 정당 관련 키워드가 압도적이었으며, 제21대 총선에서와 달리 이번 선거에서는 주목받은 정책 키워드가 없었다.

– 국회입법조사처, 22대 국회의원선거 분석 관련 12월 19일 보도자료

일　시　2024년12월20일(금)

장　소　법제사법위원회회의실

의사일정
1. 위원장 선임의 건
2. 간사 선임의 건
3. 대법관(마용주) 임명동의안(의안번호 2206435)
4. 대법관(마용주) 임명동의안(의안번호 2206435) 심사를 위한 인사청문회 실시계획서 채택의 건
5. 자료제출요구의 건

상정된 안건

(10시04분 개의)

○위원장직무대행 소병훈　의석을 정돈해 주시기 바랍니다.

　성원이 되었으므로 제420회 국회(임시회) 제1차 대법관(마용주) 임명동의에 관한 인사청문특별위원회를 개회하겠습니다.

　위원장직무대행을 맡게 된 소병훈 위원입니다. 국회법 제47조제2항에 따라 우리 특별위원회 위원 중 연장자로서 위원장 선임을 위해 회의를 주재하게 되었습니다.

　그러면 바로 의사일정에 들어가겠습니다.

1. 위원장 선임의 건
○위원장직무대행 소병훈　의사일정 제1항 위원장 선임의 건을 상정합니다.

　인사청문특별위원회의 위원장은 인사청문회법 제3조제5항에 따라 위원회에서 호선하고 본회의에 보고하도록 되어 있습니다.

　그러면 여러 위원님들께서는 위원장으로 추천하실 위원이 있으시면 추천해 주시기 바랍니다.

　박상혁 위원님.

○**박상혁 위원** 더불어민주당 박상혁 위원입니다.

저희 위원회에서 4선으로 가장 다선이시고 그동안 법사위에서도 경험을 많이 갖고 계신 이춘석 위원님을 위원장으로 추천합니다.

○**위원장직무대행 소병훈** 다른 위원님, 추천하실 위원 안 계십니까?

(「없습니다」하는 위원 있음)

그러면 더 이상 추천하실 위원이 안 계시므로 박상혁 위원님께서 추천하신 이춘석 위원님을 우리 위원회의 위원장으로 선임하고자 하는데 이의 없으십니까?

(「예」하는 위원 있음)

이의가 없으면 가결되었음을 선포합니다.

그러면 존경하는 이춘석 위원장님 나오셔서 회의를 주재해 주시기 바랍니다.

(소병훈 위원장직무대행, 이춘석 위원장과 사회교대)

---

o 위원장(이춘석) 인사

(10시06분)

○**위원장 이춘석** 존경하는 소병훈 위원님 수고 많으셨습니다.

부족한 저를 우리 위원회의 위원장으로 선출해 주신 위원님들께 진심으로 감사드립니다.

대법관 임명동의안에 대한 심사가 보다 원활하고 내실 있게 진행될 수 있도록 위원장으로서 최선의 노력을 다하겠다는 말씀을 드립니다.

(보고사항은 끝에 실음)

오늘 이 자리에 정치적 상황 때문에 국민의힘 위원님들께서 참석을 안 하셨는데 다음 청문회 날에는 꼭 참석해 주실 것을 촉구드립니다.

---

2. 간사 선임의 건

○**위원장 이춘석** 이어서 의사일정 제2항 간사 선임의 건을 상정합니다.

인사청문회법 제3조제5항에서는 각 교섭단체별로 간사 1인을 위원회에서 호선하고 이를 본회의에 보고하도록 규정하고 있습니다.

우리 국회에서는 각 교섭단체에서 추천하신 위원님을 간사 위원으로 선임하는 것을 오랜 관례로 하고 있습니다.

오늘 국민의힘 위원들께서 회의에 참석하지 않으셨으므로 우선 더불어민주당 박상혁 위원님을 우리 위원회의 간사로 선임하고자 합니다.

이의 있으십니까?

(「없습니다」하는 위원 있음)

없으시면 가결되었음을 선포합니다.

그러면 간사 위원으로 선임되신 박상혁 위원님으로부터 간단하게 인사말씀을 듣도록 하겠습니다.

---

o 간사(박상혁) 인사

(10시07분)

○**박상혁 위원** 방금 간사로 선임된 더불어민주당 경기도 김포을의 박상혁 위원입니다. 짧게 한 말씀 드리고 싶습니다.

지금은 무엇보다도 사법부의 안정이 가장 중요한 시기라고 생각됩니다. 현재 김상환 대법관의 임기가 27일 종료됩니다. 내란 위기를 극복하고 국가의 안정을 위해서는 사법부의 공백이 하루라도 발생하면 안 될 상황입니다. 따라서 대법관 임기 종료 12월 27일 전에 인사청문회를 개최해서 임명동의 여부를 결정하는 것이 저는 우리 국회의 소임이라고 생각합니다.

현재 추천된 마용주 대법관후보자는 대법원장의 추천에 따라서 윤석열 대통령이 탄핵되기 전에 국회에 요청한 사안입니다. 절차적으로 적법하게 요청된 임명동의안이기 때문에 국회법에 따라서 국회는 20일 내에 인사청문회를 개최하는 등 국회의 의무를 다할 필요가 있다라는 것이 아주 지극히 상식적인 얘기고 법률과 절차에 따른 사안이라고 생각합니다.

그럼에도 불구하고 국민의힘이 헌법재판관 임명 문제와 연동해서 오늘 현재 전체회의에 참석하지 않고 있는 것은 대단히 유감스러운 일이라고 생각합니다.

이미 한덕수 대통령 권한대행이 굉장히 부적절하다는 평가를 받음에도 불구하고 법률안의 재의요구권까지 행사한 상황입니다. 국민의힘이 헌법재판관 임명과 관련돼서 대통령 권한대행이 권한이 없다라는 주장 자체가 설득력을 잃어 가고 있고 또한 이를 주장하고 있는 권성동 원내대표께서도 과거에 헌법재판관과 대법원장 임명에 불참하는 것은 국회의 의무를 소홀히하는 것이자 사법부의 안정을 방해하는 행위라고 밝힌 바도 있었습니다.

그리고 현재 국민의힘은 이미 5명의 특위 위원 명단을 국회의장에게 제출한 상태입니다. 따라서 오늘 의결에 따라서 앞으로 열리게 될 인사청문회에는 모든 위원님들이 참석해서 말씀드린 바대로 사법부의 안정을 위해서 내란 위기를 극복하는 데 국회의 역할을 성실히 다해 주실 것을 다시 한번 정중하게 요청드립니다.

감사합니다.

○**위원장 이춘석** 수고하셨습니다.

국민의힘 간사 위원 선출은 추후에 국민의힘 위원들이 참석하시면 진행하도록 하겠습니다.

---

3. **대법관(마용주) 임명동의안**(의안번호 2206435)
4. **대법관(마용주) 임명동의안**(의안번호 2206435) **심사를 위한 인사청문회 실시계획서 채택의 건**
5. **자료제출요구의 건**

(10시11분)

○**위원장 이춘석** 다음은 의사일정 제3항 대법관(마용주) 임명동의안, 의사일정 제4항 대법관(마용주) 임명동의안 심사를 위한 인사청문회 실시계획서 채택의 건 및 의사일정 제5항 자료제출요구의 건을 일괄하여 상정합니다.

인사청문회 실시계획서는 위원장이 미리 내정되신 교섭단체 간사 위원님들과 협의를 거쳐 마련했습니다.

주요 내용을 간단히 말씀드리면 인사청문회를 12월 26일 오전 10시에 실시하도록 하고 인사청문회의 진행 순서는 후보자의 선서와 모두발언을 들은 후 위원님들의 질의 답변 등을 진행하고 후보자의 최종 발언을 듣는 것으로 하겠습니다.

보다 자세한 사항은 배부해 드린 유인물을 참고해 주시기 바랍니다.

이에 대해서 의견 있으신 위원님 계십니까?

(「없습니다」 하는 위원 있음)

그러면 의사일정 제4항 대법관(마용주) 임명동의안 심사를 위한 인사청문회 실시계획서 채택의 건은 배부해 드린 유인물과 같이 의결하고자 하는데 이의 없으십니까?

(「예」 하는 위원 있음)

가결되었음을 선포합니다.

다음은 자료제출요구의 건입니다.

지금까지 행정실로 제출한 자료제출 요구는 42개 기관에 대해서 848건이고 자료제출 기한은 12월 24일 12시로 하겠습니다.

인사청문회법 제12조에 따르면 재적의원 3분의 1이 이상의 요구로도 자료제출을 요구할 수 있습니다.

위원님들께서는 오늘 회의 이후라도 이 조항을 통하여 필요한 자료에 대한 요구서를 제출해 주시면 해당 기관에 관련 자료를 제출하도록 요구하겠습니다.

그러면 이와 같이 의사일정 제5항을 의결하고자 하는데 이의 없으십니까?

(「없습니다」 하는 위원 있음)

없으시면 가결되었음을 선포합니다.

이상으로 오늘 예정된 안건에 대한 심사를 모두 마쳤습니다.

다음 회의는 말씀드린 대로 12월 26일 목요일 오전 10시에 개회하여 인사청문회를 실시하도록 하겠습니다.

위원님들 수고 많으셨습니다.

보좌진과 전문위원을 비롯한 위원회 직원 및 경위, 속기사 여러분들도 모두 수고하셨습니다.

그러면 산회를 선포합니다.

(10시13분 산회)

○출석 위원(8인)
곽상언 김남근 박상혁 백혜련 소병훈 이춘석 천하람 최기상

○청가 위원(1인)
김용태

○출석 전문위원
전문위원 김성완

【보고사항】

○위원 선임

위원명	교섭단체	연월일
곽상언 김남근 박상혁 박지혜 백혜련 이춘석 최기상	더불어민주당	2024. 12. 17.

위원명	교섭단체	연월일
김용태 신동욱 유상범 조배숙 최보윤	국민의힘	
천하람	어느 교섭단체에도 속하지 아니하는 의원	

○**위원 개선**

사임위원	보임위원	교섭단체	연월일
박지혜	소병훈	더불어민주당	2024. 12. 19.

○**의안 회부**

대법관(마용주) 임명동의안

(2024. 12. 12. 대통령 제출)(의안번호 2206435)

　12월 13일 회부됨

오늘 국민의힘은 법사위 제1소위원회를 통과한 반인권적 국가범죄 시효 등에 관한 특례법안을 두고 '보복 입법'이라고 비난에 나섰습니다. 국민의 고통을 위로하고 정의를 바로 세우기 위한 법안을 정치적 도구로 매도하는 모습이 안타깝기 그지없습니다. (⋯) 어제 통과된 법안은 국가가 저지른 반인권적 범죄에 대해 공소시효를 배제하고, 피해자와 유족의 국가배상청구권 소멸시효를 완화하는 내용을 담고 있습니다. 이는 광주 5.18 민주화 운동, 제주 4.3 사건과 같은 국가범죄에 대한 법적 청산을 완수하고, 피해자와 유족에게 정의를 실현하려는 노력입니다. (⋯) 지금 국민의힘이 해야 할 일은 정치공세가 아닙니다. 자당이 배출한 대통령이 일으킨 내란에 대한 통렬한 반성과 진심 어린 사죄입니다. 추운 겨울 거리에서 밤을 지새우며 민주주의를 지켜주신 국민께 내란범 처벌, 반인권적 국가범죄 청산에 적극 협조하여 보답하십시오.

— 더불어민주당 · 조국혁신당 법제사법위원회 일동, 12월 20일 보도자료

제420회국회
(임시회)

문화체육관광위원회회의록
(임시회의록)

제 1 호

국 회 사 무 처

일 시 2024년12월20일(금)

장 소 문화체육관광위원회회의실

의사일정
1. 청원 심사기간 연장 요구의 건
2. 긴급 현안질의
3. 긴급 현안질의 관련 증인 출석요구 추가의 건(추가)

상정된 안건

(10시09분 개의)

○**위원장 전재수** 의석을 정돈해 주시기 바랍니다.

성원이 되었으므로 제420회 국회(임시회) 제1차 문화체육관광위원회를 개회하겠습니다.

우리 위원회로 회부된 법률안 등의 보고사항은 노트북 단말기의 자료를 참고해 주시기 바랍니다.

(보고사항은 끝에 실음)

아울러 오늘 회의는 국회방송을 통해 생중계될 예정이라는 점을 알려 드리겠습니다.

1. 청원 심사기간 연장 요구의 건

○**위원장 전재수** 그러면 의사일정 제1항 청원 심사기간 연장 요구의 건을 상정합니다.

청원이 위원회에 회부된 날로부터 150일 이내에 심사를 마치지 못한 경우에는 제125조제6항에 따라서 위원회 의결로 심사기간의 추가 연장을 의장에게 요구할 수 있습니다.

이에 따라 배부해 드린 자료와 같이 대한축구협회 감사 및 해체 요청에 관한 청원을 소위원회에서 심도 있게 심사하도록 심사기간을 관례에 따라서 2026년 5월 29일까지 연장하고자 하는데 이의 없으십니까?

(「없습니다」 하는 위원 있음)

가결되었음을 선포합니다.

그러면 다음 의사일정에 들어가도록 하겠습니다.

2. 긴급 현안질의

○**위원장 전재수** 의사일정 제2항 긴급 현안질의의 건을 상정합니다.

오늘 현안질의는 12·3 비상계엄 이후 관광 분야와 K-콘텐츠 분야의 피해가 클 것으로 예상되기 때문에 피해 상황을 점검하고 관련 대책을 논의하기 위해 마련됐습니다.

먼저 회의 진행에 대해서 안내를 해 드리면 증인의 선서를 받은 후 위원님들께서 증인을 대상으로 일문일답 방식으로 질의하는 순서로 진행토록 하겠습니다.

증인들께서는 위원님들의 질의에 대한 답변 이외의 발언을 하시고자 할 경우에는 반드시 위원장에게 발언권을 얻고 발언해 주시기 바랍니다.

참고로 지난 12월 11일 우리 위원회 의결로 오늘 개최하는 현안질의에 증인 열아홉 분에 대한 출석을 요구했으며 모두 출석했다는 말씀을 드리겠습니다.

구체적인 참석자 명단은 배부해 드린 유인물을 참고해 주시기 바랍니다.

그리고 국가유산청 최응천 청장님, 한국예술종합학교 김대진 총장님, 국가유산청 황권순 기획조정관님, 국가유산청 이재필 궁능유적본부장님, 국가유산청 박정섭 운영지원과장님, 한국정책방송원 추동진 편집팀장님, 프리랜서 지교철 님께서 배석하고 있다는 점도 함께 말씀을 드리겠습니다.

○**이기헌 위원** 의사진행발언 있습니다.

○**위원장 전재수** 이기헌 위원님 의사진행발언해 주시기 바랍니다.

○**이기헌 위원** 이기헌입니다.

존경하는 전재수 위원장님, 오늘 출석한 KTV 방송보도부 추동진 팀장은 지난 12·3 계엄 사태 관련된 KTV의 방송보도를 비롯해서 7월에 자기들이 만들었다고 하는 재난대응시스템 매뉴얼 또 10월에 만들어진 북한 기습도발 시 생방송 제작안 작성 등에 깊이 관여한 정황이 있습니다. 증언의 신빙성을 위해서 우리 위원회 의결로 추동진 팀장을 증인으로 전환해 주실 것을 요청드립니다.

이상입니다.

○**위원장 전재수** 강유정 위원님 의사진행발언해 주시기 바랍니다.

○**강유정 위원** 더불어민주당 강유정입니다.

연합뉴스 황대일 사장과 관련해서 시급한 의사진행발언을 하겠는데요.

황대일 사장이 취임 당시부터 논란이 있었던 것은 잘 알고 계실 겁니다. 정권과 유착의혹이나 보도 독립성 훼손 등의 우려가 있었음에도 불구하고 국가기간통신사 수장 되었습니다.

그런데 12월 3일 내란 상황에서 현실화된 우려들이 있습니다.

우선 여러 기사에서 허위·미화·축소라는 3종 물타기 세트를 교묘하게 구사하면서 형법 제87조에서 91조 사이에 있는 내란 선전에 해당하는 그런 허위 뉴스들을 내보내고 있습니다.

이를테면 국방부와 합참 주요 인사들도 몰랐다는 허위 주장을 기사에 실었고요. 사전에 치밀하게 준비된 계엄을 마치 급박한 상황에 이른 것처럼 왜곡했고 내란 시도를 정의의 길로 포장한 김용현의 발언을 그대로 실어 미화하는 보도를 계속하고 있습니다.

12월 18일 자만 보더라도 고개 숙인 유인촌 계엄은 잘못된 것, 한예종 폐쇄 관련하여 이 부분에 대해서 관여하지 않았다라는 일방적 기사 역시도 싣고 있습니다.

특히 계엄령 다음 날 굉장히 빠르게 단독 기사로, 계엄군에게 실탄 지급이 없었다라는 기사는 매우 심각합니다. 탄창 박스는 공포탄과 모의탄이 담긴 박스로 추정된다라고 단순 추정을 사실로 못 박아 허위뉴스로 만들어 냈습니다. 이것은 허위사실 유포와 다름없고 아까 말씀드렸다시피 형법상 규정된 내란 선전 행위에도 해당될 수 있음을 말씀드립니다.

윤석열 대통령의 실무장하지 않은 병력 투입의 발언의 근거가 바로 이 연합뉴스 근거가 쓰이고 있습니다. 단순한 보도지침이 아니라 내란 세력을 적극적으로 비호하고 있는 것으로 볼 수 있을 텐데요.

그간에도 국가기간통신사에서 사설, 시론 없었고 이 대신에 팩트체크 전담 부서를 만들었습니다. 팩트체크라는 말이 무색하게 이렇게 허위뉴스들을 만들고 있고요.

그래서 존경하는 위원장님, 황대일 사장 그리고 심인성 편집국장 그리고 정열 감사실장을 언론에 관한, 연합뉴스에 관련한 긴급 현안질의의 증인으로 채택해 주실 것을 강력하게 요청드립니다.

이 내란 상황에 반민주적인 사건에 대해서 진실을 오히려 은폐하고 미화하고 허위뉴스를 통해서 민주주의에 강력한, 중대한 도전을 보여 주고 있는 사례로 언론의 필수적인 견제 기능 자체를 무력화하는 행동입니다. 우리 위원회가 이런 행태를 좌시하면 안 될 거라고 생각합니다.

○**위원장 전재수** 양문석 위원님 의사진행발언해 주시기 바랍니다.

○**양문석 위원** 강유정 위원님 의사진행발언을 들으면서 좀 참담합니다. 연합뉴스와 관련된 예산을 정상화시키자라고 강력하게 요구해 왔고 국가기간뉴스통신사로서의 그 역할들을 강력하게 지지했던 제 입장에서는 상당히 참혹합니다.

계엄사령부 포고령 1호를 보면요 '2, 자유민주주의 체제를 부정하거나 전복을 기도하는 일체의 행위를 금하고 가짜뉴스, 여론조작, 허위선동을 금한다. 3, 모든 언론과 출판은 계엄사의 통제를 받는다. 이런 포고령 위반자에 대해서는 대한민국 계엄법 제9조에 의하여 영장 없이 체포·구금·압수수색을 할 수 있으며 계엄령 제14조에 의하여 처단한다' 24년 12월 3일 계엄사령관 육군대장 박안수의 계엄사령부 포고령 1호입니다.

2번, 3번 이 부분은 우리가 일찍이 1979년 이후 1980년 전두환 도당들의 군사 쿠데타 과정에 있어서 충분히 경험했던 내용이고 80년 내내 군인들이 신문사에 들어와서 신문사 편집국의 모든 기사를 일일이 검열하던 그 기억들을 또 다시 악몽처럼 현실에서 되살린 포고령입니다.

계엄사의 통제를 받는 모든 언론사, 이걸 정녕 연합뉴스는 받아들이려고 했는지 너무 궁금합니다. 그들의 역사적인 인식에 대한 그 무지함이 국민의 삶과 국가 안위를 직접적으로 위협하는 그러한 보도들이 나열됐다라는 부분에 대해서 정말 분노를 금할 수 없습니다.

그래서 저는 위원장님께 제안합니다. 언론 자유 사수와 언론 자유의 확장을 위한 현안 청문회 또는 공청회가 필요하다고 생각합니다. 언론사 관계자들이나 또는 언론 관련 단체들이 증인으로 나와서 그들이 겪는 언론 자유에 대한 위협, 언론 자유에 대한 사실상의 공포 이 부분들을 충분히 청취하고 다시 대한민국의 새로운 언론 자유의 지평을 공고히 하면서 확장하는 그러한 현안 청문회가 반드시 필요하다 저는 그렇게 생각합니다.

위원장님께 이 부분에 대한 개최를 강력하게 촉구합니다.

이상입니다.

○**위원장 전재수** 신동욱 위원님 의사진행발언해 주시기 바랍니다.

○**신동욱 위원** 지금 상황에 대해서 국회의원의 한 사람으로서 매우 참담하게 생각을 합니다. 비상계엄의 문제에 대해서도 어느 누구도 우리 국민 중에 동의할 분은 없으리라고 저는 생각을 합니다.

다만 한 가지 우리가 조금 차분하게 생각해 볼 필요가 있다라고 합니다. 왜 그러냐 하면 이런 정치적 격변기가 되면 가장 힘들어하는 곳이 언론입니다. 저도 과거 언론사에 수십 년 근무를 하면서 가장 혐오해 온 것이 첫 번째가 정치의 언론에 대한 간섭이고 두 번째는 이런 정치적 격변기에서 언론이 가랑잎처럼, 폭풍우 앞의 가랑잎처럼 흔들리는 모습을 보는 것이 가장 괴로웠습니다.

그래서 물론 지금 강유정 위원님의 지적, 양문석 위원님의 지적 타당한 부분이 있습니다. 그러나 저희가 이런 시국에서 특정 언론사의 최고책임자나 보도책임자를 불러서 우리 국회, 특히 정치권이 함부로 따지고 하는 것이 얼마나 위험한 것인지 또 그것이 또 한편으로는 이런 위험한 시국에서 언론 줄 세우기의 하나로 악용될 소지가 있는 것은 아닌지 좀 더 큰 틀에서 우리가 생각해 볼 필요가 있습니다.

지금 수많은 기사들이 양산되고 있습니다. 저는 개인적으로 박근혜 대통령이 탄핵 당시에 양산된 수많은 기사들에 대해서 과연 그 뒤에 그 기사들이 사실 여부를 우리가 검증했는가 그래서 언론 스스로 이런 시국에서 이렇게 보도하는 것이 맞는 것인가에 대한 사후 검증이 있었는가에 대해서 사실은 그 이후에 언론인의 한 사람으로서 굉장히 부끄럽게 느낀 점들이 사실은 많이 있습니다. 그때 얼마나 많은 가짜 기사들이 양산됐는지는 이 자리에 계시는 위원님들도 다 잘 아시리라고 생각을 합니다.

그래서 언론이 잘못된 것을 따지는 것은 매우 신중해야 하고 그것을 따지는 절차들이 있습니다. 그래서 연합뉴스가 잘못된 보도가 있다면 일단 그 절차에 따라서 우리가 문제 제기를 할 수는 있으나 무차별적으로 지금 이 상황에 대해서 특정 몇몇 개의 기사를 가지고 언론사의 보도책임자라든지 이런 분들을 불러서 따지는 것 그리고 지금 이 시기에 언론 청문회를 개최하고자 하는 것 이런 부분들은 우리가 매우 신중하게 생각할 필요가 있다 이렇게 생각을 합니다.

이상입니다.

○**위원장 전재수** 의사진행발언이 많은데요 하신 분들은 좀 기다려 주시고요.

김재원 위원님 의사진행발언해 주시기 바랍니다.

○**김재원 위원** 지난 국감에 KTV 김건희 황제 관람, 소록도 방송 등을 기획한, 후에 청와대 비서관으로 승진한 최재혁 전 KTV 방송기획관, 현 청와대 홍보기획비서관이 국감에 두 번이나 병을 칭하면서 나오지 않았습니다. 한 번은 또 존경하는 이기헌 위원님께서 찾아가셨는데도 불구하고 시술에 불과한 병을 핑계를 대고 국감에 출석을 하지 않았습니다. 이는 정당한 국회의 국감 질의를 회피한 것이고 국회를 심히 무시하는 것입니다.

아울러 계엄 사태와 관련해서 김건희가 관련이 있다는 의혹이 있는데 이러한 소문에 더해 본 위원이 전 국감에서 지적했던 대통령을 위해 존재하는 1부속실 내에서 아무 권한이 없는 김건희가 그리고 그 세력이 가장 큰 힘을 가지고 암약을 하고 있다는 사실 그래서 지금은 최재혁 청와대 홍보기획비서관에 대해서 이제는 질의를 할 순서가 반드시 도래를 하였다 이렇게 생각을 합니다.

따라서 청문회를 개최하시어 국민들께서 이것에 대한 진실 그리고 1부속실 내에서 무슨 일이 일어나고 있는지에 대해서 반드시 진실을 아실 수 있도록 하는 게 국회의 책무라고 생각합니다. 청문회를 개최해 주시기 바랍니다.

다.

이상입니다.

○위원장 전재수 민형배 위원님 의사진행발언해 주시기 바랍니다.

○민형배 위원 1980년 5월 20일입니다. '우리는 보았다. 사람이 개 끌리듯 끌려가 죽어가는 것을 두 눈으로 똑똑히 보았다. 그러나 신문에는 단 한 줄도 싣지 못했다. 이에 우리는 부끄러워 붓을 놓는다' 당시 전남매일 기자들의 공개 사직서입니다.

신동욱 위원님께서 염려하시는 언론 줄 세우기 같은 그런 데 대한 우려에 공감하지 않는 바 아닙니다. 문제는 이런 태도로 현실에 접근해야 할 일을 거꾸로 줄 세우기가 아니라 스스로 줄을 서려고 했던 것 아닌가 하는 이 지점을 밝히는 것은 매우 중요합니다.

1980년 5월이 지금까지도 왜곡됐던 것은 당시에 언론이 제 역할을 못 했기 때문입니다. 그런데 연합뉴스가 비상계엄 상황 그리고 그것이 이미 국회에 의해서 해제가 된 상황인데도 불구하고 편파적인 보도를 했다는 것은 저희가 줄을 세우려고 하는 게 아니라 스스로 거기에 동조하거나 줄을 서려고 했을 가능성 때문에 이것은 반드시 짚고 넘어가야 합니다. 위기 상황에서, 어려운 상황에서 언론이—그리고 다른 공직자도 마찬가지지만—언론이 어떤 자세와 태도로 접근하느냐는 너무나 중요합니다.

따라서 저는 가능하면 신속하게 이 청문회를 개최해야 된다고 봅니다. 연합뉴스뿐만 아니라 당시 언론의 행태에 대해서 전반적으로 짚어 볼 필요도 있기 때문에 저는 이 청문회가 신속하게 이루어지기를 요청드리고 기대합니다.

○위원장 전재수 박정하 위원님 의사진행발언해 주시기 바랍니다.

○박정하 위원 앞서 말씀하신 여러 위원님들 의견 다들 존중합니다. 그런데 우리 한번 돌아볼 필요가 있다고 봅니다.

12월 3일 밤 우리가 이 자리에 모여서 본회의장에서 우원식 의장이 시시각각 들어오는 계엄군들의 보고를, 얘기를 들으면서도 절차를 지키자고 하면서 차분하게 비극적인 상황을 그래도 막았습니다.

오늘 이 자리도 마찬가지라고 봅니다. 그러니까 생각지도 않았던, 상상도 못 했던 있어서는 안 되는 비상계엄이라는 상황을 앞두고 문화체육관광위에서 과연 우리 관광은 어떻게 되는지 관광산업은 어떻게 되는지 K-콘텐츠는 어떻게 되는지에 대한 긴급현안질의를 잡고자 이 자리에 오늘 모였습니다.

그리고 저희 국민의힘 위원들이 그리고 간사 간 합의가 없는 상황임에도 일정이 잡힌 것에 대해서 응했습니다. 그러나 지금 앞선 여러 위원님들 말씀 주시는 것 보면 또 다른 얘기들이 많이 진행이 되고 있습니다. 그러니까 언론에 대한 문제 그다음에 배석자로 되어 있는 일부를 증인으로 채택을 하자 그다음에 연합뉴스 관계자들도 증인으로 채택하자 이런 얘기들이 있습니다.

지금 현재 모든 게 다 불투명한 상황입니다. 굉장히 많은 부분들이 수사가 진행 중인 상황입니다. 우리 이럴 때일수록 좀 차분했으면 하는 바람이 있습니다. 그래서 우리 지금 해야 되는 것은 최대한 빠른 시간 내에 우리 국가를 정상화시켜야 되고 우리 국회의 기능도 제대로 돌아가야 되는 거잖아요. 자칫 우리가 섣불리 조금 앞서가다가 귀중한 우리 상임위도 자칫 잘못해서 앞서가는 정치 공방으로 흐를 수도 있다고 생각을 합니다.

그래서 제가 제안을 좀 드리고자 합니다. 우리 여기서 자꾸 이런 공방을 하는 것보다는 여야 간에 합의가 좀 되고 차분하게 우리 상임위는 어떤 일부터 챙겨 나가야 되는지에 대해서 논의하고 현안질의가 진행되고 그에 맞춰서 증인들도 채택이 돼야지 오늘 이 자리에서 갑자기 모든 게 불확실한 상황에서 그리고 많은 사람들이 수사에 연루될 수 있는 이 상황에서 저희가 증인으로 채택하고 또 다른 주제로 얘기하는 것은 바람직하지 않을 수도 있다라는 생각에 앞서 모두에 말씀드린 것처럼, 우원식 의장님이 하셨던 것처럼 절차에 맞춰서 차분하게 진행을 했으면 하는 제안입니다.

그래서 오늘도 이런 식으로 현안질의가 진행이 된다면 결과는 또 비슷해질 수 있으니까 모든 것을 차분하게 놓고 현안질의도 제대로 일정을 잡아서 정상적으로 운영이 되게끔 위원장님께서 일정과 여야 간의 합의사항을 좀 봐 주시고 현안질의를 진행하는 게 좋지 않겠나라는 제안을 드립니다.

이상입니다.

○**위원장 전재수** 양문석 위원님 의사진행발언해 주시기 바랍니다.

○**양문석 위원** 범죄집단 조선일보가 광주폭동이라고 이야기했고 남파 간첩의 책동이라고 이야기했던 1980년 광주, 군인들이 국민을 향해서 총질을 했던 1980년 광주. 언론이 제대로 그 부분에 대해서 지적을 했었으면 그 엄청난 참사가 일어났겠습니까? 신동욱 위원님 말씀 중에 언론 줄 세우기라는 이야기를 하셨는데요. 언론 줄 세우기가 아니고 사실 보도하라는 겁니다.

연합뉴스, 예를 들면 '국회 출동 계엄군 공포탄·모의탄 소지, 실탄 지급은 없었다' 이미 이 보도가 나오기 전에 실탄과 관련한 여러 가지 증언들이 쏟아져 나왔습니다. 탄약 박스부터 시작해서 2000발에 가까운 실탄에 대한 이야기들이 쏟아져 나왔는데 연합뉴스가 버젓이 실탄 지급은 없었다고 이야기를 하면서 결국 윤석열이 실탄 지급은 없었다고 자신의 기자회견 담화에서 이야기를 합니다. 이런 식으로 연합뉴스가 사실과 맞지 않는 가짜뉴스를 살포한 부분에 대해서 우리는 지적을 하는 것이고요.

그리고 편파 보도 아닙니다. 가짜뉴스입니다. 거짓 사실을 유포하는 행위를 연합뉴스가 보였던 거지요. 이 부분에 대해서 연합뉴스에 대한 보도를 비판하는 것들이 과연 절차에 맞지 않느냐, 절차의 문제는 잘못된 보도에 대해서는 언론중재위를 거치는 한 트랙이 있는 것이고 국회는 이 위급한 상황에 이 심각한 문제를 따져 주는 또 다른 트랙에서의 문제 제기가 있어야 되고, 언론 자유가 실질적으로 위협받고 있는 현재의 상황 그리고 언론 자유 자체가 말살당할 뻔했던 그 포고령 '3. 모든 언론과 출판은 계엄사의 통제를 받는다', 편집국 자체를 군홧발 아래 놓겠다고 이야기했던 계엄사령부 포고령 이 부분에 대한 절박하고 절실하고 처절한 반성과 재발 방지를 위한 국가적 고민들이 나는 반드시 필요하다고 생각합니다.

이것 또한 절차입니다. 국회에서 해야 되는 절차입니다. 이 부분에 대해서 강력하게 이야기하면서 말살될 뻔한 언론 자유, 언론과 출판의 자유라는 헌법적 권한들, 권리들을 짓밟으려 했던 계엄군의 포고령 3 이 부분에 대해서 국회가 따지는 건 너무 당연하다, 그래서 그 부분에 대한 현안 청문회가 반드시 필요하다라는 게 제 생각입니다.

○위원장 전재수　신동욱 위원님 의사진행발언해 주시기 바랍니다.

○신동욱 위원　제가 반복됩니다만 저희가 숫자가 적기 때문에 양해해 주시기 바랍니다.

맞습니다. 80년대 광주의 비극 이런 것들을 저희가 모르는 것은 아니고, 단 80년대의 언론 상황 지형과 지금의 언론 지형을 동일선상에 두고 그때와 같은 상황이라고 자꾸 주장을 하시는 것은 제가 보기에는 저도 가슴 아픕니다만 맞지 않고요.

두 번째, 포고령의 문제는 연합뉴스 사장을 불러서 따질 수 있는 문제는 아니지요. 연합뉴스 사장이 계엄이 해제되지 않아서 그 포고령에 따라서 그런 기사를 내보낸 것은 아니니다.

세 번째, 양문석 위원님 같은 분은 오랫 동안 저와 분야는 다르지만 언론계의 자유를 위해서 노력해 온 동지라고 저는 생각을 합니다. 그런데 언론 자유를 지키는 방식이 양문석 위원님이 주장해 왔던 언론 자유를 지키는 방식과 지금의 말씀은 조금 결이 다르다. 이게 정치적, 제가 정치적 상황을 자꾸 말씀드리는 것은 정치적 상황이 바뀌면 그 반대 방향도 있을 수가 있습니다. 지금 연합뉴스만 그런 것이 아니고 지상파 3사, 적어도 개인이 소유하고 있는 신문사를 제외한 지상파 3사도 수많은 혼란과 혼동 속에서 사실 여부가 확인되지 않은 뉴스를 양산하고 쏟아 내고 있습니다.

이 상황 속에서 물론 양문석 위원님이 주장하시는, 비록 국회가 이것을 꼭 해야 할 것인가라는 것에 대한 논쟁은 있을 수 있다고 생각합니다. 양문석 위원님이 생각하시는 것처럼 이것이 우리 국회가 진정으로 해야 될 일이다 그렇게 생각하실 수 있으나, 그러나 그것보다 더 큰 것은 우리가 적어도 이런 상황에서 국회에 언론인들을 불러내서 양심의 십자가를 놓고 그 위를 밟게 만드는 것, 예를 들자면 이런 것이지요. 실탄이 지급됐다는 문제를 두고 따질 때, 연합뉴스 사장에게 물었을 때 '저는 몰랐습니다. 출고 부서에서 출고한 겁니다' 그러면 그다음에는 편집국장 불러서 '당신은 어떻게 해서 이런 기사를 출고하게 됐느냐' 물어봐야 되겠지요. '저도 취재기자가 그렇게 쓰라고 해서, 기사를 가져와서 그냥 출고만 했습니다' 그러면 결국은 취재기자를 부르는 겁니다.

언론 자유의 가장 큰 적은 기사를 쓴 사람들을 추궁하는 것입니다. 그래서 기사를 쓴 사람들은 법정에서도 취재원을 밝히지 않을 일종의 특권을 부여하는 것입니다. 양문석 위원님이나 민주당 위원님들 주장하는 것처럼 그 큰 대의에 제가 반대하는 것은 아니고, 이렇게 지금 이 시점에서 언론인 한 명 한 명을 불러서 그 앞에 양심의 십자가를 두는 것이 과연 우리 헌법 정신에 맞는가, 민주주의의 발전에 민주주의의 취지에 부합하는 것인가 이런 점을 우리가 좀 더 냉정하고 냉철하게 했으면 좋겠다는 것이지 제가 더 이상 양문석 위원님 말에 반박하는 것은 아닙니다. 양해해 주시기 바랍니다.

○위원장 전재수　의사진행발언이 계속해서 이어지고 있는데요. 비슷한 말씀일 것 같아서 비슷한 말씀을 하실 것으로 예상되는 분은 제가 드리지 않고 조금 정리를 해서 진행하도록 하겠습니다.

양문석 위원님, 신동욱 위원님 말씀과 관련된 것이지요?

○양문석 위원　예.

○**위원장 전재수** 충분히 말씀하셨다고 제가 생각이 되는데 그래도 하셔야 되겠습니까?

○**양문석 위원** 짧게 한 마디만 하겠습니다.

○**신동욱 위원** 저도 그만 할게요.

○**양문석 위원** 나도 짧게 하겠습니다.

○**강유정 위원** 저는 다른 내용입니다.

○**위원장 전재수** 그러면 진종오 위원님 의사진행발언 먼저 듣고 하도록 합시다.

○**진종오 위원** 야당 위원님들 그리고 여당 위원님들 말씀이 틀렸다, 잘못됐다라는 얘기를 드린다기보다도 의사진행발언이라는 게 뭔지 궁금합니다, 갑자기 드는 질문이. 왜 이러냐 하면 우리가 지금 상임위에서 문화·체육·관광을 위해서 국민들에게 이런 방향성을 제시해야 된다, 이런 부분을 우리가 이끌어 가야 된다라고 말을 하는 게 맞지 않나라는 생각이 들고, 긴급현안질의지 않습니까? 그렇다면 정부기관들도 와 있는데 긴급현안에 대해서 우리가 방향을 잡아야 되지 지금 옛날 얘기를 꺼내고 현 상황이 이렇다라는 것은 저는 존경하는 전재수 위원장님께서 적절한 타이밍에 끊어 주시는 게 맞다고 생각이 되고요.

또 오늘 상임위 또한 양쪽 간사님들끼리 합의가 안 된 상황에서 이렇게 나왔을 때는 더더욱 우리가 나라를 걱정하고 그런 부분에 맞는 질문을 했으면 좋겠다, 그런 방향을 잡았으면 좋겠다라는 말씀 드리고 싶습니다.

○**위원장 전재수** 강유정 위원님 의사진행발언해 주시기 바랍니다.

○**강유정 위원** 오늘 문화체육관광위원회 전체회의가 왜 열렸느냐, 윤석열의 반헌법적이고 불법적인 계엄으로 인한 문화·체육·관광 업계 피해 그리고 혹시 문체부 내란 동조 실태가 있는가를 밝히기 위해서입니다. 여기에는 동의하실 거라고 보고요.

그렇게 보자면 국민의힘 문체위 소속 위원들 중에서 정말 이 자리에 참석할 자격이 있는지 묻고 싶은 분이 있습니다. 양심의 십자가라는 말을 마침 해 주셨네요. 신동욱 위원 얘기인데요. 한 보도에 따르면 12월 4일 0시 45분경 계엄 해제 표결을 앞둔 본회의장에 있었음이 사진으로 증명됐습니다. 하지만 투표에 참여하지 않았습니다. 그리고 후속 보도에 따르자면 본회의장에서 누군가와 통화를 나눴다는 점도 있습니다. 추정되는 시간은 곽종근 전 특전사령관이 국방위원회에서 4일 0시 30분에서 40분 사이 의결정족수가 안 채워졌다고 의원들을 끄집어 내라라는 윤석열의 지시가 있었다고 증언한 시간과 비슷합니다. 추경호 전 원내대표도 우원식 국회의장과 두 차례 통화하며 시간을 더 달라고 지연을 요구하기도 했습니다.

이 부분에 있어서 언론이 인터뷰를 요청한 것으로 알고 있습니다만 신동욱 위원은 헌정을 위협하는 행위를 했음에도 불구하고 당시 행적에 대해 사실 확인도 없고 입장을 요구하는 언론사 취재에도 불응하고 있는 것으로 알고 있습니다.

양심의 십자가라는 표현처럼 계엄 해제를 위해서 국회 담벼락을 넘었던 수많은 동료 의원들이 있습니다. 최형두 의원께서는 마산에서 올라와서 표결이 끝났음에도 불구하고 담을 넘은 것으로 저는 확인했습니다. 계엄 때문에 일상을 위협받고 있는 국민들 앞에서 지금 진상조사를 위한 이 자리에 양심의 십자가를 걸고 신동욱 위원께서 언론의 취재에도 응하지 않았던 그날의 행적 그리고 사실 확인, 입장 표명을 먼저 해 주셔야 이 자리에 있을 자격이 있다라고 저는 보고요.

전재수 위원장께도 이 부분에 대한 명확한 해명 그리고 사유를 혹은 사죄를 표명하는 신상발언을 요구해 주실 것을 부탁드립니다.

○**위원장 전재수** 신동욱 위원님 의사진행발언해 주시기 바랍니다.

○**신동욱 위원** 국회에 면책특권이 있지만 이제 이쯤되면 진짜 막 나가자는 거지요.

첫 번째, 언론의 취재에 응하지 않은 적 없습니다. 무슨 근거로 그렇게 말씀하시는 거지요?

제가 질문하는 것 아닙니다. 제 눈 한번 보세요. 제가 언론의 취재에 응하지 않은 적 없습니다.

○**강유정 위원** 의사진행발언이면 위원장님에게 해 주십시오.

○**신동욱 위원** 요청 오는 언론마다 제가 소상하고 상세하게 설명을 드렸습니다. 그리고 무슨 얘기인지를 잘 모르겠는데 무슨 특전사령관이 어쩌고저쩌고 하는 그 얘기가 왜 이 상황에서 나오는지 잘 모르겠습니다. 일단 사실관계부터 제가 먼저 말씀을 드리겠습니다.

당일 밤에 저도 국회 본회의장으로 들어갔습니다. 이 계엄은 막아야 하는 계엄이라고 생각을 했습니다. 그래서 국회의 본회의장으로 들어갔습니다. 그러나 저희 당 상황이 수많은 의원들이 12시를 전후해서 국회가 막혀 있었기 때문에 못 들어오는 상황이었습니다. 물론 담을 넘어 와야 되느냐 하는 문제는, 그것은 담을 넘어야 된다고 생각했던 분도 있고 지금 담을 넘어야 되는 상황인지가 불명확했던 분도 있기 때문에 그 부분을 강요할 것은 아니라고 생각합니다. 그것은 정치인으로서 역사와의 대화를 통해서 본인이 정리할 문제입니다. 다른 국회의원이 왜 너는 담을 넘지 않았느냐라고 따질 문제는 아니라고 생각을 합니다.

그리고 저는 어쨌든 들어갔습니다. 그런데 굉장히 많은 우리 의원들이 국회에 들어오지 못하고 바깥에 있었습니다. 저는 오히려 정말 많은 민주당 의원들이 그 시간에 그 자리에 들어와 있는 것을 보고 깜짝 놀랐습니다. 우리 의원들은 집에서 늦게 출발, 대개 비슷하게 출발을 했을 것이라고 저는 생각하는데 굉장히 많은 민주당 의원들이 들어와 있어서 곧 계엄이 해제되겠구나라고 생각을 했습니다. 이미 의결정족수가 거의 채워진 상태였습니다.

그래서 제가 이 자리에서 이런 얘기까지 해야 될지 모르겠는데 저는 일부 저희 당 의원들과도 통화를 했고 추경호 원내대표와도 통화를 해서 지금 이런 상황이니 본회의장으로 오시는 것이 좋겠다라는 얘기를 했습니다. 그 얘기를 저희 당 의원들도 다 들었습니다. 스피커폰을 두고 얘기했습니다. 그런데 강유정 위원님은 무슨 근거로 저런 말씀을 하시는 건지 제가 도대체 알 수가 없고요.

○**조계원 위원** 전화를 안 받았다고 보도가 나왔습니다.

○**신동욱 위원** 제가 전화를 다 받지 않습니다. 어떻게 기자 전화를 다 받습니까? 조계원 위원님은 기자 전화 다 받으세요?

○**조계원 위원** 그러니까 합리적으로 묻는 것 아닙니까? 물어보는 것 아닙니까?

○**신동욱 위원** 그만하세요.

제 질의 계속하겠습니다. 아직 덜 끝났습니다.

○**위원장 전재수** 잠시만요.

신동욱 위원님 의사진행발언 계속해 주시기 바랍니다.

○**신동욱 위원** 전화를 어떻게 다 받습니까?

그리고 제가 정확한 시간은 모릅니다만 계엄군이 들어온다라고 해서 바깥에 대단한 소란이 있었습니다. 그래서 안에서는 이미 제가 보건대 상당수의 민주당 의원들이 다 들어와 있었기 때문에 곧 계엄이 해제될 거라고 저는 생각을 했습니다. 잘 아시잖아요. 그 당시 상황에서 그쪽 앞에 있는 소파하고 의자를 두고 바리케이드를 쳤습니다. 그래서 저는 매우 다급한 마음에서 우리 의원들이 적어도 이 정도보다는 더 들어오지 않으면 이게 나중에 우리 당에 문제가 되겠다고 판단했습니다. 그래서 제가 바깥 상황을 살피면서 저희 당 의원에게⋯⋯ 웃지 마십시오, 김윤덕 위원님. 전화를 해서 들어오십시오라고, 들어오시는 게 좋겠습니다라고 얘기를 하는데 그 상황에서 국회의장님이 땅땅땅 두드리신 거예요. 그래서 저와 저희 당의 모 당직자가 소파가 있는 그 위치에 있었던 것이고, 그게 다입니다. 그것을 제가 우리 당의 내부 문제와 관련이 있기 때문에 구구절절이 일찌감치 설명을 안 드린 것일 뿐이고.

그런데 강유정 위원님 말씀은 팩트가 너무 많이 틀리잖아요. 아무리 여기가 면책특권이 보장되는 국회 회의장이지만 적어도 상대당 위원에 대한 최소한의 예우가 있다면 저런 불확실한 말씀을 저렇게 막 하시는 것은 아니라고 생각을 합니다.

○**위원장 전재수** 잠시만요. 제가 좀 정리를 하도록 하겠습니다.

박정하 위원님 의사진행발언해 주시기 바랍니다.

○**박정하 위원** 있어서는 안 되는 우려에서 제가 앞서 의사진행발언하면서 말씀드렸던 상황이 생기는 것 같습니다.

민주당 위원님들 말씀하시는 것도 그다음에 신동욱 위원님 말씀하시는 것도 오늘 이 긴급현안 주제하고는 관련이 없는 듯합니다. 우리가 이 상임위에서 더 이상 국민들 부끄러워할 일은 안 했으면 하는 그런 바램이 있습니다. 굉장히 엄중한 상황인데 지금 논쟁이 되고 있는 사항은 우리 상임위에서 다룰 일은 아니지 않나 하는 생각이 듭니다.

그런 면에서 앞서 말씀드린 것처럼 우리가 주제를 갑자기 벗어나거나 아니면 또 다른 얘기를 통해서 위원님들 간에 서로 감정이 격해져서 국민들한테 보여 줘서는 안 되는 일들이 생길 우려가 있어서 앞서도 주제를 제한하자, 증인도 차분하게 우리가 검토해 보자는 말씀을 드렸는데요. 만약에 오늘도 이런 식으로 해서 자칫 잘못 나가서 우리가 긴급현안질의를 해야 되는 대한민국의 관광산업이나, 비상계엄 이후에 우리 사회에 아직도 굉장히 많은 상흔들이 있고 온몸에 몸살이 나서 그게 어디까지 번져 갈지 모르는데 또 우리끼리 여기서 모여 가지고 상임위와는 주제가 조금, 다소 벗어나는 이런 논쟁을 하는 게 바람직하지 않다고 저는 생각합니다.

그래서 앞서 말씀드린 것처럼 간사님하고 위원장님하고 협의를 해서 정상적으로 현안질의가 진행될 수 있게 되고 그다음에 우리 상임위에서 어떤 건을 다루어야 되는지에 대한 여야 간의 합의도 있고 그다음에 확인돼야 될 일들이 수사를 통해서 확인이 되고 난 다음에 논의가 됐으면 하는 바람을 다시 한번 위원장님께 제안을 드리고, 만약에 이게⋯⋯ 우리 위원님들 조금 차분해지셨으면 좋겠는데 그렇지 않다면 저희가 계속 이 자리에서 현안질의를 해야 될 이유가 있나라는 심각한 고민을 할 수밖에 없습니다. 이 점을 위원장님께서 양해해 주시기 바랍니다.

○**신동욱 위원** 사과 요구합니다.

○**양문석 위원** 위원장님.

○**위원장 전재수** 잠시만요.

　임오경 위원님 의사진행발언해 주시기 바랍니다.

○**임오경 위원** 임오경 위원입니다.

　일하는 국회, 국회법에 의거해서 상임위 역할을 해야 하는 것은 국회의원의 책무라고 저는 생각을 합니다. 증인 채택, 청문회 등등 문제가 있어 개최할 수도 있고 또 질책도 할 수 있지만 저희가 현장의 고충도 듣고 재발 방지도 막아 줄 수 있는 것 아닐까 그렇게 저는 말씀을 먼저 드리고요. 말씀들 중에서 줄 세우기, 무차별적인 발언 등 상당히 듣기 거북한 말씀들이 많이 나오고 있고.

　윤석열 정부 들어서서 언론 장악은 명백한 사실이 아니었나요? 이것에 대해서 국민도 알고 전 세계적으로 다 알고 있는 사실입니다. 그래서 저는 국민도 알권리가 있다라고 생각하고 지금 위원님들이 요청하신 부분들에 있어서 위원장님이 받아 주셔야 된다라고 생각하고, 이 부분에 있어서 여야 간사 간에 협의가 필요하다라면 협의하겠습니다. 그렇기 때문에 위원장님이 이것에 대해서 심도 있게 생각을 해 주시기를 바라고요.

　저는 오늘 이 자리를 통해서 유인촌 장관님에게 꼭 사과를 받아야 될 것 같습니다. 유인촌 장관 이하 문체부 직원들 태도에 대해 심히 유감을 표합니다.

　위원장님, 유인촌 장관의 사과를 요청드립니다. 여야 합의로 12월 11일 저희는 상임위 전체회의가 잡혀 있었습니다. 그런데 계엄령을 통해서, 여당 위원님들도 12월 11일 날 전체회의에 참여하지 않으셨고 또 장관은 여야 합의가 없었기 때문에 불출석하겠다라는 말씀을 했습니다. 저희 여야 합의하에 전체 상임위가 잡혀 있었습니다. 누가 감히 여야 합의가 없이 잡았다고 그렇게 말을 합니까? 이것에 대해서 문체부 유인촌 장관에게 사과를 반드시 오늘 이 자리를 통해서 들어야 된다라고 저는 생각하고 그날 피감기관들 콘진원, 관광공사, 그랜드코리아 다 참석했지만 장차관들이 참석하지 않았기 때문에 참여하지 않아도 된다라고 해서 저희가 돌려보냈던 사안들 저는 정확하게 기억하고 있습니다. 언제부터 문체위 상임위가, 전체회의가 여야 합의 없이, 합의가 이루어지지 않으면 장차관이 참여 안 한다는 말입니까? 이런 계엄령을 통해서 현장의 문제를 더 이상 확산시키지 않고 이것을 축소하고 현장의 목소리를 더 빠르게 경청하고 그 위치에서 일을 하라고 지금 장차관들이 있는 것 아닙니까?

　그럼에도 불구하고 여야 합의가 이루어지지 않았으니 불출석한다? 여야 합의가 이루어졌었습니다. 위원장님 알고 계시잖아요. 12월 11일 회의는 11월에, 이미 사전에 잡혀 있는 회의였습니다. 그런데 불출석 사유가 여야 합의가 이루어지지 않았으니까 불출석하겠다? 이 부분에 있어서는 정확하게 장관에게 다시 한번 그것의 답변을 듣고 사과를 요청드리고요. 여기 이 자리는, 장차관님들에게도 다시 한번 위원장님이 강하게 질책 한번 해 주십시오. 대통령에게 충성하라고 임명된 것 아닙니다. 그 자리는 국민에게 충성하라고, 현장에 계신 분들에게 충성하라고 있는 자리입니다. 이런 사태에서도 대통령을 운운하면서 대통령에게 잘 보이기 위해서 행동하고 있는 장관님을 보면 진짜 한심한 생각이 들고요.

　이 계엄령 선포로 인해서 나라 경제는 환율 폭등, 주가 폭락, 내수 위축으로 빨간불이 켜졌고 특히 사상 초유의 여행 위험국 지정으로 인해서 여행업계, 항공업계는 주가가 폭락하면서 직격탄 맞고 있었습니다. 그래서 문체부는 하루빨리 국회와 대책을 논의해서 국민들을 위기에서 구해 달라고 저희가 장차관들, 피감기관들 다 12월 11일 날 참석해 달라고 요청한 겁니다. 당연한 요청 아니었습니까? 그럼에도 불구하고 불출석한 것에 있어서 이 자리를 빌려서 장관의 사과를 바로 요청드립니다.

○위원장 전재수 원활한 의사진행을 위해서……

○신동욱 위원 아니, 저 한마디 해야 되겠습니다.

○위원장 전재수 그동안……

○신동욱 위원 아닙니다. 이것은……

○위원장 전재수 꼭 하셔야 되겠습니까?

○신동욱 위원 예, 꼭 해야 되겠습니다.

○위원장 전재수 예, 그러면……

○임오경 위원 위원장님, 공정하게, 정확하게 해 주십시오.

○신동욱 위원 아니, 저 1분만 하겠습니다.

○임오경 위원 들으신다면, 그러면 또 저희 위원님들이 의사진행발언을 요청하면 그것도 들어 주셔야 됩니다.

○위원장 전재수 잠시만요. 제가 조금 더 듣고 정리하도록 하겠습니다.

신동욱 위원님 의사진행발언해 주시기 바랍니다.

○신동욱 위원 제가 조금 전에 드린 말씀이 한 치라도 사실과 다르다면 의원직 사퇴하겠습니다. 강유정 위원님 말씀 속기록 삭제해 주시고 사과 부탁드립니다.

○위원장 전재수 양문석 위원님.

○양문석 위원 진종오 위원님 아까 옛날이야기라고 이야기를 했었어요. 그렇지요? 정말 그 옛날이야기, 옛날의 그 계엄령이 교과서에서 현실로 툭 튀어나온 며칠 전의 내용입니다. 그래서 이것을 그냥 옛날이야기로 치부하기에는, 만약에 쿠데타가 성공을 했었으면 어땠을까요? 그들은 국회의원들을 어디에 감금할 것인지 계획까지 다 잡아 놨습니다. 그게 실패했기 때문에 우리가 지금 이 논의를 하는 거거든요. 옛날이야기 아닙니다. 오늘 일어났던 사건에 대해서 우리가 평가하는 부분이고요.

신동욱 위원님 이야기하셨던 80년대 언론 지형과 다르다, 도대체 뭐가 다르지요? 계엄군이 총칼을 들고 국회에 난입해서 국회의원들을 끌어내라라고 대통령이 명령하는 이 과정에 있어서 80년 광주와 도대체 뭐가 다르지요?

두 번째, 언론 자유를 침해한다고요? 도대체 언론 자유는 가짜뉴스 살포의 자유입니까? 지금 저희들이 문제 제기하는 것은 가짜뉴스 살포한 연합뉴스의 보도를 따졌던 것이고 그리고 곳곳에서 발생했던 거짓 보도를 따졌던 것입니다. 지금 신동욱 위원이 강유정 위원의 이야기에 발끈하는 이유가 뭐지요? 본인 스스로 생각하기에는……

○신동욱 위원 사실관계가 아니니까 발끈하는 거지요.

○양문석 위원 그렇지요. 사실관계가 아니니까 발끈하는 거지요. 그 부분에 대해서는 다른 트랙이지만 사실관계가 아니니까 발끈하는 부분, 이 부분이 언론 자유입니까! 당연한 일이지요. 이게 언론 자유 침해입니까! 저는 이 부분에 대한 신동욱 위원의 이중 잣대에 대해서 문제 제기하는 거예요.

○박정하 위원 양문석 위원님 그만하세요. 자제하세요.

○양문석 위원 잠깐 있어 보세요!

 언론 자유를 이야기하면서 잘못된 보도에 대해서 문제 제기를 하고 있는데 그 부분에 대해서 언론 자유를 침해한다고요?

○신동욱 위원 무슨 문제 제기를 이렇게 해요, 그런데?

○양문석 위원 보세요. 자신의 문제에 대해서는 발끈……

○신동욱 위원 기사 하나가 틀리다고 관계자 다 불러야 됩니까?

○양문석 위원 그 내용을 강유정 위원한테 따질 일입니까? 그 기사를 쓴 기자 회사에다가 따져야지.

○신동욱 위원 뭘 따져요. 제 신상의 문제를……

○양문석 위원 제발요, 이중 잣대로 세상 거꾸로 뒤집지 말고, 거짓말하지 말고! 어디서 그런 못된 이야기를 갖다가 여기서 함부로 펼칩니까! 본인 문제는 언론 자유가 아니고 남의 문제는 언론 자유 문제입니까!

○위원장 전재수 양문석 위원님 정리해 주시고요.

○민형배 위원 다른 얘기 할게요.

○위원장 전재수 잠시만요.

○양문석 위원 어디서 이런 못된 짓을 함부로 이야기를 해, 국회에서.

○위원장 전재수 잠시만요.

 박정하 위원님 의사진행발언해 주시기 바랍니다.

○박정하 위원 임오경 간사님 말씀 주신 것에 대해서는 장관께서 판단하셔서 말씀 주시는데 하나 정리할 것은, 지난 11일 날 여야 간 합의해서 잡았던 의사일정은 국감 동안에 있었던 증인에 관한 문제였었어요. 그러니까 그사이에 우리가 생각지도 못한 이 비상계엄이라는 일이 생겼으니까 그것이 11일 날 현안 상황이 아니었다는 것을 하나 정리해서 말씀드리고.

○임오경 위원 예, 알고 있어요. 전체회의가 잡혀 있었다라는 것을 말씀드리고 추가적으로 요청한 것……

○박정하 위원 두 번째는 위원장님께 거듭 말씀을 드리는데 이 의사진행발언이 계속 진행되면, 우리가 더 하는 일들이 되니까 빨리 위원장님께서 정리를 해 주셨으면 하는 말씀을 드립니다.

○강유정 위원 제가 신상발언해야 되겠습니다, 사실관계가 틀렸다고 하는데 틀린 부분이 없기 때문에요.

○위원장 전재수 그러니까 강유정 위원님하고 신동욱 위원님 사이의 그 말씀이 있는데……

 민형배 위원님, 그동안 나왔던 범주 내의 의사진행발언이지요?

○민형배 위원 아닙니다.

○위원장 전재수 아닙니까? 전혀 다른 이야기인가요?

○민형배 위원 아마 관련이 없지는 않은데……

○위원장 전재수 그러면 잠시만요, 잠시만 기다려 주시고.

 강유정 위원님 의사진행발언해 주시기 바랍니다.

○강유정 위원 속기록 확인해 보셨으면 좋겠어요. 사실관계 틀린 게 하나도 없습니다.

12월 4일 0시 45분경에 계엄해제 표결을 앞둔 본회의장에 있었는데 투표에 참여하지 않았습니다라는 부분에……

○신동욱 위원 본회의장에 있지 않았다니까요.

○강유정 위원 사진이 있잖아요, 사진이.

○신동욱 위원 아니, 그 전에 찍힌 사진이고요. 표결할 때 본회의장에 있지 않았다니까요, 내가.

○강유정 위원 아니, 표결을 안 했…… 제가 지금 말했잖아요, 0시 45분경 표결을 앞둔 본회의장이라고. 속기록 확인하셨으면 좋겠고요. 속기록 확인하시고 사실관계가 맞는지 아닌지 따져 주세요.

오마이뉴스는 '16일 신 위원에게 당시 상황을 묻고자 연락을 계속 시도했지만 그의 전화기는 꺼져 있는 상태였다'라고 보도도 했습니다. 그리고 계엄해제에 동의하신다면서 계엄해제 의결에도 참석 안 하셨어요. 투표 안 하셨습니다. 탄핵, 상설특검 결의안, 신속체포 결의안 전부 반대하셨습니다. 이 부분에 대한 해명을 제가 요구한 거였지 제가 어디 사실관계가 잘못됐다고…… 그게 오히려 사실관계 호도하는 겁니다.

○신동욱 위원 본회의장에 있으면서 계엄……

○강유정 위원 두 번째, 본회의장에 오시는 것이 좋겠다고 통화했으면서 표결 왜 안 했는지에 대한 해명을 제가 요구했던 거고요. 요즘에는 SNS나, 본인이 충분히 의견 밝힐 수 있습니다. 오죽하면 12월 3일 이전으로는 전혀, 신동욱 위원의 SNS가 멈춰 있습니다.

그래서 제가 요구한 것은 해명이었습니다. 해명이었고 전혀 다른 사실관계에 대한 얘기가 없는데 어디서 사실관계가 잘못됐다고 얘기하는지, 속기록 확인하시고 거기서 축자적으로 한 글자 한 글자 선택하셔서 어디가 잘못됐는지 그 이후에 사과 요구하시기 바라고요.

제가 원하는 것은, 다시 말씀드릴게요. 똑같이 읽어 드릴게요. 명확한 해명을 요구한다고 했습니다. 해명할 수 있는 기회를 오히려 드린 거예요. 그게 왜, 어디가 사실관계가 잘못됐습니까?

이상 마치겠습니다.

○위원장 전재수 잠시만요. 오늘 원활한 의사진행을 위해서 위원장인 제가 좀 정리를 하도록 하겠습니다.

일단 첫 번째, 한국정책방송원 추동진 편집팀장님 나와 계십니까?

뒤에 배석을 하고 계시네요.

먼저 추동진 편집팀장을 오늘 증인으로 추가하는 문제 하나가 지금 있고요.

두 번째는 연합뉴스 사장, 편집국장, 감사실장의 가짜뉴스와 관련해서 연합뉴스 사장, 편집국장, 감사실장을 증인 채택을 해서 현안질의를 해 달라는 요구가 하나 있습니다.

그리고 아울러서 언론인과 언론 유관단체분들을 모시고 최근 비상계엄과 관련해 가지고 언론의 자유라든지 계엄과 관련된 언론인들의 이야기를 청취하기 위해서 언론 청문회, 현안 청문회…… 현안 청문회지요, 언론 청문회가 아니고. 현안 청문회를 개최해 달라는 요구가 있습니다.

그리고 또 하나는 김재원 위원님이 최재혁 비서관에 대한 청문회 요구를 하셨습니다. 그리고 유인촌 장관의 불출석 문제에 대한 사과 요구가 있었고요. 그다음에 신동욱 위원님과 강유정 위원님 사이에 신상과 관련된 의사진행발언들이 있었습니다.

위원장이 정리를 하도록 하겠습니다.

먼저 첫 번째, 추동진 편집팀장님 오늘 증인 채택을 하는 것으로 하고요. 그다음에 현안 청문회 문제는 여야 간사 위원님들 사이에 추후에 협의를 해 주십사하는 그런 말씀을 드립니다. 그리고 김재원 위원님께서 제기해 주신 최재혁 비서관 청문회도 여야 간사 위원님들 사이에 협의를 진행해 주십사 하는 말씀을 드립니다.

그리고 유인촌 장관의 불출석 문제는 유인촌 장관이 좀 이따가 현안보고를 하실 때 아마 장관님께서 이 부분에 대한, 지난 12월 11일 여야 사이에 상임위 개최가 합의됐음에도 불구하고 불출석한 부분에 대해서는 현안보고를 하실 때 적절한 입장 표명이 있지 않으실까 위원장으로서 기대를 하고 있습니다.

그리고 신동욱 위원님, 강유정 위원님, 이것은 회의를 진행하면서 위원장인 제가 두 분 사이에 해서 원활하게 회의가 진행될 수 있도록 이렇게 정리를 하겠습니다.

의사진행발언은 이 정도까지 해 주시고요.

○김윤덕 위원 아니, 위원장님.

○위원장 전재수 잠시만요, 먼저 해야 될 것 먼저 좀 하고 진행을……

○김윤덕 위원 아니, 이 문제 매듭 하기 전에 매듭이 안 된 문제가 하나 있는데요.

○위원장 전재수 그러면 이렇게 하겠다라는 말씀을 위원장으로서 드리도록 하고요.

김윤덕 위원님 말씀해 주시기 바랍니다.

○김윤덕 위원 제가 회의에 늦게 들어온 것은 정말 잘못했는데요. 저 와 가지고 앉아 있다가, 미소 지었다가 신동욱 위원님 말씀 중에 '웃지 마세요' 이런 굉장히 감정적인 말을 하셨는데……

○신동욱 위원 죄송합니다. 그건 제 얘기에 대해서 웃는 것처럼 느껴져서 그렇게 드린 거고요. 죄송합니다. 사과드립니다.

○김윤덕 위원 아니, 말씀에 웃어도 안 됩니까?

○신동욱 위원 아니요. 그런데 제가……

○김윤덕 위원 그러니까 '웃지 마세요'라고 하는 말 자체를 한 것을 사과해야지요. 그렇지요?

○신동욱 위원 예, 제가 사과드립니다.

심각한 상황에서 제 얘기를 들으면서 마치 비웃는 것처럼 느껴졌는데, 그 말씀 드린 것 사과합니다. 제가 성급했습니다. 죄송합니다.

○임오경 위원 위원장님, 한 말씀만……

○위원장 전재수 자, 일단……

○임오경 위원 아니요, 거기다 지금 넣어야 될……

○위원장 전재수 꼭 하셔야 되겠습니까?

○임오경 위원 예, 넣어야 될 문제……

○위원장 전재수 예, 임오경 위원님.

○임오경 위원 12월 11일 날 저희가 피감기관들 요청이 있었는데 무슨, 누구의 백 믿고 참석하지 않은 피감기관이 또 있었습니다. 오늘 KTV 원장인 이은우 원장에게도 사과를 요청드립니다.

피감기관들이 그래도, 장차관이, 문체부가 참석하지 않았지만 그래도 다른 피감기관들은 그래도 일단 국회에 출석을 위해서 국회까지 왔습니다. 그럼에도 불구하고 KTV는 국회 자체를 오지 않았습니다. 누구의 백, 도대체 무슨 백이 그렇게 커서 이은우 원장은 12월 11일 날 오지 않았는지 이은우 원장에게도 답변 듣고, 사과 요청드립니다.

○위원장 전재수 현안질의하면서 충분히 들을 수 있는 기회가 있을 거라고 생각을 합니다.

박정하 위원님 의사진행발언해 주시고, 마지막 의사진행발언 듣고 제가 정리를 해서 진행을 하도록 하겠습니다.

○박정하 위원 위원장님 정리 쭉 주신 것에 대해서 많은 부분 동의하고 이해를 합니다만 그래도 앞서 말씀드린 것처럼 우리가 흥분하지 말고 차분하게 이 상황을 정리해 나가자는 부분에 있어서, 오늘 참석한 KTV 관련 실무자가 배석자에서 증인으로 배석자 채택이 됐습니다. 그리고 있어서는 안 되는 일들도 우리 위원님들 간에, 우리 문체위 상임위하고는 별건으로 진행되는 건도 있고 해서……

만약에 회의가 이런 것들이 저희 당에서 요구하는 대로 진행이 되지 않는 상황이라면 오늘 현안질의에 저희 당은 계속 있을 필요가 없다고 생각을 합니다. 그래서 저희 당은 오늘의 현안질의에 대해서는 응할 수 없다는 말씀을 드리고 이만 자리를 이석해야겠다는 말씀을 드립니다.

그래서 차분하게 이 건이 정리돼서 정말 우리가 원하는 것처럼 국가가 바로 정상화되고 우리는 문체위 차원에서 어떤 일들을 더 챙겨야 되는지에 대해서는 논의가 되지 않고 자칫 정쟁의 소지를 가지고 흐를 수 있는 거라면, 그리고 앞으로도 그런 상황이 계속된다면 민주당 위원님께서도 다시 한번 생각해 주십사 부탁을 드리면서, 오늘은 저희가 더 이상의 현안질의에 응할 수 없다는 말씀을 드리면서 저희는 이만 이석을 해야 되는 상황이라는 점을 말씀드립니다.

(일부 위원 퇴장)

○위원장 전재수 박정하 간사님 말씀은 제가 충분히 존중을 합니다.

오늘 한국정책방송원 추동진 편집팀장을 이 자리에서 증인으로 채택하고자 하는 것은 기존에 정책방송원의 많은 분들, 네 분인가요? 네 분이 이미 증인으로 채택이 돼 있고 추가로 추동진 편집팀장을 증인으로 채택하는 것은 여야 사이에 크게 이견이 없을 것으로 위원장은 판단을 했습니다. 그렇기 때문에 이 부분은 그렇게 정리를 하는 것으로 하고.

나머지 연합뉴스 또 언론인, 언론 유관 단체의 여러 증인들과 관련된 현안 청문회 건에 대해서는 제가 다시 한번 말씀드리지만 여야 간사 위원님들 사이의 추후 협의를 통해서 진행을 하겠다. 이 자리에서 바로 결정하는 것이 아니고, 하겠다라는 말씀을 다시 한번 드리도록 하겠습니다.

지금 정족수가 안 되는데요. 새롭게 증인 출석요구 추가의 건을 상정하고 의결을 해야 되는데 지금 정족수가 안 됩니다.

○임오경 위원 그건 잠깐만, 이따가 하시지요. 김재원 위원님 들어오고 난 다음에 하시지요.

○위원장 전재수 그래서 정족수가 될 때까지 이 증인 채택의 건은 잠시 미뤄 놨다

가……

위원님들께서 한 분이 더 필요한데, 그러면 긴급 현안질의 관련 증인 출석요구 추가의 건은 의결정족수가 되는 대로 진행을 하도록 하고요.

일단 유인촌 문화체육관광부장관 나오셔서 12월 3일 비상계엄 이후의 관광 분야와 K-콘텐츠 분야의 피해 현황 및 대책과 관련해서 먼저 보고를 듣도록 하겠습니다.

장관님 나오셔서 보고해 주시기 바랍니다.

○**증인 유인촌** 존경하는 국회 문화체육관광위원회 전재수 위원장님 그리고 위원님 여러분!

최근 계엄 사태로 인해 많은 혼란과 불확실성이 초래됐습니다. 국무위원의 한 사람으로서 깊은 사죄의 말씀을 드리겠습니다.

동시에 정책 추진 여건 또한 변동성이 높아진 상황입니다. 이에 관광 및 콘텐츠 업계 동향과 향후 대책에 대해서 보고를 드리겠습니다.

먼저 관광 분야입니다.

현재는 점차 진정 국면에 들어가는 상황이나 방한 관광시장의 단기적 타격은 불가피해 보입니다. 한국 여행 안전 여부 문의가 증가하고 신규 여행 예약 문의가 줄어들고 있습니다. 국제회의 개최 문의도 감소하여 한국 여행에 대한 불안감이 높은 것으로 관측됩니다. 이러한 부정적 영향은 내년 상반기까지 이어질 우려가 높습니다. 이에 대응하여 문체부는 국내외 여행 업계와 관광객에게 한국 여행이 안전하고 일상적이며 원활하다는 점을 계속해서 알리고 있습니다. 현재 주요국 가운데 여행경보 발령 국가는 없습니다.

또한 민관 합동 관광 상황반을 가동하여 상황을 긴밀히 모니터링하고 있으며 그 밖에도 업계 간담회 또 관광 현장 방문을 통해 현장 애로사항을 지속적으로 청취하고 있습니다. 최근에는 관계부처 협조를 통하여 전자여행허가제 한시 면제 조치가 연장되었으며 이를 관광 업계에 즉시 알려서 방한시장 혼란을 최소화할 수 있었습니다.

나아가 문체부는 전 세계 32개 한국관광공사 해외지사와 함께 동계 시즌 방한 유치 특별 캠페인을 긴급 추진할 예정입니다. 또한 내년 1월 코리아 그랜드세일을 개최하고 K-관광 로드쇼를 조기에 실시하며 방한 관광 집중 홍보에 힘쓰고 있습니다. 현지 인플루언서를 활용한 SNS 홍보와 해외 광고 캠페인 또 주요국 외신 취재를 병행하여 전방위적으로 한국 관광을 해외에 알리고 있습니다.

마지막으로 이와 같은 내용을 중심으로 관광시장 안정화 대책을 마련하고 국가관광전략회의를 통해서 발표할 계획입니다.

콘텐츠 분야 역시 계엄 사태 직후 일부 공연에서 티켓 예매 취소 사례가 발생하고 국내 증시 하락으로 인해 콘텐츠 관련 기업 주가도 하락하는 등 일시적인 영향이 있었던 것은 사실입니다.

그러나 현재 기준으로 해외 뮤지션들의 내한 공연을 비롯한 대중음악 공연은 정상적으로 진행되고 있으며 국내 콘텐츠 기업 주가는 계엄 선포 이전 수준으로 회복되었습니다. 또한 콘텐츠 수출 분야 역시 아직까지 특이 동향이 발생하지는 않고 있습니다.

문체부는 대중음악 업계 및 협·단체 등에 연말 시상식을 포함해 기존 계획된 행사들의 정상적인 개최를 요청하고 있고 또 콘텐츠진흥원 해외 비즈니스센터와 실시간 보고 체계를 구축하여 혹시나 발생할 수 있는 수출 피해에도 미리 대비하고 있습니다.

앞으로 콘텐츠 업계와 긴밀히 소통하며 관련 피해와 혼란이 발생하지 않도록 업계 동향을 지속적으로 살피고 대응해 나가겠습니다.

이상으로 보고를 마치겠습니다.

감사합니다.

○**위원장 전재수** 유인촌 장관님 수고하셨습니다.

---

o 의사일정 변경동의의 건

(11시09분)

○**위원장 전재수** 조금 전에 이기헌 위원께서 긴급 현안질의 관련 증인 출석요구 추가의 건을 의사일정에 추가해서 심사할 것을 요구하는 동의를 서면으로 제출해 주셨습니다.

국회법 제71조 규정에 따르면 동의가 의제로 성립하기 위해서는 동의자 외 1인의 찬성이 필요합니다. 서면동의서에 임오경 위원의 찬성이 있었기 때문에 동의가 의제로 성립됐습니다.

그러면 국회법 제71조 및 제77조 의사일정 변경 규정에 따라서 긴급 현안질의 관련 증인 출석요구 추가의 건을 오늘 의사일정 제3항으로 추가하고자 하는데 이의 없으십니까?

　（「예」하는 위원 있음）

이의가 없으시므로 가결되었음을 선포합니다.

○**임오경 위원** 의사진행발언 있습니다.

○**위원장 전재수** 잠시만요.

---

3. 긴급 현안질의 관련 증인 출석요구 추가의 건

(11시10분)

○**위원장 전재수** 그러면 의사일정 제3항 긴급 현안질의 관련 증인 출석요구 추가의 건을 상정합니다.

이 안건은 오늘 실시 예정인 긴급 현안질의와 관련해서 국회법 제129조제1항과 국회에서의 증언·감정 등에 관한 법률에 따라 증인 출석을 요구하려는 것입니다.

증인은 추동진 한국정책방송원 편집팀장으로 자세한 내용은 배부해 드린 유인물을 참고해 주시기 바랍니다.

그러면 배부해 드린 유인물과 같이 오늘 예정된 긴급 현안질의에 위 증인의 출석을 요구하는 것에 대해 이의 없으십니까?

　（「예」하는 위원 있음）

가결되었음을 선포합니다.

(증인 명단은 끝에 실음)

그러면 증인 선서를 받도록 하겠습니다.

증인 선서를……

임오경 위원님, 의사진행발언입니까?

○**임오경 위원** 예.

○**위원장 전재수** 예.

○**임오경 위원** 의사진행발언에 있어 위원장님에게 제가 요청드렸습니다. 그리고 또한 위원장님께서 장관에게 현안보고와 함께……

○**위원장 전재수** 아, 맞습니다.

○**임오경 위원** 12월 11일 날 관련된 입장을 표명하라고 분명히 말씀하셨음에도 불구하고 장관께서는 그것에 대한 표명이 전혀 없었습니다.

12월 11일 날 간단하게 현안질의로 끝났어야 될 사안을 오늘 이렇게 증인으로 요청해서, 우리가 정부를 어떻게 증인으로 요청해서 이렇게 현안질의를 합니까? 오늘 이 상황을 만든 것은, 유인촌 장관 때문에 오늘 이렇게 큰 상황이 벌어진 겁니다. 그럼에도 불구하고, 위원장님께서 분명히 사전에 장관께 현안보고 및 의사 표명을 정확하게 말씀하시라고 했음에도 불구하고 현안보고만 하고 지금 자리로 이동하시는 것은……

아니, 무엇이 그렇게 대단해서 지금 그렇게 행동하시는지 모르겠습니다. 위원장님 말도 듣지 않는다면 그 자리에 지금 왜 앉아 계시는지 모르겠습니다.

다시 한번 요청드립니다.

12월 11일 끝났어야 될 현안질의를 하지 못한 것 그리고 오늘 이렇게 확산되어서 크게 만든 것은 모든 게 다 장관님의 책임입니다. 다시 한번 장관님의 사과를 요청드립니다.

○**위원장 전재수** 유인촌 장관님, 제가 아까 말씀을 드릴 때 현안보고하실 때, 12월 11일 여야 합의가 돼서 상임위가 개최되기로 예정이 돼 있었는데 불출석을 하셨습니다. 이 부분에 대한 입장 표명을 현안보고를 하실 때 해 달라고 했는데, 아마 깜빡하신 것 같은데 말씀을 해 주시기 바랍니다.

○**증인 유인촌** 저는 현안질의하실 때 하라고 이렇게 이해를 해서요. 조금 이따가 아마……

○**위원장 전재수** 지금 하시지요.

○**증인 유인촌** 예, 지금 말씀드리겠습니다.

먼저 불출석하게 된 건 당시 너무나 여러 가지로 혼란한 상황이었기 때문에 그런 어려운 점이 있었다는 걸 말씀드리고요. 상임위의 불출석 자체를 저는 거의 사실은 하지를 않는데도 그런 일이 발생한 것에 대해서는 사죄의 말씀을 드리고 죄송하다는 말씀을 위원님들께 진심으로 드리겠습니다.

○**위원장 전재수** 제가 좀 걱정이 돼서 위원장으로서 한 말씀을 드리자면, 여야 합의가 돼서 12월 11일 날 상임위 전체회의가 예정이 돼 있었고 그럼에도 불구하고 장관님께서 불출석하신 부분에 대해서는 굉장히 유감의 뜻을 전합니다.

뿐만 아니고 덧붙여서, 국회가 여야 합의가 되면 당연히 출석을 하셔야 되겠지만 정부는 정부로서 해야 될 일이 있는 것입니다. 여야 합의가 되건 안 되건 또는 야당 단독으로 하든 여당 단독으로 하든 국회의 출석요구가 있으면 그것은 응당 정부로서는 국회에 출석하셔야 될 의무가 있다라는 말씀을 드립니다.

여야 합의가 안 됐기 때문에 출석하지 않는다라는 말씀들을, 다른 부처 장관님들도 그런 경우들이 좀 있는데 그것은 정부가 여야 싸움에 끼어드는 겁니다. 정부가 여야 싸움에 끼어들어서야 되겠습니까? 국회에서 여야가 싸우는 것은 늘 있는 일이고 싸움을 통해서 더 좋은 타협안을 만들어 내는 것이기 때문에 그 싸움에 정부가 끼어들어서는 안 된다고 저는 생각을 합니다. 여야가 싸우든지 말든지 정부가 해야 될 일은 성실하게 해야 된다라는 말씀을 저는 아울러서 드리도록 하겠습니다.

그러면 증인 선서를 받도록 하겠습니다.

증인 선서를 받기에 앞서서 선서의 취지, 처벌 규정, 선서 방법 등을 안내해 드리겠습니다.

선서를 받는 이유는 증인으로부터 양심에 따라 숨김과 보탬이 없이 사실대로 증언하겠다는 서약을 받기 위한 것입니다. 증인이 정당한 이유 없이 선서를 거부하거나 허위의 진술을 한 때 또는 국회의 권위를 훼손한 때에는 국회에서의 증언·감정 등에 관한 법률에 따라 고발될 수 있음을 알려 드립니다.

증인 선서는 일괄해서 함께 하도록 하겠습니다.

증인을 대표해서 유인촌 증인께서는 발언대로 나오셔서 오른손을 들고 선서를 해 주시고 선서가 끝나면 서명날인한 선서문을 위원장에게 직접 제출해 주시기 바랍니다. 다른 증인들께서는 제자리에서 일어나셔서 오른손을 들어 주시면 되겠습니다. 배석자들께서는 선서가 필요 없기 때문에 자리에 앉아 계셔도 되겠습니다.

그러면 유인촌 장관님 나오셔서 증인을 대표해서 선서해 주시기 바랍니다.

○**증인 유인촌** "선서, 본인은 국회가 실시하는 긴급 현안질의와 관련하여 문화체육관광위원회에서 증언을 함에 있어 국회에서의 증언·감정 등에 관한 법률 제7조 및 제8조와 같이 양심에 따라 숨김과 보탬이 없이 사실 그대로 말하고 만일 진술이나 서면답변에 거짓이 있으면 위증의 벌을 받기로 맹서합니다."

2024년 12월 20일

증인　유인촌
증인　용호성
증인　장미란
증인　황성운
증인　최보근
증인　유병채
증인　김현준
증인　채수희
증인　윤양수
증인　김정훈
증인　김근호
증인　이은우
증인　박준석
증인　이승훈
증인　이찬구
증인　이성구
증인　추동진
증인　유현석
증인　서영충

증인　윤두현

○**위원장 전재수**　증인들께서는 모두 자리에 앉아 주시기 바랍니다.

그러면 질의를 시작하도록 하겠습니다.

질의는 일문일답 방식으로 진행하면서 질의 시간은 답변 시간을 포함해서 7분으로 하겠습니다.

시간은 제가 넉넉하게 드리겠습니다만 원칙은 7분이라는 말씀을 다시 한번 드리도록 하겠습니다. 부족한 부분은 보충질의 시간을 활용해 주시기 바랍니다.

그러면 순서에 따라서 조계원 위원님 질의해 주시기 바랍니다.

○**조계원 위원**　유인촌 장관님께 질문하겠습니다.

계엄이 선포된 12월 3일 연락을 못 받으셔서 국무회의에 참석을 못 하셨지요?

○**증인 유인촌**　예, 그렇습니다.

○**조계원 위원**　그런데 계엄 해제 결의 요구안이 채택된 이후에는 국무회의에 참석하셨지요?

○**증인 유인촌**　예.

○**조계원 위원**　그때가 몇 시였습니까?

○**증인 유인촌**　새벽 한 3시 30분쯤 된 것 같습니다.

○**조계원 위원**　그때 혹시 발언하신 건 있으십니까?

○**증인 유인촌**　뭐 특별난 발언은 없고요. 그냥 계엄 해제에 대한 얘기를 국방부장관께서 하시고 이견이 있냐 없냐 물어보고 그냥 해제하는 걸로 다 동의하고 끝난 것 같습니다.

○**조계원 위원**　전체 국무위원이 다 동의하셨습니까?

○**증인 유인촌**　예, 그렇습니다.

○**조계원 위원**　저는 12·3 비상계엄 선포에 대해서 위헌적이고 반헌법적이고 불법적인 것이라 생각하는데 장관님 생각은 어떠십니까?

○**증인 유인촌**　글쎄요, 저는 계엄 단어 자체에도 거부감이 있고 만약에 있어서는 안 될 일이 벌어졌다고 생각합니다.

○**조계원 위원**　절차적으로도 위법이 확실하지요, 반헌법적이고?

○**증인 유인촌**　그것까지는 뭐 제가 지금 뭐라고 말씀을……

○**조계원 위원**　국무총리의 그리고 국무위원들의 부서, 절차 그리고 국회 통고 절차, 이 모든 것들이 절차적으로 이루어지지 않았지요?

○**증인 유인촌**　예.

그건 저 같은 경우는 특히나 더 내용을 전혀 알지를 못 했기 때문에, 물론 연락을 못 받아서 참석도 못 했지만 후에 하여간 알게 돼서 그런 사항은 제가 잘 모르겠습니다.

○**조계원 위원**　헌법 제77조 그리고 계엄법 제2조와 4조를 보면 윤석열이 12월 3일에 발표한 비상계엄은 헌법 기관인 국회의 권능 행사를 제한하고 국민의 기본권을 제한해 국헌을 문란케 한 위헌이라고 보는데 장관님 생각은 어떠십니까?

○**증인 유인촌**　나름대로 법 기관에서 제대로 다 판단해서 발표를 하시겠지요.

○**조계원 위원**　그때 계엄군이 투입되고 했던 행위 자체가, 경찰이 국회를 봉쇄하고 막은 행위 자체가 국회의원들의 계엄에 대한 해제 의결을 방해하기 위한 명백한 행동 아니

겠습니까? 그럼에도 불구하고 그에 대해서 판단을 유보하신다는 말씀이십니까?

○**증인 유인촌** 아니요. 제 입장에서는 지금 뭐 제가 그런 판단을 이렇다 저렇다 말씀드리기는 굉장히 어렵다는 것입니다.

○**조계원 위원** 아니, 이건 상식적인 것 아닙니까? 전 국민들이 다 알고 있는 상식인데 그것에 대해서도 답을 못 하시겠다는 겁니까?

○**증인 유인촌** 국무위원의 입장으로서는 어쨌든 이런 일이 발생하고 혼란스럽게 된 것에 대해서 그냥 죄송스러울 따름입니다, 사실.

○**조계원 위원** 인정을 안 하시는 겁니까? 아니면 답변을……

○**증인 유인촌** 인정을 하고 안 하고를 떠나서 그건 뭐 이제 법적으로 다 판단을 하시겠지요. 제가 먼저 그런 판단을 해 드리기에는 좀 어렵다고 말씀드리겠습니다.

○**조계원 위원** 상식적인 문제 아니겠습니까? 제가 물어본 사항이 어려운 문제가 아니지 않습니까?

○**증인 유인촌** 예, 그렇습니다.

○**조계원 위원** 국회의 계엄 해제 동의안 표결을 방해한 행위, 경찰이 국회를 봉쇄하고 그다음에 국회 본청에 군인들이 투입돼 가지고 의결을 방해하려고 한 행위가 명백히 주어졌는데 그것은 국헌을 문란하게 한 행위다 이 판단조차도 장관으로서 못 한다는 겁니까?

○**증인 유인촌** 원래 계엄 자체는 저도 물론 당연히 반대하고요. 또 그런 일이 있어서는 안 된다고 생각하는 것은 확실합니다.

○**조계원 위원** 그런데도 불구하고 장관님께서는 국가 대변인 자격을 문체부장관이 갖는 거지요?

○**증인 유인촌** 그렇습니다.

○**조계원 위원** (자료를 들어 보이며)
장관님께서 이것 직접 발표하셨지요?

○**증인 유인촌** 예, 그렇습니다.

○**조계원 위원** 이 내용 장관님께서 작성하신 겁니까?

○**증인 유인촌** 작성은 아마 총리실 쪽하고 국조실 뭐 이런 데서 작성을 한 것 같습니다.

○**조계원 위원** 유병채 실장님 나와 계시지요?
이 문안은 총리실에서 온 것 그대로 장관님께 드린 겁니까?

○**증인 유병채** 장관님 발표용으로 발표 전에 일부 표현이나 내용만 좀 정리해서 장관님께서 발표하신 겁니다.

○**조계원 위원** 어떤 부분을 표현을 바꿨습니까?

○**증인 유병채** 문장이나 이런 부분이 발표에 좀 매끄럽지 않거나 그런 부분은 조금……

○**조계원 위원** 윤문만 했다 이거지요?

○**증인 유병채** 예, 그렇습니다.

○**조계원 위원** 그러면 장관님, 내용에 보면 '국회는 오늘 비상계엄 선포를 막지 못했다는 이유만으로 박성재 법무부장관과 조지호 경찰청장에 대한 탄핵소추안을 보고하였습니

다. 앞서 사임한 이상민 전 행정안전부장관까지 포함하여 대한민국의 치안과 법무 행정을 책임지는 장관들이 모두 공석이 돼 버렸습니다. 비상계엄 선포 전부터 최재해 감사원장을 포함하여 스무 명 가까운 고위공직자가 연속적으로 탄핵 소추되면서 정부가 정상적인 국정 운영을 하는 것이 어려워졌습니다'.

　이 부분에 대해서 동의하십니까?

○증인 유인촌　사실은 저는 있는 그대로의 사실을 호소한다는 입장으로 말씀을 드린 거니까요.

○조계원 위원　장관님도 이 부분에 대해서 동의하신다는 말씀이십니까?

○증인 유인촌　그러니까 동의하고 안 하고를 떠나서 그건 그 당시로서는 국정 자체가 운영되기가 좀 어렵다고 국무회의에서 판단을 다 해서 그런 문안으로 작성이 된 것으로 알고 있습니다.

○조계원 위원　장관들이 없으면 국정 운영이 불가능할까요, 국무위원들이 없으면?

○증인 유인촌　아니, 그게 국무위원 의결정족수가 있으니까요. 15명……

○조계원 위원　장관님께서는 스무 명 가까운 고위공직자로 표현하셨는데 국민들이 보기에는 주로 국무위원급의 고위공직자로 생각하겠지요? 그런데 실제로는 탄핵된 분들의 10여 명은 대부분이 검사들이었습니다, 비위 검사들. 국정의 공백이 생길 우려가 하등 없고요. 그리고 설사 장관이 공백 상태라 하더라도 차관들이 있고 국정의 공백이 생길 이유가 없는데 윤석열의 담화문의 입장을 그대로 반영하여서 이렇게 표현을 하셨더라고요.

　이 부분 지금 사과할 의향은 없으십니까?

○증인 유인촌　위원님께서 좀 이해를 해 주시면요 이것은 그런 여러 가지 의미를 담은 건 아니고요. 단순히 국정의 혼란스러운 점을 조기에 안정시키자라는 뜻의 호소문으로 그것 외에 다른 의미는 없습니다. 그렇게 발표된 거라고 생각을 합니다.

○조계원 위원　아니, 첫 번째 탄핵소추안이 부결되고 나서 두 번째 탄핵소추안이 상정을 앞두고 있는 상태였습니다. 명백하게 탄핵소추안의 부결의 목적을 띠고 발표한 호소문이라 생각하는데 장관님 생각은 어떻습니까?

○증인 유인촌　그날 국무회의에서 어쨌든 국무위원들이 굉장히 많이 힘들어했고요. 또 특히 뭐 아마 참석하셨던 다른 분들은 이제 조사에 응해야 되는 그런 여러 가지 하여간 그 분위기가 좀 있었습니다. 그래서 그런 의미로 국정이 운영될 수 있도록, 사실은 제가 정부 대변인 역할을 그동안에는 거의 한 적이 없습니다. 왜냐하면 예전부터도 다른 일에 지장을 많이 주는 그런 의미가 있기 때문에 안 하다가 이제 아무래도 어려운 상황이 돼서 직접 호소문을 좀 국민들께 낭독을 하는 게 좋겠다 해서 하게 된 일입니다. 여러 가지로 하여간 이런 일이 발생한 것 자체가 사실은 뭐 다 죄송스럽게 생각합니다.

○조계원 위원　그 호소문의 내용이 명백하게 윤석열의 내란을 비호하고 그리고 결국 내란 선전·선동에 부합하는 행동의 발언들이 담겨 있는데 이것에 대해서 본인이 작성하지도 않은 것까지는 제가 어느 정도는 받아들이겠는데 그 내용에 대해서 사과할 의향이 없다는 겁니까, 그러면?

○증인 유인촌　아니, 그러니까 그런 의미로 그 호소문을 하게 된 것은 아니라는 말씀을 드리고 싶고요. 그건 단순히 그냥 그것을 지지하거나 동의를 하려고 한 그런 부분은 아니고요. 가능하면 좀 빨리 국정이 안정되게 했으면 좋겠다라는 의미로 받아 주셨으면 좋

겠습니다.

○**조계원 위원** 국정 안정을 바라는 의미라 하더라도 윤석열과 똑같은, 윤석열이 지적한 게 뭡니까? 탄핵을 지적했고 예산 감액을 지적했습니다. 둘 중의 하나를 강력하게 얘기 했지 않습니까? 거기에 동조, 철저하게 동의하고 부합하는 행위이고 그것에 대해서는 계 엄법 규정이 어떻게 되어 있는지 아십니까, 형사소송법 90조에? 모르십니까?

○**증인 유인촌** 예, 저는 잘 모르겠습니다.

○**조계원 위원** 거기에도 형사소송법의 내란죄로 인정이 되고요. 선전·선동을 한 경우는 3년 이하 징역에 처한다는 명백한 규정이 있습니다. 알고 계십니까?

○**증인 유인촌** 잘 모르고 있습니다.

○**조계원 위원** 상황이 이렇게 심각한데도 아직까지도 파악을 못 하신 겁니까?

○**증인 유인촌** 아니, 이 자체가 이미 그런 의미를 전혀 갖고 있지 않다고 생각을 했기 때문에 사실은 그렇게 말씀을 드린 거고요.

○**조계원 위원** 그러면 왜 사과했습니까, 어제도 인터뷰하면서 사과를 했던데?

○**증인 유인촌** 그것은 어쨌든 상황이 너무 혼란스러워졌고 실제로 여러 가지 경제, 사 회, 문화, 전체적인 면에서 그동안에 해 왔던 일들이 상당히 다시 좀 바닥으로 떨어지는 그런 여러 가지 것에 대해서 국민들께 사과를 드린 겁니다. 지금 위원님께도 제가 죄송 하다는 말씀을 드리겠습니다.

(발언시간 초과로 마이크 중단)

○**조계원 위원** 그러면 다시 한번 묻겠습니다.

12·3 위헌적 계엄 사태는 내란죄라고 보는데 장관님 생각은 어떻게 생각하십니까?

속기록에 남는 거니까 신중히 발언을 해 주시기 바랍니다.

○**증인 유인촌** 글쎄요. 그런 부분을 제가 판단해서 지금 말씀드리기가 어렵다는 걸 좀 이해해 주시기 바라겠습니다.

○**조계원 위원** 지금 모든 것을 판단을…… 저는 상식적인 판단조차 못 하고 있어요. 국 회 계엄 해제 결의를 막은 국헌 문란 행위가 명백함에도 불구하고 그것조차 판단을 못 한다고 그러고. 이미 내란 수괴로 피의자 신분으로 전환이 돼 있고 조사 중인데 그에 대 해서도 전혀 판단을 못 하겠다 하시고.

○**증인 유인촌** 아니, 국무회의에서는 국회 해제됨과 아마 동시에 전달이 돼서 해제가 된 거로 의결이 다 된 거기 때문에……

○**조계원 위원** 그리고……

○**위원장 전재수** 부족한 부분은……

○**조계원 위원** 한 가지만 더 묻겠습니다. 한 가지만 딱 물어보겠습니다.

한예종에 대해서 11시 30분에인가 통고가 됐더라고요.

계엄 포고령이 언제 내려진지 아십니까?

○**증인 유인촌** 저는 10시 반쯤……

○**조계원 위원** 포고령은 11시 27분에 내려졌고요. 불과 3~4분 사이에 국무총리실 당직 사령실에서 연락을 해서 '한예종을 폐쇄 조치하라' 이렇게 조치가 이루어졌는데 그와 관 련해서 보고 받은 것 있으십니까?

○**증인 유인촌** 없습니다.

그런데 아마 한예종은……

○**조계원 위원** 국무총리실은 계엄사의 포고령과 거의 동시에 국무총리는, 지금의 대통령 권한대행은 전혀 계엄이 자신이 봤을 때는 타당하지 않다고, 정당하지 않다고 하면서도 실제로 국무총리실은 계엄에 맞춰서 움직였습니다.

계엄을 실행하는 기관으로서 작동을 했다고 생각하는데 그에 대해서는 어떻게 생각합니까?

○**증인 유인촌** 아마 당직 총사령실에서 전 정부 부처나 소속 기관으로 그게 내려간 것 같거든요. 그런 건 아마 비상적인 상황이 생겼다고 그 당직사령은……

○**조계원 위원** 제 말은 이미 계엄을 실행하고 준비하지 않으면, 계엄 포고령 발표와 거의 동시에 한예종에 대한 폐쇄령이 내려졌던 거냐 그겁니다.

○**증인 유인촌** 그런데 한예종에 따로 그렇게 한 것은 아니고요. 저희 부처를 비롯한 그 소속 기관 전체로 아마 그게 내려갔을 거예요.

○**위원장 전재수** 부족한 부분은 보충질의 때 해 주시기 바랍니다.

다음은 강유정 위원님 질의해 주시기 바랍니다.

○**강유정 위원** 장관에게 질의하겠습니다.

윤석열의 탄핵소추 표결을 이틀 앞둔 12월 12일 확대기관장회의 열렸습니까?

○**증인 유인촌** 제가 지금 날짜를 정확히 모르겠는데요.

○**강유정 위원** 모르시면 안 되지요.

○**증인 유인촌** 아마 확대기관장회의를 했을 겁니다.

○**강유정 위원** 열렸습니다.

○**증인 유인촌** 예.

○**강유정 위원** 올해 몇 번째 확대기관장회의입니까?

○**증인 유인촌** 저희들이 거의 매달 한 번씩 합니다.

○**강유정 위원** 처음입니다, 소속 기관장과 공공기관장을 다 함께 소집한 회의는.

○**증인 유인촌** 매달 합니다.

○**강유정 위원** 소속 기관장과 공공기관장을 함께 소집한 회의는 처음입니다.

○**증인 유인촌** 나눠서 합니다, 나눠서.

○**강유정 위원** 제가 다시 말씀드릴게요. 함께 소집한 회의 처음입니다.

○**증인 유인촌** 그러니까요. 그렇게 함께는 사람이 많기 때문에……

○**강유정 위원** 그러니까요. 그런 회의가 처음입니다. 제가 사실관계 잘못 얘기하지 않습니다.

○**증인 유인촌** 예.

○**강유정 위원** 기관 주요 현안이라고만 제출한 자료에 되어 있는데 일단 공공기록물 관리에 관한 법률 이 법 시행령 18조 3호 내용, 차관님 뭡니까? 용호성 차관님, 더 잘 아시지요?

공공기록물 관리에 관한 법률 시행령 18조 3호, 차관급 이상의 주요 직위자를 구성원으로 하는 회의의 경우 회의록 남겨야 합니다. 알고 계시나요? 차관님, 알고 계시나요?

○**증인 용호성** 예, 그런 것으로 알고 있습니다.

○**강유정 위원** 그런데 왜 안 남겼습니까? 장관님, 왜 안 남겼습니까? 회의록이 없습니다.

문체부에 확인했더니 '관리하고 있지 않다'라고 했습니다. 지금 시행령 위반, 법 위반이라는 것 인정하세요? 회의록을 안 남겼어요.

○증인 유인촌 거기까지는 저희는 생각을 못 했고요. 단지 그날 기관장들이 기관을 좀 안정적으로 잘 운영해 달라고⋯⋯

○강유정 위원 이건 그냥 짤막한 대답을 원하는 질문입니다.

공공기록물 관리에 관한 법률 시행령 18조 3호를 위반하셨습니다, 왜냐하면 회의록을 남기지 않았기 때문에.

그러면 이 회의에 어떤 얘기들이 오갔습니까? 회의의 회의록은 남기지 않았지만.

○증인 유인촌 그날 전반적으로 각 기관이 동요되지 않고 운영을 제대로 잘 해 달라 그런 부탁하는 자리였습니다.

○강유정 위원 이런 사태를 예방하기 위해 회의록을 남기라는 법령이 있는 겁니다. 그 정도의 말씀이셨다면 왜 회의록을 안 남겼는지 더욱 의심이 되는데요. 그렇지요?

○증인 유인촌 글쎄요, 저는⋯⋯

○강유정 위원 왜 회의록을 안 남겼는지 모르겠습니다.

혹시 여기서 인사권 신속하게 행사하겠다는 발언 했습니까?

○증인 유인촌 별로 기억이 없는데요.

○강유정 위원 기억이 없는 겁니까?

○증인 유인촌 예.

○강유정 위원 사실이 없는 게 아니라?

○증인 유인촌 아마 그런 인사권에 관한 문제 때문에 회의를 소집한 게 아니고요. 혼란스러운 상태를 빨리 안정시키자고 회의를 소집한 거기 때문에 그런 문제는 하지 않았던 걸로 기억이 납니다.

○강유정 위원 16일에 116개 예술단체가 내란과 직권남용 혐의로 고발했지요. 알고 계시지요? 고발 당하셨지요?

○증인 유인촌 성명서 내신 것 말하는 건가요?

○강유정 위원 혐의로 고발을 하겠다라고 성명까지 발표도 했고요. 고발도 지금 조치한다고 했는데 보고가 안 됐나 봅니다.

○증인 유인촌 아, 그거 들은 것 같습니다.

(전재수 위원장, 임오경 간사와 사회교대)

○강유정 위원 비상계엄을 위한 국무회의 참석 여부와 관계없이 지금 정부 대변인으로 역할한 것 자체가 자칫하면 형법 90조에 의해서 3년 이하가 아니라요 3년 이상의 유기징역 죄입니다. 최저가 3년이라는 말씀 드리고요. 12·3 내란에서 단순히 사전회의에 참여하지 않았다는 것만으로 자유롭진 않습니다. 그렇다면 저는 지금 장관께서 인사권은 가장 소극적으로 써야 한다라고 생각을 하고 있거든요, 모든 상황들이 규명되기 전에는.

왜 이런 우려를 하냐면 제가 이런 말도 들었습니다. 장관이 회의에서 특정인을 언급하면서, 제가 이름은 말하지 않을게요. 성 누구누구처럼 해라라고 노골적으로 말씀했다는 얘기도 있고요. 관선이사를 내려보내서 이사장을 바꿔야 한다 이런 말을 했다라는 이야기도 있습니다. 아마 회의록이 있었다면 남겨져 있었겠지만 회의록이 없어서 저는 전언으로만 들었습니다. 화이트리스트 의혹이 있다라는 거고요.

○증인 유인촌 전혀 그렇지 않습니다.

○강유정 위원 그럼으로 인해서 인사가 만사라고 하는데 제가 혹시나 하는 우려에서 말씀드리는 겁니다. 지금 같은 엄중한 시기에 인사권을 매우 조심해서 행사해야 되지 않을까라는 생각이 들고.

지금 사실상 사표 제출은 하셨지요?

○증인 유인촌 예, 그렇습니다.

○강유정 위원 지금 수리되지 않은 상태인 거지요?

○증인 유인촌 그렇습니다.

○강유정 위원 그 상태인데 인사권 남용은 해서는 안 된다고 생각을 합니다. 가령 지금 여러 임기제 기관장들 자리가 인사를 기다리고 있긴 합니다. 알고 계시지요?

○증인 유인촌 예.

○강유정 위원 이 부분에 대해서도 최소한의 소극적인 인사를 했으면 하는, 아주 조심해서 인사를 했으면 하는 바람을 전합니다.

저는 시간을 조금 이따가 더 쓰도록 하겠습니다.

질의는 마치겠습니다.

○위원장대리 임오경 다음은 민형배 위원님 질의해 주십시오.

○민형배 위원 위원장님, 질의 시작하기 전에 자료요구 의사진행발언 좀 할게요. 1분만 주시면 됩니다.

○위원장대리 임오경 예, 하십시오.

○민형배 위원 제가 장관실에 계엄 시점부터 해제 시점까지 여섯 시간 정도가 되는데 이때 통화기록을 좀 제출해 주십시오 했는데 개인정보라 제출하기 어렵다 그러셨거든요.

그런데 비상계엄이라고 하는 이 특수한 상황에서 국무위원의 행적, 국무위원의 네트워크, 국무위원의 커뮤니케이션은 저는 시민들이 알 권리가 있다고 생각합니다. 그래서 오늘 이 질의 마지막 하기 전까지 좀 제출해 주시면 좋겠습니다.

만약 통신기록 자체가 불가능하시면 그냥 이때 뭐, 이때 뭐 이렇게 시간별로 무슨 통화를 했다 이 정도만 좀 말씀을 주시면 좋겠습니다.

○증인 유인촌 계엄 때 말씀하시는 건가요?

○민형배 위원 예, 계엄.

○증인 유인촌 그러니까 11시 이후부터 해제 때까지?

○민형배 위원 10시 23분부터 4시 계엄해제 국무회의가 끝날 때까지 통화내역.

○증인 유인촌 예.

○민형배 위원 그리고 두 번째는 국무회의 끝날 때 장관님이 뭘 어떻게 하셨는지 끝난 이후의 그 행적 이것만 좀, 그냥 간단하게 메모하셔도 좋습니다.

○증인 유인촌 예.

○민형배 위원 그걸 좀 부탁드리고요.

시작하겠습니다.

띄워 주세요.

장관님, 2008년에 저거 기억나세요?

○증인 유인촌 뭐 했던 것 이런 기억은 납니다.

○**민형배 위원** '이제 촛불 끄고 일터로 돌아가야 할 때입니다' 그리고 2024년 12월 10일에 정부 대변인 자격으로 대국민 호소문을 발표하시는데 조금 전에도 말씀들 나오셨습니다마는 '국민을 구하는 것은 차분한 법치입니다'. 저 위에도 민생, 아래도 민생. 위에도 '일터로 돌아가라' '국민을 구하는 것은 차분한 법치다'.

저게 혹시 무슨 프로토콜이 있습니까? 이런 상황에서 어떻게……

○**증인 유인촌** 그렇지는 않습니다.

○**민형배 위원** 그러면 지금 저기 국민께 드리는 말씀에 장관님의 의지가 들어가 있는 게 어떤 내용입니까? 그러니까 정부 대변인으로서 장관님의 의지가 들어가 있는 거요?

○**증인 유인촌** 실제적으로 의지를 넣어서 작성한 문안은 아니고요.

○**민형배 위원** 그러면 결국 장관님이 발표하신 거라 장관님 책임인 거고 장관님이 하신 거지요?

○**증인 유인촌** 예, 그렇습니다.

○**민형배 위원** 그런데 이게 참 절묘하게도 비슷하단 말이에요. 그러니까 내란 수괴로 지목된 윤석열의 그동안의 발언 내용이나 나중에 담화 내용이나 이런 것하고 결이 비슷해요, 결이. 물론 구체적이지는 않지만. 그래서 고발을 당하신 거예요? 내란 공범으로 지금 고발을 당하신 거거든요.

○**증인 유인촌** 글쎄요, 그건 뭐……

○**민형배 위원** 앞서도 나왔는데, 사실은 그렇게 하셨는데 또 엊그제 정례 브리핑할 때는 사과를 하셨어요. 사과하셨지요?

○**증인 유인촌** 그날 호소문 할 때도 사과를 했습니다.

○**민형배 위원** 아니, 그때도 사과를 하셨는데, 괴롭고 송구하게 생각하고 있다고 하셨어요.

○**증인 유인촌** 예.

○**민형배 위원** 그런데 이번에 또 사과를 하셨어요. 이번에는 사과를 하신 거예요.

윤석열과 비슷한 그런 흐름의 호소문하고 사과를 하던 장관님 모습하고 둘 중의 어느 쪽이 진짜 장관님이십니까?

○**증인 유인촌** 사과하는 제 모습이 그냥 제 모습이지요.

○**민형배 위원** 아, 그렇습니까?

○**증인 유인촌** 예.

○**민형배 위원** 그래서 정부 대변인인데 가시지도 않고 연락이 안 돼서 못 가셨다는 것 아니에요?

○**증인 유인촌** 예.

○**민형배 위원** 저는 사실은 깜짝 놀랐어요. 대한민국의 국무회의 연락 체계가 제가 죽 프로세스를 봤는데 이렇게 허술할까? 국무회의를 한다는데 장관에게 연락이 안 된다?

혹시 이 중에 온나라 국정관리시스템 이거 관리하시는 분 계세요, 국장님 중에? 국무회의 통지하는 시스템 관리하고 계신 분 안 계세요?

○**증인 유인촌** 저희 부처는 아마 그런 쪽하고는 관계가 없을 겁니다.

○**민형배 위원** 아니, 그게 아니고 받는 분, 국조실에서 국무회의 개최 통지할 때, 공지할 때 전산으로 공지를 하잖아요.

○증인 황성운 　기조실로 되어 있습니다.

○민형배 위원 　기조실로 오지요.

○증인 황성운 　예.

○민형배 위원 　실장님, 이거 보셨어요, 못 보셨어요?

○증인 황성운 　따로 온 게 없는 걸로 알고 있습니다.

○민형배 위원 　없지요?

○증인 황성운 　예.

○민형배 위원 　그러니까 국무회의 개최가 정상적으로 이루어지지 않은 거고 그래서 회의록도 없고.

　　그래서 장관님, 이 국무회의 무효지요? 국무회의라고 할 수 없는 거지요?

○증인 유인촌 　아마 지금 총리님께서도……

○민형배 위원 　이미 지난번에 말씀하셨어요.

○증인 유인촌 　예.

○민형배 위원 　장관님 보시기에는 어떻습니까?

○증인 유인촌 　저는 뭐 가보질 못했기 때문에……

○민형배 위원 　아니, 국무회의가 지금 소집통지도 안 왔고 회의록도 없어요. 그랬을 경우에 국무회의가 효력이 있냐고 제가 여쭤보는 거예요.

○증인 유인촌 　아마 국무회의로서 딱 결정하기는 어렵다고 생각합니다.

○민형배 위원 　국무회의가 아니고 따라서 비상계엄 자체가 불법이고 위헌인 거예요, 지금. 그건 인지하고 계시지요?

○증인 유인촌 　예, 뭐 아무래도.

○민형배 위원 　그런 상태에서 처음 인지하신 게 언제입니까? 비상계엄이 벌어지고 있다.

○증인 유인촌 　뉴스에서 보고 그때 알았습니다, 저는.

○민형배 위원 　인지하신 다음에 첫 번째 통화를 누구하고 하셨습니까?

○증인 유인촌 　총리님하고 했습니다.

○민형배 위원 　총리님께 무슨 내용을 말씀하셨어요? 국무회의 말씀 안 하셨어요?

○증인 유인촌 　그러니까 벌써 한참 지난 뒤고요.

○민형배 위원 　한참 지난 뒤면 국무회의 끝난 다음에?

○증인 유인촌 　그렇지요.

○민형배 위원 　당연히 그랬겠지요.

○증인 유인촌 　아마 12시가 넘어서였으니까요. 그러니까 그때 하여간 이 사태가 무슨 사태인지……

○민형배 위원 　그래서 무슨 말씀을 했습니까?

○증인 유인촌 　제가 무슨 일인지, 이게 진짜인지 이런 걸 좀 물어봤고요.

○민형배 위원 　그랬더니 총리가 뭐라고 그러십니까, 이게 진짜냐 그랬더니?

○증인 유인촌 　우선 좀 기다리고 있어 달라고……

○민형배 위원 　아니, 비상계엄에 대해서 진짜냐 그랬더니 뭐라고 그러셨어요?

○증인 유인촌 　아니, 그러니까 계엄이 지금 이렇게 발표가 됐다. 그러니까 어쨌든 지금

은 집에 기다리고 있어 달라. 그래서 대기하고 있는데……

○**민형배 위원** 그때가 12시 좀 넘은 시간입니까?

○**증인 유인촌** 좀 넘었습니다.

○**민형배 위원** 이쯤 되면 정부 대변인이 말씀을 하셔야 되는 것 아닙니까? 총리께도 그렇고 당시의 대통령께도 그렇고. 이 비상계엄은 나는 연락도 못 받았는데 이게 제대로 안 된 거다, 이게 위법이다. 그리고 위헌이어서 시민들이 지금…… 그때 이미 윤석열 퇴진을 외치고 있을 때거든요. 그걸 국무위원이기도 하고 대변인이니까 지금 민심이 이렇다라는 말씀을 하셔야 되는 것 아닙니까? 그런 말씀 하신 게 있나요?

○**증인 유인촌** 그런데 그런 얘기를 할 만한 그런 겨를이 없었어요, 사실은.

○**민형배 위원** 왜요? 그렇게 이미 비상계엄이 진행이 돼 가지고……

○**증인 유인촌** 아니, 그리고 곧 국회에서 계엄이 해제가 됐고 그래서 저는……

○**민형배 위원** 아니, 해제는 그로부터 한 시간도 더 돼서 한 거예요. 그 사이에……

○**증인 유인촌** 1시 언제쯤 해제가 됐지요.

○**민형배 위원** 제가 여쭙는 건 이 비상계엄의 위법성·위헌성에 대한 인식을 하고 계셨는지를 여쭙는 거예요.

○**증인 유인촌** 저희들은 그 당시에는 그냥 큰일 났다고만 생각했지요.

○**민형배 위원** 아이고, 대한민국의 정부 대변인을 맡고 있는 장관, 국무위원께서 큰일 났다고 하면서 가만히 계시면 됩니까? 이걸 어떻게 수습할 것인지, 이게 지금 내가 어떻게 행동해야 될 것인지 판단하셔야 될 것……

○**증인 유인촌** 그러니까 좀 대기를 하고 곧 소집이 될 때 가려고 준비를 하고 있던 거지요.

○**민형배 위원** 소집이 될 때라는 말씀 무슨 말씀이시지요?

○**증인 유인촌** 아니, 그러니까 국무위원들을 다시 소집을 할 거라고 생각을 했기 때문에 계속 대기를 하고 있었던 거지요.

○**민형배 위원** 아니, 이미 비상계엄이 진행 중인데요?

○**증인 유인촌** 아니, 그리고 국회에서 해제가 됐기 때문에 그 이후에 분명히 소집될 거라고 생각해서 계속 대기상태로 있었지요.

○**민형배 위원** 저는 지금 국무위원분들이 이 상황을 절차와 내용에서 정상적으로 대응하지 못했기 때문에 이미 대한민국 정부의 국무위원 자격이 없다고 생각합니다.

장관님은 어떻게 생각하세요?

○**증인 유인촌** 드릴 말씀이 없습니다. 어차피……

○**민형배 위원** 그러면 지금 집무를 하고 계시는 것 자체가 국민들에 대한 엄청난 결례 아닙니까? 멈추셔야 되는 것 아닙니까?

정부를 운영할 자격이 없는데, 이를 테면 내란의 공범으로 지금 비난을 받고 있고 고발까지 당한 상황인데 그대로 앉아 계셔도 괜찮습니까? 다른 국무위원들 놔두고 우선 장관님 어떠세요?

○**증인 유인촌** 아니, 저는 지금 당장이라도 정말 바로……

○**민형배 위원** 그러시지요? 2008년에도 그러셨더라고요.

○**증인 유인촌** 그런데 현재로서는 그러면 모든 일이 안 되기 때문에……

○**민형배 위원** 장관직에 계시지 않아도 두 차관 계시고 관료조직이 튼튼하게 있어서 아주 잘 돌아갈 겁니다.

○**증인 유인촌** 부처는 걱정이 없지요. 부처는 걱정이 없지만 전체적으로 국무회의나 이런 것들이 지금……

○**민형배 위원** 부처 걱정이 없지요.

국무회의는 대참하면 되지요. 차관이 참석……

○**증인 유인촌** 1명만 빠져도 아마 지금은 문제가 생길 겁니다.

○**민형배 위원** 대참해도 되지 않습니까?

○**증인 유인촌** 아니, 그러니까 국무위원이 아닌 사람이 대참하는 건 의결이 안 되기 때문에……

○**민형배 위원** 아니요, 의결에는 참여하지 못하지만……

○**증인 유인촌** 전체적으로 다 그런 입장입니다.

○**민형배 위원** 아, 그래서, 그러면 지금 국무회의가 유지되도록 하기 위해서 계시는 거네요, 그 목적으로?

○**증인 유인촌** 예, 아니면 국정이 마비가 되는데요, 지금.

○**민형배 위원** 그러니까요, 그 목적으로. 좋습니다.

그러면 엊그제 국무회의 열어서 거부권 행사했잖아요. 온당하다고 보세요? 그렇게 국무회의를 열어서, 국무회의 자격만 유지하고 있는 분들이, 국정을 안정시키기 위해서 유지하고 있는 분들이 법안을 6개나 재의요구를 했어요. 그리고 그런 결정에 참여하셨잖아요.

○**증인 유인촌** 예, 그렇습니다.

○**민형배 위원** 괜찮으세요? 그렇게 하셔도 됩니까, 그렇게 적극적으로 하셔도? 상황 유지만 해도 지금……

○**증인 유인촌** 어쨌든 그것은 민생과 관계가 굉장히 많은 것들이고요. 이미 권한대행 하시는 총리께서도 충분히 그 부분 숙고를 많이 하시고 그날 농축산식품부장관께서 거기에 대한 자세한 설명도 하셨고, 그러니까 오히려 미래를 위해서나 또 현장에 계시는 분들을 위해서 아마 재의를 요구한 게 저는 맞다고 생각을 했습니다.

○**민형배 위원** 아, 그래서 동의를 하신 거예요?

○**증인 유인촌** 예, 그렇습니다.

○**위원장대리 임오경** 민형배 위원님, 마무리를 해 주시고요.

다음은 박수현 위원님 질의해 주십시오.

○**박수현 위원** 존경하는 임오경 위원장님께 제가 요청 사항이 하나 있습니다. 시간은 잠시 멈춰 주십시오.

제 질의가 주질의 7분이고 보충질의 5분으로 알고 있는데 제 질의의 연속성과 완결성을 위해서 이번 한 번은 보충질의 5분을 당겨서 쓸 수 있도록 허락해 주시고 그리고 존경하는 동료 위원님들께서 이해를 해 주시기를 부탁을 드립니다.

○**위원장대리 임오경** 저희가 일단 주질의 7분을 드리고 그리고 추가적으로 지금 현재 한 2분에서 3분을 더 드리고 있습니다. 그것을 사용하지 않고 5분을 바로 사용하신다는 거지요?

○**박수현 위원** 아, 그러면 추가로 조금 더 주십니까?

○**위원장대리 임오경** 예, 어떻게 하시겠습니까?

○**박수현 위원** 알겠습니다. 하여튼 해 보겠습니다.

○**위원장대리 임오경** 보충질의로 넘어가시겠습니까, 아니면……

○**박수현 위원** 주질의하겠습니다.

유인촌 장관님, 오늘 언론에 보도된 기사가 하나 있는데 굉장히 제 마음을 울립니다. 이 기사 인터뷰의 내용을 읽어 드릴 테니까 장관께서 정말 깊이 생각해 보시고 지금 최근에 있었던 일련의 비상계엄과 탄핵에 관한 입장에 대해서 판단을 유보하겠다라고 하는 그러한 국무위원으로서의 무책임한 발언보다는 가슴으로 한번 들어 보시기 바랍니다.

레비츠키 하버드대 교수가 오늘 인터뷰에서 이런 이야기를 했습니다. '지금 한국이 누리는 민주주의는 결코 당연한 게 아니다. 40년 노력해서 쌓아 올린 민주주의를 한순간에 잃을 수 있다는 것을 이번 일을 통해서 깨달아야 한다. 한국은 민주주의가 무너진 가장 부유한 나라가 될 뻔했다'. 이러한 엄중한 사태를 놓고 국무위원으로서 또 정부 대변인으로서, 국민께 드리는 호소말씀을 읽었던 장관으로서 그렇게 무책임한 태도로 답변을 하시면 안 된다라는 말씀을 드리고, 정말 민주주의가 무너질 뻔한 이러한 엄중한 상황에 대해서 깊은 책임감을 통감하시면서 본 위원의 발언에 한번 귀를 기울여 주시기 바랍니다.

제가 지난번에 장관께서 출석하지 않으셨던 그 회의에 장관께서 읽으셨던 국민에게 드리는 말씀, 그 말씀이 어디가 잘못됐는지를 조목조목 속기록에 남겼습니다. 오늘은 이 국회방송을 통해서 전 국민이 지켜보시기 때문에 국민께 장관이 그렇게 보고했듯이 저도 국민께 이것이 잘못되었다는 말씀을 보고드리기 위해서 그대로 제가 말씀을 드릴 테니까 한번 들어 보시기 바랍니다.

○**증인 유인촌** 예.

○**박수현 위원** 그러면서 앞에 제가 말씀드렸던 하버드대 교수의 이 인터뷰 내용, 이 말씀을 가슴에 얹고 한번 들어 보시기 바랍니다.

장관은 호소문에서 처음에 이렇게 말했습니다. '정부는 국민 여러분이 겪고 계신 고통과 혼란에 대해 말할 수 없이 괴롭고 송구하게 생각하고 있습니다', 사과의 내용이 잘못됐습니다. 국민이 겪고 계신 혼란과 고통에 대해서 사과할 것이 아니라 이런 고통과 혼란을 초래한 그리고 행정부의 수반인 윤석열이 대한민국 군대를 동원해서 이 국회의 권능을 정지하고 나라를 장악하려고 했던 그 불법하고 위헌적인 행동에 대해서 장관은 국민께 사죄했어야 됐습니다. 이 부분에 대해서 다시 한번 분명하게 생각을 해 보기 바랍니다.

두 번째, 장관은 호소문에서 '정부가 어떤 순간에도 반드시 헌법과 법률에 따라 정상적으로 작동해야 합니다'라고 말씀하셨습니다. 국회 때문에, 야당 때문에 헌법과 법률에 따라 정상적으로 작동하지 않는 대한민국이 되었습니까? 그렇지 않지 않습니까? 군대를 동원해서 국회의 권능과 권한과 기능을 정지시키려고 해서 이 헌정을 중단시키려고 한 국헌문란, 이것이 국회가 일으킨 것입니까? 이 말씀은 지금 장관께서는 국회를 향해서, 야당을 향해서 하신 말씀처럼 들립니다. 누가 읽어도 그렇게 들립니다. 바로잡아야 된다고 생각합니다.

'비상계엄 선포를 막지 못했다는 이유만으로 박성재 법무부장관과 조지호 경찰청장에 대한 탄핵소추안을 보고하였다', 이것 역시 국회를 원망하는 그리고 국회가 잘못했다는 그런 말씀을 하고 계신 거예요. 박성재 법무부장관이 어떤 자입니까? 비상계엄 선포 후에 바로 안가 모임에 참석해서 내란의 공모 혐의를 받고 있는 그런 자입니다. 선포를 막지 못했다는 이유만으로 탄핵소추를 한 것이 아닙니다.

 조지호 경찰청장 그리고 서울지방경찰청장 긴급 체포돼서 구속되었지요. 이 사람들을 비상계엄을 막지 못한 혐의로 탄핵소추를 한 것입니까? 지금 현재 밝혀지고 있는 내용만으로, 어떤 것입니까? 조지호 경찰청장은 서울지방경찰청장과 함께 비상계엄 선포 3시간 전에 대통령과 함께 안가에 있었습니다. 그리고 이 비상계엄을 할 것이라는 사실을 통보받고 경찰병력을 동원해서, 그 경찰병력 동원이 지금 4200명이나 동원된 것으로 알려져 있습니다. 윤석열은 소수의 병력을 국회에 보냈다고 하지만 경찰병력만 4200명이고 현재 밝혀진 군대 특수부대만 해도 1600명이 넘는 것으로 밝혀지고 있어요. 이 조지호 경찰청장은 탄핵을 막지 못했다는 이유로 탄핵소추를 한 것이 아니라 바로 이렇게 대통령 윤석열과 함께 비상계엄을 공모한, 내란을 공모한 혐의로 탄핵소추를 당한 것입니다.

 '최재해 감사원장을 포함하여 20명 가까운 공직자가 연속적으로 탄핵소추되면서 정부가 정상적인 국정운영을 하는 것이 어려워졌다', 이것 역시 민주당이, 야당이 아무 잘못이 없는 국무위원들을 탄핵소추해서 국정이 어려워졌다라고 야당을 지금 비난하는 이런 취지로 읽히는 글입니다. 최재해 감사원장이 어떤 자입니까? 그의 인사청문회에서 감사원이 대통령의 업무를 보좌하는 기능을 한다라고 한, 이런 허무맹랑한 소리를 한 자입니다. 전 정부의 통계 조작에 대해서 어떻게 했습니까? 이것이 무죄가 됐지만, 이것이 수사 결과가 나오기도 전에 이것은 국기문란이다라고 규정을 함으로써 감사원의 정치적 독립과 중립을 처음부터 심각하게 훼손한 자입니다. 이런 자를 그 직에 그냥 놔둬야 됩니까?

 그리고 최재해 감사원장은 그렇게 많은 국민적 의혹을 샀던 대통령실 관저 공사, 21그램이라고 하는 작은 회사에 이것을 왜 맡겼고 그 공사 수주의 배후에 김건희가 있는 것이 아니냐라고 하는 국민적 의혹이 핵심임에도 불구하고 김건희가 그 배후에 있었는가 아닌가 하는 것은 이 감사의 초점이 아니다라고 하는 그런 망발을 한 자입니다. 세상 역대 볼 수 없는 그런 최악의 감사원장이었어요. 대통령실 관저에 있는 초호화 스크린골프장으로 의심받는, 정진석 비서실장이 이 자리에 나와서 창고라고 이야기했던 그 건물에 대해서는 아예 감사 대상에서 통째로 빼 버렸습니다. 어떻게 이런 자가 정치적 독립과 중립을 지키는 감사원장이고, 이런 자를 탄핵소추하지 않을 수 있겠습니까?

 다음, 장관께서는 그 호소문에서 '장관들이 모두 공석이 되면 국민들의 일상에 큰 위험이 될 수 있다' 이렇게 말했습니다. 장관, 이 비상계엄 하나를 막지 못한 국무위원들, 이 국무위원들이 그 자리에 있는 것이 국민의 일상에 큰 위험이 되는 것 아닙니까? 장관은 그렇게 잘못이 없으면 왜 국회 본회의장에서 국민들을 상대로 고개를 숙였습니까?

 그리고 '한미, 한미일 그리고 많은 우방들과의 신뢰를 유지해야 한다' 이런 이야기를 했습니다. 장관, 이 비상계엄에 대해서 미 국무부 부장관인 커트 캠벨이 뭐라고 했습니까? 심각한 오판이라고 이야기했어요. 이것은 심각한 내정간섭이 될 수 있는 발언임에도 불구하고 이런 발언을 하고 있는 것입니다. 토니 블링컨 국무부 장관은 탄핵소추 가결

이후에 뭐라고 했습니까? 한국의 민주주의 회복탄력성을 보여 주었다라고 높이 평가하고 있습니다. 한미의 동맹과 한미일의 관계를 해치는 것은 바로 윤석열의 비상계엄과 이런 문제가 동맹 관계를 해치는 것이지……

그리고 조태열 외교부장관이 비상계엄이 있던 그날, 이임하는 미국 대사와 점심을 먹고 그날 오후부터 전화를 안 받았다는 것 아닙니까? 안보 1차장도 전화를 안 받았다는 것 아니에요? 어떻게 미국 대사의 전화를 안 받는 외교장관과 외교부, 안보 2차장—1차장입니까?—있을 수 있습니까? 이런 자들이 바로 한미동맹을 완전히 해치는 그런 행위 아닙니까?

내용이 더 있습니다만 장관이 국민께 읽었던 이렇게 심각하게 내용의 본질도 모르고 왜곡된, 사실이 아닌 이러한 대국민 호소문, 이것은 바로 내란에 동조하는 행위입니다. 법에도 그렇게 돼 있어요. 내란을 선전하는 자는 징역에 처하도록 돼 있습니다. 장관은 단순히 내가 쓴 게 아니고 정부 대변인으로서 그냥 읽은 것뿐이다라고 말씀하고 계시지만 국무위원 자리가 그렇게 한가한 자리가 아닙니다.

그리고 저도 알아봤어요. 장관은 이것에 대해서 반대 의견을 가지고 있었다, 그러나 총리실에서 심한 압박으로 할 수밖에 없었다라고 이야기할 수 있지만 그런 잘못된 것이라는 생각을 갖고 있었으면 직을 걸고 '이렇게 해서는 안 된다'라고 했어야 되는 것 아닙니까? 정부 대변인으로서 어떻게 국민에게 이렇게 국민을 속이는 담화를 발표할 수 있습니까?

이 부분에 대해서 장관, 지금 기회를 드릴 테니까, 1분 드립니다. 이 부분에 대해서 본위원의 지적에 대해서 동의하는지 여부와 그리고 동의한다면 국민께 이 내란에 정말 동의하는, 국민들에게 이 내란의 목적과 내용을 잘못 이해하도록 만든 그 엄중한 잘못에 대해서 사죄하십시오. 한번 말씀해 보세요.

○증인 유인촌 위원님 말씀 잘 알겠고요. 실제적으로 물론 그렇게 해석이 된다면 참…… 실제 저희들이 그것을 호소문으로 발표할 때는 정말 아까도 말씀드린 것처럼 앞뒤의 그런 여러 생각이 있는 것이 아니고 정말 이 안타까운, 혼란스러운 이 현실에 대한 조속한 안정을 위해서 그 호소문 자체로 그냥 저는 이해를 해 주셨으면 좋겠다라는 뜻으로 사실은 말한 겁니다. 하여간 그 이상도 그 이하도 없고요. 그렇게 느끼셨다면 제가 사과도 드리겠고요. 또 그 이외의 이런 부분이든 어쨌든 국무위원으로서의 전체적인 책임을 벗어날 수는 없습니다.

그러니까 제 입장에서도 책임져야 될 일이 있으면 책임을 져야 되고요. 그래서 그런 뜻으로 말씀드리겠고요. 또 나중에 제가 이 자리를 떠나면 훨씬 더 자유롭게 많은 의견을 다시 드리도록 하겠습니다.

(발언시간 초과로 마이크 중단)

··

(마이크 중단 이후 계속 발언한 부분)

○박수현 위원 나중에 떠나서 자유로울 때 사죄를 하는 것이 아니라 그 자리에서 장관의 직으로 국민 호소문을 발표했기 때문에 장관의 직으로 국민에게 사죄를 해야 된다니까요.

○증인 유인촌 지금 말씀은 드린 것처럼……

○**박수현 위원** 아니, '저 개인이', '그렇게 느끼셨다면'을 전제하지 마시고 무조건 국민에게 사죄해야 된다는 말씀을 드리는 것입니다. 다시 한번 말씀해 보세요.

○**증인 유인촌** 국민께 사죄는 지금 여러 차례 드렸습니다, 사실은.

그래서 하여간 충분히 위원님 말씀을 제가 가슴에 잘 담고 있겠습니다.

○**박수현 위원** 이상입니다.

∙∙

○**위원장대리 임오경** 저도 장관님에게 한 말씀 드리겠습니다.

정부 대변인 격으로 발표한다라는 말씀을 사전에 저도 인지하고 제 입장에서도 오히려 요청을 드렸습니다, 장관님이 직접 나서지 않았으면 좋겠다라고. 그럼에도 불구하고 장관님은 정부의 대변인 격으로 발표한 담화를 보고 저도 깜짝 놀라지 않을 수 없었습니다. 오늘 이날이 오기를 저도 기대하지는 않았습니다. 반드시 이런 날이 없기를 바라는 마음에 요청을 드렸던 부분인데, 정부 대변인 격으로 담화를 발표하셨는데 그렇기 때문에 위원님들이 지금 이 부분에 있어서 국민을 대변해서 사과를 요청드리고 있는 부분이라고 생각합니다. 그래서 장관님은 몇 번이고 이 부분에 있어서는 사과를 해 주셔야 된다라고 저 또한 이렇게 한 말씀 다시 한번 드려 봅니다.

○**조계원 위원** 잠깐 의사진행발언 있는데요.

○**위원장대리 임오경** 예, 조계원 위원님 의사진행발언해 주십시오.

○**조계원 위원** 아까 본 의원실에서 국무조정실의 호소문 작성과 관련해서 자료 요청을 했는데 지금까지 계속 자료제출을 하지 않았습니다.

자료제출 사항은 국무조정실 호소문 작성자, 결제 라인 그리고 문체부의 브리핑 준비 라인과 발표자 그리고 이러한 내용은 아까 말씀드렸다시피 형법 제90조 내란선동죄의 처벌 대상이 될 수가 있습니다. 그런데 아까 또 유병채 실장이 수정을 했다고 그랬잖아요. 단순한 의문인지 원래 국무조정실에서 내려왔던 원문하고 수정사항 각각 제출을 좀 해 주시기 바랍니다. 이 부분은 장관님께서도 좀 확인하셔 가지고 오늘 이따 오후 질의까지는 좀 제출을 부탁드리겠습니다.

이상입니다.

○**위원장대리 임오경** 민형배 위원님과 또 조계원 위원님이 오후 질의 전까지 자료 요청을 두 분이 하셨습니다. 장관님께서는 장관님 선 안에서 충분히 자료 요청을 할 수 있도록 노력해 주시기 바랍니다.

다음은 김재원 위원님 질의해 주십시오.

○**김재원 위원** 장관께 질의하겠습니다.

여러 존경하는 위원님들께서 말씀 주셨듯 지난 12월 10일에는 정부 대변인 자격으로 국민께 드린 말씀을 발표하시고 그리고 12월 18일 '한국에서 계엄은 잘못된 거다' 이렇게 상반된 입장을 내셨습니다. 당시의 위헌적인 비상계엄령 선포에 대해서는 국민들께서는 사과처럼 보이는 말장난으로 국정 공백 혹은 차분한 법치 등을 운운하면서 그러면서 국민을 볼모로 삼아서 야당을 협박했다 이렇게 느끼고 계십니다.

이제 확인차 질문하겠습니다. 비상계엄은 잘한 일입니까, 못한 일입니까?

○**증인 유인촌** 계엄은 잘한 일이 아닙니다.

○**김재원 위원** 비상계엄을 선포한 윤석열은 내란죄 맞습니까, 아닙니까? 정당한 통치행

위입니까?

○**증인 유인촌** 그건 제가 판단할 일이 아닙니다.

○**김재원 위원** 어째서 판단을 못 하시지요?

　다시 묻겠습니다.

○**증인 유인촌** 그거는 법으로 다 판단하겠지요.

○**김재원 위원** 목숨을 걸고 장갑차를 막아 주신 시민들의 도움으로 그리고 저 스스로도 목숨을 걸고 국회 담을 넘어서 총 맞을까 두려워하면서 본청까지 뛰어와서 표결에 임했던 국민의 한 사람으로서 묻겠습니다.

　그리고 장관, 지금 제가 질의하는 데 있어서 계급장 떼고 국민의 한 사람으로 답해 보십시오. 이 내란 행위가 잘된 일입니까? 정당한 통치행위입니까? 내란죄가 맞습니까, 아닙니까?

○**증인 유인촌** 계엄이 잘못됐다는 거는 분명히 말씀드렸고요……

○**김재원 위원** 국민의 한 사람으로서 느끼기에 내란죄가 맞습니까, 아닙니까? 비상계엄은 잘못됐다고 얘기하면서 왜 내란죄가 맞는지 아닌지는 얘기를 못 하십니까?

○**증인 유인촌** 그런 부분은 제가 판단할 수가 없지요.

○**김재원 위원** 왜 판단할 수 없습니까? 국무위원도 국민의 한 사람입니다.

○**증인 유인촌** 물론 그렇지요.

○**김재원 위원** 얘기 못 하시겠습니까? 국민 앞에 석고대죄를 해도 모자랄 판에 역사에 기록될 그런 죄를 지으시겠습니까? 왜 지금이라도 양심선언 못 하십니까? 장관이 그렇게 몸으로 얘기를 하고 계시잖아요. 지금 방송 보시고 계신 국민들께서 '장관한테는 그래도 좀 미안해 하는 마음이 느껴지네' 이렇게 얘기를 하는데 왜 양심선언을 못 하세요? 얘기 못 하시겠습니까, 그래도?

○**증인 유인촌** 어떤 대답을 원하시는 거예요?

○**김재원 위원** 윤석열 내란죄 맞잖아요.

○**증인 유인촌** 제가 이 직을 벗고 난 다음에 다 얘기하겠습니다.

○**김재원 위원** 아니요. 직이 있을 때도 얘기하실 수 있어야 됩니다. 왜 그렇게 대통령한테 직언하는 사람이 아무도 없단 말입니까, 국무위원 중에서! 옛날에 왕정일 시절에 목이 잘려도 직언하는 건 했습니다. 왜 국무위원들 그거 못 하시냐고요. 대답 못 하시겠습니까?

○**증인 유인촌** 그런 얘기 할 시간도 없었고……

○**김재원 위원** 시간 지금 드리겠습니다. 하십시오.

○**증인 유인촌** 그런 조건도 없었고……

○**김재원 위원** 하십시오.

○**증인 유인촌** 대통령께 그런 직언을 할 만한 시간과 공간을 갖고 있지 못했기 때문에 그런 얘기는 못 드렸습니다.

○**김재원 위원** 지금이라도 얘기하십시오, 내란죄 인정하라고. 못 하시겠습니까?

○**증인 유인촌** 제가 할 수 있는 일이 아니지요.

○**김재원 위원** 왜 못 하십니까, 국무위원인데요?

○**증인 유인촌** 국무위원 입장에서는 제가 그런 얘기를 하기가 힘들지요.

○**김재원 위원** 왜 그렇게 정권의 개가 되셨습니까? 그러시면 안 되는 거 아닙니까? 국무위원이 국민을 먼저 생각을 해야지 어떻게 대통령을 먼저 생각을 합니까?

유산청장님!

○**국가유산청장 최응천** 예.

○**김재원 위원** 비상계엄 잘한 일입니까? 못한 일입니까?

○**국가유산청장 최응천** 물론 잘못된 일입니다.

○**김재원 위원** 피의자 윤석열 내란죄 맞습니까, 아닙니까?

○**국가유산청장 최응천** 저도 마찬가지로 제가 말씀드릴 사안은 아닌 것 같습니다.

○**김재원 위원** 국민의 한 사람으로서도 그렇게 말씀하시겠습니까? 그날 장갑차 앞에서 보셨냐고요. 정말 이해가 안 됩니다. 국민들이 지금 다 이거 보고 계십니다.

이어서 질의하겠습니다. 내란 사태 당시에 한국예술종합학교 학생들 피해 사실 알고 계시지요? 본 위원이 이 부분 관련해서 한덕수 대통령권한대행 및 국무1차관과 비상기획팀장을 비롯해서 국무조정실을 국수본에 고발했습니다. 정확한 사실관계 말씀드리면 고발 내용에 따라서 포고령 발표가 그날 당일 날 12월 3일 23시에 있었습니다. 그리고 나서 비상계획팀장이 23시 04분에 전 기관, 행정기관 및 지자체까지도 다 폐쇄 명령을 내립니다. 이것이 당직 사령을 통해서 전파돼서 한예종까지 그리고 전통문화대학교까지 내려간 걸로 알고 있습니다.

PPT 보시지요, 영상입니다.

(영상자료 상영)

학생들을 이렇게 한예종 직원들이 직접 내보냈습니다.

다음 PPT 보시지요.

(영상자료를 보며)

한예종 학생 증언입니다. 학생들이 겪어야 했던 피해입니다. 차도 없는데 막차가 끊기고 난 다음에 학교에서 내쫓겼습니다.

한예종 총장!

다음 PPT 주시지요.

'갑작스러운 조치로 인해 불편을 겪은 학생 여러분께서 느끼셨을 혼란과 불안을 깊이 이해하며 이 점에 대해 진심으로 양해를 구합니다' 이렇게 입장문 발표했습니다. 맞습니까?

○**한국예술종합학교총장 김대진** 예, 맞습니다.

○**김재원 위원** 짧게 답변하십시오.

총장! 총장은 교육자입니까, 아니면 관료입니까? 역시 정권의 개입니까?

○**한국예술종합학교총장 김대진** 교육자이자 지금은 학교 책임을 맡고 있습니다.

○**김재원 위원** 교육자지요.

○**한국예술종합학교총장 김대진** 예.

○**김재원 위원** 교육자라면 학생 보호를 먼저 우선해야지 그 엄혹한 계엄의 밤 속에 차편도 끊겼는데 학생들을 내보냅니까? 내쫓습니까? 아무리 상급 기관의 지시가 있었다고 해도 말이지요. 학생들 아닙니까!

○**한국예술종합학교총장 김대진** 그 당시 저는 학생의 안전만을 생각을 했고요. 두 가지

선택이 있었습니다. 학생을 내보내는 것과 학생을……

○**김재원 위원** 됐고요. 계엄이 뭔지 모르십니까? 79년, 80년에 일어났던 일 뭔지 모르시냐고요.

○**한국예술종합학교총장 김대진** 저는 안전을 위주로 생각을 해 가지고……

○**김재원 위원** 안전을 위주로 생각한다면 그 밤에 차편도 끊겼는데 학생들을 내보낼 수 없는 거 아닙니까, 총장님? 학생을 보호하지 않았다는 사실 변하지 않아요!

○**한국예술종합학교총장 김대진** 예, 위원님 맞는데요……

○**김재원 위원** 이 자리 빌려서 두루뭉수리 하게 '진심으로 양해를 구합니다' 이러지 마시고 학생들한테 진심으로 사과하십시오.

○**한국예술종합학교총장 김대진** 물론 다시 한번……

○**김재원 위원** 사과하십시오, 학생들에게.

○**한국예술종합학교총장 김대진** 예, 하겠습니다.

○**김재원 위원** '양해를 구합니다'가 아니라 진심으로 사과하시라고요.

○**한국예술종합학교총장 김대진** 지금 할까요?

○**김재원 위원** 예, 하십시오.

○**한국예술종합학교총장 김대진** 예, 어린 학생들이 밤늦게 귀가하는 과정에서 느꼈을 두려움 또 불편함에 대해서 충분히 공감하고 진심으로 사과드립니다.

○**김재원 위원** 장관, 문체부 정례 브리핑 자리에서 한예종 독립예술기관 전환 말씀하셨지요? 독립예술기관 전환 의미가 뭡니까?

○**증인 유인촌** 이번 출입 통제 이런 것도 소속 기관으로 돼 있기 때문에 아마 이런 전통이 내려갔습니다.

(임오경 간사, 전재수 위원장와 사회교대)

○**김재원 위원** 그런 기사는 봤습니다. 그런 입장 표명의 기사는 봤는데 이런 의혹이 있습니다. 2009년에 이명박 정부 시절에 한예종을 표적 감사하고 예산 삭감을 주도했다는 비판을 받고 있습니다. 그래서 독립예술기관 전환에 대해서 본 위원이 우려를 할 수밖에 없습니다. 문체부가 말하는 독립의 의미가 잘못된 이념적 배경으로 정부 예산 지원 줄이고 대한민국 예술 교육의 요람을 개점 휴업 상태로 만들겠다 이거 아닙니까?

분명히 경고하겠습니다. 한예종 독립이 예산의 지원 혹은 축소나 폐지를 의미해서는 안 될 것이고 과거 장관 재임 시에 한예종의 축소정책 등 학계와 예술계를 억압했던 그런 사례들이 반복되지 않도록 주의해 주시기 바랍니다.

○**증인 유인촌** 과거에 그런 적 없습니다.

○**김재원 위원** 없다고요?

○**증인 유인촌** 예산을 축소하거나 학교를 억압한 적은 없고요. 학교 자체에 간섭을 한 적이 별로 없습니다.

○**김재원 위원** 그랬다는 비판이 있었습니다. 그러니까 본 위원이 두 눈 크게 뜨고 지켜보겠다는 말씀을 하는 겁니다.

○**증인 유인촌** 한예종은 훨씬 더 자유롭게……

○**김재원 위원** 한예종 총장, 같이 지켜보시겠습니까?

○**한국예술종합학교총장 김대진** 예.

○**김재원 위원** 같이 지켜봐야 합니다. 학생들 보호해야지요.

이상입니다.

○**위원장 전재수** 수고하셨습니다.

다음은 양문석 위원님 질의해 주시기 바랍니다.

○**양문석 위원** 헌법 제21조 1항 '모든 국민은 언론·출판의 자유와 집회·결사의 자유를 가진다' 이게 기본권입니다. 그런데 계엄사령부 포고령을 보면 '자유민주주의 체제를 부정하거나, 전복을 기도하는 일체의 행위를 금하고, 가짜뉴스, 여론조작, 허위선동을 금한다', 포고령 3 '모든 언론과 출판은 계엄사의 통제를 받는다', 따르지 않으면 '처단'하겠다. 기본적으로 헌법 제21조 1항 언론·출판의 자유를 담당하는 정부 부처는 문화체육관광부 맞지요?

○**증인 유인촌** 예, 그렇습니다.

○**양문석 위원** 여기에 대해서 문화체육관광부가 어떤 입장이라도 한번 냈나요?

○**증인 유인촌** 저희들은 그날 계엄이 됐다가 바로 해제가 됐기 때문에 사실은 입장을 이렇게 저렇게 낼 만한 그런 여유도 없었습니다.

○**양문석 위원** 여유가 없어서 안 냈나요?

○**증인 유인촌** 어차피 언론·출판의 자유는 늘 보장이 돼 있다고 생각하기 때문에……

○**양문석 위원** 계엄법 제9조 계엄사령관의 특별조치권 1, '비상계엄지역에서 계엄사령관은 군사상 필요할 때에는 체포·구금(구금)·압수·수색·거주·이전·언론·출판·집회·결사 또는 단체행동에 대하여 특별한 조치를 할 수 있다', '군사상 필요할 때', 계엄사령부 포고령은 '군사상 필요할 때'가 없습니다. 모든 언론과 출판은 계엄사의 통제를 받는다라고 이야기를 합니다. 불법이지요?

○**증인 유인촌** 그렇다고 생각합니다.

○**양문석 위원** 그렇다고 생각한다고 말씀하신 거예요?

○**증인 유인촌** 예.

○**양문석 위원** 좀 정확하게 평소에 장관의 모습으로 돌아와 주시면 좋겠습니다.

불법이지요?

○**증인 유인촌** 포고령 말씀하시는 거지요?

○**양문석 위원** 예.

○**증인 유인촌** 예, 그렇게 생각합니다.

○**양문석 위원** 그런데 왜……

○**증인 유인촌** 불법이다 합법이다를 떠나서……

○**양문석 위원** 계속해서 장관께서 이야기하는 그 호소문 다시 한번 읽어드릴게요. '야당에게 간곡히 호소합니다. 위기의 시대에 국민을 구하는 것은 차분한 법치입니다' 야당이 법치를 위반했나요?

○**증인 유인촌** 아니, 그건 위반했다, 안 했다 그런 얘기를 한 것은 아니고요. 그러니까 호소하는 거잖아요.

○**양문석 위원** 12·3 내란, 폭동 옹호하고 있는 여당, 국힘당에게 호소해야 되는 거 아니에요?

○**증인 유인촌** 다 똑같이 하는 거지요, 사실은.

○**양문석 위원** 똑같이 하는 건데 야당을 딱 집어서……

○**증인 유인촌** 왜냐하면 그건 아무래도 다수당이시고 이 국회에서 모든 입법이나 여러 가지……

○**양문석 위원** 장관, 그렇게 이야기하지 마시라고요. 지금 불법을 저지른 것은 대통령실과 국방부와 군입니다. 무슨 야당에게 차분한 법치를 요구합니까!

한 가지만 더 이야기해 봅시다. 앞서 많은 분들이 지적했지만 이 호소문 보면 정말 분노가 끓어오릅니다. '국회는 오늘 비상계엄 선포를 막지 못했다는 이유만으로 박성재, 조지호 탄핵소추안을 보고'…… 이게 가벼운 일입니까? 비상계엄 선포를 막지 못했다는 이유만으로? 비상계엄이 뭔데요? 내란 폭동이잖아요! 역지사지해 보세요! 비상계엄이 성공하고 내란 폭동이 성공했었으면 이 줄에 앉아 있는 사람들은 다 감금되고 고문받고 목숨이 위태로운 상황까지 갈 수 있었지요. 그리고 여러분들은 그 누구도 비판하지 않는 감시와 견제가 사라진 여러분들이 원하는 천국에 살 수 있었지요.

비상계엄과 내란, 폭동이 뭐가 달라요? 말장난해요? 이 줄에 있는 사람들은 다 감금당하고 고문당하고 죽을 수 있는 상황까지 갔단 말이에요, 성공했으면요. 그런데 '비상계엄 선포를 막지 못했다는 이유만으로'라고 이야기를 하고 비상계엄에 대해서는 잘못됐다고 생각하는데 내란, 폭동에 대해서는 동의할 수 없다? 똑같은 내용이고 똑같은 사건이고 똑같은 영역임에도 불구하고 지금 장관께서는 말로서, 장난으로밖에 안 들린다라는 겁니다.

이렇게 구체적인 범법행위를 했음에도 불구하고 반헌법적 행위를 했음에도 불구하고 외려 대통령실을 향하여, 여당을 향하여 혼쭐을 내고 법치, 차분한 법치를 이야기해야 되는데 도대체 야당이 뭐 했다고 국민들하고 맞서 싸운 게 차분한 법치를 무너뜨리는 겁니까? 교과서 안에 있던 계엄령을 시민들이, 보좌진들이, 국회사무처 직원들이, 국회의원들이 온몸으로 막아 준 게 그게 차분한 법치를 어그러뜨리고 흥분한 폭동으로 몰아가려 합니까? 말이 되는 소리를 좀 하십시다.

그리고 장관의 위치에서 이야기를 못 하는 것을 자연인의 위치에서 이야기할 수 있다고요? 세상에 그런 비겁한 이야기가 어디 있습니까. 유인촌이라는 이름이 있는데……

○**증인 유인촌** 드릴 말씀이 없습니다, 지금…… 죄송합니다.

○**양문석 위원** 정말 피가 끓습니다. 성공한 쿠데타 그 이후를 한번 생각해 보세요. 많은 국회의원들이 집에서 나올 때 죽을 수도 있다, 감옥에 갈 수도 있다, 한동안 못 볼 수도 있다, 국회의원들이 그러고 나왔습니다. 시민들은요? 언제 총탄이 날아올지 모르는 그 계엄, 그 장갑차 앞에서 목숨 걸고 싸우는 그 장면들 안 보셨습니까? 군인들의 총구 앞에서 싸우는 그 시민들 안 보셨습니까? 그런데 내란이 아니라고요, 폭동이 아니라고요? 비상계엄이 내란이고 폭동인데……

저는 그래도 현 정권의 유인촌 장관은 건국절을 상해 임시정부의 정통성을 인정했고 독도를 우리 땅이라고 이야기했던 거의 유일한 장관인데 그래서 유인촌 장관은 괜찮은 사람이다, 유일하게 윤석열 정권 장관 체제에서 장관 같은 장관이라고 이야기해 왔었습니다.

(발언시간 초과로 마이크 중단)

•••

(마이크 중단 이후 계속 발언한 부분)

그런데요, 지금 이 모습 보면서요 정말 피를 토할 것 같습니다. 한 사람이라도, 국무위원 한 사람이라도 책임지고 '잘못했습니다' 석고대죄하고 내란 폭동 규정해 줘야 되는 것 아니에요? 아닙니까! 한 놈도 없냐고, 한 놈도, 역적 놈들이야, 대역적 놈들이야, 내란수괴의 공범들이야, 어떻게 국무위원 한 놈도 그 이야기에 대해서 잘못했다고 국민들에게 사죄하고 진심으로 내란 폭동이라고 석고대죄하는 놈이 없냐고요.

○**위원장 전재수** 양문석 위원님 정리해 주시기 바랍니다.

부족한 부분은 보충질의를 활용해 주시기 바랍니다.

다음은 이기헌 위원님 질의해 주시기 바랍니다.

○**이기헌 위원** 10초만 좀 쉬었다 할게요. 집중이 안 될 것 같아 가지고……

시작하겠습니다.

음성 녹취 먼저 좀 틀어 주시지요.

(영상자료 상영)

추동진 팀장님 나와 주시기 바랍니다.

본인 음성 맞지요?

○**증인 추동진** 예, 맞습니다.

○**이기헌 위원** 언제 누구하고 전화한 겁니까?

○**증인 추동진** 지교철 선배님하고 통화를 한 내용입니다.

○**이기헌 위원** 예.

이재명·한동훈 관련 자막 빼라, 탄핵소추한 내용 빼라, 계엄 선포 내용과 대통령 관련한 유리한 내용만 쓰라고 지시한 적 있습니까?

○**증인 추동진** 저희 한국정책방송은 정부 정책을 홍보하기 때문에 정치적 쟁점이나 이슈 같은 것은 자막이나 방송을 할 수가 없습니다.

○**이기헌 위원** 시간 관계상 다 듣지는 못했지만, 지교철 사장님한테 수차례 전화해서 '정부 입장만 내보내라', '국회에서 벌어지고 있는 일이나 여야 대표들의 정치적 발언 빼라' 이렇게 계속 지시하셨습니다. 맞지요? 맞잖아요?

○**증인 추동진** 저희 KTV는 정부 정책 홍보가……

○**이기헌 위원** 아까 얘기하셨어요.

○**증인 추동진** 예.

○**이기헌 위원** 맞지요?

추동진 팀장님, 본인 생각입니까 아니면 위에서 누가 시킨 겁니까?

○**증인 추동진** 저희의 원래 전에부터 기조였고요. 원장님도 그렇게 말씀하셨습니다.

○**이기헌 위원** 원장님 말씀하셨다?

녹취 하나 더 틀어 봅시다.

이은우 원장, 박준석 보도부장이 지시한 거지요?

○**증인 추동진** 예, 그렇게 말씀하셔 가지고, 제가 놓친 부분이 있어 가지고요……

○**이기헌 위원** 이은우 원장의 지시로 빼라고 했던 내용 한번 띄워 보시지요.

(영상자료를 보며)

삭제 지시 내려온 자막입니다. "국회, 비상계엄해제요구 결의안 가결", "의장, '국회, 헌법적 절차에 따라 대응 조치'", "이재명 대표, '위헌적 계엄 선포했고 국민 여러분 국회로 와 달라'", "한동훈 대표, '계엄 선포 효과 상실됐다. 군경 공권력 행사는 위법이다'"라고 하는 자막이었어요. 이것 뺀 거지요?

○**증인 추동진** 뺐는데 이전부터 이런 자막은 넣지를 않았습니다.

○**이기헌 위원** 이것 틀린 내용이 있습니까?

○**증인 추동진** 틀린 내용은 아닌데요, 저희 정부, 정책방송의 기조하고 전혀 안 맞습니다.

(웃음소리)

○**이기헌 위원** KTV 계엄 방송 내내 무슨 내용을 내보냈냐면 대통령 담화문 10번 넘게 반복해서 방송했고 포고령 내용만 계속 읽어 줬어요. 계엄군이 국회 진입하는 화면 내보내지 않았고 계엄이 해제되고 의결되는 모습, 국회의 진행 상황들 장면 내보내지 않았습니다. KTV가 계엄을 미화했고 계엄을 옹호만 했습니다.

KTV가 한국정책방송원이지요, 공식 명칭이?

○**증인 추동진** 예, 맞습니다.

○**이기헌 위원** 윤석열 개인 유튜브입니까?

○**증인 추동진** 아닙니다.

○**이기헌 위원** 작년에는 김건희TV 되더니 언제부터 윤석열TV가 됐습니까? 한국정책방송원이 대통령 한 사람의 방송입니까?

○**증인 추동진** 아닙니다.

○**이기헌 위원** 아니지요. 공공의 영역에서 방송을 하시는 거지요?

○**증인 추동진** 아닙니다.

○**이기헌 위원** 어느 영역에서 방송을 합니까? 행정부를 대변하는 방송국입니까, 정권을 대변하는 방송입니까?

○**증인 추동진** 행정부를 대변하는 방송입니다.

○**이기헌 위원** 행정부의 대통령이 최고 통치권자이지만 행정부의 수반이라는 이유로 행정부 전체가 대통령의 지시에 따라서 움직인다고 해서 정책방송원이 개인 방송처럼 이렇게 움직여도 되는 겁니까?

원장!

○**증인 이은우** 예.

○**이기헌 위원** 일어나서 대답하세요.

○**증인 이은우** 예.

○**이기헌 위원** 용산 대통령실 사전 지시받은 적 있습니까?

○**증인 이은우** 없습니다.

○**이기헌 위원** 최재혁 비서관하고 통화한 적 있어요, 없어요?

○**증인 이은우** 없습니다.

○**이기헌 위원** 통화 기록 제출할 수 있습니까?

○**증인 이은우** 제출할 수 있습니다.

○**이기헌 위원** 그러면 원장님이 얘기하셨기 때문에 11월 말에서부터, 정확하게 말씀드

리면 11월에서부터 저희 국감이 끝난 이후에 최재혁 비서관하고 통화한 내용 오늘까지해서 한 달 반 치 제출해 주십시오. 그렇게 해 주시겠습니까?

○증인 이은우 그것은 개인정보인데 제가……

○이기헌 위원 아니, 지금 내실 수 있다고 얘기하셨잖아요?

○증인 이은우 제가 정정하겠습니다.

○이기헌 위원 (웃음)

　그러면 원장님, 제가 다시 한번 얘기하는데……

　(자료를 들어 보이며)

　이것 오늘 보도자료 낸 것 맞지요?

○증인 이은우 맞습니다.

○이기헌 위원 국회에서 현안질의가 있는데 또 보도자료 내셨어요. 지난번 국감 때 김건희 황제관람 냈을 때 생방송으로 저 TV를 통해서 저희들이 봤는데, KTV 이래도 됩니까? 국회를 이렇게 기망해도 돼요?

○증인 이은우 위원님, 저희 원에 대한 왜곡된 정보가 계속 확산되고 있는데 저희 원에서 그런 정도의 대응은 할 수 있다고 생각합니다.

○이기헌 위원 KTV가 자막 빼라고 한 지시 문제 삼은 직원에 대해서 그 자리에 이틀 후에 채용공고를 냈습니다.

　지교철 사장님 계신데 잠깐 일어나시겠습니까?

○증인 지교철 죄송합니다. 앉은 채로……

○이기헌 위원 예, 불편하시면 앉아서 해 주십시오.

○증인 지교철 죄송합니다. 다리를 다쳐서……

○이기헌 위원 예.

　KTV 몇 년 근무하셨습니까?

○증인 지교철 지금 17년 있습니다.

○이기헌 위원 이런 통지 받았을 때 어떤 기분이셨어요?

○증인 지교철 한마디로 어이가 없었습니다.

○이기헌 위원 죄송합니다, 제가 시간을 많이 못 드려서요.

○증인 지교철 예.

○이기헌 위원 정말…… 지교철 사장님 KTV에서 17년 근무한 사람입니다. 원장님은 오신 지 몇 년 됐습니까?

○증인 이은우 지금 한 6개월 정도 됐습니다.

○이기헌 위원 6개월 되셨지요.

○증인 이은우 예.

○이기헌 위원 국민들에게 필요한 정보를 전달하려고 했었는데 이게 해고 사유가 돼 버렸어요.

　추동진 팀장님, 해고도 원장이 지시했습니까?

○증인 추동진 해고가 아니고요. 저희들 정기적인 개편이 있어 가지고요, 1월 달에 개편하니까 그때 그 이력서를 다시 제출해야 된다고 얘기를 했습니다.

○이기헌 위원 이은우 원장님, 지난번 예산심사할 때 KTV가 저에게 어떻게 얘기했어

요? 처음에 저희 의원실에 와서는 예산이 삭감되면 비정규직부터 자를 거다라고 협박하고 다녔어요. 여기 계신 모 실장님하고……

○증인 이은우 협박하고 다닌 것은 아니고요……

○이기헌 위원 이때 저희가 문제 제기를 했지요?

○증인 이은우 예.

○이기헌 위원 문제 제기했을 때 원장이 예산소위 들어와서 어떻게 했습니까, 사과문 내고 사과하셨지요?

○증인 이은우 예.

○이기헌 위원 별일 없을 거라고 얘기했지요?

○증인 이은우 그런 일이 없겠다고 얘기하지는 않고요. 예산이 축소가 되면 저희 불가피합니다……

○이기헌 위원 장미란 차관님!

KTV 어떻게 하겠다고 약속하셨어요, 저희들에게?

○증인 이은우 그리고 이분이 지금……

○이기헌 위원 앉으세요.

○증인 이은우 예, 알겠습니다.

○이기헌 위원 KTV 예산 좀 살려 달라고 장미란 차관님이 오셔서 의원실 다니시면서 정말 호소하셨어요. 그래서 저희가 KTV 예산 일정하게 보장해 드렸습니다. KTV 잘 관찰하겠다고, 앞으로 이런 일 다시는 없겠다, KTV가 한국정책방송원이 이렇게 정치적으로 오염되는 일 막겠다라고 얘기하셨어요. 그런데 또 이러고 있어요. 내란을 선동하는 방송을 해 버렸어요. 내란을 옹호하는 방송을 했습니다, KTV가.

저는 KTV 이대로 놔둬서는 안 된다고 생각합니다. 이은우 원장 국회를 계속 기망하고 있습니다. 윤석열·김건희에게 잘 보이려고 KTV를 온 지 몇 달 안 된 원장이 사유하고 있는 것입니다. 그리고 직원들 사기 저하시키고 부당해고하고 있어요. 저는 이은우 원장 당장 파면해야 된다고 생각합니다. 또 이러한 부당한 지시와 이를 거부했다는 이유로 해고를 한 것에 대해서 문체부가 감사해야 된다고 저는 생각합니다.

장관님, 감사하시겠습니까?

○증인 유인촌 예.

○이기헌 위원 알겠습니다.

○위원장 전재수 수고하셨습니다.

다음은 임오경 위원님 질의해 주시기 바랍니다.

○임오경 위원 위원장님, 질의에 앞서서 잠깐 시간……

이은우 원장님께 사과를 먼저 듣고 가야 될 것 같습니다. 12월 11일 국회에 발도 딛지 않은 상황에서 도대체 누구의 백으로 그렇게 당당하신지, 피감기관이 여야 합의된 전체회의에 출석하라는데 출석하지 않은 이유가 무엇인지 다시 답변을 듣고 사과를 좀 듣고 시작하겠습니다.

○위원장 전재수 이은우 원장님, 12월 11일 날 여야 합의에 의해서 상임위 전체회의가 예정이 돼 있었습니다. 그날 유인촌 장관님은 불출석을 하셨음에도 불구하고 관광공사 사장직무대리, 콘텐츠진흥원은 상임위 전체회의에 출석을 했는데 유일하게 문체부를 제

외하고 원장님만 출석을 하지 않았습니다.

○**증인 이은우** 예.

○**위원장 전재수** 말씀을 하십시오.

○**증인 이은우** 그날 제 판단은 저희 KTV는 다른……

○**위원장 전재수** 마이크를 올리셔 가지고……

○**증인 이은우** 올렸는데 이게 안 되네요.

저희 KTV는 다른 세 기관하고 달리 문체부의 소속기관이고 저희는 공무원 신분입니다. 그래서 저희 상급자들이 출석을 안 하는데 제가 나가는 것이 적절치 않다고 생각을 해서 나오지 않았습니다만 제 판단이 좀 잘못됐다고 생각합니다. 사과드립니다, 위원님들한테.

○**위원장 전재수** 임오경 위원님 질의해 주시기 바랍니다.

앉으셔도 됩니다.

○**증인 이은우** 예.

○**임오경 위원** 이은우 원장의 지금 답변을 들어 보면 이은우 원장의 판단이라고 하는데 제 판단을 한 말씀 드리겠습니다.

제가 판단할 때 국회를 기망한 행동으로 인해서 KTV는 폐지되어야 된다고 생각합니다. 폐지될 수 있도록 저 또한 노력하고 KTV가 아리랑TV에 흡수되어서 보수·진보를 떠나 공정한 방송을 할 수 있도록 저는 반드시 KTV 폐지하는 데 제가 앞장서도록 하겠습니다.

장관님, 어제 국민권익위에서 공공기관 종합청렴도 점수를 발표했네요?

○**증인 유인촌** 예.

○**임오경 위원** 문체부 몇 위 했습니까?

○**증인 유인촌** 5위입니다, 5위.

○**임오경 위원** 최하위 등급인 5등급을 받았습니다. 부끄럽지 않습니까?

○**증인 유인촌** 부끄럽습니다.

○**임오경 위원** 제가 21대·22대 이 5등급은 처음인 것 같습니다. 장관님 오셔서, 지금 연임 아니십니까? 다른 장관들과 다르게 그래도 경륜 있고 하니 베테랑이시니까 잘할 거라고 생각했습니다. 그런데 결과가 이렇게 보여 주고 있습니다. 저는 장관님이 부끄럽게 생각하시고 진짜 장관님 사퇴하셔야 된다고 봅니다.

○**증인 유인촌** 예, 사퇴할 겁니다.

○**임오경 위원** 이 있을 수 없는 일이 지금 현장에서 벌어지고 있는데 참담합니다.

또한 제가 장관님께 한 말씀 더 드리면 이태원 참사 때 159명이 서울 한복판에서 목숨을 잃었습니다. 지금도 유가족은 이 한겨울에 호소하고 있습니다. 그때 윤석열 대통령이라는 사람은 이상민 장관 하나를 지키기 위해서, 자기 오른팔 같은 장관 하나를 지키기 위해서 어떻게 했습니까? 끝까지 사퇴, 책임지고 사퇴하라는 국민의 명령을 듣지 않았고 야당 위원들의 그 목소리를 들어 주지 않았습니다. 그리고 그때는 살려 주더라고요.

그런데 더 웃긴 것은 이번에 계엄령 선포 후에 그 모든 국무위원들이 사표를 제출했는데 유일하게 두 명만 또 수락을 해 주더라고요.

이번에 유인촌 장관님은 팽당하신 겁니다. 그것 알고 계세요?

윤석열 씨는 자기 사람을 살리기 위해서 이상민 전 장관, 김용현 이 두 사람, 자기 사람들만, 오른팔·왼팔들만 사표 처리를 해 줬습니다. 참 대단하지 않습니까? 책임을 져야 될 때는 끝까지 지켜 내더니 이번에는 잘 피해 가라고 두 사람만 처리해 줍니다. 이러한 상황을 보고 장관님도 심도 있게 한번 자신에 대해서 생각을 해야 된다라고 생각합니다.

그런데 또 이번에 계엄령 터진 후에 그렇게 앞에 나서지 않았으면 좋겠다라는 제 개인적인 바람과는 다르게 장관님은 호소문 발표를 하셨습니다.

제가 여기에서 두 가지만 장관님에게 질의를 드릴까 해요.

대변인 격으로 발표하신 이 두 가지 중에서 '헌법과 법률에 따라 정상적으로 작동해야 한다'라고 말씀을 하셨어요. 그렇지요?

○증인 유인촌 예.

○임오경 위원 이것은 무슨 의미입니까?

제가 볼 때는 대통령은 입만 열면 거짓말이고 그리고 선거 개입을 한 게 모든 정황이 드러났고 김건희 주가조작, 파우치, 선거 개입, 명백하게 드러난 증거 아닙니까? 법 앞에서는 누구나 공정과 평등해야 된다고 대통령이 그렇게 외쳤다는 말이에요. 그런데 왜 이 두 사람은 법 앞에 공정하지 않고 평등하지 못합니까?

그런데 왜 장관님은 이런 호소문을 말씀하셔요, 이 두 사람이 법 앞에 공정하고 평등하게 하지를 않고 지키지를 않고 있는데, 법을 무시하고 있는데, 헌법을 위반하고 있는데? 호소문에 왜 이 내용이 들어가요?

또 마지막 부분에서 '정부가 안정적인 국정 운영에 집중할 수 있도록 다수 의석을 보유한 정당의 지혜와 자제를 보여 주시기 바랍니다', 저는 이 말씀을 마지막으로 들으면서……

거대 야당 대표를 보복 수사를 3년째 하고 있어요. 다수 의석을 보유한 정당을 현 정부가 존중이라도 한번 해 준 적 있습니까? 내가 먼저 상대를 존중하고 내가 그 존중을 받을 생각을 해야 되는데 지금 거꾸로 아닙니까? '야, 국민이 뽑은 대통령은 나야. 거대 야당이든 뭐든 니네 나한테 복종해'. 그리고 거대 야당은 불법 선거라고 해서 중앙선거관리위원회를 진입합니까? 다 잡아들이라고 합니까?

저는 정당하게 국민의, 우리 지역에서 정당하게 저 목숨 걸고 열심히 뛰어서 호소하면서 당선됐습니다, 선출직으로. 여기 계신 위원님들도 마찬가지입니다. 그런데 대통령이라는 작자는 이게 불법이라고 말합니다. 그러면 대통령도 불법 아니에요? 어떻게 당사자는 국민의 선택을 받았고 국회의원들은, 그것도 야당 국회의원들은 정당하지 않다라는 이런 표현을 쓰는지, 그런데 거기를 대표해서 호소문을 발표하고 있는 장관님에게 심히 유감을 표할 수밖에 없다라는 말씀을 드립니다.

위원님들이 앞서서 계속 질의를 했습니다. 같은 질의 하겠습니다.

아직도 계엄이 야당 탓입니까? 그렇게 생각하세요?

○증인 유인촌 그렇지 않습니다.

○임오경 위원 적어도 계엄으로 불안에 떨고 있는 국민들에게 국무위원으로서 진실된 사과와 책임 있는 반성의 태도를 보여야 했던 것 아닐까 생각을 해 봅니다. 어디서 지금 불법적인 계엄에 야당 탓만 하고 있는 것인지 저는 도저히 이해를 못 하겠어요.

일단 계엄 선포에 있어서는 지금 여당 의원님들도 'A가 맞다' 'B가 맞다' 계속해서 이런 말씀을 하는데 이것은 말도 안 되는 겁니다. 2시간 반 동안 자기가 진짜로 겁을 주려고 했다? 이게 대통령 입에서 할 말입니까? 결과론 갖고 말을 해서도 안 됩니다. 선포한 그 자체만을 가지고 내란수괴라고 저희는 무조건 봐야 됩니다. 더 이상의 앞과 뒤 말은 필요가 없습니다. 계엄 선포 이것에 있어서 내란수괴자 맞습니다.

그것만 본다라면 장관님 입장은 어떠세요? 내란수괴자 맞습니까, 안 맞습니까?

○증인 유인촌 저한테 그런 대답을 원하지 않으셨으면 좋겠습니다.

○임오경 위원 아니, 저는 그것 하나만 보자라는 거예요. 결과론 갖고 얘기하지 말고 지금 21세기에 계엄 선포 있을 수 있는 일이라고 생각하십니까?

○증인 유인촌 있을 수 없습니다.

○임오경 위원 예, 그걸로 답변을 대신하겠습니다.

또 하나 질의할게요.

계엄 당일 계엄사령부에서 각 부처의 비상안전기획관실에 공무원 파견을 요청했던 사실이 드러났습니다. 비상안전기획관은 개방형 직위로 퇴역·예비역들이 가는 직위입니다. 장관님 알고 계셨지요?

○증인 유인촌 예.

○임오경 위원 법원행정처에서는 계엄사령부의 사무관 파견 요청에 대해 거부한 것과 다르게 몇몇 부처에서는, 명단 작성 및 통보 조치를 한 부처들이 있는 것으로 알려졌습니다. 이것은 명백히 2차 계엄을 염두에 두고 벌인 조치라고 보이는데 문체부는 계엄사령부로부터 비상안전기획관실 공무원 파견 요청을 받은 바가 있습니까, 없습니까?

○증인 유인촌 제가 듣기로는 없는 걸로 알고 있습니다.

○임오경 위원 듣기로는 아니라 정확하게 보고를 받으셨습니까?

○증인 유인촌 정확하게는 보고 못 받았습니다.

○임오경 위원 차관님 답변해 보세요.

○증인 용호성 없습니다.

○임오경 위원 장관님, 향후에도 만일 이러한 요청을 받으면 어떻게 하실 겁니까?

○증인 유인촌 이런 일이 또 일어날 거라고 생각하지는 않습니다만 이번에도 그런 일이 없는데 뭐 그런 요청을 하지 않을 거라고 생각합니다.

○임오경 위원 대한민국 국민은 누구나, 이런 계엄령이 선포될 거라고 누구도 기대치 않았습니다. 하지만 현 정부, 윤석열 정부에서 이런 일이 벌어졌습니다.

이런 일이 또 없을 거라고 생각하십니까? 저는 이대로 이것을 방관하면 이런 일은 계속해서 있을 거라고 생각합니다. 그래서 대한민국에서 이러한 일들이 더 이상 발생하지 않도록 재발 방지를 위해서 철두철미하게 저는 진상을 규명하고 이것에 대한 처벌을 반드시 받아야 된다고 생각합니다. 어떠한 핑계도 거짓도 저는 반영이 될 수 없다라고 생각하고.

장관님, 저는 오늘 할 말이 지금 너무 많아요. 여기서 이 계엄령 선포에 있기까지 가장 큰 역할을 한 사람이 누구인지 알고 계십니까? 국민은 다 알고 있어요.

자기 와이프 하나 지키자고 김건희 특검법을 계속해서 거부하면서 저는 이런 일이 왔다라고, 이게 반드시 야당 탓이 아니라 저는 김건희 탓이라고 생각을 합니다. 자기 와이프 하나 지키기 위해서 국민을 버립니까? 대한민국을 한 번에 다 자기 손아귀에 넣고 장악하려고 합니까?

그래서 왜 또 여기서 김건희라는 이름 석 자가 나오는지 진짜 징글징글합니다. 이름 석 자만 들어도 머리가 아프고 징글징글합니다. 저에게도 역대, 제가 지금까지 살아오면서 트라우마가 없었는데 저는 이 계엄령 선포로 인해서 그 현장에 있었던 한 사람으로서 트라우마가 생겼습니다. 하지만 국민들에게 죄송해서 이 트라우마를 감히 입 밖으로 내지를 못하고 있습니다.

있을 수 없는 우리 국가유산 종묘까지 헤집고 다니는 이 김건희의 황제 행보에 있어서 지금 저는 시간이 없어서 오후에 국가유산청장님에게 질의를 하고 장관님에게도 질의를 하겠습니다. 오후에 답변 준비해서 나와 주시기 바랍니다.

이상입니다.

○위원장 전재수 수고하셨습니다.

원활한 회의 진행을 위해서 잠시 정회했다가 오후 2시에 속개하겠습니다.

정회를 선포합니다.

(12시38분 회의중지)

(14시02분 계속개의)

○위원장 전재수 좌석을 정돈해 주시기 바랍니다.

회의를 속개하겠습니다.

다음은 보충 질의 순서입니다.

질의 시간은 답변 시간을 포함해서 5분으로 하겠습니다.

순서에 따라서 조계원 위원님 질의해 주시기 바랍니다.

○조계원 위원 이은우 원장님!

○증인 이은우 예.

○조계원 위원 KTV 홈페이지에 있는 이은우 원장의 인사말을 보면은 KTV는 정부와 국민 간의 소통 창구 역할을 수행하는 것이 가장 중요한 사명이라고 하셨습니다.

그런데 이번 사건에서 보면 KTV는 대통령의 내란 행위를 옹호하고 계엄을 선전·선동하는 방송으로 전락했다 이렇게 생각하는데 이게 KTV의 방송 사명과 부합합니까?

○증인 이은우 저희가 그렇게 내란을 선동하거나 이런 것들은 없었습니다. 저희는 그냥 팩트를 전달했을 뿐입니다.

○조계원 위원 영상 한번 틀어 봐 주시지요.

(영상자료 상영)

지금 KTV에서 저렇게 해석을 하고 있습니다.

또 다음 영상 부탁합니다.

(영상자료 상영)

윤석열의 담화뿐만 아니라 저렇게 옹호하는 해설까지 곁들였는데 그게 올바른 방송이라고 생각하십니까?

○증인 이은우 위원님, 저게 옹호하는 방송이나 이런 건 아니고 윤석열 대통령께서 하신 말씀이 이러이런 말씀을 했다라고 전달을 하는 걸로 보셔야 될 것 같습니다. 저희뿐만 아니라 그 당시에……

○조계원 위원 그러면 국회에서 계엄 해제 의결이 된 이후에 방송은 어떻게 했습니까?

대통령 담화를 두 차례나 더 했지요?

○증인 이은우 계엄 해제 의결을 한 후에요?

○조계원 위원 예.

○증인 이은우 계엄 해제 의결을 한 소식을 저희가 전했지요. 전하고 자막 처리도 하고 단지……

○조계원 위원 그다음에 대통령 담화 방송을 두 차례나 더 한 걸로 나오는데.

○증인 이은우 그거는 그 당시에 저희가 갖고 있는 소스가 많지 않았기 때문에 그 부분을 다시 한번 저희가 방송을 했다고 보시면 되겠습니다.

○조계원 위원 계엄 해제 의결이 됐는데도 계엄을 선포하는 대통령의 담화를 두 번씩이나 더 방송하는 게 상식적으로 말이 된다고 생각하세요?

○증인 이은우 그거는 국민들에게 알권리를……

○조계원 위원 그게 알권리예요?

○증인 이은우 왜냐하면 그 당시만 하더라도 계엄에 대한 발표가 그거에 대한 소위 말하는 사법적인 그런 문제들을 인지할 수 있는 상황이 아니었습니다.

○조계원 위원 추동진 팀장!

○증인 이은우 추동진 팀장님.

○조계원 위원 왜 그 자막에서 국회 계엄 해제 의결이나 이런 여타의 계엄 해제 의결 위에 그 자막 처리된 부분을 왜 뺐습니까?

○증인 추동진 해제 의결 자막은 넣었습니다, 저희들이 타자 스크롤로……
계엄 해제 의결한 거는요 저희들이 자막으로 넣었습니다.

○조계원 위원 이재명 대표와 관련한 발언들은 다 빼도록 지시하지 않았어요?

○증인 추동진 정치적 쟁점이 되는 이슈는 저희들이 빼는 게 맞고요. 국회에서 계엄 해제됐다는 거는 자막을 넣었습니다.

○증인 이은우 그거는 오히려 저희가 강조해서 여러 번 넣었습니다.

○조계원 위원 지금 '국회의장실 계엄 해제 결의안 가결 따라 계엄령 선포 무효'이 자막 왜 뺐습니까?

○증인 이은우 그거 오전에 지금 그 4개 나오신 거 보고 말씀하시는 건가요?

○조계원 위원 그렇지요.

○증인 이은우 아 그거는……

○조계원 위원 '대한변협의 계엄 선포는 실체적·절차적 위헌, 해제 촉구'이런 자막도 뺐고, 이재명 '계엄 선포, 실질 요건 갖추지 않은 불법·위헌'이것도 뺐고. 이건 누가 지시한 겁니까?

○증인 이은우 그 첫 번째 자막은 저희가 오히려 빼지를 않고 그 부분은 계속 강조해서 저희가 넣었습니다. 그거 아마 약간 오해가 있으셨던 것 같습니다.

○조계원 위원 그러면 '이재명, 계엄 선포 상황 요건 갖추지 않은 불법·위헌'이건 왜 뺐습니까?

○증인 이은우 위원님, 저희 KTV가 한국정책방송원이기 때문에 저희의……

○조계원 위원 불법적인 비상계엄 발표가 정책이에요?

○증인 이은우 그거는 정책……

○**조계원 위원** 해설자는 그걸 두둔하고.

○**증인 이은우** 두둔하지는 않았습니다.

○**조계원 위원** 아까 두둔해 갖고 방송 보냈잖아요.

○**증인 이은우** 그냥 팩트만을 전달을 했을 뿐이지요.

○**조계원 위원** 그게 팩트만 전달한 건가요?

○**증인 이은우** 위원님, 아까 그 정도……

○**조계원 위원** 두둔하고 비호한 거지!

○**증인 이은우** 그 정도는 다른 방송사도 그 시간에 다 비슷하게 했습니다.

○**조계원 위원** 그게 지금 '그 정도는' 사안이에요.
 그게 '그 정도는' 사안이에요, 지금?

○**증인 이은우** 아니, 다른 방송에서도 그 시간에는 그 대통령 담화에 대한 얘기들을 많이 했습니다. 저희만 그런 건 아니고요.

○**조계원 위원** 그러니까 계엄 해제 이후에도 지금 풀(pool)사였잖아요, 키(key)사였잖아요?

○**증인 이은우** 아니지요. 그거는 아닙니다. 계엄 해제는 저희가……

○**조계원 위원** 그거 전체 방송은 KTV에서 방송을 송출한 것 아니에요?

○**증인 이은우** 그거는 저희가 대통령실의 요청을 받아서 그 키사로 한 거는 대통령 담화 부분을 할 때, 시간은 제가 정확히 기억 못 하겠지만 그 담화를 할 때 각 12개의 우리 종편이라든지 지상파라든지 이런 거에 나누어 주는 역할만 했을 뿐이고요. 저 방송은 저희가 자체적으로 판단해서 한 거지요.

○**조계원 위원** 그러니까 자체적으로 또 저렇게 옹호했잖아요!

○**증인 이은우** 위원님, 그거를 옹호하는 걸로 보시면……

○**조계원 위원** 저 내용을 보고 국민들이 다 옹호한 걸로 생각하지 뭐로 생각하겠어요?

○**증인 이은우** 아니, 그 시간에 그 담화가 나왔고……

○**조계원 위원** 앉으세요.

○**증인 이은우** 예.

○**조계원 위원** 장관님!

○**증인 유인촌** 예.

○**조계원 위원** (영상자료를 보며)
 '국회는 범죄자의 소굴이다', '입법 독재로 체제 전복을 기도하고 있다', '자유민주주의 시스템을 파괴하고 있다', '국가의 사법·행정 시스템을 마비시키고 자유민주주의 체제의 전복을 기도하고 있다', 이거에 대해서 어떻게 생각하십니까?

○**증인 유인촌** 그렇지 않다고 생각합니다.

○**조계원 위원** 그러면 국무위원의 한 사람으로서, 국민의 한 사람으로서 대통령보다는 나라와 정부를 책임지는 한 사람으로서 이 내란 사태에 대해서 왜 내란이라고 정확하게 말을 못 하는 겁니까?

○**증인 유인촌** 아니, 그 문제는 어쨌든 지금 법적인 판단으로 넘어가 있는 사항이라 사실 저희들이 그걸 단정지어서, 더군다나 정부의 일을 지금 운영을 하는 입장에서는 말씀 드리기가 좀 어렵습니다.

○**조계원 위원** 지금 윤석열이 얼마나 위험한 사람인지 아직도 모르십니까? 이런 인식을 갖고 있는데……

○**증인 유인촌** 아니, 그러니까 어쨌든 그거는 이제 법의 판단으로 넘어갔기 때문에 좀 기다려 보는 게 좋을 것 같습니다.

○**조계원 위원** 아니, 그게 법의 판단으로 넘어가는 것이 아니라 다시금 그걸 두둔하고 비유하는 것으로 해석이 될 수가 있단 말입니다. 윤석열이 행여라도 탄핵심판으로 파면 되지 않고 다시 복귀했을 때 대한민국의 상황을 생각해 보십시오. 제2의 내란이 이루어지지 말라는 법이 있겠습니까?

○**증인 유인촌** 위원님, 하여간 그런 의견에 대해서는 제가 뭐라고 드릴 말씀이 없습니다, 지금.

○**조계원 위원** 왜 5·18 때 광주시민들이 계엄군의 총칼 앞에 맞서서 싸웠는지 아십니까? 왜 그들이 주저하지 않고 계엄군의 총탄 앞에서 맞서 싸운지 아십니까? 양심 때문이랍니다, 양심. 그 가슴 속에 남아 있는 한 가닥 양심 그것이 그 계엄군에게 맞설 수 있는 힘이 되었다고 하는 겁니다. 적어도 대한민국의 최고의 고위공직자 아니십니까? 지금 대통령의 안위가 중요합니까? 윤석열의 안위가 중요합니까?

○**증인 유인촌** 지금은 뭐 그런 문제는 아니고요. 그러니까 어쨌든 그런 판단에 대한 결과를 제가 그렇게 간단하게 말씀드릴 수는…… 그런 입장이지요, 사실은.

○**조계원 위원** 윤석열이 다시 대통령으로 복귀했을 때 상황을 한번 생각해 보십시오. 이 나라는 정말 다시는 회복할 수 없는 혼란의 도가니, 다시금 내란으로 빠져들 수밖에 없다는 게 지금 드러나고 있지 않습니까? 그런데도 계속해서 윤석열을 비호하고 두둔하는데, 그러면 국무위원의 자격이 아니라면 한 사람의 국민으로서 한번 말씀해 보십시오. 내란입니까, 내란이 아닙니까? 국민에게 총부리를 겨눈 사건입니까, 아닙니까? 국회의 헌정질서를 무너뜨린 사건입니까, 아닙니까?

○**증인 유인촌** 하여간 죄송합니다. 나중에 말씀드리겠습니다.

○**조계원 위원** 지금 말씀하는 것이 유인촌 장관님의 지금까지 쌓아 온, 살아온 인생을 위해서도, 앞으로 살아갈 삶을 위해서도 지금이 중요하다고 생각합니다. 나라를 위해서 중요한……

　　(발언시간 초과로 마이크 중단)

　　(마이크 중단 이후 계속 발언한 부분)
판단을 내려 주셔야지 국무위원 중의 단 한 사람이라도 제대로 말을 할 수 있는 사람도 있어야 되지 않겠습니까?

○**증인 유인촌** 뭐 하여간 이해해 주시기 바라겠고요. 그건 법적인 판단으로 그냥 맡겨 두도록 하는 게 좋을 것 같습니다.

○**조계원 위원** 두고두고 후회를 남기지 않으시려면 지금 말씀을 하시는 게 맞다고 생각합니다. 국무위원의 자격이 정 힘드시다면 대한민국 국민 한 사람으로서 말씀을 해 보십시오.

○**증인 유인촌** 마음에 잘 새기겠습니다.

○**임오경 위원** 의사진행발언 있습니다.

○**위원장 전재수** 정리해 주시기 바랍니다.

다음은 임오경 위원님 의사진행발언입니까?

○**임오경 위원** 예.

○**위원장 전재수** 의사진행발언해 주시기 바랍니다.

○**임오경 위원** 위원장님, 오늘 배석자로 와 있는 KTV 자막 스크롤 담당 프리랜서 지교철 씨 관련해서 한 말씀 좀 드리겠습니다.

저는 국민의 알권리가 있는 차원에서 KTV에서 영웅 한 분이 탄생했다라고 생각합니다.

지교철 씨는 지난 3일 밤 11시부터 비상계엄 특보에 참여해서 계엄이 불법이다, 위헌이다라는 정치인들의 발언과 국회의 움직임 등에 대한 내용을 화면 하단의 자막으로 내보내는 일을 담당했습니다. 그런데 KTV는 국민의 눈과 귀를 가리고자 이은우 원장 등은 지교철 프리랜서에게 자막을 빼도록 지시했습니다. 국민의 눈과 귀가 되어 줘야 할 KTV가 국민 눈과 귀를 가리겠다는 짓입니다.

오늘 이은우 원장도 나와서 계속해서 정치적인 행보는 지양하는 거라고 말씀을 합니다. 계엄령 선포에 있어서 총을 들고 국민에게 총을 겨냥하고 시민과 국회를 난입하고 있는 이 상황에서 '정치', '정치' 이게 논할 얘기라고 생각하십니까? 평상시에 좀 정치적 개입하지 말고 중립적인 위치에서 잘했어야 되는데 오늘은 유독 '정치적', '정치적' 단어가 많이 나오고 있는데 저는 반성을 해야 된다라고 보고요.

이뿐 아니라 이를 거부한 지교철 프리랜서를 해고하기 위해 별안간 새로운 채용공고를 내고 지교철 씨에게 계속 일하고 싶으면 지원서를 새로 내라며 갑질을 하고 있습니다.

위원장님, 관련하여 지교철 프리랜서와 이은우 원장, 그리고 유인촌 장관에게 확인을 좀 해 주셨으면 합니다.

지교철 씨는 16년 동안 KTV에서 일하면서 이렇게 지원서를 새로 갱신하도록 한 일이 이번이 처음인지 아니면 이전에도 있었는지 이걸 하나 확인을 먼저 해 주시고요.

이은우 원장, 왜 별안간 채용공고를 새로 내는 것인지, 16년간 KTV를 위해 봉직하신 분을 계엄·내란에 동조하지 않자 내치는 것으로밖에 볼 수 없습니다.

그리고 장관님과 원장께 꼭 물어봐 주십시오.

언론 기자 출신의 지교철 배석자는 KTV의 존엄과 본 역할을 지키기 위해 내란세력에 동조하지 않고 꿋꿋이 방송에 임했습니다. 장관 또한 분명히 이번 계엄이 잘못된 것이라고 사죄도 했습니다. 그런 잘못된 계엄에 반대하여 소신 있는 행동을 한 직원을 내치는 것이 부당하다고 생각하지 않는지 위원장님이 직접 물어봐 주시고, 마지막으로 지교철 프리랜서가 이번 불법 계엄·내란으로 인해 부당하게 내쫓기지 않도록 문체위 차원에서 저는 보호해야 한다고 봅니다.

그래서 당장 KTV는 채용공고를 철회하고 문체위 차원의 경고를 해 주시기를 위원장님께 당부 요청드립니다.

이상입니다.

○**조계원 위원** 저도 의사……

○**위원장 전재수** 의사진행발언입니까?

○**조계원 위원** KTV는 해당 뉴스특보를 통해서 대통령의 내란행위를 옹호하며 국민들에게 제한된 정보만 제공하고 내란의 정당성과 당위성을 반복적으로 주장했습니다. 이는 형법 제90조 2항에 따른 내란 선전·선동죄에 해당할 소지가 큽니다.

윤석열 대통령의 비상계엄 선포 대국민 담화를 16차례나 반복 송출했고 대통령실 출입기자를 통해서 용산 입장만을 전달하는 리포트를 네 차례 반복 송출했습니다. 그리고 국회 상황은 전혀 보도하지 않았습니다. 그리고 담화문 요약, 비상계엄 사유·목적 등에 대해 내란의 선전·선동의 소지가 있는 표현을 사용하며 대통령의 입장을 두둔하는 설명을 반복해서 언급하였습니다. 그리고 외신 보도도 편향적으로 인용하였습니다. 그리고 국회에서 계엄해제안이 의결된 후에도 두 차례나 연속 담화문을 송출하였습니다.

이와 같은 사유로 위원회 명의로 KTV 원장 및 관련 책임자를 법적 고발을 해 주실 것을 요청드립니다.

○**위원장 전재수** 지교철 프리랜서 님, 다리가 불편해서 오늘 목발을 짚고 오셨는데 왜 다쳤습니까?

(○지교철 방청석에서 ― 얼마 전에 족부 골절이 있었습니다. 그래서 수술을 해서 요즘 목발을 짚고 있습니다.)

아마 이번 일을 통해서 마음의 상처도 있고 또 몸이 불편하신데도 불구하고 이렇게 나와 주셔서 고맙다는 말씀을 드리도록 하겠습니다.

(○지교철 방청석에서 ― 감사합니다.)

지교철 프리랜서께 몇 가지만 좀 여쭤보도록 하겠습니다.

17년 근무하셨다고 그랬지요?

(○지교철 방청석에서 ― 예, 그렇습니다.)

그러면 17년 동안 이 자막 관련 일만 쭉 하셨던 건가요?

(○지교철 방청석에서 ― 주로 그 일을 했습니다.)

그러면 지난 17년 사이에 이 자막과 관련해 가지고 이걸 넣어라, 빼라 뭐 그런 일이 있었습니까, 17년 동안?

(○지교철 방청석에서 ― 가령 정책과 관련해서 뭔가 좀 소개해야 된다든지, 이런 거는 좀 소개했으면 좋겠다든지, 정부정책 중에서 좀 강조해야 될 부분이 있다든지 이런 거는 있었습니다만 뭐 이런 식으로 빼라든지 이런 거는 없었습니다.)

잘 안 들리니까 마이크를……

(○지교철 방청석에서 ― 예. 이런 일은 처음이었습니다.)

그러니까 처음이라고 보면 되는 거지요, 17년 동안?

(○지교철 방청석에서 ― 예.)

굉장히 이례적인 일이 발생을 한 건데 우리 선생님께서 17년 동안 이례적이라고 판단되는 이런 지시가 왜 내려졌다고 생각을 하시는 겁니까?

(○지교철 방청석에서 ― 글쎄요, 잘못된 대통령과 잘못된 장관과 잘못된 기관장과 잘못된 직원들이 있었기 때문입니다.)

그러면 1월 2일 날 새롭게 채용하겠다고 공고가 났지 않습니까?

(○지교철 방청석에서 ― 예.)

그러면 이러한 채용공고가 지시사항을 거부하고, 위헌적이고 위법적인 계엄 상황에 대해서 잘못된 지시사항을 거부한 그 결과 채용공고가 나고 계약을 해지하는 것으로 저희들이 판단해도 무방하겠습니까?

(○지교철 방청석에서 ─ 예, 그렇습니다.)

정책방송원장님, 제가 볼 때는 문체부든 정책방송원이든 간에 위헌적이고 위법적인 이 계엄 상황에 대해서 적어도 손톱만큼 반성을 하시고 국민들께 미안한 마음이 있다면 지교철 프리랜서와 같은 분을 지켜 주시는 것이 반성과 어떤 국민들에 대한 사과 이것을 표현할 수 있는 최소한이라고 저는 생각을 합니다.

○증인 이은우 위원장님, 저 한 말씀드려도 되겠습니까?

○위원장 전재수 예, 말씀하시지요.

○증인 이은우 저희가 이 건 때문에 그 공고를 낸 게 아니고 저희가 매년 새로운 시즌이 시작이 되면 그때는 프리랜서 공고를 내고 그리고 다시 계약을 하고 진행을 하는 그런 프로세스를 지금까지 쭉 진행을 했고 16년 동안 그 프로세스 속에서 우리 지교철 선생님께서 일을 하신 걸로 저는 알고 있습니다.

○위원장 전재수 그러면 16년 내내 1월 2일 날 채용공고를 내고 다시 재계약을 하고……

○증인 이은우 그거는 아니고요. 프로그램에 변동이 있을 경우에 그렇게 저거를 내는 거지요. 그런데 이번에 저희가 프로그램에 약간 변동이 있는 게 프로그램 구성이라든가 이런……

○위원장 전재수 예, 좋습니다.

지교철 프리랜서님, 우리 원장님 말씀이 맞습니까?

(○지교철 방청석에서 ─ 저는 이런 경우는 처음입니다.)

처음이라고요?

(○지교철 방청석에서 ─ 예, 공고를 내서 다시 원서를 내고 면접을 보고 이런 형식으로 다시 채용된 경우는 없습니다.)

원장님, 어떻게 생각합니까?

○증인 이은우 그거는 여기, 저는 최근에 와서 우리 추동진 팀장이 그 계약 건을 진행을 했기 때문에 추동진 팀장이 설명을 드리는 게 좋겠습니다. 저는 그렇게 얘기를 들었는데……

○위원장 전재수 자, 추동진 팀장님.

○이기헌 위원 아니, 모르면서 그렇게 막말을 해요?

○증인 이은우 아닙니다. 그……

○이기헌 위원 모르면서 그렇게 확신에 차서 얘기해? 이런 것까지 감수하면서 당신 뭐야, 지금?

○임오경 위원 원장부터 사퇴하세요. 원장부터 사퇴해! 국감 때부터 뭘 잘한 게 있다고, 지금.

○증인 이은우 제가 말씀드리는 거는……

○위원장 전재수 원장님, 제가 물어보는데 정확하게 말씀을 하셔야지요. 지금 당장 원장님 말씀이 16년 내내 그렇게 했다는데 이게 처음 있는 일이라고 이야기를 하고 있지 않습니까?

○증인 이은우   죄송합니다. 제가 잘못 이해를 했었던 부분이 있었던 것 같습니다.

○위원장 전재수   예, 됐습니다. 앉아 주시고.

　팀장님 말씀하십시오.

○증인 추동진   존경하는 이기헌 위원님, 임오경 위원님, 저희가 전에 개편할 때라든지 그리고 봄 개편, 보통 방송국은 봄 개편, 가을 개편이 있습니다. 그전에 저희들이 세종시라는 특수한 상황이 있어 가지고 공고를 냈는데 자막 스크롤 같은 경우는 세종시에서 일을 하는 줄 알고 아무도 지원을 안 했습니다. 그래서 우리 지교철 선배님을 계속 같이 일을 했던 거고요. 최근에 9월 달에도 이력서를 달라고, 보내 줬으면 좋겠다라고—9월 달에도 개편이 있어 가지고—보내 달라고 했는데 그때 이력서는 지금 줄 수가 없으니까 간단한 소개, 약력 해서 보내 드리겠다 해 가지고 그런 적이 있습니다.

　지금 지교철 선생님이, 지교철 선배님이 얘기한 부분들은 일부 맞는 것도 있지만 지원을 안 했기 때문에 계속 같이 일을 했던 겁니다. 그래서 오해가 있었던 것 같습니다.

○임오경 위원   17년 동안 근무했으면 정규직하고 똑같은 거예요.

○증인 추동진   예, 맞습니다.

○임오경 위원   이게 문제가 있으면 추동진 팀장부터 사퇴하세요, 그러면. 어디 팀장이 밑에 직원들을 그냥 사퇴하라 그래?

○위원장 전재수   뉘앙스의 차이가 조금 있는데 다시 한번 정책방송원장님.

　팀장님 앉아 주시고요.

　원장님, 윤석열 대통령이 내란수괴인지 아닌지는 장관님 또 원장님께서 계속해서 그것은 법적 판단을 받아 와야 된다라고 말씀을 하시는데, 뭐 좋습니다. 그거는 일단 차치하고서라도 적어도 한국정책방송원이 이번에 윤석열 대통령의 위헌적이고 불법적인 계엄 상황, 비상계엄에 대해서 적절하지 못하다는 인식은 같이 동의를 하시는 거 아닙니까, 그것이 내란수괴든 아니든 간에, 내란죄에 해당하든 안 하든 간에. 위헌적이고 위법적인 것이라고 인정을 한다고 저는 생각을 합니다. 그렇다면 적어도 그것을 인정을 한다면 지교철 프리랜서에 대해서는 기존에 17년 동안 해 왔던 통상적인 절차와 과정을 거쳐서 어저분이 17년이나 하시던 그 일은 한국정책방송원에서 계속할 수 있도록 하는 것이 적어도 한국정책방송원 입장에서는 위헌적이고 위법적인 비상계엄에 대해서 잘못됐다라고 인정하는 반증이자 국민들에 대한 도리라고 생각합니다.

　그런 차원에서 통상적인 절차와 과정에 따라서 이전에 해 왔던 식으로 지교철 프리랜서가 하던 일을 못 하게 된다든지 또는 여러 가지 의문점을 낳으면서 결국은 방송원을 떠나야 되는 이런 일은 있어서는 안 되지 않겠습니까? 만약에 그렇게 된다면 방송정책연구원의 진정성 이런 것들을 의심받을 수밖에 없습니다.

　그래서 저희 문체위는, 이것은 야당의 입장이 아닙니다. 문체부 입장에서 이 부분은 저희가 그 결과를 유심히 지켜보겠다 이런 말씀을 드립니다.

○증인 이은우   예, 알겠습니다.

○위원장 전재수   이런 말씀을 유념하셔서 지규철 프리랜서의 명예, 또는 위헌적이고 위법적인 것에 저항했던 한 사람이 희생되지 않도록 원장님께서는 각별히 챙겨 봐 주십사 하는 말씀을 드리도록 하겠습니다.

○증인 이은우   알겠습니다.

○**위원장 전재수** 저희들이 지켜보겠다는 말씀 아울러서 다시 한번 강조해서 드리도록 하겠습니다.

앉으셔도 좋습니다.

다음은 이기헌 위원님 질의해 주시기 바랍니다.

○**이기헌 위원** 이은우 원장 일어나세요.

PPT 잠깐 띄워 주십시오.

(영상자료를 보며)

지난 10월 10일 정례 제작회의에서 북한 도발 대응 매뉴얼을 보완하라 지시하셨지요?

○**증인 이은우** 맞습니다.

○**이기헌 위원** 왜 이런 지시 내리셨어요?

○**증인 이은우** 그 당시에 남북 간의 긴장이 상당히 고조된……

○**이기헌 위원** 알겠습니다. 남북 간의 긴장이 대한민국 분단 75년 동안 항상 있어 왔어요.

원장, 남북관계가 심각하게 경색되었다고 본인이 확신하게 된 이유가 뭡니까, 근간이?

○**증인 이은우** 그 중간에 저희가 오물풍선이……

○**이기헌 위원** 풍선은 5월부터 날아 왔어요.

○**증인 이은우** 예, 계속 있었고 그다음에……

○**이기헌 위원** 그만하세요.

○**증인 이은우** 경의선하고 동해선 폭파 얘기가 그때 나왔습니다.

○**이기헌 위원** 그만하세요. 시간이 없어요.

밑에서 써 준 얘기 그냥 읽지 마시고요. 남북관계가 언제 좋았던 적이 그렇게…… 몇 년이나 있었습니까? 미사일을 쏜 게 어제오늘의 일이 아니고 풍선은 이미 5월부터 날아 오기 시작했어요. 10월 달에 이렇게 얘기하신 이유에 대해서 저는 몇 가지 의심을 합니다.

앉으세요.

이성구 기획관 일어나 보세요.

우리 방 보좌진한테 무인기 사건 때문이라고 설명을 했어요. 무인기가 북한에 떴다고 하니 이런 상황 때문에 북한에 대한 기습 도발 방송을 준비하고 있다라고 얘기했는데, 말이 됩니까? 실수하셨지요?

○**증인 이성구** 예, 잘못 확인했습니다.

○**이기헌 위원** 앉으세요.

무인기가 평양 상공에서 떨어졌다고 발표한 날은 10월 11일입니다. 그런데 이날 제작 회의는 10월 10일이에요. 평계를 대려면 제대로 대셔야지요. 어떻게 원장과 방송기획관이 입만 열면…… 지난 김건희 황제 관람 때도 그러더니 증거가 나오면 그때 말 바꾸고, 오늘도 아까 원장 뭐라고 했어요? 제가 통신자료 낼 수 있냐 그러니까 바로 '예' 해 놓고는 기간을 얘기하니까 '못 내겠습니다. 개인정보입니다'……

그리고 아까 지교철 선생님 관련돼서도 들통날 거짓말을 그냥 물어보면 입에서 생각나 는 대로 바로바로…… 여기 국회예요.

○**증인 이은우** 위원님, 그것은……

○**이기헌 위원** 조사하면 증거가 다 나와요.

○**증인 이은우** 그 사이에 계약은 계속 했습니다. 갱신 계약을 했다는 말씀을 제가 드리는 거지요.

○**이기헌 위원** 또 아니면 어쩌시려고 이렇게 자꾸 거짓말하십니까? 생각나는 대로 둘러대지 마시라니까요. 생각을 하세요.

이은우 원장, 누구로부터 사전에 무인기 침투 사건에 대해서 들은 적 있어요?

○**증인 이은우** 전혀 없습니다.

○**이기헌 위원** 전혀 없지요?

그러면 누구로부터 10월 10일 이 지시 하기 전에 조만간 북한에 대한 기습 도발이 있을 수 있으니 준비하라 이런 얘기 들으신 적 있어요?

○**증인 이은우** 전혀 없습니다.

○**이기헌 위원** 전혀 없지요?

○**증인 이은우** 예.

○**이기헌 위원** 저는 전혀 없으면 10월 10일 날 그런 지시 할 수 없었다고 생각해요. 국지전 발발 가능성에 대해서 누구로부터 들었다고 생각해요. 저는 최재혁 전 방송기획관, 지금 대통령실 홍보기획비서관을 의심합니다. 두 분이 아주 가까우셨고 또 최재혁 대통령실 홍보기획비서관은 김건희 여사 라인으로 이미 언론에 많이 인정되는 분입니다. 이분이 분명히 윤석열과 김용현의 계엄 관련된 언급을 어디서 들었거나 아니면 귀동냥했을 수 있다고 생각해요. 이게 이은우 원장한테 전달이 됐고 이은우 원장이 '그래, 내가 준비해야지'라고 했던 것 같아요. 아닙니까?

○**증인 이은우** 전혀 사실과 다르고요.

위원님, 제가 재난과 관련된 그 시스템을 만든 건 7월부터 시작이 된 것입니다.

○**이기헌 위원** 7월에 만든 공문 띄워 보세요.

이은우 원장님, 고위공무원이시지요?

○**증인 이은우** 예.

○**이기헌 위원** 재난안전기본법 읽어 보셨어요? 재난이 뭔지는 아세요?

○**증인 이은우** 재난안전기본법을 읽어 보지는 못했습니다.

○**이기헌 위원** 재난의 개념이 뭔지 아세요?

○**증인 이은우** 재난은 예를 들어서 풍수 재해라든지 그런 거고……

○**이기헌 위원** 재난과 전쟁이 같습니까, 법률적 용어로?

○**증인 이은우** 그래서 저기에 재난하고 준전시 상황까지를 약간 구분해서 하지 않았습니까.

○**이기헌 위원** 재난대응시스템 매뉴얼이라고 저렇게 쓰셨잖아요.

재난에는 사회적 재난하고 자연재해 두 개가 있어요. 법에 그렇게 돼 있어요. 그런 법률적 기본 개념도 없이 고위공무원으로 봉직하시면서 지금 전쟁 상황을 7월부터 얘기하시면서 넣어 놨던 거예요.

그리고 KTV에 취재기자 몇 명 있습니까?

○**증인 이은우** 대략……

○**이기헌 위원** 20여 명이지요?

○증인 이은우   예.

○이기헌 위원   PD 몇 명 있어요?

○증인 이은우   PD요? PD는 그것보다 좀 더 많습니다, 여러 부서에 나눠져 있기 때문에.

○이기헌 위원   정책방송원이 KBS입니까? 재난주관방송사 어디입니까? KBS지요?

○증인 이은우   위원님, KBS가 주관……

○이기헌 위원   YTN처럼 보도채널입니까?

○증인 이은우   그렇지만……

○이기헌 위원   그만한 규모나 돼요?

○증인 이은우   위원님, 저희가……

○이기헌 위원   재난방송 할 수 있어요? 전쟁방송 생중계할 수 있어요, KTV가? 왜 그런 생각을 하셨어요?

○증인 이은우   아니, 위원님……

○이기헌 위원   원장님과 방송기획관처럼 외부에서 정치적 오염되신 분들이 들어와서 권력자에게 잘 보이려고 만든 거예요.

○증인 이은우   위원님, 충무 사태가 발생하면 저희가 국가재난방송을 하게 돼 있습니다.

○이기헌 위원   재난방송주관사는 KBS입니다.

○증인 이은우   주관사는 KBS지만 국가 비상을 대비하는 충무계획에 저희가 재난방송을 하도록 돼 있습니다. 저희가 을지연습 때 그런 연습들을 하고 있습니다.

○이기헌 위원   앉으세요.

장관님, 저희도 반성할 측면이 있다고 봅니다. KTV가 여기까지 오는 과정에서 저희도 전 정부에서 일했던 사람으로서 KTV에 정치인들, 정치권에 있었던 사람들, 캠프에 있었던 사람들이 원장으로, 방송기획관으로…… 이 정부 들어서서 방송기획관이라는 자리가 새로 만들어져서 또 한 명이 더 갔어요. 예전 정부에서는 하나였는데 두 명이 된 거예요, 결과적으로 보면.

이분들이 오로지 1명의 권력자를 위해서 충성 경쟁을 하고 있는 겁니다. 왜냐하면 전임자는 대통령실의 비서관까지 가고 이러면서 이런 사달들을 만들어 내는 겁니다. 해서는 안 될 황제 관람 만들고, 해서는 안 될 전시 상황에서의 생중계 기획까지 하고, 그리고 재난방송사라고 자기들이 스스로 자임하고……

능력도 안 돼요. 취재기자 20명이, PD 30명이 어떻게 재난방송을 합니까, 정치적 상황에서? 더불어서 전쟁 관련돼서 생방송을 어떻게 할 수 있어요? 불가능합니다. 그런데 인원도 몇 안 되는 KTV가 이렇게 스스로 위임도 안 한 업무에 대해서 자임을 하면서 이런 사고를 친 겁니다.

저는 이번에 KTV가 보여 준 행태에 대해서는 아까 장관님이 약속하셨듯이 감사 필연적으로 있어야 된다고 생각하고요. 아까 약속하셨고, 저는 이 감사 결과에 따라서 원장 분명히 해임해야 된다고 생각합니다. 생각 같아서는 파면이지만 감사 결과를 보시고 결정하십시오.

저는 윤석열도 돌아다니는 폭탄이지만 KTV도 폭탄 같아요. 무슨 짓을 할지 모르겠어요. 왜 규정에도 없는 공연을 만들어서 여사한테 상납을 하고 그것을 상납한 사람은 대통령실의 비서관으로 승진해서 가고, 뒤에 남은 사람들은 재난방송사를 자임하고, 생방송으로 전쟁 생중계를 하겠다고 자임하고, 이게 뭔 일입니까? 이게 문체부의 기관이에요. 문체부장관 뭐 하셨어요? 차관님들 뭐 하셨습니까?

장미란 차관께 다시 한번 묻습니다.

저희가 지난 예산국회 때 분명히 예산을 가지고 KTV가 그동안 잘못한 것에 대해서 징벌적으로 예산을 삭감하겠다고 했을 때 '적어도 KTV가 일할 수 있는 기본적인 예산은 보장해 주십시오. 저희들이 잘 관리 감독하겠습니다. 다시는 이런 실수가 없도록 관리하겠습니다'라고 차관님께서 각 방 다 도셨고, 그리고 정말 그렇게 말씀해 주셔서 저희들이 KTV가 진 큰 죄가 있지만 그래도 일정 부분 이해했던 거예요. 특히 저희가 인건비 한푼도 삭감 안 했습니다. 기억하시지요? 그런데 이렇게 비정규직들 모가지 잡고 '말 안 들어? 잘라' 이런 짓 하고 있는 거예요. 저는 용납이 안 됩니다. 다시는 이런 일이 일어나서는 안 되고……

장관님, 차관님, KTV에 대해서 이렇게 방치해 놓으시면 정말로 다음 국회에서는 어떤 일이 벌어질지 모릅니다. 여기까지입니다.

○증인 유인촌 잘 관리하도록 하겠습니다.

○위원장 전재수 다음은 민형배 위원님 질의해 주시기 바랍니다.

○민형배 위원 장관님, 지금 대한민국 대통령이 누구입니까?

○증인 유인촌 현재는 직권대행으로 되어 있습니다.

○민형배 위원 그러면 대통령은 없습니까?

○증인 유인촌 지금은 탄핵소추돼 있는 상황입니다.

○민형배 위원 그러면 국무위원으로서 보시기에 탄핵당한 윤석열 씨는 대통령 자격이 있어 보입니까? 국무위원으로서 보시기에.

○증인 유인촌 그건 저희들이 지금 현재 상황에서는 판단할 수 없는……

○민형배 위원 국무위원으로서 보시기에 윤석열 씨가 지금 탄핵이 진행 중인데 대통령……

○증인 유인촌 현재는 업무가 정지돼 있는 상태기 때문에요……

○민형배 위원 정지돼 있는데, 윤석열 씨가 지금까지 한 걸 쭉 보시면 대통령 자격이 있어 보입니까, 없어 보입니까?

○증인 유인촌 그런 대답을 제가 이 자리에서 어떻게 할 수 있겠습니까?

○민형배 위원 여기서 하셔야 될 것 같은데요, 국무위원이시니까.

없어 보이는 거지요?

○증인 유인촌 아니, 제가……

○민형배 위원 말씀하셔도 됩니다.

○증인 유인촌 거기에 대한 대답을 할 수가 없습니다.

○민형배 위원 그 말씀을 하셔야지요, 국무위원이시니까. 이 나라의 국무위원이시니까. 대한민국 정부의 국무위원이시니까 대통령 자격이 되는지 안 되는 정도는 말씀을 하실 수 있어야 된다고 봅니다.

○증인 유인촌 일 정리 다 끝나고 제가 돌아가서 말씀을 드리겠습니다.

○**민형배 위원** 그때 누가 그런 얘기를 못 하겠습니까?

있어 보인다는 말씀이십니까, 없어 보인다는 말씀이십니까?

○**증인 유인촌** 유보하겠습니다.

○**민형배 위원** 그러면 제가 제 질의 끝날 때쯤, 고민 좀 하셨다가 이따 말씀 한번 해 주십시오. 저는 그 말씀을 오늘 하셔야 될 것 같은데……

저것 한번 보실까요?

(영상자료를 보며)

KTV, 그러니까 정책방송원 분들…… 남색 바탕에 하얀색으로 되어 있는 '원장님 또 전화하는데요. 행정부 얘기만 하고요. 오세훈 시장……', 저것 말씀하신 분이 어느 분이십니까? 어제 SBS 보도입니다.

얼른요. 박준석 보도부장님? 이승훈 제작부장님? 이찬구 편성부장님? 이성구 기획관님? 어느 분이세요? 어느 분이십니까?

다음장 하나 더 넘겨 보세요.

추동진 팀장이세요?

○**증인 추동진** 예, 제가 했습니다.

○**민형배 위원** 아, 그래요?

원장님, 아까 '우리는 정책방송이라 다른 건 안 한다' 그러셨지요?

○**증인 이은우** 예.

○**민형배 위원** 그런데요, 그날 12월 3일 특보 546회 내용을 쫙 봤더니요, 방송 내내 계엄사령관을 누구로 임명했다, 포고령 1호를 공표했다, 경찰청장이 긴급 간부회의를 소집했다, 각 언론사와 외신 보도가 어떻게 나왔다, 심지어 환율까지 보도하던데 다른 것을 안 했다고요? 금방 불 걸 왜 거짓말을 하세요?

○**증인 이은우** 위원님, 지금 우리 지교철 선생님께서 담당하는 게 하단 스크롤입니다. 그래서……

○**민형배 위원** 계엄 해제 소식을 바로 안 내보내고 30분 뒤에 내보낸 이유가 뭡니까? 그러면서 계속해서, 아까 조계원 위원님 말씀하셨지만 계엄 발표하는 내용만 계속…… 다른 방송보다 한 열 배쯤 더 틀었어요. 알고 계셨잖아요?

○**증인 이은우** 저희가 계엄 해제 소식은 속보로……

○**민형배 위원** 30분 늦었다니까요. 다시 가서 봐 보세요. 다른 방송에서 다 보도를 하는데 KTV만 30분 늦게 했어요. 눈치본 건가요? 저게 사실인가 아닌가 확인한 건가요?

○**증인 이은우** 계엄 해제를 말씀하시는 건가요?

○**민형배 위원** 그렇습니다.

○**증인 이은우** 저희가 바로 했다고 저는 알고 있습니다.

○**민형배 위원** 안 했다니까요.

○**증인 이은우** 그러니까 방송은 다음날 아침에 했지요.

○**민형배 위원** 그다음에 담화 방송을 반복 송출해서 계엄을 미화했어요. 이것은 내란 선전한 거예요. 선동한 거예요. 이미 해제가 됐는데……

○**증인 이은우** 해제가 된……

○**민형배 위원** 그런데 지금 아니라고 계속 그러고 계시고.

더 중요한 것, 왜 환율도 하고 언론사·외신 보도도 하면서 시민들이 계엄 반대하는 목소리……

한번 올려 보세요.

다른 방송은 다 계엄 반대한다는 목소리 하고 있는데 KTV만 안 하지요? 빼라 그러고, 저렇게.

○증인 이은우 저희가 저런 상황…… 이런 취재망이 없어서……

○민형배 위원 이은우 원장님, 지금 전에부터 계속 보니까 한국정책방송원 원장으로 전혀 부적합한 분이세요. 그리고 거기다가 거짓말까지 계속 하고 계세요. 지난번에도 그랬고 이번에도 그러고 계세요. 제가 사실 옆에 조계원 위원님 질의할 때 당장 그만두라고 여기까지 소리 지르고 싶었는데 참은 거예요. 왜 거짓말을 계속 하세요?

세 가지 특별한 점이 있었어요. 시민들의 계엄 반대 목소리를 보도하지 않았다, 계엄 해제 가결 소식을 다른 데보다 30분 늦게 보도했다, 담화 방송을 반복적으로 송출해서 계엄을 미화했다, 제가 지금 말씀드린 셋 중에 아닌 것 있으면 말씀해 보세요. KTV가 존재해야 될 이유가 없다고 지금 딱 결론이 나는 거예요.

정책만 하시든지, 환율도 보도하고 외신 보도도 하고 언론사가 어쩌고 경찰청장이 어쩌고까지 다 하는데 왜 시민들 목소리는 안 전해요? 정책이에요, 이런 것 제가 지금 말씀드린 것들이?

그리고 방송국을 계엄 해제 국무회의에서 공표도 안 했는데 왜 나가셨지요? 어디 가신 거예요? 새벽 3시 반께 나가셨잖아요.

○증인 이은우 제가 숙소와 가까워서 숙소에서 모니터를 하고 있었습니다.

○민형배 위원 그런 자세로 일을 합니까? 비상계엄이 진행 중이고 정부에서 아직 계엄 해제 발표도 안 했는데?

숙소 가서 쉬러 가신 거예요?

○증인 이은우 아닙니다. 숙소 가서 계속 모니터를 했지요. 하고……

○민형배 위원 직원들은 현장에 두고 책임자는 집에 가서 쉬고?

○증인 이은우 아닙니다. 저희 직원들이 그렇게 많지 않기 때문에 일단 그날은 3시쯤, 제가 1시 35분에……

○민형배 위원 앞으로 가능하면 국회 오지 마세요, 그런 태도로 하시려면. 너무하시잖아요!

장관님, 조치하십시오. 감사해야 됩니다. 지금 여러 분들이 KTV 지적을 했는데요, 이번 상황 관련해서 조치를 꼭 해 주셔야 됩니다.

전두환의 탱크는 5월 광주시민들의 주먹밥 나눔 문화 짓밟지 못했고요. 박근혜 독선도 광화문 광장에 나온 시민들 촛불 끄지 못했습니다.

우리 시민들 속에는 80년 5월부터 이어진 민주주의의 DNA가 있습니다. 주먹밥이 국회 앞의 강추위에 몸을 녹이는 선결제 커피로, 임을 위한 행진곡이 응원봉을 든 소녀시대의 다시 만난 세계로 이어지고 있거든요. 그것 잠깐만 보시겠습니다.

(영상자료 상영)

저것 여러 번 보셨지요? 장관님, 여러 번 보셨지요?

○증인 유인촌 예.

○**민형배 위원** 이즈음 되면 이런 상황이 벌어질 때 문화부는 어떤 역할을 해야 되는가, 국가의 이런 시민들의 의사에 반하는 권력자들의 탐욕이 엉뚱한 방향으로 전개될 때 그리고 시민들이 저렇게 자신들의 목소리를 문화적인 방식으로 표출하고 있을 때 이럴 때 문화부, 특히 정부 대변인을 맡고 있는 문화부는 어떤 역할을 하는 게 바람직한지 또 이번에 뭐가 아쉬웠는지 이것으로 마무리 말씀 좀 해 주시지요.

○**증인 유인촌** 일단 국민들이 생각하는 것들, 행동하는 것들 또 부족한 것들 이런 것들을 문화적인 방식으로 위로도 할 수 있어야 하고 해소도 시켜 줘야 할 수 있어야 하는데 그런 부분이 좀 부족하지 않았나 싶고 그런 역할을 중요하게 해야 한다 이렇게 생각하고 있습니다.

○**위원장 전재수** 박수현 위원님 질의해 주시기 바랍니다.

○**박수현 위원** 장관님, 오전에 제가 질의했던 '국민께 드리는 호소문', 저는 다시 한번 말씀드리지만 이것은 장관이 의도했든 안 했든 간에 결과적으로 내용은 비상계엄 옹호문이다 이렇게 규정을 합니다.

　윤석열이 비상계엄을 했던 이유 중 하나로 이야기한 야당에 의한 예산 삭감에 대해서 질문해 보겠습니다.

　문체부가 제출했던 예산액 중에서 국회 심사 과정을 통해서 삭감된 금액이 어느 정도입니까?

○**증인 유인촌** 저희들 경우는 그렇게 크지 않습니다.

○**박수현 위원** 528억 정도 됩니다. 전체 7조 1214억 중에서 문체부 528억 삭감이 됐는데 이 정도 삭감이 된 것을 가지고 문체부가 내년에 일을 할 수가 없는 그런 상황에 빠집니까?

○**증인 유인촌** 아니, 문체부의 경우에는 그렇지 않습니다.

○**박수현 위원** 그렇지 않지요?

○**증인 유인촌** 예.

○**박수현 위원** 그러므로 장관께서 정부 대변인으로 비상계엄을 옹호하는 글을 읽으셨는데 그것은 모순입니다. 윤석열이 이야기했던 계엄의 이유, 예산 삭감 이 문제에 대해서 전혀 상반된 입장으로 지금 말씀을 하고 계신 것이고요.

　문체부 역시 내년도에 업무를 수행하는 데 전혀 지장이 없을 정도의 삭감액이었고 또 이것은 협상이 진행 중이었기 때문에 다시 증액을 통해서 얼마든지 이것은 삭감액을 또 복구할 수 있는 그런 상황이었는데 정부 여당이 증액 협상에 전혀 응하지를 않고 있었습니다. 제가 예결위원이기 때문에 분명히 말씀드립니다.

　그래서 저는 윤석열이 왜 이렇게 예산 삭감으로, 야당 탓으로 돌렸을까라고 하는 것…… 지금 국민들께서는 야당이 예산을 삭감해서 윤석열 정부가 일을 못 하게 했기 때문에 비상계엄을 일으켰고 그것이 그럴 만도 하다라고 이야기하는 사람들이 많이 있어요, 그런 분들도.

　도대체, 이렇게 국민들에게 잘못된 정보를 입력해서는 안 된다라는 말씀으로 제가 그 예산 부분에 대해서만 바로잡아 보려고 합니다.

　내년도 국가 예산 전체가 677조 규모인데 이 중에 만약 윤석열의 말대로 정부가 일을 못 할 정도로 야당이 삭감했다면 이 중에 적어도 한 200조 정도는 삭감을 했어야 되겠지요.

그런데 677조 중에 야당은 겨우 4.1조 원밖에 삭감하지 않았습니다. 또 지난 5년간 연평균, 국회 심사 과정에서의 국가 예산 삭감 평균은 5.8조 원입니다. 그 5.8조 원과 4.1조, 도대체 어디에서 이 예산 삭감 때문에 일을 못 해 먹겠어서 비상계엄을 선포했다는 것인지 도대체 이해를 할 수가 없어요.

그리고 사업별 예산을 한번 살펴볼게요.

예비비 이야기를 했습니다. 이전의 예비비는 평균 3조 원 수준이었어요. 작년도 예비비 집행액이 1조 3000억으로 집행률 29%에 불과했습니다. 금년도 집행액이 6000억으로 10월 말 기준 집행률 14.3% 수준에 불과해요.

그런데 평균 이렇게 쓰고 있는데 내년도 예비비를 갑자기 4조 8000억 원을 편성해서 요구를 했어요. 뜬금없이 과하지 않습니까?

그럼에도 불구하고 국회는 그중에 절반만 깎았습니다, 2조 4000억. 그러니까 2조 4000억을 편성해 줬어요. 이 2조 4000억은 지금 말씀드렸듯이 작년도 집행액 1조 3000억, 올해 6000억에 비해서 엄청나게 많은 숫자입니다. 그런데도 예비비를 깎아서 비상계엄을 할 수밖에 없었다, 도대체 이런 거짓말이 어디 있습니까?

그다음에 국고채 이자비용을 근거 없이 깎았다고 이야기를 했어요. 현실을 모르는 소리입니다.

내년 발행 예정인 국고채의 평균 조달금리를 최근 시장금리 실적치를 감안해서 3%—정부는 3.4%였습니다만—현실화하면서 5000억 원 정도를 삭감한 것입니다. 더군다나 내년에 두세 차례의 기준금리 인하가 예상되기 때문에 국고채 이자가 부족해질 일은 전혀 발생하지 않을 것입니다. 이것도 거짓말입니다.

두 번째, 그다음에 민생경제 사업 예산을 대폭 삭감했다고 주장하는데 이 또한 완벽한 거짓말입니다.

주장한 예산을 살펴볼까요?

청년도약계좌 260억 원 삭감했습니다. 그런데 이 삭감 이유는 최근 2년간 실집행률이 저조했고 예상 실적에 대한 과다 추계로 불용이 예상되기 때문에 깎은 것입니다.

그런데 이 삭감을 야당이 혼자 했냐? 전혀 그렇지 않습니다.

이 사업 수요에 대한 과다 추계, 행정절차 미비 등의 이유로 해당 상임위에서 여야가 삭감을 합의한 것을 예결위가 그대로 받아들인 것입니다. 여야가 합의 삭감한 것입니다. 어떻게 야당이 단독으로 삭감했다는 거짓말을 할 수가 있는가요?

청년 일경험 지원 46억 원 삭감인데 이것은 타 사업과 중복이 되고 과도한 해외 인턴형 지원이 2배로 증가했기 때문에 이 역시 여야 합의로 삭감한 것입니다.

아이돌봄 지원, 무슨 이런 것들을 깎냐고 야당을 맹비난한 것인데요. 384억 원 삭감 맞습니다. 그런데 이것을 따져 보니 아이돌보미 인력 부족으로 예산집행에 차질이 우려되기 때문에 여야가 합의해서 삭감한 것입니다.

더 있지만 더 드리지 않겠습니다.

다음에 대통령비서실·검찰청·감사원 등의 특활비와 특경비를 모두 삭감했기 때문에 못 해 먹겠다, 그래서 비상계엄을 했다 이렇게 이야기를 하는 것입니다.

그런데 야당은 이 특활비와 특경비에 대해서 분명하게 소명자료를 낼 수 있는 것은 내라라고 요구를 했어요. 그런데 하나도 내지를 않았습니다. 그래서 삭감된 채로 협상에 들어간 것이에요. 삭감이 완료된 것도 아닙니다, 협상이 남아 있었기 때문에.

그 소명자료를 냈던, 필요성과 집행내역을 소명한 대통령경호처와 국세청의 특수활동비와 특정업무경비는 전혀 삭감하지 않았어요. 어떻게 이렇게 거짓말을 합니까?

그리고 마지막으로 하나만 더 드리겠습니다.

윤석열이 원전 생태계 지원 예산을 삭감하고 체코 원전 수출 지원 예산은 무려 90%를 깎아 버렸다 이렇게 직접 이야기를 했어요.

그런데 산자위에서 국회의원이 질문합니다, 안덕근 산업부장관에게. '이 말이 사실이냐?' 그러니까 장관이 뭐라고 답변한지 아십니까? '사실이 아닙니다'라고 이렇게 답변했습니다. '한 푼도 깎은 것이 없지요?' 이렇게 물었어요. '맞습니다' 이렇게 답변했어요, 장관이.

누가 대통령에게 거짓말을 하도록 이런 거짓 정보를 입력해서 비상계엄까지 이르게 했는지, 저는 유인촌 장관도 국무위원의 한 사람이기 때문에 정말 이런 것 책임져야 된다고 생각해요.

오늘 제가 정말 비상계엄의 원인이라고 얘기했던 예산 삭감에 대해서 국민들께서 전혀, 거짓말을 믿고 계신 것이기 때문에 이 국회방송을 통해서 바로잡고 또 문체부도 방금 말씀하셨듯이 7조 1000억 원의 예산 중에 겨우 528억 삭감된 상태이고 증액 협상이 남아 있는 과정이기 때문에 정부가 일을 하는 데 전혀 지장이 없다라고 하는 것을 다시 한번 전체적으로 말씀을 드리고 그런 어떤 거짓된 정보, 자료에 의해서 비상계엄을 했고 또 비상계엄을 해 놓고도 그런 말로 국민에게 거짓말하는 것 안 된다라는 말씀을 분명하게 드립니다.

○위원장 전재수 수고하셨습니다.

다음은 김재원 위원님 질의해 주시기 바랍니다.

○김재원 위원 유현석 한국콘텐츠진흥원 부원장, 원장 직무대행 나와 주십시오.

안 보여서 저쪽으로 좀 나와 주십시오.

12·3 내란 사태 당시에 어디에 있었습니까? 어떻게 알았습니까?

○증인 유현석 서울에 있었습니다.

○김재원 위원 내란 사태 사전에 인지하거나 용산 대통령실하고 소통한 적 있습니까?

○증인 유현석 전혀 없었습니다.

○김재원 위원 12·3 내란 사태 다음 날, 4일 날은 어디 있었습니까?

○증인 유현석 서울에 있었습니다.

○김재원 위원 PPT 주십시오.

(영상자료를 보며)

12월 3일과 4일 대행의 출장 내역입니다. 3일 날 일찍 잠들었어도 워낙 큰 비상사태라서 내란 상황, 그 당시에 전 국민이 다 알고 있던 때였습니다. 또한 비상계엄이 새벽에 해제됐는데 4일 날 모든 일정 취소하고 본원으로 내려갔어야 되는 것 아닙니까? 서울 출장 계속한다는 게 말이 됩니까? 해외에 출장 중이던 기관장들도 부랴부랴 돌아왔습니다.

기관 자체에서 운영하는 운영위 점검 회의, 업무 회의 이런 게 더 중요합니까? 본 위원은 전혀 이해가 안 되고 있습니다. 원장이 공석이라고 임원이라고 부원장만 있는 상황에서 본원 누가 지킵니까?

○증인 유현석 그 부분은 잠깐 말씀드려도 될까요?

○김재원 위원 아니요.

지난번 국감에 나주 본원 근무 등한시한다고 본 위원이 지적했습니다. 징벌성으로 내년도 예산의 여비 등이 대폭 감액됐다는 사실 벌써 잊었습니까?

○증인 유현석 알고 있습니다.

○김재원 위원 다음 PPT 주십시오.

10월 국감에서 지적받고도 유현석 대행의 출장은 계속됐습니다. 본 위원이 볼 때는 출장 중독입니다. 11월 한 달간 나주 본원 근무가 딱 또 이틀입니다.

유현석 대행, 국감장에서 앞으로 주의하겠다고 했었잖아요.

○증인 유현석 위원님 한 말씀만 드리겠습니다.

저희가 서울 근무라는 게 서울 분원 근무입니다. 스마트워크 근무고요. 거기서 정상적으로 결재하고 회의하고 다 하고 있습니다.

○김재원 위원 기관장이 무슨 비상사태가 발생을 하면 본진을 지켜야지요. 성 버리고 다른 데 가 갖고 출장료…… 그런 데 가 있는 게 말이 됩니까?

○증인 유현석 계엄 해제가 된 상황으로 알고 있었기 때문에 협의를 통해서, 그다음 날 제가 당연직 위원장으로 주재하는 회의가 있어서 부득이 그렇게 됐었습니다.

○김재원 위원 맨날 그렇게 핑계 대시잖아요.

하나 더 묻겠습니다.

지난번 국감에서 지적했듯이 유현석 대행, 피의자 윤석열의 대선캠프에서 홍보 총괄했었고 이른바 김건희 라인이라고 알려져 있습니다.

○증인 유현석 그것은 아니라고 제가 답변……

○김재원 위원 이번 12·3 윤석열 내란에 대해서 대행 어떻게 생각합니까? 어떻게 생각합니까?

윤석열 대선캠프에서 홍보 총괄했잖아요?

○증인 유현석 예, 경선 때 했었습니다.

○김재원 위원 김건희 라인 아닙니까?

○증인 유현석 절대 아닙니다.

○김재원 위원 사람들이 그렇게 얘기하고 있습니다.

○증인 유현석 그때 제가 분명히 말씀드렸지만 저는……

○김재원 위원 내란에 대해서 어떻게 생각합니까? 비상계엄 잘한 일입니까?

○증인 유현석 개인적으로는 저도 국민의 한 사람으로 같은 생각 가지고 있습니다.

○김재원 위원 어떻게 같은 생각이요?

○증인 유현석 국무위원님들도 다 말씀하셨지만 계엄 상황에 대해서는 저도 의아하게 생각을 했었습니다.

○김재원 위원 의아하게 생각하는 게 아니라 잘못한 일이라고 왜 똑바로 얘기를 못 합니까?

윤석열 내란죄 맞다고 생각합니까?

○**증인 유현석** 그 부분은 저도 아까 장관님이랑 같은 의견입니다.

○**김재원 위원** 그것도 얘기 못 하겠습니까? 그런데 어디 한 사람의 국민이라고 운운하고 지금 얘기를 하는 것입니까?

○**증인 유현석** 저도 한 사람의 국민입니다.

○**김재원 위원** 그런데 내란이 아니라고요?

이제 임기 끝났지요?

○**증인 유현석** 임기 끝났고요.

○**김재원 위원** 빨리 사퇴하십시오.

경제가 매우 힘듭니다 그나마 콘텐츠 파트는 노력하면, 힘들여서 하면 수출 유지할 수 있습니다. 그런데 대행같이 본진 외면하는 사람에게 콘텐츠진흥원 맡길 수가 없겠습니다. 한국관광공사도 경영본부장이 대행하고 있습니다. 제대로 근무조차 하지 않고 서울 출장만 다니고 있는 유현석 대행 근무할 이유 없습니다. 비상계엄 선포되고 해제되어서 대통령 탄핵이라는 급박한 상황 속에서도 그랬습니다. 변명의 여지가 없습니다.

장관, 복무 기강이 엉망입니다. 유현석 대행이 계속 대행 수행해야 됩니까? 군이 그럴 필요가 있겠습니까? 하루빨리 유현석 대행 임기 종료되도록 조치해 주십시오.

이상입니다.

이어서 하겠습니다. 들어가 주십시오.

장관, 12·3 내란 사태가 시작된 윤석열 비상계엄 발표에 수어통역이 없었습니다. 알고 계십니까?

○**증인 유인촌** 예.

○**김재원 위원** 비상계엄의 부적절성은 차치를 하고서라도 그 자체로 비상 발표 상황에서 수어통역이 필요 없다고 보십니까?

○**증인 유인촌** 당연히 있어야 되겠지요. 아마 좀 그런 방법을 좀 바꿔야 될 것 같습니다.

○**김재원 위원** 방법이 아니라 수어 제공돼야지요. 비상계엄 발표 당시에 뉴스 특보 편성한 지상파 3사, 종합편성채널 4사 중에 KBS를 제외한 대부분의 방송사에서는 수어통역이 없었습니다. 심지어 계엄 발표 미리 알고 준비한 KTV 방송에서도 수어통역 없었습니다.

그 결과 43만 명의 청각장애인들은 국가 비상 사태인 계엄령에 대해서 내용을 정확하게 파악할 수 없었습니다. 한 줄짜리 자막 제공됐어요. 그것 못 봤으면 지금 상황이 무슨 상황인지 전혀 알 수가 없는 상황 아닙니까? 수어를 보완하는 정도밖에 안 되는데 그것도 자막 지나가 버리면 모르는 것 아닙니까? 결국 비상계엄 상황에서 청각장애인들의 정보 접근권 보장이 전혀 안 됐다는 얘기입니다.

문체부 소관 법률인 한국수화언어법 위반한 것입니다. 한국수화언어법은 청각장애인이 한국수어를 통하여 필요한 정보를 제공받을 권리를 명확히 명시하고 있습니다. 그런데 내란에 부역하기 위해 6시부터 방송 준비한 KTV 역시 수어를 고려하지 않았습니다. KTV가 국민은 아랑곳하지 않고 불법 계엄에 동조하고 내란에 부역하기에 급급했다 이런 것들을 보여 주는 증거 또 하나 발견된 것입니다. KTV가 수어 같은 건 신경도 안 쓰면서 하다 하다 못 해 내란수괴 나팔수, 정권의 주둥이가 된 것입니까?

5·18 민주화운동 당시에 말귀를 알아듣지 못했다는 이유로 계엄군에게 구타를 당해서 사망한 농인 김경철 씨 비극이 있었습니다. 정보 접근이 농인들한테는 단순한 불편을 넘어서 생명의 위협으로까지 올 수 있는 일입니다. 국가 비상 상황에서 정보 접근권 보장되지 않는다면 장애인의 생명과 안전이 직접적으로 위협받을 수 있는데 이번 내란 과정에서 확인했습니다.

 장관, 해당 법률 소관한 장관으로서 개선해야 할 문제라고 생각을 하십니까?

○증인 유인촌 그렇습니다.

○김재원 위원 장애인 권리가 침해되는 일이 반복되지 않도록 개선 방안 마련해서 본 위원한테 보고해 주십시오.

 마지막으로 장관께 한 말씀만 더 드리겠습니다. 많은 국민이 그래도 장관은, 장관의 태도와 몸짓에서 지금 방송 보시면서 반성의 몸짓이 보인다라고 생각하고 계실 때 역시 국민의 한 사람으로서 당당하고 정의롭게 마지막 모습이 아름답도록 양심의 소리를 고하고 떠나십시오. 그것이 어릴 적 전원일기를 보면서 자란 팬이기도 한 저의 그리고 문화예술인으로서 마지막으로 드릴 수 있는 제 고언입니다.

 이상입니다.

○증인 유인촌 알겠습니다.

○위원장 전재수 수고하셨습니다.

 다음은 양문석 위원님 질의해 주시기 바랍니다.

○양문석 위원 용호성 차관.

○증인 용호성 예.

○양문석 위원 앞서 말씀드렸던 계엄사령부 포고령 2호, 3호 여기에 대해서 검토한 적이 있나요?

○증인 용호성 검토라 그러셨나요?

○양문석 위원 예.

○증인 용호성 당일날 뉴스……

○양문석 위원 포고령 2호, 3호 '자유민주주의 체제를 부정하거나 전복을 기도하는 일체의 행위를 금하고 가짜뉴스, 여론조작, 허위선동을 금한다. 3, 모든 언론과 출판은 계엄사의 통제를 받는다' 이 부분에 대해서 계엄령 해제 이후에 문체부의 기본적인 입장을 정리하고 검토한 적이 있나요?

○증인 용호성 부처 차원의 입장을 정리한 적은 없습니다.

○양문석 위원 앞서 말씀드렸던 것처럼 헌법 제21조 1항 '모든 국민은 언론·출판의 자유와 집회·결사의 자유를 가진다' 기본권이지요?

○증인 용호성 예.

○양문석 위원 그리고 언론·출판의 자유와 관련돼서 이 헌법의 의미를 지키고 수호하고 확장해야 되는 게 문체부의 기본적인 역할이지요?

○증인 용호성 예.

○양문석 위원 헌법의 권한을 국민들이 침해 당할 수 있었고, 당했고 했는데 주무 담당 부처로서 검토조차 안 했다고요? 그리고 여기에 대한 최소한의 기본적인 입장도 발표를 안 했다고요?

○**증인 용호성** 문제 의식은 느끼고 있었지만 현재 사법절차 관련된 부분들이 진행이 되고 있기 때문에 그 부분의 결론이 나기를 기다리고 있었습니다.

○**양문석 위원** 사법절차, 앞서 제가 말씀드렸지요? 계엄령 관련해 가지고, 계엄령 제9 조 군사상 필요할 때만 언론·출판의 자유, 결사의 자유를 제한할 수 있지요?

○**증인 용호성** 예.

○**양문석 위원** 그러면 명백하게 위법이지요, 위헌이지요?

○**증인 용호성** 문제가 있다고 인식은 하고 있었지만……

○**양문석 위원** 왜요?

○**증인 용호성** 법적인 판단을 제가 최종적으로 낼 수는 없기 때문에……

○**양문석 위원** 왜요? 법적인 판단, 재판부만 하는 거 아니지요. 기본 상식과 원칙이 있고 최소한의 법률적 근거를 제시할 때 잘못됐다 이야기할 수 있는 거잖아요.

자신의 직무를 유기한 차관, 군사상 필요할 때만 언론·출판의 자유를 제한할 수 있어요. 그게 계엄법 제9조의 기본적인 내용입니다. 그런데 군사상이라는 이야기 없지요? '모든 언론과 출판은 계엄사의 통제를 받는다' 이 포고령 제3호가 명백하게 위헌이고 위법이에요. 그러면 이 부분에 대해서 최소한 문화부가 계엄사령관과 국방부를 고소해야지요. 위헌·위법 아닙니까? 재판부 판단 받아 봐야 됩니까? 뚜렷이 '모든 언론과 출판은 계엄사의 통제를 받는다' 이게 12월 3일 밤 11시 반에 나왔던 계엄군의 포고령입니다.

문화부를 비판하는 여러 가지 이유 중의 하나가 바로 이런 영역이에요. 언론 자유가 침해받는데 여기에 대해서 아무런 조처도 검토도 안 하고 구경만 하고 있는 문화부가 왜 필요해요! 언론과 출판의 자유를 지켜야 되는 문화부 아니에요? 그거 하라고 여러분들한테 국민들이 세금으로 월급 주는 것 아니에요? 여러분들한테 그렇게 하라고 권한 주는 것 아니에요? 그런데 검토도 안 해! 이게 재판부가 결정해야 되는 내용이에요?

황성운 실장, 검토할 생각도 안 했어요? 장관·차관이 시키지 않으면 검토 안 해요?

기조실장!

○**증인 황성운** 예.

○**양문석 위원** 그 자리에 왜 있어요! 문화체육부 앞으로 언론 관계 다 업무분장에서 떼 내야 되나요? 능력 없으면 하지 마세요! 왜 검토 안 했어요? 포고령 2호, 3호 왜 검토 안 했냐고요!

앉으세요.

말하기 싫다 이거지요.

국민소통실장 유병채! 담당 국장이지요?

○**증인 유병채** 예?

○**양문석 위원** 담당 국장이지요? 이것 검토 누가 해야 돼요? 언론 자유가 침해받고 출판 자유가 억압받는, 심지어 불법적으로 억압받는 이 부분, 문화부 누가 검토해야 돼요? 누가 담당 국장이에요? 유병채 국장 아니에요?

○**증인 유병채** 미디어국이 소관은 있습니다마는 어쨌든 전체적으로……

○**양문석 위원** 왜 검토 안 했어요?

국장, 실장, 차관! 당신들이 장관을 제대로 보좌하려고 하면 이런 불법적인 행위에 대해서 문화부가 먼저 고소·고발해야 되는 것 아니에요? 대통령을 고소하고 경찰관을 고소하고 국방부를 고소해야 되는 것 아니에요? 헌법적 가치를 당신들이 지켜야 되는데 그 헌법적 가치를 깡그리 군홧발로 무시한 대통령과 계엄사령관, 국방부에 대해서 당신들은 한마디도 안 했단 말이에요!

내란 동조예요! 당신들 지금 내란 동조하는 거예요. 내란 폭동 동조하는 문화부 국장, 실장, 차관, 장관! 존재 이유가 없어요. 정말 위험하고 필요할 때 정부가 있어 줘야 되는데 국민들이 고통받고 힘들어할 때 항상 정부는 없었어요, 이 정권 들어와서. 그리고 당신들은 거기에 동조했던 내란 공범이고 내란 동조자의……

위원장님, 상임위 이름으로 저 네 명을 고발해야 된다고 생각을 합니다.

이상입니다.

○위원장 전재수 다음은 강유정 위원님 질의해 주시기 바랍니다.

○강유정 위원 저는 오늘 아주, 사실은 깊은 분노와 놀라움을 경험하고 있는데요.

잘 아시겠지만 한나 아렌트의 악의 평범성이라는 용어 아시지요? 배너리티 오브 에빌(banality of evil)인데 이게 다른 게 아니라, 평범하다는 게 아니라 다들 직무적 순응성, 소극적 동조를 표현하는 말입니다. 그게 악이라는 겁니다. 이 자리에서 어쩔 수 없었습니다가 악이라는 게 악의 평범성의 주제입니다.

형법 87조를 보면 부화수행이라는 표현이 등장합니다. '줏대 없이 다른 사람의 주장에만 따라서 그가 하는 것을 따라 행동함' 이게 부화수행이고 형법 87조 내란에 포함되어 있습니다. 부역이라는 표현이 있습니다. 이것은 조금 더 적극적인 거겠지요. 일에 동조하거나 가담하는 겁니다. 형법 90조에 선전이라는 용어가 있습니다. 많은 사람이 알고 이해하도록 잘 설명해서 널리 알리는 일이 선전이 됩니다.

유인촌 장관님께 먼저 묻겠습니다.

10일 정부 대변인 자격으로 '국민께 드리는 말씀' 발표하셨을 때 사실상 이게 선전 행위에 포함될 수 있다라는 것 지금은 아시겠지요? 이해를 하도록 하는 건데 제가 하나만 더, 장관 대답 듣기 전에 여쭙겠습니다.

그날 정부 대변인 자격으로 발표하는 내용에 대해서 수정을 건의하거나 혹은 하지 않기를 건의한 지금 여기 나와 계신, 출석한 공무직 여러분 중에 누가 혹시 있습니까, 차관을 비롯해서?

○증인 유인촌 제가 알기로는 아마 문안이 작성돼서 내려온 것을……

○강유정 위원 작정돼서 내려온 것을 읽는……

○증인 유인촌 그러니까 조금 더 순하게, 아마 순화시켜서 좀 수정을 한 것으로 알고 있습니다.

○강유정 위원 그러면 단순히 선전 임무만 한 것이 아니라 부화수행 이상의 부역을 했다는 말로 들립니다. 왜냐하면 4·19 이후에 '국민에게 드리는 감사문'이라는 문서 있는 것 아십니까?

○증인 유인촌 잘 모르겠습니다.

○강유정 위원 모르시면 안 되지요. 4·19 혁명의 정신을 이어받는다는 건 우리나라 헌법에도 돼 있는데 이 '국민께 드리는 말씀'을 최소한 어제 국회 앞에 가셔서 위협을 무릅쓰고 국회의 계엄 해제 의결을 만들어 주신 국민에게 감사합니다 정도로만 썼었더라도, 그 정도의 인지와 품격이 있었더라도 장관 지금 이렇게 혹독한 상황 속에서 이러지도 저

러지도 못 하는 표정을 짓고 계시는 않았을 것 같아요.

이것은 정부 대변인이 아니라 내란수괴 윤석열 대변인 역할을 하셨던 거예요. 거기에는 윤석열 담화문 내용을 반복하고 있고 반성적으로 이 부분에 대해서 차라리 이 부분과 거리를 떼고 '국민에게 감사합니다'라고만 하셨어도 이렇게까지 적극적인 행위로 보이지는 않았을 겁니다. 그런데 그 부분에 대해서 다시 여쭙겠습니다.

지금 이 탄핵소추 과정을 오히려 예로 들면서 대통령이, 대통령이 될 때 나는 헌법을 준수하고 국가를 보위하며 조국의 평화적 통일과 자유와 이런 선언을 하고 대통령이 됐는데 그날 계엄령이 선포된 것은 올바르지 않다고 대답했습니다. 맞습니까?

○**증인 유인촌** 예.

○**강유정 위원** 그런데도 내란이 아니고 그 자체에 대해서 아직도 아무 말씀을 못 하겠다라는 그 태도는, 그 불일치를 제가 이해를 못 하겠습니다.

○**증인 유인촌** 그것을 제 판단으로 말씀드리기는 어렵다는 것입니다.

○**강유정 위원** 왜요? 직무적 수행성 때문에요? 이 내란이라는 것을 제가 지금 여러 번 말씀드리고 있지만, 그러면 제가 다시 묻겠습니다.

대통령이 당신이 선언한 대로, 윤석열이 헌법을 준수하고 국가를 보위하며 국민을 보호했습니까? 그날은 국민을 보호하지 않았던 거예요. 그 부분에 대해서 반헌법적인 건 인정하십니까? 내란까지 안 가고 반헌법적인 행위라는 건……

○**증인 유인촌** 글쎄요, 저는 이번 계엄에 대한 내용을 전혀 알고 있지 못하기 때문에 뭐라 말씀드릴 수가 없습니다.

○**강유정 위원** 계엄의 현상, 지금도 영상으로 남아 있잖아요. 그 영상 속에 시민에게 장갑차가 오고 총부리를 들이미는 그 상황 자체가 반헌법적이라고 생각하느냐고 물었습니다, 내란죄가 아니라 반헌법적이라고 생각하시냐고. 계엄은 나쁜데 반헌법은……

○**증인 유인촌** 계엄 자체가 잘못된 거지요.

○**강유정 위원** 잘못이 아니라 반헌법이냐고 물었습니다.

○**증인 유인촌** 글쎄요, 잘 모르겠습니다.

○**강유정 위원** 계엄은 잘못됐지만 반헌법은 아니다라고 말씀하시는 여러 분들이 있었기 때문에 그날 실제 군대가 움직이는 비극이 일어난 겁니다. 정말 아주 답답하고요.

김대진 총장에게 그냥 단도직입으로 묻겠습니다.

왜 학생들을 거리에 나가게 했습니까?

○**한국예술종합학교총장 김대진** 당시에 저로서는 학생의 안전이 제일 우선이었고요. 두 가지 길이 있었습니다. 학교를 벗어나서 귀가시키는 방법 또는 학교에 남아 있게 하는 방법 이 두 가지 중에서 한 치 앞을 바라볼 수 없는 정말 당황스러운 상황에서 어떤 결정을 내려야 될지가 굉장히 힘들었고요. 그런데 우리 관리 감독 기관에서 학생들의 안전을 위하여 귀가하는 게 좋겠다고 하니 그것을 거부하는 것보다는 수용하는 편이 차라리 덜 위험하지 않겠나라는 단순히 학생 안전 차원에서의 접근이었습니다.

○**강유정 위원** 관리 감독 기관의 말을 따르는 것이 누구의 안전을 지키는 겁니까? 진짜 학생들의 안전을 지키는…… 밤 11시 계엄사령부가 첫 번째 포고령을 이미 발표했고, 요즘에 학생들은 모두 다 자신의 개인 핸드폰을 가지고 있기 때문에 헬기, 장갑차, 무장한 군인들을 그 시간에 보고 있었습니다.

○**한국예술종합학교총장 김대진** 그것에 대한 판단은 정말 하기 어려웠고요.

○**강유정 위원** 하기 어려웠다면 직무적 순응성으로서의 이 포고령 발표나 출입 통제 지시문을 따르는 게 아니라, 저는 총장이라는 관리자가 아니라 학생을 가르치는 선생으로서 묻고 있는 겁니다.

○**한국예술종합학교총장 김대진** 그 점에 대해서……

○**강유정 위원** 차라리 교문 안에서 내가 지켜 주겠다라고 했던 게 훨씬 더 학생들에게 안전하지 않았을까요? 학교는 매우 익숙한 공간이고 그 안에서 야간 작업도 있고, 저도 한예종 강사 해서 압니다.

○**한국예술종합학교총장 김대진** 예, 압니다.

○**강유정 위원** 학교라는 공간이 굉장히 익숙합니다. 그런데 거기를 나가고, 바로 교문을 걸어 나갔다라는 얘기를 들었습니다. 이게 어떻게 학생들의 안전을 위한 것이다…… 학생들이 이 시간에, 그때 당시는 계엄 중이었어요. 계엄 중에 거리로 내모는 게…… 혹시나 지금 여기 와 계신 분들이 내란이다 아니다 말을 못 하는 게 누구를 겁내는 겁니까? 마찬가지로 누구를 겁내서 이 포고령 내용에 따라서 출입 통제 지시문을 받았을 때 누구의 안전을 고민하셨는지, 진짜 학생의 안전이었는지 아니면 총장 자신의 안위를 위해서였는지 보시는 분이 판단하십니다.

○**한국예술종합학교총장 김대진** 아니요. 전혀 그런 것은……

○**강유정 위원** 포고령이 11시에 됐고 새벽 4시 26분에 대통령이, 윤석열이 해제를 의결할 거라고 그랬어요, 그것도 해제하겠다도 아니고 해제할 것이다, 국무위원들이 덜 왔다. 그러니까 어쩌면 학생들이 길거리에서 11시부터 4시간 반 동안 어떻게 될지 모르는 상황에서 공포에 떨었을 게 걱정도 안 되셨습니까?

○**한국예술종합학교총장 김대진** 걱정 많이 됐습니다.

○**강유정 위원** 걱정이 됐는데 내보냈습니까?

○**한국예술종합학교총장 김대진** 예, 걱정 많이 됐는데, 다만 저로서는……

○**강유정 위원** 아니요. 더 이상 듣고 싶지 않고요, 들으시는 시민분들이 판단하실 것 같고.

제가 아까 말씀드렸지만 대국민 변명이라든가 대국민 정부 변론을 하기 전에 국민들에게, 학생들에게 사과하고 감사하는 입장 표명을 훨씬 더 먼저 했었어야 된다고 생각합니다.

듣지 않겠습니다.

○**위원장 전재수** 수고하셨습니다.

다음은 임오경 위원님 질의해 주시기 바랍니다.

○**임오경 위원** KTV가 김건희·윤석열 두 부부 방송사로 전락해 버린 이은우 원장에게 질의하겠습니다.

이은우 원장님, KTV가 역대 주관 방송사로 지정된 적이 있었나요?

○**증인 이은우** 주관 방송사요?

○**임오경 위원** 예.

○**증인 이은우** 어떤 주관 방송사를 말씀……

○**임오경 위원** 중계 주관 방송사로요.

○**증인 이은우** 중계의 키(key)사로 지정되는 경우는 많이 있습니다.

○**임오경 위원** 역대에 있었냐고 질의했습니다.

○**증인 이은우** 예, 금년에도 저희가……

○**임오경 위원** 역대, 지금 윤석열 정부 들어와서 말씀드리는 게 아니라 역대 있었냐고요.

○**증인 이은우** 그 전은 제가 잘 모르겠습니다.

○**임오경 위원** 장관님, 혹시 알고 계십니까?

○**증인 유인촌** 잘 모릅니다.

○**임오경 위원** 역대 없었습니다. 윤석열 정부 들어와서 '바이든-날리면' 사건 이후 처음입니다. 원장님 잘 인지하셔야 됩니다.

　질의하겠습니다.

　계엄 당일 대통령실은 KTV를 중계 주관 방송으로 지정하여 18시경 KTV에 중계 협조 요청을 했습니다. 이에 중계 담당 PD가 대통령실에 들어가서 방송을 준비했고 KTV는 21시 18분에 주요 언론사에게 중계를 예고했습니다. 맞습니까?

○**증인 이은우** 예, 맞습니다.

○**임오경 위원** 계엄 당일 KTV 관계자는 대통령실의 요청을 받아 브리핑룸으로 향했고 거기에서 최재혁 비서관을 마주쳤다고 인정한바 있습니다. 맞습니까?

○**증인 이은우** 그렇게 증언을 한 것으로 알고 있습니다.

○**임오경 위원** 최재혁이 대통령실 브리핑룸 자리에서 생방송을 준비했던 것을 보면 최재혁도 비상계엄 선포 여부를 사전에 인지했을 가능성이 높지요? 그렇지요, 원장님?

○**증인 이은우** 제가 말씀드리기는 뭐하지만……

○**임오경 위원** 높지요?

○**증인 이은우** 그 당시에 현장에 있던 PD는 끝까지 시간과 내용을 모르는 상태였다고 했습니다.

○**임오경 위원** 제가 묻는 말에만 답변해 주세요, 다른 쪽으로 흘러가지 마시고. 높겠지요.

　최재혁 비서관은 전 KTV 기획관이었던 만큼 본인이 장악하고 있는 KTV를 통해 계엄 발표를 중계하고자 했던 것입니다. 그렇게 국감장에서 몸이 아프다 해서 미꾸라지처럼 쏙쏙 빠져 다니면서 국회의원을 기망하고 국감장에 나오지 않는데 또 계엄 선포에 동조를 하면서, 지금 저희는 내란 동조범으로 말을 할 수밖에 없습니다.

　또 이은우 원장은 계엄 발표 사실을 사전에 몰랐다고 답하고 있습니다. 거짓말이거나 대통령실과 직원들로부터 패싱당했다고 볼 수도 있습니다. 그렇지 않습니까? 몰랐다고 하는 것은……

○**증인 이은우** 전혀 모르고 있었습니다.

○**임오경 위원** 몰랐다고 말씀하시면 대통령실에서 패싱당했다라고 볼 수 있습니다.

　장관님, KTV가 미리 알고 사전에 계엄 선포 방송과 뉴스특보 등을 준비했다면 이것은 분명 심각한 내란 동조 행위이며 이은우 원장은 중요 임무 종사자로 사형·무기 또는 5년 이상의 징역이나 금고형을 받을 수 있다고 보는데 어떻게 생각하십니까?

○**증인 유인촌** 제가 뒤늦게 보고받은 바로는 아마 그 촬영팀들이 계속 대기했다가 또

해제됐다가 대기했다가 이런 과정으로 알고 있습니다. 아마 사전에 알기는 어려웠을 거라고 생각합니다.

○**임오경 위원** KTV는 중계 담당 PD가 대통령실에 들어가서 9시 18분 주요 언론사에게 중계를 예고했고, 12월 3일 18시경에 KTV는 미리 다 알고 있었습니다, 그리고 그 현장에 직접 있었고.

○**증인 유인촌** 아마 내용은 몰랐을 겁니다.

○**임오경 위원** 그렇게 다들 답변하십니다.

○**증인 유인촌** 총리 이하 모든 국무위원들도 전혀 이런 것에 대한 사전 정보가 없었기 때문에……

○**임오경 위원** 그리고 앞서 김재원 위원님이 말씀을 잘 짚어 주셨는데 수어 통역 의무화, 법제화시킨 사람이 본 위원입니다. 저는 이 자리를 빌려서 43만 청각장애인께 방송사를 대신해서 제가 진심으로 사과 말씀을 드리고 다시 말씀 이어 가겠습니다.

국회의원 보좌진, 시민들이 목숨을 걸고 탱크로 밀고 들어오는 계엄군 진입을 막는 모습이 전 세계 및 국내 모든 채널에서 생중계되고 있을 때 이은우 원장님, KTV는 그 시간대에 어떤 중계를 하고 있었습니까?

○**증인 이은우** 저희가 국회 출입기자도 없는 상황이고 또 사회부 기자가 없습니다. 아까 말씀드렸지만 저희 기자가 총 20명 정도밖에 안 되고 그중에 공무원은 8명 정도밖에 안 됩니다. 그래서 그런 네트워킹이 없었기 때문에 저희는 스튜디오에서 계속 진행을 하고 있었습니다.

○**임오경 위원** 20명이나 되는데 긴급 상황에서, 계엄 선포까지 하는 현장에 계셨는데 현장으로 출동을 시키지 않았다라는 말씀을 지금 이 자리에서 그렇게 답변하십니까?

○**증인 이은우** 그런데 그게……

○**임오경 위원** 20명은 사람 아닙니까? 기자 아닙니까?

○**증인 이은우** 그런데 이제 대부분 출입처 위주로 배정이 돼 있습니다.

○**임오경 위원** 이렇게 답변하시면 왜 KTV가 존재해야 되는지, 여기를 왜 폐지시켜야 되는지 이유를 더 정확하게 답변으로 지금 해 주시고 있는 것 같아요. 존재 여부 자체가 필요하지 않다는 말씀을 다시 한번 드리고요.

국민방송 호칭이 부끄럽지도 않습니까? 제가 어떤 중계를 했느냐고 지금 물었는데 윤석열 계엄 선포만 앵무새처럼 반복적으로 하고 있었어요. 그리고 자막으로 내보내는 그 직원은 지금 어떻게 한다고요? 계약 해지를 통해서 다시 재공모한다고요? 지금 이게 말이라고 여기에서 답변하고 계십니까?

KTV는 국민방송인데 국민의 안위가 짓밟히는 모습은 왜 방송하지 않았을까요? 국민방송 호칭이 부끄럽지도 않습니까? 저는 이 호칭도, KTV 존재 자체도 있어서는 안 된다고 봅니다.

계엄군이 국회 유리창을 깨고 들어와서 헌정을 유린하는 망나니 같은 짓을 방송하지 않았던 것은 전형적인 내란 동조이자 부역자 같은 행위라고 저는 생각합니다.

이뿐만이 아니지요. 제가 또 보니까 KTV 10월 원장 지시로 북한 기습도발 시 생방송 제작안도 만든 것으로 드러나고 있고요. 즉 KTV는 국민방송이 아닌 국민을 위험에 빠트리는 전쟁 도발 방송, 내란 동조 방송으로 전락한 것입니다.

○증인 이은우 위원님, 말씀이 너무 심하십니다.

○**민형배 위원** 뭐라고!

○**임오경 위원** 제 말이 심하다는 답변을 그렇게 함부로 지금 답변하지 마십시오.

○증인 이은우 KTV에서 고생하는……

○**임오경 위원** KTV에서 한 행동을 한번 생각하시라고요.

○증인 이은우 KTV에서 고생하는 직원들이……

○**임오경 위원** 대통령이 계엄령 선포할 때 그 현장에 계셨던 분입니다. 그 현장에 있었던 방송사입니다. 지금 여기가 어디라고 그렇게 답변하십니까?

○**민형배 위원** 무슨 말이 심하다는 거예요!

○증인 이은우 저희 직원들이 그렇게……

○**임오경 위원** 직원들은 그렇게……

○**이기헌 위원** 직원들 고생하셨는데 원장이 그렇게 만들었잖아!

○**임오경 위원** 직원들은 그렇게 하고 싶지 않았어요.

○**이기헌 위원** 원장이 무슨 낯짝으로 그렇게 얘기합니까. 그 고생하는 직원들 망신을……

○**임오경 위원** 직원들은 그렇게 하고 싶지 않았다고. 대한민국 또라이 리더 하나 잘못 뽑았더니 지금 이런 상황이 생겼어요. 리더가 제대로 들어와야지요. 어디 지금 대한민국 국민을 상대로 해서 또라이 같은 리더십을 발휘하면서, 지금 뭘 잘했다고 답변을 그렇게 하십니까? 제가 심했어요? 그 현장에 계셨어요? 그 탱크가 밀고 들어올 때 몸으로 한번 막아 봤어요? 국회를, 입법기관을 창문 깨고 들어올 때 우리 국민에게, 시민에게 총 들이댈 때 그 현장에 있었어요? 그 공포에 한번 시달려 봤어요? 저희 국회의원은, 야당 국회의원들은 목숨 걸고 담 넘어서 피명 들어서 국회에 들어왔습니다. 왜? 계엄령 선포 해제하기 위해서요. 이 자리를 비롯해서 누구 하나 감사하다는 인사 한 말씀 한 사람 있어요? 저도 트라우마가 생겨서 그날만 생각하면 피가 거꾸로 솟습니다. 하지만 국민한테 안정을 취하기 위해서 말 못 하고 있는 겁니다.

　KTV는 문제가 또 하나 있습니다.

　정규방송 편성에서만 윤니크를 없애고 유튜브에서는 그대로 운영하고 있어요.

　이은우 원장님, 이것 왜 안 없애는 겁니까?

○증인 이은우 지금 시기에 없애는 것은 적절치 않고 지금 콘텐츠를 거의 올리지 않기 때문에 휴면 채널로 돼 있습니다.

○**임오경 위원** 지금 상황에서는 이게 맞지 않다, 그러면 지금 상황에서 직원 재공모하는 것은 맞습니까? 그것은 맞아요?

○증인 이은우 그 부분에 대해서는 아까 제가 말씀드렸습니다.

○**임오경 위원** 윤니크 채널 영상 댓글을 확인했습니까? 해 봤습니까?

○증인 이은우 예, 들어가서 좀 봤습니다.

○**임오경 위원** KTV에서 내란 수괴 홍보채널을 버젓이 운영하면서 윤니크는 내란 선동, 내란 동조의 장이 되고 있습니다. 심각합니다. 내란 선전, 내란 선동은 헌법이 보장하는 표현의 자유가 아닌 형법 제90조가 규정하는 내란 선전·선동의 죄에 해당합니다. 당장 윤니크 채널 폐쇄하시겠습니까?

○**증인 이은우** 제가 아까 말씀드렸지만……

○**임오경 위원** 폐쇄하시겠습니까? 지금 당장 폐쇄하시겠습니까?

○**증인 이은우** 위원님, 지금 그 시기가, 폐쇄까지 가기에는 시기가 적절치 않다고……

○**임오경 위원** KTV는 정규방송 편성에서만 윤니크를 없앴습니다. 유튜브에서는 그대로 운영하고 있고요.

장관님, 윤니크 채널 폐쇄하시겠습니까?

○**증인 유인촌** 글쎄요, 저는 그 채널을 본 적이 없는데요.

○**임오경 위원** 다 폐쇄한다고 해 놓고도 지금 버젓이 유튜브에서 그대로 운영을 하고 있다는 말씀을 드리는 겁니다.

○**증인 유인촌** 예, 확인해 보겠습니다.

○**임오경 위원** 지금 정규방송에서는 폐쇄했습니다. 없앴습니다. 그런데 유튜브 채널에서는 그대로 유지가 되고 있다는 말씀을 드립니다. 이것도 꼼수입니다. 그리고 여기에서 나오는 댓글들, 누구를 옹호하는지 한번 보십시오. 계엄령 선포, 계엄 후, 국민이 아닌 내란 수괴자를 옹호하고 있습니다. 이것 당장 폐쇄시켜 주십시오. 장관님이 직접 나서십시오. KTV는 이은우 원장 리더십으로는 절대적으로 아무 일도 맡겨서는 안 된다고 봅니다. 진짜 위험한 원장님이십니다. 핵폭탄 하나가 버젓이 지금 그 자리에 계시는 것 같아요. 무섭습니다.

그래서 장관님께 부탁합니다. 이것 폐쇄해 주십시오.

○**증인 유인촌** 예, 알아보겠습니다.

○**위원장 전재수** 수고하셨습니다.

다음은 위원님들의 추가질의를 하도록 하겠습니다.

질의시간은 답변시간을 포함해서 3분으로 하겠습니다.

그러면 순서에 의해서 조계원 위원님 질의해 주시기 바랍니다.

○**조계원 위원** 장관님, 윤석열의 내란 사태가 다시 재발해서는 안 되겠지요?

○**증인 유인촌** 이런 일이 더 있으면 안 되지요.

(전재수 위원장, 임오경 간사와 사회교대)

○**조계원 위원** 윤석열이 우리 국회에 대해서 범죄자 집단의 소굴 그리고 입법 독재로 국가의 사법행정 시스템을 마비시키고 자유민주주의 체제의 전복을 기도하고 있다면서 이러한 종북·반국가 세력들에 대해서 척결하겠다 이렇게 말을 하고 있습니다. 척결이 무슨 말인지 아십니까?

○**증인 유인촌** 예.

○**조계원 위원** 살을 발라내고 뼈를 도려낸다는 말입니다. 윤석열이 다시 복귀하는 순간 다시금 대한민국은 어마어마한 내란의 소용돌이에 빠져들 위험이 너무도 큽니다. 그렇기 때문에 제가 계속해서 장관님께 이제 대한민국의 장관으로서, 국민의 한 사람으로서 그리고 나라와 국민을 생각하는 마음으로 내란에 대해서 철저히 막아서겠다는 그런 마음으로 판단을 해 달라 이렇게 말씀을 했던 것이고요.

○**증인 유인촌** 다시는 이런 일이 일어나지 않을 거라고 생각합니다.

○**조계원 위원** 않을 거다가 아니라, 생각해서가 아니라 않도록 하기 위해서는 장관님이 그렇게 단호하게 말씀을 해 주셔야 된다는 겁니다.

○**증인 유인촌**　이런 기회가 있다면 이런 일이 일어나지 않도록 분명하게 얘기하겠습니다.

○**조계원 위원**　지금 대한민국 최고의 리스크, 최대의 리스크는 바로 윤석열 리스크라 생각하는데 장관님 생각은 어떠십니까?

○**증인 유인촌**　뭐, 그런 대답을……

○**조계원 위원**　그러면 대한민국 디스카운트가 윤석열의 비상계엄 선포로 빚어졌다 이것에 대해서는 어떻게 생각하십니까?

○**증인 유인촌**　지금 여러 가지 대외 신인도라든지 시장의 혼란 상황으로 봐서는 계엄의 여파가 좀 있기 때문에 현재로서는 그것을 빨리 극복할 수 있는 그 방법이 제일 중요할 것 같습니다.

○**조계원 위원**　윤석열의 비상계엄 선포 이후에 대한민국의 주식 그다음에 세계 각국의 여행주의보 이렇게 떨어지면서 대한민국의 디스카운트가 심각하게 진행되었는데 그 위기를 극복한 힘이, 민주주의를 다시 회복하고 복원해 낸 힘, 그게 과거 촛불혁명의 뒤를 이은 빛의 혁명으로 K-민주주의를 일으켜 세운 우리 국민들의 힘이었다 생각하는데 장관님 생각은 어떠십니까?

○**증인 유인촌**　그동안에 어쨌든 많은 부분이 좀 멈춰 있다고 생각이 되니까 최대한 단시간에 극복하도록 해 보겠습니다.

○**조계원 위원**　지금 여행 위험국가로 대한민국이 지정되지는 않았지요?

○**증인 유인촌**　예, 뉴질랜드가 유일하게 했는데 이제 다 해제됐습니다.

○**조계원 위원**　다 해소됐지요?

○**증인 유인촌**　예, 그렇습니다.

○**조계원 위원**　그 힘이 누구의 힘이라고 생각합니까? 바로 우리 국민들의 힘 아니겠습니까?

○**증인 유인촌**　예, 전체적으로 국민들이 다 협조를 해서 빨리 회복이 되고 있다고 생각합니다.

○**조계원 위원**　국회 앞에서 우리 국민들이 보여 준 위대한 빛의 혁명이 윤석열이 만들어 낸 대한민국 디스카운트, 대한민국의 위기를 해소해 냈습니다. 그리고 이 부분은 오히려 세계인들이 찬사를 보내고 있고 세계인들에게 대한민국 민주주의의 힘을 문체부에서도 잘 홍보해서 우리 대한민국에 대한 인식을 빠르게 개선할 수 있도록 해 주셔야 될 것 같습니다.

○**증인 유인촌**　열심히 노력하고 있습니다.

○**조계원 위원**　그리고 최응천 국가유산청장님, 김건희 씨가 국가원수인가요?

○**국가유산청장 최응천**　아닙니다.

○**조계원 위원**　그런데 왜 일반인들의 출입이 제한된 휴관일에 세계문화유산인 종묘를 김건희 씨가 독단적으로 이용하게…… 국가유산청장님이 허가를 해 주셨습니까?

○**국가유산청장 최응천**　그것은 공식적인 내용을 잘 몰랐고 당연히 국가적인 공식 행사로 저희가 판단했기 때문에 했고 추후에, 나중에 상황 판단을 보고서 조금 판단이 미숙했던 점을 인정하고 있습니다.

○**조계원 위원**　그것은 변명 아닌가요?

○**국가유산청장 최응천** 상황이 그때는 그렇게 별도로 공문이 오거나 하지 않고 저희가 그냥……

○**조계원 위원** 아니, 공식적인 요청이 있었나요?

○**국가유산청장 최응천** 그것은 궁능본부장하고 협의를 했던 것으로 제가 기억을 하고 있습니다.

○**조계원 위원** 누가요?

○**국가유산청장 최응천** 대통령비서실에서요, 문체비서관실에서요.

○**조계원 위원** 어떤 행사, 누가 그 행사장을 이용하는지 확인조차도 안 했습니까?

○**국가유산청장 최응천** 제가 확인한 것보다는 그것을 관리하고 있는 궁능본부장이 직접 소통하고 같이 했던 것으로 제가 알고 있습니다.

○**조계원 위원** 김건희 씨가 이용한다는 것 진짜 몰랐습니까?

○**국가유산청장 최응천** 아니, 이용하시는 것은 알았지만 그 상황, 내용 자체가 저희들은 공식적인 행사로만 판단했던 것으로…… 왜냐하면 비서관실이 요청을 하니까 그랬습니다.

○**조계원 위원** 지난 국감에서도 지적했지만 지금 김건희 하면 만사건통으로 통하고 있습니다. 국가무형문화재 가게 전승자 가족 오찬 간담회 그리고 장애인들 문화예술 공연장 건립 약속 그다음 보스턴미술관 방문, 사리·사리구 국립현대미술관 교류 제안 그다음 국가무형문화재 전통공연 예술 분야 보유자, 이수자, 전수생 20명과 오찬 간담회, KTV 무관중 국악 공연, 김건희의 황제관람 등등 이 모든 것들을 보면 김건희 씨가 대통령 행세를 하고 있습니다. 지난번 국감에서도 지적했고 이 부분에 대해서 철저히 주의하고 관리하겠다고 하지 않았습니까?

○**국가유산청장 최응천** 예, 그렇게 말씀드렸고 이번 경우도 저희가 세부적인 내용을 더 검토하고 허가사항을 했어야 되는데 조금 미흡했던 것은 저희 불찰이라고 판단하고 있고, 다시는 이런 게 안 생기도록 관리규정과 그걸 더 개선해서 더 강화하도록 하겠습니다.

○**조계원 위원** 휴관일에 이용하면 100% 가산금이 적용된다고 하는데 이용요금은 받으셨습니까?

○**국가유산청장 최응천** 아까 말씀드린 대로 지금까지도 이용자가 누구인지 정확하게 저희가 아직 파악을 못 하고 있었던 상황이었고요. 추후에 이게 언론이라든가 이런 것을 통해서 사용자에 대한 것을 저희가 판단하고 앞으로 필요한 경우 거기에 대한 자문위원회의 법률적인 검토를 통해서 추가해 보도록 하겠습니다.

○**조계원 위원** 국가유산을 한가롭게 자기의 외국인 지인을 불러다 놓고 차나 마시는 장소로 이용하는 이런 황당한 일이 다시는 재발되지 않도록 국가유산청장님은 신경을 좀 써 주시기 바랍니다.

○**국가유산청장 최응천** 예, 잘 알겠습니다.

○**조계원 위원** 다시는 만사건통이라는 말이 국가유산청에서 나오는 일이 없도록 해 주시기 바랍니다.

○**국가유산청장 최응천** 예, 알겠습니다.

○**위원장대리 임오경** 다음은 민형배 위원님 질의해 주십시오.

○**민형배 위원** 장관님, 혹시 생각해 보셨습니까? 아까 제가 질문한…… 나중에 답변하시겠습니까?

○**증인 유인촌** 나중에 하겠습니다.

○**민형배 위원** 오늘은 안 하시겠습니까?

○**증인 유인촌** 예, 그렇습니다.

○**민형배 위원** 이은우 원장님, 비상계엄이 선포가 되면 KTV는 누가 대표하게 됩니까?

○**증인 이은우** 제가 잘 못 들었습니다. 다시 한번……

○**민형배 위원** 비상계엄이 선포가 되면 KTV는 누가 대표하게 되느냐고요.

○**증인 이은우** 대표한다는 말씀은 누가 지휘하느냐는 말씀이신가요?

○**민형배 위원** 예.

○**증인 이은우** 일단 글쎄요, 제가……

○**민형배 위원** 거기 비상기획관 있습니까, 없습니까?

○**증인 이은우** 없습니다.

○**민형배 위원** 그러면 문체부에 비상기획관 있지요?

○**증인 유인촌** 예, 있습니다.

○**민형배 위원** 비상기획관이 하게 돼 있어요. KBS 비상기획관은 그랬다는 것 아니에요, '계엄이 선포되면 제가 지휘하게 됩니다'.

그런데 22시 30분경에 계엄령을 인지하고 나서 간부들한테 출근을 지시하셨더라고요. 왜 하셨어요?

○**증인 이은우** 일단 간부들이 나와서 상황을 파악하고……

○**민형배 위원** 뭘 하시려고? 아까 그런 내란 선전·선동을 계속하시려고요?

○**증인 이은우** 그것은 아닙니다. 그것은 아니고……

○**민형배 위원** 그런데 보니까 하셨더라고, 계속.

○**증인 이은우** 그것은, 하여간 제가 그 부분에 대해서는 말씀드리기 좀 그렇고요.

○**민형배 위원** 웃을 일이 아니에요.

그런데 그래 놓고 또 다른 직원들은 보내고 나서 가셨습니까? 3시 6분에 퇴근하셨어요.

○**증인 이은우** 예.

○**민형배 위원** 왜요? 직원들만 두고 가세요, 비상계엄 상황인데?

○**증인 이은우** 그때 퇴근하면서 저희가 보통……

○**민형배 위원** 모여서 무슨 얘기 했습니까, 간부 모여서?

○**증인 이은우** 모여서 따로 회의는 안 하고요.

○**민형배 위원** 안 모였네요. 그러면 회의 안 하셨네요.

○**증인 이은우** 제가 그 관련된 부서장들하고 계속 커뮤니케이션을 했습니다.

○**민형배 위원** 뭐 하느라고요?

○**증인 이은우** 부장들이나, 편성부장이나……

○**민형배 위원** 그러니까 지휘를 하셨네요.

○**증인 이은우** 그렇다고 봐야지요.

○**민형배 위원** 아까 제가 세 가지 문제를 제기했는데 그러니까 그게 다 원장님 지시였

네요.

○증인 이은우 어떤 것 말씀하시는 거지요?

○민형배 위원 아까 세 가지 문제를 제기했잖아요. 30분 늦게 그다음에 민간 보도는 왜, 그러니까 해제를 30분 늦게 발표하고 민간 보도는……

○증인 이은우 아니요, 그것은 제가 지휘를 했다기보다 우리 보도국에서 프로그램 제작을 그렇게……

○민형배 위원 됐습니다.

하여튼 장관님, KTV는 이와 관련해서 감사를 꼭 한번 해 주시기 바라고요.

○증인 유인촌 예.

○민형배 위원 (영상자료를 보며)

코리아 풀 키 사 관련 상세 진행 경과를 보니까 처음에 5시 52분에 대통령실에서 연락이 왔더라고요. 여기 편집팀장이 카톡으로 원장한테 보고를 하고 담당 직원이 계속 가는데 2차, 3차 연락을 계속하다가 어느 순간에 '국무회의 라이브 때 들어오는 형식으로 카메라 팀 하나 들어와 달라'라고 했다가 그걸 취소를 해요. 그리고 다시 키 사를 맡아 달라고 한단 말이에요.

○증인 이은우 그렇게 들었습니다.

○민형배 위원 이런 변화가 왜 있었던 거지요? 비상계엄이라 그런 거지요?

○증인 이은우 그것은 모르겠습니다, 저도.

○민형배 위원 아니, 이런 일이 없잖아요. 지금까지 한 번도 없었잖아요.

○증인 이은우 그런데 제가 그 현장에 있었던 것도 아니고 제가 왜……

○민형배 위원 좋아요. 그러면 7시 27분에, 이 담당 직원이 누구인지 모르겠는데 여기 부장님들 중에 혹시 계신가요? 대외협력실 행정관이 서문으로 인솔을 나오는데 출입하는 데만 1시간 걸려요. 평소에 없던 일이지요?

○증인 이은우 이게 사전에 경호조치가 돼 있지 않아서 그랬다고 합니다.

○민형배 위원 아니, 그러니까 평소에 없던 일이지요?

○증인 이은우 예.

○민형배 위원 그러니까. 왜 그럴 수가 있지요? 그러는 경우가 있어요? 대통령실이 불러 놓고 1시간 동안 기다리게 만드는 경우가 있나요?

○증인 이은우 그것은……

○민형배 위원 경호조치 이것은 어차피 사람이 나와서 데리고 들어가면 다 해결되는 건데.

○증인 이은우 제가 현장 상황을 잘 모르겠습니다. 그런데//

○민형배 위원 이것 현장 상황 아시는 분이 누구신데요?

○증인 이은우 그 담당 직원이 알겠지요.

○민형배 위원 담당 부장 누구입니까? 거기 계십니까, 지금? 왜 늦었답니까?

○증인 박준석 보도부장입니다.

○민형배 위원 왜 늦었답니까?

○증인 박준석 그 상황은, 직속상관이 편집팀장인데 조금 마이크를 넘기겠습니다.

○증인 추동진 보통 대통령 행사……

○**민형배 위원** 계엄 때문에 그런 거지요?

○**증인 추동진** 아닙니다.

○**민형배 위원** 그리고 그때서야 눈치를 챈 거잖아요, KTV가.

○**증인 추동진** 보통 보면 미리 사전에 다……

○**민형배 위원** 아니, 지금까지 이런 일은 없어요. 한밤중에 발표한 적이 없잖아요.

○**증인 추동진** 만일 계엄 상황이라면 금방 들어가야 됐겠지요. 그런데 1시간 동안 했다는 것은 그게 사전에 예고가 안 됐었기 때문에……

○**민형배 위원** 보세요. 계엄 예정시간은 10시였는데……

○**증인 추동진** 그것하고 전혀 상관없습니다.

○**민형배 위원** 국무회의에서, 국무회의라고 이름 붙여진 거기서 저지가 되니까 늦어진 거고. 무슨 7시대에 갑자기, 그런 말도 안 되는 소리를……

○**증인 추동진** 전혀 상관없다고 생각합니다.

○**민형배 위원** 그러면 왜 1시간 동안 기다리면서……

○**증인 추동진** 불러 놓고 1시간 동안 기다리게 만든……

○**민형배 위원** 그러니까 그 이유가 궁금하지도 않아요?

○**증인 추동진** 그 이유가 저도 궁금합니다. 묻고 싶습니다. 대통령실에 묻고 싶습니다.

○**민형배 위원** 됐습니다.

○**위원장대리 임오경** 다음은 양문석 위원님 질의해 주십시오.

다시 정정하겠습니다. 양문석 위원님 죄송합니다.

다음은 강유정 위원님 질의하겠습니다.

○**강유정 위원** 계엄으로 인한 첫 주 경제 손실이 약 150조 정도 된다고 합니다. 그중에 관광 같은 경우가 5조 정도 된다고 하는데요. 한국이 가지고 있는, 마이클…… 나이 교수가 말하는 소프트파워라고 하는 부분, 문화예술이 가지고 있는 소프트파워, 그러니까 하드파워가 아니라 한국이 문화적인 힘을 가지고 세계적인 위상을 높였는데 이 소프트파워의 훼손 정도가 엄청난 폭설이나 폭우로 인한 자연재해 이상의 재난 상황이라고 저는 생각을 합니다.

그래서 장관이 지금 내란도 인정을 아직은 못 하겠다, 반헌법일지도 모르겠다라고 하지만 여전히 그 직에 계셔서 이 자리에 나오셨으니 적어도 계엄 손실 청구서에서 소프트파워 부분에 대한 나름의 청사진이라도 세워야 된다고 봅니다, 어떤 식으로 이 피해를 복구할 것인가. 아까 제가 시민에 대한 감사문이라도 써야 되는 것이 문체부의 역할 아니냐고 물었던 것처럼 이 부분에 대한 계획을 세워야 된다라고 보고요.

제가 요청사항을 몇 개 말씀드리겠습니다.

아까 첫 번째 질문이 인사에 대한 부분이었는데 현재 기관장이 공석인 곳이 콘텐츠진흥원, 관광공사, 세종학당재단. 한국출판문화산업진흥원 기관장 만료일이 12월 27일입니다. 며칠 남지 않았지요. 이 외에도 한국문화관광연구원, 예술경영지원센터, 한국문학번역원 비롯해서 21개 기관 같은 경우는 임기 만료된 상임이사·상임감사가 99명입니다. 영화진흥위원회, 국민체육진흥공단 등 9개 기관 역시 2개월 이내에 23명의 상임이사·상임감사 공석이 발생할 예정입니다. 이 부분 시민사회가 함께 감시의 눈으로 쳐다볼 것이라는 것 얘기를 드리고요.

마지막 하나 여쭙겠습니다.

장관님, 9월 24일 날 정몽규 회장에 대해서 지적하고 답변받았던 사안 기억하시지요?

○증인 유인촌 예.

○강유정 위원 사회적 물의 많이 일으켰다고 심지어 정몽규 축구협회장 본인이 인정했습니다, 사회적 물의를 일으켰다고. 그리고 청탁금지법 위반에 대한 법률 위반행위 의혹도 있다고 그것 역시 본인이 인정했어요, 같이 썼고 비용도 지불되지 않았다. 그리고 장관도 봤습니다.

그런데 지난 12월 13일 열린 40차 스포츠공정위원회에서 정몽규 축구협회장 임원 연임 자격이 승인됐습니다. 알고 있지요?

○증인 유인촌 예, 그렇습니다.

○강유정 위원 이날 스포츠공정위원회가 사실상 여러 명의 승인 요구를 받았어요. 정몽규 회장 포함해서 7명이 임원의 연임 제한 예외를 심의받았어요. 그런데 정몽규 회장 외 1명만, 딱 2명만 예외 승인을 받았습니다.

이 부분에 대해서 어떻게 이렇게 수많은 논란을 거친, 사회적 혼란을 틈타 오히려 자격 승인을 득한 것은 아닌가 싶기도 한데 주무부처 장관으로서 어떻게 생각하십니까?

○증인 유인촌 그랬을 거라고 생각을 합니다.

그렇지만……

○강유정 위원 그랬을 거라는 건 뭘까요?

○증인 유인촌 그렇지만 저희들 입장에서는 그동안에 감사를 했던 결과도 있고 현재 대한체육회와 같은 데는 수사 진행 중에 있고 하기 때문에 그런 것에 대한 결과에 따라서, 문체부 입장에서는 그 결과에 따라서 집행할 예정으로 있습니다.

○강유정 위원 그런데 왜 연임 제한을 해제해 줬나, 제가 궁금해서 대한체육회하고 40차 스포츠공정위원회 회의록, 평가표 제출해 달라고 요구를 했는데 이기흥 회장에 대한 스포츠공정위원회 회의 심사 결과는 한 의원실을 통해서 언론까지 전부 다 공개가 됐거든요. 이기흥 회장은 공개가 됐단 얘기예요.

그런데 왜 정몽규 회장은 신청자의 기부 내역, 징계, 범죄사실 등은 일반적으로 공개되지 않는다라면서 저희 의원실에 안 왔어요.

조금 쉽게 얘기할게요. 이기흥 회장은 자료가 다 왔는데 왜 정몽규 회장은 자료가 안 오는 겁니까? 갑자기 선거에 영향을 줄 수 있다라고 하면서 제출 거부의 이유를 들었는데 이건 형평성에 어긋난 조치 아닙니까, 스포츠공정위원회가 하는 조치 자체가?

○증인 유인촌 글쎄요. 저는 그렇게 대답하는 이유는 잘 모르겠는데요.

정몽규 회장, 그러니까 공정위에서 심사한 결과를 안 보내 줬다는 것이지요, 지금?

○강유정 위원 맞습니다. 그 부분에 대해서 장관이 할 수 있는 일을 할 수 있다면……

○증인 유인촌 저희들한테도 그런 것은 안 보낸 것 같은데요.

○강유정 위원 아니요. 지금 대한체육회장은 다른 동료 의원에게 자료가 와 있습니다. 그럼에도 불구하고 와 있어요. 정몽규 회장만 이러저러한 이유로 줄 수 없다라고 하고 있습니다. 선거에 영향을 줄 수 있다 그 이유로 지금 줄 수 없다라는 건데 지금 이 정도로 넘어갈 수 있는 사안이 이미 아니게 됐습니다.

그러니까 장관께서 이 부분에 대해서 스포츠공정위원회 제40차 회의록에 대한 제출이 다시 한 번 될 수 있도록 신경을 써 주셔야 될 것 같습니다. 앞으로 미래에 대해서 몇 가지 제가 부탁을 드립니다.

○**증인 유인촌** 공정위원회 쪽에, 물론 그 사람들하고 지금 소통을 할 수 있는 그런 적절한 위치는 아닌 것 같은데요.

○**강유정 위원** 이기홍 회장만큼만 똑같은, 회의록과 관련돼서 주시면 됩니다.

○**증인 유인촌** 한번 알아보고요, 그 부분은 연락을 드리도록 하겠습니다.

○**위원장대리 임오경** 감사합니다.

다음은 양문석 위원님 질의해 주세요.

○**양문석 위원** 유산청장, 아까 9월 3일 김건희의 종묘 차담회 그걸 공식적인 행사로 알고 있었다고 이야기했습니다.

○**국가유산청장 최응천** 예, 처음에는 그렇게 생각했습니다.

○**양문석 위원** 처음에 왜 그렇게 생각했어요?

○**국가유산청장 최응천** 제가 직접 연락을 받은 게 아니고 궁능본부장을 통해서 장소 사용의 건의가 들어온 걸로 이렇게 문체비서관실을 통해서 와서 저는 그걸 당연히 공식적인 행사로 판단했고, 그러면 장소 사용을 허가해 주는 게 맞지 않겠느냐고 제가 전달을 했습니다.

○**양문석 위원** 허가해 주는 게 맞지 않겠느냐라고 그렇게 얘기했어요?

○**국가유산청장 최응천** 예, 그러니까 만약에…… 사용 허가라기보다는 협조해 주는 게 맞지 않겠느냐라고 그때 제가, 그때는 국회에 나와 있었을 때입니다.

○**양문석 위원** 그러면 유산청장이 이것 다 해 줬네. 그렇지요?

○**국가유산청장 최응천** 제가……

○**양문석 위원** 궁·능 관람에 대한 규정 32호 알지요?

○**국가유산청장 최응천** 예, 알고 있습니다.

○**양문석 위원** 장소사용허가 신청서를 해당 기관에 제출해야 된다, 5일 전에. 그리고 궁능유산분과 위원회에서 심의를 거쳐야 된다.

청장이 이 3개 다 무시했네. 그렇지요?

○**국가유산청장 최응천** 위원님, 그게 국가에서의 행사일 경우에는 사전에 그걸 공문을 안 하고 저희가 추후에 하기도 합니다. 그런데 이건……

○**양문석 위원** 보세요.

○**국가유산청장 최응천** 나중에 공식적인 행사……

○**양문석 위원** 잘못된 관행이잖아요.

○**국가유산청장 최응천** 예, 그건 저희가 나중에……

○**양문석 위원** 규정을 왜 만들어요. 지금 장난쳐요?

유산청장!

○**국가유산청장 최응천** 예.

○**양문석 위원** 국악인 무료 공연, 김건희한테 공연 상납 그 사건 있었지요?

○**국가유산청장 최응천** 지난번에……

○**양문석 위원** 어떻게 유산청장은 김건희하고만 걸리면 계속해서 그렇게 편법이요, 특혜요, 규정 무시요!

유산청장!

○**국가유산청장 최응천** 예.

○**양문석 위원** 이미 이와 관련된 유산 문제에 대해서 유산청장은 국회에 와서 엄청난 비판을 받았어요. 그런데 또다시, 지금 3개를 날린 거예요. 신청서 안 받고 장소 사용 5일 전에, 무시했고. 그다음에 사용 심의 거쳐야 되는데 안 했고.

그런데 뭐요? 아까 조계원 위원 이야기할 때 절차 부분에서는 미흡했다고요? 일방적으로 무시하고 절차를 짓뭉갠 유산청장이 할 말이오?

○**국가유산청장 최응천** 34조의 장소사용허가의 예외 사항을 저는 준수했다고 판단했습니다.

○**양문석 위원** 보세요!

김건희가 대통령이요? 김건희가 대통령이냐고요!

○**국가유산청장 최응천** 아닙니다.

○**양문석 위원** 김건희 문제만 나오면 어떻게 아부를 떨고…… 유산청장 계속 그런 모습이야. 맞지요? 국악인 불러서 무료 공연시키고. 어디서 그런 거짓말을 해요. 그리고 공식 행사라고요?

(임오경 간사, 전재수 위원장과 사회교대)

○**국가유산청장 최응천** 공식 행사라고 제가 판단했다고 그랬지 공식 행사라고 말씀드린 적은 없습니다.

○**양문석 위원** 공식 행사라고 판단한 근거가 뭐예요?

○**국가유산청장 최응천** 34조에 의하면 궁능본부장이 국가에서 방문, 부대행사와 연례적인 정부 주최 혹은 주요 행사에는 장소 사용을 허가하는 것으로 본다는 그런 규정을 저희가 적용했던 걸로 제가 알고 있습니다.

○**양문석 위원** 아니……

○**국가유산청장 최응천** 그러니까 제가 잘못된 판단이었다고 말씀드렸고요.

○**양문석 위원** 잘못된 판단을 의도적으로 한 거예요. 생각 안 하고, 김건희 행사기 때문에.

○**국가유산청장 최응천** 제가 말씀드리건대 그때 제가 국회 예결위에 나와 있어서 정확하게 제가 판단을 못 했습니다.

○**양문석 위원** 아까 그렇게 이야기했지요, 사용자가 누구인지 아직까지도 파악하지 못한다.

○**국가유산청장 최응천** 예, 그건 나중에 알았습니다.

○**양문석 위원** 아까 그렇게 이야기했잖아요, 아직까지도 판단하지 못한다고.

○**국가유산청장 최응천** 그건 나온 보도하고 관련 자료를 통해서 저희가 입수했습니다.

○**양문석 위원** 아니, 누가 사용하는지도 모르는데 국가 유물을 빌려줘요?

○**국가유산청장 최응천** 거기 장소, 망묘루라는 곳은 일반인도 대관을 할 수 있게 돼 있는 장소이기는 합니다.

○**양문석 위원** 몇 번이나 그런 사례가 있어요?

○**국가유산청장 최응천** 저희가 최근에 들어와서 신청이 오면 사용한 사례가…… 저희들이 파악하고 있습니다, 지금.

○**양문석 위원** 그런 장소 사용 과정에서도 다 5일 전에 신청서 제출했을 거고 심의 거쳤을 거고, 그렇지요?

○**국가유산청장 최응천** 예.

○**양문석 위원** 비용 받았어요? 비용 안 받았잖아요, 또.

○**국가유산청장 최응천** 아까 말씀드린 대로 저희가 예외규정을 적용했던 것이 저희들의……

○**양문석 위원** 그렇지요? 유산청장은 계속해서 김건희와 관련해서는 계속 예외규정 적용이에요.

분명히 이야기합니다. 대통령 아닙니다.

○**국가유산청장 최응천** 예.

○**양문석 위원** 김건희가 권력이 있다고 해서 유산청장이 거기에 아부 떨고 특혜 주고 예외규정 적용하고 그렇게 한 거예요. 그런데 뭐? 이용자가 누군지 아직까지 파악하지도 못하고 있다고 이야기하면서 비용 문제를 슬쩍 퉁쳐 가지고 넘어가요?

그다음에 창덕궁, 경복궁에 있는 가구 누가 빌려 갔어요? 무슨 근거로 빌려 갔어요?

○**국가유산청장 최응천** 그 아마……

○**양문석 위원** 창덕궁에서 원형 탁자 하나, 의자, 일반 주반 6개, 경복궁에서 소반 6개, 다 문화재예요.

○**국가유산청장 최응천** 아니, 그건 아니고요. 문화재…… 그건 저희가 현대……

○**양문석 위원** 누가 빌려 갔어요?

○**국가유산청장 최응천** 그건 아마 제가 보고받은 바로는 비서관실에서 그걸 요청을 해서 빌려 왔다고 들었습니다.

○**양문석 위원** 비서관에서 요청하면 불법적인 것도, 근거도 없는 것도, 규정에 없는 것도 다 합니까? 그래서 김건희 이야기만 하면 그렇게 껌뻑껌뻑 죽고 국악인 무료 공연하고 특혜, 예외규정, 모든 절차 무시! 사적으로 국가유산을 사용을 하고 있는데……

○**국가유산청장 최응천** 그 부분은 제가 잘못했다고 말씀드립니다. 제가 판단했기 때문에, 제가 잘못 판단한 겁니다.

○**양문석 위원** 공식적으로 사과문 발표하세요, 내일.

○**국가유산청장 최응천** 예, 알겠습니다.

그건 저희가 그때 당시에는 공식적으로 판단했던 분명한 사실이고요. 그게 잘못된 걸 나중에…… 사용자 그것도 저희가 조금 더 치밀하게 챙기지 못한 점을 인정하겠습니다.

○**양문석 위원** 내일 공식적으로 사과문 발표하시고 의원실에다가 사과문 보내 주세요.

○**국가유산청장 최응천** 예.

○**양문석 위원** 저는 유산청장 같은 사람 때문에 이 정권이 이렇게 망조가 들었다고 생각합니다. 김건희 권력이라고 예외규정, 절차 무시, 무료 상납, 그런 사람이 유산청장이에요. 그리고 이 정권을 무너뜨리는 데 있어서 유산청장도 큰 역할을 했다라는 것 분명히 명심하시고 두고두고 반성하세요.

○**위원장 전재수** 수고하셨습니다.

질의 마지막 순서로 임오경 위원님 질의해 주시기 바랍니다.

○**임오경 위원** PPT 띄워 주세요.

종묘 사적 사용 누가 지시했습니까?

(영상자료를 보며)

장관님, 황제 차담회에 종묘 사용, 장관님이 지시하셨어요?

○**증인 유인촌** 처음 듣는 얘기입니다.

○**임오경 위원** 처음 듣는 얘기예요?

○**증인 유인촌** 예, 그렇습니다.

○**임오경 위원** 어떻게 하지요? 제가 받은 제보로는 장관님이 지시한 걸로 제보를 받았는데 제가 잘못 받은 제보일까요?

○**증인 유인촌** 그런 것 같은데요.

○**임오경 위원** 잘못 받은 건가요?

○**증인 유인촌** 예, 저는 잘 모르겠습니다.

○**임오경 위원** 우리 정부는 다 밑의 사람으로 이렇게 떠넘기네요.

○**증인 유인촌** 떠넘기는 건 아니고요. 이런 것까지 저한테 보고할 필요가 없다고 느꼈겠지요.

○**임오경 위원** 그러면 이 차담회 행사명이 뭐였는지 정확하게 알고 계십니까?

○**증인 유인촌** 저는 잘 모릅니다.

○**임오경 위원** 모르십니까?

○**증인 유인촌** 예.

○**임오경 위원** 전혀 모르는 상황이고 장관님은 전혀 관여를 하지 않았다?

○**증인 유인촌** 예, 그렇습니다.

○**임오경 위원** 지시도 하지 않았다?

○**증인 유인촌** 예.

○**임오경 위원** 그러면 국가유산청장님이 지시하셨나요? 누구한테 보고받았어요, 이것?

○**국가유산청장 최응천** 어떤 차담회 말씀하시는 겁니까?

○**임오경 위원** 황제 차담회, 지금 종묘 관련돼서……

○**국가유산청장 최응천** 저희는 잘 모르는 일입니다. 종묘 건은 아까 말씀드린 대로고요.

○**임오경 위원** 청장님도 누가 요청이 왔어요?

○**국가유산청장 최응천** 아닙니다.

○**임오경 위원** 제가 알기로는 청장님은 그날……

○**국가유산청장 최응천** 국회에 나와 있었습니다.

○**임오경 위원** 국회에 있었지요?

○**국가유산청장 최응천** 예.

○**임오경 위원** 제가 날짜를 한번 확인해 봤어요. 그래서 청장님 어디 계셨나 확인해 봤어요. 그랬더니 예결산 때문에 국회에 와 계셨습니다.

그런데 이것 지시한 사람은 아무도 없네요. 그런데 사적으로 또 사용은 했고. 이게 있을 수 있는 일입니까?

그러면 청장님께 물을게요. 행사명이 뭐였었나요, 정확히?

○**국가유산청장 최응천** 제가 사실은 그 부분을 정확한 행사명이라든가 이런 것보다는

장소 사용의 허가로만 온 걸로만 지금 기억을……

○**임오경 위원** 장소 사용은 하지만 행사명은 기본적으로 다 우리가 기록을 해야 되니까……

장관님도 몰랐다. 그러면 용호성 차관님, 알고 계셨나요? 이 행사명이 뭡니까? 이것 그당시 김건희 여사가 직접 참여한 행사인데 이것 행사명이 뭡니까?

여기 뒤에 앉아 계신 공무원분들, 행사명이 뭐였습니까? 알고 계신 분 답하십시오.

○**국가유산청궁능유적본부장 이재필** 그 부분에 대해서 8월 30일 날 저희한테 와서 업무협의를 할 때도 그 행사에 대해서 공식적인 명칭은 사실 없었고 그냥 김건희 여사 차담회 이런 용어를 사용했습니다.

○**임오경 위원** 공식 명칭이 김건희 여사 차담회요?

○**국가유산청궁능유적본부장 이재필** 예, 그렇습니다. 그렇게 해서……

○**임오경 위원** 김건희 씨 행사 자체가 문체부랑 국가유산청은 공식 행사입니까? 도대체 어디서 지시가 내려오는 거예요? 그게 그렇게 두렵습니까? 이름 석 자 하나 대는 게 그렇게 두려워요?

지금 위에서, 국민의 세금을 가지고 지금 그 자리에 다들 계세요. 그런데 그 이름 석 자 하나 말씀들 하는 게 그렇게 어려운 겁니까? 왜 자꾸 밑으로 떠넘깁니까? 위에서 지시해서 일을 한 공무원들에게 왜 다 책임을 전가시키냐고요. 여기 계신 분들이 왜 그 자리에서, 왜 책임을 지는 행동은 아무도 안 하시는 겁니까?

이재필 궁능유적본부장 나와 계시지요?

○**국가유산청궁능유적본부장 이재필** 예, 여기 있습니다.

○**임오경 위원** 최근 10년간 대통령과 영부인이 궁을 방문한 것이 총 몇 회입니까? 몇 번 있습니까?

○**국가유산청궁능유적본부장 이재필** 그 부분을 저희가 사실은……

○**임오경 위원** 잘 모르시지요?

○**국가유산청궁능유적본부장 이재필** 기록 관련……

○**임오경 위원** 제가 보여 줄게요.

올리세요.

총 일곱 번이 있습니다. 모든 방문 때마다 방문일과 행사 내용과 참석자를 파악하고 그리고 행사명이 정확하게 기록되어 있어요. 그렇지요? 여기 계신 분들 다 보이시지요?

그런데 2024년 9월 3일 날 사용한, '영부인 외'라고 적혀 있어요. 김건희 씨 행사는 자체가 공식 일정으로 그냥 들어가 있어요. 행사명도 기입하지 않아요.

장관님, 이것 어떻게 생각하세요?

○**증인 유인촌** 글쎄요. 아마 차담회라고 생각을 했으니까 그렇게 큰 행사라고 생각한 모양이에요.

○**임오경 위원** 우리 대한민국에서 이게 휴관일 때 그냥 영부인 차담회로 빌려주는 장소입니까?

국가유산청장님, 이 장소 절차 없이 빌려줄 수 있는 겁니까?

○**국가유산청장 최응천** 절차 분명히 지켜야 됩니다.

○**임오경 위원** 어떻게 지켜야 되지요?

○**국가유산청장 최응천** 사전에 허가받은 공식적인 행사인 경우는 아까 말씀드린 계획 서라든가 이런 게 첨부되어야 되는데 그 부분은 저희가 잘 챙기지 못한 불찰이 있습니 다.

○**임오경 위원** 예, 그렇습니다.

유산청은 아무리 대통령실이고 김건희 씨라고 하더라도 공식 일정인지 개인 일정인지 정도는 확인했어야 된다라고 저는 생각합니다. 대통령실 연락이면 경복궁 용상이라도 내어 줄 것입니까? 그렇게 하실 거예요?

○**국가유산청장 최응천** 그건 절대 그렇지 않습니다.

○**임오경 위원** 그날 김 여사와 함께 종묘를 찾은 일행은 누구였는지 알고 계세요?

○**국가유산청장 최응천** 나중에 보도를 통해서 저희가 접했고 저희는 보통 외빈 정도로만 생각을 했고 그분들이 어떤 분인지 전혀 모르고 있었던 건 사실입니다.

○**임오경 위원** 지금 코바나컨텐츠 이 단어만 나와도 우리가 지금 범죄로, 범죄자들이라고 이렇게 표현할 수 있는 코바나컨텐츠예요. 코바나컨텐츠 주관으로 국내 전시회를 열었던 크리스토퍼 로스코라는 미국인 작가 일행으로 알려져 있습니다.

그런데 이재필 본부장님, 코바나컨텐츠 관련 작가와의 만남이 국가 행사라고 생각하십니까?

○**국가유산청궁능유적본부장 이재필** 일단……

○**임오경 위원** 묻는 거예요, 본부장님한테 제가.

○**국가유산청궁능유적본부장 이재필** 처음에 대통령실……

○**임오경 위원** 관련 작가와의 만남이 국가 행사라고 생각하십니까?

○**국가유산청궁능유적본부장 이재필** 맨 처음에 대통령실 요청으로 와서 저희가 공식적인 행사로 했는데……

○**임오경 위원** 아니, 그러니까 코바나컨텐츠 관련 작가하고 만남이 국가 행사라고 생각하시냐고요.

○**국가유산청궁능유적본부장 이재필** 그 부분에 대해서는 약간의 개인적인 이용의 하나의 소지가 있다라고 생각합니다.

○**임오경 위원** 문화유산에 대한 명백한 사적 사용 맞지요?

○**국가유산청궁능유적본부장 이재필** 예.

○**임오경 위원** 정확하게 답변하세요.

○**국가유산청궁능유적본부장 이재필** 예.

○**임오경 위원** 유산청장님, 문화유산에 대한 명백한 사적 사용 맞지요?

○**국가유산청장 최응천** 예.

저희들이 나중에 정확하게 인원에 대해서 사실은 아까 말씀하신 대로 구체적인 자료를 받아 보지 못했기 때문에 그렇게 됐고요. 지금 그것이 판단된다면 그렇게 판단하기는 합니다.

○**임오경 위원** 장관님, 이것 들으셨지요? 장관님은 지시하지 않으셨다고 했는데 저는 정확하게 제보를 받았습니다. 그런데 이것 명백하게 문화유산에 대한 사적 사용 맞지요, 장관님이 보실 때도? 행사명 기입 하나도 없고 '영부인 외'라고만 적혀 있습니다. 이런 기본적인 절차도 밟지 않는 게 정상 절차입니까? 그러니까 청렴도에서 우리가 최하위

등급인 5등급을 받는 것 아닙니까?

이것 저는 오늘 이 자리를 비롯해서 후손들에게 조상들의 소중한 유무형 자산을 잘 물려주겠다는 투철한 사명감 정도는 있어야 문체부와 유산청 공무원 아닐까 이런 말씀을 다시 한번 드리고 저는 장관과 청장의 무능, 무책임을 지적하지 않을 수 없습니다. 그래서 장관이 국무위원을 대표해서 대한황실 후손들과 국민들께 진상규명을 이 자리에서 약속하시고 이 자리를 빌려서 두 분이서 저는 사과하셔야 된다고 보는데 어떻게 하시겠습니까? 사과하시겠습니까?

○**국가유산청장 최응천** 국가유산청장이 어쨌든 종묘라든가 궁궐을 관리하는 입장에서 아까 양문석 위원님도 지적하셨듯이 이 부분은 아까 말씀하고 종묘를 포함한 왕실 문화를 관리하는 그런 쪽에다 저희가 사과문을 게재하는 거로 그렇게 정리를 하겠습니다.

○**임오경 위원** 이 앞에서도 공식으로 사과……

○**국가유산청장 최응천** 예, 그렇습니다.

저희들이 이제 이런……

○**임오경 위원** 후손들과 국민들에게 사과하십시오.

○**국가유산청장 최응천** 후손뿐이 아니라 국민들도 이런 부분에 대해서 똑같은 적용을 할 수 있도록 저희가 앞으로 관례와 규정을 더 강화시키고 더 열심히 보완토록 하겠습니다.

○**임오경 위원** 장관님에게는 제가, 더 이상의 이런 행사가 지속되어서 된다라고 생각하십니까, 절차 과정 무시하는?

○**증인 유인촌** 절차와 과정을 잘 지켜서 하면 된다고 생각하고요.

○**임오경 위원** 예, 저도 그렇게 꼭 말씀을 하고 싶어요.

절차 과정을 밟으면 됩니다. 행사 내용을 적으시면 되고 영부인 외 누가 참석했는지 이렇게 기본적인 것은 해 놓고 그다음에 위원들이 질의했을 때 그것에 대해서 답변을 제대로 못 하시는 것 제가 인정을 해요. 하지만 행사명 자체도 기록하지 않고 이런 식으로 할 수 있는 겁니까?

○**증인 유인촌** 지금 들어 보면 대단히 비밀스러운 일도 아니고 또 대부분 사실은 대통령실에서 행사를 하는데 평일 날 갔으면 오히려 관람객들한테 굉장히 피해를 많이 줬을 거라고 생각해요.

○**임오경 위원** 그것은 평계……

장관님, 저는 그 말씀을 듣고 싶지 않아요.

○**증인 유인촌** 아니, 그러니까 제 얘기는 하여간 그런 걸 잘 지켜서 그대로 정식대로 하면 좋겠다 이렇게 말씀드리겠습니다.

○**임오경 위원** 김건희 씨 자체가 불법, 편법으로 살아왔기 때문에 모든 권력의 틀 안에서 그렇게 지금 사용하고 있는 겁니다, 말 한마디면 모든 게 통용된다라고. 이것을 우리가 정부 부처에서 이런 식으로 다 받아 주니까 이러는 거예요. 그리고 그 피해는 다 고스란히 누가 받습니까? 왜 장관님이 그 피해를 다 받아야 되고 왜 청장님이 그 피해를 받아야 되고 왜 차관 그리고 공무원들이 받아야 되는 겁니까? 사적으로, 개인적으로 사용한 사람이 누구입니까? 기본적인 절차라도 앞으로는 받아 주시기 바라고요.

마지막 추가질의를 안 하는 걸로 인해서 좀 더 하겠습니다.

이번 계엄 사태로 안 그래도 어려움을 겪고 있는 소상공인들은 정말 생계가 막막하다고 봅니다. 이번 계엄 사태로 가장 치명타를 입은 산업이 어디라고 보십니까, 장관님?

○**증인 유인촌** 제일 아무래도 나타나는 게 관광 업계가 제일 크고요. 그다음에 소상공인들이 아마 연말 특수를 봐야 하는 그런 작은 가게들이나 상점들, 시장 이런 데가 피해를 많이 받았다고 생각합니다.

○**임오경 위원** 예, 그렇습니다. 관광산업이지요.
올해 2000만 명 방한객 유치를 목표하셨지요?

○**증인 유인촌** 예, 그렇습니다.

○**임오경 위원** 현재까지 성과는 어떻습니까?

○**증인 유인촌** 현재까지 약 1600만 정도 온 것 같습니다.

○**임오경 위원** 비상계엄 선포 이후 미국, 프랑스, 영국, 캐나다, 싱가포르, 우크라이나 등 주요국에서는 우리나라의 정치적 불확실성으로 인한 위험에 대해 자국민들에게 주의 권고 문구를 담아 메시지를 보냈습니다. 이거야말로 나라 망신 아닐까요?

○**증인 유인촌** 예, 그렇습니다.

○**임오경 위원** 대한민국의 가장 큰 장점인 안전과 치안에 대해 세계 주요국들이 불안감을 표출한 것입니다. 코로나 이후 겨우 회복하고 있는 관광산업에 정부가 찬물을 들이부은 것에 대해서 뭐라고 표현할 수 있겠습니까?

○**증인 유인촌** 아마 올 연말까지의 피해는 생각보다 그렇게 많지는 않은데 더 중요한 건 내년 연초에, 왜냐하면 내년에 계획돼 있는 그런 것들에 대한 문의나 또 취소나 이런 것들이 있기 때문에 오히려 지금 현재에는 뭐 그렇게 큰 변동은 없습니다.

○**임오경 위원** 아니지요. 지금 현재 각 나라 국무위원들이 예정했던 방문 일정 다 연기하지 않았어요?

○**증인 유인촌** 물론 그런……

○**임오경 위원** 언론보도를 통해서 다 보셨지요? 연기되었습니다.

○**증인 유인촌** 일반 관광객 쪽을 얘기하는 겁니다.

○**임오경 위원** 그리고 취소하는 나라가 안전하다고 보겠습니까? 이것은 각 다른 나라에서도 국무위원들이 예정 방문을 다 연기하고 있는데 관광으로서 안전하다고 어떤 나라에서 어떤 국민이 그렇게 생각을 하겠어요? 우리나라가 수십 년간 정전 국가임에도 치안강국으로서 쌓아 온 이미지가 한순간에 무너지면서 가 보고 싶은 나라, 여행지였었는데 지금 위험국으로 선포되어 있습니다.
이것에 대해서 지금 불안감이 확산되면서 동남아 관광객이 한국 여행을 취소하고 그 행선지를 지금 어디로 바꾸고 있는지 알고 계십니까?

○**증인 유인촌** 예, 뭐……

○**임오경 위원** 지금 일본으로 다 행선지를 바꾸고 있어요.

○**증인 유인촌** 그래서 저희들이 계속 지금 각 상대국마다도 편지도 보내고 우리 주재관들을 통해서 끊임없이 또 여행사들을 통해서 계속 안전성과 관광을 그대로 유지할 수 있다, 걱정하지 말라고 지금 계속 편지를 보냈고요. 또 내년부터는 여러 가지 행사를 새로 계획하고 있어서 피해를 좀 최소화하려고 하고 있습니다.

○**임오경 위원** 우리나라의 정치적 불확실성으로 내년 1분기 방한 중국인 관광객이 19%

줄어들 거라고 지금 예상하고 있어요. 전망이 나왔습니다.

○**증인 유인촌** 예상인데요. 또 아마 이런 부분은 생각보다 그렇게 크지 않도록 저희들이 지금 준비를 잘하고 있습니다. 지난번 중국하고는 이미 관광장관 회담을 통해서 이루어 놓은 것들이 꽤 많이 있어서 그런 것들이 좀 최소화할 수 있도록 이번 사태 때문에 피해 보지 않도록 하도록 하겠습니다.

○**임오경 위원** 장관님의 말씀을 들어 보면 제가 올해 지금 10월까지의 데이터만 따져도 약 세 배 가까이 차이가 나고 있어요. 인바운드 관광객이 263만 2335명, 아웃바운드 관광객이 지금 어떻게 나오고 있습니까? 720만 815명으로 나오고 있어요.

○**증인 유인촌** 일본하고의 관계 때문에……

○**임오경 위원** 지금 현재도 이렇게 나오고 있고, 얼마 전에 중소기업중앙회에서 낸 자료 보셨습니까?

○**증인 유인촌** 다 못 봤습니다.

○**임오경 위원** 숙박업자, 외식업자 505명을 대상으로 설문조사를 진행한 결과 작년 대비 올해에 경영 사정이 곤란해졌다고 응답한 결과가 83.6%에 달했습니다. 지금 여기에 계신 분들은 그 자리에 앉아 계실 게 아니라 현장으로 직접 뛰셔야 됩니다.

○**증인 유인촌** 맞습니다.

○**임오경 위원** 그리고 방안책을 어떻게 모색하실 것인지 그러한 논의를 통해서 계속해서 지금 방안을 마련해 주셔야 되는 것 아닙니까?

○**증인 유인촌** 예. 지금 현재 민관합동점검단도 구성돼 있고요. 나름대로 이제 1월부터는 융자, 투자 이런 여러 가지의 방법으로 지금 피해를 보고 있는 숙박업소나 이런 쪽으로 저희 예산을 조기에 집행할 수 있도록 준비하고 있습니다.

○**임오경 위원** 그리고 또 12·3 계엄사태 이후 국내 정치 상황 불확실성으로 인해서 직간접적인 피해를 입었다고 응답한 사람들도 거의 절반, 46.9%에 달합니다. 이 숙박업자는 12·3 비상계엄 이후로 예약 자체가 없고 문의 또한 없다고 합니다. 기존 예약이 취소되고 계엄 사태 이후 사람들의 이동 자체가 없어서 현재 예약 및 숙박률이 제로 퍼센트가 되어 생존 위기라고 합니다.

　이게 대기업의 호텔들은 큰 위험이 없을 수도 있어요. 장관님, 제가 지금 이 통계를 보여 드리고 말씀드리는 이유는 다 소상공인 때문입니다. 관광업계에 우리 지방자치분권다 폭락합니다. 이 소상공인들 재발 방지 어떻게 대안 구상하고 계십니까?

○**증인 유인촌** 지금 좀 전에 말씀드린 것처럼 아마 융자도 대폭 확대할 예정이고요. 일단 업체들 또는 여행 회사들 이런 쪽하고 지속적으로 저희가 논의를 하고 있기 때문에 내년부터는 좀 내수 진작될 수 있도록 하여간 노력하고 있다라고 말씀드리겠습니다.

○**임오경 위원** 잘못도 없는 지자체장들이 지금 발 뻗고 나섰다고 합니다. 그렇기 때문에 문체부에서도 선제적으로 꽁꽁 얼어붙은 관광산업의 온기를 좀 불어넣을 수 있는 추경 및 여행 바우처 확대 또 대한민국 홍보영상 마련 등 적극적 대책이 좀 필요하다고 봅니다.

○**증인 유인촌** 예, 그렇게 하려고 지금……

○**임오경 위원** 앞장서 주시기 바라고요.

　마지막으로 게임 및 콘텐츠 업계에서 끼친 피해액이 총 얼마인지 알고 계십니까?

○**증인 유인촌** 아직 정확하게 피해액수까지 집계하지는 않고 있습니다.

○**임오경 위원** 콘진원 원장님, 이것 말씀하실 수 있어요?

○**증인 유현석** 지금 장관님이 말씀하신 것처럼 데이터가 최근 들어서 업데이트된 건 없고요.

○**임오경 위원** 제가 말씀드릴게요.

모바일인덱스에 따르면 넷플릭스 순방문자 수는 1일 271만 9519명, 4일 또 238만 2528명으로 약 33만 명이 감소했으며 티빙은 동 기간 약 4만 명, 쿠팡플레이는 약 21만 명의 순방문자 수가 감소했다라고 합니다.

영화 분야 피해도 극심합니다. 알고 계시지요? 윤석열 내란 이후에 12월 4일부터 16일까지 일일 평균 관객은 35만 3656명으로 작년 12월 평균인 53만 8370명보다 적으며 코로나 시기였던 2022년 12월 45만 7153명보다 적은 수치입니다.

드라마, 예능이 결방됐습니다. '열혈사제2', '지금 거신 전화는', '옥씨부인전', '나 혼자 산다', '아는 형님' 등이 결방되고 뉴스 특보가 그 자리를 대신 채웠습니다.

장관님, 드라마, 예능 결방되면 무슨 문제가 생기는 거지요?

○**증인 유인촌** 광고 문제가 생깁니다.

○**임오경 위원** 다 알고 계시잖아요. 또 출연 지급이 늦어지게 되지요?

○**증인 유인촌** 예, 그렇습니다.

○**임오경 위원** 현장에 있는 사람들이 무슨 죄가 있어요?

○**증인 유인촌** 빨리 어쨌든 그런 부분들이 좀 정상적으로 회복될 수 있도록 노력하고 있습니다.

○**임오경 위원** 장관님이 방송인으로서 현장에 계셨던 분이니까 더욱더 현장의 어려움을 잘 아실 거라고 저는 생각합니다.

○**증인 유인촌** 그렇습니다.

○**임오경 위원** 이러한 부분들 좀 발 빠르게 움직여 주셔서 또 피해 입은 콘텐츠산업 피해 현황 파악해서 지원방안 마련해 주실 것을 당부말씀 드리고요.

제가 마지막으로 이 말씀을 드릴까 말까 아침부터 고민을 좀 많이 했었습니다. 오늘 그랜드코리아레저 윤두현 사장님 나오셨지요?

○**증인 윤두현** 예.

○**임오경 위원** 오늘 아침에 우리 민주당 의원들이 비공개회의를 하고 있었습니다. 그런데 인사차 저희 위원장실을 방문해 주셨지요?

○**증인 윤두현** 예.

○**임오경 위원** 그런데 들어오셔서 이게 우리 대한민국 문화입니까? 왼손을 주머니에다 넣으시고 한 손을 내밀면서 악수를 하시더라고요. 깜짝 놀랐습니다. 그 자리에서 어떻게 해야 되나. 이게 대한민국 문화입니까, 악수의?

○**증인 윤두현** 그게 그때 왼쪽 주머니에 명함을 넣어 놨습니다. 그래서 명함을 내면서 인사를 하다 보니까 오른손으로는 악수한다고 손을 내밀고 왼손에는……

○**임오경 위원** 처음부터 왼손에 이렇게 넣고 들어오시면서 계속 손을 넣고 계신다, 저는 들어오실 때부터 확인했습니다.

첫 번째 의원님 통과하시고 저한테 오실 때 제가 주춤했습니다. 그거 알고 계신가요?

잘 한번 생각해 보십시오.

○증인 윤두현 제가 잘 하고 혹시 제가 의식……

○임오경 위원 제 눈이 정확하게 사장님 주머니 속에 들어간 손을 확인했습니다. 그거 보셨지요? 제가 볼 때는 그걸 보시고 슬그머니 손을 뺀 걸 알고 있습니다. 그리고 그다음 의원님에게 악수를 청했습니다.

○증인 윤두현 제가 기억을 하기로는 왼쪽 주머니에 명함을 넣어 놔 가지고, 제가 외투를 입고 있었거든요. 그래서 외투를 벗으면서 한다고 저는 그렇게 기억을 하는데 혹시 그 과정에서 오랫동안 손에 있어서 그렇게 인식이 됐다면 앞으로 그런 일이 안 생기도록 하겠습니다.

○임오경 위원 제가 이 말씀을 드리는 것은 윤두현 사장님께서도 21대에 저와 함께 국회의원으로서 같이 일했던 분입니다. 그런데 지금은 바뀌지 않았습니까?

○증인 윤두현 예.

○임오경 위원 기본적인 예의는 갖추시고 들어오셔야지요. 저희 비공개 회의하고 있는데 그래도 오셨으니까 들어오시라고 전체가 다 일어났습니다.

○증인 윤두현 아이고, 감사하게 생각하고. 저도 국민의 대표인 의원들에게 이런 일이 있었을 때, 올 때는 미리 인사하는 것이 지켜야 할 일이라고 생각을 했는데……

내가 생각할 때는 윗도리를 벗고 들어가려고 그러다가 들어오라고 이야기하는 바람에 제가 벗으면서 왼쪽 주머니 안에 있는 명함을 낸다고 생각을 했는데 거기에 대해서 그런 오해가 있었다면 그런 것 하지 않도록 앞으로 잘 하도록 하겠습니다.

○임오경 위원 제가 오늘 그거를 확인하고 저한테 인사하실 때 그런 모습을 봤기 때문에 그 자리에서는 참았고요. 제가 그걸 확인하고, 다른 의원님한테 또 주머니에다 손 넣고 그렇게 하셨더라면 제가 아마 그 자리에서 가만히 있지 않았을 겁니다. 두 번 다시 이런 일이 없도록 주의요청 부탁드립니다.

○증인 윤두현 예.

○임오경 위원 이상입니다.

○이기헌 위원 의사진행발언 있습니다.

○위원장 전재수 이기헌 위원님 말씀해 주시기 바랍니다.

○이기헌 위원 제가 추가발언 신청을 안 해서, 오늘 제 질의는 준비가 돼서 다 했기 때문에 말씀 안 드리려고 했는데 제가 그냥 의사진행발언 한 말씀만 좀 드리겠습니다.

아까 제가 좀 흥분해서 여기 계신 공직자 여러분들께 큰소리를 내서 죄송합니다. 제가 원래 큰소리 잘 안 내는데 아까 좀 흥분했습니다. 죄송하다는 말씀 드리고요.

한 가지만 말씀드리겠습니다.

이번에 비상계엄이라고 하는 비상식적, 반헌법적 군사 쿠데타로 인해서 정말로 대한민국을 지키고 있는 50만, 많은 직업군인들, 직업군인으로만 따지면 약 30만 직업군인들이 정말 씻을 수 없는 트라우마와 상처를 입었습니다. 그 군인의 가족들, 그 군인의 아들, 자식들이 학교를 다니면서 눈치 보고 다녀야 되는 상황이 벌어졌어요. 정말 대단히 안타깝습니다.

정말 오지에서 국가를 지켜야 된다는 사명을 가지고 일하시는 분들이 있습니다. 그분들의 명예를 단지 몇 명의 정치군인들이, 잘못된 전쟁광들이 깡그리 45년 전으로 돌려놓은 것입니다. 치유해야 되겠지만 굉장히 긴 시간이 걸릴 것입니다.

저는 이 자리도 마찬가지라고 생각합니다. 이 자리에 계신 고위공직자들, 장관, 차관 이하 각 기관의 장들께서 국회에 나와서 좀 억울한 일도 있으실 거라고 생각합니다. 본인들 입장에서는 내 의도가 그것이 아닌데, 내 뜻이 그것이 아닌데 내가 이렇게 공격을 받고 이 공격은 나에 대한 개인적 공격이 아니라 우리 조직에 대한 공격이고 음해고 모독이다라고 생각하실 수 있다고 생각합니다.

하지만 국회는 국민을 대표해서 공직자들에게 그런 얘기를 해 드리는 곳입니다. 감정이 있다기보다는 대한민국이란 이 거대한 국가가 정말로 제대로 굴러가기 위해서 국회의 기능을 가지고 행정부처를 운영하고 계신 기관장들과 장관께 말씀을 드리는 겁니다.

아까 이은우 원장 임오경 위원님의 질의에 본인이 울컥하고 억울하셨는지 위원님 질의하는 데 발언을 요청하지도 않았는데 '오해십니다' '억울합니다' 몇 가지 얘기를 하셨는데, 제가 정확하게 단어는 기억이 안 납니다만.

이 자리에 계신 분들이 그래서 중요한 겁니다. 기관장, 리더는 아무나 하는 것 아닙니다. 한국정책방송원에 있는 많은 직원들이 왜 그런 오해를 받아야 됩니까? 왜 이렇게 비판을 받아야 됩니까? 누구 때문인지 잘 생각해 보십시오.

이렇게 해서 KTV가, 한국정책방송원이 작년에 있었던 황제관람서부터 시작해서 이번에 있었던 전쟁상황에 대한 생중계 준비 그리고 계엄령이 떨어지는 그 과정에서의 여러 가지 잘못된 편향적 보도로 인한 오욕 이런 것들이 오래 남을 겁니다. 이런 과정에서 지도자는 무엇을 했는지, 고위 간부들은 무엇을 했는지 스스로 반성해야 됩니다.

○**임오경 위원** 위원장님, 의사진행발언 있습니다.

○**위원장 전재수** 의사진행발언입니까?

○**임오경 위원** 예.

오늘 나온 KTV 이은우 원장 태도와 관련하여 의사진행발언을 좀 하도록 하겠습니다.

지금 위원님들의 의결정족수가 좀 부족해서 의결할 수는 없다라고 생각하지만 그래도 속기록에는 좀 남겨 놔야 될 것 같아서 의사진행발언하겠습니다.

이은우 원장은 앞서 저의 질의 중 KTV가 지난 10월에 북한 기습도발 시 생방송 제작 안을 만들고 이번 계엄 내란에 동조하는 등 국민을 위험에 빠뜨리는 윤석열 정부의 행태에 동조한 것을 지적하는 과정에서, 이 부당함을 지적하는 제 발언에 대해 말씀이 지나치다고 반박하며 내란자들을 옹호하고 국회를 모욕하는 듯한 발언을 한 바 있습니다.

KTV의 대부분의 직원들은 성실히 업무에 임하고 있습니다. 다만 저는 원장을 비롯한 수뇌부들의 부역행위, 동조행위를 지적한 것인데 이은우 원장은 마치 제 발언에 대해 모든 KTV 직원을 겨냥한 듯이 표현하며 문체위에 대한 모욕적인 자세로 일관했습니다.

그래서 이은우 원장의 내란동조죄, 국회모욕죄에 대해 상임위 차원의 고발이 이루어져야 한다고 봅니다. 따라서 다음 열리는 상임위에서 반드시 이은우 원장을 고발 의결할 수 있도록 속기록에 남기고 위원장님에게 요청드립니다.

이상입니다.

○**위원장 전재수** 임오경 위원께서 말씀하신 내용과 더불어서 회의 시작 전에 여러 위원님들의 의사진행발언이 있었습니다. 종합적으로 정리를 해서 여야 간사 위원님들 사이의 협의를 진행해 주시기 바랍니다.

이상으로 위원님들의 추가질의를 모두 마쳤습니다.

더 이상 질의하실 위원님이 안 계시므로 질의를 종결토록 하겠습니다.

그리고 오늘 회의에서 박수현 위원님, 김재원 위원님, 임오경 위원님으로부터 서면질의가 있었습니다.

해당 기관은 성실하게 서면으로 답변해 주시기 바랍니다.

서면질의와 답변 내용은 오늘 회의록에 게재토록 하겠습니다.

이상으로 오늘 회의를 모두 마치도록 하겠습니다.

회의에 참석하여 증언해 주신 증인 및 배석자 여러분들께 감사드립니다.

위원님 여러분 수고 많으셨습니다.

보좌진과 수석전문위원 및 위원회 직원 여러분, 속기, 경위 직원 여러분, 국회방송 직원 여러분 모두 수고하셨습니다.

산회를 선포합니다.

(16시17분 산회)

···

증인 명단
증인(1인)

성명	직책	신문요지	출석일	비고
추동진	한국정책방송원 방송보도부편집팀장	계엄 관련 방송편집업무에 대한 질의	2024. 12. 20.(금)	추가

○출석 위원(15인)
강유정 김승수 김윤덕 김재원 민형배 박수현 박정하 배현진 신동욱 양문석
이기헌 임오경 전재수 조계원 진종오

○청가 위원(1인)
정연욱

○출석 전문위원 및 입법심의관
수석전문위원 김원모

전문위원 전완희

입법심의관 김충섭

○정부측 및 기타 참석자
한국예술종합학교

　총장 김대진

국가유산청

　청장 최응천

　기획조정관 황권순

　궁능유적본부장 이재필

　운영지원과장 박정섭

○출석 증인
유인촌(문화체육관광부장관)

용호성(문화체육관광부제1차관)

장미란(문화체육관광부제2차관)

황성운(문화체육관광부 기획조정실장)

최보근(문화체육관광부 국제문화홍보정책실장)

유병채(문화체육관광부 국민소통실장)

김현준(문화체육관광부 국제문화정책관)

채수희(문화체육관광부 해외홍보정책관)

윤양수(문화체육관광부 콘텐츠정책국장)

김정훈(문화체육관광부 관광정책국장)

김근호(문화체육관광부 관광산업정책관)

이은우(한국정책방송원 원장)

박준석(한국정책방송원 보도부장)

이승훈(한국정책방송원 제작부장)

이찬구(한국정책방송원 기획편성부장)

이성구(한국정책방송원 방송기획관)

추동진(한국정책방송원 방송보도부편집팀장)

유현석(한국콘텐츠진흥원 원장직무대리)

서영충(한국관광공사 사장직무대리)

윤두현(그랜드코리아레저(주) 사장)

【보고사항】

○의안 회부

공연법 일부개정법률안

(2024. 12. 10. 조인철 의원 대표발의)(의안번호 2206334)

국민체육진흥법 일부개정법률안

(2024. 12. 10. 조인철 의원 대표발의)(의안번호 2206353)

　이상 2건 12월 11일 회부됨

대중문화예술산업발전법 일부개정법률안

(2024. 12. 13. 정희용 의원 대표발의)(의안번호 2206474)

　12월 16일 회부됨

근현대문화유산의 보존 및 활용에 관한 법률 일부개정법률안

(2024. 12. 16. 조계원 의원 대표발의)(의안번호 2206500)

국민체육진흥법 일부개정법률안

(2024. 12. 16. 민형배 의원 대표발의)(의안번호 2206524)

　이상 2건 12월 17일 회부됨

국외문화유산의 보존·활용 및 환수에 관한 법률안

(2024. 12. 17. 전용기 의원 대표발의)(의안번호 2206571)

문화유산의 보존 및 활용에 관한 법률 일부개정법률안

(2024. 12. 17. 전용기 의원 대표발의)(의안번호 2206574)

공공디자인의 진흥에 관한 법률 일부개정법률안

(2024. 12. 17. 정부 제출)(의안번호 2206584)

도서관법 일부개정법률안

(2024. 12. 17. 정부 제출)(의안번호 2206597)

뉴스통신 진흥에 관한 법률 일부개정법률안

(2024. 12. 17. 정부 제출)(의안번호 2206603)

공예문화산업 진흥법 일부개정법률안

(2024. 12. 17. 정부 제출)(의안번호 2206604)

문화예술교육 지원법 일부개정법률안

(2024. 12. 17. 정부 제출)(의안번호 2206606)

문화유산의 보존 및 활용에 관한 법률 일부개정법률안

(2024. 12. 17. 정부 제출)(의안번호 2206609)

문학진흥법 일부개정법률안

(2024. 12. 17. 정부 제출)(의안번호 2206610)

아시아문화중심도시 조성에 관한 특별법 일부개정법률안

(2024. 12. 17. 정부 제출)(의안번호 2206611)

잡지 등 정기간행물의 진흥에 관한 법률 일부개정법률안

(2024. 12. 17. 정부 제출)(의안번호 2206612)

애니메이션산업 진흥에 관한 법률 일부개정법률안

(2024. 12. 17. 정부 제출)(의안번호 2206613)

이스포츠(전자스포츠) 진흥에 관한 법률 일부개정법률안

(2024. 12. 17. 정부 제출)(의안번호 2206614)

이상 13건 12월 18일 회부됨

한지문화산업의 육성 및 발전에 관한 법률안

(2024. 12. 18. 김형동 의원 대표발의)(의안번호 2206624)

국민체육진흥법 일부개정법률안

(2024. 12. 18. 조계원 의원 대표발의)(의안번호 2206628)

체육시설의 설치·이용에 관한 법률 일부개정법률안

(2024. 12. 18. 조계원 의원 대표발의)(의안번호 2206634)

역사문화권 정비 등에 관한 특별법 일부개정법률안

(2024. 12. 18. 정부 제출)(의안번호 2206636)

지역문화진흥법 일부개정법률안

(2024. 12. 18. 정부 제출)(의안번호 2206637)

고도 보존 및 육성에 관한 특별법 일부개정법률안

(2024. 12. 18. 정부 제출)(의안번호 2206639)

이상 6건 12월 19일 회부됨

○관련의안 회부

인구감소지역 지원 특별법 일부개정법률안

(2024. 12. 13. 정부 제출)(의안번호 2206467)

기후위기 대응을 위한 해상풍력발전 보급촉진 특별법안

(2024. 12. 13. 정진욱 의원 대표발의)(의안번호 2206478)

이상 2건 12월 16일 의견제시기간을 소관위원회의 심사의결일 전일까지로 정하여 회부됨 탄핵 이후 당의 통합과 화합을 걱정하는 분들이 다수였고, 지금은 더욱 그런 분위기가 조성되어 가고 있습니다. 그럼에도 불구하고 사실확인 없이 자작 제보에 의존한 오보와 유언비어들이 무분별하게 유포되고 있습니다. 김어준의 '한동훈 사살설'이 허위로 드러났습니다. 민주당마저도 허구라고 인정하고 있습니다. 김어준의 황당무계한 소설을 그대로 기사화한 데 대한 책임은 없는지 언론계의 자성이 필요한 때입니다. 국민의힘 미디어특위 위원장으로서 특정 정당이나 특정 세력의 이익을 대변하는 식의 보도를 자중해 주실 것을 언론인 여러분께 정중히 요청드리는 바입니다. '친윤'이나 '친한'이니 하는 구분은 호사가들이 만들어낸 말입니다. 저 자신부터도 친윤도 아니고 친한도 아닙니다. 우리 국민의힘 의원은 모두 그렇다고 생각합니다.

– 국민의힘 미디어특별위원회 위원장 이상휘, 12월 20일 호소문

국정안정 고위당정협의회 주요내용

12월 20일 국가안정 고위당정협의회 주요내용은 다음과 같다.

- 권성동 당 대표 권한대행 겸 원내대표

이른 시간에 한덕수 대통령 권한대행님을 비롯한, 국무위원 여러분들께서 회의에 참석해 주셔서 감사를 드린다. 그리고 함께 자리해 주신 우리당의 상임위원장님들께도 감사의 말씀을 드린다.

대한민국 헌법은, 대통령의 헌정수호 책무를 명시하고 있다. 대통령 권한대행의 권한행사 범위에 대해 여러 의견이 있지만, 그 기준은 어디까지나 헌정수호가 되어야 한다. 특히 국방과 치안은 국가를 지탱하는 기본적 질서로서 헌정수호의 토대라고 할 수 있다. 그러므로 국방부 장관과 행안부 장관에 대한 임명이 시급하다.

현재 육군참모총장을 비롯하여 방첩사령관, 수방사령관, 특전사령관 등 중요한 군 지휘관의 직무대리 체계로 분리되고 있다. 지휘 계통의 난맥이 길어질수록 안보 태세는 불안정해질 가능성이 높다. 국방부 장관 임명을 통해 하루빨리 군 지휘 계통을 수습해야 한다. 하지만 군은 어떤 상황에서도 흔들림 없이 나라 지키는 소임을 다해야만 한다. 지금 국방부 장관 공백 상태에서 쉽지 않은 여건이지만 국가 안보에 조금도 빈틈이 없도록, 전군이 확고한 대응 태세를 유지해 주길 당부드린다.

연말 다중인파 밀집 상황이 예상되고, 각종 재난 상황에 대한 대비 태세도 만반의 준비가 필요하다. 정치 혼란이 국민 일상의 피해가 되어서는 아니 된다. 조속한 행안부 장관 임명 역시 요청드린다. 권한대행께서는 안보와 치안 유지가 국정 회복의 첫걸음이라는 각오로 두 장관에 대한 임명을 조속히 결단해 주시기를 부탁드리겠다.

정책적인 당부 사항을 말씀드리겠다. 먼저 제일 중요한 군의 안보 태세에 대해서는 조금 전에 말씀을 드렸고, 우리 권한 대행께서도 말씀하신 바와 같이 한미 동맹이 정말 중요하다. 우리 외교 안보라인은 확고한 한미 동맹과 한미일 협력을 바탕으로 북한의 위협에 대해 단호한 대응 태세를 확립하고 주변 정세와 안보 상황을 안정적으로 관리해 나가길 바란다.

또 내년 1월 20일 트럼프 행정부 출범에 대비하는 데 만전을 기해 주시기 바란다. 특히 트럼프 행정부 측과의 접촉에 있어서 외교 라인뿐만 아니라 모든 정부, 부처, 지자체, 기업, 그리고 민간 분야의 역량과 네트워크를 총동원할 수 있는 적극적인 방안을 강구해 주시기 바란다. 경제가 매우 중요하다. 어제 미국 연방준비위원회가 금리 인하 속도 조절을 시사하면서, 금융 외환 시장의 변동성이 커졌다.

이로 인해 경제 심리가 위축될 것을 우려하고 있는데, 한국 경제의 대외신인도 관련한 미국 트럼프 정부 출범에 따른 통상 환경 변화에 대한 대응, 산업 경쟁력 강화를 위한 적극적인 조치가 필요하다고 생각한다.

고금리, 고물가, 내수 부진의 장기화로 어려움을 겪고 있는 소상공인·자영업자 지원은 정부의 제1 핵심과제여야 한다. 소상공인, 자영업자들이 겪는 피해를 줄이고 연말 모임 활성화를 포함해 내수 경기를 회복하기 위한 모든 노력을 강구해 주시기를 부탁드린다. 그리고 민생경제 회복을 위한 내년도 예산의 조기 집행 방안을 준비해 주시기 바란다.

마지막으로 치안 당국은 연말연시 각종 민생 범죄와 사건·사고 예방에 만전을 기해야 한다. 특히 서민을 위협하는 불법 사금융, 사기, 횡령, 도박 등 경제사범 근절에 각별히 신경 써 주시기를 부탁드리겠다. 감사하다.

2024. 12. 20.
국민의힘 공보실

더불어민주당
제54차 최고위원회의 모두발언

일시 : 2024년 12월 20일(금) 오전 9시
장소 : 국회 본청 당대표회의실

– 이재명 당대표

유감스럽게도 한덕수 대통령 권한대행이 거부권을 남발하고 있습니다. 윤석열 대통령이 국회 입법권을 무시하는 행태가 반복되고 있는 셈입니다. 정부에 의한 삼권 분립 훼손이 지속되고 있어서 참으로 유감스럽다는 말씀을 드립니다. 대통령의 헌법과 계엄법 위반에 대한 국민의 뜻은 어느 때보다 엄중합니다. 한 권한대행은 더 이상 국민 뜻을 저버리지 않기를 바랍니다. 민의에 따라 특검법을 신속하게 공포하기 바랍니다.

공직자가 두려워해야 하는 것은 민의이지, 무력이 아닙니다. 윤 대통령이 불법 계엄을 위해서 많은 병력을 동원했지만, 국민들은 맨몸으로 용맹하게 맞서 2시간 반 만에 이를 저지해냈습니다. 그런데도 국민의힘 태도가 해괴합니다. 계엄 해제를 반대하고, 탄핵을 반대하고, 수사를 방해하고 있습니다. 국민 두려운 것을 모르고 여전히 내란에 동조하기에 여념 없는 국민의힘은 각성하기 바랍니다.

지금은 모르겠지만, 다 이런 것들이 쌓이고 쌓여서 그 책임을 질 때가 반드시 옵니다. 내란에 대한 철저한 진상 규명과 윤 대통령의 신속한 파면 절차 진행에 협조해야 합니다. 이것이 윤 대통령을 배출한 국민의힘이 국민에게 할 최소한의 도리입니다.

불법 비상계엄이 촉발한 내란 사태 때문에 경제 지표가 온통 빨간불입니다. 소상공인 10명 중 9명은 매출이 줄었고, 수출 기업들도 큰 피해를 입고 있습니다. 연말 대목은 사라져 버렸고, 소비 절벽도 현실화됐습니다. 가뜩이나 지속된 경기 침체 때문에 서민과 취약계층의 경제적 부담이 가중되어 왔는데, 고환율·고물가는 물가에서도 불평등을 부추기고 있습니다.

성장의 하방 압력이 뚜렷해지자 경제 당국이 이제서야 추경을 주장하고 나섰습니다. 늦었지만 다행입니다. 윤 대통령이 억압을 안 해서 그런지, 이제 제대로 된 목소리들이 조금씩 나오는 것 같습니다. 민생 추경은 더 이상 선택의 문제도 아니고 정쟁의 대상도 아닙니다. 국난에 비견되는 이 비상한 시국에 신속한, 그리고 비상한 대책이 반드시 마련되어야 합니다. 정부는 국민의 삶을 직시해서 지금 바로 추경 편성에 나서기를 바라고, 국민의힘도 추경 편성에 협조하기 바랍니다.

30대 싱글맘을 죽음으로 내몬 불법 추심 사채업자가 엊그제 구속됐다고 합니다. 그렇기는 하지만 지속적인 경기 악화로 금융 약자들은 여전히 불법 사채에 시달리고 있습니다. 불법 사금융 상담 건수가 4만여 건으로, 작년의 4배를 넘고 있다고 합니다. 민주당이 제출한, 그리고 개인적으로 저의 소망 사항이었던 불법 사채 금지법이 이제 상임위를 통과했다고 합니다. 여야 간에 합의된 만큼, 신속하게 법사위를 거쳐서 본회의에서 의결되기를 바랍니다.

더 이상 빚 때문에 목숨을 끊는 일이 있어서는 안 되겠습니다. 서민과 취약 계층에게 더 혹독하고 또 고통스러운 시기인 만큼, 악성 사금융으로 인한 피해가 없도록 정부 당국도 불법 사채 근절에 총력을 다해 주시기 바랍니다. 나라가 망하는 징조가 몇 개 있는데, 그중의 하나가 불법 고리대 성행입니다. 도박도 마찬가지입니다. 신속하게 불법 사금융 금지법안이 시행되기를 기대합니다.

– 박찬대 원내대표

한덕수 총리가 국회가 의결한 6개 법안에 대해 거부권을 행사했습니다. 소극적 권한만 행사하며 국정을 안정적으로 이끌어야 할 총리가 거부권이라는 가장 적극적 권한을 행사한 데 대해 매우 유감입니다. 오로지 헌법정신과 국가의 미래를 최우선으로 고려한 결과가 이런 것입니까? 윤석열의 길을 그대로 따라가겠다는 것인지 묻지 않을 수 없습니다.

진심으로 대한민국의 미래를 생각하고 국민을 위한다면, 거부권 행사가 아니라 신속하게 내란 사태 종결을 위한 절차를 밟아야 합니다. 내란 사태를 수사할 상설 특검 후보자 추천 의뢰를 지체없이 하고, 내란 수사 일반 특검법과 김건희 특검법도 즉시 공포하십시오. 헌법재판관 임명을 지연시키는 일 역시 없어야 합니다. 한덕수 총리는 국가적 위기 상황에서, 역사에 기록될 자신의 마지막 모습이 어떤 것이어야 하는지 심사숙고하길 바랍니다.

최근 탄핵 정국을 틈타 공공기관 인사를 강행하려는 움직임이 있습니다. 고위공직자들 승진 등을 최대한 진행하려는 움직임도 포착되고 있습니다. 한덕수 총리는 헌법재판관 임명 등 아주 긴급하고 필요한 인사가 아니면 대통령 임명 직위의 인사를 최소화해야 합니다. 공공기관 인사는 헌법재판소의 탄핵 심판 결과가 나온 후로 미루고 정부 고위공직자 승진 인사 등도 동결할 것을 강력히 촉구합니다.

그 밥에 그 나물이 아니라 쉰 밥에 쉰 나물입니다. 검사 출신 대통령이라는 자가 헌법을 위반하여 내란죄를 일으키더니, 그 40년 지기 변호사라는 자는 내란죄가 아니라고 궤변을 늘어놓았습니다. 12.3 비상계엄 선포가 헌법에서 규정한 조건, 전시, 사변 또는 이에 준하는 국가비상사태와 전혀 부합하지 않는데, 그것이 어떻게 문제가 없다고 주장할 수 있는 것입니까? 완전무장한 계엄군이 국회로 난입해 헌법기관인 국회의 기능을 마비시키려 한 충격적인 장면을 온 국민이 실시간으로 지켜봤는데, 이게 내란죄가 아니라니 무슨 헛소리를 하는 것입니까?

대통령은 법률가인데 체포란 얘기를 왜 하겠느냐고 하는데, 그러면 대통령으로부터 국회의원 체포 명령을 받았다는 조지호 경찰청장과 곽종근 특수전사령관, 홍장원 전 국정원 제1차장이 서로 짜고 거짓말을 했다는 겁니까? 2시간 만에 그만두는 내란이 어딨느냐는 대목은 헛웃음만 나옵니다. 다른 사람도 아닌 검사 출신 윤석열과 석동현 변호사가 이런 황당한 궤변을 늘어놓는다는 사실이 기가 막힙니다. 2시간이 아니라 2분만 실행했어도 명백한 내란입니다.

형법은 내란의 우두머리는 사형, 무기징역 또는 무기금고에 처하도록, 내란을 목적으로 예비, 음모, 선동, 선전한 자는 3년 이상의 유기징역이나 유기금고에 처하도록 하고 있습니다. 법적 정치적 책임을 다하겠다면서, 수사기관의 출두요구서도, 헌법재판소의 탄핵 심판 접수통지도 수령 거부하는 행태는 후안무치의 정점을 찍었습니다. 백번 천번 엎드려 사죄해도 모자랄 판에 고개 뻣뻣하게 들고 적반하장으로 나온다면, 우리 국민께서는 결코 용서하지 않을 것입니다.

– 김민석 최고위원

윤석열 구속과 수사권 조정이 지연된 틈을 탄 내란 비호세력의 준동을 용납하지 않겠습니다.

경호실과 비서실의 내란 간여와 수사 방해, 내란을 비호하는 내란당 국힘의 내란 선전과 방해, 숨어있던 언론계 내란 부역자들의 내란 비호를 하나하나 철저히 짚어가겠습니다. 저항과 지연작전이 통할 거라는 꿈도 꾸지 마십시오.

한덕수 대행이 헌재 임명, 김건희 특검, 내란 특검을 놓고 저울질하고 있다는 기사가 사실입니까? 각성하십시오.

무엇보다 법률상 지체없이 시행하게 되어있는 내란 상설 특검 국회 추천 의뢰를 당장 시행하십시오. 그렇지 않으면 내란 비호 세력의 간판이 되겠다는 입장으로 판단하고 한 대행에 대한 공식 입장의 정리를 당에 바로 제기하겠습니다. 기다릴 이유가 없습니다.

내란을 비호한 내란 대행으로 역사에 기록될 것인지, 크리스마스 전에 결정될 것입니다. 감히 국민을 더 이상 분노하게 할 자들이 누구인가 국민이 보고 있습니다.

– 전현희 최고위원

이 자리를 빌려서 내란 쿠데타 세력의 분연히 맞서 단호하지만 평화적인 저항으로 나라를 구한 국민 여러분께 깊이 감사드립니다. 특별히 응원봉 혁명의 주역, MZ 여성 여러분 고맙습니다. 여러분이 이 시대의 유관순이고, 이 나라, 이 겨레의 미래입니다.

아직도 내란은 끝나지 않고 진행 중입니다. 국가 비상 위기 사태에 국민을 위해서 복무해야 할 한덕수 대통령 권한대행이 내란 수괴 윤석열에 복종하는 국민 배신 행보를 하고 있습니다. 2년 반 동안 국회와 국민을 거부해 온 독재자 윤석열과 완벽한 데칼코마니입니다. 한덕수 권한대행은 내란 특검, 김건희 특검을 즉각 공포하기 바랍니다. 국회가 선출할 헌법재판관 임명 절차를 신속히 진행하십시오. 내란 수괴 윤석열의 내란 대행이 아니라 국민의 대행이 되길 바랍니다. 도도히 흐르는 역사의 강물을 거꾸로 거스를 수 없다는 것을 명심하기 바랍니다.

"탄핵안이 기각되면 발의 표결한 국회의원을 처벌해야 한다."라는 권성동 원내대표의 주장대로라면, 탄핵안이 통과되면 탄핵에 반대한 국회의원도 처벌해야 된다는 논리입니다. 내란 수괴 윤석열을 1호 당원으로 둔 내란의힘 당 본색을 드러낸 대국민 선전 포고입니다. 계엄 해제 표결 불참 이유가 계엄에 반대한 국민 때문이라는 나경원 의원, 대한독립 만세를 외치고 일제에 저항한 국민들을 밀고한 자들의 인식과 도대체 뭐가 다릅니까?

형법 제87조 내란죄 제3호, 내란에 부화수행한 자는 5년 이하의 징역이나 금고에 처한다고 규정되어 있습니다. 형법 제90조, 내란을 선동 또는 선전한 자도 내란의 공범으로 예비·음모에 준해서 처벌합니다. 경고합니다. 국민께 석고대죄해야 할 국민의힘이 계속 내란을 부인하고 내란 수괴 윤석열 구하기에 동조한다면 내란 공범의 책임을 면치 못할 것입니다.

내란 수괴 윤석열은 법의 오랏줄을 받아야 합니다. 말로는 책임을 피하지 않겠다며 큰소리치더니 겁에 질려 문을 걸어 잠근 채 숨어 있습니다. 소환장과 탄핵 심판 서류는 거부하고, 생일 꽃바구니는 선택적으로 수령하는 몰골이 참으로 비겁한 독재자의 말로입니다. 국민이 명령합니다. 공조수사본부는 당장 내란 수괴 윤석열을 구중궁궐에서 끌어내십시오. 대통령실 경호처는 내란 수사와 탄핵 심판 서류 송달에 적극 협조해야 합니다. 대통령실이 법을 어기고 내란 수괴 호위무사 놀이를 계속한다면 내란 공범의 법적 책임을 면치 못할 것입니다.

– 한준호 최고위원

어제 기상천외한 발언들이 국민의힘에서 쏟아졌습니다. 특히 12.3 윤석열 계엄과 탄핵을 언급한 내용인데요. 그중에서 세 가지만 소개해 드리겠습니다.

먼저 권성동 국민의힘 대표 권한대행은 어제 원내대책회의에서 이렇게 말했습니다. '탄핵소추안이 헌재에서 기각되면 그 탄핵안을 발의·표결한 의원을 직권남용으로 처벌해야 한다.' 이런 위헌적 발상이 5선 중진의 입에서 나왔다는 것이 매우 충격적입니다. 대한민국헌법 제45조, '국회의원은 국회에서 직무상 행한 발언과 표결에 관하여 국회 외에서 책임을 지지 아니한다.'라고 돼 있습니다. 권 대행의 말대로라면 헌재에서 인용이 되면 권 대행은 처벌을 받을 겁니까? 어처구니가 없습니다.

그리고 같은 자리에서 최형두 의원은 비상계엄 선포 당시 '국회 본회의장에 달려오지 않은 민주당 중진들을 내란 공범죄로 고발하겠다.'라고 했습니다. 왜 이렇게 자승자박하는 바보 같은 주장을 펴는지 모르겠습니다. 그렇게 고발을 하려면 첫째, 12.3 윤석열 계엄이 '내란'이었음을 최형두 의원 스스로 인정을 해야 합니다. 저런 주장을 하는 것을 보니 '내란이 맞다.'고 판단한 것 같습니다.

두 번째, 표결에 불참한 의원 대부분이 국민의힘 소속 의원인데, 여러분에 대한 고발도 검토를 하고 있는 거겠죠? 참고로 이 불참 리스트에 최형두 의원 본인도 속해 있습니다. 워낙 급해서 그런지 단체로 이성을 놓은 것 같습니다.

마지막으로 국민의힘 의원 90명이 비상계엄 당일 계엄 해제 요구 결의안 표결에 불참한 이유와 관련해서, 나경원 의원이 아주 기가 막힌 변명을 늘어놨습니다. 어제 산자위에서 '국회 경내로 들어오려 했을 때 민주당 지지자들로 국회가 포위됐다.'라며 민주당 때문에 표결을 못 했다고 탓을 한 것인데요. 그날 국민의힘 의원 단체 대화방에서 국회 상황이 실시간으로 공유가 됐고, 그 내용이 언론 보도를 통해서 국민들이 많이 알고 있습니다. 거짓말도 정도껏 해야죠.

대화방 메시지를 간단하게 보겠습니다. 12월 4일 0시 5분, 김정재 의원이 당사에 도착한 의원 명단을 공유했는데 여기에 나경원 의원이 포함돼 있었습니다. 그보다 2분 앞선 0시 3분, 우재준 의원이 '경찰이 적극적으로 막지 않는다, 담 넘어와 달라.'라고 합니다. 1분 뒤에는 박수민 의원이 '담 타고 진입했습니다.'라고 하고 있습니다. 김정재 의원의 명단을 봤을 때 나경원 의원이 자정 무렵이나 그 전에 당사에 도착했었을 텐데요. 그런데 같은 시간 서명옥 의원이 '담벼락 곳곳에 경찰 배치되어 담을 못 넘고 있어요'라고 합니다. 국회를 포위한 것은 경찰이고, 본인이 당사에 도착한 때에 담 넘어 국회로 들어온 국민의힘 의원도 분명 있었습니다. 그런데 어떻게 감히 민주당 지지자를 걸고넘어집니까? 들어오기 싫었거나, 들어올 수 없는 이유가 있었겠죠?

이러니까 요즘 국민의힘을 두고 '반성이 없다.'라는 평가가 나오는 것입니다. 반성할 줄 모르는 국민의힘이 내란 수괴 윤석열을 배출했습니다. 콩 심은 데 콩 나고 팥 심은 데 팥 난다더니, 윤석열의 후안무치도 또한 대단한 수준입니다. 석동현 변호사가 "'나 내란 합니다.'라고 예고하고 하는 내란이 어디 있습니까."라며 내란을 부정했습니다. 윤석열 본인이 '내란 아니다.'라고 해서 끝날 일이 아닙니다.

윤석열이 지난 18일 생일을 맞았다고 하는데, 지지자가 보낸 생일 축하 화환은 챙겼고, 헌법재판소가 보낸 탄핵 심판 관련 서류, 수사기관이 보낸 출석요구는 받지 않았습니다. 똑바로 수사를 받고 심판을 받을 것을 촉구합니다. 그리고 우원식 의장께서 내란 국정조사특위 명단을 오늘 오후 6시까지 제출하라고 하셨습니다. 막말 대잔치 국민의힘은 기한을 엄수해 주시고, 내란 진상규명에 적극 동참할 것을 촉구합니다.

– 김병주 최고위원

제가 들고 있는 게 뭔지 아십니까? 바로 '케이블타이'입니다. 사람들 손목을 묶고, 발목을 묶을 때 사용하는 겁니다. 정보사에 근무하는 여러 명의 양심선언과 제보에 의하면 내란수괴 일당들은 지난 12월 3일, HID가 포함된 정보사 요원 38명을 모아놓고 이 케이블타이를 이용해서 선관위 직원 30명의 팔과 다리를 묶으라고 명령했습니다.

반항하면 '무력'으로 제압하고, 앞이 안 보이는 복면까지 씌워서 B1 문서고에 감금하라고 지시했습니다. 계엄이 6시간 만에 해제되지 않았다면, 선관위 실무자들이 겪었을 현실입니다.

정보사 요원들도 '트라우마'에 시달리고 있습니다. 나라와 국민을 지키기 위해 훈련받았는데, 국민을 해치라는 명령에 큰 혼란을 겪고 있습니다. 그렇습니다. 우리 선배들이 피로 일군 대한민국의 민주주의가 내란수괴 일당에 의해 하루아침에 파괴될 수 있었던 겁니다. 역사의 수레바퀴가 45년 뒤로 후퇴할 뻔했습니다.

이런 가운데 일부 중령급 요원들은 소령급 요원들의 입을 막으려 하고 있습니다. 문상호 정보사령관이 공개적으로 밝힌 내용만 수사기관에 진술하라고 강요하고 있습니다. 명백한 증거인멸 시도입니다. 명백한 위증교사 시도입니다. '롯데리아 비밀회동' 4인방은 물론, 중령급 중간 간부도 당장 구속하십시오.

12월 3일 내란 사태 때, 탱크까지 동원하려 한 정황들이 드러나고 있습니다. 전차와 장갑차를 운용하는 부대인 육군 제2기갑여단의 지휘관이 휴가까지 내고 계엄 당일 오후부터 정보사에서 대기하고 있었다는 겁니다. 경기도 파주에 주둔하는 제2기갑여단은 서울에서 가장 가까운 전차 부대입니다. 계엄 반대 시위가 확산되면 탱크로 우리 국민을 위협하려 했던 겁니까?

상상 그 이상의 의혹들이 점점 사실로 드러나고 있습니다. 지금 우리가 알고 있는 것은 빙산의 일각일지도 모릅니다. 국회가 계엄을 해제하지 못했다면, 우리의 일상이 어떻게 달라졌을지 생각만 해도 아주 끔찍합니다. 이런 가운데 여전히 내란을 동조하는 세력들이 우리 주변 곳곳에 암약하고 있습니다. 이들은 지금 이 시간에도 내란의 증거를 없애고 있는지 모릅니다. 이들은 지금도 어떤 것을 획책하고 있는지 모릅니다. 수사 당국은 빨리 윤석열을 비롯한 이들 내란 동조 세력을 당장 잡아들이십시오. 그것이 국가와 국민의 안전을 지키는 가장 빠르고 유일한 해결책입니다.

국민이 소비할 돈이 없고, 기업이 투자를 꺼리게 되면 그때는 정부가 재정 지출을 통해서 유동성 공급을 해야 합니다. 적절한 재정 확대는 잠재 경제 성장률을 높입니다. 우리 당의 미래경제성장전략위원회에서는 이런 재정 지출과 확대 재정과 경제 성장과의 상관관계에 대해서 한번 입증을 하겠습니다.

한은이 최근 추경에 대해서 긍정적인 입장을 밝힌 것은 매우 반가운 일입니다. 경제는 이념을 배제하고, 국민의 삶을 봐야 한다고 생각합니다. 12.3 내란 사태로 인해서 야기된 국가적이고 국민적인 피해는 이루 말할 수 없습니다. 민주주의 역사에 빛나는 우리 대한민국의 국격이 그날의 미치광이 짓으로 친위 쿠데타나 벌이는 후진국 이미지로 심각한 훼손을 입었고, 경제 불안정, 대외신인도 불안정, 그리고 국민들은 또다시 군인들이 지배하는 자유 없는 세상이 올까 봐 우리가 수십 년간 쌓아 올린 모든 것이 물거품이 될까 봐 밤새 불안에 떨었습니다.

그날 나라를 구해야 할 제1차 방어선은 국무회의였습니다. 사실상 그 상황에서 일차적 책임은 국무회의의 가장 높은 자리에 있던 국무총리였음은 두말할 나위도 없습니다. 그게 뚫려서 국회까지 계엄군이 오게 된 것입니다. 국회의원들이 담을 넘고, 몸싸움을 하고, 시민들이 목숨 걸고 계엄군을 막아서고, 젊은 군인들은 갈등하면서 싸우는 그 아수라장 속에서 국무위원들은 도대체 뭘 했습니까. 우리 젊은 군인들이 도대체 뭘 잘못했기에 이렇게 어려운 상황 속에 내던져져야 했습니까. 국회의원들, 특히 국힘의 여당 국회의원 당신들은 그 장면이 생중계될 때 왜 국회의사당으로 몇 명을 빼고는 아무도 달려오지 못했습니까. 그리고 국무위원들은 그 생중계를 분명히 봤을 텐데, 정부청사로 간 사람들, 집으로 돌아간 사람들 왜 그곳으로 가고 국회의사당으로 달려온 사람은 아무도 없었습니까? 저는 이해가 안 갑니다. 거기에 대해서 답을 할 수 있으면 큰소리치시기를 바랍니다.

한덕수 총리, 어제 법안 거부 그건 그렇다 칩시다. 한덕수 총리가 누굽니까. 그 국무회의에서 사실은 아무것도 한 것도 없습니다. 막았습니까? 못 막았습니다. 바짓가랑이라도 붙잡고 막았어야죠. 못 막아놓고 뭘 이렇게 말이 많습니까? 그 아수라장이 벌어질 때, 그 난리가 생중계될 때 뭐 했습니까? 몇 시간 동안 뭘 했습니까? 국민들이 불안에 떨 때 뭘 했다고 그렇게 큰소리칩니까? 한덕수 총리의 직무는, 지금 직무 정지된 대통령, 이 난리를 유발한 광인의 탄핵 결정을 조속히 마무리하고 이 불확실성을 빨리 종식시키는 것입니다. 그래서 대한민국을 정상화시키는 것이 한덕수 총리가 해야 할 가장 중요한 임무입니다. 다시 말해서 내란을 종식시키는 것입니다.

지금 남아있는 한덕수 총리의 과제, 헌재 재판관 임명 그리고 특검 2개 이것은 내란의 종식을 빨리 시키기 위해서 반드시 필요한 것입니다. 한덕수 총리는 자신의 지금 가장 중요한 임무가 무엇인지 분명히 자각하시고, 국민의 명령을 반드시 수행하시기 바랍니다.

– 주철현 최고위원

한덕수 권한대행이 농업민생4법 등에 대한 거부권을 행사하면서도 법에 따라 '지체 없이 해야 하는' 상설특검 후보 추천의뢰는 내팽개치고 있습니다. 지난 11일 국회에서 후보추천위 구성을 통보한 날로부터 9일이 지났고, 한 대행이 대통령 직무를 맡은 지 6일이나 지났습니다. '지체 없이'는 '때를 늦추거나 질질 끎이 없이'라고 국어사전에 정의돼 있고, 법제처도 '사정이 허락하는 한 가장 신속하게'라고 유권해석하고 있습니다. 국민의 대표가 가결한 법안에 대해, 대통령도 심사숙고해 신중하게 행사해야 할 법률안 거부권을 마음대로 행사할 시간은 있어도, 법에 따라 신속하게 처리해야 할 특검 후보 추천 의뢰를 질질 끄는 것은, 명백한 직무 유기 범죄이고 탄핵 사유라는 점을 경고합니다.

한 대행은 오늘 중으로 특검 후보 추천을 의뢰하시기 바랍니다. 그리고 내란 특검법과 김건희 특검법을 즉시 공포하시기 바랍니다. 한 대행이 내란의 공범이나 김건희 범죄를 비호하는 것이 아니라면, 상설특검 임명이나 특검법 공포를 미루거나 거부할 하등의 이유도 없을 것입니다.

공수처에 촉구합니다. 원하는 대로 내란 우두머리 윤석열에 대한 사건을 이첩받았으니, 하루빨리 윤석열을 소환 조사해, 구속하시기 바랍니다. 사형·무기에 해당하는 중범죄를 저지르고도, 뻔뻔한 변명과 궤변으로 국민 혼란을 부추기고, 증거인멸과 사법부 압박을 공개 사주하는 내란 주범 윤석열은 구속수사로, 사회에서 격리하는 것만이 해답입니다.

검찰과 경찰에서 관련 공범들에 대한 수사가 다 돼 있어 지금이라도 윤석열 구속에 아무런 지장이 없을 것입니다. 공수처는 신속하고 강단 있는 수사로, 이번 기회에 그 존재 이유를 보여주시기 바랍니다.

– 송순호 최고위원

끝날 때까지 끝난 게 아니다. 12.3 내란은 아직 끝나지 않았습니다. 현재 진행형입니다. 국민 70% 이상이 윤석열을 즉시 체포해야 한다고 생각하고 있지만, 국민의 힘은 국민의 뜻은 아랑곳없이 내란 속에 윤석열 사수에 안간힘을 쓰고 있습니다. 내란 동조 세력, 국민의 힘이 본격적으로 탄핵 심판 지연 작전을 펼치고 있습니다. 내란 수괴 윤석열을 옹호하는 내란 정당은 위헌 정당으로 정당 해산 요건에 해당된다는 것을 명심하길 바랍니다.

국민의힘 권성동 원내대표는 헌법재판관 3인에 대해 한덕수 권한대행에게는 임명 권한이 없다고 우기고 있습니다. 내란의 부역자인 한덕수 권한대행은 거부권 행사를 시작했습니다. 한덕수 권한대행이 국회의 입법권을 무시하고 짓밟는 행위는 무장한 계엄군을 앞세워 국회 장악을 시도한 내란 속에 윤석열의 부역자임을 스스로 인정하는 것입니다.

초록은 동색이라 했습니다. 한덕수 권한대행이 정부로 이송된 내란 특검법과 김건희 특검법에 대해서도 시간을 끌다가 거부권을 행사할 가능성이 높아졌습니다. 윤석열이 12.3 비상계엄으로 내란을 획책했고, 나흘 뒤 한동훈은 위헌적인 한 담화를 통해 무혈 쿠데타를 시도했습니다. 이제 국민의힘과 한덕수 권한대행이 억지 버티기와 거부권 행사로 세 번째 내란을 시도하고 있습니다. 제가 12.3 내란이 현재 진행형이라고 말씀드린 이유가 바로 여기에 있습니다. 지금부터가 중요합니다. 점조직처럼 암약하면서 헌정 질서를 끊임없이 유린하고 파괴하는 내란 동조 세력들의 거짓 선전 선동과도 맞서 싸워야 합니다.

내란을 옹호하는 표현이나 행위는 표현의 자유가 아니라 형법 제90조 내란 선동 선전죄에 해당됩니다. 형법 90조 제2항은 내란을 선동 또는 선전한 자는 3년 이상의 유기징역이나 유기금고에 처한다고 되어 있습니다. 12.3 계엄 내란을 옹호하고 국민의 힘과 선동 또는 선전하는 자 모두 내란 선동 선전죄에 해당되므로 모두 고발될 수 있음을 엄중히 경고합니다. 내란 속에 윤석열을 파면하고, 윤석열이 구속될 때까지 국민 여러분들께서 끝까지 함께해 주실 것을 호소드립니다. 이상입니다.

– 이재명 당대표(추가 발언)

한덕수 권한대행이 상설특검 추천 의뢰를 지체없이 해야 되는데도 지금 6일째 안 하고 있다고 하는 것이 참 놀랍습니다. 거부권을 행사할 시간은 있고, 특검 추천 의뢰에 도장 하나 찍으면 되는데 그것이 할 시간이 없는 것은 아닐 것 같습니다. 사실상 거부하고 있다고 보여집니다. 지금 일설에 의하면, '국회가 헌법재판관을 추천하더라도 임명하지 않는 것을 검토한다.' 이런 이야기도 있던데, 설마 사실이 아닐 것이라고 믿고 싶습니다. 이것은 명확한, 내란 동조가 아니라 그 자체가 내란 행위입니다. 무언가 사정이 있을 것으로 보여지는데, 더 이상 국민들을 실망시키거나 분노하게 하지 말고, 해야 될 일부터 신속하게 하기를 권고드립니다.

2024년 12월 20일

더불어민주당 공보국

한 권한대행은 국민을 배신하며 윤석열 아바타 노릇을 하고 있습니다. 국회를 통과한 〈12.3 내란 일반 특검법〉을 최종 검토 시간까지 미루겠다 발표했습니다. 국회의 헌법재판관 임명도 지연시키고 있습니다. 선출되지 않은 권한대행임에도 불구하고, 국회 본회의를 통과한 농업민생4법 등 6개 법안에 대통령의 적극 권한인 거부권을 행사했습니다. 여기에 발맞추어 국민의힘 권성동 원내대표는 내전을 선동하고 있습니다. "탄핵안이 기각되면 발의, 표결한 국회의원을 직권남용으로 처벌해야 한다"고 국회를 협박하고 있습니다. 국회의 헌법재판관 추천도 반대하고 있습니다. (…) 더불어민주당에게 촉구합니다. 우리 국민들이 언제까지 내란 세력들의 망동에 불안해 해야합니까. 국민들이 국회를 지켜주었습니다. 국회를 믿고 힘을 실어주었습니다. 그 믿음에 부응하는 정치를 신속하게 보여주어야 합니다.

－ 사회민주당 대표 한창민, 12월 20일 기자회견

김보협 수석대변인, 강미정 대변인 논평브리핑

국민의힘의 여야정 협의체 참여, 환영한다

국민의힘 권성동 원내대표의 "민생과 안보 협의 위한 여야정 협의체 참여" 결정을 환영합니다. 민주적 정통성이 있는 두 기관 가운데 한쪽이 '내란수괴'이니, 나머지 한쪽인 국회가 국정의 중심에 서야 국민들께서 안심하십니다. 그 내란수괴 윤석열이 껍질만 대통령일 뿐, 직무에서 배제된 상태인데 국민의힘이 여당이라고 주장할 근거가 빈약하니 당연히 '여야정 협의체'가 국정의 중심에 서야 하지 않겠습니까? 뒤늦게라도 현실을 자각해서 다행입니다.

권성동 원내대표는 8년전인 2016년 참으로 훌륭한 분이었습니다. 국회를 대표해 헌법재판소에 참석해 대통령 박근혜 탄핵소추위원으로서 반듯한 말씀을 많이 하셨지요. 주요 발언만 추리면 다음과 같습니다.

"피청구인에 대한 파면을 통해 정의를 갈망하는 국민이 승리하였음을 소리 높여 선언하여 주시기 바랍니다.'

"국민이 만들어온 대한민국을 민주주의의 적들로부터 지켜주십시오."

"탄핵은 법치주의의 예외 없는 적용을 통해 모두가 법 앞에 평등하다는 헌법의 근본 원칙을 확인해 주는 장치입니다."

이 밖에도 권 당시 탄핵소추위원은 국정 혼란을 줄이기 위해 헌재의 신속한 결정을 촉구하기도 했었지요. 그래서 조국혁신당이 권성동 원내대표에게 묻습니다.

첫째, 내란수괴 윤석열의 범죄혐의가 박근혜의 그것보다 적습니까?
둘째, 귀하는 아직도 '1호 당원' 윤석열이 자랑스러운가요?

셋째, 귀하는 내란수괴 윤석열의 복귀를 바랍니까?

　윤석열 탄핵 기각시 탄핵소추안을 발의하고 찬성한 의원들을 처벌해야 한다고 주장한 것으로 미루어 보면, 권성동 원내대표는 내란수괴 윤석열의 귀환을 간절히 바라는 것 같습니다. 그러니 국민의힘이 '내란의힘'이라는 겁니다. 그러니, 권성동류의 내란의힘 의원들을 내란 공범, 내란의 동조자라고 하는 겁니다. 좋습니다. 권성동 원내대표는 내란수괴 윤석열이 파면될 경우 어떻게 책임질 겁니까? 그날이 오면, '사실은 나도 찬성했다'라고 말을 바꿀 겁니까?

2024년 12월 20일
조국혁신당 수석대변인 김보협

—

윤석열표 '뒤통수 극장', 다음 상영작 주연은 국민의힘인가

　대한민국 정치는 중대한 분기점에 서 있습니다. 국민의힘 의원 여러분께 간곡히 호소합니다. 제발 정신을 차리십시오. 역사의 오점을 남길 선택은 하지 말아 주십시오. 내란의 공범도, 내란범의 피해자도 되지 않기를 진심으로 바랍니다.

　'내란 수괴' 윤석열은 반드시 보복하는 사람입니다. 그는 옛 동료나 지지자, 심지어 최측근들마저 가차없이 배신합니다. 해코지도 하면서 그 자리까지 올라간 자입니다. 문재인, 조국은 물론이고, 이준석, 안철수, 그리고 한동훈까지, 심지어 그와 가까웠던 인물들조차 모두 '뒤통수 극장'의 주연으로 전락했습니다. 윤석열에게 배신과 보복은 정치적 도구일 뿐입니다.

　만약 탄핵이 기각된다면, 윤석열은 조국혁신당이나 민주당만을 겨냥하지 않을 것입니다. 실패한 친위 쿠데타를 다시 일으켜, 이번엔 국민의힘조차 싹 잡아들이고 정리할 겁니다. 그의 보복 대상에서 여러분들도 결코 예외가 되지 않을 겁니다. 여러분이 윤석열을 지킨다고 해서, 과연 윤석열이 국민의힘을 지켜줄까요? 한동훈 전 대표의 사례에서 드러났듯이 윤석열은 자신의 최측근마저 '불쾌하다'는 이유로 처단하려 했습니다. 만약 윤석열의 숙청 대상에서 자신만 벗어날 수 있다고 생각한다면, 그것은 오만하고 위험한 착각일 것입니다.

거기에 더해, 윤석열은 거짓말에도 주저함이 없습니다. 계엄 관련 문제에서도 끊임없이 거짓말을 늘어놓고 있습니다. 지금 윤석열 쪽에서 여러분에게 듣기 좋은 말을 하고 있다면, 바로 그것이 가장 큰 경계 신호입니다. 그의 말장난에 속아 혼란을 방관한다면, 그 피해는 고스란히 국민들에게, 그리고 여러분에게도 돌아갈 것입니다.

윤석열의 보복정치를 멈출 유일한 방법은 탄핵과 파면뿐입니다. 야수의 발톱만 자른다고 끝나는 게 아닙니다. 가둬야 합니다. 탄핵이 인용되지 않아 다시 대통령 직무에 복귀하는 순간, 보복정치를 시작할 것입니다. 그러니, 여러분들은 지금 삶과 죽음의 경계에 있습니다. 선택의 기로에 서 있습니다. 윤석열 곁에 선다면 역사의 죄인이 됩니다. 죄인이 되더라도 잘 먹고 잘살 것 같이 보이지만, 실제로는 숙청 대상이 될 겁니다. 부디 대한민국 역사에 책임 있는 정치인으로 남기를 바랍니다.

여러분의 결단은 역사가 기록할 것입니다. 윤석열의 숙청을 피하고, 국민과 역사 앞에 책임지는 자세를 보여주십시오. 윤석열이 아닌 국민 곁에 서는 결단이 필요합니다.

2024년 12월 20일
조국혁신당 대변인 강미정*

---

* 동일 일시로 발행된 2개 보도자료 내용을 한 번에 실었음을 밝힙니다.

공조수사본부가 오늘 윤석열에게 2차 출석요구서를 발송했습니다. 피의자 윤석열은 성탄절인 25일 오전 10시, 공수처로 출석하여 내란수괴 혐의 등을 조사받으라는 내용입니다. "탄핵이든 수사든 당당히 맞서겠다"던 윤석열은 관저에 틀어박혀 일체의 사법절차를 거부하고 있습니다. 반면 본인의 절친 극우변호사를 내세워 여론전만 하고 있습니다. 무장한 군부대가 국회를 때려부수는 장면을 온 국민이 봤고, 내란 가담한 자들의 입에서 구체적인 증언들이 쏟아지는데도, '내란죄 아니다', '체포지시 없었다', '당시 망국적 상황이었다' 등 하나마나한 말만 되풀이하고 있습니다.

— 진보당 원내대변인 정혜경, 12월 20일 서면브리핑

홍성규 수석대변인 서명브리핑

'쥐새끼'처럼 숨어버린 파렴치한 '내란수괴 윤석열', 즉각 체포하라!

'내란수괴 윤석열'의 파렴치한 행태가 그야말로 점입가경입니다.

정작 본인은 국민의힘에서 유행하는 표현으로 '쥐새끼'처럼 숨어버리고서는, '40년 지기'라는 석동현을 이른바 '공보 담당'으로 내세워 기도 차지 않는 궤변과 거짓말만 쏟아내고 있습니다.

"절대 시민과 충돌하지 말라"며 맨 몸의 시민들 앞에 완전무장한 공수부대를 출동시켰습니까? "체포의 '체'자도 얘기한 적이 없다"구요? "빨리 문 부수고 들어가 의원들 다 끌어내, 싹 다 잡아들여 정리하라"는 말은 '체포'와는 어떻게 다른 뜻입니까? "비상계엄 선포라는 것을 할 때는 할 만한 이유가 있다"구요? 그 이유에 대한 판단이야말로 국회와 우리 국민들의 몫입니다. 잘못된 판단으로 군부대를 동원해 총부리를 겨눴으니 '내란'이라는 것 아닙니까!

심지어 석동현은 이 기가 막힌 거짓말과 궤변을, 외신 기자들까지 따로 불러모아 설파하기도 했습니다. 공보담당을 세워놓고 뒤로 숨은 '내란수괴 윤석열'은 지금 이 순간에도 대한민국의 법과 질서를 조롱 중입니다. 공조수사본부의 압수수색을 경호처를 내세워 막고, 헌법재판소의 탄핵심판 관련 서류조차 수령을 완강하게 거부하고 있습니다.

이 비겁하고 파렴치한 범죄자를, 대한민국의 헌정질서를 조롱하고 우리 국민들을 우롱하고 있는, 지금 이 순간에도 증거인멸과 조작에 몰두하고 있는 '내란수괴 윤석열'을, 지금 즉시 체포해야 합니다.

—

한덕수 대통령 권한대행이 내란 특검법과 김건희 특검법 처리를 미적거리고 있습니다. 처리 시한 마지막인 연말까지 고민하겠다는 겁니다. 똑똑히 경고합니다. 한덕수 권한대행은 이 두 특검법에 대하여 미적거릴 권한이 조금도 없습니다.

총리가 권한대행이 된 것 자체가 바로 '내란수괴 윤석열'의 흉악한 범죄 때문 아닙니까? 게다가 검찰과 경찰, 공수처에 군까지 경쟁적으로 나서 엄정한 수사는커녕 혼란만 가중되는 상황입니다. 내란 사태에 깊숙이 연관되어 있는 군과 경찰은 물론, 그간 윤석열 호위무사 칼잡이로 앞장섰던 검찰에 신뢰를 보내기도 어렵습니다.

신속하게 특검으로 교통정리를 하고 철저한 수사에 나서야 합니다. 김건희 특검법이야 말해 무엇하겠습니까? 내란사태로 인한 극심한 혼란으로 잠시 눈앞에서 사라진 것처럼 보이나, 내란이 아니었더라도 '김건희-명태균 국정농단'만으로도 대통령 탄핵사유로 충분한 상황이었습니다. 세 번이나 반복되었던 파렴치한 거부권을 끝내자는 것이 우리 국민의 명령이기도 합니다.

범죄자가 헌재의 청구서까지 수령을 거부하고 있습니다. 헌정질서를 빠르게 회복하기 위해서라도 더 이상 지체해서는 안 됩니다. 지금 즉시 임시 국무회의를 소집하여 두 특검법안부터 신속히 공포해야 합니다. 국민의 명령이자, 탄핵 이후 권한대행의 의무입니다.

2024년 12월 20일
진보당 수석대변인 홍성규[*]

---

[*] 동일 일시로 발행된 2개 보도자료 내용을 한 번에 실었음을 밝힙니다.

더불어민주당은 내란 수괴 윤석열의 대변인을 자처하며, 윤석열의 내란죄 죄책을 부정하고 있는 석동현 변호사를 내란선전 혐의로 고발했습니다. 내란 수괴 윤석열은 비상계엄을 정당화할 뿐만 아니라, 아직 대통령의 권좌에서 파면되지 않고 있습니다. 그런데도 국민의힘은 내란 행위를 옹호하는데, 현재도 내란 가담자들이 지속적으로 밝혀지고 있습니다. 윤석열이 저지른 내란은 아직 끝나지 않았습니다. 내란이 종료되지 않은 지금 윤석열의 내란 행위를 글과 기자회견으로 정당화하는 것은 명백한 내란선전에 해당하는 범죄입니다.

– 더불어민주당 공보국, 12월 20일 보도자료

2024년 12월 21일

수취인불명

12·3 계엄을 대비하여, 신설한 정보수령부의 불법적인 수사단을 공개합니다. 공식 명칭은 '정보사 수사 2단'으로 전체 규모는 대략 65~70명으로 구성하였고, 위관급과 영관급 현역 장교들로 편성하였습니다. 소위 롯데리아 4인방, 즉 노상원, 문상호, 김○○, 정○○이 '정보사 수사 2단'을 사실상 기획에서 실행까지 하는 컨트롤 타워 역할 한 것으로 드러났습니다. 노상원 전 전 정보사령관은 정보사 소속 HID와 심문단 현역 군인과 OB를, 김○○ 전 헌병 대령은 조사본부 현역군인과 OB를 지원하고, 연결하는 역할을 합니다. 예비역인 노상원과 김○○은 친분이 매우 친밀한 사이라고 합니다.

– 더불어민주당 윤석열내란 진상조사단, 12월 20일 보도자료

윤종군 원내대변인 서면브리핑

내란 수괴 윤석열의 '수취인불명', '체포영장'이 답입니다

윤석열은 국헌문란 내란으로 자유민주주의 체제를 전복하려고 하더니 이제는 모든 형사절차와 사법체계를 따르길 거부하고 있습니다. 경찰, 공수처 등으로 구성된 공조수사본부가 내란 수괴 윤석열에 두 번째 출석요구서를 보냈습니다. 인편으로 보낸 1차 출석요구서가 거부당하자 특급우편과 전자공문으로 2차 출석요구서를 보낸 것입니다.

출석요구만이 아닙니다. 공조본의 압수수색도 두 차례나 거부되었습니다. 내란 수괴 윤석열은 지난 11일과 18일 법원이 발부한 정당한 영장을 가지고 압수수색을 하려던 공조본을 경호처를 앞세워 막았습니다.

뿐만이 아닙니다. 내란 수괴 윤석열은 헌법재판소의 탄핵심판 접수통지 서류도 수령을 거부하고 있습니다. 관저, 집무실 등에 인편, 우편 등 모든 수단을 동원해 보냈는데도 19차례나 헌법재판소의 서류를 거부하고 있는 것입니다.

내란 수괴 윤석열은 국헌문란 비상계엄으로 대통령으로서의 자격이 없음을 증명하더니 이제는 모든 형사절차와 사법체계를 무시하는 행태로 대한민국 국민으로서의 자격조차 없음을 몸소 보여주고 있습니다.

내란 수괴 윤석열이 그간 보여온 행태를 보면, 출석 요구에 응하기는커녕 각종 서류조차 모두 거부할 것이 분명합니다. 어린아이의 밥투정에도 그럴만한 이유가 있습니다. 그러나 내란 수괴 윤석열의 '투정'은 오로지 헌법을 무시하고 국민을 배신한 자신의 행위로 받을 처벌이 두려운 것 그 이상도 그 이하도 아닙니다.

이제 결단을 내려야 합니다. 국민의 인내에도 한계가 있습니다. 공조본은 즉각 내란 수괴 윤석열을 체포, 구속하십시오.

2024년 12월 21일
더불어민주당 공보국

홍성규 수석대변인 서면브리핑

위헌불법적 내란수괴 관저 경호 중단하고 즉각 체포부터 하라!

'내란수괴 윤석열' 관저 인근의 집회와 1인시위를 막무가내로 가로막았던 경찰의 행태에 법원이 제동을 걸었습니다. 서울행정법원은 어제, 군인권센터가 냈던 집회 금지 통고 처분 취소 신청을 일부 인용했습니다.

애시당초, 그 어떤 헌법과 법률의 근거 없이 용산 대통령실과 한남동 관저 인근을 막무가내로 봉쇄했던 경찰의 행태부터가 위헌불법적입니다. 헌법재판소는 지난 2022년 12월 대통령 관저 인근 100m 이내 모든 옥외 집회 금지에 대하여 헌법불합치 결정을 내린 바 있습니다. 그럼에도 경찰은 이를 준수하지 않고 있습니다. 집회와 시위는 물론 별도의 신고 없이 할 수 있는 1인시위에 대해서도 막무가내로 가로막고, 심지어 불심검문마저 되살리고 언론의 취재조차 제지하고 있습니다.

바로 그 관저 안에 '내란수괴 윤석열'이 있습니다. 헌법재판소와 수사기관에서 보낸 서류 수령마저 완강히 거부하며 '쥐새끼'처럼 숨어있습니다. 내란수괴에 대한 그 무슨 경호부터가 준엄한 우리 국민의 명령에 반하는 행태인데, 더 나아가 헌법과 법률마저 무시하며 과잉경호에 나선 경찰을 강력히 규탄합니다. 이러니 경찰 또한 내란동조세력이란 비판이 쏟아져나오는 것 아닙니까!

경찰은, 위헌불법적 내란수괴 과잉경호를 즉각 중단하고, 당장 체포하여 신병부터 확보해야 합니다.

—

내란사위 윤상현, 어줍잖은 북한군 걱정 전에 우리 군인들 앞에 사과부터!

'45년 전 살인마 내란수괴의 사위'로 지금도 '내란수괴 윤석열 비호'에 앞장서고 있는 윤상현 국민의힘 의원이 이른바 '우크라이나전 파병 북한군' 관련하여 국회 차원의 대응을 촉구하고 나섰습니다.

"북한 군인도 헌법상 대한민국의 국민, 소중한 청년"이라며 "군인들을 사지로 내몬 김정은과 북한 정권에 분노를 느낀다. 지금 이 순간에도 북한 군인은 의미 없는 싸움에서 생명을 잃어가고 있지만, 정치권 어느 누구도 이 문제에 대해 말을 하고 있지 않다"고 주장했습니다.

진위 여부부터 정확하게 사실확인이 필요한 이른바 '우크라이나전 북한군 파병' 논란은 차치하고, 딱 하나만 묻겠습니다. 대한민국의 군인은 소중한 청년들이 아닙니까? 그대로 돌려드립니다.

"우리 군인들을 사지로 내몬 '내란수괴 윤석열'과 내란동조정당 국민의힘에 분노를 느낀다. 지금 이 순간에도 우리 군 장병들은 아무 의미 없는 내란에 강제로 차출되었던 충격과 트라우마가 극심한데, 정치권 어느 누구도 이 문제에 대해 말을 하고 있지 않다!"

"비상계엄이 선포된 그 서울의 밤은 곧 '공포의 밤'이었다!"

"우리 아들들은 국민의 평화로운 일상을 지키기 위해 군대에 간 것이지, 헌법을 유린하는 개인의 일탈을 지키고자 간 것이 아니다!"

"공수부대와 시민들의 대치를 보며 '내 아들 데리러 가겠다', '내가 국회로 가서 총알받이가 되겠다'는 분노들이 순식간에 솟구쳤다!"

현역 장병 부모들이 모인 '아프지 말고 다치지 말고 무사귀환 부모연대'를 비롯한 우리 군 장병 부모님들의 한결같은 호소이자 분노입니다.

윤상현 의원을 비롯한 내란동조정당 국민의힘은 어줍잖은 북한군 걱정 이전에 우리 군인들 앞에 즉각 무릎부터 꿇고 진심으로 사죄드려야 합니다. 우리 군인들, 대한민국의 소중한 청년들 아닙니까!

2024년 12월 21일
진보당 수석대변인 홍성규*

---

* 동일 일시로 발행된 2개 보도자료 내용을 한 번에 실었음을 밝힙니다.

노서영 최고위원, 윤석열 즉각 파면·처벌! 사회대개혁! 범국민대행진 발언문

반갑습니다. 기본소득당 최고위원 노서영입니다.

지난 12월 14일, 국회에서 탄핵소추안이 가결되고 17일 내란특검법이 정부로 송부되었습니다. 그럼 한덕수 권한대행이 18일 국무회의를 소집해서 당장 처리해야 할 안건은 무엇이었겠습니까?

네. 당연히 내란특검입니다. 그것이 대한민국 민주주의와 헌정질서를 지켜낸 국민 모두의 열망이었습니다. 내란특검을 해서 내란수괴와 공범들을 헌법과 법률에 따라 공정하게 처벌하는 것, 그렇게 쿠데타 세력이 다시는 민주공화국을 무너뜨리겠다 상상하지도 못하게 하는 것. 그것이 지금 당장 필요한 과제입니다. 그렇지 않습니까.

하라는 일은 안 하면서, 한덕수 총리는 윤석열 아바타를 자청하며 대통령 놀음에 빠져있습니다. 국회가 의결한 6개 민생법안에 거부권 남발하며 내란수괴 따라하기 바쁜 권한대행을 도대체 누가 허락했단 말입니까.

이 비상한 시국에 고작 윤석열 아바타가 될 거라면, 하루라도 빨리 자진 사퇴하십시오. 그 자리는 민주공화국의 헌정질서를 바로잡아야 하는 엄중한 자리입니다.

야당에게도 호소합니다. 한덕수가 내란특검, 헌법재판관 임명 지연시키도록 그냥 기다리고만 있을 겁니까. 국민의 총리가 아니라 윤석열의 총리가 될 것을 선택한 한덕수에게만 맡겨둘 수는 없습니다. 월요일이든 화요일이든 기한을 정하고, 그날까지 특검과 헌법재판관 임명에 대한 답을 내놓지 않는다면 바로 탄핵합시다.

마지막으로, 시민 여러분. 우리는 대한민국에 몰려오는 여러 위기들에 대해 함께 토론하고 대안을 찾아 힘 모으기 위해서라도 윤석열 내란세력을 하루빨리 청산해야 합니다.

불평등과 기후위기가 무섭게 심화되고 있습니다. 여성과 소수자·장애인에 대한 혐오와 차별은 점점 더 커지고 있으며, 여기에 편승하는 정당과 정치인들도 점차 커지고 있습니다. 살고 싶지 않은 나라, 후대에 물려주고 싶지 않은 나라 대한민국. 바꿔야 하지 않겠습니까?

기본소득당은 윤석열 파면과 내란세력 청산, 그리고 동시에 살고 싶은 사회를 만들기 위한 기획에 앞장서겠습니다. 함께해주십시오. 감사합니다.

기본소득당 안산시지역위원장인 용혜인 국회의원이 12월 20일(금) 저녁 6시 30분, 상록수역 1번 출구에서 안산 시민들을 만났다. 시민들과의 만남 자리에서 용혜인 의원은 "윤석열 탄핵안 가결은 민주주의의 승리이자 시민들의 승리다. 국민의 대표자로서, 국민의 종복으로서 존경하고 감사드린다"고 말했다. 이어 "윤석열의 체포·신속한 수사가 필요하다"며 "국민과 함께 끝까지 윤석열 탄핵을 이뤄내겠다"고 밝혔다. 용혜인 의원은 한덕수 권한대행이 양곡관리법 등 6개 법안에 대해 거부권을 행사한 것을 두고 "대한민국 시계를 윤석열 탄핵소추안 가결 이전으로 돌리는 것"이라고 비판하며, 더불어민주당이 한덕수 권한대행을 즉각 탄핵소추해야 한다고 주장했다.

– 기본소득당 당 대표 용혜인, 12월 21일 보도자료

2024년 12월 22일

남태령 고개 너머

한남동 관저로 향하던 '전봉준투쟁단'의 트랙터 행진단이 어제(21일) 아침부터 경찰에 의해 남태령 고개에서 막혀 있습니다. 도로는 현재까지도 열리지 않고 있고, 경찰에 가로막힌 농민들과 연대하기 위해 모인 수천의 시민들은 함께 밤을 지새웠습니다. 12.3 비상계엄 당시 국회 앞에서 시민들을 막고 계엄군에게 협조하던 그 경찰들이 다시 또 농민들과 시민들을 막아 세웠습니다. (…) 누누이 밝혀두지만, '전봉준투쟁단'의 트랙터 행진단이 서울까지 오며 아무런 문제도, 피해도 발생하지 않았습니다. 그러나 서울에 진입하려는 남태령 입구에서, 경찰은 전봉준 투쟁단의 트랙터를 막아 세웠습니다. 아직도 내란수괴 윤석열을 비호하겠다는 경찰을 용서할 수 없습니다. 표현의 자유, 집회결사의 자유의 기본권조차 억압하는 경찰을 용납할 수 없습니다.

— 진보당 부대변인 이미선, 12월 22일 브리핑

권성동 당 대표 권한대행 겸 원내대표,
기자간담회 주요내용

권성동 당 대표 권한대행 겸 원내대표는 2024. 12. 22.(일) 11:30, 기자간담회를 가졌다. 주요내용은 다음과 같다.

– 권성동 당 대표 권한대행 겸 원내대표

정부에 이송된 내란특검법과 김건희 여사 특검법에는 기본적으로 국정과 여당을 마비시키겠다는 민주당의 속셈이 깔려 있다. 민주당은 윤석열 정부 임기 내내 이런 식의 국정파탄용 특검, 탄핵을 남발했다.

지난 12월 3일 대통령 비상계엄 선포의 내란 혐의에 대해 검찰, 경찰, 공수처 등이 수사를 진행하고 있다. 이 과정에서 지나친 수사중복과 과열된 수사경쟁이 공정한 수사를 가로막고 있다는 지적이 많다. 그런데 야당은 여기에 더해 상설특검과 일반특검까지 하자는 것이다.

특검 후보 추천권을 야당이 독점하는 것은 명백한 헌법 위반이다. 위헌적 요소가 명백함에도 거부권을 쓰지 않는 것이 오히려 헌법 위반이다. 특히 내란혐의라는 대단히 중차대한 사건을 두고 경찰, 검찰, 공수처, 상설 특검, 일반 특검까지 총 5개 기관에서 수사하게 되면, 과열된 수사 경쟁을 부추기는 것이다.

국민이 바라는 것은 '엄정한 진상규명'이지 '수사상의 혼선'이 아니다. 민주당은 사건의 진상규명보다, 권력기관 간의 충성경쟁을 부추기는 데 집중하고 있는 것이 아닌가 한다.

네 번째 발의되어 통과된 김건희 여사 특검법은 이름만 '김건희 특검'이지, 사실상 '정부·여당에 대한 특검'이다. 야당이 추천한 특별검사가 정부·여당의 15개 사건에 대해 수사를 하겠다는 것은 특검 폭거이다.

특히 명태균 씨 의혹과 관련해, 명태균과 강혜경의 일방적 주장들에 근거해 국민의힘 인사들을 마구잡이식으로 수사하고, 당사를 수시로 압수수색하겠다는 속셈이다. 결국 대통령 탄핵 인용 시 조기 대선을 염두에 둔 정치탄압성 특검법이다.

국민의힘은 쌍특검법 대응 방안을 신중하게 검토하며 당내 의견을 수렴 중에 있다. 신속하고 공정한 진상규명에 도움 되는 방향이 무엇일지 고민하겠다. 아울러 여야정협의체를 통한 협치의 뜻을 모았음에도 불구하고 정략적인 특검 폭주를 멈추지 않는 민주당에 유감을 표한다.

민주당의 탄핵 폭주가 멈추지 않고 있다. 한덕수 권한대행을 향해 "응분의 대가", "크리스마스 전 탄핵 결정", "다음 달 초 탄핵 추진" 등 협박성 발언을 쏟아내고 있다. 사실상 국정 초토화도 불사하겠다는 뜻이다.

대통령 권한대행의 재의요구권 행사는 헌법만을 고려하여 결정할 사안이다. 2개 특검법에 대한 거부권을 비판하려면 법안의 위헌 요소부터 제거하는 것이 우선이다.

한편 야당은 헌법재판관 임명과 같은 대통령의 고유권한 행사를 촉구한다. 그러면서 위헌법률 거부권 행사에 대해서는 탄핵을 운운한다. 결국 대통령 권한대행의 직무를 헌법이 아닌 민주당의 당리당략에 따라야 한다고 강요하는 것이다.

민주당이 국정안정에 조금이라도 진심이라면 권한대행을 향한 아전인수적 겁박을 당장 중단해야 한다. 나아가 대통령을 제외한 여러 정치탄핵안들을 철회해야 한다. 국정안정을 외치면서 민주당이 지금까지 실제 행동한 것이 대체 뭐가 있는가.

민주당이 또다시 국정을 흔드는 겁박 탄핵을 자행한다면 민주당이 외친 국정 안정은 국민을 기만한 것이고, 실상 이재명 대통령 만들기에 대한 탐욕뿐이었음을 자백하는 것이다.

여야정협의체에 대해 말씀드리겠다. 대통령 직무정지라는 비상 상황 하에서 국민들께 안심을 드리고, 대내외적인 불안을 최소화하기 위해 국회가 제 역할을 해야 한다는 신념에 따라 여야정협의체 참여 의사를 밝혔다. 당 대표가 참석하는가, 원내대표가 참석하는가는 직접 만나서 머리를 맞대고 논의할 사안이지, 서로 고집부리면서 싸울 일은 아니다. 중요한 것은 참석자가 아니라 국민이다.

지난 금요일 여야정협의체에 참여 의사를 밝혔음에도 불구하고, 민주당은 아무런 응답이 없는 채 정치 공세만 펴고 있다. 민주당이 여야정협의체 운영과 국정 안정에 대한 진정성이 있는지 의문이다. 박찬대 원내대표에게 오늘이라도 즉시 만나서 여야정협의체에 대해 논의할 것을 제의한다. 나라와 국민을 생각한다면 응할 것이라고 믿는다.

국민의힘은 당의 재정비와 쇄신을 위한 비대위 구성을 놓고 많은 고민을 하고 있다. 국정안정은 물론이고 당의 화합과 혁신까지 어느 하나 놓칠 수 없기 때문이다. 이를 위해 동료 의원들의 목소리를 경청해 왔고, 국민의힘에 변함없는 성원을 보내주시는 원로 분들의 의견을 수렴해 왔다. 머지않아 국민 여러분께 보고드릴 수 있을 것이라고 생각한다. 책임 정치를 위한 국민의힘의 고민에 지속적인 관심과 응원을 부탁드린다.

2024. 12. 22.
국민의힘 공보실

중앙선관위가 국민의힘 의원을 '내란공범'으로 지칭한 현수막은 허용한 반면, '이재명은 안됩니다' 문구는 '낙선목적의 사전선거운동'이라며 불허했습니다. 이는 선관위가 국민의힘을 향한 부당한 정치공세를 정당화해준 것일 뿐만 아니라, 헌재의 대통령 탄핵심판을 '인용'을 전제로 한 판단입니다. 또, 이재명 대표를 민주당 후보로 미리 정해 준 것이나 다름 없습니다. 선관위가 헌법재판소입니까? 선관위가 민주당 대선캠프입니까? 이는 중대한 정치적 중립의무 위반입니다.

– 국민의힘 원내대변인 서지영, 12월 22일 논평

더불어민주당

박찬대 원내대표, 기자간담회 모두발언

일시 : 2024년 12월 22일(일) 오전 11시
장소 : 국회 본청 원내대표회의실

– 박찬대 원내대표

지난 14일 내란 수괴 윤석열에 대한 탄핵소추안이 가결되면서, 내란의 큰불은 잡혔습니다. 그러나 12.3 윤석열 내란 사태는 아직 끝나지 않았습니다. 현재진행형입니다. 곳곳에서 내란 잔당들이 준동하고 있습니다. 이에 따라 경제, 외교, 안보도 위기가 가중되고 있습니다. 빠르게 진압하는 것만이 국가를 살리기 위한 최선의 방책입니다.

한덕수 국무총리가 지난 19일, 6개 법안에 대해 거부권을 행사했습니다. 대통령의 권한을 대행함에 있어 가장 소극적인 권한행사만을 해야 할 총리가, 가장 적극적인 권한인 거부권을 행사했습니다. 본질적으로 거부권 행사는 기존 윤석열의 국정기조를 그대로 따르겠다는 뜻으로밖에 해석할 수 없습니다. 총리가 '내란 대행'을 하고 있는 것 아니냐는 의심이 나오는 이유입니다. 내란 수괴 윤석열이 파괴한 헌정질서를 복구할 막중한 책임이 있음에도 국민의 뜻이 아니라 내란 수괴의 뜻을 따른 것에 대해 국민적, 역사적 심판을 피하지 못할 것입니다.

거듭 강조하지만, 한덕수 총리는 대통령이 아니라 총리입니다. 임명직인 총리가 대통령의 권한을 대행한다고 해서 선출직인 대통령이 될 수 없다는 것은 상식입니다. 총리로서 대한민국의 주권은 국민에게 있고, 모든 권력은 국민으로부터 나온다는 헌법 제1조의 정신을 준수하고 지켜야 할 책무가 있습니다. 헌법을 파괴한 윤석열이 아니라 헌법에 따라 국민의 뜻을 따르길 다시 한번 촉구합니다.

한덕수 총리가 해야 할 일은 국가 위기 상황 극복을 위해 총력을 다하는 것입니다. 이를 위해 내란 사태가 빠르게 종결될 수 있도록 필요한 조치를 취하고, 국회와 힘을 합쳐 민생경제 회복에 총력을 기울여

야 합니다. 신속한 내란 사태 종결을 위해서는

첫째, 상설특검 후보 추천 의뢰를 즉시 해야 하고,
둘째, 내란 특검법과 김건희 특검법을 즉시 공포해야 합니다.
셋째, 헌법재판관 임명절차를 지연하지 말고 신속하게 진행해야 합니다.

특검은 한덕수 총리가 헌법과 법률을 준수할 의지가 있는지, 국민의 뜻을 따를 의지가 있는지 확인할 수 있는 바로미터입니다. 우선, 상설특검 후보자 추천 의뢰를 즉시 해야 합니다. 특별검사의 임명 등에 관한 법률에 따르면 '특별검사의 수사가 결정된 경우 대통령은 제4조에 따라 구성된 특별검사후보추천 위원회에 지체 없이 2명의 특별검사 후보자 추천을 의뢰하여야 한다'고 되어 있습니다. 국무회의 의결절차도 필요 없습니다. 권한대행인 총리가 바로 후보자 추천을 의뢰하면 됩니다. 상설특검 수사요구안이 정부에 통지된 것이 11일입니다. 벌써 11일째 지체되고 있습니다. 묵과할 수 없습니다.

내란 특검법과 김건희 특검법도 즉시 공포해야 합니다. 12.3 윤석열 내란 사태는 결국 내란 특검으로 수사하고 기소해야 합니다. 특검이 수사하고 기소하여 사태를 수습하는 것이 최선이고 가장 합리적입니다. 이를 부인할 사람은 없을 것입니다. 특검법 공포를 지체하는 것은 내란 가담자들에게 증거인멸 시간을 벌어주는 행위일 뿐만 아니라, 국가적 위기를 증폭시키는 반국가적, 반민국적 행위입니다. 국기문란 중대범죄의혹인 명태균-김건희 국정농단, 불법 여론조작, 공천개입, 주가조작 등에 대한 수사를 거부하거나 늦출 이유 역시 없습니다.

한덕수 총리가 늦어도 24일까지 특검법을 수용하고 공포할 것을 재차 촉구합니다. 31일까지 기다릴 합당한 명분도 이유도 찾을 수 없습니다. 나라가 망하든 말든, 국민이 죽든 말든 내란 수괴의 화려한 복귀를 꿈꾸는 것이 아니라면, 즉시 공포해야 합니다. 24일까지 상설특검 후보의 추천의뢰, 그리고 특검 공포가 이뤄지지 않는다면 그 즉시 책임을 묻겠습니다.

한덕수 총리는 현재 공석인 헌법재판관 3인에 대한 임명절차에도 적극 협조해야 합니다. 국회는 23일과 24일 국회 추천 몫 3인의 헌법재판관 후보자 인사청문회를 거쳐 주중에 임명동의절차를 마무리할 것입니다. 국회 추천 몫인 만큼, 총리가 형식적인 임명 절차를 거부하거나 늦출 아무런 명분이 없습니다.

한덕수 총리는 12.3 윤석열 내란 사태로 촉발된 경제, 외교, 안보 위기 수습에도 총력을 다해야 합니다. 이재명 대표가 정국 수습을 위해 국회와 정부가 함께하는 '국정안정협의체' 구성을 제안한 바 있고, 우원식 의장도 국정 협의체 가동을 제안한 바 있습니다. 행정부의 수장이 내란 사태를 일으키고 직무가 정지된 상황에서 입법부인 국회가 중심을 잡고 정부와 협력해 위기를 극복하는 것은 자연스러운 일입니다.

권성동 국민의힘 대표 권한대행이 여야정 협의체에 참여하기로 밝혔습니다. 그러나 국가적 비상 시기에 걸맞지 않습니다. 여전히 국민의힘은 내란을 옹호하는 입장을 고수하고 있습니다. 매우 우려하지 않을 수 없습니다. 작금의 국가적 비상사태를 촉발한 윤석열을 파면하라는 국민의 뜻을 외면한다면 국민적 심판에 직면할 것임을 알아야 합니다. 국민의힘이 당리당략이 아니라 오직 국민의 안위와 국가의 미래를 위하는 마음으로 국정안정협의체에 임할 것을 촉구합니다.

많은 국민께서 윤석열 탄핵 이후에도 계속되는 내란 잔당들의 준동을 지켜보시며 불안해하시고 걱정하고 계십니다. 내란 수괴 윤석열이 파면되지 않고 다시 대통령 직무에 복귀했을 경우 국가적 피해와 국민적 피해의 혼란은 상상을 초월할 것이 자명합니다. 그렇기에 어느 때보다 비상한 각오와 책임감으로 이 사태를 수습하고 확실하게 종결짓는 것이 매우 중요합니다.

더불어민주당은 국가의 명운이 걸려 있는 엄중한 상황에서 신속한 사태 수습으로 국민 여러분께서 안심하고 지내실 수 있도록 주어진 책임과 역할을 다하겠습니다.

2024년 12월 22일
더불어민주당 공보국

오늘 아침 나경원 국민의힘 의원이 "이러니까 선관위가 부정선거 의심을 받는다"는 내용의 페이스북 글을 게시했습니다. 온 국민이 거리에 나와 외치고 있는 "내란수괴 탄핵에 불참한 국민의힘 의원도 내란 공범이다" 와 동일한 현수막을 선관위가 허가해준 것이 불만이라면, 거기까지만 하십시오. (⋯) 다시 한 번 국민의힘에게 알기 쉽게 설명드립니다. 외부망과 단절되어 있는 선관위 내부망에 대한 서버 해킹과 국민의힘도 선정에 참여한 투표참관인 약 27만명, 개표참관인 약 1만 7,000명이 지켜보고 있는 선거·개표과정의 조작은 현실적으로 불가능합니다. 국민의힘은 이제 그만 극단적 음모론이 판치는 극우세계관에서 벗어나, 대한민국 정상화를 외치는 광장의 국민들의 목소리에 응답하십시오. "그러니까 내란 공범이라는 의심을 받는 겁니다."

— 더불어민주당 대변인 김성회, 12월 22일 서면브리핑

윤석열내란진상조사단, 한덕수 권한대행은 내란 특검을 즉각 수용하고, 헌법재판소 구성 임명 의무를 완수하라!

12.3 내란이 일어난 지 20여 일이 지났지만 내란수괴 윤석열은 대통령직 그 자리 그대로 앉아 있는 것이 현실입니다.

윤석열 내란진상조사단은 2주간의 활동에서 윤석열의 참혹하고도 악랄한 계엄 실행 계획들을 낱낱이 밝혀내고 있습니다. 민주주의를 열망하는 국민과 군내부의 건전한 애국심을 가진 많은 군인들께서 조속한 국난극복을 위해 제보를 해 주고 계십니다.

얼마 전 밝힌 '방첩사-합수본부 운용 참고자료' 문건은 2017년 기무사에서 작성된 계엄 문건을 참고하여 운영하도록 계획된 문서입니다. 중요한 사실은 그 문건을 기반으로 계엄시 작전 계획 등을 세우며 국회를 무력화하고 국회의원을 체포하려 했다는 것입니다.

뿐만 아니라 이번 주 보도된 것처럼 '정보사 수사2단'이라는 비직제 불법조직을 만들고 햄버거집 4인방인 노상원, 문상호, 김용군, 정성욱을 주축으로 OB그룹까지 동원하며 기획에서 실행까지 컨트롤타워 역할을 했다는 것이 들통났습니다. 김용현이 노상원을 통해 "국방부 태스크포스 임무"라는 지령을 내리는 등 불법조직의 수괴는 김용현과 그 상관 윤석열이라 할 것입니다.

문상호는 지난 9월부터 행동 빠릿한 대원으로 40명을 구해 놓고 국지전을 대비해 별도 훈련하라는 지시를 내렸다는 것입니다. 계엄시 이렇게 훈련된 HID요원은 실제 판교 정보사 사무실로 5명이 이동했고, 나머지 35명도 수도권 모처에 이동해 대기했다는 것입니다. 또한 인민군복 500벌을 지난 11월, 12월 초 구매하고 계엄 일어나기 3주 전 60벌을 HID 부대용으로 급히 구매한 사실도 드러났습니다.

정보사령부는 신길동에 위치한 탈북민 조사시설에 심문시설까지 따로 만들고 중앙선관위 등 주요인사를 HID가 체포해 오면 이곳에서 심문하려 했다는 것입니다. 이들의 치밀한 준비대로 친위쿠데타가 지속됐다면 국회는 국회의원 체포로 무력화하고, 중앙선관위 간부 등을 체포해 신길동 심문실로 데려가려 했습니다. 부정선거 혐의를 씌워 국회를 사실상 해산했을 것으로 추정됩니다.

'오물풍선 원점타격'등 국지 도발을 유도한 정황도 밝혀졌고, 무엇보다 경악을 금치 못할 일은 계엄 반대 시위가 대규모로 확산될 경우 2기갑여단을 동원해서 탱크와 장갑차를 동원하려는 정황도 드러나고 있습니다. 특히, HID 특수요원 5명과 35명의 임무는 암살 혹은 그 이상의 특수임무가 있었는지 꼭 밝혀져야 할 것입니다.

진상조사단이 밝혀낸 "정보사 수사2단"을 철저하게 수사해야 합니다. 이 조직은 계엄을 사전 모의한 계엄기획단이자 실행단으로 보입니다. 정보라는 것은 신체의 신경망과 같아서 군 정보를 장악한 이들 세력의 친위군사쿠데타가 지속됐다면, 군인들은 내란 획책 음모도 모른 채 북한 도발 등 허위 정보로 상관의 명령에 이용당할 수밖에 없고 알았더라도 신변의 위협 등으로 묵인하거나 반란 조직에 복종하게 될 우려가 있는 군이 될 뻔했던 것입니다. 합참의 지휘체계를 일탈한 이들의 행위는 단순 국지전 차원 아니라 전면전으로의 확대도 불사한 "군정 문란"을 일으킨 것입니다.

명명백백 드러난 내란죄나 군사반란죄에 더 나아가 북한을 끌어드려 전면전을 도모 기획한 음모 또한 철저히 수사할 것을 촉구합니다.

내란진상조사단은 내란 수괴 윤석열의 범죄 혐의에 대해 이처럼 차곡차곡 수집하고 있습니다. 범죄자 윤석열은 즉시 체포되어 수사를 받아야 합니다. 이런 상황에도 불구하고 윤석열은 공조본의 출석요구 마저 거부하고 심지어 헌법재판소의 탄핵 심판 서류 송달조차도 무려 19회나 거부하고 있습니다.

한덕수 권한대행은 현 상황을 조기 종식시키고 국정 안정을 최우선 과제로 삼아야 함에도 6개 민생법안을 거부하는 등 심히 그 행보가 의심스럽습니다. 일각에서 한덕수 권한대행의 일주일간 행보를 보고 차기 대권주자에 오른다고 말하는 사람도 있는 것으로 보아 8년전 실패한 황교안 권한대행과 반기문 후보의 전철을 밟으려 한다는 우려도 제기되고 있습니다. 내란 공범 피의자 처지에 염불보다 잿밥에 관심을 둘 처지가 아닌 것입니다.

한덕수 권한대행에게 경고합니다.

첫째, 윤석열 영장체포 시 대통령실과 경호처가 공무집행에 물리적 저항 및 충돌을 야기할 경우, 대통령실을 지휘하는 한덕수 대행의 헌법 법률 위반 책임 물을 수밖에 없습니다.

둘째, 용산 대통령실과 경호처의 압수 수색 승인은 한덕수 대행의 거부할수 없는 의무입니다. 불승인하는 것 자체가 내란범, 군사반란 세력을 옹호하는 것이 되며 도리어 국가이익을 훼손하는 것으로 그 어떤 정당성도 없음을 밝힙니다. 현행범 윤석열 체포와 대통령실 경호처 압수수색을 방해하는 경우 내란 공범로 고발될 것입니다.

셋째, 윤석열 내란범을 헌법과 법률에 따라 파면과 형사 책임을 물을 수 있도록 조속히 내란 특검 승인 및 헌재 구성의 임명 의무를 완수하십시오.

위 사항을 안 지킬 시 한덕수 권한대행의 탄핵 버튼은 작동될 것입니다. 끝.

2024년 12월 22일
윤석열내란 진상조사단 추미애 단장, 박범계 · 서영교 부단장, 이소영 · 박선원 간사,
강유정 대변인, 부승찬 · 양부남 · 이건태 · 이상식 · 김태성 · 신현성 · 노승일 위원

경찰이 남태령 고개 대치 27시간만에 '윤석열 체포·구속'과 '양곡관리법 거부권 행사 규탄'을 외치고자 상경한 전국농민회총연맹을 가로막은 차벽을 철수시켰습니다. 농촌을 지키고자 하는 농민들의 헌신적인 투쟁과 이들을 돕기 위해 남태령으로 지체없이 달려와주신 시민들이 만들어내신 결과입니다. (…) 국민의 안전을 살피지 않는 경찰의 강압적인 집회·시위 통제가 또 다시 재발할 경우 이번 사태와 마찬가지로 민주당이 적극 나서겠습니다. 양곡관리법 거부권 행사로 이번 사태의 원인을 제공한 한덕수 권한대행에게도 경고합니다. 국민과 국회의 뜻을 저버리는 국정운영은 대통령 직무대행이 할 수 있는 일도 아니고 해서도 안되는 일입니다.

— 더불어민주당 대변인 김성회, 12월 22일 서면브리핑

진보당 김재연, "우리는 농민들과 함께 시민들의 따뜻한 연대로 내란수괴 윤석열의 관저 앞으로 반드시 갈 것"

12.22 전봉준 트랙터 서울 행진 가로막는 경찰 규탄 긴급기자회견 발언문
12.22.(일) 오전10시 / 남태령역 4번출구 앞

진보당 상임대표 김재연입니다.

어젯밤에 이곳 현장이 어땠는지에 대해서 이 자리에 함께해서 계신 기자분들께 두 가지 설명을 좀 드립니다.

먼저 첫 번째는 그 춥고 어수선한 심야 시간에 이곳은 정말 많은 시민들이 모였고 질서정연했습니다. 그리고 이곳은 정말 뜨거웠습니다.아마 이 아래에 남태영 역의 여성 화장실을 가보신 분들은 보셨을 겁니다. 오늘 새벽에 여자 화장실에는 엄청나게 많은 물품들이 쌓였습니다.

여성용품부터 마스크, 심지어는 아침에 이를 못 닦았다고 가글까지. 이 수많은 물품들이 다 어디서 왔겠습니까?이 자리를 지키고 있는 시민들에게 연대의 마음을 보이고 싶어서 밤새 이곳을 달려오신 분들이 가지고 오셨고 그 물건들이 행여나 동날까 봐 서로 아끼고 나누고 정리하고 그러면서 이 밤을 지새셨습니다.

어떤 사람들은 이곳에서 마치 질서 없이 경찰 앞에서 소리나 지르는 시위대가 있었던 것처럼 그렇게 매도할지 모르지만 절대 그렇지 않았습니다.모두가 질서 정연했고 모두가 서로를 침착하게 다독였으며 누구도 여기서 불법적인 행위를 하지 않았습니다.

먹을 것이 없고 춥고 힘든 상황에서 시민들께서 갖다주시는 음식들을 조금씩 양보하고 나누면서 어렵게 이 밤을 지새웠습니다. 이런 순간은 지금까지 대한민국 역사상 정말 보기 드문 상황이었다는 것을 꼭 현장의 분위기를 말씀드리고 싶었습니다.

함께해 주신 모든 분들께 감사드립니다.

그리고 여자 화장실에서 만난 한 시민분께서 저에게 갑자기 닭똥 같은 눈물을 뚝뚝 떨구면서 말씀하셨습니다. "솔직히 밤에 참 많이 무서웠는데 이렇게 도와주셔서 감사합니다"라고 하시며 저를 끌어안으셨습니다. 겉으로 보기에는 밤새 "차 빼라. 차 빼라" 소리를 우렁차게 지르고 용감해 보였지만 우리 모두 참 춥고 힘들고 또 때로는 겁나고 무서운 시간을 보냈습니다.

그럼에도 불구하고 이 자리에 달려왔던 이유가 있습니다. 처음에는 농민들께서 몇 날 며칠을, 트랙터를 몰고 힘들게 이곳에 와서 차 벽에 막혔다는 사실을 듣고 농민들을 돕고 싶어서 달려오셨을 겁니다.

그런데 이 자리에 도착하는 순간, "내가 누구를 돕기 위해서 온 게 아니라, 내가 이곳에 주인공이구나. 내가 이 자리를 꼭 책임지고 지켜야 하겠구나" 이렇게 마음을 먹으셨고 오시는 분들이 새로운 분들에게 "와주셔서 고맙다"라고 하십니다. 계속 이렇게 연대의 연대가 퍼지고 서로가 서로 도우면서 전국 방방곡곡, 그리고 전 세계 시민들이 함께 마음을 이곳으로 모아주셨습니다.

이처럼 따뜻한 연대의 장이 또 어디 있겠습니까? 어젯밤부터 오늘까지의 그 따뜻한 연대의 마음, 그리고 질서정연하고 다정하고 서로를 포용하는 그 마음 그대로 저희는 한남동으로 갈 것입니다. 내란수괴가 숨어 있는 저 관저로 갈 것입니다.

그는 여러 차례의 소환장을 받지조차 않고 있는데 만에 하나 소환 사실을 몰라서라고 한다면 우리가 오늘 가서 온 세상이 떠들썩하게 당장 나와서 체포되고 구속돼야 한다고 얘기해야 하지 않겠습니까?

우리는 내란수괴 윤석열에게 그 사실을 전달하기 위해서 전봉준의 후예, 농민들의 트랙터를 앞세우고 지난밤을 용기 있게 지새운 시민들과 함께, 연대해 주는 곧 모든 시민들과 함께 반드시 관저 앞으로 갈 것입니다. 우리가 승리할 것입니다.

2024년 12월 22일
진보당 대변인실

국민의힘이 우원식 국회의장이 발동한 '12 · 3 비상계엄사태 관련 국정조사' 요구에 묵묵부답입니다. 11명의 명단까지 제출한 민주당과 달리 특위 참여 여부도 결정 못 한 채 "수사가 진행 중인 만큼 국정조사가 시급하지 않다."라는 궁색한 변명으로 시간만 끌고 있습니다. '12.3 윤석열 내란 사태'는 대통령이 국회를 해산시키려고 무장한 군인을 동원한 사상 초유의 친위 쿠데타입니다. 대법관인 선관위원장과 현직 판사를 체포해 민주주의의 근간인 선거와 삼권분립을 부정하려 했습니다. 이에 분노한 국민의 명령으로 탄핵 절차가 진행 중인데 국민의힘은 여전히 1호 당원 내란수괴 방탄만 하고 있습니까? 내란을 막기는커녕 방조하고 방탄하는 '내란의힘'답습니다.

— 더불어민주당 원내대변인 강유정, 12월 22일 서면브리핑

부록

대한민국헌법

[시행 1988. 2. 25.] [헌법 제10호, 1987. 10. 29., 전부개정]

제1장 총강

제1조 ①대한민국은 민주공화국이다.

②대한민국의 주권은 국민에게 있고, 모든 권력은 국민으로부터 나온다.

제2조 ①대한민국의 국민이 되는 요건은 법률로 정한다.

②국가는 법률이 정하는 바에 의하여 재외국민을 보호할 의무를 진다.

제3조 대한민국의 영토는 한반도와 그 부속도서로 한다.

제4조 대한민국은 통일을 지향하며, 자유민주적 기본질서에 입각한 평화적 통일정책을 수립하고 이를 추진한다.

제5조 ①대한민국은 국제평화의 유지에 노력하고 침략적 전쟁을 부인한다.

②국군은 국가의 안전보장과 국토방위의 신성한 의무를 수행함을 사명으로 하며, 그 정치적 중립성은 준수된다.

제6조 ①헌법에 의하여 체결·공포된 조약과 일반적으로 승인된 국제법규는 국내법과 같은 효력을 가진다.

②외국인은 국제법과 조약이 정하는 바에 의하여 그 지위가 보장된다.

제7조 ①공무원은 국민전체에 대한 봉사자이며, 국민에 대하여 책임을 진다.

②공무원의 신분과 정치적 중립성은 법률이 정하는 바에 의하여 보장된다.

제8조 ①정당의 설립은 자유이며, 복수정당제는 보장된다.

②정당은 그 목적·조직과 활동이 민주적이어야 하며, 국민의 정치적 의사형성에 참여하는데 필요한 조직을 가져야 한다.

③정당은 법률이 정하는 바에 의하여 국가의 보호를 받으며, 국가는 법률이 정하는 바에 의하여 정당운영에 필요한 자금을 보조할 수 있다.

④정당의 목적이나 활동이 민주적 기본질서에 위배될 때에는 정부는 헌법재판소에 그 해산을 제소할 수 있고, 정당은 헌법재판소의 심판에 의하여 해산된다.

제9조 국가는 전통문화의 계승·발전과 민족문화의 창달에 노력하여야 한다.

제2장 국민의 권리와 의무

제10조 모든 국민은 인간으로서의 존엄과 가치를 가지며, 행복을 추구할 권리를 가진다. 국가는 개인이 가지는 불가침의 기본적 인권을 확인하고 이를 보장할 의무를 진다.

제11조 ①모든 국민은 법 앞에 평등하다. 누구든지 성별·종교 또는 사회적 신분에 의하여 정치적·경제적·사회적·문화적 생활의 모든 영역에 있어서 차별을 받지 아니한다.

②사회적 특수계급의 제도는 인정되지 아니하며, 어떠한 형태로도 이를 창설할 수 없다.

③훈장등의 영전은 이를 받은 자에게만 효력이 있고, 어떠한 특권도 이에 따르지 아니한다.

제12조 ①모든 국민은 신체의 자유를 가진다. 누구든지 법률에 의하지 아니하고는 체포·구속·압수·수색 또는 심문을 받지 아니하며, 법률과 적법한 절차에 의하지 아니하고는 처벌·보안처분 또는 강제노역을 받지 아니한다.

②모든 국민은 고문을 받지 아니하며, 형사상 자기에게 불리한 진술을 강요당하지 아니한다.

③체포·구속·압수 또는 수색을 할 때에는 적법한 절차에 따라 검사의 신청에 의하여 법관이 발부한 영

장을 제시하여야 한다. 다만, 현행범인인 경우와 장기 3년 이상의 형에 해당하는 죄를 범하고 도피 또는 증거인멸의 염려가 있을 때에는 사후에 영장을 청구할 수 있다.

④누구든지 체포 또는 구속을 당한 때에는 즉시 변호인의 조력을 받을 권리를 가진다. 다만, 형사피고인이 스스로 변호인을 구할 수 없을 때에는 법률이 정하는 바에 의하여 국가가 변호인을 붙인다.

⑤누구든지 체포 또는 구속의 이유와 변호인의 조력을 받을 권리가 있음을 고지받지 아니하고는 체포 또는 구속을 당하지 아니한다. 체포 또는 구속을 당한 자의 가족등 법률이 정하는 자에게는 그 이유와 일시·장소가 지체없이 통지되어야 한다.

⑥누구든지 체포 또는 구속을 당한 때에는 적부의 심사를 법원에 청구할 권리를 가진다.

⑦피고인의 자백이 고문·폭행·협박·구속의 부당한 장기화 또는 기망 기타의 방법에 의하여 자의로 진술된 것이 아니라고 인정될 때 또는 정식재판에 있어서 피고인의 자백이 그에게 불리한 유일한 증거일 때에는 이를 유죄의 증거로 삼거나 이를 이유로 처벌할 수 없다.

제13조 ①모든 국민은 행위시의 법률에 의하여 범죄를 구성하지 아니하는 행위로 소추되지 아니하며, 동일한 범죄에 대하여 거듭 처벌받지 아니한다.

②모든 국민은 소급입법에 의하여 참정권의 제한을 받거나 재산권을 박탈당하지 아니한다.

③모든 국민은 자기의 행위가 아닌 친족의 행위로 인하여 불이익한 처우를 받지 아니한다.

제14조 모든 국민은 거주·이전의 자유를 가진다.

제15조 모든 국민은 직업선택의 자유를 가진다.

제16조 모든 국민은 주거의 자유를 침해받지 아니한다. 주거에 대한 압수나 수색을 할 때에는 검사의 신청에 의하여 법관이 발부한 영장을 제시하여야 한다.

제17조 모든 국민은 사생활의 비밀과 자유를 침해받지 아니한다.

제18조 모든 국민은 통신의 비밀을 침해받지 아니한다.

제19조 모든 국민은 양심의 자유를 가진다.

제20조 ①모든 국민은 종교의 자유를 가진다.

②국교는 인정되지 아니하며, 종교와 정치는 분리된다.

제21조 ①모든 국민은 언론·출판의 자유와 집회·결사의 자유를 가진다.

②언론·출판에 대한 허가나 검열과 집회·결사에 대한 허가는 인정되지 아니한다.

③통신·방송의 시설기준과 신문의 기능을 보장하기 위하여 필요한 사항은 법률로 정한다.

④언론·출판은 타인의 명예나 권리 또는 공중도덕이나 사회윤리를 침해하여서는 아니된다. 언론·출판이 타인의 명예나 권리를 침해한 때에는 피해자는 이에 대한 피해의 배상을 청구할 수 있다.

제22조 ①모든 국민은 학문과 예술의 자유를 가진다.

②저작자·발명가·과학기술자와 예술가의 권리는 법률로써 보호한다.

제23조 ①모든 국민의 재산권은 보장된다. 그 내용과 한계는 법률로 정한다.

②재산권의 행사는 공공복리에 적합하도록 하여야 한다.

③공공필요에 의한 재산권의 수용·사용 또는 제한 및 그에 대한 보상은 법률로써 하되, 정당한 보상을 지급하여야 한다.

제24조 모든 국민은 법률이 정하는 바에 의하여 선거권을 가진다.

제25조 모든 국민은 법률이 정하는 바에 의하여 공무담임권을 가진다.

제26조 ①모든 국민은 법률이 정하는 바에 의하여 국가기관에 문서로 청원할 권리를 가진다.

②국가는 청원에 대하여 심사할 의무를 진다.

제27조 ①모든 국민은 헌법과 법률이 정한 법관에 의하여 법률에 의한 재판을 받을 권리를 가진다.

②군인 또는 군무원이 아닌 국민은 대한민국의 영역 안에서는 중대한 군사상 기밀·초병·초소·유독음식물공급·포로·군용물에 관한 죄중 법률이 정한 경우와 비상계엄이 선포된 경우를 제외하고는 군사법

원의 재판을 받지 아니한다.

③모든 국민은 신속한 재판을 받을 권리를 가진다. 형사피고인은 상당한 이유가 없는 한 지체없이 공개재판을 받을 권리를 가진다.

④형사피고인은 유죄의 판결이 확정될 때까지는 무죄로 추정된다.

⑤형사피해자는 법률이 정하는 바에 의하여 당해 사건의 재판절차에서 진술할 수 있다.

제28조 형사피의자 또는 형사피고인으로서 구금되었던 자가 법률이 정하는 불기소처분을 받거나 무죄판결을 받은 때에는 법률이 정하는 바에 의하여 국가에 정당한 보상을 청구할 수 있다.

제29조 ①공무원의 직무상 불법행위로 손해를 받은 국민은 법률이 정하는 바에 의하여 국가 또는 공공단체에 정당한 배상을 청구할 수 있다. 이 경우 공무원 자신의 책임은 면제되지 아니한다.

②군인·군무원·경찰공무원 기타 법률이 정하는 자가 전투·훈련등 직무집행과 관련하여 받은 손해에 대하여는 법률이 정하는 보상 외에 국가 또는 공공단체에 공무원의 직무상 불법행위로 인한 배상은 청구할 수 없다.

제30조 타인의 범죄행위로 인하여 생명·신체에 대한 피해를 받은 국민은 법률이 정하는 바에 의하여 국가로부터 구조를 받을 수 있다.

제31조 ①모든 국민은 능력에 따라 균등하게 교육을 받을 권리를 가진다.

②모든 국민은 그 보호하는 자녀에게 적어도 초등교육과 법률이 정하는 교육을 받게 할 의무를 진다.

③의무교육은 무상으로 한다.

④교육의 자주성·전문성·정치적 중립성 및 대학의 자율성은 법률이 정하는 바에 의하여 보장된다.

⑤국가는 평생교육을 진흥하여야 한다.

⑥학교교육 및 평생교육을 포함한 교육제도와 그 운영, 교육재정 및 교원의 지위에 관한 기본적인 사항은 법률로 정한다.

제32조 ①모든 국민은 근로의 권리를 가진다. 국가는 사회적·경제적 방법으로 근로자의 고용의 증진과 적정임금의 보장에 노력하여야 하며, 법률이 정하는 바에 의하여 최저임금제를 시행하여야 한다.

②모든 국민은 근로의 의무를 진다. 국가는 근로의 의무의 내용과 조건을 민주주의원칙에 따라 법률로 정한다.

③근로조건의 기준은 인간의 존엄성을 보장하도록 법률로 정한다.

④여자의 근로는 특별한 보호를 받으며, 고용·임금 및 근로조건에 있어서 부당한 차별을 받지 아니한다.

⑤연소자의 근로는 특별한 보호를 받는다.

⑥국가유공자·상이군경 및 전몰군경의 유가족은 법률이 정하는 바에 의하여 우선적으로 근로의 기회를 부여받는다.

제33조 ①근로자는 근로조건의 향상을 위하여 자주적인 단결권·단체교섭권 및 단체행동권을 가진다.

②공무원인 근로자는 법률이 정하는 자에 한하여 단결권·단체교섭권 및 단체행동권을 가진다.

③법률이 정하는 주요방위산업체에 종사하는 근로자의 단체행동권은 법률이 정하는 바에 의하여 이를 제한하거나 인정하지 아니할 수 있다.

제34조 ①모든 국민은 인간다운 생활을 할 권리를 가진다.

②국가는 사회보장·사회복지의 증진에 노력할 의무를 진다.

③국가는 여자의 복지와 권익의 향상을 위하여 노력하여야 한다.

④국가는 노인과 청소년의 복지향상을 위한 정책을 실시할 의무를 진다.

⑤신체장애자 및 질병·노령 기타의 사유로 생활능력이 없는 국민은 법률이 정하는 바에 의하여 국가의 보호를 받는다.

⑥국가는 재해를 예방하고 그 위험으로부터 국민을 보호하기 위하여 노력하여야 한다.

제35조 ①모든 국민은 건강하고 쾌적한 환경에서 생활할 권리를 가지며, 국가와 국민은 환경보전을 위하여 노력하여야 한다.

②환경권의 내용과 행사에 관하여는 법률로 정한다.

③국가는 주택개발정책등을 통하여 모든 국민이 쾌적한 주거생활을 할 수 있도록 노력하여야 한다.

제36조 ①혼인과 가족생활은 개인의 존엄과 양성의 평등을 기초로 성립되고 유지되어야 하며, 국가는 이를 보장한다.
②국가는 모성의 보호를 위하여 노력하여야 한다.
③모든 국민은 보건에 관하여 국가의 보호를 받는다.

제37조 ①국민의 자유와 권리는 헌법에 열거되지 아니한 이유로 경시되지 아니한다.
②국민의 모든 자유와 권리는 국가안전보장·질서유지 또는 공공복리를 위하여 필요한 경우에 한하여 법률로써 제한할 수 있으며, 제한하는 경우에도 자유와 권리의 본질적인 내용을 침해할 수 없다.

제38조 모든 국민은 법률이 정하는 바에 의하여 납세의 의무를 진다.

제39조 ①모든 국민은 법률이 정하는 바에 의하여 국방의 의무를 진다.
②누구든지 병역의무의 이행으로 인하여 불이익한 처우를 받지 아니한다.

제3장 국회

제40조 입법권은 국회에 속한다.

제41조 ①국회는 국민의 보통·평등·직접·비밀선거에 의하여 선출된 국회의원으로 구성한다.
②국회의원의 수는 법률로 정하되, 200인 이상으로 한다.
③국회의원의 선거구와 비례대표제 기타 선거에 관한 사항은 법률로 정한다.

제42조 국회의원의 임기는 4년으로 한다.

제43조 국회의원은 법률이 정하는 직을 겸할 수 없다.

제44조 ①국회의원은 현행범인인 경우를 제외하고는 회기 중 국회의 동의없이 체포 또는 구금되지 아니한다.
②국회의원이 회기 전에 체포 또는 구금된 때에는 현행범인이 아닌 한 국회의 요구가 있으면 회기 중 석방된다.

제45조 국회의원은 국회에서 직무상 행한 발언과 표결에 관하여 국회 외에서 책임을 지지 아니한다.

제46조 ①국회의원은 청렴의 의무가 있다.
②국회의원은 국가이익을 우선하여 양심에 따라 직무를 행한다.
③국회의원은 그 지위를 남용하여 국가·공공단체 또는 기업체와의 계약이나 그 처분에 의하여 재산상의 권리·이익 또는 직위를 취득하거나 타인을 위하여 그 취득을 알선할 수 없다.

제47조 ①국회의 정기회는 법률이 정하는 바에 의하여 매년 1회 집회되며, 국회의 임시회는 대통령 또는 국회재적의원 4분의 1 이상의 요구에 의하여 집회된다.
②정기회의 회기는 100일을, 임시회의 회기는 30일을 초과할 수 없다.
③대통령이 임시회의 집회를 요구할 때에는 기간과 집회요구의 이유를 명시하여야 한다.

제48조 국회는 의장 1인과 부의장 2인을 선출한다.

제49조 국회는 헌법 또는 법률에 특별한 규정이 없는 한 재적의원 과반수의 출석과 출석의원 과반수의 찬성으로 의결한다. 가부동수인 때에는 부결된 것으로 본다.

제50조 ①국회의 회의는 공개한다. 다만, 출석의원 과반수의 찬성이 있거나 의장이 국가의 안전보장을 위하여 필요하다고 인정할 때에는 공개하지 아니할 수 있다.
②공개하지 아니한 회의내용의 공표에 관하여는 법률이 정하는 바에 의한다.

제51조 국회에 제출된 법률안 기타의 의안은 회기 중에 의결되지 못한 이유로 폐기되지 아니한다. 다만, 국회의원의 임기가 만료된 때에는 그러하지 아니하다.

제52조 국회의원과 정부는 법률안을 제출할 수 있다.

제53조 ①국회에서 의결된 법률안은 정부에 이송되어 15일 이내에 대통령이 공포한다.

②법률안에 이의가 있을 때에는 대통령은 제1항의 기간내에 이의서를 붙여 국회로 환부하고, 그 재의를 요구할 수 있다. 국회의 폐회 중에도 또한 같다.

③대통령은 법률안의 일부에 대하여 또는 법률안을 수정하여 재의를 요구할 수 없다.

④재의의 요구가 있을 때에는 국회는 재의에 붙이고, 재적의원 과반수의 출석과 출석의원 3분의 2 이상의 찬성으로 전과 같은 의결을 하면 그 법률안은 법률로서 확정된다.

⑤대통령이 제1항의 기간 내에 공포나 재의의 요구를 하지 아니한 때에도 그 법률안은 법률로서 확정된다.

⑥대통령은 제4항과 제5항의 규정에 의하여 확정된 법률을 지체없이 공포하여야 한다. 제5항에 의하여 법률이 확정된 후 또는 제4항에 의한 확정법률이 정부에 이송된 후 5일 이내에 대통령이 공포하지 아니할 때에는 국회의장이 이를 공포한다.

⑦법률은 특별한 규정이 없는 한 공포한 날로부터 20일을 경과함으로써 효력을 발생한다.

제54조 ①국회는 국가의 예산안을 심의·확정한다.

②정부는 회계연도마다 예산안을 편성하여 회계연도 개시 90일 전까지 국회에 제출하고, 국회는 회계연도 개시 30일 전까지 이를 의결하여야 한다.

③새로운 회계연도가 개시될 때까지 예산안이 의결되지 못한 때에는 정부는 국회에서 예산안이 의결될 때까지 다음의 목적을 위한 경비는 전년도 예산에 준하여 집행할 수 있다.

1. 헌법이나 법률에 의하여 설치된 기관 또는 시설의 유지·운영
2. 법률상 지출의무의 이행
3. 이미 예산으로 승인된 사업의 계속

제55조 ①한 회계연도를 넘어 계속하여 지출할 필요가 있을 때에는 정부는 연한을 정하여 계속비로서 국회의 의결을 얻어야 한다.

②예비비는 총액으로 국회의 의결을 얻어야 한다. 예비비의 지출은 차기국회의 승인을 얻어야 한다.

제56조 정부는 예산에 변경을 가할 필요가 있을 때에는 추가경정예산안을 편성하여 국회에 제출할 수 있다.

제57조 국회는 정부의 동의 없이 정부가 제출한 지출예산 각항의 금액을 증가하거나 새 비목을 설치할 수 없다.

제58조 국채를 모집하거나 예산 외에 국가의 부담이 될 계약을 체결하려 할 때에는 정부는 미리 국회의 의결을 얻어야 한다.

제59조 조세의 종목과 세율은 법률로 정한다.

제60조 ①국회는 상호원조 또는 안전보장에 관한 조약, 중요한 국제조직에 관한 조약, 우호통상항해조약, 주권의 제약에 관한 조약, 강화조약, 국가나 국민에게 중대한 재정적 부담을 지우는 조약 또는 입법사항에 관한 조약의 체결·비준에 대한 동의권을 가진다.

②국회는 선전포고, 국군의 외국에의 파견 또는 외국군대의 대한민국 영역 안에서의 주류에 대한 동의권을 가진다.

제61조 ①국회는 국정을 감사하거나 특정한 국정사안에 대하여 조사할 수 있으며, 이에 필요한 서류의 제출 또는 증인의 출석과 증언이나 의견의 진술을 요구할 수 있다.

②국정감사 및 조사에 관한 절차 기타 필요한 사항은 법률로 정한다.

제62조 ①국무총리·국무위원 또는 정부위원은 국회나 그 위원회에 출석하여 국정처리상황을 보고하거나 의견을 진술하고 질문에 응답할 수 있다.

②국회나 그 위원회의 요구가 있을 때에는 국무총리·국무위원 또는 정부위원은 출석·답변하여야 하며, 국무총리 또는 국무위원이 출석요구를 받은 때에는 국무위원 또는 정부위원으로 하여금 출석·답변하게 할 수 있다.

제63조 ①국회는 국무총리 또는 국무위원의 해임을 대통령에게 건의할 수 있다.

②제1항의 해임건의는 국회재적의원 3분의 1 이상의 발의에 의하여 국회재적의원 과반수의 찬성이 있어야 한다.

제64조 ①국회는 법률에 저촉되지 아니하는 범위 안에서 의사와 내부규율에 관한 규칙을 제정할 수 있다.

②국회는 의원의 자격을 심사하며, 의원을 징계할 수 있다.

③의원을 제명하려면 국회재적의원 3분의 2 이상의 찬성이 있어야 한다.

④제2항과 제3항의 처분에 대하여는 법원에 제소할 수 없다.

제65조 ①대통령·국무총리·국무위원·행정각부의 장·헌법재판소 재판관·법관·중앙선거관리위원회 위원·감사원장·감사위원 기타 법률이 정한 공무원이 그 직무집행에 있어서 헌법이나 법률을 위배한 때에는 국회는 탄핵의 소추를 의결할 수 있다.

②제1항의 탄핵소추는 국회재적의원 3분의 1 이상의 발의가 있어야 하며, 그 의결은 국회재적의원 과반수의 찬성이 있어야 한다. 다만, 대통령에 대한 탄핵소추는 국회재적의원 과반수의 발의와 국회재적의원 3분의 2 이상의 찬성이 있어야 한다.

③탄핵소추의 의결을 받은 자는 탄핵심판이 있을 때까지 그 권한행사가 정지된다.

④탄핵결정은 공직으로부터 파면함에 그친다. 그러나, 이에 의하여 민사상이나 형사상의 책임이 면제되지는 아니한다.

제4장 정부

제1절 대통령

제66조 ①대통령은 국가의 원수이며, 외국에 대하여 국가를 대표한다.

②대통령은 국가의 독립·영토의 보전·국가의 계속성과 헌법을 수호할 책무를 진다.

③대통령은 조국의 평화적 통일을 위한 성실한 의무를 진다.

④행정권은 대통령을 수반으로 하는 정부에 속한다.

제67조 ①대통령은 국민의 보통·평등·직접·비밀선거에 의하여 선출한다.

②제1항의 선거에 있어서 최고득표자가 2인 이상인 때에는 국회의 재적의원 과반수가 출석한 공개회의에서 다수표를 얻은 자를 당선자로 한다.

③대통령후보자가 1인일 때에는 그 득표수가 선거권자 총수의 3분의 1 이상이 아니면 대통령으로 당선될 수 없다.

④대통령으로 선거될 수 있는 자는 국회의원의 피선거권이 있고 선거일 현재 40세에 달하여야 한다.

⑤대통령의 선거에 관한 사항은 법률로 정한다.

제68조 ①대통령의 임기가 만료되는 때에는 임기만료 70일 내지 40일 전에 후임자를 선거한다.

②대통령이 궐위된 때 또는 대통령 당선자가 사망하거나 판결 기타의 사유로 그 자격을 상실한 때에는 60일 이내에 후임자를 선거한다.

제69조 대통령은 취임에 즈음하여 다음의 선서를 한다.

"나는 헌법을 준수하고 국가를 보위하며 조국의 평화적 통일과 국민의 자유와 복리의 증진 및 민족문화의 창달에 노력하여 대통령으로서의 직책을 성실히 수행할 것을 국민 앞에 엄숙히 선서합니다."

제70조 대통령의 임기는 5년으로 하며, 중임할 수 없다.

제71조 대통령이 궐위되거나 사고로 인하여 직무를 수행할 수 없을 때에는 국무총리, 법률이 정한 국무위원의 순서로 그 권한을 대행한다.

제72조 대통령은 필요하다고 인정할 때에는 외교·국방·통일 기타 국가안위에 관한 중요정책을 국민투표에 붙일 수 있다.

제73조 대통령은 조약을 체결·비준하고, 외교사절을 신임·접수 또는 파견하며, 선전포고와 강화를 한다.

제74조 ①대통령은 헌법과 법률이 정하는 바에 의하여 국군을 통수한다.

②국군의 조직과 편성은 법률로 정한다.

제75조 대통령은 법률에서 구체적으로 범위를 정하여 위임받은 사항과 법률을 집행하기 위하여 필요한 사항에 관하여 대통령령을 발할 수 있다.

제76조 ①대통령은 내우·외환·천재·지변 또는 중대한 재정·경제상의 위기에 있어서 국가의 안전보장 또는 공공의 안녕질서를 유지하기 위하여 긴급한 조치가 필요하고 국회의 집회를 기다릴 여유가 없을 때에 한하여 최소한으로 필요한 재정·경제상의 처분을 하거나 이에 관하여 법률의 효력을 가지는 명령을 발할 수 있다.
②대통령은 국가의 안위에 관계되는 중대한 교전상태에 있어서 국가를 보위하기 위하여 긴급한 조치가 필요하고 국회의 집회가 불가능한 때에 한하여 법률의 효력을 가지는 명령을 발할 수 있다.
③대통령은 제1항과 제2항의 처분 또는 명령을 한 때에는 지체없이 국회에 보고하여 그 승인을 얻어야 한다.
④제3항의 승인을 얻지 못한 때에는 그 처분 또는 명령은 그때부터 효력을 상실한다. 이 경우 그 명령에 의하여 개정 또는 폐지되었던 법률은 그 명령이 승인을 얻지 못한 때부터 당연히 효력을 회복한다.
⑤대통령은 제3항과 제4항의 사유를 지체없이 공포하여야 한다.

제77조 ①대통령은 전시·사변 또는 이에 준하는 국가비상사태에 있어서 병력으로써 군사상의 필요에 응하거나 공공의 안녕질서를 유지할 필요가 있을 때에는 법률이 정하는 바에 의하여 계엄을 선포할 수 있다.
②계엄은 비상계엄과 경비계엄으로 한다.
③비상계엄이 선포된 때에는 법률이 정하는 바에 의하여 영장제도, 언론·출판·집회·결사의 자유, 정부나 법원의 권한에 관하여 특별한 조치를 할 수 있다.
④계엄을 선포한 때에는 대통령은 지체없이 국회에 통고하여야 한다.
⑤국회가 재적의원 과반수의 찬성으로 계엄의 해제를 요구한 때에는 대통령은 이를 해제하여야 한다.

제78조 대통령은 헌법과 법률이 정하는 바에 의하여 공무원을 임면한다.

제79조 ①대통령은 법률이 정하는 바에 의하여 사면·감형 또는 복권을 명할 수 있다.
②일반사면을 명하려면 국회의 동의를 얻어야 한다.
③사면·감형 및 복권에 관한 사항은 법률로 정한다.

제80조 대통령은 법률이 정하는 바에 의하여 훈장 기타의 영전을 수여한다.

제81조 대통령은 국회에 출석하여 발언하거나 서한으로 의견을 표시할 수 있다.

제82조 대통령의 국법상 행위는 문서로써 하며, 이 문서에는 국무총리와 관계 국무위원이 부서한다. 군사에 관한 것도 또한 같다.

제83조 대통령은 국무총리·국무위원·행정각부의 장 기타 법률이 정하는 공사의 직을 겸할 수 없다.

제84조 대통령은 내란 또는 외환의 죄를 범한 경우를 제외하고는 재직 중 형사상의 소추를 받지 아니한다.

제85조 전직대통령의 신분과 예우에 관하여는 법률로 정한다.

제2절 행정부

제1관 국무총리와 국무위원

제86조 ①국무총리는 국회의 동의를 얻어 대통령이 임명한다.
②국무총리는 대통령을 보좌하며, 행정에 관하여 대통령의 명을 받아 행정각부를 통할한다.
③군인은 현역을 면한 후가 아니면 국무총리로 임명될 수 없다.

제87조 ①국무위원은 국무총리의 제청으로 대통령이 임명한다.
②국무위원은 국정에 관하여 대통령을 보좌하며, 국무회의의 구성원으로서 국정을 심의한다.
③국무총리는 국무위원의 해임을 대통령에게 건의할 수 있다.
④군인은 현역을 면한 후가 아니면 국무위원으로 임명될 수 없다.

제2관 국무회의

제88조 ①국무회의는 정부의 권한에 속하는 중요한 정책을 심의한다.

②국무회의는 대통령·국무총리와 15인 이상 30인 이하의 국무위원으로 구성한다.

③대통령은 국무회의의 의장이 되고, 국무총리는 부의장이 된다.

제89조 다음 사항은 국무회의의 심의를 거쳐야 한다.

1. 국정의 기본계획과 정부의 일반정책
2. 선전·강화 기타 중요한 대외정책
3. 헌법개정안·국민투표안·조약안·법률안 및 대통령령안
4. 예산안·결산·국유재산처분의 기본계획·국가의 부담이 될 계약 기타 재정에 관한 중요사항
5. 대통령의 긴급명령·긴급재정경제처분 및 명령 또는 계엄과 그 해제
6. 군사에 관한 중요사항
7. 국회의 임시회 집회의 요구
8. 영전수여
9. 사면·감형과 복권
10. 행정각부간의 권한의 획정
11. 정부 안의 권한의 위임 또는 배정에 관한 기본계획
12. 국정처리상황의 평가·분석
13. 행정각부의 중요한 정책의 수립과 조정
14. 정당해산의 제소
15. 정부에 제출 또는 회부된 정부의 정책에 관계되는 청원의 심사
16. 검찰총장·합동참모의장·각군참모총장·국립대학교총장·대사 기타 법률이 정한 공무원과 국영기업체관리자의 임명
17. 기타 대통령·국무총리 또는 국무위원이 제출한 사항

제90조 ①국정의 중요한 사항에 관한 대통령의 자문에 응하기 위하여 국가원로로 구성되는 국가원로자문회의를 둘 수 있다.

②국가원로자문회의의 의장은 직전대통령이 된다. 다만, 직전대통령이 없을 때에는 대통령이 지명한다.

③국가원로자문회의의 조직·직무범위 기타 필요한 사항은 법률로 정한다.

제91조 ①국가안전보장에 관련되는 대외정책·군사정책과 국내정책의 수립에 관하여 국무회의의 심의에 앞서 대통령의 자문에 응하기 위하여 국가안전보장회의를 둔다.

②국가안전보장회의는 대통령이 주재한다.

③국가안전보장회의의 조직·직무범위 기타 필요한 사항은 법률로 정한다.

제92조 ①평화통일정책의 수립에 관한 대통령의 자문에 응하기 위하여 민주평화통일자문회의를 둘 수 있다.

②민주평화통일자문회의의 조직·직무범위 기타 필요한 사항은 법률로 정한다.

제93조 ①국민경제의 발전을 위한 중요정책의 수립에 관하여 대통령의 자문에 응하기 위하여 국민경제자문회의를 둘 수 있다.

②국민경제자문회의의 조직·직무범위 기타 필요한 사항은 법률로 정한다.

제3관 행정각부

제94조 행정각부의 장은 국무위원 중에서 국무총리의 제청으로 대통령이 임명한다.

제95조 국무총리 또는 행정각부의 장은 소관사무에 관하여 법률이나 대통령령의 위임 또는 직권으로 총리령 또는 부령을 발할 수 있다.

제96조 행정각부의 설치·조직과 직무범위는 법률로 정한다.

제4관 감사원

제97조 국가의 세입·세출의 결산, 국가 및 법률이 정한 단체의 회계검사와 행정기관 및 공무원의 직무에 관한 감찰을 하기 위하여 대통령 소속하에 감사원을 둔다.

제98조 ①감사원은 원장을 포함한 5인 이상 11인 이하의 감사위원으로 구성한다.
②원장은 국회의 동의를 얻어 대통령이 임명하고, 그 임기는 4년으로 하며, 1차에 한하여 중임할 수 있다.
③감사위원은 원장의 제청으로 대통령이 임명하고, 그 임기는 4년으로 하며, 1차에 한하여 중임할 수 있다.

제99조 감사원은 세입·세출의 결산을 매년 검사하여 대통령과 차년도국회에 그 결과를 보고하여야 한다.

제100조 감사원의 조직·직무범위·감사위원의 자격·감사대상공무원의 범위 기타 필요한 사항은 법률로 정한다.

제5장 법원

제101조 ①사법권은 법관으로 구성된 법원에 속한다.
②법원은 최고법원인 대법원과 각급법원으로 조직된다.
③법관의 자격은 법률로 정한다.

제102조 ①대법원에 부를 둘 수 있다.
②대법원에 대법관을 둔다. 다만, 법률이 정하는 바에 의하여 대법관이 아닌 법관을 둘 수 있다.
③대법원과 각급법원의 조직은 법률로 정한다.

제103조 법관은 헌법과 법률에 의하여 그 양심에 따라 독립하여 심판한다.

제104조 ①대법원장은 국회의 동의를 얻어 대통령이 임명한다.
②대법관은 대법원장의 제청으로 국회의 동의를 얻어 대통령이 임명한다.
③대법원장과 대법관이 아닌 법관은 대법관회의의 동의를 얻어 대법원장이 임명한다.

제105조 ①대법원장의 임기는 6년으로 하며, 중임할 수 없다.
②대법관의 임기는 6년으로 하며, 법률이 정하는 바에 의하여 연임할 수 있다.
③대법원장과 대법관이 아닌 법관의 임기는 10년으로 하며, 법률이 정하는 바에 의하여 연임할 수 있다.
④법관의 정년은 법률로 정한다.

제106조 ①법관은 탄핵 또는 금고 이상의 형의 선고에 의하지 아니하고는 파면되지 아니하며, 징계처분에 의하지 아니하고는 정직·감봉 기타 불리한 처분을 받지 아니한다.
②법관이 중대한 심신상의 장해로 직무를 수행할 수 없을 때에는 법률이 정하는 바에 의하여 퇴직하게 할 수 있다.

제107조 ①법률이 헌법에 위반되는 여부가 재판의 전제가 된 경우에는 법원은 헌법재판소에 제청하여 그 심판에 의하여 재판한다.
②명령·규칙 또는 처분이 헌법이나 법률에 위반되는 여부가 재판의 전제가 된 경우에는 대법원은 이를 최종적으로 심사할 권한을 가진다.
③재판의 전심절차로서 행정심판을 할 수 있다. 행정심판의 절차는 법률로 정하되, 사법절차가 준용되어야 한다.

제108조 대법원은 법률에 저촉되지 아니하는 범위 안에서 소송에 관한 절차, 법원의 내부규율과 사무처리에 관한 규칙을 제정할 수 있다.

제109조 재판의 심리와 판결은 공개한다. 다만, 심리는 국가의 안전보장 또는 안녕질서를 방해하거나 선량한 풍속을 해할 염려가 있을 때에는 법원의 결정으로 공개하지 아니할 수 있다.

제110조 ①군사재판을 관할하기 위하여 특별법원으로서 군사법원을 둘 수 있다.
②군사법원의 상고심은 대법원에서 관할한다.

③군사법원의 조직·권한 및 재판관의 자격은 법률로 정한다.
④비상계엄하의 군사재판은 군인·군무원의 범죄나 군사에 관한 간첩죄의 경우와 초병·초소·유독음식물공급·포로에 관한 죄 중 법률이 정한 경우에 한하여 단심으로 할 수 있다. 다만, 사형을 선고한 경우에는 그러하지 아니하다.

제6장 헌법재판소

제111조 ①헌법재판소는 다음 사항을 관장한다.
1. 법원의 제청에 의한 법률의 위헌여부 심판
2. 탄핵의 심판
3. 정당의 해산 심판
4. 국가기관 상호간, 국가기관과 지방자치단체간 및 지방자치단체 상호간의 권한쟁의에 관한 심판
5. 법률이 정하는 헌법소원에 관한 심판
②헌법재판소는 법관의 자격을 가진 9인의 재판관으로 구성하며, 재판관은 대통령이 임명한다.
③제2항의 재판관중 3인은 국회에서 선출하는 자를, 3인은 대법원장이 지명하는 자를 임명한다.
④헌법재판소의 장은 국회의 동의를 얻어 재판관 중에서 대통령이 임명한다.

제112조 ①헌법재판소 재판관의 임기는 6년으로 하며, 법률이 정하는 바에 의하여 연임할 수 있다.
②헌법재판소 재판관은 정당에 가입하거나 정치에 관여할 수 없다.
③헌법재판소 재판관은 탄핵 또는 금고 이상의 형의 선고에 의하지 아니하고는 파면되지 아니한다.

제113조 ①헌법재판소에서 법률의 위헌결정, 탄핵의 결정, 정당해산의 결정 또는 헌법소원에 관한 인용결정을 할 때에는 재판관 6인 이상의 찬성이 있어야 한다.
②헌법재판소는 법률에 저촉되지 아니하는 범위 안에서 심판에 관한 절차, 내부규율과 사무처리에 관한 규칙을 제정할 수 있다.
③헌법재판소의 조직과 운영 기타 필요한 사항은 법률로 정한다.

제7장 선거관리

제114조 ①선거와 국민투표의 공정한 관리 및 정당에 관한 사무를 처리하기 위하여 선거관리위원회를 둔다.
②중앙선거관리위원회는 대통령이 임명하는 3인, 국회에서 선출하는 3인과 대법원장이 지명하는 3인의 위원으로 구성한다. 위원장은 위원 중에서 호선한다.
③위원의 임기는 6년으로 한다.
④위원은 정당에 가입하거나 정치에 관여할 수 없다.
⑤위원은 탄핵 또는 금고 이상의 형의 선고에 의하지 아니하고는 파면되지 아니한다.
⑥중앙선거관리위원회는 법령의 범위 안에서 선거관리·국민투표관리 또는 정당사무에 관한 규칙을 제정할 수 있으며, 법률에 저촉되지 아니하는 범위 안에서 내부규율에 관한 규칙을 제정할 수 있다.
⑦각급 선거관리위원회의 조직·직무범위 기타 필요한 사항은 법률로 정한다.

제115조 ①각급 선거관리위원회는 선거인명부의 작성 등 선거사무와 국민투표사무에 관하여 관계 행정기관에 필요한 지시를 할 수 있다.
②제1항의 지시를 받은 당해 행정기관은 이에 응하여야 한다.

제116조 ①선거운동은 각급 선거관리위원회의 관리하에 법률이 정하는 범위 안에서 하되, 균등한 기회가 보장되어야 한다.
②선거에 관한 경비는 법률이 정하는 경우를 제외하고는 정당 또는 후보자에게 부담시킬 수 없다.

제8장 지방자치

제117조 ①지방자치단체는 주민의 복리에 관한 사무를 처리하고 재산을 관리하며, 법령의 범위 안에서 자치에 관한 규정을 제정할 수 있다.
②지방자치단체의 종류는 법률로 정한다.

제118조 ①지방자치단체에 의회를 둔다.

②지방의회의 조직·권한·의원선거와 지방자치단체의 장의 선임방법 기타 지방자치단체의 조직과 운영에 관한 사항은 법률로 정한다.

제9장 경제

제119조 ①대한민국의 경제질서는 개인과 기업의 경제상의 자유와 창의를 존중함을 기본으로 한다.

②국가는 균형있는 국민경제의 성장 및 안정과 적정한 소득의 분배를 유지하고, 시장의 지배와 경제력의 남용을 방지하며, 경제주체간의 조화를 통한 경제의 민주화를 위하여 경제에 관한 규제와 조정을 할 수 있다.

제120조 ①광물 기타 중요한 지하자원·수산자원·수력과 경제상 이용할 수 있는 자연력은 법률이 정하는 바에 의하여 일정한 기간 그 채취·개발 또는 이용을 특허할 수 있다.

②국토와 자원은 국가의 보호를 받으며, 국가는 그 균형있는 개발과 이용을 위하여 필요한 계획을 수립한다.

제121조 ①국가는 농지에 관하여 경자유전의 원칙이 달성될 수 있도록 노력하여야 하며, 농지의 소작제도는 금지된다.

②농업생산성의 제고와 농지의 합리적인 이용을 위하거나 불가피한 사정으로 발생하는 농지의 임대차와 위탁경영은 법률이 정하는 바에 의하여 인정된다.

제122조 국가는 국민 모두의 생산 및 생활의 기반이 되는 국토의 효율적이고 균형있는 이용·개발과 보전을 위하여 법률이 정하는 바에 의하여 그에 관한 필요한 제한과 의무를 과할 수 있다.

제123조 ①국가는 농업 및 어업을 보호·육성하기 위하여 농·어촌종합개발과 그 지원등 필요한 계획을 수립·시행하여야 한다.

②국가는 지역간의 균형있는 발전을 위하여 지역경제를 육성할 의무를 진다.

③국가는 중소기업을 보호·육성하여야 한다.

④국가는 농수산물의 수급균형과 유통구조의 개선에 노력하여 가격안정을 도모함으로써 농·어민의 이익을 보호한다.

⑤국가는 농·어민과 중소기업의 자조조직을 육성하여야 하며, 그 자율적 활동과 발전을 보장한다.

제124조 국가는 건전한 소비행위를 계도하고 생산품의 품질향상을 촉구하기 위한 소비자보호운동을 법률이 정하는 바에 의하여 보장한다.

제125조 국가는 대외무역을 육성하며, 이를 규제·조정할 수 있다.

제126조 국방상 또는 국민경제상 긴절한 필요로 인하여 법률이 정하는 경우를 제외하고는, 사영기업을 국유 또는 공유로 이전하거나 그 경영을 통제 또는 관리할 수 없다.

제127조 ①국가는 과학기술의 혁신과 정보 및 인력의 개발을 통하여 국민경제의 발전에 노력하여야 한다.

②국가는 국가표준제도를 확립한다.

③대통령은 제1항의 목적을 달성하기 위하여 필요한 자문기구를 둘 수 있다.

제10장 헌법개정

제128조 ①헌법개정은 국회재적의원 과반수 또는 대통령의 발의로 제안된다.

②대통령의 임기연장 또는 중임변경을 위한 헌법개정은 그 헌법개정 제안 당시의 대통령에 대하여는 효력이 없다.

제129조 제안된 헌법개정안은 대통령이 20일 이상의 기간 이를 공고하여야 한다.

제130조 ①국회는 헌법개정안이 공고된 날로부터 60일 이내에 의결하여야 하며, 국회의 의결은 재적의원 3분의 2 이상의 찬성을 얻어야 한다.

②헌법개정안은 국회가 의결한 후 30일 이내에 국민투표에 붙여 국회의원선거권자 과반수의 투표와 투표

자 과반수의 찬성을 얻어야 한다.

③헌법개정안이 제2항의 찬성을 얻은 때에는 헌법개정은 확정되며, 대통령은 즉시 이를 공포하여야 한다.

부칙 <헌법 제10호, 1987. 10. 29.>

제1조 이 헌법은 1988년 2월 25일부터 시행한다. 다만, 이 헌법을 시행하기 위하여 필요한 법률의 제정·개정과 이 헌법에 의한 대통령 및 국회의원의 선거 기타 이 헌법시행에 관한 준비는 이 헌법시행 전에 할 수 있다.

제2조 ①이 헌법에 의한 최초의 대통령선거는 이 헌법시행일 40일 전까지 실시한다.

②이 헌법에 의한 최초의 대통령의 임기는 이 헌법시행일로부터 개시한다.

제3조 ①이 헌법에 의한 최초의 국회의원선거는 이 헌법공포일로부터 6월 이내에 실시하며, 이 헌법에 의하여 선출된 최초의 국회의원의 임기는 국회의원선거후 이 헌법에 의한 국회의 최초의 집회일로부터 개시한다.

②이 헌법공포 당시의 국회의원의 임기는 제1항에 의한 국회의 최초의 집회일 전일까지로 한다.

제4조 ①이 헌법시행 당시의 공무원과 정부가 임명한 기업체의 임원은 이 헌법에 의하여 임명된 것으로 본다. 다만, 이 헌법에 의하여 선임방법이나 임명권자가 변경된 공무원과 대법원장 및 감사원장은 이 헌법에 의하여 후임자가 선임될 때까지 그 직무를 행하며, 이 경우 전임자인 공무원의 임기는 후임자가 선임되는 전일까지로 한다.

②이 헌법시행 당시의 대법원장과 대법원판사가 아닌 법관은 제1항 단서의 규정에 불구하고 이 헌법에 의하여 임명된 것으로 본다.

③이 헌법 중 공무원의 임기 또는 중임제한에 관한 규정은 이 헌법에 의하여 그 공무원이 최초로 선출 또는 임명된 때로부터 적용한다.

제5조 이 헌법시행 당시의 법령과 조약은 이 헌법에 위배되지 아니하는 한 그 효력을 지속한다.

제6조 이 헌법시행 당시에 이 헌법에 의하여 새로 설치될 기관의 권한에 속하는 직무를 행하고 있는 기관은 이 헌법에 의하여 새로운 기관이 설치될 때까지 존속하며 그 직무를 행한다.

계엄법

[시행 2017. 7. 26.] [법률 제14839호, 2017. 7. 26., 타법개정]

국방부(기획총괄담당관) 02-748-6523

제1조(목적) 이 법은 계엄(戒嚴)의 선포와 그 시행 및 해제 등에 필요한 사항을 정함을 목적으로 한다.
[전문개정 2011. 6. 9.]

제2조(계엄의 종류와 선포 등) ① 계엄은 비상계엄과 경비계엄으로 구분한다.
② 비상계엄은 대통령이 전시·사변 또는 이에 준하는 국가비상사태 시 적과 교전(交戰) 상태에 있거나 사회질서가 극도로 교란(攪亂)되어 행정 및 사법(司法) 기능의 수행이 현저히 곤란한 경우에 군사상 필요에 따르거나 공공의 안녕질서를 유지하기 위하여 선포한다.
③ 경비계엄은 대통령이 전시·사변 또는 이에 준하는 국가비상사태 시 사회질서가 교란되어 일반 행정기관만으로는 치안을 확보할 수 없는 경우에 공공의 안녕질서를 유지하기 위하여 선포한다.
④ 대통령은 계엄의 종류, 시행지역 또는 계엄사령관을 변경할 수 있다.
⑤ 대통령이 계엄을 선포하거나 변경하고자 할 때에는 국무회의의 심의를 거쳐야 한다.
⑥ 국방부장관 또는 행정안전부장관은 제2항 또는 제3항에 해당하는 사유가 발생한 경우에는 국무총리를 거쳐 대통령에게 계엄의 선포를 건의할 수 있다.<개정 2013. 3. 23., 2014. 11. 19., 2017. 7. 26.>
[전문개정 2011. 6. 9.]

제3조(계엄 선포의 공고) 대통령이 계엄을 선포할 때에는 그 이유, 종류, 시행일시, 시행지역 및 계엄사령관을 공고하여야 한다.
[전문개정 2011. 6. 9.]

제4조(계엄 선포의 통고) ① 대통령이 계엄을 선포하였을 때에는 지체 없이 국회에 통고(通告)하여야 한다.
② 제1항의 경우에 국회가 폐회 중일 때에는 대통령은 지체 없이 국회에 집회(集會)를 요구하여야 한다.
[전문개정 2011. 6. 9.]

제5조(계엄사령관의 임명 및 계엄사령부의 설치 등) ① 계엄사령관은 현역 장성급(將星級) 장교 중에서 국방부장관이 추천한 사람을 국무회의의 심의를 거쳐 대통령이 임명한다.<개정 2017. 3. 21.>
② 계엄사령관의 계엄업무를 시행하기 위하여 계엄사령부를 둔다. 이 경우 계엄사령관은 계엄사령부의 장이 된다.
③ 계엄사령관은 계엄지역이 2개 이상의 도(특별시, 광역시 및 특별자치도를 포함한다)에 걸치는 경우에는 그 직무를 보조할 지구계엄사령부(地區戒嚴司令部)와 지구계엄사령부의 직무를 보조하는 지역계엄사령부를 둘 수 있다.
④ 계엄사령부의 직제는 대통령령으로 정한다.
[전문개정 2011. 6. 9.]

제6조(계엄사령관에 대한 지휘·감독) ① 계엄사령관은 계엄의 시행에 관하여 국방부장관의 지휘·감독을 받는다. 다만, 전국을 계엄지역으로 하는 경우와 대통령이 직접 지휘·감독을 할 필요가 있는 경우에는 대통령의 지휘·감독을 받는다.
② 제1항에 따라 계엄사령관을 지휘·감독할 때 국가 정책에 관계되는 사항은 국무회의의 심의를 거쳐야 한다.
[전문개정 2011. 6. 9.]

제7조(계엄사령관의 관장사항) ① 비상계엄의 선포와 동시에 계엄사령관은 계엄지역의 모든 행정사무와 사법사무를 관장한다.
② 경비계엄의 선포와 동시에 계엄사령관은 계엄지역의 군사에 관한 행정사무와 사법사무를 관장한다.

[전문개정 2011. 6. 9.]

제8조(계엄사령관의 지휘·감독) ① 계엄지역의 행정기관(정보 및 보안 업무를 관장하는 기관을 포함한다. 이하 같다) 및 사법기관은 지체 없이 계엄사령관의 지휘·감독을 받아야 한다.

② 계엄사령관이 계엄지역의 행정기관 및 사법기관을 지휘·감독할 때 그 지역이 1개의 행정구역에 국한될 때에는 그 구역의 최고책임자를 통하여 하고, 2개 이상의 행정구역에 해당될 때에는 해당 구역의 최고책임자 또는 주무부처의 장(법원의 경우에는 법원행정처장)을 통하여 하여야 한다.

[전문개정 2011. 6. 9.]

제9조(계엄사령관의 특별조치권) ① 비상계엄지역에서 계엄사령관은 군사상 필요할 때에는 체포·구금(拘禁)·압수·수색·거주·이전·언론·출판·집회·결사 또는 단체행동에 대하여 특별한 조치를 할 수 있다. 이 경우 계엄사령관은 그 조치내용을 미리 공고하여야 한다.

② 비상계엄지역에서 계엄사령관은 법률에서 정하는 바에 따라 동원(動員) 또는 징발을 할 수 있으며, 필요한 경우에는 군수(軍需)로 제공할 물품의 조사·등록과 반출금지를 명할 수 있다.

③ 비상계엄지역에서 계엄사령관은 작전상 부득이한 경우에는 국민의 재산을 파괴 또는 소각(燒却)할 수 있다.

④ 계엄사령관이 제3항에 따라 국민의 재산을 파괴 또는 소각하려는 경우에는 미리 그 사유, 지역, 대상 등 필요한 사항을 그 재산의 소재지를 관할하는 행정기관과 그 재산의 소유자, 점유자 또는 관리자에게 통보하거나 공고하여야 한다.

[전문개정 2011. 6. 9.]

제9조의2(재산의 파괴 또는 소각에 대한 보상) ① 제9조제3항에 따라 발생한 손실에 대하여는 정당한 보상을 하여야 한다. 다만, 그 손실이 교전 상태에서 발생한 경우에는 그러하지 아니하다.

② 국방부장관은 미리 보상청구의 기간 및 절차 등 보상청구에 필요한 사항을 10일 이상의 기간을 정하여 공고하여야 한다.

③ 국방부장관은 보상금 지급결정을 하였을 때에는 지체 없이 보상대상자에게 보상금 지급통지서를 송부하여야 한다.

④ 관할 행정기관의 장은 재산의 파괴 또는 소각으로 인한 손실액을 판단하는 데에 필요한 조사서, 확인서, 사진 등 증명자료를 기록·유지하여야 한다.

⑤ 이 법에서 규정한 사항 외에 보상금 지급 등에 필요한 사항은 대통령령으로 정한다.

[전문개정 2011. 6. 9.]

제9조의3(보상기준 등) ① 제9조의2제1항에 따른 손실보상은 다른 법률에 특별한 규정이 있는 경우를 제외하고는 현금으로 지급하여야 한다.

② 손실액의 산정은 파괴 또는 소각으로 인하여 재산이 멸실될 당시의 과세표준을 기준으로 한다.

③ 제2항에 따른 과세표준은 대통령령으로 정한다.

[전문개정 2011. 6. 9.]

제9조의4(보상 제외) 파괴 또는 소각으로 인하여 멸실된 재산이 국유재산이거나 공유재산인 경우에는 제9조의2제1항에도 불구하고 보상을 하지 아니한다.

[전문개정 2011. 6. 9.]

제9조의5(공탁) 국방부장관은 다음 각 호의 어느 하나에 해당하게 되어 보상대상자에게 보상금을 지급할 수 없을 때에는 해당 보상금을 보상대상자의 주소지를 관할하는 지방법원 또는 그 지원(支院)에 공탁(供託)하여야 한다.

1. 보상대상자가 보상금의 수령을 거부하는 경우

2. 대통령령으로 정하는 기간 이내에 제9조의2제3항에 따른 보상금 지급통지서에 응답하지 아니한 경우

[전문개정 2011. 6. 9.]

제9조의6(보상청구권의 소멸시효) 보상청구권은 제9조의2제2항에 따른 공고기간 만료일부터 5년간 행사하지 아니하면 시효의 완성으로 소멸한다. 다만, 공고 사실을 알지 못한 경우에는 그 사실을 안 날부터 계산한다.

제10조(비상계엄하의 군사법원 재판권) ① 비상계엄지역에서 제14조 또는 다음 각 호의 어느 하나에 해당하는 죄를 범한 사람에 대한 재판은 군사법원이 한다. 다만, 계엄사령관은 필요한 경우에는 해당 관할법원이 재판하게 할 수 있다.<개정 2015. 1. 6.>

1. 내란(內亂)의 죄
2. 외환(外患)의 죄
3. 국교(國交)에 관한 죄
4. 공안(公安)을 해치는 죄
5. 폭발물에 관한 죄
6. 공무방해(公務妨害)에 관한 죄
7. 방화(放火)의 죄
8. 통화(通貨)에 관한 죄
9. 살인의 죄
10. 강도의 죄
11. 「국가보안법」에 규정된 죄
12. 「총포·도검·화약류 등의 안전관리에 관한 법률」에 규정된 죄
13. 군사상 필요에 의하여 제정한 법령에 규정된 죄

② 비상계엄지역에 법원이 없거나 해당 관할법원과의 교통이 차단된 경우에는 제1항에도 불구하고 모든 형사사건에 대한 재판은 군사법원이 한다.

[전문개정 2011. 6. 9.]

제11조(계엄의 해제) ① 대통령은 제2조제2항 또는 제3항에 따른 계엄 상황이 평상상태로 회복되거나 국회가 계엄의 해제를 요구한 경우에는 지체 없이 계엄을 해제하고 이를 공고하여야 한다.

② 대통령이 제1항에 따라 계엄을 해제하려는 경우에는 국무회의의 심의를 거쳐야 한다.

③ 국방부장관 또는 행정안전부장관은 제2조제2항 또는 제3항에 따른 계엄 상황이 평상상태로 회복된 경우에는 국무총리를 거쳐 대통령에게 계엄의 해제를 건의할 수 있다.<개정 2013. 3. 23., 2014. 11. 19., 2017. 7. 26.>

[전문개정 2011. 6. 9.]

제12조(행정·사법 사무의 평상화) ① 계엄이 해제된 날부터 모든 행정사무와 사법사무는 평상상태로 복귀한다.

② 비상계엄 시행 중 제10조에 따라 군사법원에 계속(係屬) 중인 재판사건의 관할은 비상계엄 해제와 동시에 일반법원에 속한다. 다만, 대통령이 필요하다고 인정할 때에는 군사법원의 재판권을 1개월의 범위에서 연기할 수 있다.

[전문개정 2011. 6. 9.]

제13조(국회의원의 불체포특권) 계엄 시행 중 국회의원은 현행범인인 경우를 제외하고는 체포 또는 구금되지 아니한다.

[전문개정 2011. 6. 9.]

제14조(벌칙) ① 거짓이나 그 밖의 부정한 방법으로 이 법에 따른 보상금을 받은 자 또는 그 사실을 알면서 보상금을 지급한 자는 5년 이하의 징역 또는 3천만원 이하의 벌금에 처한다. 다만, 해당 보상금의 3배의 금액이 3천만원을 초과할 때에는 그 초과 금액까지 벌금을 과(科)할 수 있다.

② 제8조제1항에 따른 계엄사령관의 지시나 제9조제1항 또는 제2항에 따른 계엄사령관의 조치에 따르지 아니하거나 이를 위반한 자는 3년 이하의 징역에 처한다.

③ 제1항에 규정된 죄의 미수범은 처벌한다.

④ 제1항의 징역형과 벌금형은 병과(倂科)할 수 있다.

[전문개정 2011. 6. 9.]

부칙 <법률 제14839호, 2017. 7. 26.> (정부조직법)

제1조(시행일) ① 이 법은 공포한 날부터 시행한다. 다만, 부칙 제5조에 따라 개정되는 법률 중 이 법 시행 전에 공포되었으나 시행일이 도래하지 아니한 법률을 개정한 부분은 각각 해당 법률의 시행일부터 시행한다.

제2조 부터 제4조까지 생략

제5조(다른 법률의 개정) ①부터 <41>까지 생략

　<42> 계엄법 일부를 다음과 같이 개정한다. 제2조제6항 및 제11조제3항 중 "행정자치부장관"을 각각 "행정안전부장관"으로 한다.

　<43>부터 <382>까지 생략

제6조 생략

수취인 불명

권한대행 재의요구권 행사와 윤석열 출석요구서 거부
(12.18.~12.22.)

초판인쇄 2025년 1월 17일
초판발행 2025년 1월 17일

지은이 한국학술정보(주)
펴낸이 채종준
펴낸곳 한국학술정보(주)
주 소 경기도 파주시 회동길 230(문발동)
전 화 031-908-3181(대표)
팩 스 031-908-3189
홈페이지 http://ebook.kstudy.com
E-mail 출판사업부 publish@kstudy.com
등 록 제일산-115호(2000. 6. 19)

ISBN 979-11-7318-175-7 94340

이 책은 한국학술정보(주)와 저작자의 지적 재산으로서 무단 전재와 복제를 금합니다.
책에 대한 더 나은 생각, 끊임없는 고민, 독자를 생각하는 마음으로 보다 좋은 책을 만들어갑니다.